U0497736

白艳梅 主编

ZUIXIN YINGGAIZENG
ZHENGCE YU
ANLI JIEXI

最新营改增政策与案例解析（第二版）

Southwestern University of Finance & Economics Press
西南财经大学出版社

图书在版编目(CIP)数据

最新营改增政策与案例解析/白艳梅主编. —2版. —成都:西南财经大学出版社,2017.11

ISBN 978 - 7 - 5504 - 3250 - 5

Ⅰ.①最… Ⅱ.①白… Ⅲ.①增值税—税收政策—研究—中国 ②增值税—税收管理—案例—中国 Ⅳ.①F812.42

中国版本图书馆 CIP 数据核字(2017)第 255438 号

最新营改增政策与案例解析(第二版)

白艳梅　主编

责任编辑:朱斐然

助理编辑:詹丹妮

封面设计:穆志坚

责任印制:封俊川

出版发行	西南财经大学出版社(四川省成都市光华村街55号)
网　址	http://www.bookcj.com
电子邮件	bookcj@foxmail.com
邮政编码	610074
电　话	028 - 87353785　87352368
照　排	四川胜翔数码印务设计有限公司
印　刷	郫县犀浦印刷厂
成品尺寸	185mm × 260mm
印　张	25.75
字　数	605 千字
版　次	2017 年 11 月第 2 版
印　次	2017 年 11 月第 1 次印刷
印　数	1— 3000 册
书　号	ISBN 978 - 7 - 5504 - 3250 - 5
定　价	66.00 元

序 言

　　全面推开营业税改征增值税（简称营改增）试点是一场意义重大、影响深远的改革，是 1994 年分税制改革以来最深刻的一次财税改革。作为深化财税体制改革的重头戏和供给侧结构性改革的重要举措，它利益涉及面广、操作复杂程度高，对经济影响巨大。党中央、国务院高度重视此项工作。习近平总书记指出，财税体制改革不是解一时之弊，而是着眼长远机制的系统性重构，必须积极稳妥地加以推进。李克强总理多次就营改增工作作出重要指示，要求把这件国家大事办好。一直以来，建筑业、房地产业、金融业和生活服务业的营改增被业界称为"最难啃的骨头"。这四大行业纳入营改增，标志着中国税制改革迈出了实质性的一大步。自此，营业税完成了历史使命，增值税以全新的面貌登上了中国税制的舞台。

　　白艳梅老师根据自己多年的研究，结合税收工作实际，编写了《最新营改增政策与案例解析》这本教材。这是她在营改增领域学习成果和教学成果的一个展示。仔细读来，深感白艳梅老师在营改增方面扎实的专业功底。这本教材有以下三个特点：

　　第一，内容丰富。这本教材不是营改增政策的简单堆砌，而是在全面掌握营改增不同时期政策的基础上，结合税务机关营改增的征收管理和纳税人的实际经营状况对营改增业务做的一个全面梳理。本书全面解析了营改增试点纳税人、征税范围与税率、应纳增值税税额的计算、跨境应税行为零税率和免税、营改增税收优惠管理、营改增的征收管理、增值税纳税申报等内容，对建筑业、房地产业、金融业等部分行业或业务的增值税处理也进行了深入的分析，并在每一个章节对难点、重点业务都给出了处理建议，解读精准，利于执行。

　　第二，资料翔实。在教材的编写过程中，白艳梅老师做了大量的调研工作。如对建筑业的调研，对建筑服务的提供方和接收方都进行了大量的实地调研。记得当时我校的基建工作一结束，白艳梅老师就查阅了我校基建过程与建筑服务提供方、工程设计方、工程监理方等各方的合同资料，并向负责基建的领导、同事请教施工过程中的细节问题，以便全面思考各环节的增值税处理。所以体现在教材中有关建筑服务的例题贴合纳税人的实际经营状态，更加实用。

　　第三，介绍全面。书中对具体的业务处理指出了具体的政策依据，对于有争议的业务，也分析了不同处理思路的合法性和可操作性。读者在实际工作中能根据具体情况采用更合法、更实用的处理方式。

这本教材对税务工作人员来说，既是一本针对性较强的营改增政策解读指南，也是一本非常实用的营改增实操工具书，对学习营改增政策具有很大的帮助。这本教材也让我看到了白艳梅老师勤奋严谨的治学态度，期待她在专业上有更新的、更多的成就。

前 言

　　根据税收税制的规定，国家在货物或劳务的流通环节征收货物与劳务税，简称货劳税，也叫流转税，包括增值税、营业税、消费税等税种。1994 年的税制改革分别确定了作为普遍征收税种的增值税与营业税的征收范围，涵盖所有货物与劳务的流通，两个税种平行征收，互不交叉。增值税主要在工业生产和商业流通领域发挥作用，对销售、进口货物和加工、修理修配劳务征税；营业税主要在劳务流通领域发挥作用，对劳务的流通征税，包括交通运输业、建筑业、金融保险业、邮电通信业、文化体育业、娱乐业、服务业等应税劳务，以及转让无形资产和销售不动产等税目。同时增值税以纳税人的法定增值额为计税依据计算应纳增值税税额，在我国的增值税税制中表现为按照购进扣税法，销项税额减去进项税额计算应纳增值税税额。营业税以纳税人的营业额为计税依据计算应纳营业税税额。

　　由于增值税是对法定增值额征税，所以理想的增值税模式应覆盖所有创造和实现增值额的领域。只有这样，才能避免增值税链条断裂，避免重复征税，避免法定增值额与纳税人实际增值额差距扩大，保证增值税税负公平，体现增值税对经济的中性作用。但我国增值税、营业税征税范围的划分与这种理想的模式还有一定差距，为了弥补这种差距，在增值税中，将属于营业税征税范围的货物运输也纳入了增值税的抵扣范围。但仅仅将属于营业税征税范围的货物运输纳入增值税的抵扣范围还不足以完全体现增值税对增值额的征税，如纳税人在生产经营过程中使用的技术、各种信息服务等，也应从增值额中剔除。我们可以采用运费抵扣的思路来实现这种需要，但这种做法会给税收的征管带来其他的矛盾，也不符合增值税各环节逐步抵扣的税法原理。最好的解决方法就是将这些项目划入增值税征税范围，营业税改征增值税。

　　同时，随着经济发展，营业税的负面效应逐渐显现。营业税是对营业额全额征税，没有扣除，营业税征税范围的项目每经过一道环节以全额为营业额计算缴纳营业税，部分营业额中包含了已经缴纳营业税或者增值税的营业额，如土地使用权的转让征收营业税后，在土地使用权上建造的不动产的转让又按照含土地使用权在内的营业额征收营业税；又如，建筑业营业税营业额包含了已经缴纳增值税的建筑材料、工程物资等，这样重复征税，加重了企业的税负。如果将营业税改征增值税，这些矛盾都可以迎刃而解。

营改增因此也被视为结构性减税中的重要一环。按照国家规划，我国营改增分为三步走：

第一步，在部分行业部分地区进行营改增试点。2012 年 1 月 1 日上海作为首个试点地区启动营改增改革。2012 年 7 月 25 日，国务院总理温家宝主持召开国务院常务会议，决定扩大营业税改征增值税试点范围。自 2012 年 8 月 1 日起至年底，将交通运输业和部分现代服务业的营业税改征增值税，试点范围由上海市分批扩大至北京、天津、江苏、浙江、安徽、福建、湖北、广东和厦门、深圳 10 个省（直辖市、计划单列市）。北京市于 2012 年 9 月 1 日起进行营改增试点。江苏省、安徽省于 2012 年 10 月 1 日起进行营改增试点。福建省、广东省于 2012 年 11 月 1 日进行营改增试点。天津市、浙江省、湖北省于 2012 年 12 月 1 日起进行营改增试点。

第二步，选择部分行业在全国范围内进行试点。2013 年 4 月 10 日召开的国务院常务会议决定进一步扩大营改增试点范围。扩围从地区和行业两方面展开：一方面，2013 年 8 月 1 日起，将交通运输业和部分现代服务业营改增试点在全国范围内推开；另一方面，适当扩大部分现代服务业范围，将广播影视作品的制作、播映、发行纳入试点，择机将铁路运输和邮电通信等行业纳入营改增试点。财政部、国家税务总局发布《财政部　国家税务总局关于在全国开展交通运输业和部分现代服务业营业税改征增值税试点税收政策的通知》（财税〔2013〕37 号），作为自 2013 年 8 月 1 日起在全国范围内开展交通运输业和部分现代服务业营改增试点的政策依据。

第三步，2016 年 5 月 1 日起，在全国范围内全面展开营改增试点，将营改增试点范围扩大到建筑业、房地产业、金融业和生活服务业，实现货物和服务行业全覆盖，打通税收抵扣链条，支持现代服务业发展和制造业升级。同时，在已将企业购进机器设备所含增值税纳入抵扣范围的基础上，允许将新增不动产纳入抵扣范围，增加进项抵扣，加大企业减负力度，促进扩大有效投资。同时，新增试点行业的原有营业税优惠政策原则上延续，对特定行业采取过渡性措施，对服务出口实行零税率或免税政策，确保所有行业税负只减不增。

营改增试点是对宏观经济学、微观经济学都会产生重大影响的税收制度的改革。

第一，从税收收入上来看，2016 年 5 月 1 日起改征增值税的房地产业 2015 年营业税收入为 6 104 亿元，占全国营业税收入的比例为 31.6%；建筑业 2015 年营业税收入为 5 136 亿元，占全国营业税收入的比例为 26.6%；金融业 2015 年营业税收入为 4 561 亿元，占全国营业税收入的比例为 23.6%。这些行业是营业税重要的税源，将这些行业改征增值税将会对税制结构、税收分配等带来重大影响。

第二，营改增后通过增值税的征税原理，贯通服务业内部和二、三产业之间的抵扣链条，从制度上消除重复征税，充分发挥税收中性原则，促进国民经济按市场经济规律良性发展。

第三，这次全面推开营改增的政策取向，突出了推动服务业，特别是研发等生产性服务业的发展，在税目、税收优惠等方面的设计和安排以有利于促进产业分工优化、拉长产业链、带动制造业升级为导向。也可以说，营改增是创新驱动的"信号源"，也是经济转型升级的强大"助推器"。

第四，中央要求加大结构性减税政策力度。营改增作为结构性减税的重要政策，在结构性减税中发挥着重要的作用。随着营改增范围的不断扩大，增值税可以抵扣的范围也在扩大，原增值税纳税人的税负随之下降。对于营改增试点纳税人，营改增的政策也按照税负只减不增的要求进行设计。李克强总理曾明确指出"减税本身就是积极的财政政策"。营改增所实现的减税，规模大、范围广，本质上是一种"结构性减税"，从而构成"结构性改革"攻坚战中的实招。从营改增试点纳税人的角度看，营改增试点从 2012 年至 2015 年年底，全国试点纳税人共计 592 万户，累计减税 6 412 亿元。2016 年 5 月 1 日营改增全面推开后，预计 2016 年全年减税将超过 5 000 亿元。从当前看，营改增会为更多企业减轻税负，从长远看，必将利国利民。

第五，营业税是地方政府较重要的主体税收，营业税一旦退出历史舞台，将带来如何构建地方税体系、如何重新分配中央与地方税收等问题，所以营改增扩围也将倒逼对现行财税体制进行深度改革。

2012 年 1 月 1 日交通运输业和部分现代服务业营改增试点在上海展开，随着营改增的推进，营改增的税收政策也在不断地变化。2012 年 1 月 1 日起，上海营改增依据的是《财政部　国家税务总局关于在上海市开展交通运输业和部分现代服务业营业税改征增值税试点的通知》（财税〔2011〕111 号），自 2012 年 8 月 1 日起至 2012 年年底，将交通运输业和部分现代服务业营业税改征增值税试点范围，由上海市分批扩大至北京、天津、江苏、浙江、安徽、福建、湖北、广东和厦门、深圳 10 个省（直辖市、计划单列市）。2013 年 8 月 1 日起，交通运输业和部分现代服务业营改增试点在全国范围展开，全国营改增依据的政策是《财政部　国家税务总局关于在全国开展交通运输业和部分现代服务业营业税改征增值税试点税收政策的通知》（财税〔2013〕37号）。2014年1月1日起，铁路运输和邮政业改征增值税，《财政部　国家税务总局关于在全国开展交通运输业和部分现代服务业营业税改征增值税试点税收政策的通知》（财税〔2013〕37号）废止，启用了《财政部　国家税务总局关于将铁路运输和邮政业纳入营业税改征增值税试点的通知》（财税〔2013〕106号），该通知从2014年1月1日开始执行到2016年4月30日。自2016年5月1日起，在全国范围内全面推开营改增试点，建筑业、房地产业、金融业、生活服务业等全部营业税纳税人，纳入试点范围，由缴纳营业税改为缴纳增值税，同时废止了《财政部　国家税务总局关于将铁路运输和邮政业纳入营业税改征增值税试点的通知》（财税〔2013〕106号），启用了《财政部　国家税务总局关于全面推开营业税改征增值税试点的通知》（财税〔2016〕36号）。

笔者长期从事税务干部、纳税人、税务从业人员营改增的培训工作，对营改增试点以来的税收政策及征收管理有全面、系统的研究；结合税务机关的征收管理和纳税人的实际业务，对不同时期营改增政策执行中的难点、重点进行深入的务实的研究，有深厚的理论和实践功底；在对税务干部、纳税人、税务从业人员的培训和指导中，能简明扼要地对营改增政策进行系统梳理，深入浅出地对营改增的难点业务进行分析，深受税务干部、纳税人、税务从业人员的欢迎。

本书主要依据《财政部　国家税务总局关于全面推开营业税改征增值税试点的通知》（财税〔2016〕36号）以及其他2016年5月1日起实施的有关营改增的政策规定，结合纳税人实际的营改增业务来编写，以期为税务干部、纳税人、税务从业人员学习营改增的有关政策、处理营改增的具体业务提供指导和参考，所以本书的编写着重从以下几方面来组织内容：

1. 通过案例解读政策。

为了使读者能更好地理解、掌握营改增政策，本书收集编写了接近200个例题，这些例题中大部分都是经典案例，来源于纳税人的实际生产经营，特别是有关建筑服务、房地产开发企业等的案例。一个案例基本可以解决一类问题，有助于读者更好理解营改增政策、执行营改增政策。

2. 对有变化的政策明确分析变化前后的异同。

本书以2016年5月以来执行的有关营改增政策为主要依据，但为了让读者全面了解营改增政策的变化过程以及实际营改增业务处理的差异，适当结合了2016年5月1日前的营改增政策，分析2016年5月1日前、后有变化的政策，特别是一些重要的、常规的、容易被误解的政策。如兼营、混合销售、混业经营等业务，本书用实际的案例来分析同一业务在2016年5月1日前、后增值税处理的法律依据及处理结果的异同。

3. 对政策进行系统梳理，对类似业务的增值税处理进行归并总结。

营改增的政策较多，同一政策可能在不同的文件中都有描述，类似业务在不同的文件中可能都有具体规定。如果不加以归并、总结，对营改增政策的学习和执行可能会有遗漏。本书对政策进行系统梳理、对类似业务的增值税处理进行归并总结，有助于税务干部、纳税人、税务从业人员更好地全面了解营改增政策、执行营改增政策。如在进项税额转出和进项税额转入方面，本书整理了不同文件的政策规定，总结分析不动产进项税额转出和进项税额转入的增值税处理思路，固定资产、无形资产进项税额转出和进项税额转入的增值税处理思路，让读者能清晰掌握不同的资产进项税额转出和进项税额转入增值税处理的差别。

4. 不回避在增值税实际征管中处理有争议的营改增业务。

对在增值税实际征管处理中有争议的营改增业务，分析不同处理方法的合法性，在保证合法性的基础上分析合理的处理方法，有助于税务干部、纳税人、税务从业人员更好地根据实际业务因地制宜地处理好营改增业务。如对承租经营、承包经营、挂靠经营增值税纳税人的确定及双方增值税处理思路和难点等问题的不同处理结果的分析。

本书具有较强的易懂性、工具性、实战性。

由于笔者水平有限，时间紧迫，本书难免有疏漏之处，敬请读者批评指正。由于营改增业务类型较多，业务背景千差万别，角度不同对税收政策的理解也会有所不同，所以书中也许会有一些业务的处理与读者的理解不同，希望读者能理解和包容。

最后特别感谢江苏省税务学校冯生林校长的鼎力支持！感谢学校领导和同仁们的热心帮助！感谢朋友们对我一如既往的关怀！

白艳梅

2017年11月1日

目　录

Di Yi Zhang

第 一 章

营 改 增 试 点 纳 税 人

第一节　营改增试点纳税人与扣缴义务人

一、试点纳税人

（一）试点纳税人的规定

根据《财政部　国家税务总局关于全面推开营业税改征增值税试点的通知》（财税〔2016〕36号）附件1《营业税改征增值税试点实施办法》的规定，在中华人民共和国境内（以下称境内）销售服务、无形资产或者不动产（以下称应税行为）的单位和个人，为增值税纳税人，应当按照本办法缴纳增值税，不缴纳营业税。

单位，是指企业、行政单位、事业单位、军事单位、社会团体及其他单位。个人，是指个体工商户和其他个人。

（1）增值税纳税人包括原增值税纳税人和营改增试点纳税人。

营改增后，增值税纳税人包括原增值税纳税人和营改增试点纳税人。在境内销售货物或者提供加工、修理修配劳务以及进口货物的单位和个人，是原增值税纳税人，按照《中华人民共和国增值税暂行条例》（以下简称《增值税暂行条例》）等有关规定缴纳增值税。在境内提供应税行为的单位和个人，是营改增试点增值税纳税人，按照《营业税改征增值税试点实施办法》等有关规定缴纳增值税。但原增值税纳税人销售服务、无形资产或者不动产，也就成了试点纳税人，应按《营业税改征增值税试点实施办法》等有关规定执行。

（2）试点纳税人包括单位和个人。

企业在异地设立的分支机构提供应税行为，也是试点纳税人，除另有规定外，应在分支机构所在地主管税务机关缴纳增值税。

个人（包括个体工商户和其他个人）销售服务、无形资产或者不动产，即成为试点纳税人。如其他个人将资金贷给企业取得利息收入，属于金融服务中的贷款服务，应缴纳增值税。又如其他个人出租住房取得租金收入，属于租赁服务中的不动产租赁，应缴纳增值税。

（3）试点纳税人包括在境内销售服务、无形资产或者不动产的境外单位或者个人。

（二）资管产品管理人

根据《关于明确金融　房地产开发　教育辅助服务等增值税政策的通知》（财税〔2016〕140号）的规定，资管产品运营过程中发生的增值税应税行为，以资管产品管理人为增值税纳税人。

（三）承包、承租、挂靠方式经营的增值税纳税人

1. 承包、承租、挂靠方式经营的增值税纳税人的确定

（1）有关的政策规定。

根据《财政部　国家税务总局关于全面推开营业税改征增值税试点的通知》（财税

〔2016〕36 号）附件 1《营业税改征增值税试点实施办法》规定，单位以承包、承租、挂靠方式经营的，承包人、承租人、挂靠人（以下统称承包人）以发包人、出租人、被挂靠人（以下统称发包人）名义对外经营并由发包人承担相关法律责任的，以该发包人为纳税人。否则，以承包人为纳税人。即满足两个条件，一是以发包人名义对外经营，二是由发包人承担相关法律责任，以发包人为纳税人。不满足这两个条件的，以承包人为纳税人。

《增值税暂行条例实施细则》的规定和《营业税改征增值税试点实施办法》的规定有差别。《增值税暂行条例实施细则》规定，单位租赁或者承包给其他单位或者个人经营的，以承租人或者承包人为纳税人。即一刀切，只要单位租赁或者承包给其他单位或者个人经营的，都以承包人为纳税人。

按照《税务登记管理办法》的规定，有独立的生产经营权、在财务上独立核算并定期向发包人或者出租人上交承包费或租金的承包承租人，应当自承包承租合同签订之日起 30 日内，向其承包承租业务发生地税务机关申报办理税务登记，税务机关核发临时税务登记证及副本。即满足三个条件，一是有独立的生产经营权，二是在财务上独立核算，三是定期向发包人或者出租人上交承包费或租金，以承包人为纳税人。否则，以发包人为纳税人。

（2）承包、承租、挂靠方式经营的增值税纳税人。

在增值税的征收管理中，单位以承包、承租、挂靠方式经营的，增值税处理的基本思路是：如果以发包人名义对外经营并由发包人承担相关法律责任的，则发包人为增值税纳税人，由发包人办理税务登记，发生的购进或销售业务都属于发包方的业务，由发包方开具销售发票，可以抵扣进项税额的凭证由发包方抵扣进项税额；如果以承包人名义对外经营并由承包人承担相关法律责任的，则承包人为增值税纳税人，由承包人办理税务登记，发生的购进或销售业务都属于承包人的业务，由承包人开具销售发票，可以抵扣进项税额的凭证由承包人抵扣进项税额。

按照《营业税改征增值税试点实施办法》的规定，承包方是否"在财务上独立核算"不作为纳税人判断的标准。一般地，承包、承租、挂靠方式经营中，承包方由于没有某种资质、经营资格等，向发包方固定地支付承包费、出租费、挂靠经营的管理费等，以发包方的名义对外经营，经营过程中，对外产生法律问题，由发包方承担，发包方承担后再向承包方追偿。但整个生产经营由承包方自己组织，同时承包方在财务上独立核算，自负盈亏。这种情形下，按照《营业税改征增值税试点实施办法》的规定发包方是纳税人。但按照《税务登记管理办法》的规定，由于承包方有独立的生产经营权，在财务上独立核算，定期向发包人或者出租人上交承包费或租金，所以承包人是纳税人。

在增值税的征收管理中，《税务登记管理办法》的规定更利于执行。如提供建筑服务的纳税人挂靠经营，如果挂靠方有独立的生产经营权，在财务上独立核算，定期向被挂靠方上交管理费，则以挂靠方为纳税人，那么，挂靠方的生产经营的收入或支出都属于自己的业务，自己申报缴纳增值税，而对于被挂靠方，以收取的管理费作为收入，申报缴纳增值税，不需将挂靠方的生产经营的收入或支出纳入自己的增值税申报缴纳的范围。

【例1】甲建筑公司持有施工总承包企业二级资质。2016年8月正在承接建造中的工程有A、B、C三项工程。其中C工程是挂靠乙建筑公司（施工总承包企业特级资质）承接的项目。甲建筑公司向乙建筑公司支付挂靠费150万元。承接C工程后，甲建筑公司在财务上还是独立核算，自负盈亏。请问：甲企业、乙企业谁是增值税纳税人？

分析 本例是一个有争议的案例，根据不同的规定，甲企业、乙企业都有可能是增值税纳税人。

第一种情况，甲企业承接的C工程是以乙企业的名义承接的，以乙企业的名义建造，由乙企业对工程的质量负责并对甲企业实行追偿。根据《营业税改征增值税试点实施办法》的规定，单位以挂靠方式经营，挂靠人以被挂靠人名义对外经营并由发包人承担相关法律责任的，以被挂靠人为纳税人。即增值税的纳税人是乙企业。

如果增值税的纳税人是乙企业，那么甲企业的收入和支出的增值税处理都并入乙企业。但甲企业除经营以乙企业名义承接的C工程外，还有和乙企业没有关系的A、B工程，很难将甲企业的收入和支出的增值税处理都并入乙企业。

第二种情况，按照《税务登记管理办法》的规定来执行。由于甲企业有独立的生产经营权，在财务上独立核算并定期向发包人或者出租人上交承包费或租金，所以甲企业是办理税务登记的主体，是增值税的纳税人。

如果甲企业是增值税的纳税人，经营的A、B、C工程增值税处理就应该作为甲企业自己的业务处理。乙企业也是增值税纳税人，在资料列举的业务中仅就取得的挂靠费缴纳增值税。这样的处理和纳税人生产经营的过程与结果比较匹配。当然这样的处理也会产生其他的增值税问题。这些问题在本书第八章第一节"建筑服务的增值税处理"中将做进一步分析。本例仅分析挂靠经营的情况下增值税纳税人的确定。

本例在增值税征收管理中建议采用第二种方法。

2. 出租车行业承包、挂靠方式经营有关增值税业务的处理

（1）出租车经营模式。

在我国，出租车经营模式主要包括：

A. 承包经营模式。在承包经营模式下，出租车公司从政府部门获得出租车的经营权，并出资购买车辆。出租车司机一次性向出租车公司支付购车款取得出租车的使用权，出租车仍登记在出租车公司名下，行驶证、营运证上的所有人也是出租车公司。出租车司机以出租车公司的名义对外经营，自己承担运营费用，按期给公司上交管理费。

B. 挂靠经营模式。在挂靠经营模式下，出租车司机自己出资购车，挂靠有出租车经营权的出租车公司，以出租车公司的名义对外经营。出租车司机承担运营费用，按期给公司上交管理费。

C. 公车公营模式。在公车公营模式下，出租车公司从政府部门获得出租车的经营权，并出资购买车辆，招聘出租车司机，公司和司机的关系是雇佣关系，出租车司机的收入大多采用底薪加营业收入提成。

D. 个体经营模式。在个体经营模式下，个体经营者自己直接从政府部门获得出租

车的经营权，自己出资购车，自主经营。

在这四种不同的经营模式中，公车公营模式和个体经营模式，增值税的征收管理比较符合纳税人的生产经营状态。但在承包经营模式和挂靠经营模式下，增值税的部分业务的处理和纳税人的生产经营状态较难吻合。

（2）承包经营模式增值税处理的难点。

在承包经营模式下，承包方（出租车司机）以出租车公司的名义对外经营，按照《营业税改征增值税试点实施办法》的规定，出租车公司是增值税纳税人，出租车司机不是增值税纳税人。

在出租车公司是增值税纳税人这一大前提下，根据增值税业务处理的原理，出租车司机对外经营取得的销售额属于出租车公司的销售额，开具的发票是出租车公司的发票，并由出租车公司计算缴纳增值税。同时，出租车司机承担的运营费用如果取得合法的抵扣凭证，应由出租车公司抵扣进项税额。

但现实的状况很难按照这样的原理处理。具体难点问题主要有三方面：

一是出租车司机承担的运营费用有关进项税额的抵扣。

从会计核算的角度，由于在承包经营模式下，出租车司机自己承担运营费用，所以出租车司机购买车辆的有关保险，支付油费、汽车修理费、停车费等费用都是以个人的身份在进行，取得的发票受票方是司机个人。出租车公司不会将这些支出列入公司会计核算的范围。

从增值税处理的角度，出租车公司是增值税纳税人，每位出租车司机的生产经营都属于出租车公司的生产经营，所以出租车司机承担的运营费用的进项税额应由出租车公司抵扣，但是这些运营费用取得的发票受票方大多是司机个人，使得进项税额的抵扣没有办法实现。

为了实现在承包经营模式下出租车司机承担的运营费用进项税额的抵扣，建议出租车司机在对外支付运营费用的时候，以出租车公司的名义支付，发票的受票方为出租车公司。不过这样的处理会给出租车公司的会计核算带来麻烦。

二是出租车公司向出租车司机定期收取的承包费增值税的处理。

《营业税改征增值税试点实施办法》规定，出租车公司向使用本公司自有出租车的出租车司机收取的管理费用，按照陆路运输服务缴纳增值税。

出租车司机对外经营取得的全部收入都属于出租车公司的销售额，出租车公司向使用本公司自有出租车的出租车司机收取的管理费用缴纳增值税，这部分管理费收入单独计入销售额还是包含在出租车司机对外经营的销售额中？如某出租车公司本月向出租车司机共收取管理费 400 万元，出租车司机对外经营的销售额为 1 000 万元。那么出租车公司的销售额为 1 400 万元，还是 1 000 万元，还是 400 万元？

一般地，出租车公司会计核算的销售额为 400 万元，出租车司机对外经营的销售额 1 000 万元并不纳入公司会计核算的范围。所以站在会计核算的角度考虑，出租车公司的销售额为 400 万元。

从增值税处理的角度，出租车司机对外经营的销售额 1 000 万元属于出租车公司的销售额，由公司缴纳增值税，同时出租车公司向使用本公司自有出租车的出租车司机收取的管理费用 400 万元，也应缴纳增值税，所以出租车公司增值税的销售额为 1 400

万元。但这样的结果不符合增值税的原理。在整个经营业务中，纳税人是出租车公司，出租车公司需要缴纳增值税的是对外经营的销售额 1 000 万元。而出租车公司向使用本公司自有出租车的出租车司机收取的管理费用 400 万元实际上是出租车公司内部的一种资金往来，已经包含在 1 000 万元的销售额中，所以出租车公司的销售额为 1 000 万元而不是 1 400 万元更符合增值税的原理。

三是出租车公司将购进的出租车交给出租车司机一次性向出租车司机收取的费用增值税的处理。

从会计核算的角度，出租车公司一次性向出租车司机收取出租车的费用时，尽管出租车仍登记在出租车公司名下，行驶证、营运证上的所有人也是出租车公司，出租车公司还是会把这类业务作为销售出租车来核算，不再把这些出租车作为自己的固定资产进行会计核算。

从增值税处理的角度，出租车公司购进出租车可以抵扣进项税额。将购进的出租车交给出租车司机一次性向出租车司机收取的费用是否缴纳增值税？出租车公司是增值税纳税人，而出租车司机相当于出租车公司的一部分，那么这部分收费就是出租车公司内部的一种资金往来，不需要缴纳增值税。但是，出租车公司确实向司机收取了这一费用，也不再把这些出租车作为自己的固定资产进行会计核算，所以作为销售出租车按照 17% 的税率缴纳增值税也有一定道理。不过这样处理的话，出租车司机取得出租车公司开具的发票，由于受票方是出租车司机，而出租车司机不是增值税纳税人，所以出租车也就抵扣不到进项税额。

（3）挂靠经营模式增值税处理的难点。

在挂靠经营模式下，挂靠方（出租车司机）以出租车公司的名义对外经营，按照《营业税改征增值税试点实施办法》的规定，出租车公司是增值税纳税人，出租车司机不是增值税纳税人。

在出租车公司是增值税纳税人这一大前提下，增值税业务处理的原理和承包经营模式基本相同，即出租车司机对外经营取得的销售额属于出租车公司的销售额，开具的发票是出租车公司的发票，并由出租车公司计算缴纳增值税。同时，出租车司机承担的运营费用如果取得合法的抵扣凭证，应由出租车公司抵扣进项税额。

在增值税处理中，除了承包经营模式下的第一和第二个难点问题外，挂靠经营模式还有一个比较常见的难点问题，即出租车司机出资购买的出租车是否可以由出租车公司抵扣进项税额？按照增值税的原理，出租车可以抵扣进项税额。但是在增值税的征收管理中，因为挂靠经营下以出租车公司的名义对外经营，纳税人是出租车公司，而出租车的所有权在出租车司机名下，并且购买出租车时发票的受票方是司机个人，不是出租车公司，所以进项税额的抵扣无法实现。

以上对出租车承包经营模式、挂靠经营模式下难点问题的分析，在其他行业中也存在。2016 年 4 月 30 日后，建筑服务改征增值税，在建筑行业中挂靠经营模式比较常见，出租车行业挂靠经营模式的增值税难点问题也是建筑行业挂靠经营模式的增值税难点问题。在处理这些增值税问题的时候，只有合法性和合理性相结合，才能得到一个比较好的处理结果。

二、试点扣缴义务人

根据《营业税改征增值税试点实施办法》（财税〔2016〕36 号附件 1）的规定，境外单位或者个人在境内发生应税行为，在境内未设有经营机构的，以购买方为增值税扣缴义务人。财政部和国家税务总局另有规定的除外。

营改增的扣缴义务人是购买方，不包括代理人。

【例2】境外 K 公司（在境内未设经营机构）为我国乙企业提供业务流程管理服务，由 K 公司在境内设立的子公司 P 公司做代理人处理有关事宜。在该业务中乙企业是否承担增值税的扣缴义务？

分析 境外 K 公司为我国乙企业提供业务流程管理服务应缴纳增值税。在 2016 年 4 月 30 日前，根据《财政部　国家税务总局关于在全国开展交通运输业和部分现代服务业营业税改征增值税试点税收政策的通知》（财税〔2013〕37 号）中附件 1《交通运输业和部分现代服务业营业税改征增值税试点实施办法》的规定，境外的单位或者个人在境内提供应税服务，在境内未设有经营机构的，以其代理人为增值税扣缴义务人；在境内没有代理人的，以接受方为增值税扣缴义务人。P 公司作为代理人应承担增值税的扣缴义务，乙企业无须承担扣缴义务。

2016 年 4 月 30 日后，根据《营业税改征增值税试点实施办法》（财税〔2016〕36 号附件 1）的规定，境外单位或者个人在境内发生应税行为，在境内未设有经营机构的，以购买方为增值税扣缴义务人。P 公司作为代理人无须承担增值税的扣缴义务，而应由乙企业承担扣缴义务。

【例3】建设银行 XX 分行为境内甲企业向瑞士银行（境外）借款提供票据保付服务，同时作为瑞士银行的代理人处理相关业务。对于瑞士银行取得的甲企业支付的利息建设银行 XX 分行是否应承担扣缴义务？

分析 在 2016 年 4 月 30 日前，瑞士银行取得甲企业支付的利息应缴纳营业税，根据《中华人民共和国营业税暂行条例》的规定，境外的单位或者个人在境内提供应税劳务、转让无形资产或者销售不动产，在境内未设有经营机构的，以其境内代理人为扣缴义务人；在境内没有代理人的，以受让方或者购买方为扣缴义务人。建设银行 XX 分行作为代理人应扣缴营业税。

2016 年 4 月 30 日后，瑞士银行取得的甲企业支付的利息应缴纳增值税，根据《营业税改征增值税试点实施办法》（财税〔2016〕36 号附件 1）的规定，境外单位或者个人在境内发生应税行为，在境内未设有经营机构的，以购买方为增值税扣缴义务人。建设银行 XX 分行作为代理人无须承担增值税的扣缴义务，而应由甲企业承担扣缴义务。

三、试点一般纳税人和小规模纳税人

（一）一般纳税人的范围

增值税纳税人分为一般纳税人和小规模纳税人。营改增试点纳税人也分为一般纳税人和小规模纳税人，按照一般纳税人、小规模纳税人不同的征管方法进行增值税的征收管理。

试点一般纳税人包括以下三类：

1. 应税行为年销售额超过 500 万元的纳税人

《营业税改征增值税试点实施办法》规定，应税行为的年应征增值税销售额（以下称应税销售额）超过财政部和国家税务总局规定标准的纳税人为一般纳税人，未超过规定标准的纳税人为小规模纳税人。

应税行为年销售额标准为 500 万元（含本数）。

2. 已取得一般纳税人资格并兼营应税行为的试点纳税人

试点前的增值税一般纳税人如果兼营应税行为，无论兼营应税行为的年应税销售额是否超过 500 万元，对该纳税人应按照一般纳税人管理。

根据《国家税务总局关于全面推开营业税改征增值税试点有关税收征收管理事项的公告》（国家税务总局公告 2016 年第 23 号）的规定，试点纳税人兼有销售货物、提供加工、修理修配劳务和应税行为的，应税货物及劳务销售额与应税行为销售额分别计算，分别适用增值税一般纳税人资格登记标准。

【例4】某纳税人从事货物的生产销售并兼营应税行为。货物的年应税销售额为 55 万元，应税行为的年应税销售额为 20 万元。该纳税人是否应按照一般纳税人管理？

分析 货物的年应税销售额超过 50 万元，所以即使应税行为的年应税销售额未超过规定标准，该纳税人也应按照一般纳税人管理。

【例5】某纳税人从事货物的生产销售并兼营应税行为。货物的年应税销售额为 40 万元，应税行为的年应税销售额为 510 万元。该纳税人是否应按照一般纳税人管理？

分析 应税行为的年应税销售额超过 500 万元，所以即使货物的应税销售额未超过规定标准，该纳税人也应按照一般纳税人管理。

【例6】例 5 中的纳税人货物的年应税销售额为 45 万元，应税行为的年应税销售额为 495 万元。该纳税人是否应按照一般纳税人管理？

分析 货物的年应税销售额未超过 50 万元，应税行为的年应税销售额也未超过 500 万元，不需要按照一般纳税人管理。

3. 年应税销售额未超过财政部和国家税务总局规定标准以及新开业的纳税人

（1）新开业的纳税人是指自税务登记日起 30 日内申请一般纳税人资格认定的纳税人。

（2）根据《增值税一般纳税人资格认定管理办法》（国家税务总局令第 22 号）的规定，年应税销售额未超过财政部和国家税务总局规定的小规模纳税人标准以及新开业的纳税人，可以向主管税务机关申请一般纳税人资格认定。提出申请并且同时符合下列条件的纳税人，主管税务机关应当为其办理一般纳税人资格认定：有固定的生产经营场所；能够按照国家统一的会计制度规定设置账簿，根据合法、有效凭证核算，能够提供准确税务资料。

同时，《国家税务总局关于全面推开营业税改征增值税试点有关税收征收管理事项的公告》（国家税务总局公告2016年第23号）也规定，试点实施前应税行为年应税销售额未超过500万元的试点纳税人，会计核算健全，能够提供准确税务资料的，也可以向主管国税机关办理增值税一般纳税人资格登记。

所以一般地，应税行为的年应税销售额未超过财政部和国家税务总局规定标准的纳税人以及新开业的纳税人有固定的生产经营场所，能够按照国家统一的会计制度规定设置账簿，根据合法、有效凭证核算，能够提供准确税务资料的，才能成为一般纳税人。

2015年4月1日起，一般纳税人资格认定办法取消，取而代之的是一般纳税人登记制度。按照一般纳税人登记制度，纳税人向主管税务机关填报"一般纳税人资格登记表"，并提供税务登记证件，只要纳税人填报的内容与税务登记信息一致，主管税务机关即可将纳税人当场登记为一般纳税人。在登记的过程中税务机关不需考虑纳税人销售额的大小，也不需考虑纳税人是否有固定的生产经营场所，同时"一般纳税人资格登记表"中"会计核算是否健全"栏只能选"是"。

所以，应税行为的年应税销售额未超过财政部和国家税务总局规定标准的纳税人以及新开业的纳税人只要愿意做一般纳税人，都可以向主管税务机关登记为一般纳税人。

（二）年应税销售额

应税行为的年应税销售额，是指纳税人在连续不超过12个月的经营期内累计应征增值税销售额，含减、免税销售额、提供境外服务销售额以及按规定已从销售额中差额扣除的部分。

经营期，是指在纳税人存续期内的连续经营期间，含未取得销售收入的月份。

1. 含税年销售额的换算

根据《国家税务总局关于全面推开营业税改征增值税试点有关税收征收管理事项的公告》（国家税务总局公告2016年第23号）的规定，营改增试点实施前销售服务、无形资产或者不动产的年应税销售额超过500万元的试点纳税人，应向主管国税机关办理增值税一般纳税人资格登记手续。

试点纳税人试点实施前的应税行为年应税销售额按以下公式换算：

应税行为年应税销售额＝连续不超过12个月应税行为营业额合计÷（1+3%）

即2016年4月30日前缴纳营业税，2016年4月30日后改征增值税的纳税人，无论在缴纳营业税的时候适用营业税税率为5%还是3%，将试点前的年营业额换算为增值税的年应税销售额一律适用3%的征收率。

【例7】甲房地产开发企业2016年5月1日起改征增值税。2016年4月30日前连续12个月的营业额为520万元。是否达到一般纳税人的标准？

分析 根据《营业税改征增值税试点有关事项的规定》，营改增后，房地产开发企业中的小规模纳税人，销售自行开发的房地产项目，按照5%的征收率计税。但将营改增前的营业额核算为不含税销售额还是应适用3%的征税率，所以不含税销售额=520÷（1+3%）=495.24（万元），甲房地产开发企业未达到一般纳税人500万元销售额的标准。

上例中，甲房地产开发企业改征增值税后，按5%的征收率计算缴纳增值税，因此连续12个月的含税销售额换算为不含税销售额时，用5%的征税率换算。

【例8】甲房地产开发企业2016年5月1日起改征增值税，为小规模纳税人。2016年5月1日—2017年4月30日，该纳税人取得含税销售收入520万元。是否达到一般纳税人的标准？

分析 如果按照"应税行为年应税销售额=连续不超过12个月应税行为含税销售额合计÷（1+3%）"的公式计算，甲房地产开发企业的年应税销售额=520÷（1+3%）=504.85万元，超过了小规模纳税人的标准。

但是，该纳税人于2016年4月30日—2017年4月30日申报缴纳增值税的时候在"增值税申报表（小规模纳税人适用）"中填报的不含税的销售额合计=520÷（1+5%）=495.24（万元），并未超过小规模纳税人的标准。《国家税务总局关于全面推开营业税改征增值税试点有关税收征收管理事项的公告》（国家税务总局公告2016年第23号）规定用3%的征收率换算，是指营改增试点"实施前"销售服务、无形资产或者不动产的年应税销售额的换算。营改增试点"实施后"应按照小规模纳税人的适用征收率来核算，适用的征收率为5%，应税行为年应税销售额=连续不超过12个月应税行为含税销售额合计÷（1+5%）。所以，甲房地产开发企业的年应税销售额未超过小规模纳税人的标准。

2. 差额征税的纳税人以扣除差额之前的销售额来确定

差额征税的纳税人在计算应纳税额的时候虽然是以扣除差额之后的余额为销售额，但是从会计核算的角度看，差额征税的价款并不冲减主营业务收入，而是增加主营业务成本，所以在界定纳税人是否达到一般纳税人标准的时候使用的销售额以扣除差额之前的销售额来确定。

【例9】某旅行社提供旅游服务。2016年4月30日后改征增值税。2016年5月—2017年4月，取得旅游服务收入550万元。为顾客支付给其他单位或者个人的住宿费、餐饮费、交通费、签证费、门票费等300万元。请问：该旅行社是否达到一般纳税人的标准？

分析 该旅行社2016年5月—2017年4月年应税销售额=550÷（1+3%）=533.98（万元），已经超过500万元，达到一般纳税人的标准。其为顾客支付给其他单位或者个人的住宿费、餐饮费、交通费、签证费、门票费等300万元在界定纳税人是否达到一般纳税人标准的时候不得扣除。

3. 年应税销售额包括稽查查补销售额和纳税评估调整销售额

根据《国家税务总局关于界定超标准小规模纳税人偷税数额的批复》（税总函〔2015〕311号）的规定，稽查查补销售额和纳税评估调整销售额计入查补税款申报当月的销售额，不计入税款所属期销售额。

如 2016 年 3 月税务机关对某营改增小规模纳税人 2015 年的纳税情况进行税务稽查，查出该纳税人 2015 年隐瞒收入 280 万元（不含税），该纳税人 2016 年 5 月就该部分查出的收入补缴了税款。则在界定该纳税人是否达到一般纳税人标准的时候，应把这 280 万元的销售额作为 2016 年 5 月的销售额，如果 2015 年 6 月—2016 年 5 月的销售额共计超过 500 万元，则该纳税人应规定到主管税务机关登记为增值税一般纳税人。

4. 偶然发生的转让不动产的销售额，不计入应税行为年应税销售额

按照《国家税务总局关于全面推开营业税改征增值税试点有关税收征收管理事项的公告》（国家税务总局公告 2016 年第 23 号）的规定，增值税小规模纳税人偶然发生的转让不动产的销售额，不计入应税行为年应税销售额。

值得注意的是，增值税小规模纳税人偶然发生的出租不动产的销售额、销售自己使用过的固定资产的销售额，应计入年应税销售额。

【例 10】某酒店 2016 年 5 月 1 日改征增值税，为增值税小规模纳税人。2016 年 5 月—2017 年 4 月含税销售额为 500 万元，另外，2016 年 8 月销售 2013 年 1 月购买的商铺取得含税收入 100 万元。该纳税人是否达到一般纳税人的标准？

分析 该酒店 2016 年 5 月—2017 年 4 月销售额 = 5 000 000 ÷（1 + 3%）= 4 854 368.93（元），销售商铺的销售额按照《国家税务总局关于全面推开营业税改征增值税试点有关税收征收管理事项的公告》（国家税务总局公告 2016 年第 23 号）的规定，属于增值税小规模纳税人偶然发生的转让不动产的销售额，不计入应税行为年应税销售额，所以该酒店的年销售额未超过 500 万元，不需登记为一般纳税人。

【例 11】某酒店 2016 年 4 月 30 日改征增值税，为增值税小规模纳税人。2016 年 5 月—2017 年 4 月含税销售额为 500 万元，另外，出租商铺取得含税收入 32 万元。该纳税人是否达到一般纳税人的标准？

分析 该酒店餐饮住宿服务按照 3% 征收率缴纳增值税，出租商铺按照 5% 征收率缴纳增值税。

年应税销售额 = 5 000 000 ÷（1 + 3%）+ 320 000 ÷（1 + 5%）

　　　　　　= 4 854 368.93 + 304 761.9

　　　　　　= 5 159 130.83（元）

年应税销售额超过 500 万元，达到了一般纳税人的标准。

（三）年应税销售额超过规定标准仍按小规模纳税人管理的纳税人

1. 年应税销售额超过规定标准仍按小规模纳税人管理的纳税人范围

年应税销售额超过规定标准的其他个人仍按照小规模纳税人管理。有一部分纳税人，年应税销售额超过规定标准后可以选择按照小规模纳税人纳税。对于销售货物、提供加工、修理修配劳务的纳税人，仍然按照《增值税暂行条例实施细则》的规定执行。对于营改增试点纳税人，按照《营业税改征增值税试点实施办法》的规定执行，具体包括三种情形：

（1）销售营改增应税行为的纳税人。

根据《营业税改征增值税试点实施办法》（财税〔2016〕36 号附件 1）的规定，

纳税人提供应税行为，年应税销售额超过规定标准的其他个人不属于一般纳税人。年应税销售额超过规定标准但不经常发生应税行为的单位和个体工商户可选择按照小规模纳税人纳税。

这里所说的单位包括非企业性单位和企业，即营改增试点纳税人中不经常发生应税行为的非企业性单位、企业和个体工商户年应税销售额超过规定标准的，可以选择按照小规模纳税人纳税。

（2）销售货物、提供加工、修理修配劳务的纳税人。

根据《增值税暂行条例实施细则》（中华人民共和国财政部国家税务总局令第50号）规定，纳税人销售货物、提供加工、修理修配劳务，年应税销售额超过小规模纳税人标准的其他个人按小规模纳税人纳税；非企业性单位、不经常发生应税行为的企业可选择按小规模纳税人纳税。

销售货物、提供加工、修理修配劳务的非企业性单位年应税销售额超过规定标准的，即使其主营业务是销售货物、提供加工、修理修配劳务，也可以选择按照小规模纳税人纳税，比营改增试点非企业性单位可选择按照小规模纳税人纳税的范围大。

这里，不经常发生应税行为的企业包括个体工商户。

（3）兼营货物、提供加工、修理修配劳务和应税行为的纳税人。

根据《国家税务总局关于全面推开营业税改征增值税试点有关税收征收管理事项的公告》（国家税务总局公告2016年第23号）的规定，兼有销售货物、提供加工、修理修配劳务和应税行为，年应税销售额超过财政部、国家税务总局规定标准且不经常发生销售货物、提供加工、修理修配劳务和应税行为的单位和个体工商户可选择按照小规模纳税人纳税。

这里所说的单位也包括非企业性单位和企业。可以选择按照小规模纳税人纳税的非企业性单位应为不经常发生应税行为的非企业性单位。

【例12】某事业单位从事各类书籍的批发零售业务。连续12个月内销售额为850万元。该纳税人是否可以选择按照小规模纳税人纳税？

分析 该纳税人属于销售货物的非企业性单位，纳税人销售货物的非企业性单位年应税销售额超过小规模纳税人标准，也可选择按小规模纳税人纳税。所以该事业单位虽然年应税销售额远远大于80万元，也可选择按照小规模纳税人纳税。

【例13】黄河水文技术咨询公司是一家专门从事水文勘测技术咨询的事业单位。2016年5月—2017年4月，共取得水文勘测技术咨询收入550万元（含税），黄河水文技术咨询公司是否可以选择按照小规模纳税人纳税？

分析 黄河水文技术咨询公司年应税销售额 = 5 500 000÷(1+3%) = 5 339 805.82（元），超过500万元。虽然黄河水文技术咨询公司是事业单位，为非企业性单位，但是不属于不经常发生应税行为的非企业性单位，所以不得选择按照小规模纳税人纳税，必须登记为一般纳税人。

【例14】例13中，如果黄河水文技术咨询公司除从事水文勘测技术咨询服务外，还批发、零售水处理设备。2016年5月—2017年4月，共取得水文勘测技术咨询收入200万元（不含税），销售水处理设备取得销售额850万元（不含税）。黄河水文技术咨询公司是否可以选择按照小规模纳税人纳税？

分析 黄河水文技术咨询公司虽然提供应税行为的销售额未超过一般纳税人标准，但其销售货物的销售额超过一般纳税人标准，同时，黄河水文技术咨询公司不属于不经常发生应税行为的非企业性单位，按照《国家税务总局关于全面推开营业税改征增值税试点有关税收征收管理事项的公告》（国家税务总局公告 2016 年第 23 号）的规定，不得选择按照小规模纳税人纳税，必须登记为一般纳税人。

2. 不经常发生应税行为

根据《国家税务总局关于明确〈增值税一般纳税人资格认定管理办法〉若干条款处理意见的通知》（国税函〔2010〕139 号）规定，不经常发生应税行为的企业，是指非增值税纳税人；不经常发生应税行为是指其偶然发生增值税应税行为。

偶然发生增值税应税行为用一定时间发生的次数来判断不好操作，可以简单地理解为非增值税纳税人发生的增值税应税行为。

一般来讲，非增值税纳税人就是营业税纳税人或者既不是增值税纳税人也不是营业税纳税人的主体。这里所说的增值税纳税人是在国税机关办理税务登记，被国税机关作为增值税小规模纳税人管理的纳税人。营业税纳税人是在地税机关办理税务登记，被地税机关作为营业税纳税人管理的纳税人。既不是增值税纳税人也不是营业税纳税人的主体是指既没在国税机关办理税务登记，也没在地税机关办理税务登记，既不是增值税的管户，也不是营业税的管户的主体，如一些未从事生产经营活动的行政事业单位、社会团体。

【例 15】甲企业 2016 年 5 月成立，从事工程设计业务，是增值税小规模纳税人。成立以后，一直没有业务发生。2017 年 4 月，为某客户提供一项工程设计服务取得不含税销售额 520 万元。甲企业是否可以选择按照小规模纳税人纳税？

分析 纳税人如果在国税机关办理税务登记，被国税机关作为增值税小规模纳税人管理，即使在连续 12 个月的时间里只有一笔业务，只要这笔业务销售额超过小规模纳税人的标准，不能按照"年应税销售额超过规定标准但不经常发生应税行为的单位和个体工商户可选择按照小规模纳税人纳税"的规定，选择按照小规模纳税人纳税。

甲企业年应税销售额为 520 万元，超过了 500 万元，应按规定登记为一般纳税人。

【例 16】乙企业 2013 年 1 月成立，从事餐饮业务，是营业税纳税人。乙企业除现场消费的餐饮业务外，还有非现场消费的外卖业务，外卖的是自己制作、同现场消费一样的食品。其中非现场消费的外卖业务增值税年应税销售额超过了 50 万元。乙企业是否属于"不经常发生应税行为的企业"，可以选择按照小规模纳税人纳税？

分析 餐饮服务改征增值税前，乙企业的业务属于营业税纳税人兼营增值税应税项目。根据《国家税务总局关于旅店业和饮食业纳税人销售食品有关税收问题的公告》（国家税务总局公告 2011 年第 62 号）的规定，旅店业和饮食业纳税人销售非现场消费的食品应当缴纳增值税，不缴纳营业税。同时，《国家税务总局关于旅店业和饮食业纳税人销售非现场消费食品增值税有关问题的公告》（国家税务总局公告 2013 年第 17 号）规定，旅店业和饮食业纳税人销售非现场消费的食品，属于不经常发生增值税应税行为，根据《增值税暂行条例实施细则》（中华人民共和国财政部国家税务总局令第

50 号）第二十九条的规定，可以选择按小规模纳税人缴纳增值税。

可以看出，旅店业和饮食业在征收营业税的时候，销售非现场消费的食品，连续 12 个月的时间里，无论销售了几次（甚至可能是成千上万次），无论销售额是多少，都可以选择按照小规模纳税人纳税。

所以在旅店业和饮食业改征增值税前，乙企业可以选择按照小规模纳税人缴纳增值税。

营改增后，根据《关于明确金融 房地产开发 教育辅助服务等增值税政策的通知》（财税〔2016〕140 号）的规定，提供餐饮服务的纳税人销售的外卖食品，按照"餐饮服务"缴纳增值税。乙企业现场消费的餐饮业务和外卖业务都按照"餐饮服务"缴纳增值税，不能选择按小规模纳税人纳税。

通过上面两个例题可以看出，不经常发生应税行为可以理解为：作为增值税管户的增值税小规模纳税人，不属于不经常发生应税行为的纳税人。而营业税纳税人，或者既不是增值税纳税人也不是营业税纳税人的主体，如果提供增值税应税行为，年应税销售额超过规定的标准，可以选择按照小规模纳税人缴纳增值税。

按照这样的理解，2016 年 4 月 30 日后，由于没有营业税，也就没有营业税纳税人，所以可以选择按照小规模纳税人纳税的情形包括：一是销售货物、提供加工、修理修配劳务的非企业性单位；二是年应税销售额超过规定标准的提供应税行为，或者兼有销售货物、提供加工、修理修配劳务和应税行为的，国税机关没有将其作为增值税管户管理的纳税人（包括行政事业单位、社会团体、其他个人等）。

【例 17】某县国税局 2016 年 6 月 1 日起将其空闲的办公室出租给县工商局使用，租期为 2016 年 6 月 1 日—2017 年 5 月 31 日，租金 560 万元于 2016 年 6 月一次收取。县国税局是否应登记为一般纳税人？

分析 县国税局出租不动产取得收入，年销售额 = 5 600 000 ÷（1 + 5%）= 5 333 333.33（元），虽然超过了 500 万元，但是属于《营业税改征增值税试点实施办法》（财税〔2016〕36 号）规定的"年应税销售额超过规定标准但不经常发生应税行为的单位和个体工商户可选择按照小规模纳税人纳税"的情形，可以选择按照小规模纳税人纳税。

【例 18】某增值税小规模纳税人主营业务为经纪代理服务（代理报关），2016 年 5 月—2017 年 4 月取得的含税销售额为 500 万元，另外，2016 年 8 月销售两辆使用过的小汽车取得含税收入 50 万元。该纳税人是否达到一般纳税人的标准？

分析 有观点认为，该纳税人销售使用过的固定资产，属于不经常发生应税行为，所以即使该纳税人年应税销售额超过 500 万元，也可以选择按照小规模纳税人纳税。这一观点判断纳税人是否属于不经常发生应税行为主要看其会计核算的营业收入（包括主营业务收入、其他业务收入），只要有不通过主营业务收入、其他业务收入核算的收入，都属于不经常发生应税行为，都可以选择按照小规模纳税人纳税。这一观点完全打乱了 2016 年 4 月 30 日前类似业务处理的方式，也没有明确的政策支持，更不便于操作。

比较恰当的处理是，该纳税人的情况分两部分考虑：应税行为的年销售额 =

5 000 000÷(1+3%)= 4 854 368.93（元），未超过 500 万元；销售小汽车属于销售货物，年销售额 = 500 000÷（1+3%）= 485 436.89（元），未超过 80 万元，所以不需登记为一般纳税人。如果这两部分销售中，有一部分超过规定标准，则该纳税人应按规定登记为一般纳税人。

第二节 一般纳税人的管理

一、一般纳税人资格登记

根据《国家税务总局关于调整增值税一般纳税人管理有关事项的公告》（国家税务总局公告 2015 年第 18 号）的规定，从 2015 年 4 月 1 日起，增值税一般纳税人资格实行登记制，登记事项由增值税纳税人向其主管税务机关办理。

（一）一般纳税人资格登记的程序

无论是年应税销售额超过规定标准的纳税人，还是年应税销售额未超过规定标准的纳税人以及新开业的纳税人，都应按照下列程序办理一般纳税人资格登记：

（1）纳税人向主管税务机关填报《增值税一般纳税人资格登记表》（表 1-1），并提供税务登记证件。

（2）纳税人填报内容与税务登记信息一致的，主管税务机关当场登记。

对于年应税销售额超过规定标准的纳税人，无论其会计核算如何，都应该办理一般纳税人的登记手续。对于年应税销售额未超过规定标准的纳税人，《营业税改征增值税试点实施办法》规定，会计核算健全，能够提供准确税务资料的，可以向主管税务机关办理一般纳税人资格登记，成为一般纳税人。即会计核算是否健全是年应税销售额未超过规定标准的纳税人登记为一般纳税人的条件。会计核算健全，是指能够按照国家统一的会计制度规定设置账簿，根据合法、有效凭证核算。

主管税务机关受理纳税人的登记资料后，不需要考虑纳税人的销售额的大小，也不需要考虑纳税人是否有固定的生产经营场所，就可以将纳税人登记为一般纳税人。增值税一般纳税人资格登记表"会计核算健全"一栏只有一个选项"是"。不过纳税人不需要提供更多的资料来证明其会计核算的健全，主管税务机关也不需要对此进行核实。

（3）纳税人填报内容与税务登记信息不一致，或者不符合填列要求的，税务机关应当场告知纳税人需要补正的内容。

（二）未按期办理一般纳税人资格登记的处理

年应税销售额超过规定标准的纳税人是一般纳税人，无论其是否来办理一般纳税人资格登记手续，都应按一般纳税人管理，但主管税务机关应告知纳税人。具体按《国家税务总局关于调整增值税一般纳税人管理有关事项的公告》（国家税务总局公告 2015 年第 18 号）的规定执行：

纳税人年应税销售额超过规定标准的，在申报期结束后 20 个工作日内办理一般纳税人登记的相关手续；未按规定时限办理的，主管税务机关应当在规定期限结束后 10 个工作日内制作"税务事项通知书"，告知纳税人应当在 10 个工作日内向主管税务机关办理相关手续。

表 1-1   增值税一般纳税人资格登记表

纳税人名称		纳税人识别号		
法定代表人（负责人、业主）	证件名称及号码		联系电话	
财务负责人	证件名称及号码		联系电话	
办税人员	证件名称及号码		联系电话	
税务登记日期				
生产经营地址				
注册地址				
纳税人类别：企业□ 非企业性单位□ 个体工商户□ 其他□				
主营业务类别：工业□ 商业□ 服务业□ 其他□				
会计核算健全：是□				
一般纳税人资格生效之日：当月 1 日□ 次月 1 日□				
纳税人（代理人）承诺： 　　上述各项内容真实、可靠、完整。如有虚假，愿意承担相关法律责任。 　　　　　　经办人：　　　　　法定代表人：　　　　　　代理人：　　　（签章） 　　　　　　　　　　　　　　　　　　　　　　　　　　　　　　年　　月　　日				
以下由税务机关填写				
主管税务机关受理情况	受理人：　　　　　　　　　　　　　　　　　主管税务机关（章） 　　　　　　　　　　　　　　　　　　　　　　年　　月　　日			

如果纳税人未按"税务事项通知书"规定的时间到主管税务机关办理一般纳税人的登记手续，则"税务事项通知书"规定的时间届满，纳税人应按适用税率缴纳增值税，同时不得抵扣进项税额。

（三）试点实施前已取得增值税一般纳税人资格并兼有应税行为的试点纳税人

按照《国家税务总局关于全面推开营业税改征增值税试点有关税收征收管理事项的公告》（国家税务总局公告 2016 年第 23 号）的规定，试点实施前已取得增值税一般纳税人资格并兼有应税行为的试点纳税人，不需要重新办理增值税一般纳税人资格登记手续，由主管国税机关制作、送达"税务事项通知书"，告知纳税人。

（四）选择按小规模纳税人纳税的程序

纳税人年应税销售额超过财政部、国家税务总局规定标准，且符合有关政策规定，选择按小规模纳税人纳税的，应当向主管税务机关提交"选择按小规模纳税人纳税的情况说明"，如表1-2所示。

表1-2　　　　　　　　　选择按小规模纳税人纳税的情况说明

纳税人名称		纳税人识别号	
连续不超过12个月的经营期内累计应税销售额		货物劳务：　年　月至　年　月共　　　元。	
		应税服务：　年　月至　年　月共　　　元。	
情况说明			
纳税人（代理人）承诺： 　　上述各项内容真实、可靠、完整。如有虚假，愿意承担相关法律责任。 　　　　　　　经办人：　　法定代表人：　　代理人：　　（签章） 　　　　　　　　　　　　　　　　　　　　　　　　　年　月　日			
以下由税务机关填写			
主管税务机关受理情况	受理人：　　　　　　　　　　主管税务机关（章） 　　　　　　　　　　　　　　　　　　　　年　月　日		

纳税人应根据上表填写符合财政部、国家税务总局规定可选择按小规模纳税人纳税的具体情形及理由。主管税务机关（章）指各办税服务厅业务专用章。本表一式二份，主管税务机关和纳税人各留存一份。

【例19】2016年7月某县稽查局对甲营改增小规模纳税人2015年纳税情况进行税务稽查，查出纳税人采用少计收入等方式一共隐瞒销售额850万元。根据纳税人2015年各月已申报的销售额和查补的销售额计算，截至2015年6月该纳税人连续12个月的销售额已经超过 500 万元。稽查局认为，该纳税人从 2015 年 7 月起年应税销售额已经超过一般纳税人的标准，应该按照适用税率缴纳增值税。2016 年 9 月 10 日，该纳税人按照稽查局的检查结果及要求，对查补的销售额中属于 2015 年 1 月—6 月的按征收率补缴税款，对属于 2015 年 7 月—12 月的按适用税率补缴税款。请问：稽查局的处理是否正确？为什么？

分析 根据《国家税务总局关于界定超标准小规模纳税人偷税数额的批复》（税总函〔2015〕311 号）的规定，稽查查补销售额和纳税评估调整销售额计入查补税款申报当月的销售额，以界定增值税小规模纳税人年应税销售额。纳税人如果 2016 年 8 月申报期内就查补的销售额和 2016 年 8 月的销售额一起补缴税款，查补的销售额应计入 2016 年 8 月销售额，计入后如果纳税人连续 12 个月（包括 2016 年 8 月）的年应税销售额超过 500 万元，纳税人应该在申报期结束后 20 个工作日内到主管税务机关办理一般纳税人登记手续。超过这一时间未办理的，主管税务机关 10 个工作日内给纳税人制作送达"税务事项通知书"，告知纳税人应当在 10 个工作日内向主管税务机关办理一般纳税人登记手续。如果纳税人未按"税务事项通知书"规定的时间到主管税务机关办理一般纳税人的登记手续，则"税务事项通知书"规定的时间届满，纳税人应按适用税率缴纳增值税，同时不得抵扣进项税额。

所以稽查局的处理不正确。对于查补的销售额纳税人应按照征收率补缴税款。

二、一般纳税人的执行时间

（一）增值税一般纳税人的执行时间

根据《国家税务总局关于调整增值税一般纳税人管理有关事项的公告》（国家税务总局公告 2015 年第 18 号）的规定，除财政部、国家税务总局另有规定外，纳税人自其选择的一般纳税人资格生效之日起，按照增值税一般计税方法计算应纳税额，并按照规定领用增值税专用发票。

可以选择的时间有"当月 1 日起"或者"次月 1 日起"。无论是新开业的纳税人还是已经开业的纳税人都可以根据自己的实际情况，在这两个时间中选择一个作为一般纳税人开始执行的时间。

除国家税务总局另有规定外，一经登记为一般纳税人后，不得转为小规模纳税人。

（二）纳税人自办理税务登记至认定或登记为一般纳税人期间进项税额的抵扣

《国家税务总局关于纳税人认定或登记为一般纳税人前进项税额抵扣问题的公告》（国家税务总局公告 2015 年第 59 号）规定：

（1）纳税人自办理税务登记至认定或登记为一般纳税人期间，未取得生产经营收入，未按照销售额和征收率简易计算应纳税额申报缴纳增值税的，其在此期间取得的增值税扣税凭证，可以在认定或登记为一般纳税人后抵扣进项税额。

（2）上述增值税扣税凭证按照现行规定无法办理认证或者稽核比对的，按照以下规定处理：

①购买方纳税人取得的增值税专用发票，按照《国家税务总局关于推行增值税发票系统升级版有关问题的公告》（国家税务总局公告 2014 年第 73 号）规定的程序，由销售方纳税人开具红字增值税专用发票后重新开具蓝字增值税专用发票。

购买方纳税人按照国家税务总局公告 2014 年第 73 号规定填开"开具红字增值税专用发票信息表"或"开具红字货物运输业增值税专用发票信息表"时，选择"所购货物或劳务、服务不属于增值税扣税项目范围"或"所购服务不属于增值税扣税项目范围"。

②纳税人取得的海关进口增值税专用缴款书，按照《国家税务总局关于逾期增值税扣税凭证抵扣问题的公告》（国家税务总局公告 2011 年第 50 号）规定的程序，经国家税务总局稽核比对相符后抵扣进项税额。

三、辅导期纳税人的管理

按照《国家税务总局关于全面推开营业税改征增值税试点有关税收征收管理事项的公告》（国家税务总局公告 2016 年第 23 号）的规定，试点纳税人在办理增值税一般纳税人资格登记后，发生增值税偷税、骗取出口退税和虚开增值税扣税凭证等行为的，主管国税机关可以对其实行 6 个月的纳税辅导期管理。

营改增增值税一般纳税人辅导期管理的政策符合原增值税一般纳税人辅导期管理的有关要求。

（一）辅导期纳税人的范围

根据《增值税一般纳税人资格认定管理办法》（国家税务总局令第 22 号）的规定，主管税务机关可以在一定期限内对下列一般纳税人实行纳税辅导期管理：

1. 按照本办法第四条的规定新认定为一般纳税人的小型商贸批发企业

《增值税一般纳税人纳税辅导期管理办法》（国税发〔2010〕40 号）规定，小型商贸批发企业，是指注册资金在 80 万元（含 80 万元）以下、职工人数在 10 人（含 10 人）以下的批发企业。只从事出口贸易，不需要使用增值税专用发票的企业除外。

批发企业按照国家统计局颁发的《国民经济行业分类》（GB/T4754-2002）中有关批发业的行业划分方法界定。

试点纳税人中无这一类型的纳税人，所以这一规定对试点纳税人不适用。

2. 国家税务总局规定的其他一般纳税人

《增值税一般纳税人纳税辅导期管理办法》（国税发〔2010〕40 号）规定，其他一般纳税人，是指具有下列情形之一的一般纳税人：

（1）增值税偷税数额占应纳税额的 10% 以上并且偷税数额在 10 万元以上的；

（2）骗取出口退税的；

（3）虚开增值税扣税凭证的；

（4）国家税务总局规定的其他情形。

试点纳税人如果有以上情形，也可以实行辅导期管理。所以，试点纳税人取得一般纳税人资格后，发生增值税偷税、骗取退税和虚开增值税扣税凭证等行为的，主管税务机关可以对其实行辅导期管理。

（二）辅导期的期限

（1）《增值税一般纳税人纳税辅导期管理办法》（国税发〔2010〕40号）规定，新认定为一般纳税人的小型商贸批发企业实行纳税辅导期管理的期限为3个月；其他一般纳税人实行纳税辅导期管理的期限为6个月。

基于以上要求，试点纳税人取得一般纳税人资格后，发生增值税偷税、骗取退税和虚开增值税扣税凭证等行为的，主管税务机关可以对其实行不少于6个月的纳税辅导期管理。

（2）对新办小型商贸批发企业，主管税务机关应在认定为一般纳税人下发"税务事项通知书"内告知纳税人对其实行纳税辅导期管理，纳税辅导期自主管税务机关制作"税务事项通知书"的当月起执行；对其他一般纳税人，主管税务机关应自稽查部门做出"税务稽查处理决定书"后40个工作日内，制作、送达"税务事项通知书"告知纳税人对其实行纳税辅导期管理，纳税辅导期自主管税务机关制作"税务事项通知书"的次月起执行。

（三）辅导期纳税人的管理

根据《增值税一般纳税人纳税辅导期管理办法》（国税发〔2010〕40号）的规定，辅导期增值税一般纳税人与其他一般纳税人相比，在以下几方面有特别的管理要求：

（1）实行纳税辅导期管理的小型商贸批发企业，领购专用发票的最高开票限额不得超过十万元；其他一般纳税人专用发票最高开票限额应根据企业实际经营情况重新核定。

根据《增值税专用发票使用规定》（国税发〔2006〕156号）的规定，专用发票实行最高开票限额管理。最高开票限额，是指单份专用发票开具的销售额合计数不得达到的上限额度。如十万元的专用发票，是指单份专用发票开具的销售额合计数不得超过十万元，即最高开票销售额为99 999.99元。

最高开票限额由一般纳税人申请，税务机关依法审批。税务机关审批最高开票限额应进行实地核查。

一般纳税人申请最高开票限额时，需填报"最高开票限额申请表"。一般纳税人领购专用设备后，凭"最高开票限额申请表""发票领购簿"到主管税务机关办理初始发行。

（2）辅导期纳税人专用发票的领购实行按次限量控制，主管税务机关可根据纳税人的经营情况核定每次专用发票的供应数量，但每次发售专用发票数量不得超过25份。

辅导期纳税人一个月内多次领购专用发票的，应从当月第二次领购专用发票起，按照上一次已领购并开具的专用发票销售额的3%预缴增值税，未预缴增值税的，主管税务机关不得向其发售专用发票。

辅导期纳税人预缴的增值税可在本期增值税应纳税额中抵减，抵减后预缴增值税仍有余额的，可抵减下期再次领购专用发票时应当预缴的增值税。

纳税辅导期结束后，纳税人因增购专用发票发生的预缴增值税有余额的，主管税务机关应在纳税辅导期结束后的第一个月内，一次性退还纳税人。

（3）辅导期纳税人取得的增值税专用发票抵扣联应当在交叉稽核比对无误后，方可抵扣进项税额。

所以，辅导期纳税人应当在"应交税费"科目下增设"待抵扣进项税额"明细科目，核算尚未交叉稽核比对的专用发票抵扣联注明的进项税额。

尚未交叉稽核比对的专用发票抵扣联注明的进项税额在"增值税纳税申报表附列资料（表二）（本期进项税额明细）"的"三、待抵扣进项税额"的对应行次填报，交叉稽核比对无误可以抵扣的，在"一、申报抵扣的进项税额"的对应行次填报。

【例20】甲信息技术服务公司为营改增一般纳税人，由于虚开增值税专用发票，2016年6月主管税务机关对其实行辅导期管理。2016年6月甲购买原材料，取得的增值税专用发票注明价款20万元，增值税3.4万元。购进一台生产经营用货车取得机动车销售统一发票注明价款10万元，增值税1.7万元。纳税人应如何进行账务处理？

分析　由于辅导期纳税人取得的增值税专用发票抵扣联应当在交叉稽核比对无误后，方可抵扣进项税额，所以甲取得增值税专用发票时，应将可以抵扣但尚未交叉稽核比对的税金计入"待抵扣进项税额"明细科目。具体账务处理如下：

借：原材料　　　　　　　　　　　　　　　　　　　　　200 000
　　应交税费——待抵扣进项税额　　　　　　　　　　　　34 000
　　贷：银行存款　　　　　　　　　　　　　　　　　　　234 000

对于其购买货车取得的机动车销售统一发票，也属于辅导期纳税人交叉稽核比对的增值税专用发票范围，对应的税金也计入"待抵扣进项税额"明细科目。具体账务处理如下：

借：固定资产——货车　　　　　　　　　　　　　　　　100 000
　　应交税费——待抵扣进项税额　　　　　　　　　　　　17 000
　　贷：银行存款　　　　　　　　　　　　　　　　　　　117 000

纳税人认证增值税专用发票，主管税务机关定期接收交叉稽核比对结果，通过"稽核结果导出工具"导出发票明细数据及"稽核结果通知书"并告知辅导期纳税人。所以纳税人待收到"稽核结果通知书"，确定交叉稽核比对无误后，可抵扣进项税额。具体账务处理如下：

借：应交税费——应缴增值税（进项税额）　　　　　　　51 000
　　贷：应交税费——待抵扣进项税额　　　　　　　　　　51 000

Di Er Zhang

第 二 章

营改增试点征税范围与税率

第一节 征税范围的一般规定

《营业税改征增值税试点实施办法》规定，纳税人在中华人民共和国境内销售服务、无形资产或者不动产，应当按照本办法缴纳增值税，不缴纳营业税。销售服务、无形资产或者不动产称为应税行为。

一、应税行为

（一）应税行为的范围

《营业税改征增值税试点实施办法》（财税〔2016〕36 号）规定，应税行为，是指销售服务、无形资产或者不动产。这一征税范围的表述和营业税征税范围的表述基本一致。营业税征税范围包括提供应税劳务、转让无形资产或者销售不动产。

应税行为的具体范围按照《营业税改征增值税试点实施办法》（财税〔2016〕36 号）所附的《销售服务、无形资产、不动产注释》执行。具体内容在本章第二节"应税行为的范围"做详细介绍。

（二）其他与应税行为有关的概念

1. 应税行为与应税服务

营改增后，货物与劳务的流通都纳入了增值税的征税范围，增值税的征税范围包括销售货物（进口货物）、提供加工、修理修配劳务和应税行为。其中加工、修理修配劳务称为应税劳务。营改增的征税范围在 2016 年 4 月 30 日前称为应税服务，具体包括三个行业和七个现代服务业，三个行业分别是交通运输业、邮政业、电信业。七个现代服务业分别是研发和技术服务、信息技术服务、文化创意服务、物流辅助服务、有形动产租赁服务、鉴证咨询服务、广播影视服务。

从 2016 年 4 月 30 日后营改增的征税范围称为应税行为。

2. 销售应税行为与提供应税服务

一般地，用"销售服务、销售无形资产、销售不动产"来表述营改增的征税范围。但具体到某一项应税行为，还是表述为"提供"，如提供交通运输服务、提供金融服务、提供鉴证咨询服务、提供餐饮住宿服务，等等。

二、有偿销售应税行为

销售服务、无形资产或者不动产，是指有偿提供服务、有偿转让无形资产或者不动产，但属于非经营活动的情形除外。

（一）有偿销售应税行为的含义

1. 有偿，是指取得货币、货物或者其他经济利益

（1）货币形式，包括现金、存款、应收账款、应收票据、准备持有至到期的债券

投资以及债务的豁免等；

（2）非货币形式，包括固定资产、生物资产、无形资产、股权投资、存货、不准备持有到期的债券投资、劳务以及有关权益等。

（3）其他经济利益。货币和货物都比较好理解，其他经济利益需要税务机关、纳税人在实际操作中进行判断、区分。

2. 不动产、无形资产投资入股的增值税处理

以不动产、无形资产投资入股的业务越来越普遍，与之相关的税务处理问题也越来越受到关注。那么以不动产、无形资产投资入股是否属于增值税的征税范围？

根据《财政部 国家税务总局关于股权转让有关营业税问题的通知》（财税〔2002〕191号）的规定，以不动产、无形资产投资入股，参与接受投资方利润分配，共同承担投资风险的行为，不征收营业税。所以在营改增之前以不动产、无形资产投资入股，与投资方共担风险的行为，不需要缴纳营业税。不过如果以不动产、无形资产投资入股，与投资方不共担风险，而是收取固定的利润的行为，应缴纳营业税。

营改增之后，以不动产、无形资产投资入股属于增值税征税范围，应按照销售不动产、销售无形资产缴纳增值税。如果以不动产、无形资产投资入股，与投资方不共担风险，而是收取固定的利润，应按照租赁服务、销售无形资产缴纳增值税。

3. 不征收增值税的项目

根据《营业税改征增值税试点有关事项的规定》（财税〔2016〕36号附件2），下列项目不征收增值税：

（1）根据国家指令无偿提供的铁路运输服务、航空运输服务，属于《试点实施办法》第十四条规定的用于公益事业的服务。

（2）存款利息。

（3）被保险人获得的保险赔付。

（4）房地产主管部门或者其指定机构、公积金管理中心、开发企业以及物业管理单位代收的住宅专项维修资金。

（5）在资产重组过程中，通过合并、分立、出售、置换等方式，将全部或者部分实物资产以及与其相关联的债权、负债和劳动力一并转让给其他单位和个人，其中涉及的不动产、土地使用权转让行为。

根据《国家税务总局关于纳税人资产重组有关增值税问题的公告》（国家税务总局公告2011年第13号）的规定，纳税人在资产重组过程中，通过合并、分立、出售、置换等方式，将全部或者部分实物资产以及与其相关联的债权、负债和劳动力一并转让给其他单位和个人，不属于增值税的征税范围，其中涉及的货物转让，不征收增值税。

（二）非经营活动

非经营活动中提供的应税行为不属于有偿提供应税行为，不缴纳增值税。

非经营活动的范围包括：

1. 行政单位收取的同时满足以下条件的政府性基金或者行政事业性收费

（1）由国务院或者财政部批准设立的政府性基金，由国务院或省级人民政府及

其财政、价格主管部门批准设立的行政事业性收费；

（2）收取时开具省级以上（含省级）财政部门监（印）制的财政票据；

（3）所收款项全额上缴财政。

只有行政单位收取政府性基金或者行政事业性收费才属于非经营活动，行政单位之外的其他单位收取政府性基金或者行政事业性收费，不属于非经营活动，但行政单位之外的其他单位收取的符合规定条件的政府性基金或者行政事业性收费免征增值税。

如某省出入境检验检疫局对本辖区内的出入境动植物及其产品和其他检疫物进行检验检疫并收取费用。该出入境检验检疫局开具了省级以上财政部门印制的财政票据，并且所收款项全额上缴财政。这些收费属于非经营活动，不缴纳增值税。

2. 单位或者个体工商户聘用的员工为本单位或者雇主提供取得工资的服务

单位或个体工商户聘用的员工为本单位或雇主提供应税行为，领取了工资，看似有偿提供应税行为，但不属于增值税征收范围。对于这一规定，可以从以下两个方面来理解：

（1）单位或个体工商户聘用的"员工"为本单位或者雇主提供服务属于非经营活动，不缴纳增值税。核心在于"员工"身份的确定，关键在于如何划分员工和非员工。

《中华人民共和国劳动合同法》规定，建立劳动关系，应当订立书面劳动合同。已经建立劳动关系，未同时订立书面劳动合同的，应当自用工之日起一个月内订立书面劳动合同。用人单位与劳动者在用工前订立劳动合同的，劳动关系自用工之日起建立。

《促进残疾人就业增值税优惠政策管理办法》（国家税务总局公告2016年第33号）规定，纳税人申请退还增值税时，需报送的资料包括当期为残疾人缴纳社会保险费凭证的复印件及由纳税人加盖公章确认的注明缴纳人员、缴纳金额、缴纳期间的明细表。

从《中华人民共和国劳动合同法》和国家税务总局公告2016年第33号的规定看，员工应该必须同时符合两个条件：第一，与用人单位建立劳动关系并依法签订劳动合同；第二，用人单位支付其社会保险。

但除对促进残疾人就业的税收优惠有要求员工应与用人单位建立劳动关系并依法签订劳动合同、用人单位支付其社会保险外，税法对此并没有明确规定。《国家税务总局关于企业所得税应纳税所得额若干税务处理问题的公告》（国家税务总局公告2012年第15号）规定，企业因雇用季节工、临时工、实习生、返聘离退休人员以及接受外部劳务派遣用工所实际发生的费用，应区分为工资薪金支出和职工福利费支出，并按《中华人民共和国企业所得税法》规定在企业所得税前扣除。其中属于工资薪金支出的，准予计入企业工资薪金总额的基数，作为计算其他各项相关费用扣除的依据。

可以看出，季节工、临时工、返聘离退休人员等是否作为本企业的员工，在企业所得税里并没有强调与用人单位建立劳动关系并依法签订劳动合同，用人单位支付其社会保险。特别是返聘离退休人员，已经开始领取退休的有关保险，不再缴纳社会保险。

《企业会计准则第9号——职工薪酬》规定，本准则所称职工，是指与企业订立劳动合同的所有人员，含全职、兼职和临时职工，也包括虽未与企业订立劳动合同但由企业正式任命的人员。未与企业订立劳动合同或未由其正式任命，但向企业所提供服务与职工所提供服务类似的人员，也属于职工的范畴，包括通过企业与劳务中介公司签订用工合同而向企业提供服务的人员。

所以，未与企业订立劳动合同或未由其正式任命的人员，如果提供的服务与本企业的职工所提供服务类似，应属于本企业的职工，这些人员为本企业提供服务取得的报酬，属于取得工资的服务，不缴纳增值税。

【例21】某农业生产经营企业生产销售水蜜桃，有200亩（约13.33公顷）桃林。每年5~7月每天都要雇用附近的农民30名左右在桃林从事灌溉、施肥、整形修剪、果实管理、病虫害防治等工作。企业有专人记录出勤情况，报酬采用的是计时制，每半天50元，每月支付一次，除此之外不再支付其他报酬。该企业未与农民签订书面的劳动合同，如果本企业需要，会提前2天通知农民来桃林工作，如果不需要，也会提前2天通知农民停止工作。每月有的农民可能工作了30天，有的农民可能只工作了两三天，甚至半天。

请问：农民为该企业提供的服务是否属于增值税征税范围？

分析 该案例的关键问题在于农民是否属于该企业聘用的员工，具体的处理有两种不同的意见：

一是将农民作为该企业聘用的员工。该企业虽未与农民签订书面的劳动合同，但根据《企业会计准则第9号——职工薪酬》的规定，职工包括临时职工，也包括虽未与企业订立劳动合同但由企业正式任命的人员。未与企业订立劳动合同或未由其正式任命，但向企业所提供服务与职工所提供服务类似的人员，也属于职工的范畴，因此可以把该企业雇用的农民作为本企业员工。根据"单位或者个体工商户聘用的员工为本单位或者雇主提供取得工资的服务"属于非经营活动，故农民为该企业提供的服务不属于增值税征税范围。

二是不将农民作为该企业聘用的员工，则农民为该企业有偿提供应税行为，属于增值税征税范围。如果按照这样的判断征收增值税，应考虑纳税人是农民，属于其他个人，收入只有超过起征点才征收增值税。

（2）员工为本单位或者雇主提供的应税服务不需要缴纳增值税，应限定为提供的职务性劳务。

并不是员工为本单位或者雇主提供的所有服务都不征税，员工为本单位或者雇主提供的服务不征税应仅限于员工为本单位或雇主提供职务性劳务，如果员工为本单位或雇主提供与职务无关的服务，凡属于征税范围的，应当征收增值税。如某员工将自己的房产出租给本企业使用，收取了租金。其取得的租金收入不是职务性劳务，应缴纳增值税。

在增值税的征收管理中，即使员工提供非职务性劳务属于应税行为应缴纳增值税，但纳税人应该是员工个人。同样应考虑增值税起征点的规定，员工个人非职务性劳务只有超过起征点才征收增值税。

3. 单位或者个体工商户为聘用的员工提供服务

（1）单位或者个体工商户为员工提供无偿服务属于非经营活动。

如某客运公司为本企业员工提供的上下班免费接送服务，应属于非经营活动，不缴纳增值税。这与原增值税的处理不同，根据《增值税暂行条例实施细则》的规定，纳税人将自产、委托加工的货物用于集体福利应视同销售缴纳增值税。

单位或者个体工商户为员工提供服务无论是否属于集体福利都不缴纳营改增增值税。如某搬家公司规定,凡本公司员工搬家,本公司提供免费搬家服务。虽然公司提供的搬家服务属于营改增的范围,但这项服务属于非经营活动,故不缴纳增值税。

(2) 单位或者个体工商户为员工提供有偿服务也属于非经营活动。

《营业税改征增值税试点实施办法》规定"销售服务、无形资产或者不动产,是指有偿提供服务、有偿转让无形资产或者不动产,但属于非经营活动的情形除外",即非经营活动也包括有偿提供。

在增值税的征收管理中,单位或者个体工商户为员工提供应税服务,可能比正常业务的收费低,如某律师事务所为员工提供法律咨询,按正常收费标准的 20% 收取费用。这应属于非经营活动,不缴纳增值税。

这也与原增值税的处理不同,《增值税暂行条例》中无非经营活动的概念,单位或者个体工商户向员工销售货物、提供加工、修理修配劳务,属于正常的销售业务,应缴纳增值税。如果销售给员工的价格偏低无正当理由,主管税务机关有权按照规定的顺序核定纳税人的销售额。

(3) 属于非经营活动的是单位或者个体工商户为聘用的员工提供服务,不包括不动产、无形资产。

2016 年 4 月 30 日后,在《营业税改征增值税试点实施办法》中,服务包括的是交通运输服务、邮政服务、电信服务、建筑服务、金融服务、现代服务、生活服务。不动产和无形资产不称为服务。

4. 财政部和国家税务总局规定的其他情形

《财政部　国家税务总局关于进一步明确全面推开营改增试点有关再保险、不动产租赁和非学历教育等政策的通知》(财税〔2016〕68 号)规定,各党派、共青团、工会、妇联、中科协、青联、台联、侨联收取党费、团费、会费,以及政府间国际组织收取会费,属于非经营活动,不征收增值税。

三、在境内提供应税行为

(一) 在境内提供应税行为的基本规定

与《增值税暂行条例实施细则》对"境内"的界定不同,《营业税改征增值税试点实施办法》对"境内"的规定基本延续了原营业税的有关内容,但又根据应税行为自身特点以及原营业税暂行条例的具体实践做了部分调整,所以对应税行为的"境内"界定要重新进行认识。

1.《增值税暂行条例实施细则》对"境内"的规定

《增值税暂行条例实施细则》规定,在中华人民共和国境内销售货物或者提供加工、修理修配劳务,是指:

(1) 销售货物的起运地或者所在地在境内。

如境内甲企业在境外向 A 国乙企业购买机器设备,乙企业销售机器设备给甲企业,机器设备的起运地在 A 国,不属于境内销售货物,乙企业不缴纳增值税。

（2）提供的应税劳务发生在境内。

对加工、修理修配劳务，只有劳务发生在境内的，才属于增值税的征税范围。

【例22】 连云港太平洋轮船修理有限公司专门为国内外客户提供船舶修理修配劳务，是增值税纳税人。如果太平洋轮船修理有限公司派员到国外为外轮提供修理劳务，是否属于增值税的征税范围？

分析 太平洋轮船修理有限公司提供的轮船修理修配劳务，属于增值税的应税劳务。如果提供的应税劳务发生在境内，属于增值税征税范围，如果提供的应税劳务发生在境外，即使提供方是境内的单位和个人，也不属于增值税征税范围。该轮船修理业务是派员到国外为外轮提供的修理劳务，提供的应税劳务发生在境外，所以不属于增值税征税范围。

2. 原《营业税暂行条例实施细则》对"境内"的规定

《营业税暂行条例实施细则》规定，在中华人民共和国境内提供条例规定的劳务、转让无形资产或者销售不动产，是指：

（1）提供或者接受条例规定劳务的单位或者个人在境内。

（2）所转让的无形资产（不含土地使用权）的接受单位或者个人在境内。

（3）所转让或者出租土地使用权的土地在境内。

（4）所销售或者出租的不动产在境内。

【例23】 连云港三菱电梯修理有限公司专门为国内外客户提供电梯的安装、修理劳务。2015年3月，三菱电梯修理有限公司派员到国外为外国企业提供电梯修理劳务，是否属于营业税的征税范围？

分析 在建筑服务改征增值税之前（2016年4月30日前），三菱电梯修理有限公司提供电梯的安装、修理劳务，属于营业税征税范围。根据《营业税暂行条例实施细则》的规定，提供或者接受条例规定劳务的单位或者个人在境内，都属于营业税的征税范围，三菱电梯修理有限公司派员到国外为外国企业提供电梯修理劳务，由于提供劳务的单位或者个人在境内，属于营业税的征税范围。

同时，《财政部 国家税务总局关于个人金融商品买卖等营业税若干免税政策的通知》（财税〔2009〕111号）规定，对境内单位或者个人在境外提供的建筑业、文化体育业（除播映）劳务暂免征收营业税。该纳税人的业务可以免征营业税。

3.《营业税改征增值税试点实施办法》对"境内"的规定

《营业税改征增值税试点实施办法》（财税〔2016〕36号附件1）对"境内"的规定，基本延续了原营业税的有关内容。具体规定是，在境内销售服务、无形资产或者不动产，是指：

（1）服务（租赁不动产除外）或者无形资产（自然资源使用权除外）的销售方或者购买方在境内。

关于这一点，将在本部分"（二）服务或者无形资产的销售方或者购买方在境内"中详细介绍。

（2）所销售或者租赁的不动产在境内。

无论是境内单位和个人还是境外单位和个人，只要销售或者租赁的不动产在境内，即为在境内销售或者租赁的不动产，应缴纳增值税。如果境内单位或者个人销售或者租赁其在境外购置的不动产，则不属于增值税征税范围。

（3）所销售自然资源使用权的自然资源在境内。

（4）财政部和国家税务总局规定的其他情形。

（二）服务或者无形资产的销售方或者购买方在境内

对营改增"服务（租赁不动产除外）或者无形资产（自然资源使用权除外）的销售方或者购买方在境内"我们可以从以下三方面理解：

1. 销售方在境内

（1）将境内的单位或者个人提供的服务（租赁不动产除外）或者无形资产（自然资源使用权除外）都纳入了境内应税服务的范围，即境内的单位或者个人提供的服务（租赁不动产除外）或者无形资产（自然资源使用权除外）无论发生在境内还是境外都属于境内提供，应缴纳增值税。

【例24】彭辉科技有限公司从事软件服务。该公司2016年3月与美国K公司签订合同，为K公司提供软件开发服务。7月软件开发完毕，彭辉科技有限公司派员到美国K公司提供开发软件的测试、维护等服务。请问，该业务是否属于在中华人民共和国境内销售服务？

分析　根据《营业税改征增值税试点实施办法》的规定，在境内销售服务、无形资产，是指服务（租赁不动产除外）或者无形资产（自然资源使用权除外）的销售方或者购买方在境内。服务销售方在境内，即境内的单位或者个人销售服务，无论发生在境内还是境外都属于境内销售服务。所以，彭辉科技有限公司派员到美国K公司提供开发软件的测试、维护等服务，也属于在境内销售服务。

（2）无形资产（自然资源使用权除外）在改征增值税之前，是否征收营业税是根据转让的无形资产（不含土地使用权）的接受单位或者个人是否在境内来判断，接受方（购买方）在境内的，征收营业税；接受方不在境内，即使转让方（销售方）在境内，也不征收营业税。改征增值税后，只要销售方或者购买方有一方在境内，都应征收增值税。所以，无形资产（自然资源使用权除外）有关"境内"的内涵比营改增前扩大了。

【例25】2016年8月，彭辉科技有限公司将其开发的某项专利技术转让给美国W公司。请问：彭辉科技有限公司营改增前同类业务并不缴纳营业税，营改增后应缴纳增值税吗？

分析　营改增前，按照《营业税暂行条例实施细则》的规定，境内转让无形资产是指所转让的无形资产（不含土地使用权）的接受单位或者个人在境内。如果接受单位或者个人在境外，不属于营业税征税范围。所以彭辉科技有限公司将其开发的专利技术转让给境外单位和个人，在营改增前不属于境内的业务，不需缴纳营业税。

营改增后，按照《营业税改征增值税试点实施办法》的规定，只要销售方在境内，无形资产（自然资源使用权除外）无论是转让给境内单位和个人还是转让给境外单位和个人，都属于营改增征税范围。同时，根据《跨境应税行为适用增值税零税率和免税政策的规定》，境内的单位和个人向境外单位提供的完全在境外消费的无形资产免征增值税。

因此，彭辉科技有限公司的业务在营改增后属于增值税征税范围，如果是完全在境外消费的无形资产，可以享受跨境应税行为免征增值税的税收优惠。

2. 购买方在境内

服务（租赁不动产除外）或者无形资产（自然资源使用权除外）的购买方在境内可以从以下两方面理解：

（1）销售服务（租赁不动产除外）或者无形资产（自然资源使用权除外）发生地点在境内。

如果销售服务（租赁不动产除外）或者无形资产（自然资源使用权除外）发生地点在境内，购买方可能是境内单位或者个人，也可能是境外单位或者个人，势必在境内接受，那么就符合购买方在境内的要求。所以发生地点在境内的销售服务（租赁不动产除外）或者无形资产（自然资源使用权除外）属于征税范围。

不过在增值税的征收管理中，服务（租赁不动产除外）或者无形资产（自然资源使用权除外）发生地点是否在境内很难判断。如韩国某翻译公司从事随身翻译、同声翻译业务，为韩国甲企业到中国洽谈业务提供随身翻译服务。韩国该翻译公司是否属于在我国境内销售服务？是否应缴纳增值税？

该翻译服务的销售方和购买方都是境外单位，如果根据发生地点在我国境内判断为境内销售服务，翻译公司应该缴纳增值税。但是，也有观点认为此业务不属于境内销售服务。主要的依据是 2012 年 1 月 1 日营改增第一阶段执行的《交通运输业和部分现代服务业营业税改征增值税试点实施办法》（财税〔2011〕111 号附件 1）第五十三条的规定："本办法适用于试点地区的单位和个人，以及向试点地区的单位和个人提供应税服务的境外单位和个人。"根据该规定，境外单位和个人只有为当时的试点地区（上海、北京、江苏、浙江、安徽等省市）的单位和个人提供应税服务才属于征税范围，如果境外单位和个人在试点地区为境外单位和个人提供应税服务，不属于征税范围。《交通运输业和部分现代服务业营业税改征增值税试点实施办法》（财税〔2011〕111 号附件 1）在营改增第二阶段（2013 年 8 月 1 日起全国营改增试点）开始被取消，取而代之的是《交通运输业和部分现代服务业营业税改征增值税试点实施办法》（财税〔2013〕37 号附件 1），《交通运输业和部分现代服务业营业税改征增值税试点实施办法》（财税〔2011〕111 号附件 1）第五十三条"本办法适用于试点地区的单位和个人，以及向试点地区的单位和个人提供应税服务的境外单位和个人"在新的《营业税改征增值税试点实施办法》中再也不见踪影。

所以在增值税的征收管理中，境外单位和个人为境外单位和个人提供的发生地点在境内的服务是否属于境内服务，存在争议。

（2）服务（租赁不动产除外）或者无形资产（自然资源使用权除外）的购买方是境内的单位和个人。

购买方是境内的单位和个人，含境外单位和个人在境内销售服务（租赁不动产除外）或者无形资产（自然资源使用权除外）给境内单位或者个人，如境外从事运输服务的企业为我国境内企业提供交通运输服务，将我国企业境外购买的货物从境外运回中国。也包含境外单位和个人在境外销售服务（租赁不动产除外）或者无形资产（自然资源使用权除外）给境内单位或者个人。但如果服务（租赁不动产除外）或者无形资产（自然资源使用权除外）完全发生在境外或者完全在境外使用，则不属于征税范围。具体内容见"3. 境内应税行为的排除性规定"。

3. 境内应税行为的排除性规定

（1）营业税中境内劳务的排除性规定。

原营业税政策将境外单位或者个人向境内单位或者个人提供的完全发生在境外的劳务从征税范围中排除，并对这些不征收营业税的劳务进行了列举，未列举的劳务应征收营业税。

《财政部　国家税务总局关于个人金融商品买卖等营业税若干免税政策的通知》（财税〔2009〕111号）规定，境外单位或者个人在境外向境内单位或者个人提供的完全发生在境外的《营业税暂行条例》规定的劳务，不属于条例第一条所称在境内提供条例规定的劳务，不征收营业税。根据上述原则，对境外单位或者个人在境外向境内单位或者个人提供的文化体育业（除播映）、娱乐业和服务业中的旅店业、饮食业、仓储业，以及其他服务业中的沐浴、理发、洗染、裱画、誊写、镌刻、复印、打包劳务，不征收营业税。

如我国居民到澳大利亚旅游，澳大利亚的酒店为我国居民提供了旅店业、饮食业劳务。在营改增前按照《财政部　国家税务总局关于个人金融商品买卖等营业税若干免税政策的通知》（财税〔2009〕111号）规定，境外单位或者个人在境外向境内单位或者个人提供的完全发生在境外的旅店业、饮食业劳务，不属于条例第一条所称在境内提供条例规定的劳务，不征收营业税。

又如，我国企业请澳大利亚的广告公司为其在澳大利亚做广告宣传，澳大利亚的广告公司提供了广告劳务。在营改增前，由于《财政部　国家税务总局关于个人金融商品买卖等营业税若干免税政策的通知》（财税〔2009〕111号）列举的排除劳务中无广告劳务。根据《营业税暂行条例实施细则》的规定，接受营业税应税劳务的单位和个人在境内，属于营业税征税范围，所以澳大利亚的广告公司应就其向我国企业收取的广告费收入缴纳营业税。

（2）营改增对境内应税行为的排除性规定。

《营业税改征增值税试点实施办法》（财税〔2016〕36号附件1）规定，下列情形不属于在境内销售服务或者无形资产：

A. 境外单位或者个人向境内单位或者个人销售完全在境外发生的服务。

这一规定有三个要点：一是销售方是境外单位或者个人，二是购买方是境内单位或者个人，三是所购买的服务必须完全发生在境外，根据发生地来判断是否属于增值税征税范围。"完全在境外发生的服务"可以理解为服务开始、中间环节、结束均发生在境外。站在销售方的角度，只要服务中有部分不在境外，都不属于完全在境外发生的服务。

这符合我国税制的基本原理。大部分税种，如增值税（暂行条例）、企业所得税、个人所得税等，在界定境内劳务（营改增增值税称为服务）的时候，都强调在境内提供劳务是指劳务的发生地点在境内。

《关于营改增试点若干征管问题的公告》（国家税务总局公告 2016 年第 53 号）规定，境外单位或者个人发生的下列行为不属于在境内销售服务或者无形资产：为出境的函件、包裹在境外提供的邮政服务、收派服务；向境内单位或者个人提供的工程施工地点在境外的建筑服务、工程监理服务；向境内单位或者个人提供的工程、矿产资源在境外的工程勘察勘探服务；向境内单位或者个人提供的会议展览地点在境外的会议展览服务。

这一规定完全遵循了"境外单位或者个人向境内单位或者个人销售完全在境外发生的服务不属于在境内销售服务"的规定。

【例 26】 法国某质量检测机构在法国为我国甲企业和乙企业送检的环保镀锌件根据欧盟订立的环保指令（也称 ROHS 协定进行）进行铅、汞、镉、六价铬、多溴联苯、多溴联苯醚等最大含量的检测，经检测达标后贴上"CE"标志。其中甲企业送检的环保镀锌件为在我国国内生产准备出口到欧洲的产品，乙企业送检的环保镀锌件为在欧洲生产准备进口我国的产品。那么法国质量检测机构向我国甲企业、乙企业收取的质检费，是否属于我国增值税的征税范围？

分析 法国质量检测机构在法国为我国甲企业和乙企业提供的质检服务，是"境外单位或者个人向境内单位或者个人销售完全在境外发生的服务"，所以不属于征税范围。

【例 27】 美国 H 建筑设计公司为我国境内 K 企业提供建筑设计服务，设计在美国完成，但在 K 企业使用该设计的过程中 H 建筑设计公司派两名员工到 K 企业的施工现场提供有关的指导。H 建筑设计公司为 K 企业提供的建筑设计服务是否属于"完全在境外发生的服务"？

分析 在《营业税改征增值税试点实施办法》中没有"派遣企业"的规定。企业所得税中有关"派遣企业"的规定在此可以借鉴。《国家税务总局关于非居民企业派遣人员在中国境内提供劳务征收企业所得税问题的公告》（国家税务总局公告 2013 年第 19 号）规定：

第一，非居民企业（以下统称"派遣企业"）派遣人员在中国境内提供劳务，如果派遣企业对被派遣人员工作结果承担部分或全部责任和风险，通常考核评估被派遣人员的工作业绩，应视为派遣企业在中国境内设立机构、场所提供劳务。在做出上述判断时，应结合下列因素予以确定：接收劳务的境内企业（以下统称"接收企业"）向派遣企业支付管理费、服务费性质的款项；接收企业向派遣企业支付的款项金额超出派遣企业代垫、代付被派遣人员的工资、薪金、社会保险费及其他费用；派遣企业并未将接收企业支付的相关费用全部发放给被派遣人员，而是保留了一定数额的款项；派遣企业负担的被派遣人员的工资、薪金未全额在中国缴纳个人所得税；派遣企业确定被派遣人员的数量、任职资格、薪酬标准及其在中国境内的工作地点。

第二，如果派遣企业仅为在接收企业行使股东权利、保障其合法股东权益而派遣人员在中国境内提供劳务的，包括被派遣人员为派遣企业提供对接收企业投资的有关建议、代表派遣企业参加接收企业股东大会或董事会议等活动，均不因该活动在接收企业营业场所进行而认定为派遣企业在中国境内设立机构、场所或常设机构。

在企业所得税处理时，尽管 H 建筑设计公司为 K 公司提供的建筑设计是在美国完成，但是其派员到 K 企业的施工现场提供有关的指导，应属于《国家税务总局关于非居民企业派遣人员在中国境内提供劳务征收企业所得税问题的公告》（国家税务总局公告 2013 年第 19 号）所说的派遣企业在境内提供劳务，就其在境内现场有关的指导应征收企业所得税。

在增值税处理时，如果借鉴企业所得税有关"派遣企业"的内涵，H 建筑设计公司为 K 公司提供的建筑设计由于要派员到 K 企业的施工现场提供现场有关的指导，不属于"境外单位或者个人向境内单位或者个人销售完全在境外发生的服务"，应就整个建筑设计服务缴纳增值税（未设经营机构的，由 K 公司扣缴增值税）。

B. 境外单位或者个人向境内单位或者个人销售完全在境外使用的无形资产。

这一规定有三个要点：一是销售方是境外单位或者个人，二是购买方是境内单位或者个人，三是所销售的无形资产必须完全在境外使用，要求无形资产使用的开始、中间环节、结束均在境外。

【例 28】我国甲公司在巴基斯坦设有分公司。2016 年 9 月，甲公司与美国乙公司签订了一份独占许可协议，合同的部分条款如下：

（1）出让方乙公司是 K 技术的专利权持有者。

（2）出让方授予受让方甲公司在巴基斯坦设计制造合同产品，使用、销售和出口合同产品的许可权，这种权利是非独占性的，是不可转让的权利。

（3）本合同采用提成方式计算价格，计价的货币为美元。本合同提成费的计算时间从合同生效之日后的第 2 个月开始，按日历年度计算，每年的 12 月 31 日为提成费的结算日。提成费按当年度合同产品销售后的净销售价格计算，提成率为 15%，合同产品未销售出去的不应计算提成费。

根据以上资料分析，美国乙公司从本合同取得的收入是否属于增值税征税范围？

分析 虽然该合同中的购买方甲企业是境内单位，但从美国乙企业取得的专利技术的使用权只可以在巴基斯坦使用，属于"境外单位或者个人向境内单位或者个人销售完全在境外使用的无形资产"，所以不属于增值税征税范围。

"完全在境外使用"应站在购买方的角度考虑，在增值税的征收管理中，可能在购买环节上由于该无形资产尚未使用，所以不一定能判断该无形资产是否完全在境外使用。

C. 境外单位或者个人向境内单位或者个人出租完全在境外使用的有形动产。

这一规定有三个要点：一是销售方是境外单位或者个人；二是购买方是境内单位或者个人；三是所出租的有形动产必须完全在境外使用，要求有形动产使用的开始、中间环节、结束均在境外。如境外单位或者个人在境外向境内单位或者个人提供的完全在境外使用的交通工具的租赁服务，虽然服务的购买方是境内的单位或者个人，但因为相关交通工具完全在境外使用，故不属于在境内销售服务。又如我国某船务公司向韩国某公司租入一艘货轮，该货轮用于该船务公司中国至韩国往返的国际海运业务。

由于我国船务公司租赁的有形动产没有完全在境外使用，所以韩国公司应缴纳增值税（未设经营机构的，由我国船务公司扣缴增值税）。

D. 财政部和国家税务总局规定的其他情形。

【例29】 江苏光明有限公司是一家服装生产企业，生产的服装既有内销，也有外销。其中出口意大利的服装委托意大利贾克斯公司代办意大利的报关事宜。贾克斯公司在我国境内未设经营机构。光明有限公司向贾克斯公司支付代理费时是否需要扣缴增值税？

分析 贾克斯公司为我国境内的光明有限公司提供了代理报关服务，虽然服务的购买方是境内的单位或者个人，但报关服务的开始、中间环节、结束都在境外，属于境外单位或者个人向境内单位或者个人销售完全在境外发生的服务，故不属于在境内销售服务，不征收增值税，光明有限公司也无增值税可扣。

【例30】 我国甲企业在美国设有分支机构，为解决分支机构生产经营的资金问题，以分支机构在美国的房产作抵押，向美国花旗银行贷款。花旗银行从甲企业取得的利息收入是否属于增值税征税范围？

分析 2016年4月30日前，金融业属于营业税征税范围，按照《营业税暂行条例实施细则》的规定，接受该营业税应税劳务的是境内单位和个人，就属于营业税征税范围，所以花旗银行该业务的利息收入属于营业税征税范围，应缴纳营业税。

2016年5月1日起，金融业改征增值税，按照《营业税改征增值税试点实施办法》的规定，服务的购买方是境内单位和个人，属于增值税征税范围，但同时《营业税改征增值税试点实施办法》也规定，境外单位或者个人向境内单位或者个人销售完全在境外发生的服务，不属于征税范围。花旗银行在美国贷款给甲企业取得利息收入，属于完全在境外发生的服务，所以不属于征税范围，不征收增值税。

企业所得税方面，利息所得按照负担、支付所得的企业或者机构、场所所在地确定是否来源于境内，由于花旗银行取得的利息收入支付方是我国甲企业，所以花旗银行取得的利息收入应缴纳企业所得税（由甲企业扣缴）。

【例31】 境外甲公司为我国A公司提供流程管理咨询服务，在A公司新生产线启动项目中，为A公司提供相应的方案和指导，具体包括：制订A公司新生产线建设计划；确定生产工序及设备规格；选定设备；新生产线技术人员培训。其中技术培训工作由甲公司分包给境外乙公司，乙公司在境外对A公司的员工进行技术培训。以上业务除培训工作分包给乙公司外，其余业务由甲公司在境外完成。

境外甲公司、乙公司的上述业务是否属于增值税征税范围？

分析 境外乙公司虽然培训我国A公司的生产性技术人员，但实际是为甲公司培训，属于甲公司和乙公司之间的业务。所以不属于我国增值税的征税范围。

境外甲公司提供的流程管理咨询服务，购买方为我国A公司，由于该流程管理咨询服务的有关事宜由甲公司在境外完成，属于《营业税改征增值税试点实施办法》规定的"境外单位或者个人向境内单位或者个人销售完全在境外发生的服务"，不属于征税范围。

【例32】 例31中，如果在以下两种情况下乙公司会派遣人员来华参与，其余业务原则上由甲公司在外国提供：一是A公司在设备招标前与各设备厂商召开的规格商讨会；二是新生产线的建设计划、生产工序方案的交流会。

请问：甲公司的业务是否属于增值税征税范围？

分析 境外甲公司提供的流程管理咨询服务，购买方为我国A公司，由于A公司在设备招标前与各设备厂商召开的规格商讨会和新生产线的建设计划、生产工序方案的交流会甲公司都要派遣人员来华参与，因此甲公司销售给A公司的服务不属于完全发生在境外，所以，甲公司销售的流程管理咨询服务属于我国增值税的征税范围。

四、视同提供应税行为

（一）增值税视同销售货物和营业税视同发生应税行为

（1）《增值税暂行条例实施细则》规定，单位或者个体工商户的下列行为，视同销售货物：

①将货物交付其他单位或者个人代销；

②销售代销货物；

③设有两个以上机构并实行统一核算的纳税人，将货物从一个机构移送其他机构用于销售，但相关机构设在同一县（市）的除外；

④将自产或者委托加工的货物用于非增值税应税项目；

⑤将自产、委托加工的货物用于集体福利或者个人消费；

⑥将自产、委托加工或者购进的货物作为投资，提供给其他单位或者个体工商户；

⑦将自产、委托加工或者购进的货物分配给股东或者投资者；

⑧将自产、委托加工或者购进的货物无偿赠送其他单位或者个人。

2016年5月1日起，增值税中已无非增值税应税项目，所以将自产或委托加工的货物用于非增值税应税项目视同销售的规定也不再执行。

（2）《营业税暂行条例实施细则》规定，纳税人有下列情形之一的，视同发生应税行为：

①单位或者个人将不动产或者土地使用权无偿赠送其他单位或者个人；

②单位或者个人自己新建建筑物后销售，其所发生的自建行为；

③财政部、国家税务总局规定的其他情形。

（二）营改增视同销售服务、无形资产或者不动产

《营业税改征增值税试点实施办法》（财税〔2016〕36号）规定，下列情形视同销售服务、无形资产或者不动产：

（1）单位或者个体工商户向其他单位或者个人无偿提供服务，但用于公益事业或者以社会公众为对象的除外。

【例33】甲企业将自己自建的房屋对外销售，建造的成本为194万元，对外销售的收入为735万元。甲企业应缴纳多少税款？

分析 2016年4月30日前，甲企业应该缴纳两道营业税，一是按照销售不动产缴纳营业税36.75万元（735×5%＝36.75），二是"单位或者个人自己新建建筑物后销售，其所发生的自建行为"视同发生应税行为，按照建筑业缴纳营业税6.6万元［假设成本利润率为10%，194×（1+10%）÷（1-3%）×3%＝6.6］。

2016年4月30日后，由于《营业税改征增值税试点实施办法》中没有"自己新建建筑物后销售，其所发生的自建行为"要视同销售服务的规定，所以该企业只要缴纳一道税，就是销售不动产的增值税。如果该纳税人是小规模纳税人，或者是选择按简易计税办法缴纳税款的纳税人，增值税的征收率为5%。那么应缴纳增值税35万元［735÷（1+5%）×5%＝35］。

将以公益事业或者以社会公众为对象的排除在视同提供应税服务之外，这有利于促进社会公益事业的发展，但和《增值税暂行条例实施细则》视同销售货物中无偿赠送的范围不一样，无偿赠送货物无论是公益的还是非公益的都应做视同销售处理。

《关于土地价款扣除时间等增值税征管问题的公告》（国家税务总局公告2016年第86号）规定，纳税人出租不动产，租赁合同中约定免租期的，不属于《营业税改征增值税试点实施办法》（财税〔2016〕36号文件印发）第十四条规定的视同销售服务。

（2）单位或者个人向其他单位或者个人无偿转让无形资产或者不动产，但用于公益事业或者以社会公众为对象的除外。

（3）财政部和国家税务总局规定的其他情形。

【例34】海天信息技术有限公司的业务范围包括：代理销售计算机品牌机以及网络终端；销售兼容机及配件；互联网技术开发和应用；新型电子商务、WAP等前沿网站的设计与开发；应用软件开发；大规模、专业化、国际化信息加工。2013年8月1日起其营业税业务改征增值税。2016年8月，该公司以货币资金100万元和一批计算机品牌机以及网络终端在江苏无锡投资设立无锡发展信息技术有限公司。同时为一新客户免费提供专业化信息加工服务。海天信息技术有限公司的上述业务是否属于增值税征税范围？

分析 （1）货币资金的投资不属于增值税征税范围。以计算机品牌机以及网络终端投资属于《增值税执行条例实施细则》规定的"将自产、委托加工或者购进的货物作为投资，提供给其他单位或者个体工商户"，应视同销售征收增值税。

（2）为新客户免费提供专业化信息加工服务属于《营业税改征增值税试点实施办法》规定的"单位或者个体工商户向其他单位或者个人无偿提供服务"，应视同销售服务征收增值税。

第二节　应税行为的范围

应税行为包括销售服务、无形资产或者不动产。

一、销售服务

销售服务，是指提供交通运输服务、邮政服务、电信服务、建筑服务、金融服务、现代服务、生活服务。

（一）交通运输服务

交通运输服务，是指利用运输工具将货物或者旅客送达目的地，使其空间位置得到转移的业务活动。包括陆路运输服务、水路运输服务、航空运输服务和管道运输服务。

1. 陆路运输服务

陆路运输服务，是指通过陆路（地上或者地下）运送货物或者旅客的运输业务活动，包括铁路运输服务和其他陆路运输服务。

（1）铁路运输服务，是指通过铁路运送货物或者旅客的运输业务活动。

和铁路运输服务相关的货物客运场站服务、装卸搬运服务、仓储服务等不属于铁路运输服务，属于物流辅助服务。

（2）其他陆路运输服务，是指铁路运输以外的陆路运输业务活动。包括公路运输、缆车运输、索道运输、地铁运输、城市轻轨运输等。

出租车公司向使用本公司自有出租车的出租车司机收取的管理费用，按照陆路运输服务缴纳增值税。

【例35】景点内提供缆车、索道、水上观光游览船、景区环保客运车服务，是否属于交通运输服务？

分析 根据《财政部 国家税务总局关于营业税若干政策问题的通知》（财税〔2003〕16号）的规定，单位和个人在旅游景点经营索道取得的收入按"服务业"税目"旅游业"项目征收营业税。所以在交通运输服务改征增值税的时候，景点内提供缆车、索道、水上观光游览船、景区环保客运车等并未改征增值税，还是继续按照"服务业——旅游业"项目征收营业税。2016年4月30日后，根据《关于明确金融 房地产开发 教育辅助服务等增值税政策的通知》（财税〔2016〕140号）的规定，纳税人在游览场所经营索道、摆渡车、电瓶车、游船等取得的收入，按照"文化体育服务"缴纳增值税。

2. 水路运输服务

水路运输服务，是指通过江、河、湖、川等天然、人工水道或者海洋航道运送货物或者旅客的运输业务活动。

水路运输的程租、期租业务，属于水路运输服务。

（1）程租业务，是指运输企业为租船人完成某一特定航次的运输任务并收取租赁费的业务。

程租业务是远洋运输企业为租船人完成某一特定航次的运输任务并收取租赁费的业务。2016年4月30日前，《营业税改征增值税试点实施办法》中程租业务也强调是远洋运输企业的业务。2016年4月30日后，《营业税改征增值税试点实施办法》中将原来的"远洋运输的程租、期租业务，属于水路运输服务"改为"水路运输的程租、期租业务，属于水路运输服务"。意味着程租、期租业务不仅局限于远洋运输，还包括内河、江、湖等的类似业务也按照水路运输服务纳税。

相关知识： 远洋运输的程租业务中，远洋运输企业按双方事先议定的运价与条件向租船人提供船舶全部或部分仓位，在指定的港口之间进行一个或多个航次运输指定货物的租船业务。程租通常以航次为单位，由船东支付船舶的运营费用。

远洋运输的程租使用较广的租约有"统一杂货租船合同"（UNIFORM GENERAL CHARTER），简称金康（GENCON）合同，是比较常用的租船合同格式。程租合同的主要条款有：合同当事人；船名和船旗；货物；装卸港；受载日和解约日；运费；装卸费用的划分；许可装卸时间；滞期费和速遣费等。

（2）期租业务，是指运输企业将配备有操作人员的船舶承租给他人使用一定期限，承租期内听候承租方调遣，不论是否经营，均按天向承租方收取租赁费，发生的固定费用均由船东负担的业务。

相关知识： 远洋运输的期租业务，是指远洋运输企业将配备有操作人员的船舶承租给他人使用一定期限，承租期内听候承租方调遣，不论是否经营，均按天向承租方收取租赁费，发生的固定费用（如人员工资、维修费用等）均由船东负责的业务。

期租租金一般规定以船舶的每载重吨每月若干金额计算。租期可以长可以短，短时几个月，长则可以达到5年以上，甚至直到船舶报废为止。期租的对象是整船，不规定船舶的航线和挂靠港口，只规定航行区域范围，因此租船人可以根据货运需要选择航线、挂靠港口，便于船舶的使用和营运。期租对船舶装运的货物也不作具体规定，可以选装任何适运的货物；租船人有船舶调度权并负责船舶的营运，支付船用燃料、各项港口费用、捐税、货物装卸等费用。不规定滞期速遣条款。

远洋运输的期租使用较广的租约有"标准定期租船合同"（UNIFORM TIME CHARTER PARTY），又称巴尔的摩（BALTIME）租船合同。期租合同的主要条款有：船舶说明；租期；交船；租金；停租与复租；还船；转租等。

3. 航空运输服务

航空运输服务，是指通过空中航线运送货物或者旅客的运输业务活动。

（1）航空运输的湿租业务，属于航空运输服务。

湿租业务，是指航空运输企业将配备有机组人员的飞机承租给他人使用一定期限，承租期内听候承租方调遣，不论是否经营，均按一定标准向承租方收取租赁费，发生的固定费用均由承租方承担的业务。

固定费用包括该段期限内飞机的维护费用，相关配套人员的工资等。

相关知识：湿租是航空公司之间的一种特殊租赁方式，CCAR-121-R4 规章明确定义为：是指按照租赁协议，承租人租赁飞机时携带一名出租人或者多名机组成员的租赁。航空公司在提供飞机的同时提供机组和乘务组为对方服务，而且在租赁过程中，被租赁飞机的标志不变、飞机号不变。

（2）航天运输服务，按照航空运输服务缴纳增值税。

航天运输服务，是指利用火箭等载体将卫星、空间探测器等空间飞行器发射到空间轨道的业务活动。

4. 管道运输服务

管道运输服务，是指通过管道设施输送气体、液体、固体物质的运输业务活动。

无运输工具承运业务，按照交通运输服务缴纳增值税。

无运输工具承运业务，是指经营者以承运人身份与托运人签订运输服务合同，收取运费并承担承运人责任，然后委托实际承运人完成运输服务的经营活动。

2016 年 4 月 30 日前，无运输工具承运业务一般按照物流辅助服务中的货物运输代理缴纳增值税。2016 年 4 月 30 日后，从事货物运输代理服务的纳税人以承运人身份与托运人签订运输服务合同，收取运费并承担承运人责任，然后委托实际承运人完成运输服务的经营活动按照交通运输服务缴纳增值税，接受货物收货人、发货人、船舶所有人、船舶承租人或者船舶经营人的委托，以委托人的名义，为委托人办理货物运输、装卸、仓储和船舶进出港口、引航、靠泊等相关手续的业务活动按照现代服务中的商务辅助服务（经纪代理服务）缴纳增值税。

【例 36】甲企业经营的业务是长沙和广州之间的货物运输，但甲企业没有运输车辆，承接的运输业务由其他的运输企业承运。甲企业的业务是否属于交通运输服务？

分析 如果甲企业以承运人身份与托运人签订运输服务合同，收取运费并承担承运人责任，然后委托实际承运人完成运输服务，承运人收取运费后开具的运输发票受票方是甲企业，则甲企业的业务属于交通运输服务。

如果甲企业与托运人签订的不是运输服务合同，而是代理合同，以托运人的名义与实际承运人签订运输服务合同，承运人收取运费后开具的运输发票受票方是托运人而不是甲企业，则甲企业的业务属于商务辅助服务（经纪代理服务）。

（二）邮政服务

邮政服务，是指中国邮政集团公司及其所属邮政企业提供邮件寄递、邮政汇兑和机要通信等邮政基本服务的业务活动。包括邮政普遍服务、邮政特殊服务和其他邮政服务。

1. 邮政普遍服务

邮政普遍服务，是指函件、包裹等邮件寄递，以及邮票发行、报刊发行和邮政汇兑等业务活动。

函件，是指信函、印刷品、邮资封片卡、无名址函件和邮政小包等。

包裹，是指按照封装上的名址递送给特定个人或者单位的独立封装的物品，其重量不超过五十千克，任何一边的尺寸不超过一百五十厘米，长、宽、高合计不超过三百厘米。

2. 邮政特殊服务

邮政特殊服务，是指义务兵平常信函、机要通信、盲人读物和革命烈士遗物的寄递等业务活动。

3. 其他邮政服务

其他邮政服务，是指邮册等邮品销售、邮政代理等业务活动。

（三）电信服务

电信服务，是指利用有线、无线的电磁系统或者光电系统等各种通信网络资源，提供语音通话服务，传送、发射、接收或者应用图像、短信等电子数据和信息的业务活动。包括基础电信服务和增值电信服务。

1. 基础电信服务

基础电信服务，是指利用固网、移动网、卫星、互联网，提供语音通话服务的业务活动，以及出租或者出售带宽、波长等网络元素的业务活动。

2. 增值电信服务

增值电信服务，是指利用固网、移动网、卫星、互联网、有线电视网络，提供短信和彩信服务、电子数据和信息的传输及应用服务、互联网接入服务等业务活动。

卫星电视信号落地转接服务，按照增值电信服务缴纳增值税。

（四）建筑服务

建筑服务，是指各类建筑物、构筑物及其附属设施的建造、修缮、装饰，线路、管道、设备、设施等的安装以及其他工程作业的业务活动。包括工程服务、安装服务、修缮服务、装饰服务和其他建筑服务。

1. 工程服务

工程服务，是指新建、改建各种建筑物、构筑物的工程作业，包括与建筑物相连的各种设备或者支柱、操作平台的安装或者装设工程作业，以及各种窑炉和金属结构工程作业。

2. 安装服务

安装服务，是指生产设备、动力设备、起重设备、运输设备、传动设备、医疗实验设备以及其他各种设备、设施的装配、安置工程作业，包括与被安装设备相连的工作台、梯子、栏杆的装设工程作业，以及被安装设备的绝缘、防腐、保温、油漆等工程作业。

固定电话、有线电视、宽带、水、电、燃气、暖气等经营者向用户收取的安装费、初装费、开户费、扩容费以及类似收费，按照安装服务缴纳增值税。

【例37】我国甲企业向法国乙企业购买了一套汽轮发电机组辅助设备，合同约定货物总价为180万美元，货物总价已包含购买货物及售后服务所发生的所有费用，包括安装调试费。甲企业收到设备后，第一次付款为合同总金额的70%，货到两日内付款；剩余30%待验收合格并连续运行2个月无故障后出具验收合格报告两日内付款。本业务中法国乙企业对设备的安装调试是否属于安装服务的征税范围？

⬛分析 本业务中，乙企业销售货物给甲企业，不属于在境内销售货物，不缴纳增值税。但安装服务属于在境内的服务，应缴纳增值税。对生产设备等各种设备、设施的装配、安置工程作业，属于建筑服务中的安装服务。

3. 修缮服务

修缮服务，是指对建筑物、构筑物进行修补、加固、养护、改善，使之恢复原来的使用价值或者延长其使用期限的工程作业。

和《增值税暂行条例》的修理修配劳务不同的是，修缮服务的对象是建筑物、构筑物，修理修配劳务的对象是有形动产。

4. 装饰服务

装饰服务，是指对建筑物、构筑物进行修饰装修，使之美观或者具有特定用途的工程作业。

5. 其他建筑服务

其他建筑服务，是指上列工程作业之外的各种工程作业服务，如钻井（打井）、拆除建筑物或者构筑物、平整土地、园林绿化、疏浚（不包括航道疏浚）、建筑物平移、搭脚手架、爆破、矿山穿孔、表面附着物（包括岩层、土层、沙层等）剥离和清理等工程作业。

航道疏浚按照物流辅助服务中的港口码头服务缴纳增值税。

根据《关于明确金融 房地产开发 教育辅助服务等增值税政策的通知》（财税〔2016〕140号）的规定，物业服务企业为业主提供的装修服务，按照"建筑服务"缴纳增值税。纳税人将建筑施工设备出租给他人使用并配备操作人员的，按照"建筑服务"缴纳增值税。

（五）金融服务

金融服务，是指经营金融保险的业务活动。包括贷款服务、直接收费金融服务、保险服务和金融商品转让。

具体内容见第七章第三节"金融服务的增值税处理"。

（六）现代服务

现代服务，是指围绕制造业、文化产业、现代物流产业等提供技术性、知识性服务的业务活动。包括研发和技术服务、信息技术服务、文化创意服务、物流辅助服务、租赁服务、鉴证咨询服务、广播影视服务、商务辅助服务和其他现代服务。

2016年4月30日前，现代服务包括七个子目，2016年4月30日后增加了商务辅助服务和其他现代服务。

1. 研发和技术服务

研发和技术服务，包括研发服务、合同能源管理服务、工程勘察勘探服务、专业技术服务。

2016年4月30日前，研发和技术服务还包括技术转让服务和技术咨询服务。2016年4月30日后，技术转让服务按照无形资产征收增值税，技术咨询服务按照现代服务中的鉴证咨询服务征收增值税。

（1）研发服务，也称技术开发服务，是指就新技术、新产品、新工艺或者新材料及其系统进行研究与试验开发的业务活动。

提供研发服务主要是指接受委托就新技术、新产品、新工艺或者新材料及其系统进行研究与试验开发的业务活动，纳税人自己进行的研发活动不属于营改增征税范围。

【例38】美国某企业在我国设立子公司，专门为母公司和其他客户提供新药研发和临床试验服务。其是否属于营改增范围？

答：该子公司是独立的法人，为母公司和其他客户提供新药研发和临床试验服务都属于接受委托开展的研发服务，属于营改增的征税范围。

（2）合同能源管理服务，是指节能服务公司与用能单位以契约形式约定节能目标，节能服务公司提供必要的服务，用能单位以节能效果支付节能服务公司投入及其合理报酬的业务活动。

相关知识： 合同能源管理在国外简称EPC（Energy Performance Contracting），在国内广泛地被称为EMC（Energy Management Contracting）。合同能源管理不是推销产品或技术，而是推销一种减少能源成本的财务管理方法。根据中华人民共和国国家标准合同能源管理技术通则，合同能源管理是以减少的能源费用来支付节能项目成本的一种市场化运作的节能机制。节能服务公司与用户签订能源管理合同、约定节能目标，为用户提供节能诊断、融资、改造等服务，并以节能效益分享方式回收投资和获得合理利润，可以显著降低用能单位节能改造的资金和技术风险，充分调动用能单位节能改造的积极性，是行之有效的节能措施。

合同能源管理模式包括节能效益分享型、节能效益支付型、节能量保证型、运行服务型等。

A.节能效益分享型

节能改造工程前期投入由节能公司支付，客户无须投入资金。项目完成后，客户在一定的合同期内，按比例与公司分享由项目产生的节能效益。具体节能项目的投资额不同，节能效益分配比例和节能项目实施合同年度将有所不同。能源服务公司对节能项目进行投资，通过节能效益的分享来收回节能投资公司的投资。

B.节能效益支付型

节能效益支付型又名能源托管型、项目采购型。客户委托公司进行节能改造，先期支付一定比例的工程投资，项目完成后，经过双方验收达到合同规定的节能量，客户支付余额，或用节能效益支付。通过对节能项目进行能源费用的托管，来收回节能投资公司的先期节能投资费用。

C.节能量保证型

节能量保证型又名效果验证型。节能改造工程的全部投入由公司先期提供，客户无须投入资金，项目完成后，经过双方验收达到合同规定的节能量，客户支付节能改造工程费用。通过中国投资担保有限公司对节能项目的节能收益进行担保，促使客户进行投资或得到银行贷款而实施节能项目。

　　D. 运行服务型

　　客户无须投入资金，项目完成后，在一定的合同期内，公司负责项目的运行和管理，客户支付一定的运行服务费用。合同期结束，项目移交给客户。

　　我国政府加大了对合同能源管理商业模式的扶持力度，2010年4月2日国务院办公厅转发了发改委等部门《关于加快推行合同能源管理促进节能服务产业发展意见的通知》、财政部出台了《关于印发〈合同能源管理项目财政奖励资金管理暂行办法〉的通知》，从政策上、资金上给予大力支持，促进节能服务产业的健康快速发展。合同能源管理公司获得国家财政部与国家发展和改革委员会的备案，就能够获得财政奖励和税收优惠。

　　（3）工程勘查勘探服务，是指在采矿、工程施工前后，对地形、地质构造、地下资源蕴藏情况进行实地调查的业务活动。

　　工程勘查通过对地形、地质及水文等要素的测绘、勘探、测试及综合评定，提供可行性评价与建设所需的基础资料。工程勘探是对已知具有工业价值的矿床或经详查圈出的勘探区，通过加密各种采样工程，使其间距足以肯定矿体（层）的连续性，以查明矿床地质特征，确定矿体的形态、产状、大小、空间位置和矿石质量特征，详细查明矿体开采技术条件，对矿产的加工选冶性能进行实验室流程试验或实验室扩大连续试验，必要时应进行半工业试验，为可行性研究或矿山建设设计提供依据。

　　工程勘查勘探服务包括工程勘察设计、工程地质勘查、工程测量、水文地质勘查、地球物理勘探、能源矿产地质勘查、固定矿产地质勘查、水、二氧化碳等矿产地质勘查等。

　　（4）专业技术服务，是指气象服务、地震服务、海洋服务、测绘服务、城市规划、环境与生态监测服务等专项技术服务。

　　2. 信息技术服务

　　信息技术服务，是指利用计算机、通信网络等技术对信息进行生产、收集、处理、加工、存储、运输、检索和利用，并提供信息服务的业务活动，包括软件服务、电路设计及测试服务、信息系统服务、业务流程管理服务和信息系统增值服务。

　　（1）软件服务，是指提供软件开发服务、软件维护服务、软件测试服务的业务活动。

　　2016年4月30日前，软件服务包括软件咨询服务。2016年4月30日后，软件咨询服务按照鉴证咨询服务缴纳增值税。

　　软件开发服务是根据用户要求建造出软件系统或者系统中的软件部分的过程。软件分为系统软件和应用软件。软件产品是指记载有计算机程序及其有关文档的存储介质（包括软盘、硬盘、光盘等）。软件并不只是包括可以在计算机上运行的程序，与这些程序相关的文件一般也被认为是软件的一部分。

【**例39**】甲公司（受托方）受托为乙公司（委托方）开发一个软件，在开发过程中，甲公司按照委托方要求代委托方采购一批专门开发本软件的设备和软件，设备、软件在甲公司完成开发软件后移交给委托方，该批设备、软件由供货方将发票直接开具给乙公司。软件著作权归甲公司或乙公司所有两种情形下，甲公司按什么应税项目缴纳增值税？

分析 营改增之前，《关于软件产品增值税政策的通知》（财税〔2011〕100号）规定，纳税人受托开发软件产品，著作权属于受托方的征收增值税，著作权属于委托方或属于双方共同拥有的不征收增值税；对经过国家版权局注册登记，纳税人在销售时一并转让著作权、所有权的，不征收增值税。

营改增试点将软件开发服务改征增值税，主要包括的就是营改增前征收营业税的经过国家版权局注册登记，在销售时一并转让著作权、所有权的计算机软件业务，以及受托开发软件产品，著作权属于委托方或属于双方共同拥有的业务。

甲公司受托开发软件，如果所开发软件著作权属于甲公司的，甲公司应按销售软件产品缴纳增值税，税率为17%；如果所开发软件著作权、所有权归委托方的，甲公司应按信息技术服务中的软件服务缴纳增值税，税率为6%。

（2）电路设计及测试服务，是指提供集成电路和电子电路产品设计、测试及相关技术支持服务的业务活动。

（3）信息系统服务，是指提供信息系统集成、网络管理、网站内容维护、桌面管理与维护、信息系统应用、基础信息技术管理平台整合、信息技术基础设施管理、数据中心、托管中心、信息安全服务、在线杀毒、虚拟主机等业务活动。包括网站对非自有的网络游戏提供的网络运营服务。

和2016年4月30日前相比，明确了网站内容维护、在线杀毒和虚拟主机业务属于信息系统服务。

《国家税务总局关于营业税改征增值税试点期间有关增值税问题的公告》（国家税务总局公告2015年第90号）规定，纳税人通过蜂窝数字移动通信用塔（杆）及配套设施，为电信企业提供的基站天线、馈线及设备环境控制、动环监控、防雷消防、运行维护等塔类站址管理业务，按照"信息技术基础设施管理服务"缴纳增值税。

（4）业务流程管理服务，是指依托信息技术提供的人力资源管理、财务经济管理、审计管理、税务管理、物流信息管理、经营信息管理和呼叫中心等服务的活动。

（5）信息系统增值服务，是指利用信息系统资源为用户附加提供的信息技术服务。包括数据处理、分析和整合，数据库管理、数据备份、数据存储、容灾服务、电子商务平台等。

2016年4月30日后信息技术服务中新增了信息系统增值服务，将原业务流程管理服务中的电子商务平台调整为信息系统增值服务，将原业务流程管理服务中的内部数据分析、内部数据挖掘、内部数据管理、内部数据使用调整为数据处理、分析和整合、数据库管理、数据备份、数据存储后列入信息系统增值服务，同时新增了容灾服务。

相关知识： 容灾系统是指在相隔较远的异地，建立两套或多套功能相同的 IT 系统，互相之间可以进行健康状态监视和功能切换，当一处系统因意外（如火灾、地震等）停止工作时，整个应用系统可以切换到另一处，使得该系统功能可以继续正常工作。容灾技术是系统的高可用性技术的一个组成部分，容灾系统更加强调处理外界环境对系统的影响，特别是灾难性事件对整个 IT 节点的影响，提供节点级别的系统恢复功能。

从其对系统的保护程度来分，可以将容灾系统分为数据级容灾、应用级容灾和业务级容灾三类。

数据级容灾是指通过建立异地容灾中心，做数据的远程备份，在灾难发生之后要确保原有的数据不会丢失或者遭到破坏，但在数据级容灾这个级别，发生灾难时应用是会中断的。在数据级容灾方式下，所建立的异地容灾中心可以简单地把它理解成一个远程的数据备份中心。数据级容灾的恢复时间比较长，但是相比其他容灾级别来讲它的费用比较低，而且构建实施也相对简单。

应用级容灾是在数据级容灾的基础之上，在备份站点同样构建一套相同的应用系统，通过同步或异步复制技术，可以保证关键应用在允许的时间范围内恢复运行，尽可能减少灾难带来的损失，让用户基本感受不到灾难的发生，这样就使系统所提供的服务是完整的、可靠的和安全的。应用级容灾生产中心和异地灾备中心之间的数据传输采用异类的广域网传输方式，同时应用级容灾系统需要通过更多的软件来实现，可以使多种应用在灾难发生时可以进行快速切换，确保业务的连续性。

业务级容灾是全业务的灾备，除了必要的 IT 相关技术，还要求具备全部的基础设施。其大部分内容是非 IT 系统（如电话、办公地点等）。当大灾难发生后，原有的办公场所都会受到破坏，除了数据和应用的恢复，更需要一个备份的工作场所能够正常地开展业务。

【例40】 好易通物流公司以安全、快捷为运输策划前提，以全程监控为保障，为客户提供公路运输、航空运输、铁路运输服务。依据强大的计算机技术对信息进行处理和领用，为客户提供运前、运中、运后服务。

（1）运前服务

运输方案策划。针对客户的货物量、要求到达时限、货物安全系数、运输费用要求等情况进行运输方式建议，充分达到客户货物运输要求且降低运输成本。

货物处理。根据客户要求对特殊货物用木箱、纤袋等进行包装处理，对发运货物进行电脑物流软件程序记录并存档，客户可随时登录该公司网站，根据运单号查询货物的当前状况。

（2）运中服务

货物发运起，公司安排专人对客户货物进行全程详细反馈，客户也可以登录公司网站，对所运货物的运输状态进行自主查询。特殊货物进行信息反馈（如客户选择航空运输的，将及时反馈航班号、起飞时间、航空提货单号、到达时间等）。与客户收货方进行到货、提货、送货确认。

（3）运后服务

将到货及签收情况反馈至客户。对未能达到预计运输效果的货物（到达时限、货物损差、天灾人祸、交通事故等），及时通知客户，双方沟通以便快速解决问题。

请问：好易通物流公司的业务是否属于信息技术服务的征税范围？

分析 信息技术服务是指利用计算机、通信网络等技术对信息进行生产、收集、处理、加工、存储、运输、检索和利用，并提供信息服务的业务活动。好易通物流公司提供的是货物运输业务，而不是提供信息服务，所以不属于信息技术服务的征税范围。

【例41】某信息技术服务公司专门从事网站建设。业务范围包括：

（1）为企业提供域名注册、虚拟主机、企业邮箱、网站建设、网站维护、网络推广、电子商务网站开发、企业及行业门户网站建设、计算机技术咨询等服务。

（2）自建团购网站一个，专为本市餐饮、酒吧、KTV、影院、美发店、俱乐部等购销双方提供团购平台，为销售方提供产品推广、在线预约、消费登记确认、售后反馈等服务。

（3）自建招聘网站一个，为客户提供包括网络招聘网络求职平台、人才推荐、网络猎头、人才资源开发等服务。

请问：该信息技术服务公司的业务是否属于信息技术服务的征税范围？

分析 该信息技术服务公司为企业提供域名注册、虚拟主机、企业邮箱、网站建设、网站维护、网络推广、电子商务网站开发、企业及行业门户网站建设、计算机技术咨询等服务，属于营改增"信息技术服务"的征税范围。如果网站建设实际是网站设计服务，属于营改增"文化创意服务——设计服务"的征税范围。

团购网站、招聘网站的服务有争议。有观点认为团购网站是为购销双方提供一个交流的平台，促进销售；招聘网站是为用人单位和求职者提供一个交流的平台，促进求职者、招聘者双方达成各自的需要，信息技术服务公司在其中发挥的是中介机构的作用，和职业介绍等中介机构性质差不多，所以属于"商务辅助服务"中的"经纪代理服务"。

有观点认为，信息技术服务公司团购网站、招聘网站的服务不是单纯地为购销双方、用人单位和求职者提供一个交流的平台，信息技术服务公司利用计算机、通信网络等技术对购销双方、用人单位和求职者的信息进行收集、处理、加工、存储、运输、检索和利用，并给购销双方、用人单位和求职者提供有关的信息服务，属于营改增"信息技术服务"的征税范围。

3. 文化创意服务

文化创意服务，包括设计服务、知识产权服务、广告服务和会议展览服务。

2016年4月30日前，商标著作权转让服务属于文化创意服务。2016年4月30日后，商标著作权转让服务属于销售无形资产。

（1）设计服务，是指把计划、规划、设想通过文字、语言、图画、声音、视觉等形式传递出来的业务活动。包括工业设计、内部管理设计、业务运作设计、供应链设计、造型设计、服装设计、环境设计、平面设计、包装设计、动漫设计、网游设计、展示设计、网站设计、机械设计、工程设计、广告设计、创意策划、文印晒图等。

设计服务的定义中，新增了语言、图画、声音三种设计成果体现方式。同时将内部管理设计、业务运作设计、供应链设计纳入设计服务范围。

动漫设计、网游设计不属于信息技术服务，属于设计服务。广告设计不属于广告服务，也属于设计服务。集成电路和电子电路产品设计服务属于信息技术服务。购买方对设计结果拥有版权的，一般属于无形资产。

向境外单位或者个人提供的设计服务，适用零税率的政策，所以更应正确判断设计服务的范围。

（2）知识产权服务，是指处理知识产权事务的业务活动。包括对专利、商标、著作权、软件、集成电路布图设计的登记、鉴定、评估、认证、检索服务。

【例42】某商标事务所从事商标注册代理、专利申请代理等代理业务。请问：该商标事务所的代理业务是否属于文化创意服务的征税范围？

分析 2016年4月30日前，商标注册代理、专利申请代理属于文化创意服务的知识产权服务，2016年4月30日后，知识产权代理属于商务辅助服务的经纪代理服务。

（3）广告服务，是指利用图书、报纸、杂志、广播、电视、电影、幻灯、路牌、招贴、橱窗、霓虹灯、灯箱、互联网等各种形式为客户的商品、经营服务项目、文体节目或者通告、声明等委托事项进行宣传和提供相关服务的业务活动。包括广告代理和广告的发布、播映、宣传、展示等。

（4）会议展览服务，是指为商品流通、促销、展示、经贸洽谈、民间交流、企业沟通、国际往来等举办或者组织安排的各类展览和会议的业务活动。

【例43】勤政会议服务有限公司从事商务会议、学术会议、会展旅游、大型展览等方面的策划以及接待的业务，为会议和活动的统筹、策划、实施等组织工作提供强有力的支撑，策划、组织的会议主要包括：各种工作会议、代表大会、表彰大会；研讨会、交流会、论坛、讲座；社团组织年会、学术报告会、学术会议、专题会议、专家评审会；展销会、洽谈会、新品发布会；各种公益性活动、庆典活动；媒体新闻发布会；专业培训、专场招聘会；座谈会、茶话会、宴会等。请问：勤政会议服务有限公司的业务是否属于会议展览服务？

分析 勤政会议服务有限公司的业务是为商品流通、促销、展示、经贸洽谈、民间交流、企业沟通、国际往来等举办或者组织安排的各类展览和会议的业务活动，属于会议展览服务。

【例44】宏宇大饭店是一家五星级商务酒店，提供住宿服务、餐饮服务、娱乐服务（娱乐设施包括健身中心、室内游泳池、壁球馆、乒乓球、网球场、KTV歌舞厅）、商务会议服务、婚宴服务。请问：宏宇大饭店的业务是否有会议展览服务？

分析 根据《关于明确金融 房地产开发 教育辅助服务等增值税政策的通知》（财税〔2016〕140号）的规定，宾馆、旅馆、旅社、度假村和其他经营性住宿场所提供会议场地及配套服务的活动，按照"会议展览服务"缴纳增值税。所以，宏宇大饭店的业务中提供会议场地及配套服务的活动属于"会议展览服务"。

其中"配套服务"具体包括哪些服务没有明确的政策规定，在税收征管中，部分地区主管税务机关明确本地区执行的口径时确定，提供会议场地及配套服务的活动不包括提供会议场地同时提供的餐饮服务、住宿服务等。但部分地区主管税务机关明确，提供会议场地及配套服务的活动包括提供会议场地同时提供的餐饮服务、住宿服务等。如某省国税局在营改增热点问题答疑中解答"酒店业纳税人对提供会议服务中包含的餐饮服务、住宿服务收入，可一并按会议服务核算计税，开具增值税发票"。

4. 物流辅助服务

物流辅助服务，包括航空服务、港口码头服务、货运客运场站服务、打捞救助服务、装卸搬运服务、仓储服务和收派服务。

2016年4月30日前，货物运输代理服务、代理报关服务属于物流辅助服务，2016年4月30日后，货物运输代理服务、代理报关服务属于商务辅助服务中的经纪代理服务。

（1）航空服务，包括航空地面服务和通用航空服务。

航空地面服务，是指航空公司、飞机场、民航管理局、航站等向在境内航行或者在境内机场停留的境内外飞机或者其他飞行器提供的导航等劳务性地面服务的业务活动。包括旅客安全检查服务、停机坪管理服务、机场候机厅管理服务、飞机清洗消毒服务、空中飞行管理服务、飞机起降服务、飞行通信服务、地面信号服务、飞机安全服务、飞机跑道管理服务、空中交通管理服务等。

通用航空服务，是指为专业工作提供飞行服务的业务活动，包括航空摄影、航空培训、航空测量、航空勘探、航空护林、航空吊挂播撒、航空降雨、航空气象探测、航空海洋监测、航空科学实验等。

【例45】白云空港航空地面服务有限公司提供的服务包括：

（1）客运服务：值机，配载，航务，行查，票务，休息室，特殊旅客服务。具体有引导进港旅客下飞机，协助旅客提取、查询行李；为出港旅客办理值机手续、托运行李、引导旅客登机；为飞机分配载重，平衡飞机；为进出港旅客提供特殊服务及VIP服务。

（2）货运服务：进出港操作，中转操作，特殊货物操作处理，快件操作，物流配送服务。具体有出港货物接收、装配、出港及相关文件的操作处理；进出港货物的分解、组合机提取；转岗货物及邮件的操作；进出港货邮的查询业务；不正常货物的处理；快件服务；国际、国内航班的操作等常规业务。

（3）站坪服务：货物行李的装卸，货物、行李、旅客的运输，行李分拣，特种车辆的保障。具体有为代理的航班提供行李、邮件及货物的装卸、运输服务；负责机坪旅客的接送；机上污水处理，清水提供以及机上清舱服务。

（4）机务服务：航线服务，飞机放行，除/防冰服务，飞机维护、维修，提供技术人员支持。

（5）培训服务：特车培训、危险品培训。具体有为客户提供牵引车、平台车多种类型特种车辆的专业培训。为客户提供危险品安全运输专业知识的培训。

请问：白云空港航空地面服务有限公司提供的服务分别属于哪些税目？

分析 根据营改增对航空服务的定义，白云空港航空地面服务有限公司提供的客运服务、货运服务、站坪服务、机务服务属于营改增"物流辅助服务——航空服务"的征税范围，特车培训业务和危险品培训业务属于"生活服务——教育医疗服务"的征税范围。

（2）港口码头服务，是指港务船舶调度服务、船舶通信服务、航道管理服务、航道疏浚服务、灯塔管理服务、航标管理服务、船舶引航服务、理货服务、系解缆服务、停泊和移泊服务、海上船舶溢油清除服务、水上交通管理服务、船只专业清洗消毒检测服务和防止船只漏油服务等为船只提供服务的业务活动。

港口设施经营人收取的港口设施保安费按照港口码头服务缴纳增值税。

（3）货运客运场站服务，是指货运客运场站提供货物配载服务、运输组织服务、中转换乘服务、车辆调度服务、票务服务、货物打包整理、铁路线路使用服务、加挂铁路客车服务、铁路行包专列发送服务、铁路到达和中转服务、铁路车辆编解服务、车辆挂运服务、铁路接触网服务、铁路机车牵引服务等业务活动。

2016年4月30日前，货运客运场提供的车辆停放服务按照货运客运场站服务征税，2016年4月30日后，按照不动产经营租赁服务征税。

（4）打捞救助服务，是指提供船舶人员救助、船舶财产救助、水上救助和沉船沉物打捞服务的业务活动。

（5）装卸搬运服务，是指使用装卸搬运工具或者人力、畜力将货物在运输工具之间、装卸现场之间或者运输工具与装卸现场之间进行装卸和搬运的业务活动。

（6）仓储服务，是指利用仓库、货场或者其他场所代客贮放、保管货物的业务活动。

（7）收派服务，是指接受寄件人委托，在承诺的时限内完成函件和包裹的收件、分拣、派送服务的业务活动。

收件服务，是指从寄件人收取函件和包裹，并运送到服务提供方同城的集散中心的业务活动。

分拣服务，是指服务提供方在其集散中心对函件和包裹进行归类、分发的业务活动。

派送服务，是指服务提供方从其集散中心将函件和包裹送达同城的收件人的业务活动。

5. 租赁服务

租赁服务，包括融资租赁服务和经营租赁服务。

2016年4月30日前，改征增值税的租赁服务是有形动产租赁，包括有形动产的经营租赁和融资租赁。2016年4月30日后，不动产租赁也纳入租赁服务的征税范围，包括不动产的经营租赁和融资租赁。

（1）融资租赁服务，是指具有融资性质和所有权转移特点的租赁活动。即出租人根据承租人所要求的规格、型号、性能等条件购入有形动产或者不动产租赁给承租人，合同期内租赁物所有权属于出租人，承租人只拥有使用权，合同期满付清租金后，承租人有权按照残值购入租赁物，以拥有其所有权。不论出租人是否将租赁物销售给承租人，均属于融资租赁。

按照标的物的不同，融资租赁服务可分为有形动产融资租赁服务和不动产融资租赁服务。

A. 融资性售后回租不按照本税目缴纳增值税，按照金融服务缴纳增值税。2016 年 4 月 30 日前，有形动产融资性售后回租按照租赁服务缴纳增值税，试点纳税人根据 2016 年 4 月 30 日前签订的有形动产融资性售后回租合同，在合同到期前提供的有形动产融资性售后回租服务，可继续按照有形动产融资租赁服务缴纳增值税。

B. 根据《国家税务总局关于融资租赁业务征收流转税问题的通知》（国税函〔2000〕514 号）的规定，对经中国人民银行批准经营融资租赁业务的单位所从事的融资租赁业务，无论租赁的货物的所有权是否转让给承租方，均按《营业税暂行条例》的有关规定征收营业税，不征收增值税。其他单位从事的融资租赁业务，租赁的货物的所有权转让给承租方，征收增值税，不征收营业税；租赁的货物的所有权未转让给承租方，征收营业税，不征收增值税。

也即，未经有权部门批准从事融资租赁业务的纳税人，租赁的资产所有权转让给承租方，按照销售货物缴纳增值税，租赁的货物的所有权未转让给承租方，按租赁服务缴纳营业税。

营改增后，融资租赁服务的纳税人包括经有权部门批准从事融资租赁业务的纳税人，也包括未经有权部门批准从事融资租赁业务的纳税人。只要提供的是融资租赁服务，无论是否经有权部门批准从事融资租赁业务都按照租赁服务缴纳增值税。不同的是，经有权部门批准从事融资租赁业务的，对销售额可以按照差额征税的规定做扣除，未经有权部门批准从事融资租赁业务的，不得差额征税。

C.《国家税务总局关于营业税改征增值税试点期间有关增值税问题的公告》（国家税务总局公告 2015 年第 90 号）规定，提供有形动产融资租赁服务的纳税人，以保理方式将融资租赁合同项下未到期应收租金的债权转让给银行等金融机构，不改变其与承租方之间的融资租赁关系，应继续按照现行规定缴纳增值税，并向承租方开具发票。

（2）经营租赁服务，是指在约定时间内将有形动产或者不动产转让他人使用且租赁物所有权不变更的业务活动。

按照标的物的不同，经营租赁服务可分为有形动产经营租赁服务和不动产经营租赁服务。

A. 将建筑物、构筑物等不动产或者飞机、车辆等有形动产的广告位出租给其他单位或者个人用于发布广告，按照经营租赁服务缴纳增值税。

B. 车辆停放服务、道路通行服务（包括过路费、过桥费、过闸费等）等按照不动产经营租赁服务缴纳增值税。

C. 水路运输的光租业务、航空运输的干租业务，属于经营租赁。

光租业务，是指运输企业将船舶在约定的时间内出租给他人使用，不配备操作人员，不承担运输过程中发生的各项费用，只收取固定租赁费的业务活动。

干租业务，是指航空运输企业将飞机在约定的时间内出租给他人使用，不配备机组人员，不承担运输过程中发生的各项费用，只收取固定租赁费的业务活动。

6. 鉴证咨询服务

鉴证咨询服务，包括认证服务、鉴证服务和咨询服务。

（1）认证服务。

认证服务，是指具有专业资质的单位利用检测、检验、计量等技术，证明产品、服务、管理体系符合相关技术规范、相关技术规范的强制性要求或者标准的业务活动。

相关知识： 设立认证机构，应当经国家认监委批准，并依法取得法人资格后，方可从事批准范围内的认证活动。未经批准，任何单位和个人不得从事认证活动。认证机构取得国家认监委出具的认证机构设立通知书后，依法办理有关登记手续，领取"认证机构批准书"。"认证机构批准书"有效期为连续四年，有效期届满时认证机构可申请延续批准书有效期，获批准延续有效期的批准书继续另一个连续四年的有效期。如果认证机构未能保持任何一个认证领域从业资质，即使批准书在有效期内也将自然注销。

认证机构的分支机构也应具有专业资质，持有"认证机构分支机构批准书"。"认证机构分支机构批准书"是分支机构获得国家认监委批准设立和从业的法定文书，在相应的"认证机构批准书"有效期内有效。

（2）鉴证服务。

鉴证服务，是指具有专业资质的单位受托对相关事项进行鉴证，发表具有证明力的意见的业务活动。包括会计鉴证、税务鉴证、法律鉴证、职业技能鉴定、工程造价鉴证、工程监理、资产评估、环境评估、房地产土地评估、建筑图纸审核、医疗事故鉴定等。

提供鉴证服务的纳税人应当具有专业资质。

（3）咨询服务。

咨询服务是指提供信息、建议、策划、顾问等服务的活动。包括金融、软件、技术、财务、税收、法律、内部管理、业务运作、流程管理、健康等方面的咨询。

翻译服务和市场调查服务按照咨询服务缴纳增值税。

2016年4月30日前，改征增值税的咨询服务主要是提供和策划财务、税收、法律、内部管理、业务运作和流程管理等信息或者建议的业务活动，健康咨询等其他咨询征收营业税。2016年4月30日健康咨询等其他咨询改征增值税后没有按生活服务征税，而是按照现代服务——咨询服务征税。

2016年4月30日前，技术咨询服务按照研发和技术服务征税，2016年4月30日后按照咨询服务征税。

2016年4月30日前，代理记账服务按照咨询服务征税，2016年4月30日后按照商务辅助服务中的经纪代理服务征税。

新增了金融咨询、健康咨询和市场调查服务。

7. 广播影视服务

广播影视服务，包括广播影视节目（作品）的制作服务、发行服务和播映（含放映，下同）服务。

（1）广播影视节目（作品）制作服务，是指进行专题（特别节目）、专栏、综艺、体育、动画片、广播剧、电视剧、电影等广播影视节目和作品制作的服务。具体包括与广播影视节目和作品相关的策划、采编、拍摄、录音、音视频文字图片素材制作、场景布置、后期的剪辑、翻译（编译）、字幕制作、片头、片尾、片花制作、特效制作、影片修复、编目和确权等业务活动。

（2）广播影视节目（作品）发行服务，是指以分账、买断、委托等方式，向影院、电台、电视台、网站等单位和个人发行广播影视节目（作品）以及转让体育赛事等活动的报道及播映权的业务活动。

（3）广播影视节目（作品）播映服务，是指在影院、剧院、录像厅及其他场所播映广播影视节目（作品），以及通过电台、电视台、卫星通信、互联网、有线电视等无线或者有线装置播映广播影视节目（作品）的业务活动。

8. 商务辅助服务

商务辅助服务，包括企业管理服务、经纪代理服务、人力资源服务、安全保护服务。

（1）企业管理服务，是指提供总部管理、投资与资产管理、市场管理、物业管理、日常综合管理等服务的业务活动。

（2）经纪代理服务，是指各类经纪、中介、代理服务。包括金融代理、知识产权代理、货物运输代理、代理报关、法律代理、房地产中介、职业中介、婚姻中介、代理记账、拍卖等。

A. 2016年4月30日后各类代理服务，包括知识产权代理、货物运输代理、代理记账等都从其他的应税项目归集过来按照经纪代理服务征税，金融代理没有按金融服务征税，婚姻中介也没有按照生活服务征税，都是按照经纪代理服务征税。不过，广告代理仍按广告服务征税。

B. 货物运输代理服务，是指接受货物收货人、发货人、船舶所有人、船舶承租人或者船舶经营人的委托，以委托人的名义，为委托人办理货物运输、装卸、仓储和船舶进出港口、引航、靠泊等相关手续的业务活动。

经营者以承运人身份与托运人签订运输服务合同，收取运费并承担承运人责任，然后委托实际承运人完成运输服务的经营活动属于无运输工具承运业务，按照交通运输服务缴纳增值税。

2016年4月30日前，货物运输代理服务，是指接受货物收货人、发货人、船舶所有人、船舶承租人或船舶经营人的委托，以委托人的名义或者以自己的名义，在不直接提供货物运输服务的情况下，为委托人办理货物运输、船舶进出港口，联系安排引航、靠泊、装卸等货物和船舶代理相关业务手续的业务活动。即货物运输代理服务可能是以委托人的名义，也可能以自己的名义来开展业务。而2016年4月30日后，货物运输代理服务必须以委托人的名义来开展业务。

C. 代理报关服务，是指接受进出口货物的收、发货人委托，代为办理报关手续的业务活动。

（3）人力资源服务，是指提供公共就业、劳务派遣、人才委托招聘、劳动力外包等服务的业务活动。

劳务派遣服务属于人力资源服务。

根据国民经济行业分类的定义，劳务派遣服务指劳务派遣单位招用劳动力后，将其派到用工单位从事劳动的行为。在营改增的税目注释中，劳务派遣服务属于商务辅助服务——人力资源服务。

用工单位以劳务派遣形式用工时，应按照《中华人民共和国劳动合同法》的规定签订劳务派遣合同。《中华人民共和国劳动合同法》第五十八条规定，劳务派遣单位是本法所称用人单位，应当履行用人单位对劳动者的义务。劳务派遣单位与被派遣劳动者订立的劳动合同，除应当载明本法第十七条规定的事项外，还应当载明被派遣劳动者的用工单位以及派遣期限、工作岗位等情况。劳务派遣单位应当与被派遣劳动者订立两年以上的固定期限劳动合同，按月支付劳动报酬；被派遣劳动者在无工作期间，劳务派遣单位应当按照所在地人民政府规定的最低工资标准，向其按月支付报酬。第五十九条规定，劳务派遣单位派遣劳动者应当与接受以劳务派遣形式用工的单位订立劳务派遣协议。劳务派遣协议应当约定派遣岗位和人员数量、派遣期限、劳动报酬和社会保险费的数额与支付方式，以及违反协议的责任。

用工单位以劳务派遣形式用工时，应按照《中华人民共和国劳动合同法》的有关规定承担相应的责任。《中华人民共和国劳动合同法》第六十三条规定，被派遣劳动者享有与用工单位的劳动者同工同酬的权利。第九十二条规定，用工单位给被派遣劳动者造成损害的，劳务派遣单位与用工单位承担连带赔偿责任。

在增值税的征管中，如果劳务派遣单位与用工单位签订的是劳务派遣合同，则劳务派遣单位从用工单位取得的收入应按照劳务派遣服务缴纳增值税；如果签订的不是劳务派遣合同，则按照所提供的服务缴纳增值税。

【例46】甲企业和保安公司签订了劳务派遣合同，由保安公司为甲企业派遣两名保安。甲企业每年给保安公司支付3万元的费用，同时给派来的两位保安每位每月支付2 000元。两位保安的五险一金由保安公司交纳。请问：保安公司为甲企业提供的是什么服务？

分析　按照营改增应税行为的注释，安全保护服务，是指提供保护人身安全和财产安全、维护社会治安等的业务活动，包括场所住宅保安、特种保安、安全系统监控以及其他安保服务。保安公司提供的服务属于安全保护服务，但同时本例中所举的情形，也符合劳务派遣服务的内涵。

《关于进一步明确全面推开营改增试点有关再保险、不动产租赁和非学历教育等政策的通知》（财税〔2016〕68号）规定，纳税人提供安全保护服务，比照劳务派遣服务政策执行，所以，本例中保安公司为甲企业提供服务应按劳务派遣服务缴纳增值税。

同时值得注意的是，并不是保安公司提供的安全保护服务都按照劳务派遣服务缴纳增值税，应根据双方签订合同的实质来确定属于安全保护服务还是属于劳务派遣服务。

【例47】甲信息技术服务公司为乙企业开发了一个人力资源管理软件。在使用该软件的过程中，甲企业派技术员小明长期驻乙企业为其解决软件使用中的各种问题。乙企业给甲企业每年支付技术维护费5万元。请问：甲企业提供的服务是否属于劳务派遣服务？

分析　在使用该软件的过程中，甲企业虽然派技术员小明长期驻乙企业，但是小明以甲企业的身份为乙企业提供信息技术服务，甲、乙之间签订的也不是劳务派遣合同，所以甲企业提供的服务不属于劳务派遣服务，属于信息技术服务。

（4）安全保护服务，是指提供保护人身安全和财产安全、维护社会治安等的业务活动，包括场所住宅保安、特种保安、安全系统监控以及其他安保服务。

根据《关于明确金融 房地产开发 教育辅助服务等增值税政策的通知》（财税〔2016〕140号）的规定，纳税人提供武装守护押运服务，按照"安全保护服务"缴纳增值税。

9. 其他现代服务

其他现代服务，是指除研发和技术服务、信息技术服务、文化创意服务、物流辅助服务、租赁服务、鉴证咨询服务、广播影视服务和商务辅助服务以外的现代服务。

根据《国家税务总局关于进一步明确营改增有关征管问题的公告》（国家税务总局公告〔2017〕11号）的规定，纳税人对安装运行后的电梯提供的维护保养服务，按照"其他现代服务"缴纳增值税。

（七）生活服务

生活服务，是指为满足城乡居民日常生活需求提供的各类服务活动。包括文化体育服务、教育医疗服务、旅游娱乐服务、餐饮住宿服务、居民日常服务和其他生活服务。

1. 文化体育服务

文化体育服务，包括文化服务和体育服务。

（1）文化服务，是指为满足社会公众文化生活需求提供的各种服务。包括：文艺创作、文艺表演、文化比赛，图书馆的图书和资料借阅，档案馆的档案管理，文物及非物质遗产保护，组织举办宗教活动、科技活动、文化活动，提供游览场所。

（2）体育服务，是指组织举办体育比赛、体育表演、体育活动，以及提供体育训练、体育指导、体育管理的业务活动。

2. 教育医疗服务

教育医疗服务，包括教育服务和医疗服务。

（1）教育服务，是指提供学历教育服务、非学历教育服务、教育辅助服务的业务活动。

学历教育服务，是指根据教育行政管理部门确定或者认可的招生和教学计划组织教学，并颁发相应学历证书的业务活动。包括初等教育、初级中等教育、高级中等教育、高等教育等。

非学历教育服务，包括学前教育、各类培训、演讲、讲座、报告会等。

教育辅助服务，包括教育测评、考试、招生等服务。

根据《国家税务总局关于在境外提供建筑服务等有关问题的公告》（国家税务总局公告〔2016〕69号）的规定，境外单位通过教育部考试中心及其直属单位在境内开展考试，教育部考试中心及其直属单位应以取得的考试费收入扣除支付给境外单位考试费后的余额为销售额，按提供"教育辅助服务"缴纳增值税。

（2）医疗服务，是指提供医学检查、诊断、治疗、康复、预防、保健、接生、计划生育、防疫服务等方面的服务，以及与这些服务有关的提供药品、医用材料器具、救护车、病房住宿和伙食的业务。

3. 旅游娱乐服务

旅游娱乐服务，包括旅游服务和娱乐服务。

（1）旅游服务，是指根据旅游者的要求，组织安排交通、游览、住宿、餐饮、购物、文娱、商务等服务的业务活动。

（2）娱乐服务，是指为娱乐活动同时提供场所和服务的业务。

具体包括：歌厅、舞厅、夜总会、酒吧、台球、高尔夫球、保龄球、游艺（包括射击、狩猎、跑马、游戏机、蹦极、卡丁车、热气球、动力伞、射箭、飞镖）。

4. 餐饮住宿服务

餐饮住宿服务，包括餐饮服务和住宿服务。

（1）餐饮服务，是指通过同时提供饮食和饮食场所的方式为消费者提供饮食消费服务的业务活动。

（2）住宿服务，是指提供住宿场所及配套服务等的活动。包括宾馆、旅馆、旅社、度假村和其他经营性住宿场所提供的住宿服务。

根据《国家税务总局关于在境外提供建筑服务等有关问题的公告》（国家税务总局公告〔2016〕69号）的规定，纳税人以长（短）租形式出租酒店式公寓并提供配套服务的，按照"住宿服务"缴纳增值税。

5. 居民日常服务

居民日常服务，是指主要为满足居民个人及其家庭日常生活需求提供的服务，包括市容市政管理、家政、婚庆、养老、殡葬、照料和护理、救助救济、美容美发、按摩、桑拿、氧吧、足疗、沐浴、洗染、摄影扩印等服务。

6. 其他生活服务

其他生活服务，是指除文化体育服务、教育医疗服务、旅游娱乐服务、餐饮住宿服务和居民日常服务之外的生活服务。

根据《国家税务总局关于进一步明确营改增有关征管问题的公告》（国家税务总局公告〔2017〕11号）的规定，纳税人提供植物养护服务，按照"其他生活服务"缴纳增值税。

二、销售无形资产

销售无形资产，是指转让无形资产所有权或者使用权的业务活动。无形资产，是指不具实物形态，但能带来经济利益的资产，包括技术、商标、著作权、商誉、自然资源使用权和其他权益性无形资产。

（一）技术

技术，包括专利技术和非专利技术。

技术转让服务在营改增前按照转让无形资产征收营业税。营改增后，技术转让服务按照研发和技术服务征收增值税，2016年4月30日后，按照销售无形资产征收增值税。

相关知识：1. 专利技术

根据国家《专利法》规定国内专利从申请的种类上分为发明专利、外观设计专利、实用新型专利三种。

（1）发明专利是指对产品、方法或者其改进所提出的新的技术方案。发明分为产品发明和方法发明两大类型。

（2）外观设计是指对产品的形状、图案、色彩或者其结合所做出的富有美感并适于工业上应用的新设计。外观设计是指工业品的外观设计，也就是工业品的式样。外观设计专利应当符合以下要求：

A. 外观设计是指形状、图案、色彩或者其结合的设计；

B. 必须是对产品的外表所做的设计；

C. 必须富有美感；

D. 必须是适于工业上的应用。

（3）实用新型是指对产品的形状、构造或者其结合所提出的适于实用的新的技术方案。实用新型又称小发明或小专利。它的创造性和技术水平较发明专利低，但实用价值大，在专利权审批上采取简化审批程序、缩短保护期限、降低收费标准办法加以保护。

2. 非专利技术

非专利技术又称专有技术。它是指不为外界所知、在生产经营活动中已采用了的、不享有法律保护的、可以带来经济效益的各种技术和诀窍。非专利技术一般包括工业专有技术、商业贸易专有技术、管理专有技术等。工业专有技术，指在生产上已经采用，仅限于少数人知道，不享有专利权或发明权的生产、装配、修理、工艺或加工方法的技术知识。商业贸易专有技术，指具有保密性质的市场情报、原材料价格情报以及用户、竞争对象的情况的有关知识。管理专有技术，指生产组织的经营方式、管理方法、培训职工方法等保密知识。

专利权需在专利机关登记注册，受法律保护，有有效期。非专利技术没有在专利机关登记注册，依靠保密手段进行垄断，不受法律保护，它没有有效期，只要不泄露，即可有效地使用并可有偿转让。

（二）商标

《商标法》规定，经商标局核准注册的商标，包括商品商标、服务商标和集体商标、证明商标，商标注册人享有商标专用权。

（三）商誉

营改增对商誉未做解释。《企业会计准则第6号——无形资产》规定商誉属于无形资产范畴，是不可辨认的无形资产，它与整个企业密切相关，因而不能单独存在，也不能与企业可辨认的各种资产分开出售。《营业税税目注释》规定，转让商誉，是指转让商誉的使用权的行为。

（四）著作权

著作权也称版权，是指作者及其他权利人对文学、艺术和科学作品享有的人身权和财产权的总称。文学、艺术和科学作品包括：文字作品；口述作品；音乐、戏剧、曲艺、舞蹈、杂技艺术作品；美术、建筑作品；摄影作品；电影作品和以类似摄制电影的方法创作的作品；工程设计图、产品设计图、地图、示意图等图形作品和模型作品；计算机软件；法律、行政法规规定的其他作品。

相关知识：著作权的人身权不能转让，财产权可以转让。著作人身权包括：发表权，即决定作品是否公布于众的权利；署名权，即表明作者身份，在作品上署名的权利；修改权，即修改或者授权他人修改作品的权利；保护作品完整权，即保护作品不受歪曲、篡改的权利。著作财产权的内容具体包括复制权、发行权、出租权、展览权、表演权、放映权、广播权、信息网络传播权、摄制权、改编权、翻译权、汇编权以及应当由著作权人享有的其他权利。

（五）自然资源使用权

自然资源使用权，包括土地使用权、海域使用权、探矿权、采矿权、取水权和其他自然资源使用权。

（六）其他权益性无形资产

其他权益性无形资产，包括基础设施资产经营权、公共事业特许权、配额、经营权（包括特许经营权、连锁经营权、其他经营权）、经销权、分销权、代理权、会员权、席位权、网络游戏虚拟道具、域名、名称权、肖像权、冠名权、转会费等。

【例48】某市有两家火电企业，A企业（一般纳税人）将本企业今年部分小火电机组容量指标转让给B企业，收取款项20万元。A企业应缴纳增值税吗？

分析 该业务如果发生在营改增前，由于小火电机组容量指标不属于销售货物，也不属于加工、修理修配劳务，所以A企业不缴纳增值税。在营业税中，营业税无形资产的征税范围包括专利技术、非专利技术、商标、著作权、商誉、土地使用权、其他自然资源使用权，小火电机组容量指标不属于上述无形资产。《国家税务总局关于转让小火电机组容量指标营业税问题的公告》（国家税务总局公告2013年第74号）规定，纳税人转让小火电机组容量指标的行为，暂不征收营业税。所以A企业也不缴纳营业税。

2016年5月1日营改增后，增值税无形资产的征税范围增加了其他权益性无形资产，小火电机组容量指标属于其他权益性无形资产，所以A企业应缴纳增值税。增值税销项税额=200 000÷（1+6%）×6%=11 320.75（元）。

【例49】2016年8月甲企业（一般纳税人）将一项专利技术让渡给乙企业使用2年，收取特许权使用费5万元；将一片闲置的土地租给丙企业，租期2年，一次性收取两年的租金收入10万元。甲企业的业务是否属于销售无形资产？应缴纳增值税多少元？

分析 根据《营业税改征增值税试点实施办法》的规定，销售无形资产，是指转让无形资产所有权或者使用权的业务活动。专利技术和土地使用权都属于营改增无形资产的范围。但《财政部 国家税务总局关于进一步明确全面推开营改增试点有关劳务派遣服务、收费公路通行费抵扣等政策的通知》（财税〔2016〕47 号）规定，纳税人以经营租赁方式将土地出租给他人使用，按照不动产经营租赁服务缴纳增值税。

所以，让渡专利技术所有权取得的特许权使用费属于销售无形资产，销项税额 = 50 000÷（1+6%）×6%＝2 830.19（元）。出租土地不属于销售无形资产，按照不动产经营租赁服务缴纳增值税，则甲企业可以按照"出租 2016 年 4 月 30 日前取得的不动产，可以选择简易计税方法按照 5%征收率缴纳增值税"的规定缴纳增值税，则应纳增值税税额＝100 000÷（1+5%）×5%＝4 761.90（元）。甲企业也可以不选择适用简易计税方法，而是按照一般计税方法缴纳增值税，则销项税额＝100 000÷（1+11%）×11%＝9 909.91（元）。

三、销售不动产

销售不动产，是指转让不动产所有权的业务活动。不动产，是指不能移动或者移动后会引起性质、形状改变的财产，包括建筑物、构筑物等。

建筑物，包括住宅、商业营业用房、办公楼等可供居住、工作或者进行其他活动的建造物。

构筑物，包括道路、桥梁、隧道、水坝等建造物。

转让建筑物有限产权或者永久使用权的，转让在建的建筑物或者构筑物所有权的，以及在转让建筑物或者构筑物时一并转让其所占土地的使用权的，按照销售不动产缴纳增值税。

四、营改增试点应税项目明细

（一）营改增试点应税项目明细表

《国家税务总局关于营业税改征增值税部分试点纳税人增值税纳税申报有关事项调整的公告》（国家税务总局公告 2016 年第 30 号）将应税行为编制了"营改增试点应税项目明细表"，为每一项应税行为确定了一个代码。从事建筑、房地产、金融或生活服务等经营业务的增值税一般纳税人在办理增值税纳税申报时应填报"营改增税负分析测算明细表"，"营改增税负分析测算明细表"中"应税项目代码及名称"根据"营改增试点应税项目明细表"所列项目代码及名称填写，同时有多个项目的，应分项目填写。

（二）商品和服务税收分类与编码

（1）税务总局编写了《商品和服务税收分类与编码（试行）》，并在增值税发票管理新系统中增加了编码相关功能。《国家税务总局关于全面推开营业税改征增值税试点有关税收征收管理事项的公告》（国家税务总局公告 2016 年第 23 号）规定，自 2016 年 4 月 30 日后，纳入增值税发票管理新系统推行范围的试点纳税人及新办增值税纳税人，应使用新系统选择相应的编码开具增值税发票。

带有税收编码的增值税发票票面不作调整，票面中不打印税收编码，税收编码随开票信息一并上传税务机关。

（2）税收编码分为税收分类编码和企业自定义代码。税收分类编码以统计部门的产品代码和国民经济行业代码为基础。涵盖包括本次营改增试点征收品目在内的所有增值税征收范围。编码由 19 位数字构成，分篇、类、章、节、条、款、项、目、子目、细目 10 层，共计 4 140 项。

① 5 大类：按货物、劳务、销售服务、无形资产和不动产归类；

② 4 140 项：3 487 个明细开票项，653 个汇总项；

③ 829 个增值税优惠政策及特殊管理要求；

④ 76 个消费税管理政策；

⑤ 对应 2.8 万个统计局的产品和劳务。

自 2016 年 9 月 1 日起，根据《关于营改增试点若干征管问题的公告》（国家税务总局公告〔2016〕53 号）的规定，对《商品和服务税收分类与编码（试行）》中的分类编码进行下列内容的调整，同时纳税人应将增值税税控开票软件升级到最新版本（V2.0.11）：

① 3010203"水路运输期租业务"下分设 301020301"水路旅客运输期租业务"和 301020302"水路货物运输期租业务"；3010204"水路运输程租业务"下设 301020401"水路旅客运输程租业务"和 301020402"水路货物运输程租业务"；301030103"航空运输湿租业务"下设 30103010301"航空旅客运输湿租业务"和 30103010302"航空货物运输湿租业务"。

② 30105"无运输工具承运业务"下新增 3010502"无运输工具承运陆路运输业务"、3010503"无运输工具承运水路运输服务"、3010504"无运输工具承运航空运输服务"、3010505"无运输工具承运管道运输服务"和 3010506"无运输工具承运联运运输服务"。

停用编码 3010501"无船承运"。

③ 301"交通运输服务"下新增 30106"联运服务"，用于利用多种运输工具载运旅客、货物的业务活动。

30106"联运服务"下新增 3010601"旅客联运服务"和 3010602"货物联运服务"。

④ 30199"其他运输服务"下新增 3019901"其他旅客运输服务"和 3019902"其他货物运输服务"。

⑤ 30401"研发和技术服务"下新增 3040105"专业技术服务"。

停止使用编码 304010403"专业技术服务"。

⑥ 304050202"不动产经营租赁"下新增 30405020204"商业营业用房经营租赁服务"。

⑦ 3040801"企业管理服务"下新增 304080101"物业管理服务"和 304080199

"其他企业管理服务"。

⑧ 3040802 "经纪代理服务" 下新增 304080204 "人力资源外包服务"。

⑨ 3040803 "人力资源服务" 下新增 304080301 "劳务派遣服务" 和 304080399 "其他人力资源服务"。

⑩ 30601 "贷款服务" 下新增 3060110 "客户贷款"，用于向企业、个人等客户发放贷款以及票据贴现的情况；3060110 "客户贷款" 下新增 306011001 "企业贷款"、306011002 "个人贷款"、306011003 "票据贴现"。

⑪ 增加 6 "未发生销售行为的不征税项目"，用于纳税人收取款项但未发生销售货物、应税劳务、服务、无形资产或不动产的情形。"未发生销售行为的不征税项目" 下设 601 "预付卡销售和充值"、602 "销售自行开发的房地产项目预收款"、603 "已申报缴纳营业税未开票补开票"。纳税人 2016 年 5 月 1 日前发生的营业税涉税业务，需要补开发票的，可于 2017 年 12 月 31 日前开具增值税普通发票。使用 "未发生销售行为的不征税项目" 编码的，发票税率栏应填写 "不征税"，不得开具增值税专用发票。

（3）货物和劳务分类编码表由总局统一维护，未经同意，任何人不得变动。纳税人不得修改目前总局已有的编码，允许纳税人自行修改的编码，只能是在现有商品和服务分类再细分的情况下，在已有编码基础上增加下一层编码，纳税人自行增加的编码为系统自动赋码。税务机关做后期开票量统计分析时，按照 "纳税人识别号+总局编码+纳税人增加编码" 为要素采集并统计数据。

（4）除特殊纳税人可以按汇总项开票外，其他纳税人在开票时均不允许按上一级代码开具发票。目前只有电信服务及总局明确的其他服务，开具发票时可以选择上级节点开票，具体要求：开具专用发票时，项目名称可按照 "基础电信服务" "增值电信服务" 汇总项开具；开具普通发票时，可以按照 "电信服务" 汇总项开具。

（5）税收编码系统涉及税务端和企业端。

①税务端的要求。

税务端的要求包括：A. 增强税务机关信息化管理能力，大数据应用；B. 编码与海关代码、统计部门的产品代码及行业代码等挂钩，具有比对和统计分析功能；C. 编码编制留有空间，相关功能逐步完善。

②企业端的要求。

企业端的要求包括：A. 纳税人一次性维护，日常开票时自动调用编码的方式，不改变纳税人日常开票习惯，不影响纳税人开票效率；B. 编码维护提供多方式选择，配有关键字索引和模糊查询功能，并有随机说明，方便纳税人查阅及选用；C. 编码与适用税率、优惠政策挂钩，有助于纳税人防止错用税率。

③税务端的变化情况。

税收编码系统税务端的变化情况包括：A. 货运税控系统增加商品和服务税收分类与编码管理模块；B. 防伪税控系统增加税收编码查询同步模块和数据库中增加税收编码字段；C. 电子底账系统增加商品和服务税收分类与编码查询模块，在后期增加统计分析功能模块。

④企业端的变化情况。

税收编码系统企业端的变化情况包括：A. 增加编码赋码功能；B. 除电信企业外，

其他纳税人不允许按大类汇总开具；C. 折扣、折让、价外费用没有单独编码，需按实际商品和服务编码开具发票；D. 将原票面上的税率为 ＊ 的几种情形，细化为"0%""免税""不征税"，进行区分。

(三) 编码差异

"营改增试点应税项目明细表"和《商品和服务税收分类与编码（试行）》对同一应税行为赋予的编码不同。

如某建筑企业从事高速公路的建造，在填报"营改增税负分析测算明细表"时，"营改增税负分析测算明细表"中"应税项目代码及名称"为"040100 工程服务"。在开具增值税发票时，应在增值税发票管理新系统中选择的"编码及商品和服务名称"为"3050100000000000000 工程服务"。

又如某饭店提供餐饮服务，在填报"营改增税负分析测算明细表"时，"营改增税负分析测算明细表"中"应税项目代码及名称"为"070401 餐饮服务"。在开具增值税发票时，应在增值税发票管理新系统中选择的"编码及商品和服务名称"为"3070401000000000000 餐饮服务"。

第三节　营改增试点税率和征收率

一、税率

营改增试点在应税服务的税率设定上，按照完善税制和结构性减税的总体要求，尽可能考虑了试点应税服务范围的自身特点。同时，为支持我国服务经济对外发展，实现彻底的出口退税，确定部分应税服务项目适用零税率。

（1）提供交通运输、邮政、基础电信、建筑、不动产租赁服务，销售不动产，转让土地使用权，税率为 11%。

（2）提供有形动产租赁服务，税率为 17%。

租赁服务中，有形动产租赁服务税率为 17%；不动产租赁服务税率为 11%；融资性售后回租服务按金融服务征税，税率为 6%。

（3）纳税人发生应税行为，除以上两项规定外，税率为 6%。

适用 6% 税率的应税行为包括增值电信服务、金融服务、现代服务（租赁服务除外）、生活服务、无形资产（土地使用权除外）。

现代服务中，研发和技术服务、信息技术服务、文化创意服务、物流辅助服务、鉴证咨询服务、广播影视服务、商务辅助服务和其他现代服务，税率都为 6%。

全部的生活服务，包括文化体育服务、教育医疗服务、旅游娱乐服务、餐饮住宿服务、居民日常服务和其他生活服务，税率都为 6%。

（4）境内单位和个人发生的跨境应税行为，税率为零。具体范围由财政部和国家税务总局另行规定。

二、征收率

增值税征收率为 3%，财政部和国家税务总局另有规定的除外。

(一) 小规模纳税人的征收率

(1) 小规模纳税人发生应税行为征收率为 3%，财政部和国家税务总局另有规定的除外。

(2) 小规模纳税人销售不动产征收率为 5%。

房地产开发企业中的小规模纳税人，销售自行开发的房地产项目，按照 5% 的征收率计税。

小规模纳税人销售其取得的不动产，按照 5% 的征收率计算应纳税额。

(3) 小规模纳税人出租其取得的不动产（不含个人出租住房），应按照 5% 的征收率计算应纳税额。个人（含个体工商户）出租住房，应按照 5% 的征收率减按 1.5% 计算应纳税额。

(4) 小规模纳税人提供劳务派遣服务征收率为 3% 或者 5%。

按照《财政部 国家税务总局关于进一步明确全面推开营改增试点有关劳务派遣服务、收费公路通行费抵扣等政策的通知》（财税〔2016〕47 号）的规定，小规模纳税人提供劳务派遣服务，可以按照《营业税改征增值税试点实施办法》（财税〔2016〕36 号附件 1）的有关规定，以取得的全部价款和价外费用为销售额，按照简易计税方法依 3% 的征收率计算缴纳增值税；也可以选择差额纳税，以取得的全部价款和价外费用，扣除代用工单位支付给劳务派遣员工的工资、福利和为其办理社会保险及住房公积金后的余额为销售额，按照简易计税方法依 5% 的征收率计算缴纳增值税。

在营改增的税目注释中，劳务派遣服务属于商务辅助服务——人力资源服务。

(二) 一般纳税人选择简易计税方法适用的征收率

1. 征收率为 3% 的应税行为

根据《营业税改征增值税试点有关事项的规定》（财税〔2016〕36 号附件 2）的规定，一般纳税人发生下列应税行为可以选择适用简易计税方法计税，按照 3% 征收率计算应纳税额。

(1) 公共交通运输服务。

公共交通运输服务，包括轮客渡、公交客运、地铁、城市轻轨、出租车、长途客运、班车。

班车，是指按固定路线、固定时间运营并在固定站点停靠的运送旅客的陆路运输服务。

(2) 经认定的动漫企业为开发动漫产品提供的动漫脚本编撰、形象设计、背景设计、动画设计、分镜、动画制作、摄制、描线、上色、画面合成、配音、配乐、音效合成、剪辑、字幕制作、压缩转码（面向网络动漫、手机动漫格式适配）服务，以及在境内转让动漫版权（包括动漫品牌、形象或者内容的授权及再授权）。

动漫企业和自主开发、生产动漫产品的认定标准和认定程序，按照《动漫企业认定管理办法（试行）》（文市发〔2008〕51号）的规定执行。

（3）电影放映服务、仓储服务、装卸搬运服务、收派服务和文化体育服务。

电影放映服务于2013年8月1日起改征增值税；仓储服务、装卸搬运服务于2012年1月1日起改征增值税；收派服务于2014年1月1日起改征增值税。这些服务都于2014年1月1日起可选择按简易计税方法计税。

文化体育服务于2016年5月1日起改征增值税，可以选择按简易计税方法计税。

（4）以纳入营改增试点之日前取得的有形动产为标的物提供的经营租赁服务。

租赁服务包括不动产租赁和有形动产租赁，有形动产租赁于2012年1月1日起改征增值税，以纳入营改增试点之日前取得的有形动产为标的物提供的经营租赁服务可以选择按简易计税方法计税。对于2016年5月1日改征增值税的纳税人，以纳入营改增试点之日前取得的有形资产为标的物提供的经营租赁服务，也可以选择适用简易计税方法计税的规定。但是有形动产的融资租赁不能选择按简易计税方法计税。

（5）在纳入营改增试点之日前签订的尚未执行完毕的有形动产租赁合同。

A. 2016年4月30日前，试点纳税人在营改增前签订的尚未执行到期的租赁合同，在合同到期之前继续按照现行营业税政策缴纳营业税。

【例50】甲企业（一般纳税人）从事机动车经营租赁，2013年8月1日改征增值税。2012年12月10日与乙企业签订机动车租赁合同，将两量货车出租给乙企业使用。合同约定，租赁期为2013年1月1日—2016年12月31日，每年租金20万元（含税），每年的租金在每年12月10日支付。请问：甲企业每年取得的租金收入应缴纳增值税还是营业税？

分析 2016年4月30日前签订的尚未执行完毕的有形动产租赁合同，在合同到期之前继续缴纳营业税，所以无论甲企业是一般纳税人还是小规模纳税人，2013年12月10日、2014年12月10日、2015年12月10日收取的租金都应到主管地税机关申报缴纳营业税。每年申报缴纳营业税 = 200 000×5% = 10 000（元）。

2016年4月30日后，营改增试点之日前签订的尚未执行完毕的有形动产租赁合同，可以选择适用简易计税方法计税，所以甲企业2016年12月10日取得的租金收入可以选择适用简易计税方法按照3%的征收率缴纳增值税。应缴纳增值税 = 200 000÷（1+3%）×3% = 5 825.24（元）。

B. 2016年4月30日后，一般纳税人在纳入营改增试点之日前签订的尚未执行完毕的有形动产租赁合同，可以选择适用简易计税方法计税。

这里"纳入营改增试点之日前签订的尚未执行完毕的有形动产租赁合同"是本地区营改增试点之前签订的尚未执行完毕的有形动产租赁合同，而不是2016年4月30日前签订的尚未执行完毕的有形动产租赁合同。如果是本地区营改增试点之后至2016年4月30日前签订的尚未执行完毕的有形动产租赁合同，应继续按照业务发生时适用的增值税计税方法计税。

【例51】乙企业是一般纳税人，专门从事大型水处理设备的经营租赁服务，2013年8月1日改征增值税。2013年12月与客户签订水处理设备的租赁合同，将2013年12月购进的水处理设备出租给客户，约定租赁期为2014年1月—2016年12月，每年租金 50 万元（含税），每年的租金在每年 12 月 10 日支付。

请问：乙企业 2016 年 12 月 10 日取得的租金收入是否可以选择适用简易计税办法？

分析 一方面，虽然该合同是 2016 年 4 月 30 日前签订的尚未执行完毕的有形动产租赁合同，但不是纳入营改增试点之日前签订的尚未执行完毕的有形动产租赁合同。另一方面，出租设备不是营改增试点后购入的设备，所以，乙企业 2016 年 12 月 10 日取得的租金收入不可以选择适用简易计税办法。

如果该合同是 2013 年 8 月 1 日前签订的，可以适用"纳入营改增试点之日前签订的尚未执行完毕的有形动产租赁合同可以选择适用简易计税办法"的规定。如果出租的设备是 2013 年 8 月 1 日前购进的设备，可以适用"以纳入营改增试点之日前取得的有形动产为标的物提供的经营租赁服务可以选择适用简易计税办法"的规定。

乙企业应按照适用税率 17% 计税，销项税额 = 500 000 ÷（1 + 17%）× 17% = 72 649.57（元）。

2. 非学历教育服务、教育辅助服务

根据《关于明确金融 房地产开发 教育辅助服务等增值税政策的通知》（财税〔2016〕140 号）的规定，一般纳税人提供教育辅助服务，可以选择简易计税方法，按照 3% 的征收率计算缴纳增值税。

根据《关于进一步明确全面推开营改增试点有关再保险不动产租赁和非学历教育等政策的通知》（财税〔2016〕68 号）的规定，一般纳税人提供非学历教育服务，可以选择适用简易计税方法，按照 3% 的征收率计算应纳税额。

3. 不动产租赁服务

（1）不动产融资租赁。

根据《进一步明确全面推开营改增试点有关劳务派遣服务、收费公路通行费抵扣等政策的通知》（财税〔2016〕47 号）的规定，一般纳税人 2016 年 4 月 30 日前签订的不动产融资租赁合同，或以 2016 年 4 月 30 日前取得的不动产提供的融资租赁服务，可以选择适用简易计税方法，按照 5% 的征收率计算缴纳增值税。

（2）不动产经营租赁。

根据《纳税人提供不动产经营租赁服务增值税征收管理暂行办法》（国家税务总局公告 2016 年第 16 号）的规定，一般纳税人以经营租赁方式出租其 2016 年 4 月 30 日前取得的不动产，可以选择适用简易计税方法，按照 5% 的征收率计算应纳税额。

具体内容见第七章第六节"不动产经营租赁服务的增值税处理"。

（3）2016 年 4 月 30 日前取得的不动产的判断。

自建的不动产，是指纳税人取得的时间为《建筑工程施工许可证》或建筑工程承包合同注明的开工日期在 2016 年 4 月 30 日前的不动产。

A. 房地产开发企业中的一般纳税人，出租自行开发的房地产老项目，也可以选择适用简易计税方法，按照 5% 的征收率计算应纳税额。

房地产老项目，是指《建筑工程施工许可证》注明的合同开工日期在 2016 年 4 月 30 日前的房地产项目。

B. 公路经营企业中的一般纳税人收取试点前开工的高速公路的车辆通行费，可以选择适用简易计税方法，减按 3% 的征收率计算应纳税额。试点前开工的高速公路，是指相关施工许可证明上注明的合同开工日期在 2016 年 4 月 30 日前的高速公路。

4. 销售不动产

（1）2016 年 4 月 30 日前取得（含自建）的不动产。

根据《营业税改征增值税试点有关事项的规定》（财税〔2016〕36 号附件 2），一般纳税人销售其 2016 年 4 月 30 日前取得（含自建）的不动产，可以选择适用简易计税方法，征收率为 5%。

如果销售自建的不动产选择适用简易计税方法的，应以取得的全部价款和价外费用为销售额计算应纳税额。如果销售取得（不含自建）的不动产选择适用简易计税方法的，应以取得的全部价款和价外费用扣除不动产购置原价或者取得不动产时的作价后的余额为销售额计算应纳税额。

（2）房地产开发企业中的一般纳税人，销售自行开发的房地产老项目，可以选择适用简易计税方法按照 5% 的征收率计税。

房地产开发企业中的一般纳税人销售自行开发的房地产老项目选择适用简易计税方法的，应以取得的全部价款和价外费用为销售额计算应纳税额。房地产开发企业中的一般纳税人销售自行开发的房地产老项目适用一般计税方法的，应以取得的全部价款和价外费用，扣除当期销售房地产项目对应的土地价款后的余额为销售额计算销项税额。

5. 转让土地使用权

根据《财政部 国家税务总局关于进一步明确全面推开营改增试点有关劳务派遣服务、收费公路通行费抵扣等政策的通知》（财税〔2016〕47 号）的规定，纳税人转让 2016 年 4 月 30 日前取得的土地使用权，可以选择适用简易计税方法，以取得的全部价款和价外费用减去取得该土地使用权的原价后的余额为销售额，按照 5% 的征收率计算缴纳增值税。

【例 52】甲企业是增值税一般纳税人，2016 年 8 月从政府手里拍得一宗地。2017 年 2 月，甲企业将该宗地转让给乙企业。甲企业是否可选择简易计税办法缴纳增值税？

分析 甲企业取得土地使用权的时间在 2016 年 4 月 30 日后，转让该土地使用权，不得选择简易计税办法缴纳增值税。

6. 建筑服务

（1）一般纳税人为建筑工程老项目提供的建筑服务，可以选择适用简易计税方法计税。

（2）一般纳税人以清包工方式提供的建筑服务，可以选择适用简易计税方法计税。

（3）一般纳税人为甲供工程提供的建筑服务，可以选择适用简易计税方法计税。

具体内容见第七章第一节"建筑服务的增值税处理"。

【例 53】2016 年 6 月—2017 年 2 月，甲建筑企业（一般纳税人）为乙企业建造厂房。合同约定，建造厂房所需的水泥、黄沙、钢材等建筑材料由甲建筑企业提供，电梯、中央空调等设备由乙企业自行购买。乙企业向甲建筑企业一共支付工程款 800 万元（含建筑材料的费用）。甲建筑企业是否可以选择简易计税方法缴纳增值税？

分析 该业务属于一般纳税人为甲供工程提供的建筑服务，主要乙企业购买了部分设备、材料、动力，无论购买的金额大小，甲建筑企业都可以选择适用简易计税方法缴纳增值税。

7. 劳务派遣服务

根据《财政部 国家税务总局关于进一步明确全面推开营改增试点有关劳务派遣服务、收费公路通行费抵扣等政策的通知》（财税〔2016〕47号）的规定，一般纳税人提供劳务派遣服务，可以按照《营业税改征增值税试点实施办法》（财税〔2016〕36号附件1）的有关规定，以取得的全部价款和价外费用为销售额，按照一般计税方法计算缴纳增值税；也可以选择差额纳税，以取得的全部价款和价外费用，扣除代用工单位支付给劳务派遣员工的工资、福利和为其办理社会保险及住房公积金后的余额为销售额，按照简易计税方法依5%的征收率计算缴纳增值税。

8. 人力资源外包服务

根据《财政部 国家税务总局关于进一步明确全面推开营改增试点有关劳务派遣服务、收费公路通行费抵扣等政策的通知》（财税〔2016〕47号）的规定，一般纳税人提供人力资源外包服务，可以选择适用简易计税方法，按照5%的征收率计算缴纳增值税。

9. 非企业性单位中的一般纳税人提供的服务

根据《关于明确金融 房地产开发 教育辅助服务等增值税政策的通知》（财税〔2016〕140号）的规定，非企业性单位中的一般纳税人提供的研发和技术服务、信息技术服务、鉴证咨询服务，以及销售技术、著作权等无形资产，可以选择简易计税方法，按照3%的征收率计算缴纳增值税。

非企业性单位中的一般纳税人提供的"技术转让、技术开发和与之相关的技术咨询、技术服务"，属于销售无形资产，可以参照上述规定，选择简易计税方法，按照3%的征收率计算缴纳增值税。

10. 金融服务

金融服务可以选择简易计税的项目具体见第七章第三节"金融服务的增值税处理"。

（三）一般纳税人选择适用简易计税方法计税

一般纳税人提供财政部和国家税务总局规定的特定应税行为，可以选择适用简易计税方法计税，但一经选择，36个月内不得变更。

一般地，纳税人某项应税行为选择适用简易计税方法计税的，这类应税行为在36个月内都应采用简易计税方法计税，不得一部分业务采用简易计税方法计税，一部分业务采用一般纳税方法计税。如纳税人提供公交客运服务选择适用简易计税方法计税的，36个月内所有的公交客运服务都应采用简易计税方法计税。

但有些选择按照简易计税方法计税的应税行为不是按照某类应税行为来选择，而是按照项目来选择。如某建筑业纳税人有三项工程都是2016年4月30日前开工的项目，可以选择按照简易计税方法计税，纳税人可以选择其中一项工程采用简易计税方法计税，其他的采用一般计税方法计税，也可以选择其中两项工程或者三项工程采用简易计税方法计税。

一般纳税人选择适用简易计税的，应向主管税务机关办理有关的备案事宜。根据《关于进一步深化税务系统"放管服"改革优化税收环境的若干意见》（税总发〔2017〕101号）的要求，将简化建筑企业选择简易计税备案事项。

Di San Zhang

第三章
应纳增值税税额的计算

第一节　应纳增值税税额的计算方法

应纳增值税的计税方法，包括一般计税方法和简易计税方法。

一、一般计税方法

（一）适用对象

一般计税方法适用于增值税一般纳税人应纳增值税税额的计算。

（二）计税方法

应纳增值税税额＝销项税额－进项税额

1. 销项税额

销项税额＝销售额×税率

销售额就是纳税人销售货物、提供加工、修理修配劳务和应税服务取得的销售额，作为计税依据的销售额是不含增值税的销售额，即不包括销项税额。

如果取得的是含税收入，应按照适用税率换算为不含税销售额，计算公式为：

销售额＝含税销售额÷（1＋税率）

2. 进项税额

进项税额是纳税人购进货物或者接受加工、修理修配劳务和应税服务，支付或者负担的增值税税额。

按照一般计税方法计算应纳增值税税额的增值税一般纳税人，把握的重点有两个，一是销售额的计算，具体内容见本章第二节"销售额"；二是进项税额的计算，具体内容见本章第三节"进项税额"。

二、简易计税方法

（一）适用对象

简易计税方法适用对象包括小规模纳税人和一般纳税人的部分应税行为。

1. 小规模纳税人

小规模纳税人计算应纳税额只能采取简易计税方法。

2. 一般纳税人的部分应税行为，可以选择适用简易计税方法计税

如一般纳税人提供的公共交通运输服务（包括轮客渡、公交客运、轨道交通、出租车）等税法明确规定可以采用简易计税方法的项目。

试点纳税人中的一般纳税人兼有销售货物、提供加工、修理修配劳务的，凡未规定可以选择按照简易计税方法计算缴纳增值税的，应按照一般计税方法计算缴纳增值税。

（二）计税方法

（1）采用简易计税方法的，应用销售额与征收率的乘积作为应纳增值税税额。

应纳增值税税额=销售额×征收率

　　　　　　　=含税销售额÷（1+征收率）×征收率

（2）简易计税方法直接计算应纳增值税税额，纳税人如果既有一般计税方法的计税项目，又有简易计税方法的计税项目，其进项税额只能从一般计税方法的计税项目的销项税额中抵扣，不得冲减简易计税方法项目的应纳增值税税额。

从"增值税纳税申报表（一般纳税人适用）"可以看出，第24行"应纳税额合计"=第11行"销项税额"-第18行"实际抵扣税额"+第21行"简易征收办法计算的应纳税额"。

【例54】某增值税一般纳税人本期销项税额为10万元，进项税额为15万元，销售自己使用过的固定资产取得收入10.3万元（含税），按照简易计税方法缴纳增值税。请问：该纳税人本期应纳增值税税额为多少元？

分析　纳税人在填报增值税纳税申报表时，第11行"销项税额"为10万元，第12行"进项税额"为15万元，第18行"实际抵扣税额"为10万元，第19行"应纳税额"为0元，第20行"期末留抵税额"为5万元，第21行"简易征收办法计算的应纳税额"为0.3万元［10.3÷（1+3%）×3%=0.3］，第23行"应纳税额减征额"为0.1万元，所以第24行"应纳税额合计"为0.2万元。

该纳税人本期应纳增值税税额0.2万元。

三、扣缴税款计税方法

（一）扣缴税款的计算

（1）境外单位或者个人在境内发生应税行为，在境内未设有经营机构的，以购买方为增值税扣缴义务人。财政部和国家税务总局另有规定的除外。

扣缴义务人按照下列公式计算应扣缴税额：

应扣缴税额=接受方支付的价款÷（1+税率）×税率

（2）扣缴义务人应按照适用税率扣缴增值税，而不应按照征收率扣缴增值税。

【例55】2016年10月，印度某公司为江苏大地科技有限公司提供系统支持、咨询服务，合同约定的总价款为106万元，该公司在境内没有经营机构。大地科技有限公司向印度公司支付款项时应扣缴增值税多少元？

分析　应扣缴增值税=1 060 000÷（1+6%）×6%=60 000（元）

（3）如果购买方是一般纳税人，则扣缴的税款构成了自己的进项税额，如果购买方是小规模纳税人，不构成进项税额。

【例56】例55中，大地科技有限公司是一般纳税人或者小规模纳税人，分别应如何进行账务处理？

分析　如果大地科技有限公司是一般纳税人，支付款项时的账务处理为：

借：管理费用等科目   1 000 000
  贷：银行存款   100 000

缴纳代扣缴的税款时取得税收缴款凭证的账务处理为：

借：应交税费——应交增值税（进项税额）   60 000
  贷：银行存款   60 000

如果大地科技有限公司是小规模纳税人，则其该业务的账务处理为：

借：管理费用等科目   1 060 000
  贷：银行存款   1 060 000

（二）服务贸易等项目对外支付出具税务证明管理

根据《国家税务总局 国家外汇管理局关于服务贸易等项目对外支付税务备案有关问题的公告》（国家税务总局 国家外汇管理局公告2013年第40号）的规定，境内机构和个人因服务贸易等项目向境外单笔支付等值5万美元以上（不含等值5万美元）外汇资金，除特殊情形外，均应向所在地主管国税机关进行税务备案，主管税务机关仅为地税机关的，应向所在地同级国税机关备案。

1. 备案的范围

境内机构和个人向境外单笔支付等值5万美元以上（不含等值5万美元，下同）下列外汇资金，除按规定无须备案的情形外，均应向所在地主管国税机关进行税务备案，主管税务机关仅为地税机关的，应向所在地同级国税机关备案。

（1）境外机构或个人从境内获得的包括运输、旅游、通信、建筑安装及劳务承包、保险服务、金融服务、计算机和信息服务、专有权利使用和特许、体育文化和娱乐服务、其他商业服务、政府服务等服务贸易收入；

（2）境外个人在境内的工作报酬，境外机构或个人从境内获得的股息、红利、利润、直接债务利息、担保费以及非资本转移的捐赠、赔偿、税收、偶然性所得等收益和经常转移收入；

（3）境外机构或个人从境内获得的融资租赁租金、不动产的转让收入、股权转让所得以及外国投资者其他合法所得。

外国投资者以境内直接投资合法所得在境内再投资单笔5万美元以上的，应按照本规定进行税务备案。

2. 无须备案的范围

境内机构和个人对外支付下列外汇资金，无须办理和提交备案表。

（1）境内机构在境外发生的差旅、会议、商品展销等各项费用；

（2）境内机构在境外代表机构的办公经费，以及境内机构在境外承包工程的工程款；

（3）境内机构发生在境外的进出口贸易佣金、保险费、赔偿款；

（4）进口贸易项下境外机构获得的国际运输费用；

（5）保险项下保费、保险金等相关费用；

（6）从事运输或远洋渔业的境内机构在境外发生的修理、油料、港杂等各项费用；

（7）境内旅行社从事出境旅游业务的团费以及代订、代办的住宿、交通等相关费用；

（8）亚洲开发银行和世界银行集团下属的国际金融公司从我国取得的所得或收入，包括投资合营企业分得的利润和转让股份所得、在华财产（含房产）出租或转让收入以及贷款给我国境内机构取得的利息；

（9）外国政府和国际金融组织向我国提供的外国政府（转）贷款［含外国政府混合（转）贷款］和国际金融组织贷款项下的利息。本项所称国际金融组织是指国际货币基金组织、世界银行集团、国际开发协会、国际农业发展基金组织、欧洲投资银行等；

（10）外汇指定银行或财务公司自身对外融资如境外借款、境外同业拆借、海外代付以及其他债务等项下的利息；

（11）我国省级以上国家机关对外无偿捐赠援助资金；

（12）境内证券公司或登记结算公司向境外机构或境外个人支付其依法获得的股息、红利、利息收入及有价证券卖出所得收益；

（13）境内个人境外留学、旅游、探亲等因私用汇；

（14）境内机构和个人办理服务贸易、收益和经常转移项下退汇；

（15）国家规定的其他情形。

3. 备案资料

境内机构和个人（备案人）在办理对外支付税务备案时，应向主管国税机关提交加盖公章的合同（协议）或相关交易凭证复印件（外文文本应同时附送中文译本），并填报"服务贸易等项目对外支付税务备案表"，如表 3-1 所示。

同一笔合同需要多次对外支付的，备案人须在每次付汇前办理税务备案手续，但只需在首次付汇备案时提交合同（协议）或相关交易凭证复印件。

（1）备案人可通过以下方法获取备案表：在主管国税机关办税服务厅窗口领取；从主管国税机关官方网站下载。

表 3-1　　　　　　　　　　服务贸易等项目对外支付税务备案表

编号：

一、基本情况（由支付人填写）				
境内支付人	机构名称或个人姓名			
	纳税识别号			
	地址或住所			
	付汇银行		付汇账号	
	联系人		联系电话	
	主管地税机关		地税机关管理码	
境外收款人	名称		所属国家或地区	
	地址		境内外机构是否关联	
	收汇银行		收汇账号	

表3-1（续）

合同名称			合 同 号		
合同总金额（或支付标准）			币种		
已 付 金 额			币种		
本次付汇金额		币种	付 汇 日 期		
合同执行期限	自 年 月 日 至 年 月 日				
声 明	我谨在此声明：以上呈报事项准确无误，如有不实，愿承担相应的法律责任。 备案人签名或盖章：				

二、告知事项

本表仅适用于服务贸易等项目对外支付税务备案。以上付汇金额应向主管国家税务局、地方税务局进行纳税申报或做出必要说明。上述呈报如有不实，主管税务机关有权依据税收法律法规及相关规定进行处理。

主管国家税务机关盖章
年 月 日

说明：①"已付金额"一栏填写在同一合同项下涉及多笔对外支付时，办理第一笔支付之日起至今已支付的外汇总金额。

②本表一式三份，一份交备案人，二份留存国税机关。

③对外支付项目仅有交易凭证或协议的，"合同名称"一栏应填写相关凭证或协议的名称，"合同号"一栏可不填。

（2）备案人提交的资料齐全、备案表填写完整的，主管国税机关无须当场进行纳税事项审核，应编制备案表流水号，在备案表上盖章，1份当场退还备案人，1份留存，1份于次月10日前以邮寄或其他方式传递给备案人主管地税机关。

备案表流水号具体格式为：年份（2位）+税务机关代码（6位）+顺序号（6位）。"年份"指公历年度后两位数字，"顺序号"为本年度的自然顺序号。

（3）备案人完成税务备案手续后，持主管国税机关盖章的备案表，按照外汇管理的规定，到外汇指定银行办理付汇审核手续。

4. 主管国税机关或地税机关的审查

主管国税机关或地税机关应自收到备案表后15个工作日内，对备案人提交的备案表及所附资料进行审查，并可要求备案人进一步提供相关资料。审查的内容包括：

（1）备案信息与实际支付项目是否一致；

（2）对外支付项目是否已按规定缴纳各项税款；

（3）申请享受减免税待遇的，是否符合相关税收法律法规和税收协定（安排）的规定。

主管税务机关审查发现对外支付项目未按规定缴纳税款的，应书面告知纳税人或扣缴义务人履行申报纳税或源泉扣缴义务，依法追缴税款，按照税收法律法规的有关规定实施处罚。

5. 其他管理要求

主管国税机关、地税机关应加强对外支付税务备案事项的管理，及时统计对外支付备案情况及税收征管情况，填写"服务贸易等项目对外支付税务备案情况年度统计表"，并于次年 1 月 31 日前层报税务总局（国际税务司）。

各级税务部门、外汇管理部门应当密切配合，加强信息交换工作。执行过程中如发现问题，应及时向上级部门反馈。

根据《关于进一步深化税务系统"放管服"改革优化税收环境的若干意见》（税总发〔2017〕101 号）的要求，将进一步优化对外支付的备案程序。

四、文化事业建设费的计算

提供广告服务、娱乐服务的纳税人，在缴纳增值税的同时还应缴纳文化事业建设费。《财政部 国家税务总局关于营业税改征增值税试点有关文化事业建设费政策及征收管理问题的通知》（财税〔2016〕25 号）、《财政部 国家税务总局关于营业税改征增值税试点有关文化事业建设费政策及征收管理问题的补充通知》（财税〔2016〕60 号）对文化事业建设费的征收管理进行了规范。

（一）缴纳义务人

（1）在中华人民共和国境内提供广告服务的广告媒介单位和户外广告经营单位，应按照规定缴纳文化事业建设费。

广告服务，是指《营业税改征增值税试点实施办法》（财税〔2016〕36 号）附件 1 的《销售服务、无形资产、不动产注释》中"广告服务"范围内的服务。

广告媒介单位和户外广告经营单位，是指发布、播映、宣传、展示户外广告和其他广告的单位，以及从事广告代理服务的单位。

（2）在中华人民共和国境内提供娱乐服务的单位和个人应按照规定缴纳文化事业建设费。

娱乐服务，是指《营业税改征增值税试点实施办法》（财税〔2016〕36 号）的《销售服务、无形资产、不动产注释》中"娱乐服务"范围内的服务。

《财政部 国家税务总局关于营业税若干政策问题的通知》（财税〔2003〕16 号）规定，单位和个人开办"网吧"取得的收入，按"娱乐业"税目征收营业税。营改增后网吧也应按照娱乐服务征税增值税，同时缴纳文化事业建设费。

（二）扣缴义务人

境外的广告媒介单位和户外广告经营单位在境内提供广告服务，在境内未设有经营机构的，以广告服务接受方为文化事业建设费的扣缴义务人。

（三）文化事业建设费的计算

（1）缴纳文化事业建设费的单位应按照提供广告服务、娱乐服务取得的计费销售额和 3% 的费率计算应缴费额，计算公式如下：

应缴费额 = 计费销售额 × 3%

（2）计费销售额。

①提供广告服务的，计费销售额为缴纳义务人提供广告服务取得的全部含税价款

和价外费用，减除支付给其他广告公司或广告发布者的含税广告发布费后的余额。

缴纳义务人减除价款的，应当取得增值税专用发票或国家税务总局规定的其他合法有效凭证，否则，不得减除。

②提供娱乐服务的，计费销售额为缴纳义务人提供娱乐服务取得的全部含税价款和价外费用。

（3）扣缴义务人扣缴文化事业建设费的计算。

按规定扣缴文化事业建设费的，扣缴义务人应按下列公式计算应扣缴费额：

应扣缴费额＝支付的广告服务含税价款×费率

【例57】甲广告公司是一般纳税人，从事广告业服务。本月提供广告服务取得不含税销售额300万元。支付给媒体广告发布费，取得增值税专用发票，发票注明的价款为100万元，税额为6万元。其他取得合法抵扣凭证的进项税额为4万元。假设纳税人可以抵扣的进项税额都在本期抵扣。请问：甲企业本企业应缴纳增值税多少元？应缴纳文化事业建设费多少元？

分析 广告服务增值税适用税率为6%。

应缴纳增值税＝300×6%－（6+4）＝8（万元）

文化事业建设费的计费销售额为提供广告服务取得的全部含税价款和价外费用，减除支付给其他广告公司或广告发布者的含税广告发布费后的余额。

计费销售额＝300×（1+6%）－（100+6）＝318－106＝212（万元）

应缴费额＝计费销售额×3%＝212×3%＝6.36（万元）

【例58】例57中甲企业如果是小规模纳税人。请问：甲企业本企业应缴纳增值税多少元？应缴纳文化事业建设费多少元？

分析 甲企业是小规模纳税人，增值税征收率为3%。

应纳增值税税额＝300×3%＝9（万元）

文化事业建设费的计费销售额＝300×（1+3%）－（100+6）＝309－106＝203（万元）

应缴费额＝计费销售额×3%＝203×3%＝6.09（万元）

（四）文化事业建设费的征收管理

（1）缴纳义务发生时间和缴纳地点。

文化事业建设费的缴纳义务发生时间和缴纳地点，与缴纳义务人的增值税纳税义务发生时间和纳税地点相同。

①文化事业建设费的扣缴义务发生时间，为缴纳义务人的增值税纳税义务发生时间。

②文化事业建设费的扣缴义务人应当向其机构所在地或者居住地主管税务机关申报缴纳其扣缴的文化事业建设费。

（2）缴纳期限。

文化事业建设费的缴纳期限与缴纳义务人的增值税纳税期限相同。

文化事业建设费扣缴义务人解缴税款的期限，应按照前款规定执行。

（3）起征点与优惠。

①未达到增值税起征点的缴纳义务人，免征文化事业建设费。

增值税起征点的规定适用于小规模纳税人中的个体工商户和其他个人。

②增值税小规模纳税人中月销售额不超过 2 万元（按季纳税 6 万元）的企业和非企业性单位提供的应税服务，免征文化事业建设费。

③自 2015 年 1 月 1 日起至 2017 年 12 月 31 日，对按月纳税的月销售额不超过 3 万元（含 3 万元），以及按季纳税的季度销售额不超过 9 万元（含 9 万元）的缴纳义务人，免征文化事业建设费。

（4）营改增后的文化事业建设费，由国家税务局征收。

（5）文化事业建设费纳入财政预算管理，用于文化事业建设。具体管理和使用办法，另行制定。

（6）文化事业建设费的预算科目、预算级次和缴库办法。

营改增试点中文化事业建设费的预算科目、预算级次和缴库办法等，参照《财政部关于开征文化事业建设费有关预算管理问题的通知》（财预字〔1996〕469 号）的规定执行。

第二节 销售额

一、销售额的确定

销售额，是指纳税人发生应税行为取得的全部价款和价外费用，财政部和国家税务总局另有规定的除外。

（一）价外费用

营改增政策对价外费用具体包括的项目范围未做明确列举，只是确定不包括代为收取的政府性基金或者行政事业性收费。在原增值税及营业税中对价外费用包括的项目都做了详尽的列举，虽然存在列举不尽的情况，但还是值得营改增纳税人做一些了解。

1. 价外费用包括的内容

《增值税暂行条例实施细则》（财政部、国家税务总局令 2008 年第 50 号）规定，价外费用，包括价外向购买方收取的手续费、补贴、基金、集资费、返还利润、奖励费、违约金、滞纳金、延期付款利息、赔偿金、代收款项、代垫款项、包装费、包装物租金、储备费、优质费、运输装卸费以及其他各种性质的价外收费。

【例 59】某试点一般纳税人从事广告服务。本月取得广告服务不含税销售额 50 万元，收取某客户延期半年支付所欠的款项 20 万元并按照合同约定向其收取违约金 8 000 元。该纳税人当月的销售额为多少元？

分析 该纳税人本月的销售额除广告业服务收入 50 万元以外，还包括违约金收入 8 000 元（含税），所以纳税人的销售额 = 500 000 + 8 000 ÷（1 + 6%）= 507 547.17

（元）。纳税人取得 20 万元欠款和 8 000 元违约金的账务处理是：

借：银行存款　　　　　　　　　　　　　　　　　　　　2 008 000
　　贷：应收账款　　　　　　　　　　　　　　　　　　　200 000
　　　　营业外收入　　　　　　　　　　　　　　　　　　7 547.17
　　　　应缴税费——应交增值税（销项税额）　　　　　　452.83

从上例可以看出，纳税人的价外费用不一定在"主营业务收入""其他业务收入"科目进行核算。但只要属于增值税执行条例所指的价外费用，必须计算缴纳增值税。

2. 价外费用不包括的内容

（1）《中华人民共和国增值税暂行条例实施细则》（财政部、国家税务总局令 2008 年第 50 号）规定，下列项目不包括在价外费用内。

① 受托加工应征消费税的消费品所代收代缴的消费税；

② 同时符合以下条件的代垫运输费用：A. 承运部门的运输费用发票开具给购买方的；B. 纳税人将该项发票转交给购买方的。

③ 同时符合以下条件代为收取的政府性基金或者行政事业性收费：A. 由国务院或者财政部批准设立的政府性基金，由国务院或者省级人民政府及其财政、价格主管部门批准设立的行政事业性收费；B. 收取时开具省级以上财政部门印制的财政票据；C. 所收款项全额上缴财政。

④ 销售货物的同时代办保险等而向购买方收取的保险费，以及向购买方收取的代购买方缴纳的车辆购置税、车辆牌照费。

【例60】甲企业为增值税一般纳税人，从事货物运输代理服务，无运输工具。10 月与乙客户签订合同，将甲的货物从无锡运达合肥。乙要求运费由运输企业直接给自己开具发票，乙企业将所有运费、代理费共计 50 万元（含税）支付给甲，运费由甲代为支付。甲委托丙运输企业承运这批货物，支付运费 40 万元（含税）给丙企业，取得丙开具给乙企业的增值税专用发票。10 月 25 日，连同自己开具的专用发票一并交给乙，并收取 50 万元。该业务甲企业如何计算增值税？如何进行账务处理？

分析　虽然合同总金额为 50 万元（含税），但其中 40 万元运费符合代垫运费的条件：承运部门丙的运输费用发票开具给购买方乙；甲将该项发票转交给购买方乙，所以 40 万元代垫运费不计入甲的销售额。

甲企业的业务是接受货物收货人、发货人的委托，以委托人的名义，为委托人办理货物运输、装卸等相关手续的业务活动，属于货物运输代理服务，应按照经纪代理服务适用 6% 的税率。

销项税额 =（500 000-400 000）÷（1+6%）×6% = 9 433.96×6% = 5 660.38（元）

甲企业收款时的账务处理为：

借：银行存款　　　　　　　　　　　　　　　　　　　　5 000 000
　　贷：主营业务收入　　　　　　　　　　　　　　　　94 339.62
　　　　应交税费——应交增值税（销项税额）　　　　　5 660.38
　　　　其他应付款　　　　　　　　　　　　　　　　　40 000

向丙企业支付运费时的账务处理为：

借：其他应付款 40 000
　贷：银行存款 40 000

【例 61】 例 60 的业务如果乙不要求运输企业直接给自己开具发票，而是由甲企业就 50 万元（含税）的合同金额开票给自己，丙运输企业的发票开具给甲企业。在这种状况下，甲企业如何计算增值税？如何进行账务处理？

分析　丙企业提供的运输服务不构成代垫运费，构成甲企业的进项税额。甲的销售额为向乙收取的全部价款。

（1）如果业务发生在 2016 年 4 月 30 日前，甲企业提供的服务属于货物运输代理服务，适用的增值税税率为 6%。

销项税额 = 500 000÷（1+6%）×6% = 471 698.11×6% = 28 301.89（元）

甲企业收款时的账务处理为：

借：银行存款 500 000
　贷：主营业务收入 471 698.11
　　应交税费——应交增值税（销项税额） 28 301.89

向丙企业支付运费时的账务处理为：

借：主营业务成本 ［400 000÷（1+11%）］360 360.36
　　应交税费——应交增值税（进项税额）
　　　　　　　　　（360 360.36×11%）39 639.64
　贷：银行存款 400 000

这样处理的结果，甲的销项税额为 28 301.89 元，进项税额为 39 639.64 元，出现销项税额倒挂现象。这种情况在增值税税率差异较大的增值税税制中无法避免。

（2）如果业务发生在 2016 年 4 月 30 日后，甲企业提供的服务属于无运输工具承运业务，按照交通运输服务缴纳增值税，适用的增值税税率为 11%。

销项税额 = 500 000÷（1+11%）×11% = 450 450.45×11% = 49 549.55（元）

甲企业收款时的账务处理为：

借：银行存款 500 000
　贷：主营业务收入 450 450.45
　　应交税费——应交增值税（销项税额） 49 549.55

向丙企业支付运费时的账务处理为：

借：主营业务成本 ［400 000÷（1+11%）］360 360.36
　　应交税费——应交增值税（进项税额）（360 360.36×11%）39 639.64
　贷：银行存款 400 000

这样处理的结果，甲的销项税额为 49 549.55 元，进项税额为 39 639.64 元，消除了销项税额倒挂的现象。

（2）《营业税改征增值税试点实施办法》规定，价外费用，是指价外收取的各种性质的收费，但不包括以下项目：

①代为收取并符合下列规定的政府性基金或者行政事业性收费。

A. 由国务院或者财政部批准设立的政府性基金，由国务院或者省级人民政府及其财政、价格主管部门批准设立的行政事业性收费；

B. 收取时开具省级以上（含省级）财政部门监（印）制的财政票据；

C. 所收款项全额上缴财政。

行政单位收取的同时满足上述条件的政府性基金或者行政事业性收费，属于非经营活动征收增值税。行政单位之外的其他单位收取的符合上述条件的政府性基金和行政事业性收费，属于增值税的销售额，可以享受免征增值税的税收优惠。纳税人代为收取并符合上述规定的政府性基金或者行政事业性收费，不属于受托方增值税的销售额，受托方不缴纳增值税。

②以委托方名义开具发票代委托方收取的款项。

随着社会经济的发展和银行业务的拓展，收费单位委托银行代收费项目不断增加。如果银行在向消费者或企业代收费用的时候不能给消费者或企业开具发票，那么消费者或企业必须再向收费单位去索取发票。这样又增加了消费者或企业取得发票的成本。

为简化银行代收费业务流程，方便单位和个人取得发票，2007 年，国家税务总局和中国人民银行联合发布了《国家税务总局关于银行代收费业务使用税务发票有关问题的通知》（国税发〔2007〕108 号），决定统一"银行代收费业务专用发票"（简称"专用发票"）。专用发票启用后，银行接受收费单位委托办理代收费业务时应开具专用发票。专用发票的使用范围包括：代收水、电、气、暖和报刊等费用；代收通信费、有线电视收视费、上网费和寻呼费等。自 2011 年 1 月 4 日起，《国家税务总局关于银行代收费业务使用税务发票有关问题的通知》（国税发〔2007〕108 号）已经废止，有些地区的金融机构还是按照国税发〔2007〕108 号的规定开具发票，有些地区的金融机构在代委托方收取款项时已经停止以委托方名义开具发票。

营改增后，国家税务总局对银行代委托方收费业务发票开具给出了指导意见。银行代委托方收取水费、电费、燃气费、通信费、有线电视费、ETC 通行费等项费用，付款人需要发票的，各省国税局可根据当地营改增前的具体发票开具方式，确定本省的银行代收费开票方式：A. 银行开具银行代收费业务发票或通用机打发票。B. 委托方自行开具发票。C. 银行以委托方名义为纳税人开具普通发票。

需要特别强调的是：所有发票必须使用国税机关监制的发票；纳税人需要增值税专用发票的，必须由委托方自行开具，如委托方为小规模纳税人的，可由主管国税机关代开专用发票。

对于上述意见，总局不再发文，各省国税局按照此原则提出本省的具体开票方案，并要保证落实到位，做好宣传解释工作，及时解决实施中出现的问题，保障此项工作平稳顺利实施。意见只是暂时的过渡方案，下一步总局将研究规范统一的工作方案，原则是使用升级版开票系统开具规范的增值税发票。

北京国税据此下发了《关于银行代收费业务发票使用问题的通知》，规定自 2016 年 9 月 1 日起，北京市银行代收费业务发票可以继续使用，停止使用时间另行通知。银行代收费业务发票应统一使用国税机关监制的发票，凡仍使用地税机关监制发票的纳税人，应尽快向主管国税机关申请国税机关监制并印制有本单位名称的银行代收费业务发票。

对于代收费用的银行来讲，其以委托方名义开具发票代委托方收取的款项不属于价外费用，不缴纳增值税。

（二）销售额以人民币计算

（1）纳税人按照人民币以外的货币结算销售额的，应当折合成人民币计算，折合率可以选择销售额发生的当天或者当月 1 日的人民币汇率中间价。纳税人应当在事先确定采用何种折合率，确定后 12 个月内不得变更。

人民币是我国的法定货币，销售额以人民币计算，是人民币作为法定货币的要求和体现。"纳税人按照人民币以外的货币结算销售额的，应当折合成人民币计算"是对"销售额以人民币计算"的细化规定。

（2）人民币汇率中间价，是指中国外汇交易中心根据中国人民银行授权，每日计算和发布人民币对美元等主要外汇币种汇率中间价。中间价是即期银行间外汇交易市场和银行挂牌汇价的最重要参考指标。

其中人民币对美元汇率中间价的形成方式为：交易中心于每日银行间外汇市场开盘前向外汇市场做市商询价，并将全部做市商报价作为人民币对美元汇率中间价的计算样本，去掉最高和最低报价后，将剩余做市商报价加权平均，得到当日人民币对美元汇率中间价，权重由交易中心根据报价方在银行间外汇市场的交易量及报价情况等指标综合确定。

二、差额征税

（一）差额征税的项目

1. 金融商品转让

金融商品转让，按照卖出价扣除买入价后的余额为销售额。具体内容可参看第八章第三节"金融服务的增值税处理"。

2. 经纪代理服务

（1）根据《营业税改征增值税试点有关事项的规定》（财税〔2016〕36 号附件2），经纪代理服务，以取得的全部价款和价外费用，扣除向委托方收取并代为支付的政府性基金或者行政事业性收费后的余额为销售额。向委托方收取的政府性基金或者行政事业性收费，不得开具增值税专用发票。

A. 经纪代理服务中的货物运输代理服务、代理报关服务 2014 年 1 月 1 日—2016年 4 月 30 日按照物流辅助服务缴纳增值税，知识产权代理按照文化创意服务缴纳增值税。同时，《营业税改征增值税试点实施办法》（财税〔2013〕106 号附件 1）规定，试点纳税人提供知识产权代理服务、货物运输代理服务和代理报关服务，以其取得的全部价款和价外费用，扣除向委托方收取并代为支付的政府性基金或者行政事业性收费后的余额为销售额。

同时，试点纳税人中的一般纳税人提供国际货物运输代理服务，以其取得的全部价款和价外费用，扣除支付给国际运输企业的国际运输费用后的余额为销售额。

其他的经纪代理服务，如代理记账等服务在 2016 年 4 月 30 日前不属于差额征税的范围，其向委托方收取并代为支付的符合条件的政府性基金或者行政事业性收费，不属于价外费用，不缴纳增值税。

2016 年 4 月 30 日后，无论是货物运输代理（包括国际货物运输代理）、代理报关、知识产权代理，还是其他的经纪代理服务，向委托方收取并代为支付的政府性基金或者行政事业性收费都按照差额征税的有关规定进行处理。

B. 经纪代理服务差额征税的政策适用于一般纳税人，也适用于小规模纳税人。

（2）人力资源外包服务。

《财政部 国家税务总局关于进一步明确全面推开营改增试点有关劳务派遣服务、收费公路通行费抵扣等政策的通知》（财税〔2016〕47 号）规定，纳税人提供人力资源外包服务，按照经纪代理服务缴纳增值税，其销售额不包括受客户单位委托代为向客户单位员工发放的工资和代理缴纳的社会保险、住房公积金。向委托方收取并代为发放的工资和代理缴纳的社会保险、住房公积金，不得开具增值税专用发票，可以开具普通发票。

A. 人力资源外包服务虽然按照经纪代理服务缴纳增值税，但在差额征税中比其他的经纪代理服务扣除的项目多，受客户单位委托代为向客户单位员工发放的工资和代理缴纳的社会保险、住房公积金也可以从销售额中扣除。

B. 一般纳税人提供人力资源外包服务，可以选择适用简易计税方法，按照 5% 的征收率计算缴纳增值税。但一般纳税人提供人力资源外包服务以外的经纪代理服务不能选择适用简易计税方法。

C. 人力资源外包服务差额征税的政策适用于一般纳税人，也适用于小规模纳税人。

（3）签证代理服务。

《国家税务总局关于在境外提供建筑服务等有关问题的公告》（国家税务总局公告〔2016〕69 号）规定，纳税人提供签证代理服务，以取得的全部价款和价外费用，扣除向服务接受方收取并代为支付给外交部和外国驻华使（领）馆的签证费、认证费后的余额为销售额。向服务接受方收取并代为支付的签证费、认证费，不得开具增值税专用发票，可以开具增值税普通发票。

签证代理服务差额征税的政策适用于一般纳税人，也适用于小规模纳税人。

（4）代理进口服务。

《国家税务总局关于在境外提供建筑服务等有关问题的公告》（国家税务总局公告〔2016〕69 号）规定，纳税人代理进口按规定免征进口增值税的货物，其销售额不包括向委托方收取并代为支付的货款。向委托方收取并代为支付的款项，不得开具增值税专用发票，可以开具增值税普通发票。

代理进口服务差额征税的政策适用于一般纳税人，也适用于小规模纳税人。

3. 融资租赁和融资性售后回租业务

（1）融资租赁服务。

根据《营业税改征增值税试点有关事项的规定》（财税〔2016〕36 号附件 2），经人民银行、银监会或者商务部批准从事融资租赁业务的试点纳税人，提供融资租赁服务，以取得的全部价款和价外费用，扣除支付的借款利息（包括外汇借款和人民币借款利息）、发行债券利息和车辆购置税后的余额为销售额。

根据《关于明确金融 房地产开发 教育辅助服务等增值税政策的通知》（财税

〔2016〕140号）的规定，"人民银行、银监会或者商务部批准""商务部授权的省级商务主管部门和国家经济技术开发区批准"从事融资租赁业务（含融资性售后回租业务）的试点纳税人（含试点纳税人中的一般纳税人），包括经上述部门备案从事融资租赁业务的试点纳税人。

在2016年4月30日前，经中国人民银行、银监会或者商务部批准从事融资租赁业务的纳税人，提供的有形动产融资租赁服务，不仅可以扣除借款利息、发行债券利息和车辆购置税，还可以扣除保险费和安装费。2016年4月30日后，保险服务和安装服务征收增值税，所以纳税人支付的保险费和安装费，可以凭合法的抵扣凭证抵扣进项税额。虽然贷款服务征收了增值税，但贷款服务不可以抵扣进项税额，所以列入差额征税的范围。

（2）融资性售后回租服务。

经人民银行、银监会或者商务部批准从事融资租赁业务的试点纳税人，提供融资性售后回租服务，以取得的全部价款和价外费用（不含本金），扣除对外支付的借款利息（包括外汇借款和人民币借款利息）、发行债券利息后的余额作为销售额。

具体内容见第八章第三节"金融服务的增值税处理"。

4. 航空运输

根据《营业税改征增值税试点有关事项的规定》（财税〔2016〕36号附件2），航空运输企业的销售额，不包括代收的机场建设费和代售其他航空运输企业客票而代收转付的价款。

5. 客运场站服务

根据《营业税改征增值税试点有关事项的规定》（财税〔2016〕36号附件2），试点纳税人中的一般纳税人提供客运场站服务，以其取得的全部价款和价外费用，扣除支付给承运方运费后的余额为销售额。

（1）试点纳税人中的一般纳税人提供客运场站服务可以差额征税，小规模纳税人提供客运场站服务应以取得的全部价款和价外费用为销售额，不可以差额征税。

（2）客运场站服务按照物流辅助服务缴纳增值税，其支付给承运方的运费即使取得了增值税专用发票，由于这部分运输属于旅客运输，所以不得抵扣进项税额。支付给承运方的运费是提供客运场站服务的纳税人最主要的生产经营支出，不得抵扣进项税额，纳税人增值税负不合理。《营业税改征增值税试点实施办法》（财税〔2013〕106号附件1）规定，自本地区试点实施之日起，试点纳税人中的一般纳税人提供的客运场站服务，以其取得的全部价款和价外费用，扣除支付给承运方运费后的余额为销售额，其从承运方取得的增值税专用发票注明的增值税，不得抵扣。

2016年4月30日后，这一差额征税的项目继续执行。

6. 旅游服务

（1）根据《营业税改征增值税试点有关事项的规定》（财税〔2016〕36号附件2），试点纳税人提供旅游服务，可以选择以取得的全部价款和价外费用，扣除向旅游服务购买方收取并支付给其他单位或者个人的住宿费、餐饮费、交通费、签证费、门票费和支付给其他接团旅游企业的旅游费用后的余额为销售额。

《营业税暂行条例实施细则》规定，"纳税人从事旅游业务的，以其取得的全部价款和价外费用扣除替旅游者支付给其他单位或者个人的住宿费、餐费、交通费、旅游景点门票和支付给其他接团旅游企业的旅游费后的余额为营业额。"

营改增后，提供旅游服务差额征税可扣除的支出与营业税相比增加了"签证费"。

在营业税中，可以差额征税扣除的支出强调是"替旅游者支付"的，如果纳税人利用自有或租入的交通工具自己运送游客发生的租车费、油费、停车费等，不属于可以差额扣除的交通费用，只有为游客个人购买火车票、飞机票、汽车票等支出才属于可以差额扣除的交通费用。营改增后虽然没有强调"替旅游者支付"，但处理的基本思路是一致的，如果纳税人利用自有或租入的交通工具自己运送游客发生的租车费、油费、停车费等，不属于可以差额扣除的交通费用，一般纳税人可以凭合法的抵扣凭证抵扣进项税额。

（2）试点纳税人提供旅游服务，可以选择按照上述规定差额征税，也可以不选择差额征税。一般纳税人如果不选择差额征税，其支付给其他单位或者个人的住宿费、旅游景点门票和支付给其他接团旅游企业的旅游费可以凭合法的抵扣凭证抵扣进项税额，餐费和交通费不可以抵扣进项税额。

（3）选择差额计算销售额的试点纳税人，向旅游服务购买方收取并支付的上述费用，不得开具增值税专用发票，可以开具普通发票。

（4）旅游服务差额征税的政策适用于一般纳税人，也适用于小规模纳税人。

【例62】某旅行社为增值税小规模纳税人。2016年8月提供旅游服务共取含税62万元，支付给其他单位餐费2.8万元、住宿费2.5万元、交通费15.6万元、保险费1.2万元、门票费8.5万元、境内接团企业费用10万元、导游费3万元。请计算该旅行社本月应纳增值税多少元？

分析 试点纳税人提供旅游服务，可以选择以取得的全部价款和价外费用，扣除向旅游服务购买方收取并支付给其他单位或者个人的住宿费、餐饮费、交通费、签证费、门票费和支付给其他接团旅游企业的旅游费用后的余额为销售额，保险费、导游费不得扣除。

应纳增值税税额 = (620 000-28 000-25 000-156 000-85 000-100 000)÷(1+3%)
×3%
= 22.6÷(1+3%)×3%
= 6 582.52（元）

7. 建筑服务

根据《营业税改征增值税试点有关事项的规定》（财税〔2016〕36号附件2），试点纳税人提供建筑服务适用简易计税方法的，以取得的全部价款和价外费用扣除支付的分包款后的余额为销售额。具体内容见第七章第一节"建筑服务的增值税处理"。

8. 销售不动产

（1）根据《营业税改征增值税试点有关事项的规定》（财税〔2016〕36号附件2），房地产开发企业中的一般纳税人销售其开发的房地产项目（选择简易计税方法的房地产老项目除外），以取得的全部价款和价外费用，扣除受让土地时向政府部门支付的土地价款后的余额为销售额。

房地产老项目，是指建筑工程施工许可证注明的合同开工日期在 2016 年 4 月 30 日前的房地产项目。

（2）根据《营业税改征增值税试点有关事项的规定》（财税〔2016〕36 号附件 2），纳税人转让其取得的不动产（不含自建，不包括房地产开发企业销售自行开发的房地产项目）适用简易计税办法的，以其取得的全部价款和价外费用扣除不动产购置原价或者取得不动产时的作价后的余额为销售额。

①一般纳税人转让其取得的不动产（不含自建，不包括房地产开发企业销售自行开发的房地产项目）适用简易计税办法的，适用上述差额征税的规定，但采用一般计税办法的，则不可以差额征税。

②纳税人转让其取得的不动产（不包括房地产开发企业销售自行开发的房地产项目），委托地税代征。纳税人应在不动产所在地主管地税机关预缴税款，向机构所在地主管国税机关申报纳税。纳税人在不动产所在地地税机关预缴税款时，一般纳税人转让其取得（不含自建）的不动产即使采取一般计税方法的，也应以取得的全部价款和价外费用扣除不动产购置原价或者取得不动产时的作价后的余额为销售额来预缴税款，在机构所在地主管国税机关申报纳税时，采取一般计税方法的，以取得的全部价款和价外费用为销售额。

9. 销售土地使用权

按照《财政部 国家税务总局关于进一步明确全面推开营改增试点有关劳务派遣服务、收费公路通行费抵扣等政策的通知》（财税〔2016〕47 号）的规定，纳税人转让 2016 年 4 月 30 日前取得的土地使用权，可以选择适用简易计税方法，以取得的全部价款和价外费用减去取得该土地使用权的原价后的余额为销售额，按照 5% 的征收率计算缴纳增值税。

【例 63】甲企业 2017 年 6 月销售一宗土地和一套商铺分别取得收入 1 000 万元（含税）和 500 万元（含税）。土地为 2016 年 6 月以 750 万元的价格购入，取得财政票据。商铺为 2016 年 6 月以 350 万元的价格购入，取得增值税专用发票，发票注明的价款为 350 万元，税额为 17.5 万元。请问：以上业务甲企业是否可以选择简易计税方法缴纳增值税？是否可以差额征税？

分析 销售 2016 年 6 月购入的土地和商铺，都不能选择简易计税方法，也不能差额征税。

如果土地和商铺都是 2016 年 4 月 30 日前取得的，可以根据"纳税人转让 2016 年 4 月 30 日前取得的土地使用权，可以选择适用简易计税方法，以取得的全部价款和价外费用减去取得该土地使用权的原价后的余额为销售额，按照 5% 的征收率计算缴纳增值税"和"纳税人转让其取得的不动产（不含自建目）适用简易计税办法的，以其取得的全部价款和价外费用扣除不动产购置原价或者取得不动产时的作价后的余额为销售额"的规定选择简易计税办法差额征税。

10. 电信服务

根据《财政部 国家税务总局关于营业税改征增值税试点若干政策的通知》（财税〔2016〕39 号）的规定："中国移动通信集团公司、中国联合网络通信集团有限公司、中国电信集团公司及其成员单位通过手机短信公益特服号为公益性机构接受捐款服务，以其取得的全部价款和价外费用，扣除支付给公益性机构捐款后的余额为销售额。其接受的捐款不得开具增值税专用发票。"

2014 年 6 月 1 日，电信业改征增值税开始，上述差额征税的规定即开始执行。

11. 劳务派遣服务

（1）《财政部 国家税务总局关于进一步明确全面推开营改增试点有关劳务派遣服务、收费公路通行费抵扣等政策的通知》（财税〔2016〕47 号）规定，一般纳税人提供劳务派遣服务，可以按照《营业税改征增值税试点实施办法》（财税〔2016〕36 号附件 1）的有关规定，以取得的全部价款和价外费用为销售额，按照一般计税方法计算缴纳增值税；也可以选择差额纳税，以取得的全部价款和价外费用，扣除代用工单位支付给劳务派遣员工的工资、福利和为其办理社会保险及住房公积金后的余额为销售额，按照简易计税方法依 5% 的征收率计算缴纳增值税。小规模纳税人提供劳务派遣服务，可以按照《营业税改征增值税试点实施办法》（财税〔2016〕36 号附件 1）的有关规定，以取得的全部价款和价外费用为销售额，按照简易计税方法依 3% 的征收率计算缴纳增值税；也可以选择差额纳税，以取得的全部价款和价外费用，扣除代用工单位支付给劳务派遣员工的工资、福利和为其办理社会保险及住房公积金后的余额为销售额，按照简易计税方法依 5% 的征收率计算缴纳增值税。

【例 64】甲建筑企业承接了一项建筑工程，急需工地现场施工人员。遂向乙劳务派遣公司招用工地现场施工人员 100 人，招用的时间为 2016 年 7 月—12 月共计半年的时间。甲建筑企业每月向乙劳务派遣公司支付 80 000 元（含税），每月向每位招用的派遣工人支付 5 000 元，乙企业不再向派遣工人支付工资。100 位派遣工人的五险一金由乙劳务派遣公司交纳，2016 年 7 月—12 月每月交五险一金 30 000 元。请问：乙劳务派遣公司应缴纳增值税多少元？

分析 （1）乙劳务派遣公司如果是一般纳税人，有两种增值税的处理结果：

一是按照一般计税方法计算缴纳增值税，以取得的全部价款和价外费用为销售额。劳务派遣服务属于商务辅助服务——人力资源服务，适用税率为 6%。

销售额 = 80 000 ÷ （1+6%） = 75 471.70（元）

销项税额 = 75 471.70×6% = 4 528.30（元）

二是按照简易计税方法依 5% 的征收率计算缴纳增值税，以取得的全部价款和价外费用，扣除代用工单位支付给劳务派遣员工的工资、福利和为其办理社会保险及住房公积金后的余额为销售额。

销售额 = （80 000−30 000）÷（1+5%） = 47 619.05（元）

应纳增值税税额 = 47 619.05×5% = 2 380.95（元）

（2）乙劳务派遣公司如果是小规模纳税人，也有两种增值税的处理结果：

一是以取得的全部价款和价外费用为销售额，按照简易计税方法依 3% 的征收率计算缴纳增值税。

销售额 = 80 000 ÷ （1+3%） = 77 669.90（元）

应纳增值税税额 = 77 669.90×3% = 2 330.10（元）

二是选择差额纳税，以取得的全部价款和价外费用，扣除代用工单位支付给劳务派遣员工的工资、福利和为其办理社会保险及住房公积金后的余额为销售额，按照简易计税方法依5%的征收率计算缴纳增值税。

销售额＝（80 000-30 000）÷（1+5%）=47 619.05（元）

应纳增值税税额=47 619.05×5%=2 380.95（元）

【例65】甲建筑企业承接了一项建筑工程，急需工地现场施工人员。遂向乙劳务派遣公司招用工地现场施工人员100人，招用的时间为2016年7月—12月共计半年的时间。甲建筑企业每月向乙劳务派遣公司支付58万元（含税），甲企业不再向派遣工人支付工资。100位派遣工人的工资和五险一金由乙劳务派遣公司支付，乙企业每月向每位派遣工人支付工资5 000元，同时每月交100位派遣工人的五险一金共计30 000元。请问：乙劳务派遣公司应缴纳增值税多少元？

分析　（1）乙劳务派遣公司如果是一般纳税人，有两种增值税的处理结果：

一是按照一般计税方法计算缴纳增值税，以取得的全部价款和价外费用为销售额。

销售额=580 000÷（1+6%）=547 169.81（元）

销项税额=547 169.81×6%=32 830.19（元）

二是按照简易计税方法依5%的征收率计算缴纳增值税，以取得的全部价款和价外费用，扣除代用工单位支付给劳务派遣员工的工资、福利和为其办理社会保险及住房公积金后的余额为销售额。

销售额=（580 000-5 000×100-30 000）÷（1+5%）=47 619.05（元）

应纳增值税税额=47 619.05×5%=2 380.95（元）

（2）乙劳务派遣公司如果是小规模纳税人，也有两种增值税的处理结果：

一是以取得的全部价款和价外费用为销售额，按照简易计税方法依3%的征收率计算缴纳增值税。

销售额=580 000÷（1+3%）=563 106.80（元）

应纳增值税税额=563 106.80×3%=16 893.20（元）

二是选择差额纳税，以取得的全部价款和价外费用，扣除代用工单位支付给劳务派遣员工的工资、福利和为其办理社会保险及住房公积金后的余额为销售额，按照简易计税方法依5%的征收率计算缴纳增值税。

销售额=（580 000-5 000×100-30 000）÷（1+5%）=47 619.05（元）

应纳增值税税额=47 619.05×5%=2 380.95（元）

（2）选择差额纳税的纳税人，向用工单位收取用于支付给劳务派遣员工工资、福利和为其办理社会保险及住房公积金的费用，不得开具增值税专用发票，可以开具普通发票。

例64中，乙劳务派遣公司如果是一般纳税人，按照一般计税方法计算缴纳增值税，开具增值税专用发票注明的价款为75 471.70元，税额为4 528.30元，价税合计80 000元。如果按照简易计税方法依5%的征收率计算缴纳增值税，差额开票（具体的开票要求在本部分"差额征税的发票开具"中介绍），如果开具增值税专用发票，发票注明的税额为2 380.95元，价款为77 619.05元（80 000-2 380.95=77 619.05），价税合计 80 000 元。

乙劳务派遣公司如果是小规模纳税人，依 3% 的征收率计算缴纳增值税，可以向主管税务机关申请代开增值税专用发票，发票注明的价款为 77 669.90 元，税额为 2 330.10 元，价税合计 80 000 元。如果依 5% 的征收率计算缴纳增值税，也可以向主管税务机关申请代开增值税专用发票，发票注明的税额为 2 380.95 元，价款为 77 619.05 元（80 000-2 380.95=77 619.05），价税合计 80 000 元。

例 65 中，乙劳务派遣公司如果是一般纳税人，按照一般计税方法计算缴纳增值税，开具增值税专用发票注明的价款为 547 169.81 元，税额为 32 830.19 元，价税合计 580 000 元。如果按照简易计税方法依 5% 的征收率计算缴纳增值税，差额开票，如果开具增值税专用发票，发票注明的税额为 2 380.95 元，价款为 577 619.05 元（580 000-2 380.95=577 619.05），价税合计 580 000 元。

乙劳务派遣公司如果是小规模纳税人，依 3% 的征收率计算缴纳增值税，可以向主管税务机关申请代开增值税专用发票，发票注明的价款为 563 106.80 元，税额为 16 893.20 元，价税合计 580 000 元。如果依 5% 的征收率计算缴纳增值税，也可以向主管税务机关申请代开增值税专用发票，发票注明的税额为 2 380.95 元，价款为 577 619.05 元（580 000-2 380.95=577 619.05）。

12. 教育辅助服务

《国家税务总局关于在境外提供建筑服务等有关问题的公告》（国家税务总局公告〔2016〕69 号）规定，境外单位通过教育部考试中心及其直属单位在境内开展考试，教育部考试中心及其直属单位应以取得的考试费收入扣除支付给境外单位考试费后的余额为销售额，按提供"教育辅助服务"缴纳增值税；就代为收取并支付给境外单位的考试费统一扣缴增值税。教育部考试中心及其直属单位代为收取并支付给境外单位的考试费，不得开具增值税专用发票，可以开具增值税普通发票。

教育辅助服务差额征税的政策只适用于教育部考试中心及其直属单位为境外单位在境内开展考试提供的教育辅助服务。

（二）差额征税的凭证

（1）试点纳税人按照上述规定从全部价款和价外费用中扣除的价款，除金融商品转让买入价的扣除外，应当取得符合法律、行政法规和国家税务总局规定的有效凭证；否则，不得扣除。

上述凭证是指：

①支付给境内单位或者个人的款项，以发票为合法有效凭证。

这里依据的发票可能是增值税普通发票，也可能是增值税专用发票。如纳税人客运站场站服务，从承运方取得的增值税专用发票应作为差额征税的有效凭证，而不应用于抵扣进项税额。

②支付给境外单位或者个人的款项，以该单位或者个人的签收单据为合法有效凭证，税务机关对签收单据有疑义的，可以要求其提供境外公证机构的确认证明。

如纳税人提供旅游服务，支付给境外接团方的费用，以接团方开具的签收单据为差额征税的合法有效凭证。

③缴纳的税款，以完税凭证为合法有效凭证。

如纳税人提供融资租赁服务，可以差额征税扣除的车辆购置税，应以车辆购置税完税凭证为合法有效凭证。

④扣除的政府性基金、行政事业性收费或者向政府支付的土地价款，以省级以上（含省级）财政部门监（印）制的财政票据为合法有效凭证。

⑤国家税务总局规定的其他凭证。

纳税人取得的上述凭证属于增值税扣税凭证的，其进项税额不得从销项税额中抵扣。

（2）部分差额征税凭证的具体处理。

①旅游服务。

纳税人提供旅游服务，应凭火车票、飞机票等交通费发票原件作为交通费差额征税的凭证。但是纳税人已经将火车票、飞机票等交通费发票原件交付给旅游服务购买方而无法收回的，根据《国家税务总局关于在境外提供建筑服务等有关问题的公告》（国家税务总局公告〔2016〕69 号）的规定，以交通费发票复印件作为差额扣除凭证。

②转让不动产。

纳税人转让不动产差额征税扣除不动产购置原价或者取得不动产时的作价时，应凭取得不动产时的发票作为差额征税的凭证。

根据《国家税务总局关于纳税人转让不动产缴纳增值税差额扣除有关问题的公告》（国家税务总局公告 2016 年 73 号）的规定，纳税人转让不动产，按照有关规定差额缴纳增值税的，如因丢失等原因无法提供取得不动产时的发票时，可向税务机关提供其他能证明契税计税金额的完税凭证等资料，进行差额扣除。

纳税人以契税计税金额进行差额扣除的，按照下列公式计算增值税应纳税额：

A. 2016 年 4 月 30 日及以前缴纳契税的。

增值税应纳税额＝［全部交易价格（含增值税）－契税计税金额（含营业税）］÷（1＋5%）×5%

B. 2016 年 5 月 1 日及以后缴纳契税的。

增值税应纳税额＝［全部交易价格（含增值税）÷（1＋5%）－契税计税金额（不含增值税）］×5%

纳税人同时保留取得不动产时的发票和其他能证明契税计税金额的完税凭证等资料的，应当凭发票进行差额扣除。

【例 66】甲个体工商户为小规模纳税人。2017 年 8 月销售一套办公用房（非住房），取得含税收入 250 万元。该房产的购房发票已丢失，纳税人提供了买房时取得的契税完税证。完税证上注明的契税计税金额为 180 万元。如果该房产是 2010 年 5 月购买的，甲个体工商户应缴纳增值税多少元？如果该房产是 2016 年 5 月购买的，甲个体工商户应缴纳增值税多少元？

分析　该房产为非住房，纳税人销售非住房应按照 5%的征收率缴纳增值税。

如果房产为 2010 年 5 月购买的，则甲个体工商户应纳增值税税额＝（2 500 000－1 800 000）÷（1＋5%）×5%＝33 333. 33 元。

如果房产为 2016 年 5 月购买的，则甲个体工商户应纳增值税税额 = [2 500 000÷
(1+5%) - 1 800 000] ×5% = 29 047.62 元。

（三）差额征税的增值税纳税申报的填报

（1）差额征税的一般纳税人在增值税申报的时候，应填报"增值税纳税申报表附
列资料（三）（服务、不动产和无形资产扣除项目明细）"，如表 3-2 所示。差额征税
的小规模纳税人在增值税申报的时候，应填报"增值税纳税申报表（小规模纳税人适
用）附列资料"。

①填入本表的是取得符合法律、行政法规和国家税务总局规定的有效凭证的金额。

在逻辑上，差额征税项目的销售额和差额扣除额之间是配比的，但实际经营业务
中，很难将这种配比关系填报出来。如提供建筑服务的纳税人选择简易计税方法的，
分包款可以从销售额中扣除，应在增值税纳税义务发生时间的当期确认销售额申报纳
税，可以扣除的分包款在取得合法凭证时再申报扣除，这两个时间不一定一致。

又如试点纳税人中的一般纳税人提供客运场站服务，以其取得的全部价款和价外
费用，扣除支付给承运方运费后的余额为销售额。但实际业务处理和增值税纳税申报
中销售额和扣除额之间的配比计算比较烦琐，客运站销售客票取得的销售额对应的客
户是众多的旅客，支付给承运方的运费一般和承运方一个月或者一个季度结算一次，
客运站本月销售客票取得销售额，承运方虽然本月为客运站提供了客运服务，但合同
约定的结算和收款的时间是下月或者其他纳税期。在差额征税的申报中本月销售客票
的销售额本月申报缴纳增值税，下月按合同的约定结算并支付运费取得承运方开具的
增值税发票，通过"应交税费——应交增值税（营改增抵减的销项税额）"进行账务
处理，在增值税申报的时候从申报的销售额中做扣除。按照这样的思路，差额征税的
项目在确认销售额时账务处理和发票开具不需要考虑扣除项目。扣除项目从销售额中
的扣除只有等取得符合法律、行政法规和国家税务总局规定的有效凭证后再做扣除的
账务处理和纳税申报。

不过，有一些差额扣除的服务在本表增加的扣除额和本期的销售额有配比关系。
如房地产开发企业中的一般纳税人销售其开发的房地产项目（选择简易计税方法的房
地产老项目除外），以取得的全部价款和价外费用，扣除受让土地时向政府部门支付的
土地价款后的余额为销售额，当期允许扣除的土地价款 = （当期销售房地产项目建筑
面积÷房地产项目可供销售建筑面积）×支付的土地价款。又如试点纳税人根据 2016 年
4 月 30 日前签订的有形动产融资性售后回租合同，在合同到期前提供的有形动产融资
性售后回租服务，继续按照有形动产融资租赁服务缴纳增值税的，可以选择以向承租
方收取的全部价款和价外费用，扣除向承租方收取的价款本金，以及对外支付的借款
利息（包括外汇借款和人民币借款利息）、发行债券利息后的余额为销售额，计算当期
销售额时可以扣除的价款本金，为书面合同约定的当期应当收取的本金。无书面合同
或者书面合同没有约定的，为当期实际收取的本金。

②金融商品转让买入价的扣除不需取得凭证。同时，年末时仍出现负差的，不得
转入下一个会计年度。所以在"增值税纳税申报表附列资料（三）（服务、不动产和
无形资产扣除项目明细）"中，专门设计了第 4 行"6%税率的金融商品转让项目"，每

年1月税款申报期内填报本表时,"服务、不动产和无形资产扣除项目期初余额"为0。

（2）在"增值税纳税申报表附列资料（一）（本期销售情况明细）"中填报销售额、销项（应纳）税额。填报的时候,第9列"销售额"是扣除差额之前的销售额,也是汇总到"增值税申报表（一般纳税人适用）""销售额"中的数字。第14列"扣除后销项（应纳）税额"是扣除差额后的销售额计算出的销项（应纳）税额,也是汇总到"增值税申报表（一般纳税人适用）"第11行"销项税额"中的数字。所以,在"增值税申报表（一般纳税人适用）"中的销售额和销项税额不是完全配比的关系。

【例67】 例65中如果乙企业是一般纳税人,选择简易计税方法依5%的征收率计算缴纳增值税。将资料中的数据填报到对应的增值税申报表。

分析 乙企业选择按照简易计税方法依5%的征收率计算缴纳增值税,以取得的全部价款和价外费用,扣除代用工单位支付给劳务派遣员工的工资、福利和为其办理社会保险及住房公积金后的余额为销售额。

差额扣除前的不含税销售额=580 000÷(1+5%)=552 380.95（元）

差额扣除后的不含税销售额=(580 000-5 000×100-30 000)÷(1+5%)

$$=47\ 619.05（元）$$

应纳增值税税额=47 619.05×5%=2 380.95（元）

表3-2　　　　　　　　　　增值税纳税申报表附列资料（三）

（服务、不动产和无形资产扣除项目明细）

项目及栏次		本期服务、不动产和无形资产价税合计额（免税销售额）	服务、不动产和无形资产扣除项目				
			期初余额	本期发生额	本期应扣除金额	本期实际扣除金额	期末余额
		1	2	3	4=2+3	5(5≤1且5≤4)	6=4-5
17%税率的项目	1						
11%税率的项目	2						
6%税率的项目（不含金融商品转让）	3						
6%税率的金融商品转让项目	4						
5%征收率的项目	5	580 000	0	530 000	530 000	530 000	0
3%征收率的项目	6						
免抵退税的项目	7						
免税的项目	8						

在"增值税纳税申报表附列资料（一）（本期销售情况明细）"中第9b行"5%征收率的服务、不动产和无形资产"第9列"销售额"为552 380.95元,第10列"销项（应纳）税额"为27 619.05元,第11列"价税合计"为580 000元,第12列"服务、不动产和无形资产扣除项目本期实际扣除金额"为530 000元,第14列"销项（应纳）税额"为2 380.95元。

（四）差额征税的账务处理

《增值税会计处理规定》（财会〔2016〕22号）对纳税人差额征税的账务处理进行了规范。

1. 科目设置

（1）增值税一般纳税人应在"应交税费——应交增值税"明细账内设置"销项税额抵减"科目，核算一般纳税人按照现行增值税制度规定采用一般计税方法计税时因扣减销售额而减少的销项税额。增值税一般纳税人还应设置"应交税费——简易计税"科目，核算一般纳税人采用简易计税方法发生的增值税计提、扣减、预缴、缴纳等业务，采用简易计税方法计税时因扣减销售额而减少的应纳增值税税额也通过本科目核算。

（2）小规模纳税人因扣减销售额而减少的应纳增值税税额，通过"应交税费——应交增值税"科目核算。

2. 账务处理

企业发生相关成本费用允许扣减销售额的账务处理。按现行增值税制度规定企业发生相关成本费用允许扣减销售额的，发生成本费用时，按应付或实际支付的金额，借记"主营业务成本""存货""工程施工"等科目，贷记"应付账款""应付票据""银行存款"等科目。待取得合规增值税扣税凭证且纳税义务发生时，按照允许抵扣的税额，借记"应交税费——应交增值税（销项税额抵减）"或"应交税费——简易计税"科目（小规模纳税人应借记"应交税费——应交增值税"科目），贷记"主营业务成本""存货""工程施工"等科目。

金融商品转让按规定以盈亏相抵后的余额作为销售额的账务处理。金融商品实际转让月末，如产生转让收益，则按应纳税额借记"投资收益"等科目，贷记"应交税费——转让金融商品应交增值税"科目；如产生转让损失，则按可结转下月抵扣税额，借记"应交税费——转让金融商品应交增值税"科目，贷记"投资收益"等科目。交纳增值税时，应借记"应交税费——转让金融商品应交增值税"科目，贷记"银行存款"科目。年末，本科目如有借方余额，则借记"投资收益"等科目，贷记"应交税费——转让金融商品应交增值税"科目。

【例68】甲纳税人是经中国人民银行批准从事融资租赁业务的金融机构。2016年9月与乙客运公司签订融资租赁合同，合同的基本内容为：

（1）甲方根据乙方的需要和委托，按照乙方的要求购进十辆大客车出租给乙方。大客车由乙方自己直接到供货方提货。

（2）租期为4年，从乙方验收设备之日起算。总租金为1 755万元，年租金为438.75万元（含税），应于每年12月31日前交入甲方账户。如果乙方不准时交租，则应向甲方交付比银行长期贷款利率多5%的利息作为处罚。

（3）本合同一经签订，乙方即向甲方支付保证金50万元，作为履行本合同的保证。租赁保证金不计利息，抵最后一期部分租金。乙方违反合同任何条款时，甲方将从租赁保证金中抵扣乙方应支付给甲方的款项。

2016年9月，乙向甲支付合同保证金50万元。2017年1月甲支付供货单位1 170万元（含税）购买十辆大客车，取得机动车销售统一发票。支付车辆购置税100万元，取得车辆购置税完税证。2017 年 12 月 28 日，收到乙转来的银行存款 438.75 万元。

以上业务甲、乙分别如何进行会计核算？

分析

甲纳税人

（1）2016 年 9 月收取保证金，不确认为收入，账务处理是：

借：银行存款　　　　　　　　　　　　　　　　　　500 000

　　贷：其他应付款　　　　　　　　　　　　　　　　　　500 000

（2）2017 年 1 月甲支付供货单位货款 1 170 万元，取得机动车销售统一发票，可以抵扣的进项税额 = 11 700 000÷（1+17%）×17% = 10 000 000×17% = 1 700 000（元）。

支付车辆购置税 100 万元，取得车辆购置税完税证，可以差额征税，在"应交税费——应交增值税"科目下增设"营改增抵减的销项税额"，核算这部分差额征税可以抵减的销项税额。可以抵减的销项税额 = 1 000 000÷（1+17%）×17% = 854 700.85×17% = 145 299.15（元）。账务处理是：

借：融资租赁资产　　　　　　　（1 000 000+854 700.85）10 854 700.85

　　应交税费——应交增值税（进项税额）　　　　　　1 700 000

　　应交税费——应交增值税（销项税额抵减）　　　　145 299.15

　　贷：银行存款　　　　　　　　　　　　　　　　　　12 700 000

（3）甲将十辆大客车出租给乙，账务处理是：

借：长期应收款　　　　　　　［17 550 000÷（1+17%）］15 000 000

　　贷：融资租赁资产　　　　　　　　　　　　　　　　10 854 700.85

　　　　未实现融资收益　　（15 000 000-10 854 700.85）4 145 299.15

（4）2017 年 12 月收到第一期租金，账务处理是：

借：银行存款　　　　　　　　　　　　　　　　　　4 387 500

　　贷：长期应收款　　　　　　　　［4 387 500÷（1+17%）］3 750 000

　　　　应交税费——应交增值税（销项税额）（3 750 000×17%）637 500

注意：会计核算上一般在期末确认"租赁收入"，同时摊销"未实现融资收益"，本例仅考虑增值税的核算问题，所以对其他的账务处理未作分析。

乙客运公司

（1）2016 年 9 月支付保证金，账务处理是：

借：其他应收款　　　　　　　　　　　　　　　　　500 000

　　贷：银行存款　　　　　　　　　　　　　　　　　　500 000

（2）2017 年 1 月取得十辆大客车，假设乙按照同期银行贷款利率 5% 作为折现率，年金现值系数为 3.546 0，确认了十辆大客车的原值 4 387 500÷（1+17%）×3.546 0 = 13 297 500（元），未确认融资费用为 17 550 000÷（1+17%）- 13 297 500 = 1 702 500（元）。则账务处理是：

借：固定资产——融资租入固定资产　　　　　　　　13 297 500

　　未确认融资费用　　　　　　　　　　　　　　　　1 702 500

　　贷：长期应付款　　　　　　　［17 550 000÷（1+17%）］15 000 000

（3）2017年12月支付第一期租金，账务处理是：

借：长期应付款   3 750 000

    应交税费——应交增值税（进项税额）   637 500

  贷：银行存款   4 387 500

注意：本例仅考虑增值税的核算问题，所以对具体折旧、未确认融资费用的确认等账务处理未作分析。

（五）差额征税的发票开具

差额征税的项目发票开具有三种情形：一是只能开具增值税普通发票；二是可以全额开具增值税普通发票和增值税专用发票；三是差额（指税额）开具增值税专用发票。

1. 只能开具增值税普通发票

金融商品转让不得开具增值税专用发票，只能开具增值税普通发票。

2. 可以全额开具增值税普通发票和增值税专用发票

除有特别规定外，销售方的差额征税项目在取得销售额时应都可以全额开具增值税普通发票或者增值税专用发票。可以差额扣除的项目在取得符合法律、行政法规和国家税务总局规定的有效凭证的前提下在增值税申报时扣除。

差额征税的项目可以全额开具增值税普通发票和增值税专用发票的主要有：

（1）融资租赁业务，以取得的全部价款和价外费用扣除支付的借款利息（包括外汇借款和人民币借款利息）、发行债券利息和车辆购置税后的余额为销售额。

（2）试点纳税人提供建筑服务适用简易计税方法的，以取得的全部价款和价外费用扣除支付的分包款后的余额为销售额。

（3）房地产开发企业中的一般纳税人销售其开发的房地产项目（选择简易计税方法的房地产老项目除外），以取得的全部价款和价外费用，扣除受让土地时向政府部门支付的土地价款后的余额为销售额。

（4）纳税人转让2016年4月30日前取得的土地使用权，可以选择适用简易计税方法，以取得的全部价款和价外费用减去取得该土地使用权的原价后的余额为销售额。

3. 差额开具增值税专用发票

差额开具发票指开具的增值税专用发票上注明的税额按照差额后的销售额计算开具。

（1）差额开票的项目主要有：

A. 继续选择按照有形动产租赁缴纳增值税的有形动产融资性售后回租服务，向承租方收取的有形动产价款本金，不得开具增值税专用发票，可以开具普通发票。

B. 试点纳税人提供旅游服务选择差额征税的，向旅游服务购买方收取并支付的上述费用，不得开具增值税专用发票，可以开具普通发票。

C. 试点纳税人提供经纪代理服务选择差额征税的，向委托方收取的政府性基金或者行政事业性收费，不得开具增值税专用发票。

D. 试点纳税人（包括小规模纳税人、一般纳税人）提供劳务派遣服务选择差额纳税的，向用工单位收取用于支付给劳务派遣员工工资、福利和为其办理社会保险及住房公积金的费用，不得开具增值税专用发票，可以开具普通发票。

E. 纳税人转让其取得的不动产（不含自建，不包括房地产开发企业销售自行开发的房地产项目）适用简易计税办法的，以其取得的全部价款和价外费用扣除不动产购置原价或者取得不动产时的作价后的余额为销售额。

F. 纳税人代理进口按规定免征进口增值税的货物，其销售额不包括向委托方收取并代为支付的货款。向委托方收取并代为支付的款项，不得开具增值税专用发票，可以开具增值税普通发票。

G. 纳税人提供签证代理服务，以取得的全部价款和价外费用，扣除向服务接受方收取并代为支付给外交部和外国驻华使（领）馆的签证费、认证费后的余额为销售额。向服务接受方收取并代为支付的签证费、认证费，不得开具增值税专用发票，可以开具增值税普通发票。

H. 境外单位通过教育部考试中心及其直属单位在境内开展考试，教育部考试中心及其直属单位应以取得的考试费收入扣除支付给境外单位考试费后的余额为销售额。教育部考试中心及其直属单位代为收取并支付给境外单位的考试费，不得开具增值税专用发票，可以开具增值税普通发票。

（2）差额开具增值税专用发票的基本要求。

按照上述政策的要求，可能会出现一项业务开具两张发票，一张增值税专用发票、一张增值税普通发票的情况，对纳税人的账务处理、其他相关手续的办理等带来不便。

为解决这一问题，国家税务总局在增值税发票管理新系统中新增了差额征税开票功能，开具增值税专用发票的时候，增值税专用发票上税额栏以扣除差额后的余额为销售额计算的税额，销售额栏为全部含税销售额减税额后的销售额。

增值税发票管理新系统中新增了差额征税开票功能，如果按照现行政策规定适用差额征税办法缴纳增值税，且不得全额开具增值税发票的（财政部、税务总局另有规定的除外），纳税人自行开具或者税务机关代开增值税发票时，通过新系统中差额征税开票功能，开具发票的时候先选择"差额"选项，系统会弹出"输入扣除额"的对话框，输入扣除额。扣除额输入完毕，再按照发票开具的一般要求，输入商品名称、含税销售额等信息，系统自动按照扣除差额后的不含税销售额计算出税额，自动计算出含税销售额扣除税额后的金额作为发票上注明的不含税金额，同时，备注栏自动打印"差额征税"字样。

差额征税的发票只能开具一样商品，在同一张发票上不能再开具第一行外的其他行次。

【例69】某纳税人销售2016年4月30日前取得的商品房取得含税销售额100万元，购置该商品房的发票注明的购置价款为80万元，契税完税证注明的契税为8 000元，支付中介费2万元。购入后发生装修支出10万元。适用简易计税办法计算应纳税额。该纳税人应缴纳增值税多少元？增值税发票应如何开具？

分析　纳税人销售2016年4月30日前取得的不动产，可以适用简易计税办法，以取得的全部价款和价外费用扣除不动产购置原价或者取得不动产时的作价后的余额为销售额，按照5%的征收率计算应纳税额。契税、中介费、装修费用等不得差额征税扣除。

（1）应纳增值税税额=（1 000 000-800 000）×5%/（1+5%）= 9 523.81（元）

则增值税销售额=1 000 000-9 523.81 =990 476.19（元）

（2）如果纳税人是一般纳税人，可以自行开具增值税专用发票。如果纳税人是小规模纳税人（包括其他个人），可以向不动产所在地的主管地税机关申请开具增值税专用发票。

开具的差额征税的增值税专用发票的票样如图3-1所示。

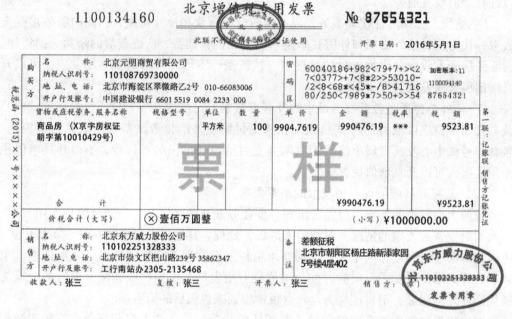

图 3-1　差额征税的增值税专用发票

在具体的执行过程中，还有不少地区主管税务机关对部分规定不得开具增值税专用发票的差额扣除的销售额要求纳税人开具两张发票，差额扣除的销售额开具增值税普通发票，余额开具增值税专用发票。纳税人可以根据主管税务机关的具体要求来执行。

（3）差额开具增值税专用发票征管中应注意的问题。

在此分析差额开具增值税专用发票征管中的两个问题：

一是在开具发票的时候，如果没有取得差额扣除的合法凭证，差额开具增值税专用发票比较难操作。以旅行社为例，旅行社差额征税，可以扣除向旅游服务购买方收取并支付给其他单位或者个人的住宿费、餐饮费、交通费、签证费、门票费和支付给其他接团旅游企业的旅游费用后的余额为销售额，部分旅行社支付这些费用按月或按季结算，特别是公园的门票费，有些旅行社和公园是半年，甚至一年结算一次，在结算的时候根据合同约定的票价确定金额，而票价的高低可能和本结算期旅客的多少相关。旅行社在开具发票的时候很难取得合法的扣除凭证，也很难具体确定每个客户差额扣除的金额，难以差额开具增值税专用发票。

由于旅行社的旅客一般是消费者个人，旅行社不得给消费者个人开具增值税专用发票，旅行社应全额开具增值税普通发票。这样的处理也规避了开具发票时没有取得差额扣除的合法凭证，差额增值税专用发票比较难操作的问题。

二是差额征税的项目如果不能全额开具增值税专用发票，则销售方降低的税负转嫁给了购买方。

差额征税的项目如果不能全额开具增值税专用发票，即使差额开具增值税专用发票，其结果也是将销售方降低的税负转嫁给购买方。如例 69 中，销售方可以差额征税，只能差额开具专用发票，则增值税专用发票注明的税额是 9 523.81 元，所以购买方可以抵扣的进项税额是 9 523.81 元。如果销售方不得差额征税，则销售方应缴纳增值税 47 619.05 元〔1 000 000×5%/（1+5%）= 47 619.05〕，差额征税让销售方少缴增值税 38 095.24 元（47 619.05－9 523.81 = 38 095.24），站在购买方的角度考虑，销售方少抵扣进项税额 38 095.24 元。

从这样的结果可以看出，差额征税的项目如果差额开具增值税专用发票，那么差额征税虽然降低了销售方的税负，但降低的税负转嫁到了购买方。这应该不是国家出台差额征税政策的本意。所以除非是税法明确规定不能开具增值税专用发票的项目，差额征税应可以全额开具增值税专用发票。

三、兼营、混合销售增值税处理

（一）营改增试点后的兼营、混合销售

1. 兼营

2016 年 4 月 30 日后执行的《营业税改征增值税试点实施办法》（财税〔2016〕36 号附件 1）规定，试点纳税人销售货物、加工、修理修配劳务、服务、无形资产或者不动产适用不同税率或者征收率的，应当分别核算适用不同税率或者征收率的销售额，未分别核算销售额的，按照以下方法适用税率或者征收率：

（1）兼有不同税率的销售货物、加工、修理修配劳务、服务、无形资产或者不动产，从高适用税率。

（2）兼有不同征收率的销售货物、加工、修理修配劳务、服务、无形资产或者不动产，从高适用征收率。

（3）兼有不同税率和征收率的销售货物、加工、修理修配劳务、服务、无形资产或者不动产，从高适用税率。

2. 混合销售

2016 年 4 月 30 日后执行的《营业税改征增值税试点实施办法》（财税〔2016〕36 号附件 1）规定，一项销售行为如果既涉及服务又涉及货物，为混合销售。从事货物的生产、批发或者零售的单位和个体工商户的混合销售行为，按照销售货物缴纳增值税；其他单位和个体工商户的混合销售行为，按照销售服务缴纳增值税。

本条所称从事货物的生产、批发或者零售的单位和个体工商户，包括以从事货物的生产、批发或者零售为主，并兼营销售服务的单位和个体工商户在内。

（二）营改增试点前的兼营、混合销售、混业经营

2016 年 4 月 30 日后执行的《营业税改征增值税试点实施办法》（财税〔2016〕36 号附件 1）对兼营、混合销售业务的定义和 2016 年 4 月 30 日前执行的《交通运输业和

部分现代服务业营业税改征增值税试点实施办法》（财税〔2013〕37号附件1）以及《增值税暂行条例》对兼营、混合销售业务的定义不一样。2016年4月30日后的兼营、混合销售业务在2016年4月30日前都属于混业经营业务。

1. 兼营

《交通运输业和部分现代服务业营业税改征增值税试点实施办法》（财税〔2013〕37号附件1）规定，纳税人兼营营业税应税项目的，应当分别核算应税服务的销售额和营业税应税项目的营业额；未分别核算的，由主管税务机关核定应税服务的销售额。

《增值税暂行条例实施细则》规定，纳税人兼营非增值税应税项目的，应分别核算货物或者应税劳务的销售额和非增值税应税项目的营业额；未分别核算的，由主管税务机关核定货物或者应税劳务的销售额。

2. 混业经营

《交通运输业和部分现代服务业营业税改征增值税试点实施办法》（财税〔2013〕37号附件1）规定，试点纳税人兼有不同税率或者征收率的销售货物、提供加工、修理修配劳务或者应税服务的，应当分别核算适用不同税率或征收率的销售额，未分别核算销售额的，按照以下方法适用税率或征收率：

（1）兼有不同税率的销售货物、提供加工、修理修配劳务或者应税服务的，从高适用税率。

（2）兼有不同征收率的销售货物、提供加工、修理修配劳务或者应税服务的，从高适用征收率。

（3）兼有不同税率和征收率的销售货物、提供加工、修理修配劳务或者应税服务的，从高适用税率。

如某增值税一般纳税人销售货物并同时负责运输货物，在营改增之前，由于是一项销售行为既涉及增值税应税货物又涉及非增值税应税劳务，为混合销售行为，应视为销售货物缴纳增值税。营改增以后，由于运输服务改征增值税，销售货物增值税税率为17%，运输货物增值税税率为11%，属于涉及不同税率的增值税应税项目，应当分别核算销售货物、提供运输服务的销售额，分别适用不同税率计算缴纳增值税，未分别核算的，从高适用税率计算缴纳增值税。

3. 混合销售

（1）《增值税暂行条例实施细则》规定，一项销售行为如果既涉及货物又涉及非增值税应税劳务，为混合销售行为。除特别规定外，从事货物的生产、批发或者零售的企业、企业性单位和个体工商户的混合销售行为，视为销售货物，应当缴纳增值税；其他单位和个人的混合销售行为，视为销售非增值税应税劳务，不缴纳增值税。

非增值税应税劳务，是指属于应缴营业税的劳务。从事货物的生产、批发或者零售的企业、企业性单位和个体工商户，包括以从事货物的生产、批发或者零售为主，并兼营非增值税应税劳务的单位和个体工商户在内。

如某增值税一般纳税人零售销售空调并负责安装，属于从事货物的生产、批发或者零售的企业、企业性单位和个体工商户的混合销售行为，应征收增值税。

（2）纳税人的下列混合销售行为，应当分别核算货物的销售额和非增值税应税劳务的营业额，并根据其销售货物的销售额计算缴纳增值税，非增值税应税劳务的营业额不缴纳增值税；未分别核算的，由主管税务机关核定其货物的销售额：

① 销售自产货物并同时提供建筑业劳务的行为；

② 财政部、国家税务总局规定的其他情形。

《国家税务总局关于纳税人销售自产货物并同时提供建筑业劳务有关税收问题的公告》（国家税务总局公告 2011 年第 23 号）规定："纳税人销售自产货物同时提供建筑业劳务，须向建筑业劳务发生地主管地方税务机关提供其机构所在地主管国家税务机关出具的本纳税人属于从事货物生产的单位或个人的证明。建筑业劳务发生地主管地方税务机关根据纳税人持有的证明，按有关规定计算征收营业税。"

如某增值税一般纳税人生产销售中央空调并负责安装，属于销售自产货物并同时提供建筑业劳务的行为，应当分别核算中央空调的销售额和安装劳务的营业额，分别缴纳增值税、营业税；未分别核算的，由主管国税机关核定其空调的销售额，缴纳增值税，由主管地税机关核定其安装劳务的营业额，缴纳营业税。

（三）兼营、混合销售业务增值税处理中应注意的问题

1. 混合销售业务增值税处理应注意的问题

2016 年 4 月 30 日后按照混合销售处理的增值税业务中，有些在 2016 年 4 月 30 日前的业务应按照混业经营处理。

（1）2016 年 4 月 30 日后，一项销售行为如果既涉及服务又涉及货物，为混合销售，但这样的业务在 2016 年 4 月 30 日前属于混业经营。因此，在 2016 年 4 月 30 日前应当分别核算适用不同税率或征收率的销售额，未分别核算销售额的，从高适用税率或征收率。而在 2016 年 4 月 30 日后，从事货物的生产、批发或者零售的单位和个体工商户，按照销售货物缴纳增值税；其他单位和个体工商户，按照销售服务缴纳增值税。

【例 70】五彩染料有限公司 2001 年成立，从事染料的生产销售，是工业污染达标企业。2003 年通过 ISO9002 国际质量体系认证，2004 年获自营进出口权，产品远销欧、美、日及东南亚等多个国家和地区，在国内外享有盛誉。公司主营产品有：直接染料、碱性染料。包括直接荧光嫩黄 7GFF、直接荧光橙、液体紫等。

公司国内销售业务一般在销售染料给客户的同时还负责将染料运送至客户的指定仓库。五彩染料有限公司的上述业务如何缴纳增值税？

分析

营改增之前，销售染料给客户的同时负责将染料运送至客户的指定仓库属于《增值税暂行条例》所称的混合销售行为，全部销售额应按照销售染料缴纳增值税。

交通运输服务改征增值税后，销售染料给客户的同时负责将染料运送至客户的指定仓库属于《交通运输业和部分现代服务业营业税改征增值税试点实施办法》（财税〔2013〕37 号附件 1）所称的混业经营行为，该业务增值税的处理思路是纳税人应当分别销售染料和交通运输的销售额，分别适用 17%、11% 的税率计算销项税额，未分别核算销售额的，全部销售额应按照销售染料 17% 的税率计算销项税额。

2016 年 4 月 30 日后，销售染料给客户的同时负责将染料运送至客户的指定仓库属于《营业税改征增值税试点实施办法》（财税〔2016〕36 号附件 1）所称的混合销售行为，全部销售额不再分别核算，全部按照销售染料 17% 的税率计算销项税额。

（2）纳税人提供电信业服务时，附带赠送用户识别卡、电信终端等货物或者电信业服务的增值税处理。

纳税人提供电信业服务时，附带赠送用户识别卡、电信终端等货物或者电信业服务的业务，在电信业改征增值税前，可以将其理解为《增值税暂行条例实施细则》规定的混合销售，即一项销售行为如果既涉及货物又涉及非增值税应税劳务，为混合销售行为。不属于从事货物的生产、批发或者零售的企业、企业性单位和个体工商户的混合销售行为，而属于其他单位和个人的混合销售行为，视为销售非增值税应税劳务，不缴纳增值税，缴纳营业税。

2014年6月1日电信业改征增值税后，该业务是混业经营，属于试点纳税人兼有不同税率或者征收率的销售货物、提供加工修理修配劳务或者应税服务，所以《关于将电信业纳入营业税改征增值税试点的通知》（财税〔2014〕43号）规定，纳税人提供电信业服务时，附带赠送用户识别卡、电信终端等货物或者电信业服务的，应将其取得的全部价款和价外费用进行分别核算，按各自适用税率计算缴纳增值税。

2016年4月30日后，该业务是混合销售，属于一项销售行为如果既涉及服务又涉及货物，本应根据"其他单位和个体工商户的混合销售行为，按照销售服务缴纳增值税"的规定进行增值税处理，但这是一项特殊的混合销售，《营改增试点实施办法》（财税〔2016〕36号附件2）对这一业务的增值税处理还是沿用了《关于将电信业纳入营业税改征增值税试点的通知》（财税〔2014〕43号）的规定，继续要求纳税人"应将其取得的全部价款和价外费用进行分别核算，按各自适用税率计算缴纳增值税"。

（3）销售自产货物并同时提供建筑服务的增值税处理。

具体内容见第七章第一节"建筑服务的增值税处理"。

2. 兼营业务增值税处理应注意的问题

2016年4月30日前、后兼营业务的内涵不同，增值税的处理也不同。

2016年4月30日前，兼营是指增值税纳税人兼营营业税应税项目，增值税处理的要求是纳税人应当分别核算应税服务的销售额和营业税应税项目的营业额；未分别核算的，由主管税务机关核定应税服务的销售额。

2016年4月30日后，兼营是指试点纳税人兼营销售货物、加工修理修配劳务、服务、无形资产或者不动产，增值税的处理要求是适用不同税率或者征收率的，应当分别核算适用不同税率或者征收率的销售额，未分别核算销售额的，按照以下方法适用税率或者征收率。

【例71】江苏立信工程咨询管理有限公司是一家经江苏省建设厅工程建设标准定额总站批准成立的公司，已取得工程造价咨询甲级资质，历年年检合格。2012年10月1日改征增值税，为增值税一般纳税人。公司业务范围：承接建设项目建议书与可行性研究及投资估算的编制、审核及项目经济评价；工程概算、预算；估算、竣工结（决）算；工程招标标底、投标报价的编制和审核；提供建设项目各阶段工程造价监控及工程索赔业务服务；提供工程造价信息咨询服务；接受司法机关与仲裁机构委托对工程经济纠纷进行鉴定；工程招投标代理；与工程造价业务有关的其他业务。

承接了甲港口工程的造价咨询业务和工程招投标代理业务，共收取价款500万元。

江苏立信工程咨询管理有限公司的业务范围包括哪些增值税应税行为？承接的甲

港口工程的造价咨询业务和工程招投标代理业务如何确定增值税的销售额？

分析　提供的工程索赔业务服务、工程招投标代理，属于营改增"商务辅助服务——经纪代理服务"的征税范围。与工程造价业务有关的业务，属于工程造价鉴证的业务范围，属于营改增"鉴证咨询服务——鉴证服务"的征税范围。

承接甲港口工程的造价咨询业务和工程招投标代理业务，在2016年4月30日前，工程的造价咨询业务属于增值税"鉴证咨询服务——鉴证服务"，工程招投标代理业务属于营业税"服务业——代理服务"，是兼营营业税应税项目，纳税人应当分别核算工程的造价咨询业务的销售额和招投标代理业务的营业额，未分别核算的，由主管国税机关核定工程的造价咨询业务的销售额征税增值税，主管地税机关核定招投标代理业务的营业额征税营业税。

2016年4月30日后，工程招投标代理业务改征增值税，承接甲港口工程的造价咨询业务和工程招投标代理业务属于兼营（但兼营的定义和2016年4月30日前不同），纳税人应当分别核算工程的造价咨询业务的销售额和招投标代理业务的销售额，分别按照鉴证咨询服务和经纪代理服务的税率缴纳增值税（税率都为6%），未分别核算的，全部销售额不区分工程的造价咨询和招投标代理，全部按照6%的税率缴纳增值税。

3. "一项销售行为"无统一的判断标准，增加了业务的处理难度

纳税人多业经营的，其业务有的属于兼营，有的属于混合销售，应根据其业务的具体情况做分析，确定增值税的处理思路。

如果纳税人发生的是一项销售行为，应先确定是否属于既涉及服务又涉及货物的混合销售。如果不属于混合销售，但涉及了不同的增值税应税项目的，则应按照兼营处理。

但在实际业务处理中，纳税人发生的业务是一项销售行为还是不同的销售行为很难判断。

【例72】甲企业销售员李某出差到A地，住宿在乙宾馆，结账时支付住宿费500元，另消费房间里的饮料食品，支付100元。乙宾馆收取的600元应如何缴纳增值税？

分析　该业务的处理关键点在于其是一项销售行为还是两项销售行为。

如果作为一项销售行为处理，则该项销售行为既涉及服务又涉及货物，是混合销售，乙宾馆收取的600元按照住宿服务缴纳增值税。

如果作为两项销售行为处理，则不是混合销售，是兼营，乙宾馆应当分别核算销售货物的销售额100元和住宿服务的销售额500元，两者分别适用17%和11%的增值税税率；未分别核算销售额的，600元按照17%的税率计算缴纳增值税。

但该业务是一项销售行为还是两项销售行为，目前没有一个统一的标准，所以本例争议较大。

四、销项税额的扣减

(一) 折扣销售

（1）纳税人发生应税行为，将价款和折扣额在同一张发票上分别注明的，以折扣后的价款为销售额；未在同一张发票上分别注明的，以价款为销售额，不得扣减折扣额。

折扣是否能冲减销售额关键在于是否在同一张发票上反映，如果将价款与折扣额在同一张发票上注明的，以折扣后的价款为营业额；如果未在同一张发票上分别注明的，不得扣减折扣额。

根据《国家税务总局关于折扣额抵减增值税应税销售额问题通知》（国税函〔2010〕56号）、《国家税务总局关于印发〈增值税若干具体问题的规定〉的通知》（国税发〔1993〕154号）的规定："纳税人采取折扣方式销售货物，如果销售额和折扣额在同一张发票上分别注明的，可按折扣后的销售额征收增值税。"纳税人采取折扣方式销售货物，销售额和折扣额在同一张发票上分别注明是指销售额和折扣额在同一张发票上的"金额"栏分别注明的，可按折扣后的销售额征收增值税。未在同一张发票"金额"栏注明折扣额，而仅在发票的"备注"栏注明折扣额的，折扣额不得从销售额中减除。

【例73】10月1日甲房地产开发公司销售自己开发的房地产新项目，标价每平方米12 000元，国庆期间总价优惠15万元，并送两年物业管理费。物业管理费每平方米每月3元。李某购买了一套150平方米的住房，根据优惠条件甲企业向李某一共收取165万元。甲房地产开发企业销售不动产的销售额为多少元？

分析 该业务可以作为折扣销售处理。甲房地产开发公司一般按照下列方式处理，首先计算出销售的住房的总价。

总价 = 150×12 000－150 000－150×3×12×2 = 1 639 200（元）

每平方米单价 = 1 639 200÷150 = 10 928（元）

按照每平方米10 928元，总价1 639 200元与李某签订商品房销售合同，1 650 000－1 639 200 = 10 800（元）作为预收的物业管理费。1 639 200元按照销售商品房开具发票，10 800元作为预收款开具收据。甲房地产开发公司虽然没有将折扣额和销售额开具在同一张发票上，但是这样的处理方式符合增值税的有关规定。这样的结果是，向李某收取的1 650 000元中销售商品房的销售额为1 639 200元，还有10 800元作为"商务辅助服务"的预收款在商品房交付使用后缴纳增值税。

如果甲房地产开发公司按照总价1 650 000元签订商品房销售合同，按照1 650 000元开具商品房销售的发票，那么销售商品房的销售额为1 650 000元。商品房交付使用后免收两年的物业管理费应按照视同提供应税行为确认销售额10 800元按照"商务辅助服务"缴纳增值税。

两种增值税处理的结果因甲房地产开发公司发票开具的情况不同而不同。

（2）现金折扣与商业折扣。

商业折扣是指实际销售商品、提供劳务时，为了促销而给予购买方的折扣。在存在商业折扣的情况下，企业销售收入入账金额应按扣除商业折扣后的实际销售金额确认。

现金折扣是指销售方为了鼓励购买方提前偿付货款而给予购买方的折扣。现金折扣一般用符号"折扣/付款日期"表示。例如，3/10表示买方在10日内付款，可以按售价享受3%的折扣；2/20表示买方在20日内付款，可以按售价享受2%的折扣；n/30表示这笔交易额付款期限为30日之内，若20日之后30日之内付款，不享受任何的折扣。销售方给予购买方的现金折扣作为"财务费用"核算。

可以看出商业折扣与现金折扣有很大差别，商业折扣是为了促销，现金折扣是为了让客户提早付款。商业折扣在销售时发生，现金折扣在付款时发生。

【例74】甲信息技术服务公司为增值税一般纳税人。2016年7月销售A型电脑100台给乙客户。A型电脑成本为3 200元/台，不含税销售价为4 000元/台，给予乙客户5%的折扣，本月已经收款。为丙客户提供信息技术服务，合同约定本月15日应收信息技术服务费55万元（不含税），现金折扣条件为2/10，1/20，N/30，丙客户10月20日全部一次性支付。请对以上业务进行账务处理。

分析 甲信息技术服务公司的账务处理如下：

（1）销售A型电脑100台给乙客户：

借：银行存款 444 600
　贷：主营业务收入 380 000
　　　应交税费——应交增值税（销项税额） 64 600
借：主营业务成本 3 200 000
　贷：库存商品 3 200 000

可以看出，主营业务收入是按照扣除5%的商业折扣后的金额确认，计算增值税时，销售额和折扣额在同一张发票的"金额"栏分别注明的，可按折扣后的销售额征收增值税。

（2）应收丙客户信息技术服务费：

借：应收账款 583 000
　贷：主营业务收入 550 000
　　　应交税费——应交增值税（销项税额） 33 000

可以看出，在确认主营业务收入的时候，纳税人不能将尚未发生的现金折扣进行核算，所以应按未扣除现金折扣的金额583 000确认应收账款，并按"价款金额550 000元、税款金额33 000元"开具发票。

（3）10月20日收到丙客户支付的信息技术服务费，按约定可以给予2%的现金折扣：

借：银行存款 571 340
　　财务费用 11 660
　贷：应收账款 583 000

可以看出，现金折扣发生时，纳税人将其作为为了尽快回笼资金而发生的费用计入当期财务费用。现金折扣无法在销售货物、劳务、服务、无形资产和不动产确认收入时确认，所以不可能和销售额在同一张发票上注明，因此计算缴纳增值税的销售额为未扣除现金折扣的销售额。即，现金折扣尽管可以作为财务费用在计算缴纳企业所得税时扣除，但不得扣减增值税销售额。

（二）销售退回、服务中止或者折让

（1）纳税人适用一般计税方法计税的，因销售折让、中止或者退回而退还给购买方的增值税额，应当从当期的销项税额中扣减；因销售折让、中止或者退回而收回的增值税额，应当从当期的进项税额中扣减。

纳税人适用简易计税方法计税的，因销售折让、中止或者退回而退还给购买方的销售额，应当从当期销售额中扣减。扣减当期销售额后仍有余额造成多缴的税款，可以从以后的应纳税额中扣减。

如甲物流企业为增值税一般纳税人，2016 年 5 月与乙企业签订了一单仓储服务合同，合同约定 2016 年 6 月 1 日—2016 年 12 月 31 日为乙企业提供仓储服务，每月仓储费不含税价 10 万元，一共收取 60 万元，6 月 1 日乙企业的货物运到甲企业仓库，甲企业即收取款项 60 万元并开具发票。2016 年 10 月 9 日，乙企业将在甲企业仓储的货物卖出，并中止了与甲企业签订的仓储合同。甲企业退还乙企业 26 万元仓储费及增值税。甲企业在 6 月份确认了收入 60 万元并开具了发票，10 月份服务中止退还给乙企业的仓储费及增值税，应当从 10 月的销售额和销项税额中扣减。

（2）纳税人因销售折让、中止或者退回而退还给购买方的销售额，应当按照国家税务总局的规定开具红字增值税专用发票或者增值税普通发票。未按照规定开具红字增值税专用发票或者普通发票的，不得扣减销项税额或者销售额。

《国家税务总局关于修订〈增值税专用发票使用规定〉的通知》（国税发〔2006〕第 156 号）对开具红字增值税作用发票的程序有具体规定，纳税人必须遵守。

红字发票开具的具体内容见第八章"发票管理"第一节"增值税专用发票使用管理"。

五、销售额的核定

（一）主管税务机关核定销售额的情形

《营业税改征增值税试点实施办法》（财税〔2016〕36 号）规定，纳税人发生应税行为价格明显偏低或者偏高且不具有合理商业目的的，或者发生本办法第十四条所列行为而无销售额的，主管税务机关有权按照一定的顺序确定纳税人的销售额。

（1）在原增值税政策中，无纳税人的价格明显偏高主管税务机关核定增值税销售额的规定。增加对纳税人价格明显偏高且不具有合理商业目的时增值税销售额的核定，使销售额核定的情形更加全面、完善，防止纳税人通过价格的高低来增加或减少税收，堵塞征管漏洞。

（2）不具有合理商业目的借鉴了国际上反避税条款的相关概念，对可能存在的以获取税收利益而非正常商业目的为唯一或者主要目标的行为进行限制，体现了公平税负的原则。根据《营业税改征增值税试点实施办法》的规定，不具有合理商业目的的，是指以谋取税收利益为主要目的，通过人为安排，减少、免除、推迟缴纳增值税税款，或者增加退还增值税税款。

这里的不具有合理商业目的可以理解为违背立法意图，人为规划的一个或者一系列行动或者交易，主要目的在于获得税收利益。这些利益可以包括减少、免除、推迟缴纳税款，可以包括增加返还、退税收入，可以包括税法规定的其他收入款项等税收收益。行动或者交易可以包括任何明确或者隐含的、实际执行或者意图执行的合同、协议、计划、谅解、承诺或者保证等，以及根据它们而付诸实施的所有行动和交易。

【例 75】甲企业从事信息技术服务，向客户收取的技术维护费一般按年收取，2015 年 12 月为争取更多客户，开展新客户预交两年技术维护费享受三年技术维护的活动，共取得含税技术维护费收入 60.6 万元。主管税务机关能否认定为纳税人的价格明显偏低且不具有合理商业目的核定纳税人的销售额？

分析　该纳税人价格偏低的原因是为了吸收新客户、促进销售，是按照市场规律采取的营销策略，不是为了获得税收利益。所以不属于价格明显偏低且不具有合理商业目的，不应核定纳税人的销售额，而应按照实际的销售额来确认。

（3）征管中的部分问题。

①税务机关核定纳税人销售额的情形包括两种情形：一是纳税人发生应税行为价格明显偏低或者偏高且不具有合理商业目的的；二是发生视同销售服务、无形资产、不动产行为而无销售额的。除这两种情形外的其他情形主管税务机关是否核定纳税人销售额？

【例 76】国税稽查局在对某纳税人进行税务稽查的时候，发现纳税人发生的应税行为没有全部申报缴纳增值税，这不属于纳税人发生应税行为价格明显偏低或者偏高且不具有合理商业目的的情形，也不属于发生视同销售服务、无形资产、不动产行为而无销售额的情形，国税稽查局是否可以核定没有申报的应税行为的销售额？

分析　按照《营业税改征增值税试点实施办法》（财税〔2016〕36 号附件 1）的规定，税务机关核定纳税人销售额的情形有两种：一是纳税人发生应税行为价格明显偏低或者偏高且不具有合理商业目的的；二是发生视同销售服务、无形资产、不动产行为而无销售额的。发生应税行为没有申报缴纳增值税不属于上述情形。

按照《税收征收管理法》的规定，纳税人有下列情形之一的，税务机关有权核定其应纳税额：①依照法律、行政法规的规定可以不设置账簿的；②依照法律、行政法规的规定应当设置账簿但未设置的；③擅自销毁账簿或者拒不提供纳税资料的；④设置账簿，但账目混乱或者成本资料、收入凭证、费用凭证残缺不全，难以查账的；⑤发生纳税义务，未按照规定的期限办理纳税申报，经税务机关责令限期申报，逾期仍不申报的；⑥纳税人申报的计税依据明显偏低，又无正当理由的。

国税稽查局可以根据纳税人的实际情况，按照《税收征收管理法》"拒不提供纳税资料的"等规定，核定没有申报的应税行为的销售额，根据核定的销售额来计算销项税额或者增值税税额。

②试点纳税人销售货物、加工、修理修配劳务、服务、无形资产或者不动产适用不同税率或者征收率的，在分别核算适用不同税率或者征收率的销售额时，部分销售额偏高、部分销售额偏低不具有合理的商业目的的，主管税务机关只能核定纳税人的销售额，而不能将其全部销售额合计从高适用税率或者征收率。

（二）主管税务机关确定销售额的顺序

纳税人发生应税行为价格明显偏低或者偏高且不具有合理商业目的的，或者发生本办法第十四条所列行为而无销售额的，主管税务机关有权按照下列顺序确定销售额：

（1）按照纳税人最近时期销售同类服务、无形资产或者不动产的平均价格确定；

（2）按照其他纳税人最近时期销售同类服务、无形资产或者不动产的平均价格确定；

（3）按照组成计税价格确定。组成计税价格的公式为：

组成计税价格＝成本×（1+成本利润率）

成本利润率由国家税务总局确定。

第三节　进项税额

一、进项税额的抵扣

（一）进项税额的含义

1. 进项税额的含义

进项税额，是指纳税人购进货物、加工、修理修配劳务、服务、无形资产或者不动产，支付或者负担的增值税额。

并不是只要购进货物、加工、修理修配劳务、服务、无形资产或者不动产，支付或者负担的增值税税额都可以抵扣。进项税额的抵扣必须坚持两点：

（1）取得合法的抵扣凭证。

可以抵扣的进项税额必须取得合法的抵扣凭证，否则即使发生购进货物、加工、修理修配劳务、服务、无形资产或者不动产，支付或者负担了增值税税额，也不得抵扣。

一般纳税人必须强化这方面的意识，注意对增值税抵扣凭证的索取。

（2）增值税有关政策没有列举可以抵扣进项税额的范围，列举了不得抵扣进项税额的范围。

如果规定不得抵扣进项税额的，即使纳税人支付或者负担了增值税税额，取得了合法的抵扣凭证，也不得抵扣进项税额。

1994年1月1日开始执行的《增值税暂行条例》中，不得抵扣进项税额的列举中包括"固定资产"，因此固定资产不可以抵扣进项税额。2009年1月1日开始执行的《增值税暂行条例》中，不得抵扣进项税额的列举中不包括"固定资产"，但列举了"应征消费税的小汽车、摩托车、游艇"，因此，从2009年1月1日起，除应征消费税的小汽车、摩托车、游艇外，其他的固定资产可以抵扣进项税额。2013年8月1日，《营业税改征增值税试点实施办法》不得抵扣进项税额的列举中没有"应征消费税的小汽车、摩托车、游艇"，因此从2013年8月1日起，应征消费税的小汽车、摩托车、游艇也可以抵扣进项税额。

【例77】甲公司在A市的总部采购了一批办公设备，在A市主管国税机关抵扣进项税额3 752万元。该批办公设备由全国各省100多个分支机构领用。在分支机构领用该批办公设备的环节增值税应如何处理？

分析　该批办公设备在各分支机构领用环节不必视同销售处理，因为根据《增值税暂行条例实施细则》的规定，设有两个以上机构并实行统一核算的纳税人，将货物从一个机构移送其他机构用于销售的，应视同销售计算缴纳增值税，但相关机构设在同一县（市）的除外，本例中移送分支机构的办公设备不是用于销售，不必视同销售处理。

另一方面，在不可以抵扣进项税额的范围中没有列举"分支机构领用办公设备"，所以公司总部在A市已经抵扣的进项税额不必做进项转出处理。

2. 进项税额抵扣的方法

（1）购进扣税法。

我国增值税进项税额的抵扣采用的是购进扣税法，即凭合法的抵扣凭证在购进环节抵扣进项税额。只要取得相应的抵扣凭证，就可以抵扣税额，无论购进货物、加工、修理修配劳务、服务、无形资产或者不动产是否在本申报期消耗。如本期购进的机器设备，生产经营中使用年限为 10 年，该机器设备进项税额的抵扣在购进环节一次扣除，不与本期计提的折旧挂钩，也不与本期销售额挂钩。

2016 年 4 月 30 日后不动产可以抵扣进项税额，采用的虽然也是购进扣税法，但与购进货物、加工、修理修配劳务、服务、无形资产的抵扣不同，采取的是购进后分期抵扣的方法，《营业税改征增值税试点实施办法》规定，适用一般计税方法的试点纳税人，2016 年 4 月 30 日后取得并在会计制度上按固定资产核算的不动产或者 2016 年 4 月 30 日后取得的不动产在建工程，其进项税额应自取得之日起分 2 年从销项税额中抵扣，第一年抵扣比例为 60%，第二年抵扣比例为 40%。

（2）核定扣除法。

对于部分特定的行业的进项税额采用了核定扣除法。

根据《财政部 国家税务总局关于在部分行业试行农产品增值税进项税额核定扣除办法的通知》（财税〔2012〕38 号）的规定，自 2012 年 7 月 1 日起，以购进农产品为原料生产销售液体乳及乳制品、酒及酒精、植物油的增值税一般纳税人，纳入农产品增值税进项税额核定扣除试点范围，其购进农产品无论是否用于生产上述产品，增值税进项税额均按照《农产品增值税进项税额核定扣除试点实施办法》的规定抵扣。

根据《农产品增值税进项税额核定扣除试点实施办法》的规定，进项税额核定扣除法实质上就是销售实耗扣税法，每一纳税期进项税额的确定与纳税人当期购入农产品的进项税额的多少无关，而与销售货物数量有关，根据当期的销售数量，用投入产出法、成本法等核定销售数量所承担的进项税额，从当期的销项税额中抵扣。

（二）准予抵扣的进项税额

增值税扣税凭证，是指增值税专用发票、海关进口增值税专用缴款书、农产品收购发票、农产品销售发票和完税凭证等。纳税人抵扣进项税额必须取得这些合法的抵扣凭证。

1. 从销售方取得的增值税专用发票（含税控机动车销售统一发票，下同）上注明的增值税额

（1）增值税专用发票。

增值税专用发票是一般纳税人从销项税额中抵扣进项税额的最常用扣税凭证，是按照增值税价外税特点设计的，购买方可直接按专用发票上注明的增值税额作为进项税额进行抵扣。

销售方如果是一般纳税人，自行给购买方开具增值税专用发票。增值税一般纳税人适用简易计税方法的计税项目也可以自行按照征收率开具增值税专用发票（另有规定的除外）。如增值税一般纳税人以纳入营改增试点之日前取得的有形动产为标的物提供的经营租赁服务可以选择简易计税方法计算缴纳增值税，纳税人可以按照 3% 的征收

率开具增值税专用发票给购买方。

【例78】某从事广告代理的纳税人2016年8月5日购进劳保用品支付了5 000元，并取得了增值税专用发票。增值税专用发票注明的价款和税额分别是多少元？

分析 由于增值税是价外税，支付的5 000元包含了税款。应将价税分离分别开具在增值税专用发票上。如果销售方是一般纳税人，开具的增值税专用发票应注明价款为4 273.50元［5 000÷（1＋17%）＝4 273.50］，税率为17%，税款为726.50元（4 273.50×17%＝726.50）。

如果销售方是小规模纳税人，开具的增值税专用发票应注明价款为4 854.37元［5 000÷（1＋3%）＝4 854.37］，征收率为3%，税款为145.63元（4 854.37×3%＝145.63）。

【例79】2016年5月增值税一般纳税人甲接受小规模纳税人提供的交通运输服务，支付运费（含税）2 000元，取得税务机关代开的增值税专用发票，可以抵扣的进项税额是多少元？

分析 税务机关按照3%的征收率代开增值税专用发票。

发票注明的价款＝2 000÷（1＋3%）＝1 941.75（元）

发票注明的税款＝1 941.75×3%＝58.25（元）

所以，可以抵扣的进项税额为58.25元。

【例80】2016年5月增值税一般纳税人甲接受增值税一般纳税人提供乙的交通运输服务，支付运费（含税）2 000元，取得一般纳税人开具的增值税专用发票，可以抵扣的进项税额是多少元？

分析 一般纳税人提供交通运输服务，适用11%的增值税税率。

专用发票注明的价款金额＝2 000÷（1＋11%）＝1 801.80（元）

发票注明的税额＝1 801.80×11%＝198.20（元）

所以，可以抵扣的进项税额为198.20元。

增值税小规模纳税人一般不得自行开具增值税专业发票，购买方需要增值税专用发票的，小规模纳税人应向主管税务机关申请代开增值税专用发票。

当前有部分小规模纳税人可以自行开具增值税专用发票。

《国家税务总局关于在境外提供建筑服务等有关问题的公告》（国家税务总局2016年第69号）规定，月销售额超过3万元（或季销售额超过9万元）的住宿业小规模纳税人提供住宿服务、销售货物或发生其他应税行为，需要开具增值税专用发票的，可以通过增值税发票管理新系统自行开具，主管国税机关不再为其代开。住宿业小规模纳税人销售其取得的不动产，需要开具增值税专用发票的，仍须向地税机关申请代开。

《国家税务总局关于开展鉴证咨询业增值税小规模纳税人自开增值税专用发票试点工作有关事项的公告》（国家税务总局2017年第4号）规定，自2017年3月1日起，全国范围内月销售额超过3万元（或季销售额超过9万元）的鉴证咨询业增值税小规模纳税人提供认证服务、鉴证服务、咨询服务、销售货物或发生其他增值税应税行为，需要开具专用发票的，可以通过增值税发票管理新系统自行开具，主管国税机关不再为其代开。试点纳税人销售其取得的不动产，需要开具专用发票的，仍须向地税机关申请代开。

《国家税务总局关于进一步明确营改增有关征管问题的公告》（国家税务总局 2017 年第 11 号）规定，自 2017 年 6 月 1 日起，将建筑业纳入增值税小规模纳税人自行开具增值税专用发票试点范围。月销售额超过 3 万元（或季销售额超过 9 万元）的建筑业增值税小规模纳税人提供建筑服务、销售货物或发生其他增值税应税行为，需要开具增值税专用发票的，通过增值税发票管理新系统自行开具。自开发票试点纳税人销售其取得的不动产，需要开具增值税专用发票的，仍须向地税机关申请代开。

（2）税控机动车销售统一发票。

《国家税务总局关于推行机动车销售统一发票税控系统有关工作的紧急通知》（国税发〔2008〕117 号）规定，自 2009 年 1 月 1 日起，在全国范围内增值税一般纳税人从事机动车（应征消费税的机动车和旧机动车除外）零售业务必须使用税控系统开具机动车销售统一发票；增值税一般纳税人购买机动车取得的税控系统开具的机动车销售统一发票，属于扣税范围的，认证通过的可按增值税专用发票作为增值税进项税额的扣税凭证。但是应征消费税的摩托车、汽车、游艇不得抵扣进项税额。

从 2013 年 8 月 1 日起，营改增增值税一般纳税人、原增值税一般纳税人自用的应征消费税的摩托车、汽车、游艇，其进项税额准予从销项税额中抵扣。应征消费税的摩托车、汽车、游艇抵扣进项税额依据的抵扣凭证是税控机动车销售统一发票。

2. 从海关取得的海关进口增值税专用缴款书上注明的增值税额

目前货物进口环节的增值税由海关征收，试点纳税人在进口货物时，需向海关申报缴纳进口环节增值税。纳税人向海关申报缴纳进口环节增值税后，纳税人可凭从海关取得的海关进口专用缴款书按规定申报抵扣进项税额。

根据《国家税务总局　海关总署关于实行海关进口增值税专用缴款书"先比对后抵扣"管理办法有关问题的公告》（国家税务总局、海关总署公告〔2013〕31 号）规定，自 2013 年 7 月 1 日起，增值税一般纳税人进口货物取得的属于增值税扣税范围的海关缴款书，需经税务机关稽核比对相符后，其增值税额方能作为进项税额在销项税额中抵扣。

纳税人从海关取得的海关进口增值税专用缴款书上注明的增值税额可以抵扣，即使纳税人进口货物报关后，境外供货商向国内进口方退还或返还了资金，或进口货物向境外实际支付的货款低于进口报关价格，从海关取得的海关进口增值税专用缴款书上注明的增值税额并没有因此而发生变化，所以不作进项税额转出处理。《国家税务总局关于纳税人进口货物增值税进项税额抵扣有关问题的通知》（国税函〔2007〕350 号）对此做了明确的规定，纳税人从海关取得的完税凭证上注明的增值税额准予从销项税额中抵扣。因此，纳税人进口货物取得的合法海关完税凭证，是计算增值税进项税额的唯一依据，其价格差额部分以及从境外供应商取得的退还或返还的资金，不作进项税额转出处理。本文发布前纳税人已作进项税额转出处理的，可重新计入"应交税费——应交增值税（进项税额）"科目，准予从销项税额中抵扣。

【例 81】某从事环境检测的纳税人 2013 年 12 月从国外进口一台检测设备，关税完税价格 25 万元，关税税率为 20%。海关进口增值税专用缴款书上注明的增值税额是多少元？

分析 进口检测设备应在海关缴纳关税、增值税，增值税的计税依据为关税完税价加关税。

组成计税价格 = 25×（1+20%）= 30（万元）

在海关应缴纳增值税 = 30×17% = 5.1（万元）

海关进口增值税专用缴款书上注明的增值税额为 5.1 万元，同时构成纳税人的进项税额。

3. 购进农产品的抵扣凭证

（1）购进农产品，取得增值税专用发票或者海关进口增值税专用缴款书的，按照增值税专用发票或者海关进口增值税专用缴款书抵扣进项税额的规定抵扣，取得农产品收购发票或者销售发票的，按照发票上注明的农产品买价和13%的扣除率计算进项税额。

进项税额计算公式：

进项税额 = 买价×扣除率

买价，是指纳税人购进农产品在农产品收购发票或者销售发票上注明的价款和按规定缴纳的烟叶税。

（2）收购烟叶进项税额的抵扣。

对烟叶税纳税人按规定缴纳的烟叶税，准予并入烟叶产品的买价计算增值税的进项税额，并在计算缴纳增值税时予以抵扣。烟叶收购金额包括纳税人支付给烟叶销售者的烟叶收购价款和价外补贴，价外补贴统一暂按烟叶收购价款的10%计算。烟叶税税率为20%。

根据《财政部 国家税务总局关于收购烟叶支付的价外补贴进项税额抵扣问题的通知》（财税〔2011〕21号）的规定，从2009年1月1日起，烟叶收购单位收购烟叶时按照国家有关规定以现金形式直接补贴烟农的生产投入补贴（简称价外补贴），属于农产品买价，为"价款"的一部分。烟叶收购单位，应将价外补贴与烟叶收购价格在同一张农产品收购发票或者销售发票上分别注明，否则，价外补贴不得计算增值税进项税额进行抵扣。

因此我们可以得到如下关系：

烟叶收购金额 = 烟叶收购价款×（1+10%）。

烟叶税应纳税额 = 烟叶收购金额×税率（20%）

准予抵扣的进项税额 =（烟叶收购金额+烟叶税）×增值税适用税率

【例82】2016年10月，某增值税一般纳税人向农民收购烟叶一批，支付给农民的收购价款为8 000元，假设发票以及手续都符合税法的规定，请问该批烟叶可以抵扣的进项税额是多少元？纳税人购进烟叶的成本是多少元？

分析 烟叶收购金额 = 烟叶收购价款×（1+10%）= 8 000×（1+10%）= 8 800（元）

烟叶税应纳税额 = 8 800×20% = 1 760（元）

烟叶买价 = 8 800+1 760 = 10 560（元）

准予抵扣的进项税额 = 10 560×13% = 1 372.8（元）

收购的烟叶成本 = 10 560−1 372.8 = 9 187.2（元）

（3）购进农产品的抵扣凭证有四类。

农产品的销售方有两类，一类是农产品的生产者，包括单位（包括个体工商户）和其他个人，销售自产初级农产品免征增值税；一类是农产品的批发零售者，包括一般纳税人和小规模纳税人，除蔬菜和部分鲜活肉蛋产品免征增值税外，一般纳税人批发零售农产品按适用税率、小规模纳税人按3%的征收率计算缴纳增值税。购买方向这两类销售方购买农产品所取得的凭证不同，抵扣的情况也不同。

农产品计算扣除进项税额的凭证包括：

① 增值税专用发票。

如果农产品的销售方是从事农产品批发、零售的一般纳税人，销售农产品应按照适用税率计算缴纳增值税，开具增值税专用发票，同时，构成购买方的进项税额。

从事农产品批发、零售的一般纳税人如果向购买方开具的是增值税普通发票，购买方不得抵扣进项税额。

② 海关进口增值税专用缴款书。

增值税一般纳税人进口农产品，向海关申报缴纳进口环节增值税，取得海关进口增值税专用缴款书。

③ 农产品收购发票。

A. 农产品收购发票仅限于收购单位向农业生产者个人收购《农产品征税范围注释》列举的免税农产品时使用。

农产品收购发票是指收购单位向农业生产者个人（不包括从事农产品收购的个体经营者）收购自产免税农业产品时，由付款方向收款方开具的发票。农业产品是指种植业、养殖业、林业、牧业、水产业生产的各种植物、动物的初级产品。具体范围按照国家税务总局《农业产品征税范围注释》等有关规定执行。

B. 农产品收购发票的开具。

收购单位开具农产品收购发票时，应按规定时限、号码顺序逐笔开具，准确记录出售人的姓名、详细地址，同时在备注栏注明出售人的身份证号码（收购金额在100元以下的，可以免填身份证号码）和联系电话，不得按多个出售人汇总开具。

收购发票开具价款为支付给农业生产者的农产品实际收购价。不包括运费、收购人员工资、行政性收费、罚款、其他收购费用等价外支出。以现金支付收购价款的，收款人应在收购发票上签名；以现金支票、银行承兑汇票等方式付款的，收款方必须与出售方名称一致。

按照我国《发票管理办法》的规定，除国务院税务主管部门规定的特殊情形外，发票限于领购单位和个人在本省、自治区、直辖市内开具。省、自治区、直辖市税务机关可以规定跨市、县开具发票的办法。因此，农产品收购发票也不得跨地区使用。各省、自治区、直辖市国税局对此也做了一些具体规定。

如山东国税在《山东省国家税务局关于加强农产品收购发票使用管理的意见》（鲁国税发〔2010〕73号）中规定："收购发票仅限在本县（市、区）范围内使用。跨县（市、区）收购农产品的，可向销售方索取普通发票，或向主管国税机关申请开具《外出经营活动税收管理证明》后，向收购地国税机关申请领购收购发票。"

北京国税在《北京市国家税务局关于进一步加强农产品增值税抵扣管理有关问题

的通知》（京国税发〔2006〕213 号）中规定："我市发生免税农产品收购业务的纳税人（包括增值税一般纳税人和增值税小规模纳税人），可向主管税务机关申请领购和使用北京市免税农产品专用收购凭证，其中增值税小规模纳税人不得凭收购凭证计算抵扣税额。"

河南国税在《河南省国税局关于支持农产品加工和流通企业发展规范农产品经营业务税收管理的通知》（豫国税函〔2009〕65 号）中规定："收购发票可在省内跨市、县开具。对于纳税人的异地收购业务，可以在机构所在地开具收购发票，不得跨规定的使用区域携带、邮寄、运输空白收购发票开具。"

贵州国税在《贵州省国家税务局农产品收购发票管理办法》中规定："农产品收购发票仅限于在本县（市）内使用。纳税人在本省跨县（市）外出收购农产品的，可凭所在地主管税务机关开具的外出经营活动税收管理证明，向收购地主管税务机关申请代开统一发票或领购农产品收购发票，收购地税务机关不得收取发票保证金。增值税一般纳税人跨县（市）外出收购农产品，可凭收购地主管税务机关代开的贵州省国家税务局代开统一发票上注明的金额计算进项税额进行抵扣。"

【例 83】 2017 年 5 月，某增值税一般纳税人向农业生产者个人收购农产品，向农业生产者个人支付 2 000 元，开具了农产品收购凭证。请问该批农产品可以抵扣的进项税额是多少元？农产品的成本是多少元？

分析 进项税额 = 2 000×13% = 260（元）

农产品成本 = 2 000-260 = 1 740（元）

账务处理是：

借：原材料   1 740

     应交税费——应交增值税（进项税额）   260

  贷：银行存款   2 000

C. 2016 年 4 月 30 日后餐饮服务改征增值税，《国家税务总局关于明确营改增试点若干征管问题的公告》（国家税务总局公告 2016 年第 26 号）规定，餐饮行业增值税一般纳税人购进农业生产者自产农产品，可以使用国税机关监制的农产品收购发票，按照现行规定计算抵扣进项税额。有条件的地区，应积极在餐饮行业推行农产品进项税额核定扣除办法，按照《财政部 国家税务总局关于在部分行业试行农产品增值税进项税额核定扣除办法的通知》（财税〔2012〕38 号）有关规定计算抵扣进项税额。

【例 84】 某海鲜大酒店 2016 年 4 月 30 日改征增值税，为增值税一般纳税人。2016 年 5 月向海边的渔民购买海鲜支付了 5 000 元。增值税如何处理？

分析 根据《国家税务总局关于明确营改增试点若干征管问题的公告》（国家税务总局公告 2016 年第 26 号）的规定，该海鲜大酒店可以向渔民个人开具农产品收购发票，凭收购发票抵扣进项税额。

可以抵扣的进项税额 = 5 000×13% = 650（元）

海鲜的成本 = 5 000-650 = 4 350（元）

④ 农产品销售发票。

农产品销售发票是普通发票，2017 年 7 月 1 日前可以按照买价和 13% 的扣除率计算抵扣进项税额的农产品销售发票，具体包括农业生产者销售自产农产品开具的农产品销售发票（普票）、农产品批发零售的小规模纳税人销售农产品依照3%征收率计算缴纳增值税而自行开具或委托税务机关代开的普通发票、农业生产者个人销售自产农产品申请税务机关代开的普通发票。其他的农产品销售普通发票不得抵扣进项税额。

《财政部　国家税务总局关于免征部分鲜活肉蛋产品流通环节增值税政策的通知》（财税〔2012〕75号）规定，《增值税暂行条例》第八条所列准予从销项税额中扣除的进项税额的第（三）项所称的"销售发票"，是指小规模纳税人销售农产品依照3%征收率按简易办法计算缴纳增值税而自行开具或委托税务机关代开的普通发票。批发、零售纳税人享受免税政策后开具的普通发票不得作为计算抵扣进项税额的凭证。

【例85】某酒店从事餐饮服务，2016年4月30日改征增值税，为增值税一般纳税人。2016年5月购买食材、调料等，部分采购业务情况如下：

（1）向超市购买蔬菜、鸡蛋、调料。超市使用增值税发票管理新系统开具发票，其中购买的蔬菜和鸡蛋取得超市开具的增值税普通发票，发票注明的价款为4 000元，税额为0。购买的调料取得超市开具的增值税专用发票，发票注明的价款为1 000元，税额为170元。

（2）向某养鸡场购进活鸡和鸡蛋，取得养鸡场开具的增值税普通发票（农产品销售发票），发票注明的价款合计为38 000元。

（3）向某水果零售者（小规模纳税人）购买水果，一共支付价款5 000元，取得增值税普通发票。

（4）直接向农民收购大米，开具了农产品收购发票，一共向农民支付2 000元。

根据以上资料确定纳税人可以抵扣的进项税额是多少元？

分析

（1）《财政部　国家税务总局关于免征蔬菜流通环节增值税有关问题的通知》（财税〔2011〕137号）规定，自2012年1月1日起，对从事蔬菜批发、零售的纳税人销售的蔬菜免征增值税。超市销售蔬菜免征增值税，不得开具增值税专用发票，开具的增值税普通发票不可以抵扣进项税额。

《财政部　国家税务总局关于免征部分鲜活肉蛋产品流通环节增值税政策的通知》（财税〔2012〕75号）规定，自2012年10月1日起，对从事农产品批发、零售的纳税人销售的部分鲜活肉蛋产品免征增值税。超市销售鸡蛋免征增值税，不得开具增值税专用发票，开具的增值税普通发票不可以抵扣进项税额。

超市销售调料开具的增值税专用发票，酒店可以抵扣进项税额170元。

（2）养鸡场销售自产活鸡和鸡蛋免征增值税，开具的农产品销售发票是合法的抵扣凭证。酒店可以抵扣的进项税额=38 000×13%=4 940（元）。

（3）水果零售者销售水果应按照3%的征收率缴纳增值税，《财政部　国家税务总局关于免征部分鲜活肉蛋产品流通环节增值税政策的通知》（财税〔2012〕75号）规定，小规模纳税人销售农产品依照3%征收率按简易办法计算缴纳增值税而自行开具或委托税务机关代开的普通发票可以抵扣13%的进项税额。

开具给该酒店的增值税普通发票，酒店可以抵扣的进项税额=5 000×13%=650（元）。

（4）酒店向农民收购大米可以开具农产品收购发票，可以抵扣的进项税额＝2 000×13%＝260（元）。

以上业务一共可以抵扣进项税额＝170＋4 940＋650＋260＝6 020（元）。

自2017年7月1日起，简并增值税税率结构，取消13%的增值税税率。农产品税率为11%。农产品抵扣进项税额有关政策也做了相应的调整。

根据《关于简并增值税税率有关政策的通知》（财税〔2017〕37号）的规定，纳税人购进农产品，按下列规定抵扣进项税额：

A. 一般情况下，纳税人购进农产品，取得一般纳税人开具的增值税专用发票或海关进口增值税专用缴款书的，以增值税专用发票或海关进口增值税专用缴款书上注明的增值税额为进项税额；从按照简易计税方法，依照3%征收率计算缴纳增值税的小规模纳税人取得增值税专用发票的，以增值税专用发票上注明的金额和11%的扣除率计算进项税额；取得（开具）农产品销售发票或收购发票的，以农产品销售发票或收购发票上注明的农产品买价和11%的扣除率计算进项税额。

从按照简易计税方法依照3%征收率计算缴纳增值税的小规模纳税人购进农产品，2017年7月1日前，凭小规模纳税人开具的增值税普通发票或税务机关代开的普通发票，按含税价和扣除率计算可以抵扣的进项税额。2017年7月1日起，该普通发票不得再抵扣进项税额，而应凭增值税专用发票按不含税价和扣除率计算可以抵扣的进项税额。

【例86】甲公司生产销售不同品牌、不同规格的袋装粮食，包括大米、小米、杂粮等。2017年7月向农业生产者购买各类粮食取得销售发票，买价80万元。向农产品批发商买粮食，取得专用发票，其中发票注明税率11%的，金额合计100万元，税额合计11万元；发票注明征收率3%的，金额合计20万元，税额0.6万元。甲公司可以抵扣多少进项税额？

分析 取得农产品销售发票，可以抵扣进项税额＝80×11%＝8.8万元

取得专用发票，发票注明税率11%的，可以抵扣的进项税额为发票注明的税额11万元。

取得专用发票，发票注明征收率为3%的，可以抵扣进项税额＝20×11%＝2.2万元
甲公司可以抵扣进项税额合计＝8.8＋11＋2.2＝22万元

B. 营业税改征增值税试点期间，纳税人购进用于生产销售或委托受托加工17%税率货物的农产品维持原扣除力度不变，即纳税人购进农产品用于生产销售或委托受托加工17%税率货物的，取得一般纳税人开具的增值税专用发票或海关进口增值税专用缴款书的，除可以抵扣增值税专用发票或海关进口增值税专用缴款书上注明的增值税额外，还可以加扣2%；从按照简易计税方法依照3%征收率计算缴纳增值税的小规模纳税人取得增值税专用发票的，除以增值税专用发票上注明的金额和11%的扣除率计算抵扣进项税额外，还可以加扣2%；取得（开具）农产品销售发票或收购发票的，除以农产品销售发票或收购发票上注明的农产品买价和11%的扣除率计算抵扣进项税额外，还可以加扣2%。

纳税人购进农产品既用于生产销售或委托受托加工17%税率货物又用于生产销售

其他货物服务的，应当分别核算用于生产销售或委托受托加工 17%税率货物和其他货物服务的农产品进项税额。未分别核算的，统一以增值税专用发票或海关进口增值税专用缴款书上注明的增值税额为进项税额，或以农产品收购发票或销售发票上注明的农产品买价和 11%的扣除率计算进项税额。其中，从按照简易计税方法依照 3%征收率计算缴纳增值税的小规模纳税人取得增值税专用发票，对应的农产品既用于生产销售或委托受托加工 17%税率货物又用于生产销售其他货物服务未分别核算的，也只能以增值税专用发票上注明的增值税额为进项税额，而不是以增值税专用发票上注明的金额和 11%的扣除率计算进项税额。

C. 纳税人从批发、零售环节购进适用免征增值税政策的蔬菜、部分鲜活肉蛋而取得的普通发票，不得作为计算抵扣进项税额的凭证。

可以抵扣进项税额的农产品销售发票指农业生产者销售自产农产品适用免征增值税政策而开具的普通发票，即农业生产者销售自产农产品开具的农产品销售发票（普票）和农业生产者个人销售自产农产品申请税务机关代开的普通发票。

D. 纳税人购进农产品进项税额已实行核定扣除的，仍按照《财政部 国家税务总局关于在部分行业试行农产品增值税进项税额核定扣除办法的通知》（财税〔2012〕38号）、《财政部 国家税务总局关于扩大农产品增值税进项税额核定扣除试点行业范围的通知》（财税〔2013〕57号）执行。其中，《农产品增值税进项税额核定扣除试点实施办法》（财税〔2012〕38号印发）第四条第（二）项规定的扣除率调整为 11%；第（三）项规定的扣除率调整为按本条第（一）项、第（二）项规定执行。

E. 农产品抵扣进项税额纳税申报表的填报。

《国家税务总局关于调整增值税纳税申报有关事项的公告》（国家税务总局公告2017年第19号）规定，自2017年8月1日起，《增值税纳税申报表附列资料（一）》（本期销售情况明细）中的"11%税率"栏次调整为两栏，分别为"11%税率的货物及加工修理修配劳务"和"11%税率的服务、不动产和无形资产"。《增值税纳税申报表附列资料（二）》（本期进项税额明细）中的第 8 栏"其他"栏次调整为两栏，分别为"加计扣除农产品进项税额"和"其他"，如表 3-3 所示。

【例87】乙公司生产食品，耗用原材料包括小麦、大豆、鸡蛋等农产品。2017年7月向农业生产者购买农产品取得 5 份销售发票，买价共计 80 万元。向农产品批发商购买农产品取得专用发票，其中发票注明税率 11%的专用发票 8 份，金额合计 100 万元，税额合计 11 万元；征收率 3%的专用发票 6 份，金额合计 20 万元，税额 0.6 万元。乙公司本期全部领用以生产食品。乙公司如何填报《增值税纳税申报表附列资料（二）》（本期进项税额明细）？

分析 取得农产品销售发票，填入第 6 行的进项税额 = 800 000×11% = 88 000 元；填入第 8a 行的进项税额 = 800 000×2% = 16 000 元。

取得专用发票，发票注明税率 11%的，填入第 1 行的进项税额为发票注明的税额110 000 元；填入第 8a 行的进项税额 = 1 000 000×2% = 20 000 元。

取得专用发票，发票注明征收率为 3%的，填入第 6 行的进项税额 = 200 000×11% = 22 000 元；填入第 8a 行的进项税额 = 200 000×2% = 4 000 元。

第 1 行税额 = 110 000 元

第 6 行税额 = 88 000 + 22 000 = 110 000 元

第 8a 行税额 = 16 000 + 20 000 + 4 000 = 40 000 元

第 12 行税额 = 110 000 + 110 000 + 40 000 = 260 000 元

在填表时，第 8a 行不填写"份数""金额"，只填写纳税人将购进的农产品用于生产销售或委托受托加工 17% 税率货物时，为维持原农产品扣除力度不变加计扣除的农产品进项税额。根据国家税务总局对 2017 年第 19 号公告的解读，加计扣除农产品进项税额 = 当期生产领用农产品已按 11% 税率（扣除率）抵扣税额 ÷ 11% ×（简并税率前的扣除率 − 11%）。

根据填报说明的要求，第 6 行"农产品收购发票或者销售发票"，反映纳税人本期购进农业生产者自产农产品取得（开具）的农产品销售发票或收购发票及从小规模纳税人处购进农产品时取得增值税专用发票情况。"税额"栏 = 农产品销售发票或者收购发票上注明的农产品买价 × 11% + 增值税专用发票上注明的金额 × 11%。

第 1~3 行涉及的增值税专用发票均不包含从小规模纳税人处购进农产品时取得的专用发票，但购进农产品未分别核算用于生产销售 17% 税率货物和其他货物服务的除外。

表 3-3　　　　　　　　　增值税纳税申报表附列资料（二）
（本期进项税额明细）

金额单位：元（至角分）

一、申报抵扣的进项税额				
项目	栏次	份数	金额	税额
（一）认证相符的增值税专用发票	1=2+3	8	1 000 000	110 000
其中：本期认证相符且本期申报抵扣	2	8	1 000 000	110 000
前期认证相符且本期申报抵扣	3			
（二）其他扣税凭证	4=5+6+7+8a+8b			
其中：海关进口增值税专用缴款书	5			
农产品收购发票或者销售发票	6	11	1 000 000	110 000
代扣代缴税收缴款凭证	7			
加计扣除农产品进项税额	8a	—	—	40 000
其他	8b			
（三）本期用于购建不动产的扣税凭证	9			
（四）本期不动产允许抵扣进项税额	10			
（五）外贸企业进项税额抵扣证明	11			—
当期申报抵扣进项税额合计	12 = 1 + 4 − 9 + 10 + 11			260 000

【例88】例 85 的业务如果发生在 2017 年 7 月 1 日以后。则该酒店可以抵扣的进项税额是多少元？

分析 （1）《关于简并增值税税率有关政策的通知》（财税〔2017〕37号）规定，纳税人从批发、零售环节购进适用免征增值税政策的蔬菜、部分鲜活肉蛋而取得的普通发票，不得作为计算抵扣进项税额的凭证。

超市销售调料开具的增值税专用发票，酒店可以抵扣进项税额170元。

（2）养鸡场销售自产活鸡和鸡蛋免征增值税，开具的农产品销售发票是合法的抵扣凭证。酒店可以抵扣的进项税额＝38 000×11%＝4 180元。

（3）水果零售者销售水果应按照3%的征收率缴纳增值税，开具给该酒店的增值税普通发票不是合法的抵扣凭证，酒店不可以抵扣进项税额。

（4）酒店向农民收购大米可以开具农产品收购发票，可以抵扣的进项税额＝2 000×11%＝220元。

以上业务一共可以抵扣进项税额＝170+4 180+220＝4 570元

4. 完税凭证上注明的增值税

从境外单位或者个人购进服务、无形资产或者不动产，自税务机关或者扣缴义务人取得的解缴税款的完税凭证上注明的增值税额，可以抵扣进项税额。

（1）作为营改增试点中的一个突破，新增了完税凭证可作为进项税额抵扣凭证。但可以抵扣进项税额的完税凭证只局限于从境外单位或者个人购进服务、无形资产或者不动产。

按照《增值税暂行条例》的规定，"中华人民共和国境外的单位或者个人在境内提供应税劳务，在境内未设有经营机构的，以其境内代理人为扣缴义务人；在境内没有代理人的，以购买方为扣缴义务人。"这里的完税凭证不得抵扣进项税额。

（2）2016年4月30日后执行的《营业税改征增值税试点实施办法》规定的扣缴义务人只有购买方，代理人不再是扣缴义务人。但可能存在2016年4月30日前代理人根据《营业税改征增值税试点实施办法》规定扣缴的增值税购买方尚未抵扣的情形，所以，尽管代理人不再是营改增的扣缴义务人，2016年4月30日前代理人已经扣缴但购买方尚未抵扣的完税凭证可以继续抵扣进项税额。

（3）纳税人凭完税凭证抵扣进项税额的，应当具备书面合同、付款证明和境外单位的对账单或者发票。资料不全的，其进项税额不得从销项税额中抵扣。

5. 支付道路、桥、闸通行费取得的通行费发票

一般纳税人支付的道路、桥、闸通行费，暂凭取得的通行费发票（不含财政票据）上注明的收费金额按照下列公式计算可抵扣的进项税额：

高速公路通行费可抵扣进项税额＝高速公路通行费发票上注明的金额÷（1+3%）×3%

一级公路、二级公路、桥、闸通行费可抵扣进项税额＝一级公路、二级公路、桥、闸通行费发票上注明的金额÷（1+5%）×5%

通行费，是指有关单位依法或者依规设立并收取的过路、过桥和过闸费用。

（三）承运人委托实际承运人完成全部或部分运输服务时进项税额的抵扣

《关于跨境应税行为免税备案等增值税问题的公告》（国家税务总局公告2017年30号）规定，纳税人以承运人身份与托运人签订运输服务合同，收取运费并承担承运人

责任，然后委托实际承运人完成全部或部分运输服务时，自行采购并交给实际承运人使用的成品油和支付的道路、桥、闸通行费，同时符合下列条件的，其进项税额准予从销项税额中抵扣：

（1）成品油和道路、桥、闸通行费，应用于纳税人委托实际承运人完成的运输服务；

（2）取得的增值税扣税凭证符合现行规定。

二、不得抵扣的进项税额

（一）没有取得合法的抵扣凭证的，不得抵扣进项税额

纳税人取得的增值税扣税凭证不符合法律、行政法规或者国家税务总局有关规定的，其进项税额不得从销项税额中抵扣。

1. 虚开的增值税专用发票不得抵扣进项税额

（1）纳税人取得虚开的增值税专用发票，不得作为增值税合法有效的扣税凭证抵扣其进项税额。

《财政部 国家税务总局关于纳税人虚开增值税专用发票征补税款问题的公告》（国家税务总局公告2012年第33号）规定，纳税人取得虚开的增值税专用发票，不得作为增值税合法有效的扣税凭证抵扣其进项税额。

（2）善意取得虚开的增值税专用发票。

《财政部 国家税务总局关于纳税人善意取得虚开的增值税专用发票处理问题的通知》（国税发〔2000〕187号）规定，购货方与销售方存在真实的交易，销售方使用的是其所在省（自治区、直辖市和计划单列市）的专用发票，专用发票注明的销售方名称、印章、货物数量、金额及税额等全部内容与实际相符，且没有证据表明购货方知道销售方提供的专用发票是以非法手段获得的，对购货方不以偷税或者骗取出口退税论处。但应按有关规定不予抵扣进项税款或者不予出口、退税；购货方已经抵扣的进项税款或者取得的出口退税，应依法追缴。

购货方能够重新从销售方取得防伪税控系统开出的合法、有效专用发票的，且取得了销售方所在地税务机关或者正在依法对销售方虚开专用发票行为进行查处证明的，购货方所在地税务机关应依法准予抵扣进项税款或者出口退税。

如有证据表明购货方在进项税款得到抵扣，或者获得出口退税前知道该专用发票是销售方以非法手段获得的，对购货方应按纳税人取得虚开的增值税专用发票的有关规定处理。

2. 走逃（失联）企业开具的增值税专用发票的抵扣

《关于走逃（失联）企业开具增值税专用发票认定处理有关问题的公告》（国家税务总局公告2016年第76号）对走逃（失联）企业开具增值税专用发票的认定处理做出的具体规定如下：

（1）走逃（失联）企业的判定。

走逃（失联）企业，是指不履行税收义务并脱离税务机关监管的企业。

根据税务登记管理有关规定，税务机关通过实地调查、电话查询、涉税事项办理

核查以及其他征管手段，仍对企业和企业相关人员查无下落的，或虽然可以联系到企业代理记账、报税人员等，但其并不知情也不能联系到企业实际控制人的，可以判定该企业为走逃（失联）企业。

（2）走逃（失联）企业开具增值税专用发票的处理。

① 走逃（失联）企业存续经营期间发生下列情形之一的，所对应属期开具的增值税专用发票列入异常增值税扣税凭证（以下简称"异常凭证"）范围：

商贸企业购进、销售货物名称严重背离的；生产企业无实际生产加工能力且无委托加工，或生产能耗与销售情况严重不符，或购进货物并不能直接生产其销售的货物且无委托加工的。

直接走逃失踪不纳税申报，或虽然申报但通过填列增值税纳税申报表相关栏次，规避税务机关审核比对，进行虚假申报的。

② 增值税一般纳税人取得异常凭证，尚未申报抵扣或申报出口退税的，暂不允许抵扣或办理退税；已经申报抵扣的，一律先作进项税额转出；已经办理出口退税的，税务机关可按照异常凭证所涉及的退税额对该企业其他已审核通过的应退税款暂缓办理出口退税，无其他应退税款或应退税款小于涉及退税额的，可由出口企业提供差额部分的担保。

经核实，符合现行增值税进项税额抵扣或出口退税相关规定的，企业可继续申报抵扣，或解除担保并继续办理出口退税。

（3）异常凭证由开具方主管税务机关推送至接受方所在地税务机关进行处理。

3. 丢失专用发票的抵扣

纳税人丢失了增值税专用发票抵扣联，可以用合法的方式进行抵扣。

按照《国家税务总局关于简化增值税发票领用和使用程序有关问题的公告》（国家税务总局公告2014年第19号）的规定，一般纳税人丢失已开具专用发票的发票联和抵扣联，如果丢失前已认证相符的，购买方凭销售方提供的相应专用发票记账联复印件及销售方主管税务机关出具的丢失增值税专用发票已报税证明单（以下简称"证明单"），可作为增值税进项税额的抵扣凭证；如果丢失前未认证的，购买方凭销售方提供的相应专用发票记账联复印件进行认证，认证相符的凭专用发票记账联复印件及销售方主管税务机关出具的证明单，可作为增值税进项税额的抵扣凭证。专用发票记账联复印件和证明单留存备查。取消购买方主管税务机关审核同意后，方可作为增值税进项税额的抵扣凭证的程序，减少办税环节。

一般纳税人丢失已开具专用发票的抵扣联，如果丢失前已认证相符的，可使用专用发票发票联复印件留存备查；如果丢失前未认证的，可使用专用发票发票联认证，专用发票发票联复印件留存备查。

一般纳税人丢失已开具专用发票的发票联，可将专用发票抵扣联作为记账凭证，专用发票抵扣联复印件留存备查。

4. 丢失海关增值税专用缴款书的抵扣

按照《国家税务总局关于调整增值税扣税凭证抵扣期限有关问题的通知》（国税函〔2009〕617号）的规定，增值税一般纳税人丢失海关缴款书，应在开具之日起180日内，凭报关地海关出具的相关已完税证明，向主管税务机关提出抵扣申请。主管税务机关受理申请后，应当进行审核，并将纳税人提供的海关缴款书电子数据纳入稽核系统进行比对。稽核比对无误后，方可允许计算进项税额抵扣。

（二）纳税人有下列情形之一，不得抵扣进项税额

纳税人有下列情形之一者，应当按照销售额和增值税税率计算应纳税额，不得抵扣进项税额，也不得使用增值税专用发票：

1. 一般纳税人会计核算不健全，或者不能够提供准确税务资料的

一般纳税人会计核算不健全，或者不能够提供准确税务资料的，不可以抵扣进项税额。但在增值税的征收管理中存在一些难点问题，使得这一政策很难执行。常见的问题包括：

（1）企业所得税征税方式为核定征收方式的一般纳税人，是否属于增值税有关政策规定的"一般纳税人会计核算不健全"，不可以抵扣进项税额。

会计核算健全，是指能够按照国家统一的会计制度规定设置账簿，根据合法、有效凭证核算。在增值税的征收管理中，对于纳税人的会计核算是否健全的评判比较困难。在企业所得税的征收管理中，也有会计核算健全的要求，对于会计核算不健全的纳税人，企业所得税的征税方式为核定征收。《企业所得税核定征收办法（试行）》（国税发〔2008〕30号）规定，纳税人具有下列情形之一的，核定征收企业所得税：①依照法律、行政法规的规定可以不设置账簿的；②依照法律、行政法规的规定应当设置但未设置账簿的；③擅自销毁账簿或者拒不提供纳税资料的；④虽设置账簿，但账目混乱或者成本资料、收入凭证、费用凭证残缺不全，难以查账的；⑤发生纳税义务，未按照规定的期限办理纳税申报，经税务机关责令限期申报，逾期仍不申报的；⑥申报的计税依据明显偏低，又无正当理由的。这些情形是纳税人"会计核算不健全，或者不能够提供准确税务资料"的一些表现，在这些情形下，纳税人的所得税征税方式为核定征收，不过站在增值税征收管理的角度，主管税务机关一般不会把所得税征税方式为核定征收的纳税人作为"会计核算不健全，或者不能够提供准确税务资料"的纳税人管理，还是准予纳税人凭合法的抵扣凭证抵扣进项税额。所以，会计核算是否健全在增值税的征管中比较难执行。

（2）一般纳税人是否可以定期定额缴纳增值税或者核定增值税税额。

《个体工商户税收定期定额征收管理办法》（国家税务总局令〔2006〕16号）规定，"本办法所称个体工商户税收定期定额征收，是指税务机关依照法律、行政法规及本办法的规定，对个体工商户在一定经营地点、一定经营时期、一定经营范围内的应纳税经营额（包括经营数量）或所得额进行核定，并以此为计税依据，确定其应纳税额的一种征收方式。"定期定额征收增值税的个体工商户虽然在政策里并没有指明是一般纳税人还是小规模纳税人，但在增值税的征收管理中，定期定额征收增值税的个体工商户是小规模纳税人，增值税一般纳税人不采用定期定额征收的方式。

2. 应当办理一般纳税人资格登记而未办理的

原增值税纳税人中，从事货物生产或者提供应税劳务为主，并兼营货物批发或者零售的纳税人，年应征增值税销售额超过50万元的应登记为一般纳税人；其他纳税人，年应征增值税销售额超过80万元的应登记为一般纳税人。营改增纳税人应税行为

的年应征增值税销售额超过 500 万元的应登记为一般纳税人。如果纳税人在年应税销售额超过规定标准当月的申报期结束后 20 个工作日未到主管税务机关办理一般纳税人登记手续，主管税务机关应当在 20 个工作日结束后 10 个工作日内制作"税务事项通知书"，告知纳税人应当在 10 个工作日内向主管税务机关办理一般纳税人登记手续，纳税人超过规定期限未来办理登记手续的，期满后按照销售额和增值税税率计算应纳税额，不得抵扣进项税额，也不得使用增值税专用发票。

（三）下列项目的进项税额不得从销项税额中抵扣

1. 用于简易计税方法计税项目、免征增值税项目、集体福利或者个人消费的购进货物、加工、修理修配劳务、服务、无形资产和不动产

其中涉及的固定资产、无形资产、不动产，仅指专用于上述项目的固定资产、无形资产（不包括其他权益性无形资产）、不动产。

（1）简易计税方法计税项目。

用于适用简易计税方法计税项目的购进货物、加工、修理修配劳务、服务、无形资产和不动产不得抵扣进项税额。如提供公共交通运输服务的一般纳税人，可以选择按照简易计税方法依 3% 的征收率计算缴纳增值税，不得抵扣进项税额。

销售方的简易计税方法计税项目不得抵扣进项税额，但购买方可以抵扣进项税额。如自来水公司（一般纳税人）销售自来水可以选择简易计税方法按照 3% 的征收率计算缴纳增值税并可开具增值税专用发票，同时，自来水公司销售自来水不得抵扣进项税额。用户从自来水公司购买自来水，可以凭自来水公司开具的增值税专用发票抵扣进项税额。

（2）免征增值税项目。

免征增值税项目不可以抵扣进项税额，包括出口货物、服务的免税。如来料加工复出口业务免征增值税，同时，来料加工复出口购进的货物、加工、修理修配劳务、服务、无形资产和不动产不得抵扣进项税额。除免征增值税项目外，其他的即征即退、定额减免等增值税税收优惠项目可以抵扣进项税额。

（3）个人消费。

纳税人的交际应酬消费属于个人消费。个人消费的范围除纳税人的交际应酬费用外还包括哪些内容，税法没有做明确的列举。

【例89】2017 年 2 月春节前夕，营改增纳税人甲企业为了与客户维持良好关系，购买了一些礼品送给客户，取得增值税专用发票。同时也将自己生产的产品送给客户。甲企业的上述业务增值税如何处理？

分析 购买送给客户的货物不能按照无偿赠送视同销售处理，而应作为纳税人的交际应酬费用，按照用于个人消费的购进货物处理，不得抵扣进项税额。自己生产的产品送给客户属于"自产成品用于个人消费"，应视同销售缴纳增值税。

（4）固定资产。

固定资产，是指使用期限超过 12 个月的机器、机械、运输工具以及其他与生产经营有关的设备、工具、器具等。

增值税固定资产可以抵扣进项税额，但必须注意，增值税固定资产的范围与企业

所得税不同。增值税固定资产仅指使用期限超过 12 个月的机器、机械、运输工具以及其他与生产经营有关的设备、工具、器具等，不包括不动产。企业所得税固定资产的范围包括不动产。

《国家税务总局关于营业税改征增值税试点期间有关增值税问题的公告》（国家税务总局公告 2015 年第 90 号）规定，蜂窝数字移动通信用塔（杆），属于《固定资产分类与代码》（GB/T 14885-1994）中的"其他通信设备"（代码 699），其增值税进项税额可以按照现行规定从销项税额中抵扣。即按照固定资产抵扣进项税额，而不作为不动产抵扣进项税额。

（5）其中涉及的固定资产、无形资产、不动产，仅指专用于上述项目的固定资产、无形资产（不包括其他权益性无形资产）、不动产。

固定资产、无形资产（不包括其他权益性无形资产）、不动产专用于简易计税方法计税项目、免征增值税项目、集体福利或者个人消费的，进项税额不得抵扣，如果是简易计税方法计税项目、免征增值税项目、集体福利或者个人消费和一般计税方法计税项目混用的固定资产、无形资产（不包括其他权益性无形资产）、不动产，可以抵扣全部的进项税额。

固定资产、无形资产、不动产是否专用于简易计税方法计税项目、免征增值税项目、集体福利或者个人消费，应在每个纳税申报期（即每月）来确定。如果一台设备第一年一般计税方法计税项目使用，第二年免税项目使用，不属于一般计税方法计税项目和免税项目混用的固定资产，第二年属于专用于免税项目的固定资产，进项税额不得抵扣，应按规定转出部分已经抵扣的进项税额。

（6）其他权益性无形资产。

其他权益性无形资产涵盖面非常广，往往涉及纳税人生产经营的各个方面，没有具体使用对象。将其他权益性无形资产从专用于简易计税方法计税项目、免征增值税项目、集体福利或者个人消费的购进无形资产不得抵扣进项税额范围中剔除，即纳税人购进其他权益性无形资产无论是专用于简易计税方法计税项目、免征增值税项目、集体福利或者个人消费，还是混用于上述不允许抵扣项目，均可以抵扣全部的进项税额。

（7）非增值税应税项目。

《营业税改征增值税试点实施办法》（财税〔2016〕36 号附件 1）里没有了"非增值税应税项目"的表述。非增值税应税项目是相对于增值税应税项目的一个概念。《增值税暂行条例实施细则》规定，非增值税应税项目，是指提供非增值税应税劳务、转让无形资产、销售不动产和不动产在建工程。同时规定，非增值税应税项目不得抵扣进项税额。提供非增值税应税劳务、转让无形资产、销售不动产应缴纳营业税，随着营改增的全面展开，营改增的征税范围实现全覆盖，没有了营业税应税项目，同时不动产可以抵扣进项税额，所以非增值税应税项目已经不存在。

2. 非正常损失的购进货物，以及相关的加工、修理修配劳务和交通运输服务

非正常损失的在产品、产成品所耗用的购进货物（不包括固定资产）、加工、修理修配劳务和交通运输服务。

（1）在产品，是指仍处于生产过程中的产品，与产成品对应，包括正在各个生产

工序加工的产品和已加工完毕但尚未检验或已检验但尚未办理入库手续的产品。产成品，是指已经完成全部生产过程并验收入库，可以按照合同规定的条件送交订货单位，或者可以作为商品对外销售的产品。

在产品、产成品耗用的原材料、动力等在购进时可以抵扣进项税额。已经抵扣进项税额的，发生非正常损失的，应按规定将已经抵扣的进项税额转出。

（2）非正常损失的购进货物、在产品和产成品发生非正常损失时，涉及的应税行为只有交通运输服务。

（3）非正常损失，是指因管理不善造成货物被盗、丢失、霉烂变质，以及因违反法律法规造成货物或者不动产被依法没收、销毁、拆除的情形。

2009 年 1 月 1 日前，《中华人民共和国增值税暂行条例实施细则》（财法字〔1993〕38 号）规定，"非正常损失，是指生产经营过程中正常损耗外的损失，包括自然灾害损失和因管理不善造成货物被盗窃、发生霉烂变质等损失以及其他非正常损失。"2009 年 1 月 1 日起，新《中华人民共和国增值税暂行条例实施细则》（财政部令第 50 号）规定，"非正常损失，是指因管理不善造成被盗、丢失、霉烂变质的损失。"自此，自然灾害损失不再是非正常损失，因管理不善造成被盗、丢失、霉烂变质的损失外的其他损失也不再是非正常损失。2013 年 8 月 1 日，全国营改增开始，《营业税改征增值税试点实施办法》规定，"非正常损失，是指因管理不善造成被盗、丢失、霉烂变质的损失，以及被执法部门依法没收或者强令自行销毁的货物。"将被执法部门依法没收或者强令自行销毁的货物列入非正常损失的范围。2016 年 4 月 30 日后，不动产可以抵扣进项税额，不动产发生非正常损失，也应将已经抵扣的进项税额转出，但并非所有的不动产损失都属于非正常损失，只有"因违反法律法规造成不动产被依法没收、销毁、拆除的情形"才是增值税所称的非正常损失。

【例 90】甲企业是一家生产销售 A 原材料的生产企业，本月将生产的原材料 5 000 千克销售给乙企业，乙企业在签收的时候确认，有 200 千克的原材料为次品，不能签收这部分次品。鉴于这些次品无销售价值，且运回还得发生的运费，甲企业放弃收回这部分次品，并扣减了乙企业的部分货款。这部分次品是否属于非正常损失？

分析 由于次品的损失不属于因管理不善造成的被盗、丢失、霉烂变质的损失，所以不属于非正常损失。对不能收回的次品不做进项税额转出处理，也不做视同销售处理。

【例 91】某酒店购进的蔬菜、肉、蛋等农副产品等有部分因自然风干导致重量减轻，有部分因购买时间较长而腐烂或变质。这些损失是否属于非正常损失？

分析 因自然风干导致重量减轻的农副产品，因购买时间较长而腐烂或变质的农副产品，不是因管理不善造成的被盗、丢失、霉烂变质的损失，所以不属于非正常损失。

（4）纳税人发生了非正常损失，如果进项税额已经抵扣，做进项转出处理，如果进项税额尚未抵扣，不得抵扣进项税额。

【例 92】2016 年 5 月甲企业（一般纳税人）上年购进的原材料发生非正常损失，该原材料实际成本为 7 500 元，增值税税率为 17%，进项税额已在购进当期抵扣。甲企业的增值税应如何处理？

分析 纳税人的原材料发生的非正常损失已经抵扣进项税额，所以应做进项税额转出处理，应转出的进项税额为 1 275 元 （7 500×17%＝1 275），企业非正常损失的总金额为 8 775 元 （7 500+1 275＝8 775）。

【例 93】 例 85 中的酒店向养鸡场购买的鸡蛋已经在 2016 年 5 月抵扣了进项税额，2016 年 8 月，由于管理不善，有成本为 500 元的鸡蛋被盗。酒店应转出的进项税额为多少元？

分析 购进的鸡蛋是凭农产品销售发票按照买价×13%抵扣进项税额的，买价的 87%作为鸡蛋的成本，所以发生非正常损失应转出的进项税额＝500÷（1－13%）×13%＝74.71 （元）。

3. 非正常损失的不动产，以及该不动产所耗用的购进货物、设计服务和建筑服务

非正常损失的不动产在建工程所耗用的购进货物、设计服务和建筑服务。纳税人新建、改建、扩建、修缮、装饰不动产，均属于不动产在建工程。

（1）从 2016 年 4 月 30 日后不动产、不动产在建工程可以抵扣进项税额。同时，不动产、不动产在建工程发生非正常损失不可抵扣进项税额。

（2）这里的货物，是指构成不动产实体的材料和设备，包括建筑装饰材料和给排水、采暖、卫生、通风、照明、通信、煤气、消防、中央空调、电梯、电气、智能化楼宇设备及配套设施。

（3）非正常损失的不动产、不动产在建工程包括耗用的购进货物、设计服务和建筑服务。在不动产建造过程中发生的其他支出，如工程造价鉴证服务、工程监理服务、建筑图纸审核等支出不属于不动产、不动产在建工程分期抵扣进项税额的范围，所以在不动产、不动产在建工程发生非正常损失的时候，这些支出也不属于非正常损失的范围。

（4）不动产、不动产的在建工程的非正常损失只有不动产、不动产在建工程被依法没收、销毁、拆除的情形。

4. 购进的旅客运输服务、贷款服务、餐饮服务、居民日常服务和娱乐服务

（1）旅客运输服务不得抵扣进项税额。

在增值税中一直没有把旅客运输服务纳入抵扣范围，可以抵扣进项税额的运输服务只有货物运输。在增值税征收管理中只要属于旅客运输服务的支出，都不可以抵扣进项税额。

【例 94】 甲超市为免费接送顾客，与乙客运公司签订客运合同，由乙客运公司为甲超市提供固定线路、固定时间的客运服务接送甲超市的顾客。甲超市向乙客运公司支付的费用，是否可以抵扣进项税额？

分析 乙客运公司为甲超市提供的是旅客运输服务，所以甲超市不可以抵扣这部分支出的进项税额。

（2）贷款服务不得抵扣进项税额，同时，纳税人接受贷款服务向贷款方支付的与该笔贷款直接相关的投融资顾问费、手续费、咨询费等费用，其进项税额也不得从销项税额中抵扣。

（3）餐饮服务、居民日常服务和娱乐服务不得抵扣进项税额。在生活服务中的其

他服务，如文化体育服务、教育医疗服务、旅游服务、住宿服务、其他生活服务等，没有列入不得抵扣的范围。

【例95】某企业差旅人员报销的凭证包括飞机票、火车票、餐饮发票、住宿发票、娱乐发票等。企业可以要求差旅人员哪些支出索取增值税专用发票来报销让企业抵扣进项税额？

分析　由于旅客运输服务、餐饮服务和娱乐服务不可以抵扣进项税额，所以飞机票、餐饮发票和娱乐发票等都不可以抵扣进项税额，只有住宿发票才可以凭增值税专用发票抵扣进项税额。所以企业可以要求差旅人员的住宿支出索取增值税专用发票让企业抵扣进项税额。

5. 财政部和国家税务总局规定的其他情形

（略）

三、不动产进项税额的抵扣

适用一般计税方法的试点纳税人，2016年4月30日后取得并在会计制度上按固定资产核算的不动产或者2016年4月30日后取得的不动产在建工程，其进项税额应自取得之日起分2年从销项税额中抵扣，第一年抵扣比例为60%，第二年抵扣比例为40%。《不动产进项税额分期抵扣暂行办法》（国家税务总局公告2016年第15号）对不动产进项税额的分期抵扣做了具体规定。

（一）分期抵扣进项税额的不动产的范围

（1）2016年4月30日后取得并在会计制度上按固定资产核算的不动产，以及2016年4月30日后发生的不动产在建工程。

取得的不动产，包括以直接购买、接受捐赠、接受投资入股以及抵债等各种形式取得的不动产。

（2）纳税人2016年4月30日后购进货物和设计服务、建筑服务，用于新建不动产，或者用于改建、扩建、修缮、装饰不动产并增加不动产原值超过50%的，其进项税额依照本办法有关规定分2年从销项税额中抵扣。

① 上述分2年从销项税额中抵扣的购进货物，是指构成不动产实体的材料和设备，包括建筑装饰材料和给排水、采暖、卫生、通风、照明、通信、煤气、消防、中央空调、电梯、电气、智能化楼宇设备及配套设施。

2016年4月30日前不动产不得抵扣进项税额，不动产的范围也包括构成不动产实体的材料和设备。《财政部 国家税务总局关于固定资产进项税额抵扣问题的通知》（财税〔2009〕113号）规定，以建筑物或者构筑物为载体的附属设备和配套设施，无论在会计处理上是否单独记账与核算，均应作为建筑物或者构筑物的组成部分，其进项税额不得在销项税额中抵扣。附属设备和配套设施是指：给排水、采暖、卫生、通风、照明、通信、煤气、消防、中央空调、电梯、电气、智能化楼宇设备和配套设施。

2016年4月30日前和4月30日后不动产的范围基本一致。4月30日前不得抵扣进项税额的以建筑物或者构筑物为载体的附属设备和配套设施，4 月 30 日后纳入分期抵扣进项税额的范围。

② 改建、扩建、修缮、装饰不动产不一定分期抵扣进项税额，如果改建、扩建、修缮、装饰不动产增加不动产原值未超过 50% 的，可以一次抵扣，应在增值税申报表的附表"本期抵扣进项税额结构明细表"第 29 行"用于购建不动产并一次性抵扣的进项"填报。

超过不动产原值 50% 的才需要分期抵扣进项税额。

不动产原值，是指取得不动产时的购置原价或作价。

（3）购进时已全额抵扣进项税额的货物和服务，转用于不动产在建工程的，其已抵扣进项税额的 40% 部分，应于转用的当期从进项税额中扣减，计入待抵扣进项税额，并于转用的当月起第 13 个月从销项税额中抵扣。

（二）不需分期抵扣的不动产范围

房地产开发企业自行开发的房地产项目，融资租入的不动产，以及在施工现场修建的临时建筑物、构筑物，其进项税额不适用上述分 2 年抵扣的规定。

（1）房地产开发企业自行开发的房地产项目，对于房地产开发企业来讲是开发商品，不属于按固定资产核算的不动产，进项税额可以一次抵扣。

（2）融资租入的不动产，纳税人按照租赁期分期支付租赁费、分期取得发票，不需分 2 年抵扣进项税额。

（3）施工现场修建的临时建筑物、构筑物不需分 2 年抵扣进项税额。

施工现场修建的临时建筑物、构筑物是建筑业企业的一种特殊资产，是建筑业企业为保证施工和管理的进行而建造的各种简易设施，包括现场临时作业棚、机具棚、材料库、办公室、休息室、厕所、化灰池、储水池、沥青锅灶等设施；临时道路、围墙；临时给排水、供电、供热等管线；临时性简易周转房，以及现场临时搭建的职工宿舍、食堂、浴室、医务室、理发室、托儿所等临时福利设施。在会计核算中，考虑到临时设施的特殊性，建筑企业往往将临时设施单独核算，专门设置"临时设施""临时设施摊销"等科目核算临时设施的成本和摊销，但其日常计量、摊销和后续支出以及处置等遵循的是固定资产的相关规定。无论会计如何核算，除职工宿舍、食堂、浴室、医务室、理发室、托儿所等临时福利设施不可以抵扣进项税额外，施工现场修建的临时建筑物、构筑物可以一次性抵扣进项税额，不需分 2 年抵扣进项税额。

除建筑企业外，其他有不动产在建工程的纳税人有施工现场修建的临时建筑物、构筑物，也不需分 2 年抵扣进项税额。

（三）分期抵扣的方法

（1）纳税人不动产分期抵扣进项税额，应取得 2016 年 4 月 30 日后开具的合法有效的增值税扣税凭证。

上述进项税额中，60% 的部分于取得扣税凭证的当期从销项税额中抵扣；40% 的部分为待抵扣进项税额，于取得扣税凭证的当月起第 13 个月从销项税额中抵扣。

（2）购进时已全额抵扣进项税额的货物和服务，转用于不动产在建工程的，其已抵扣进项税额的 40% 部分，应于转用的当期从进项税额中扣减，计入待抵扣进项税额，并于转用的当月起第13个月从销项税额中抵扣。

（四）不动产分期抵扣的会计核算及增值税申报要求

1. 会计核算

分期抵扣的不动产，40%的待抵扣进项税额记入"应交税费——待抵扣进项税额"科目核算，并于可抵扣当期转入"应交税费——应交增值税（进项税额）"科目。

对不同的不动产和不动产在建工程，纳税人应分别核算其待抵扣进项税额。

2. 增值税申报要求

（1）纳税人应建立不动产和不动产在建工程台账，分别记录并归集不动产和不动产在建工程的成本、费用、扣税凭证及进项税额抵扣情况，留存备查。

用于简易计税方法计税项目、免征增值税项目、集体福利或者个人消费的不动产和不动产在建工程，也应在纳税人建立的台账中记录。

（2）纳税人分期抵扣不动产的进项税额，应据实填报增值税纳税申报表及其附列资料，特别是"增值税纳税申报表附列资料（五）（不动产分期抵扣计算表）"。

【例96】某企业2016年12月购置了一幢办公楼取得增值税专用发票注明价款1 000万元，税额110万元。纳税人应如何进行账务处理？如何纳税申报？

分析 该办公楼60%的进项税额于取得扣税凭证的当期从销项税额中抵扣，所以纳税人2016年12月取得增值税专用发票的当月应抵扣进项税额66万元（110×60%=66）。40%的部分为待抵扣进项税额，于取得扣税凭证的当月起第13个月即2018年1月从销项税额中抵扣。

1. 2016年12月

（1）账务处理

借：固定资产　　　　　　　　　　　　　　　　　10 000 000

应交税费——应交增值税（进项税额）　　　　　660 000

　　　　——待抵扣进项税额　　　　　　　　　440 000

　贷：银行存款　　　　　　　　　　　　　　　　11 100 000

（2）记录不动产台账

纳税人应记录不动产台账，记录、归集不动产的成本、扣税凭证及进项税额抵扣情况，留存备查。

（3）纳税申报

首先填报"增值税纳税申报表附列资料（五）（不动产分期抵扣计算表）"，如表3-4所示。

表3-4　　　　　　　　　增值税纳税申报表附列资料（五）
（不动产分期抵扣计算表）

期初待抵扣不动产进项税额	本期不动产进项税额增加额	本期可抵扣不动产进项税额	本期转入的待抵扣不动产进项税额	本期转出的待抵扣不动产进项税额	期末待抵扣不动产进项税额
1	2	3≤1+2+4	4	5≤1+4	6=1+2-3+4-5
0	1 100 000	660 000	0	0	440 000

其次填报"增值税纳税申报表附列资料（二）（本期进项税额明细）"，第9行"（三）本期用于购建不动产的扣税凭证"税额为1 100 000元，第10行"（四）本期不动产允许抵扣进项税额"税额为660 000元。

2. 2018年1月（即第13个月）

（1）账务处理

借：应交税费——应交增值税（进项税额）   440 000

    贷：应交税费——待抵扣进项税额   440 000

（2）记录不动产台账

纳税人应记录不动产台账，记录、归集不动产的成本、扣税凭证及进项税额抵扣情况，留存备查。

（3）纳税申报

首先填报"增值税纳税申报表附列资料（五）（不动产分期抵扣计算表）"，如表3-5所示。

表3-5   **增值税纳税申报表附列资料（五）**

（不动产分期抵扣计算表）

期初待抵扣不动产进项税额	本期不动产进项税额增加额	本期可抵扣不动产进项税额	本期转入的待抵扣不动产进项税额	本期转出的待抵扣不动产进项税额	期末待抵扣不动产进项税额
1	2	3≤1+2+4	4	5≤1+4	6=1+2-3+4-5
440 000	0	440 000	0	0	0

其次填报"增值税纳税申报表附列资料（二）（本期进项税额明细）"，第9行"（三）本期用于购建不动产的扣税凭证"税额为0，第10行"（四）本期不动产允许抵扣进项税额"税额为440 000元。

【例97】凤凰电梯有限公司2016年12月购置了一幢办公楼取得的增值税专用发票注明价款1 000万元，税额110万元。请装修公司装修该办公楼，装修期为2017年1~2月，2月底办公楼投入使用。2017年1月支付给装修公司第一期装修款，取得的增值税专用发票注明价款150万元，税额16.5万元。2月底装修完工，支付第二期装修款，取得的增值税专用发票注明价款120万元，税额13.2万元。另外，1月公司还购买了实木地板、地砖、墙纸等材料，取得的增值税专用发票注明价款100万元，税额17万元，取得的普通发票注明的计税合计金额为50万元。纳税人应如何进行账务处理？如何纳税申报？

分析 该办公楼60%的进项税额于取得扣税凭证的当期从销项税额中抵扣，所以纳税人2016年12月取得增值税专用发票的当月应抵扣进项税额66万元（110×60%=66）。40%的部分为待抵扣进项税额，于取得扣税凭证的当月起第13个月即2018年1月从销项税额中抵扣。

1. 2016年12月

（1）账务处理

借：固定资产   10 000 000

```
         应交税费——应交增值税（进项税额）              660 000
                  ——待抵扣进项税额                     440 000
      贷：银行存款                                  11 100 000
```

（2）记录不动产台账

纳税人应记录不动产台账，记录、归集不动产的成本、扣税凭证及进项税额抵扣情况，留存备查。

（3）纳税申报

首先填报"增值税纳税申报表附列资料（五）（不动产分期抵扣计算表）"，如表3-6所示。

表3-6　　　　　　　　**增值税纳税申报表附列资料（五）**

（不动产分期抵扣计算表）

期初待抵扣不动产进项税额	本期不动产进项税额增加额	本期可抵扣不动产进项税额	本期转入的待抵扣不动产进项税额	本期转出的待抵扣不动产进项税额	期末待抵扣不动产进项税额
1	2	$3 \leqslant 1+2+4$	4	$5 \leqslant 1+4$	$6=1+2-3+4-5$
0	1 100 000	660 000	0	0	440 000

其次填报"增值税纳税申报表附列资料（二）（本期进项税额明细）"，第9行"（三）本期用于购建不动产的扣税凭证"税额为1 100 000元，第10行"（四）本期不动产允许抵扣进项税额"税额为660 000元。

2. 2017年1月

装修支出共计150+120+100+50＝420（万元），未超过办公楼原值的50%，不需要分2年抵扣进项税额，可以在专用发票开具之日起180日内到税务机关办理认证，并在认证通过的次月申报期内，向主管税务机关申报抵扣进项税额。纳税人的账务处理是：

```
借：在建工程——办公楼装修  （1 500 000+1 000 000+500 000）3 000 000
    应交税费——应交增值税（进项税额） （165 000+170 000）335 000
    贷：银行存款                                     3 335 000
```

装修支出的进项税额虽然可以抵扣，但在填报增值税申报表时，应在本期抵扣进项税额结构明细表第29行"用于购建不动产并一次性抵扣的进项"填报，填报的金额为335 000元。

3. 2017年2月

```
借：在建工程——办公楼装修                        1 200 000
    应交税费——应交增值税（进项税额）              132 000
    贷：银行存款                                   1 332 000
借：固定资产——办公室装修                        4 200 000
    贷：在建工程——办公楼装修                       4 200 000
```

在填报增值税申报表时，本期抵扣进项税额结构明细表第29行"用于购建不动产并一次性抵扣的进项"填报132 000元。

4. 2018 年 1 月

（1）账务处理

借：应交税费——应交增值税（进项税额）　　　　　　　　440 000

　　贷：应交税费——待抵扣进项税额　　　　　　　　　　　　440 000

（2）记录不动产台账

纳税人应记录不动产台账，记录、归集不动产的成本、扣税凭证及进项税额抵扣情况，留存备查。

（3）纳税申报

首先填报"增值税纳税申报表附列资料（五）（不动产分期抵扣计算表）"，如表 3-7 所示。

表 3-7　　　　　　　　　增值税纳税申报表附列资料（五）

（不动产分期抵扣计算表）

期初待抵扣不动产进项税额	本期不动产进项税额增加额	本期可抵扣不动产进项税额	本期转入的待抵扣不动产进项税额	本期转出的待抵扣不动产进项税额	期末待抵扣不动产进项税额
1	2	3≤1+2+4	4	5≤1+4	6=1+2-3+4-5
440 000	0	440 000	0	0	0

其次填报"增值税纳税申报表附列资料（二）（本期进项税额明细）"，第 9 行"（三）本期用于购建不动产的扣税凭证"税额为 0，第 10 行"（四）本期不动产允许抵扣进项税额"税额为 440 000 元。

【例 98】凤凰电梯有限公司，主要从事电梯的销售。2016 年 12 月购置一幢办公楼取得的增值税专用发票注明价款 1 000 万元，税额 110 万元。同时将本企业对外销售的产品（电梯）安装在该办公楼。该产品购进价格为 100 万元，进项税额 17 万元已经抵扣。该电梯的进项税额如何处理？

分析　购进时已全额抵扣进项税额的货物和服务，转用于不动产在建工程的，其已抵扣进项税额的 40% 部分，应于转用的当期从进项税额中扣减，计入待抵扣进项税额，并于转用的当月起第 13 个月从销项税额中抵扣。

1. 2016 年 12 月

（1）账务处理

电梯的进项税额 17 万元已经全部抵扣，但其中应有 40% 的进项税额 6.8 万元转出，在第 13 个月再抵扣。

借：固定资产　　　　　　　　　　　　　　　　　　　　　11 000 000

　　应交税费——应交增值税（进项税额）　　　　　　　　　660 000

　　　　　　　——待抵扣进项税额　（440 000+68 000）508 000

　贷：银行存款　　　　　　　　　　　　　　　　　　　　11 100 000

　　库存商品　　　　　　　　　　　　　　　　　　　　1 000 000

　　应交税费——应交增值税（进项税额转出）　　　　　　68 000

（2）记录不动产台账

纳税人应记录不动产台账，记录、归集不动产的成本、扣税凭证及进项税额抵扣情况，留存备查。

（3）纳税申报

首先填报"增值税纳税申报表附列资料（五）（不动产分期抵扣计算表）"，如表3-8所示。

表3-8 　　　　　 増值税纳税申报表附列资料（五）

（不动产分期抵扣计算表）

期初待抵扣不动产进项税额	本期不动产进项税额增加额	本期可抵扣不动产进项税额	本期转入的待抵扣不动产进项税额	本期转出的待抵扣不动产进项税额	期末待抵扣不动产进项税额
1	2	3≤1+2+4	4	5≤1+4	6=1+2-3+4-5
0	1 100 000	660 000	68 000	0	508 000

其次填报"增值税纳税申报表附列资料（二）（本期进项税额明细）"，第9行"（三）本期用于购建不动产的扣税凭证"税额为1 100 000元，第10行"（四）本期不动产允许抵扣进项税额"税额为660 000元。

2. 2018年1月

（1）账务处理

借：应交税费——应交增值税（进项税额）　　　　　　　　　　508 000

　　贷：应交税费——待抵扣进项税额　　　　　　　　　　　　　508 000

（2）记录不动产台账

纳税人应记录不动产台账，记录、归集不动产的成本、扣税凭证及进项税额抵扣情况，留存备查。

（3）纳税申报

首先填报"增值税纳税申报表附列资料（五）（不动产分期抵扣计算表）"，如表3-9所示。

表3-9 　　　　　 増值税纳税申报表附列资料（五）

（不动产分期抵扣计算表）

期初待抵扣不动产进项税额	本期不动产进项税额增加额	本期可抵扣不动产进项税额	本期转入的待抵扣不动产进项税额	本期转出的待抵扣不动产进项税额	期末待抵扣不动产进项税额
1	2	3≤1+2+4	4	5≤1+4	6=1+2-3+4-5
508 000	0	508 000	0	0	0

其次填报"增值税纳税申报表附列资料（二）（本期进项税额明细）"，第9行"（三）本期用于购建不动产的扣税凭证"税额为0，第10行"（四）本期不动产允许抵扣进项税额"税额为508 000元。

四、进项税额的转出或转入

已抵扣进项税额的购进货物、劳务、服务、固定资产、无形资产或者不动产，发生《营业税改征增值税实施办法》第二十七条规定情形的，应做相应的进项税额转出。按照《营业税改征增值税实施办法》第二十七条第（一）项规定不得抵扣且未抵扣进项税额的固定资产、无形资产、不动产，发生用途改变，用于允许抵扣进项税额的应税项目，可在用途改变的次月抵扣相应的进项税额。

（一）购进货物（不含固定资产）、劳务、服务

（1）根据《营业税改征增值税实施办法》（财税〔2016〕36 号附件 1）的规定，已抵扣进项税额的购进货物（不含固定资产）、劳务、服务，发生改变用途用于集体福利、个人消费或者非正常损失等不得抵扣进项税额的情形（简易计税方法计税项目、免征增值税项目除外）的，应当将该进项税额从当期进项税额中扣减；无法确定该进项税额的，按照当期实际成本计算应扣减的进项税额。

纳税人购进货物包括外购的存货、委托加工收回的存货，不包括外购的固定资产。外购的存货其成本一般包括采购价格、进口关税和其他税金、运输费、装卸费、保险费以及其他可直接归属于存货采购的费用。在成本的各组成项目中，存在适用增值税税率不统一、可以抵扣的进项税额不统一的情形。如采购的原材料不含税价为 10 万元，适用税率为 17%，运费不含税价为 1 万元，适用税率为 11%，保险费 500 元，适用税率为 6%。则这批原材料的成本 = 100 000+10 000+500 = 110 500 （元），可以抵扣的进项税额 = 100 000×17%+10 000×11%+500×6% = 18 130 （元）。如果这批原材料抵扣进项税额后改变用途，用于集体福利、个人消费，则转出的进项税额为 18 100 元。如果纳税人无法确定进项税额，应按照当期实际成本计算转出的进项税额，则应转出的进项税额 = 110 500×17% = 18 785 （元）。

【例 99】2016 年 8 月甲企业（一般纳税人）上年购进的原材料发生非正常损失，该原材料实际成本为 7 500 元。购入当期取得农产品收购凭证，进项税额已在购进当期抵扣。甲企业的进项转出金额是多少？

分析 纳税人发生的非正常损失的原材料已经抵扣进项税额，所以应做进项税额转出处理。购入时取得的是农产品收购凭证，抵扣的进项税额按照买价与 13% 的扣除率计算，成本为买价减去抵扣的进项税额后的余额。

进项税额转出 = 7 500÷（1−13%）×13% = 1 120.69 （元）

非正常损失的总金额 = 7 500+1 120.69 = 8 620.69 （元）

【例 100】2016 年 8 月甲企业（一般纳税人）购进原材料，取得增值税专用发票注明价款 10 000 元，税额 1 700 元，支付原材料运费，取得增值税专用发票，注明价款 2 000 元，税款 220 元。进项税额在当期认证抵扣。2016 年 11 月该批原材料发生非正常损失，实际成本为 7 500 元。甲企业的进项转出金额是多少？

分析 纳税人的原材料发生的非正常损失已经抵扣进项税额，所以应做进项税额转

出处理。

购进当期共抵扣进项税额＝1 700＋220＝1 920（元）

原材料成本＝10 000＋2 000＝12 000（元）

非正常损失金额为7 500元，其中包含运费的成本在内，所以不能简单地用7 500元与17%的适用税率的乘积作为转出的进项税额。

进项税额转出＝1 920×7 500÷12 000＝1 200（元）

非正常损失的总金额＝7 500＋1 200＝8 700（元）

【例101】甲企业为增值税一般纳税人，生产的产品发生非正常损失，其实际成本为5 000元，其中所耗原材料成本为3 000元，人工费1 900元，水费50元，电费50元。甲企业的进项转出金额是多少？

分析 产品发生非正常损失，应做进项税额转出处理。其中原材料适用税率为17%，税费适用征收率为6%，电费适用税率为17%，应转出的进项税额计算如下：

进项税额转出＝3 000×17%＋50×6%＋50×17%＝521.5（元）

非正常损失的总金额为5 000＋521.5＝5 521.5（元）

（2）已抵扣进项税额的购进货物（不含固定资产）、劳务、服务，改变用途用于简易计税方法计税项目、免征增值税项目的，应当将该进项税额从当期进项税额中扣减；无法划分不得抵扣的进项税额，按照下列公式计算不得抵扣的进项税额：

不得抵扣的进项税额＝当期无法划分的全部进项税额×（当期简易计税方法计税项目销售额＋免征增值税项目销售额）÷当期全部销售额

主管税务机关可以按照上述公式依据年度数据对不得抵扣的进项税额进行清算。

（二）固定资产、无形资产

1. 进项税额的转出

《营业税改征增值税试点实施办法》（财税〔2016〕36号）规定，已抵扣进项税额的固定资产、无形资产，发生改变用途专门用于简易计税方法计税项目、免征增值税项目、集体福利、个人消费等不得抵扣进项税额的情形或者发生非正常损失的，按照下列公式计算不得抵扣的进项税额：

不得抵扣的进项税额＝固定资产或者无形资产净值×适用税率

（1）发生改变用途如果不是专门用于简易计税方法计税项目、免征增值税项目、集体福利或者个人消费，而是一般计税方法计税项目和简易计税方法计税项目、免征增值税项目、集体福利或者个人消费共用的，进项税额不需转出。

（2）固定资产或者无形资产净值，是指纳税人根据财务会计制度计提折旧或摊销后的余额。

【例102】某运输企业2014年8月购进一辆汽车作为运输工具，机动车统一销售发票注明价款30万元，增值税5.1万元。纳税人当月进行了认证抵扣。2016年8月，该车子因管理不善被盗，车子折旧年限为4年，采用直线法折旧，残值率为0。该企业的增值税应如何处理？

分析 该运输企业的运输工具作为可以抵扣进项税额的固定资产，使用两年后因管理不善被盗，应做进项税额转出处理。

该汽车的净值=300 000÷4×（4-2）=150 000（元）

应转出的进项税额=150 000×17%=25 500（元）

税法强调，固定资产净值，是指纳税人按照财务会计制度计提折旧后计算的固定资产净值。这样的规定有其不合理的地方。

第一，外购的固定资产的原值包括买价、进口关税等相关税费，以及为使固定资产达到预定可使用状态前所发生的可直接归属于该资产的其他支出，如运输费、装卸费、安装费和专业人员服务费等。自制的固定资产的原值包括该项资产达到预定可使用状态前所发生的必要支出，包括原材料费用、人工费用等。其中人工费用等成本项目没有进项税额可以抵扣，进项税额的转出按照固定资产净值计算，和外购或者自制固定资产时已经抵扣的进项税额不匹配。

【例103】 某企业2014年8月购进一台生产经营用设备，取得的增值税专用发票注明价款30万元，税款5.1万元。发生安装费2万元，取得普通发票。纳税人当月进行了认证抵扣。2016年8月，该设备因管理不善发生非正常损失而报废，设备的折旧年限为10年，采用直线法折旧，残值率为0。该企业的增值税应如何处理？

分析 购进设备时，抵扣的进项税额为5.1万元，设备的原值为32万元。

2016年8月发生非正常损失时设备的净值=320 000÷10×（10-2）=256 000（元）

应转出的进项税额=256 000×17%=43 520（元）

做进项税额转出计算的固定资产净值256 000元包括了未抵扣进项税额的安装费，转出的进项税额和实际抵扣的进项税额不匹配。

第二，固定资产的净值是指纳税人按照财务会计制度计提折旧后计算的固定资产净值。如果纳税人采用的折旧方法、折旧年不同，固定资产的净值就会不一致，转出的进项税额也不一致。

【例104】 例103中，如果纳税人的折旧方法采用的是年度总和法，其他情况不变。该企业的增值税应如何处理？

分析 纳税人第一年（2014年9月—2015年8月）计提折旧=320 000×10÷（1+2+3+4+5+6+7+8+9+10）=320 000×10÷55=58 181.82（元）

第二年（2015年9月—2016年8月）计提折旧=320 000×9÷55=52 363.64（元）

2016年8月发生非正常损失时设备的净值=320 000-58 181.82-52 363.64=209 454.54（元）

应转出的进项税额=209 454.54×17%=35 607.27（元）

比较例103和例104的计算结果，纳税人采用直线法计提折旧的，在非正常损失发生的时候应转出的进项税额为43 520元，采用年数总和法计提折旧的，应转出的进项税额为35 607.27元。所以折旧方法对固定资产的进项税额转出金额有影响。

（3）固定资产、无形资产改变用途需要做进项税额转出处理的，应在改变用途的当月转出。在营改增的有关政策里没有明确规定固定资产、无形资产做进项税额转出的时间。但《不动产进项税额分期抵扣暂行办法》（国家税务总局公告2016年第15号）规定了不动产做进项税额转出的时间。《不动产进项税额分期抵扣暂行办法》（国家税务总局公告 2016 年第 15 号）规定，"不得抵扣的进项税额小于或等于该不动产已抵扣进项税额的，应于该不动产改变用途的当期，将不得抵扣的进项税额从进项税额中扣减。"改变用途不得抵扣进项税额的不动产在改变用途的当月做进项税额转出，那么，因改变用途不得抵扣进项税额的固定资产、无形资产应转出的进项税额也应在改变用途的当月转出。

2. 进项税额的转入

《营业税改征增值税试点有关事项的规定》（财税〔2016〕36 号附件 2）规定，专门用于简易计税方法计税项目、免征增值税项目、集体福利或者个人消费未抵扣进项税额的固定资产和无形资产，发生用途改变，用于允许抵扣进项税额的应税项目，可在用途改变的次月按照下列公式计算可以抵扣的进项税额：

可以抵扣的进项税额=固定资产、无形资产净值/（1+适用税率）×适用税率

上述可以抵扣的进项税额应取得合法有效的增值税扣税凭证。

（1）固定资产净值，是指纳税人按照财务会计制度计提折旧后计算的固定资产净值。这样的规定有其不合理的地方。具体问题和上面固定资产、无形资产进项税额的转出一样。

（2）专门用于简易计税方法计税项目、免征增值税项目、集体福利或者个人消费未抵扣进项税额的固定资产和无形资产未抵扣进项税额，其原值和净值都是含税的金额，应将含税的净值换算为不含税净值，所以公式中有"固定资产、无形资产净值/（1+适用税率）"。

【例 105】某企业 2015 年 8 月购入一台专门用于免税项目的设备投入使用，取得的增值税专用发票注明价款为 100 万元，税额为 17 万元。企业采用直线法计提折旧，折旧年限为 10 年，残值率为 0。2016 年 8 月，企业将该设备转为一般计税方法计税项目使用，增值税应如何处理？

分析 购进设备时，进项税额不得抵扣，设备的原值为 117 万元。

2016 年 8 月转为应税项目使用时设备的净值=1 170 000÷10×（10-1）=1 053 000（元）
应转入的进项税额=1 053 000÷（1+17%）×17%=43 520（元）

（3）未抵扣进项税额的固定资产和无形资产，发生用途改变，用于允许抵扣进项税额的应税项目，只要求计算出的可以抵扣的进项税额应取得合法有效的增值税扣税凭证，并没要求按照合法有效的增值税扣税凭证对应的进项税额和固定资产、无形资产净值率对应。

【例 106】某纳税人 2015 年 8 月自制一台免税项目专用的设备，购买零配件，取得的增值税专用发票注明买价 100 万元，税款 17 万元。另发生人工费 10 万元。设备当月投入使用，企业采用直线法计提折旧，折旧年限为 10 年，残值率为 0。2016 年 8 月，企业将该设备转为一般计税方法计税项目使用，增值税应如何处理？

分析 免税项目专用的设备进项税额不得抵扣，设备的原值为 127 万元（100+17+10=127），包含有合法抵扣凭证但不得抵扣的进项税额 17 万元。

2016 年 8 月转为一般计税方法计税项目使用时设备的净值=1 270 000÷10×（10-1）

= 1 143 000（元）

应转入的进项税额 = 1 143 000÷（1+17%）×17% = 166 076.92（元）

（三）不动产

关于不动产进项税额的转出或者转入，根据《不动产进项税额分期抵扣暂行办法》（国家税务总局公告 2016 年第 15 号）的规定执行。

1. 进项税额的转出

已抵扣进项税额的不动产，发生非正常损失，或者改变用途，专用于简易计税方法计税项目、免征增值税项目、集体福利或者个人消费的，按照下列公式计算不得抵扣的进项税额：

不得抵扣的进项税额 =（已抵扣进项税额 + 待抵扣进项税额）×不动产净值率

不动产净值率 =（不动产净值÷不动产原值）×100%

（1）计算出的"不得抵扣的进项税额"小于或等于该不动产已抵扣进项税额的，应于该不动产改变用途的当期，将不得抵扣的进项税额从进项税额中扣减。

【例 107】 某企业 2016 年 5 月购置了一幢办公楼，取得的专用发票注明价款 1 000 万元，税额 110 万元。该办公楼 2016 年 5 月投入使用，折旧年限 20 年，残值率为 0。2018 年 5 月，该办公楼转为用作职工集体宿舍。请问：该业务纳税人增值税的进项税额应如何处理？

分析

（1）不得抵扣的进项税额

已经计提折旧 = 1 000÷20×2 = 100（万元）

不动产净值率 = 900÷1 000 = 90%

不得抵扣的进项税额 =（66+44）×90% = 99（万元）

66 万元进项税额在 2016 年 5 月购入当期抵扣了进项税额，44 万元待抵扣进项税额在第 13 个月即 2017 年 6 月抵扣。

（2）账务处理

借：固定资产　　　　　　　　　　　　　　　　　　　　　　99

贷：应交税费——应交增值税（进项税额转出）　　　　　99

（2）计算出的"不得抵扣的进项税额"大于该不动产已抵扣进项税额的，应于该不动产改变用途的当期，将已抵扣进项税额从进项税额中扣减，并从该不动产待抵扣进项税额中扣减不得抵扣进项税额与已抵扣进项税额的差额。

【例 108】 如果例 107 中办公楼 2016 年 11 月转为用作职工集体宿舍。请问：该业务纳税人增值税的进项税额应如何处理？

分析

（1）不得抵扣的进项税额

已经计提折旧 = 1 000÷20×2 = 25（万元）

不动产净值率 = 975÷1 000 = 97.5%

不得抵扣的进项税额 =（66+44）×97.5% = 107.25（万元）

66 万元进项税额在 2016 年 5 月购入当期抵扣了进项税额，44 万元待抵扣进项税额尚未抵扣。将已抵扣进项税额 66 万元从进项税额中扣减，并从该不动产待抵扣进项税额 44 万元中扣减不得抵扣进项税额与已抵扣进项税额的差额 41.25 万元（107.25-66 = 41.25），待抵扣税额的金额从 44 万元减少为 2.75 万元（44-41.25 = 2.75），在第 13 个月即 2017 年 6 月抵扣。

（2）账务处理

借：固定资产　　　　　　　　　　　　　　　　　　　　　107.5

　　贷：应交税费——应交增值税（进项税额转出）　　　　　　　66

　　　　应交税费——待抵扣进项税额　　　　　（107.25-66）41.25

（3）2017 年 6 月

借：应交税费——应交增值税（进项税额）　　　　　　　　　2.75

　　贷：应交税费——待抵扣进项税额　　　　　　　　　　　　　2.75

（3）不动产在建工程发生非正常损失的，其所耗用的购进货物、设计服务和建筑服务已抵扣的进项税额应于当期全部转出；其待抵扣进项税额不得抵扣。

2. 进项税额的转入

按照规定不得抵扣进项税额的不动产，发生用途改变，用于允许抵扣进项税额项目的，按照下列公式在改变用途的次月计算可抵扣进项税额。

可抵扣进项税额 = 增值税扣税凭证注明或计算的进项税额×不动产净值率

依照本条规定计算的可抵扣进项税额，应取得 2016 年 4 月 30 日后开具的合法有效的增值税扣税凭证。

按照本条规定计算的可抵扣进项税额，60% 的部分于改变用途的次月从销项税额中抵扣，40% 的部分为待抵扣进项税额，于改变用途的次月起第 13 个月从销项税额中抵扣。

【例 109】某企业 2016 年 5 月购置了一幢楼做集体宿舍，取得的专用发票注明价款 1 000 万元，税额 110 万元。折旧年限 20 年，残值率为 0。2018 年 6 月转为办公楼。

1. 购入时

（1）账务处理

借：固定资产　　　　　　　　　　　　　　　　　　　　　1 110

　　贷：银行存款　　　　　　　　　　　　　　　　　　　　　1 110

（2）纳税人记录不动产台账，记录、归集不动产的成本、扣税凭证及进项税额抵扣情况，留存备查。

2. 2018 年 7 月

2018 年 6 月转为办公楼，根据"按照规定不得抵扣进项税额的不动产，发生用途改变，用于允许抵扣进项税额项目的，按照公式在改变用途的次月计算可抵扣进项税额"的规定，应在 2018 年 7 月计算可以抵扣的进项税额。

可以抵扣进项税额 = 110×90% = 99（万元）

2018 年 7 月抵扣的进项税额 = 99×60% = 59.4（万元）

作为待抵扣进项税额在第 13 个即 2019 年 8 月抵扣的进项税额 = 99×40% = 39.6（万元）

（1）账务处理

借：应交税费——应交增值税（进项）   59.4

　　　——待抵扣进项税额   39.6

　　贷：固定资产   99

（2）纳税人记录不动产台账，记录、归集不动产的成本、扣税凭证及进项税额抵扣情况，留存备查。

3. 2019 年 8 月

（1）账务处理

借：应交税费——应交增值税（进项税额）   39.6

　　贷：应交税费——待抵扣进项税额   39.6

（2）纳税人记录不动产台账，记录、归集不动产的成本、扣税凭证及进项税额抵扣情况，留存备查。

五、进项税额其他问题的处理

（一）无法划分的进项税额的处理

（1）适用一般计税方法的纳税人，兼营简易计税方法计税项目、免征增值税项目而无法划分不得抵扣的进项税额，按照下列公式计算不得抵扣的进项税额：

不得抵扣的进项税额=当期无法划分的全部进项税额×（当期简易计税方法计税项目销售额+免征增值税项目销售额）÷当期全部销售额

上述公式只是对不能准确划分的进项税额进行划分计算的方法，如纳税人生产经营者耗用的水和电力，不能准确确定应税项目和简易计税方法计税项目、免税项目耗用的，用上述公式进行划分。对于能够准确划分的进项税额，直接按照归属进行区分。

（2）纳税人每月增值税纳税申报时都应按照公式计算不得抵扣的进项税额。每年主管税务机关可以按照公式依据年度数据对不得抵扣的进项税额进行清算。

对于纳税人而言，进项税额转出是按月进行的，但由于年度内取得进项税额的不均衡性，有可能会造成按月计算的进项转出与按年度计算的进项转出产生差异，主管税务机关可在年度终了对纳税人进项转出计算公式进行清算，可对相关差异进行调整。

【例 110】某增值税一般纳税人从事技术转让、技术咨询、技术服务。2016 年 10 月主营业务收入 700 万元，其中技术咨询、技术服务收入 200 万元，技术转让以及与技术转让有关的技术咨询、技术服务收入 500 万元。本月购入技术开发用原材料，取得增值税专用发票注明价款 100 万元，税款 17 万元。本月支付水电费，取得增值税专用发票，注明税款共计 2 万元。本月接受运输服务，取得税务机关代开的增值税专用发票，注明价款 50 万元，税款 1.5 万元。假设本月取得的抵扣凭证当月认证抵扣，可以享受的税收优惠已经办理有关手续。根据以上资料计算该企业 2016 年 10 月应纳增值税税额。

分析 该企业的业务中，技术咨询、技术服务业务取得的收入应缴纳增值税，技术转让以及与技术转让有关的技术咨询、技术服务收入免征增值税。所以其支付的进项税额中，技术开发用原材料属于用于免税项目的购进货物，进项税额不得抵扣。接受运输服务、支付的水电费进项税额应在应税项目、免税项目之间划分，具体计算如下：

不得抵扣的进项税额=当期无法划分的全部进项税额×（当期简易计税方法计税项目销售额+免征增值税项目销售额）÷当期全部销售额=（15 000+20 000）×5 000 000÷7 000 000=25 000（元）

可以抵扣的进项税额=（15 000+20 000）-25 000=10 000（元）

应纳增值税税额=销项税额-进项税额=2 000 000×6%-10 000=110 000（元）

（二）留抵税额的抵扣

增值税一般纳税人的进项税额只能从销项税额中抵扣，本期不足抵扣的进项税额，转下期继续从销项税额中抵扣。

1. 一般纳税人迁移尚未抵扣的进项税额的处理

（1）按照《税务登记管理办法》的规定，纳税人因住所、经营地点变动，涉及改变税务登记机关的，应当在向工商行政管理机关或者其他机关申请办理变更、注销登记前，或者住所、经营地点变动前，持有关证件和资料，向原税务登记机关申报办理注销税务登记，并自注销税务登记之日起 30 日内向迁达地税务机关申报办理税务登记。

（2）在办理税务登记有关手续的过程中，有关纳税人留抵税额的处理《国家税务总局关于一般纳税人迁移有关增值税问题的公告》（国家税务总局公告 2011 年第 71 号）做了明确规定，要求自 2012 年 1 月 1 日起在迁达地重新办理税务登记后，其增值税一般纳税人资格予以保留，办理注销税务登记前尚未抵扣的进项税额允许继续抵扣。

迁出地主管税务机关应认真核实纳税人在办理注销税务登记前尚未抵扣的进项税额，填写"增值税一般纳税人迁移进项税额转移单"。"增值税一般纳税人迁移进项税额转移单"一式三份，迁出地主管税务机关留存一份，交纳税人一份，传递迁达地主管税务机关一份。

迁达地主管税务机关应将迁出地主管税务机关传递来的"增值税一般纳税人迁移进项税额转移单"与纳税人报送资料进行认真核对，对其迁移前尚未抵扣的进项税额，在确认无误后，允许纳税人继续申报抵扣。

2. 一般纳税人注销时留抵税额的处理

纳税人因停止生产经营办理注销税务登记时，如果还有留抵税额，其留抵税额不予退税。

3. 纳税人资产重组增值税留抵税额的处理

根据《国家税务总局关于纳税人资产重组增值税留抵税额处理有关问题的公告》（国家税务总局公告 2012 年第 55 号）的规定，自 2013 年 1 月 1 日起，增值税一般纳税人（以下称"原纳税人"）在资产重组过程中，将全部资产、负债和劳动力一并转让给其他增值税一般纳税人（以下称"新纳税人"），并按程序办理注销税务登记的，其在办理注销登记前尚未抵扣的进项税额可结转至新纳税人处继续抵扣。

原纳税人主管税务机关应认真核查纳税人资产重组相关资料，核实原纳税人在办理注销税务登记前尚未抵扣的进项税额，填写"增值税一般纳税人资产重组进项留抵税额转移单"。

新纳税人主管税务机关应将原纳税人主管税务机关传递来的"增值税一般纳税人资产重组进项留抵税额转移单"与纳税人报送资料进行认真核对，对原纳税人尚未抵扣的进项税额，在确认无误后，允许新纳税人继续申报抵扣。

4. 留抵税额抵减增值税欠税

《关于增值税进项留抵税额抵减增值税欠税有关处理事项的通知》（国税函〔2004〕1197号）规定，当纳税人既有增值税留抵税额，又欠缴增值税而需要抵减的，增值税留抵税额可以抵减增值税欠税。

抵减欠缴税款时，应按欠税发生时间逐笔抵扣，先发生的先抵。抵缴的欠税包含呆账税金及欠税滞纳金。确定实际抵减金额时，按填开《通知书》的日期作为截止期，计算欠缴税款的应缴未缴滞纳金金额，应缴未缴滞纳金金额加欠税金额为欠缴总额。若欠缴总额大于期末留抵税额，实际抵减金额应等于期末留抵税额，并按配比方法计算抵减的欠税和滞纳金；若欠缴总额小于期末留抵税额，实际抵减金额应等于欠缴总额。

《关于增值税一般纳税人将增值税进项留抵税额抵减查补税款欠税问题的批复》（国税函〔2005〕169号）规定，增值税一般纳税人拖欠纳税检查应补缴的增值税税款，如果纳税人有进项留抵税额，可用增值税留抵税额抵减查补税款欠税。

为确保税务机关和国库入库数字对账一致，抵减的查补税款不能作为稽查已入库税款统计。考核查补税款入库率时，可将计算公式调整为：

查补税款入库率＝（实际缴纳入库的查补税款＋增值税进项留抵税额实际抵减的查补税款欠税）÷应缴纳入库的查补税款×100%

其中，"增值税进项留抵税额实际抵减的查补税款欠税"反映考核期内实际抵减的查补税款欠税。

（三）进项税额抵扣的期限

1. 抵扣期限

（1）增值税一般纳税人取得2010年1月1日以后开具的增值税专用发票、公路内河货物运输业统一发票和机动车销售统一发票，应在开具之日起180日内到税务机关办理认证，并在认证通过的次月申报期内，向主管税务机关申报抵扣进项税额。

根据《国家税务总局关于优化完善增值税发票查询平台功能有关事项的公告》（国家税务总局公告2016年第32号）的规定，自2016年3月1日起，税务总局对部分增值税一般纳税人取消了增值税发票扫描认证，纳税人可登录本省增值税发票查询平台，查询、选择、确认用于申报抵扣或者出口退税的增值税发票信息。为进一步优化纳税服务，更好地方便纳税人，税务总局对增值税发票查询平台相关功能进行了优化完善，延长确认发票信息时限。将纳税人确认当月用于抵扣税款或者出口退税的增值税发票信息的最后时限，由当月最后1日延长至次月纳税申报期结束前2日。

《关于进一步明确营改增有关征管问题的公告》（国家税务总局公告2017年第11号）规定，自2017年7月1日起，增值税一般纳税人取得的2017年7月1日及以后开具的增值税专用发票和机动车销售统一发票，应自开具之日起360日内认证或登录增值税发票选择确认平台进行确认，并在规定的纳税申报期内，向主管国税机关申报抵扣进项税额。

纳税人取得的 2017 年 6 月 30 日前开具的增值税扣税凭证，仍按原规定的抵扣时间执行。

（2）海关进口增值税专用缴款书实行"先比对后抵扣"的管理办法，增值税一般纳税人取得海关缴款书，应在开具之日起 180 日内向主管税务机关报送"海关完税凭证抵扣清单"（包括纸质资料和电子数据）申请稽核比对。

《关于进一步明确营改增有关征管问题的公告》（国家税务总局公告 2017 年第 11 号）规定，增值税一般纳税人取得的 2017 年 7 月 1 日及以后开具的海关进口增值税专用缴款书，应自开具之日起 360 日内向主管国税机关报送《海关完税凭证抵扣清单》，申请稽核比对。

2. 增值税扣税凭证超期逾期申报抵扣的处理

增值税一般纳税人取得增值税专用发票、公路内河货物运输业统一发票、动车销售统一发票以及海关缴款书，未在规定期限内到税务机关办理认证、申报抵扣或者申请稽核比对的，不得作为合法的增值税扣税凭证，不得计算进项税额抵扣。

但是在某些特定情况下，按照一定的程序办理相关手续后，仍然可以抵扣进项税额。《国家税务总局关于未按期申报抵扣增值税扣税凭证有关问题的公告》（国家税务总局公告〔2011〕第 78 号）、《国家税务总局关于逾期增值税扣税凭证抵扣问题的公告》（国家税务总局公告〔2011〕第 50 号）对此做了具体规定。

（1）扣税凭证已认证或已采集上报信息但未按照规定期限申报抵扣。

实行纳税辅导期管理的增值税一般纳税人以及取得海关进口增值税专用缴款书的增值税一般纳税人，取得的增值税扣税凭证稽核比对结果相符但未按规定期限申报抵扣，属于发生真实交易且符合本公告规定的客观原因的，经主管税务机关审核，允许纳税人继续申报抵扣其进项税额。

①本公告所称增值税扣税凭证，包括增值税专用发票、机动车销售统一发票、海关进口增值税专用缴款书。

②客观原因包括如下类型：

因自然灾害、社会突发事件等不可抗力原因造成增值税扣税凭证未按期申报抵扣；

有关司法、行政机关在办理业务或者检查中，扣押、封存纳税人账簿资料，导致纳税人未能按期办理申报手续；

税务机关信息系统、网络故障，导致纳税人未能及时取得认证结果通知书或稽核结果通知书，未能及时办理申报抵扣；

由于企业办税人员伤亡、突发危重疾病或者擅自离职，未能办理交接手续，导致未能按期申报抵扣；

国家税务总局规定的其他情形。

增值税一般纳税人由于以上以外的其他原因造成增值税扣税凭证未按期申报抵扣的，仍按照现行增值税扣税凭证申报抵扣有关规定执行。

③增值税一般纳税人发生符合本公告规定未按期申报抵扣的增值税扣税凭证，可按照本公告附件《未按期申报抵扣增值税扣税凭证抵扣管理办法》的规定，申请办理抵扣手续。

（2）未认证的逾期增值税抵扣凭证。

自 2011 年 10 月 1 日起，对增值税一般纳税人发生真实交易但由于客观原因造成增值税扣税凭证逾期的，经主管税务机关审核、逐级上报，由国家税务总局认证、稽核比对后，对比对相符的增值税扣税凭证，允许纳税人继续抵扣其进项税额。

增值税一般纳税人由于除本公告规定以外的其他原因造成增值税扣税凭证逾期的，仍应按照增值税扣税凭证抵扣期限有关规定执行。

①本公告所称增值税扣税凭证，包括增值税专用发票、海关进口增值税专用缴款书和公路内河货物运输业统一发票。

②客观原因包括如下类型：

因自然灾害、社会突发事件等不可抗力因素造成增值税扣税凭证逾期；

增值税扣税凭证被盗、抢，或者因邮寄丢失、误递导致逾期；

有关司法、行政机关在办理业务或者检查中，扣押增值税扣税凭证，纳税人不能正常履行申报义务，或者税务机关信息系统、网络故障，未能及时处理纳税人网上认证数据等导致增值税扣税凭证逾期；

买卖双方因经济纠纷，未能及时传递增值税扣税凭证，或者纳税人变更纳税地点，注销旧户和重新办理税务登记的时间过长，导致增值税扣税凭证逾期；

由于企业办税人员伤亡、突发危重疾病或者擅自离职，未能办理交接手续，导致增值税扣税凭证逾期；

国家税务总局规定的其他情形。

③增值税一般纳税人因客观原因造成增值税扣税凭证逾期的，可按照本公告附件《逾期增值税扣税凭证抵扣管理办法》的规定，申请办理逾期抵扣手续。

第四节　增值税的会计处理

为进一步规范增值税会计处理，促进《关于全面推开营业税改征增值税试点的通知》（财税〔2016〕36 号）的贯彻落实，财政部制定了《增值税会计处理规定》（财会〔2016〕22 号），并于 2016 年 12 月 3 日发布。同时规定，《增值税会计处理规定》自发布之日起施行，国家统一的会计制度中相关规定与本规定不一致的，应按本规定执行。2016 年 5 月 1 日至本规定施行之间发生的交易由于本规定而影响资产、负债等金额的，应按本规定调整。《营业税改征增值税试点有关企业会计处理规定》（财会〔2012〕13 号）及《关于小微企业免征增值税和营业税的会计处理规定》（财会〔2013〕24 号）等原有关增值税会计处理的规定同时废止。

一、会计科目及专栏设置

（一）增值税一般纳税人

增值税一般纳税人应当在"应交税费"科目下设置"应交增值税""未交增值税"

"预交增值税""待抵扣进项税额""待认证进项税额""待转销项税额""增值税留抵税额""简易计税""转让金融商品应交增值税""代扣代交增值税"等明细科目。

1."应交增值税"明细科目

增值税一般纳税人应在"应交增值税"明细账内设置"进项税额""销项税额抵减""已交税金""转出未交增值税""减免税款""出口抵减内销产品应纳税额""销项税额""出口退税""进项税额转出""转出多交增值税"等三级科目。

一般纳税人采用一般计税办法发生的增值税当期计提、扣减、结转业务都在"应交增值税"科目下按十个三级明细科目详细核算。

（1）"进项税额"专栏，记录一般纳税人购进货物、加工修理修配劳务、服务、无形资产或不动产而支付或负担的、准予从当期销项税额中抵扣的增值税额；

（2）"销项税额抵减"专栏，记录一般纳税人按照现行增值税制度规定因扣减销售额而减少的销项税额；

（3）"已交税金"专栏，记录一般纳税人当月已交纳的应交增值税额；

（4）"转出未交增值税"和"转出多交增值税"专栏，分别记录一般纳税人月度终了转出当月应交未交或多交的增值税额；

（5）"减免税款"专栏，记录一般纳税人按现行增值税制度规定准予减免的增值税额；

（6）"出口抵减内销产品应纳税额"专栏，记录实行"免、抵、退"办法的一般纳税人按规定计算的出口货物的进项税抵减内销产品的应纳税额；

（7）"销项税额"专栏，记录一般纳税人销售货物、加工修理修配劳务、服务、无形资产或不动产应收取的增值税额；

（8）"出口退税"专栏，记录一般纳税人出口货物、加工修理修配劳务、服务、无形资产按规定退回的增值税额；

（9）"进项税额转出"专栏，记录一般纳税人购进货物、加工修理修配劳务、服务、无形资产或不动产等发生非正常损失以及其他原因而不应从销项税额中抵扣、按规定转出的进项税额。

2."未交增值税"明细科目

"未交增值税"明细科目，核算一般纳税人月度终了从"应交增值税"或"预交增值税"明细科目转入当月应交未交、多交或预缴的增值税额，以及当月交纳以前期间未交的增值税额。具体账务处理如下：

（1）月份终了，将当月应交未交增值税额从"应交税费——应交增值税"科目转入"未交增值税"科目。

借：应交税费——应交增值税（转出未交增值税）

　　贷：应交税费——未交增值税

（2）月份终了，将当月多交的增值税额自"应交税费——应交增值税"科目转入"未交增值税"科目。

借：应交税费——未交增值税

　　贷：应交税费——应交增值税（转出多交增值税）

（3）月份终了，将当月预缴的增值税额自"应交税费——预交增值税"科目转入

"未交增值税"科目。

借：应交税费——未交增值税

　　贷：应交税费——预交增值税

（4）当月交纳以前期间未交的增值税额。

借：应交税费——未交增值税

　　贷：银行存款

3. "预交增值税"明细科目

"预交增值税"明细科目，核算一般纳税人转让不动产、提供不动产经营租赁服务、提供建筑服务、采用预收款方式销售自行开发的房地产项目、采用预收款方式提供建筑服务等，以及其他按现行增值税制度规定应预缴的增值税额。具体账务处理如下：

（1）实际预缴税款。

借：应交税费——预交增值税

　　贷：银行存款

（2）月份终了，将当月预缴的增值税额自"应交税费——预交增值税"科目转入"未交增值税"科目。

借：应交税费——未交增值税

　　贷：应交税费——预交增值税

房地产企业等企业，"预交税款"的期末余额在纳税义务发生之前不能结转入"未交增值税"。

4. "待抵扣进项税额"明细科目

"待抵扣进项税额"明细科目，核算一般纳税人已取得增值税扣税凭证并经税务机关认证，按照现行增值税制度规定准予以后期间从销项税额中抵扣的进项税额，包括：

（1）一般纳税人自2016年5月1日后取得并按固定资产核算的不动产，或者2016年5月1日后取得的不动产在建工程，按现行增值税制度规定准予以后期间从销项税额中抵扣的进项税额；

（2）实行纳税辅导期管理的一般纳税人取得的尚未交叉稽核比对的增值税扣税凭证上注明或计算的进项税额。

5. "待认证进项税额"明细科目

"待认证进项税额"明细科目，核算一般纳税人由于未经税务机关认证而不得从当期销项税额中抵扣的进项税额，包括：

（1）一般纳税人已取得增值税扣税凭证、按照现行增值税制度规定准予从销项税额中抵扣，但尚未经税务机关认证的进项税额；

（2）一般纳税人已申请稽核但尚未取得稽核相符结果的海关缴款书进项税额。

6. "待转销项税额"明细科目

"待转销项税额"明细科目，核算一般纳税人销售货物、加工修理修配劳务、服务、无形资产或不动产，已确认相关收入（或利得）但尚未发生增值税纳税义务而需于以后期间确认为销项税额的增值税额。

该科目主要核算的是由于会计确认收入但税法纳税义务发生时间未到时，产生的待后期纳税义务发生时确认的销项税额。

【例111】某生产企业出租机器设备两年，合同约定租金收入23.4万元（含税），两年期满一次收取。纳税人按一般计税方法计算缴纳增值税。该企业如何进行账务处理？

分析 会计处理上应按照租赁期平均确认收入，而增值税的纳税义务发生时间是合同约定的收款日期。该企业的账务处理是：

（1）第一年虽未收到租金，但会计处理应确认收入。

借：应收账款　　　　　　　　　　　　　　　　　117 000
　　贷：其他业务收入　　　　　　　　　　　　　　100 000
　　　　应交税费——待转销项税额　　　　　　　　 17 000

（2）第二年收到租金。

借：银行存款　　　　　　　　　　　　　　　　　234 000
　　应交税费——待转销项税额　　　　　　　　　　 17 000
　　贷：其他业务收入　　　　　　　　　　　　　　100 000
　　　　应交税费——应交增值税（销项税额）　　　 34 000
　　　　应收账款　　　　　　　　　　　　　　　　117 000

7."增值税留抵税额"明细科目

"增值税留抵税额"明细科目，核算兼有销售服务、无形资产或者不动产的原增值税一般纳税人，截止到纳入营改增试点之日前的增值税期末留抵税额按照现行增值税制度规定不得从销售服务、无形资产或不动产的销项税额中抵扣的增值税留抵税额。

《关于调整增值税一般纳税人留抵税额申报口径的公告》（国家税务总局公告2016年第75号）规定，营改增试点之日前的增值税期末留抵税额尚未抵扣完毕的，一次性在2016年12月1日起第一个纳税申报期转入《增值税纳税申报表（一般纳税人适用）》第13栏"上期留抵税额""一般项目"列"本月数"中。这样处理后，"应交税费——增值税留抵税额"科目实际上就变成了一个多余的科目。

8."简易计税"明细科目

"简易计税"明细科目，核算一般纳税人采用简易计税方法发生的增值税计提、扣减、预缴、缴纳等业务。

9."转让金融商品应交增值税"明细科目

"转让金融商品应交增值税"明细科目，核算增值税纳税人转让金融商品发生的增值税额。

10."代扣代交增值税"明细科目

"代扣代交增值税"明细科目，核算纳税人购进在境内未设经营机构的境外单位或个人在境内的应税行为代扣代缴的增值税。

（二）增值税小规模纳税人

小规模纳税人只需在"应交税费"科目下设置"应交增值税"明细科目，不需要设置上述专栏及除"转让金融商品应交增值税""代扣代交增值税"外的明细科目。

二、账务处理

（一）取得资产或接受劳务等业务的账务处理

（1）采购等业务进项税额允许抵扣的账务处理。一般纳税人购进货物、加工修理修配劳务、服务、无形资产或不动产，按应计入相关成本费用或资产的金额，借记"在途物资"或"原材料""库存商品""生产成本""无形资产""固定资产""管理费用"等科目，按当月已认证的可抵扣增值税额，借记"应交税费——应交增值税（进项税额）"科目，按当月未认证的可抵扣增值税额，借记"应交税费——待认证进项税额"科目，按应付或实际支付的金额，贷记"应付账款""应付票据""银行存款"等科目。发生退货的，如原增值税专用发票已做认证，应根据税务机关开具的红字增值税专用发票做相反的会计分录；如原增值税专用发票未做认证，应将发票退回并做相反的会计分录。

【例 112】某增值税一般纳税人从事房地产中介服务，2016 年 9 月支付水费，取得的增值税专用发票注明价款为 2 000 元，税额为 340 元，款项以银行存款转账支付。纳税人如何进行账务处理？

分析 （1）纳税人如果当月认证抵扣，账务处理是：

借：管理费用等科目　　　　　　　　　　　　　　　　　2 000
　　应交税费——应交增值税（进项税额）　　　　　　　 340
　　贷：银行存款　　　　　　　　　　　　　　　　　　2 340

（2）纳税人如果当月未认证抵扣，账务处理是：

借：管理费用等科目　　　　　　　　　　　　　　　　　2 000
　　应交税费——待认证进项税额　　　　　　　　　　　 340
　　贷：银行存款　　　　　　　　　　　　　　　　　　2 340

在纳税人认证抵扣的时候，再转入"应交税费——应交增值税（进项税额）"科目：

借：应交税费——应交增值税（进项税额）　　　　　　　 340
　　贷：应交税费——待认证进项税额　　　　　　　　　 340

（2）采购等业务进项税额不得抵扣的账务处理。一般纳税人购进货物、加工修理修配劳务、服务、无形资产或不动产，用于简易计税方法计税项目、免征增值税项目、集体福利或个人消费等，其进项税额按照现行增值税制度规定不得从销项税额中抵扣的，取得增值税专用发票时，如果用途不明，尚未认证，应借记相关成本费用或资产科目，借记"应交税费——待认证进项税额"科目，贷记"银行存款""应付账款"等科目。经税务机关认证后，应借记相关成本费用或资产科目，贷记"应交税费——应交增值税（进项税额）"科目。认证后用途明确属于不可以抵扣的进项税额，再借记"应交税费——应交增值税（进项税额）"科目，贷记"应交税费——应交增值税（进项税额转出）"科目。

如果取得增值税专用发票时，用途确定为不可以抵扣进项税额的，则不可以抵扣的进项税额计入购进的货物、加工修理修配劳务、服务、无形资产或者不动产的成本。

进项税额的核算直接影响着购进的货物、加工修理修配劳务、服务、无形资产或者不动产的成本。

【例113】某旅行社是一般纳税人，2016年5月购进一批办公用品，一共支付11 700元。该纳税人应如何进行账务处理？

分析

（1）如果该业务取得增值税专用发票，发票注明的税率为17%，则发票注明的销售额=11 700÷（1+17%）=10 000元，发票注明的税额=10 000×17%=1 700元。纳税人当期已经认证抵扣进项税额，可以抵扣的进项税额为1 700元，管理费用的金额为10 000元，纳税人的账务处理是：

借：管理费用　　　　　　　　　　　　　　　　　　　　　10 000
　　应交税费——应交增值税（进项税额）　　　　　　　　　1 700
　　贷：银行存款　　　　　　　　　　　　　　　　　　　　　　11 700

（2）如果该业务取得税务机关代开的增值税专用发票，发票注明的征收率为3%，则发票注明的销售额=11 700÷（1+3%）=11 359.22元，发票注明的税额=11 359.22×3%=340.78元。纳税人当期已经认证抵扣进项税额，可以抵扣的进项税额为340.78元，管理费用的金额为11 359.22元，纳税人的账务处理是：

借：管理费用　　　　　　　　　　　　　　　　　　　　　11 359.22
　　应交税费——应交增值税（进项税额）　　　　　　　　　340.78
　　贷：银行存款　　　　　　　　　　　　　　　　　　　　　　11 700

（3）如果该业务取得增值税普通发票，不得抵扣进项税额，或者虽然取得增值税专用发票，但纳税人不抵扣进项税额，则管理费用的金额为117 000元，纳税人的账务处理是：

借：管理费用　　　　　　　　　　　　　　　　　　　　　11 700
　　贷：银行存款　　　　　　　　　　　　　　　　　　　　　　11 700

（3）购进不动产或不动产在建工程按规定进项税额分年抵扣的账务处理。一般纳税人自2016年5月1日后取得并按固定资产核算的不动产，或者2016年5月1日后取得的不动产在建工程，其进项税额按现行增值税制度规定，自取得之日起分2年从销项税额中抵扣的，应当按取得成本，借记"固定资产""在建工程"等科目，按当期可抵扣的增值税额，借记"应交税费——应交增值税（进项税额）"科目，按以后期间可抵扣的增值税额，借记"应交税费——待抵扣进项税额"科目，按应付或实际支付的金额，贷记"应付账款""应付票据""银行存款"等科目。尚未抵扣的进项税额待以后期间允许抵扣时，按允许抵扣的金额，借记"应交税费——应交增值税（进项税额）"科目，贷记"应交税费——待抵扣进项税额"科目。

具体内容见本章第三节"三、不动产进项税额的抵扣"。

（4）货物等已验收入库但尚未取得增值税扣税凭证的账务处理。一般纳税人购进的货物等已到达并验收入库，但尚未收到增值税扣税凭证并未付款的，应在月末按货物清单或相关合同协议上的价格暂估入账，不需要将增值税的进项税额暂估入账。下月初，用红字冲销原暂估入账金额，待取得相关增值税扣税凭证并经认证后，按应计入相关成本费用或资产的金额，借记"原材料""库存商品""固定资产""无形资产"等科目，按可抵扣的增值税额，借记"应交税费——应交增值税（进项税额）"科目，按应付金额，贷记"应付账款"等科目。

【例114】某生产企业购进一批原材料，购销合同约定的含税价为11 700元。2017年5月31日材料入库，货款未付，发票尚未取得。该纳税人应如何进行账务处理？

分析

（1）5月末，纳税人按合同上的价格暂估入账，不需要将增值税的进项税额暂估入账，账务处理是：

借：原材料 10 000
　　贷：应付账款 10 000

（2）6月初，用红字冲销原暂估入账金额，账务处理是：

借：应付账款 10 000
　　贷：原材料 10 000

（5）小规模纳税人采购等业务的账务处理。小规模纳税人购买物资、服务、无形资产或不动产，取得增值税专用发票上注明的增值税应计入相关成本费用或资产，不通过"应交税费——应交增值税"科目核算。

（6）购买方作为扣缴义务人的账务处理。按照现行增值税制度规定，境外单位或个人在境内发生应税行为，在境内未设有经营机构的，以购买方为增值税扣缴义务人。境内一般纳税人购进服务、无形资产或不动产，按应计入相关成本费用或资产的金额，借记"生产成本""无形资产""固定资产""管理费用"等科目，按可抵扣的增值税额，借记"应交税费——进项税额"科目（小规模纳税人应借记相关成本费用或资产科目），按应付或实际支付的金额，贷记"应付账款"等科目，按应代扣代缴的增值税额，贷记"应交税费——代扣代交增值税"科目。实际缴纳代扣代缴增值税时，按代扣代缴的增值税额，借记"应交税费——代扣代交增值税"科目，贷记"银行存款"科目。

（二）销售等业务的账务处理

（1）销售业务的账务处理。企业销售货物、加工修理修配劳务、服务、无形资产或不动产，应当按应收或已收的金额，借记"应收账款""应收票据""银行存款"等科目，按取得的收入金额，贷记"主营业务收入""其他业务收入""固定资产清理""工程结算"等科目，按现行增值税制度规定计算的销项税额（或采用简易计税方法计算的应纳增值税额），贷记"应交税费——应交增值税（销项税额）"或"应交税费——简易计税"科目（小规模纳税人应贷记"应交税费——应交增值税"科目）。发生销售退回的，应根据按规定开具的红字增值税专用发票做相反的会计分录。

按照国家统一的会计制度确认收入或利得的时点早于按照增值税制度确认增值税纳税义务发生时点的，应将相关销项税额计入"应交税费——待转销项税额"科目，待实际发生纳税义务时再转入"应交税费——应交增值税（销项税额）"或"应交税费——简易计税"科目。

按照增值税制度确认增值税纳税义务发生时点早于按照国家统一的会计制度确认收入或利得的时点的，应将应纳增值税额，借记"应收账款"科目，贷记"应交税费——应交增值税（销项税额）"或"应交税费——简易计税"科目。按照国家统一的会计制度确认收入或利得时，应按扣除增值税销项税额后的金额确认收入。

【例115】某增值税一般纳税人从事技术转让、技术咨询、技术服务。2016年9月取得技术咨询、技术服务含税收入200万元，技术转让以及与技术转让有关的技术咨询、技术服务收入100万元。纳税人如何进行账务处理？

分析 技术转让以及与技术转让有关的技术咨询、技术服务收入100万元免征增值税。技术咨询、技术服务适用税率为6%，销售额=2 000 000÷(1+6%)=1 886 792.45元，销项税额=1 886 792.45×6%=113 207.55元，主营业务收入=1 886 792.45+1 000 000=2 886 792.45元。

纳税人的账务处理是：

借：银行存款（应收账款等科目）　　　　　　　　　　　　3 000 000

　　贷：主营业务收入　　　　　　　　　　　　　　　　　2 886 792.45

　　　　应交税费——应交增值税（销项税额）　　　　　　　113 207.55

【例116】某电影院是增值税一般纳税人，提供的电影放映服务选择适用简易计税方法计税，销售爆米花、饮料等食品按照一般计税方法计税。2016年8月取得电影放映收入300万元（含税），销售食品取得收入5万元（含税）。纳税人如何进行账务处理？

分析 电影放映服务选择适用简易计税方法，销售额=3 000 000÷(1+3%)=2 912 621.36元，应纳增值税税额=2 912 621.36×3%=87 378.64元。销售食品按照一般计税方法，销售额=50 000÷(1+17%)=42 735.04元，销项税额=42 735.04×17%=7 264.96元。主营业务收入=2 912 621.36+42 735.04=2 955 356.40元。账务处理是：

借：现金（银行存款等科目）　　　　　　　　　　　　　　3 050 000

　　贷：主营业务收入　　　　　　　　　　　　　　　　　2 955 356.40

　　　　应交税费——应交增值税（销项税额）　　　　　　　7 264.96

　　　　　　　　——简易计税　　　　　　　　　　　　　　87 378.64

（2）视同销售的账务处理。企业发生税法上视同销售的行为，应当按照企业会计准则制度相关规定进行相应的会计处理，并按照现行增值税制度规定计算的销项税额（或采用简易计税方法计算的应纳增值税额），借记"应付职工薪酬""利润分配"等科目，贷记"应交税费——应交增值税（销项税额）"或"应交税费——简易计税"科目（小规模纳税人应计入"应交税费——应交增值税"科目）。

（3）全面试行营业税改征增值税前已确认收入，此后产生增值税纳税义务的账务处理。企业营业税改征增值税前已确认收入，但因未产生营业税纳税义务而未计提营业税的，在达到增值税纳税义务时点时，企业应在确认应交增值税销项税额的同时冲减当期收入；已经计提营业税且未缴纳的，在达到增值税纳税义务时点时，应借记"应交税费——应交营业税""应交税费——应交城市维护建设税""应交税费——应交教育费附加"等科目，贷记"主营业务收入"科目，并根据调整后的收入计算确定计入"应交税费——待转销项税额"科目的金额，同时冲减收入。

全面试行营业税改征增值税后，"营业税金及附加"科目名称调整为"税金及附加"科目，该科目核算企业经营活动发生的消费税、城市维护建设税、资源税、教育费附加及房产税、土地使用税、车船使用税、印花税等相关税费；利润表中的"营业税金及附加"项目调整为"税金及附加"项目。

（三）差额征税的账务处理

（1）企业发生相关成本费用允许扣减销售额的账务处理。按现行增值税制度规定企业发生相关成本费用允许扣减销售额的，发生成本费用时，按应付或实际支付的金额，借记"主营业务成本""存货""工程施工"等科目，贷记"应付账款""应付票据""银行存款"等科目。待取得合规增值税扣税凭证且纳税义务发生时，按照允许抵扣的税额，借记"应交税费——应交增值税（销项税额抵减）"或"应交税费——简易计税"科目（小规模纳税人应借记"应交税费——应交增值税"科目），贷记"主营业务成本""存货""工程施工"等科目。具体内容见本章第二节"二、差额征税"。

【例117】甲客运站提供货运客运场站服务。2016年8月销售客票取得收入100万元（含税），其他的运输企业承运甲售票的乘客。本期甲企业和其他承运企业结算运费支付了70万元（含税），取得承运企业开具的增值税发票。甲企业如何进行账务处理？

分析 甲企业支付给其他承运企业的70万元虽然可以差额征税、从销售额中扣除，但应通过"应交税费——应交增值税（销项税额抵减）"科目核算，实现对差额的扣除。纳税人的账务处理是：

（1）取得100万元售票收入，物流辅助服务适用税率为6%，销售额=1 000 000÷（1+6%）=943 396.23元，销项税额=943 396.23×6%=56 603.77元。

借：现金（银行存款等科目）　　　　　　　　　　　　1 000 000
　　贷：主营业务收入　　　　　　　　　　　　　　　943 396.23
　　　　应交税费——应交增值税（销项税额）　　　　　56 603.77

（2）支付给其他承运企业70万元，通过"应交税费——应交增值税（销项税额抵减）"科目核算，主营业务成本=700 000÷（1+6%）=660 377.36元，销项税额抵减=660 377.36×6%=39 622.64元。

借：主营业务成本　　　　　　　　　　　　　　　　　660 377.36
　　应交税费——应交增值税（销项税额抵减）　　　　　39 622.64
　　贷：银行存款　　　　　　　　　　　　　　　　　700 000

处理的结果是纳税人的销售额为943 396.23元，销项税额=56 603.77-39 622.64=16 981.13元。

【例118】某纳税人销售2016年4月30日前取得的商品房，取得含税销售额100万元，购置该商品房的发票注明的购置价款为80万元，契税完税证注明的契税为

8 000 元，支付中介费 2 万元。购入后发生装修支出 10 万元。累计折旧为 40 万元。适用简易计税办法计算应纳税额。纳税人如何进行账务处理？

分析 该业务纳税人应差额开具发票。如果纳税人差额开具了增值税专用发票，纳税人销售 2016 年 4 月 30 日前取得的不动产，可以适用简易计税办法，以取得的全部价款和价外费用扣除不动产购置原价或者取得不动产时的作价后的余额为销售额，按照 5% 的征收率计算应纳税额。契税、中介费、装修费用等不得差额征税扣除。销售发票上注明的增值税税额 =（1 000 000－800 000）×5%/（1+5%）= 9 523.81 元，注明的销售额 = 1 000 000－9 523.81 = 990 476.19 元。账务处理是：

借：固定资产清理   528 000
      累计折旧   400 000
  贷：固定资产   928 000（800 000+8 000+20 000+100 000 = 928 000）
借：银行存款   1 000 000
  贷：固定资产清理   952 380.95 [1 000 000÷（1+5%）= 952 380.95]
      应交税费——简易计税
          47 619.05 [1 000 000÷（1+5%）×5% = 47 619.05]
借：应交税费——简易计税   38 095.24 [800 000÷（1+5%）×5% = 38 095.24]
  贷：固定资产清理   38 095.24
借：固定资产清理
      462 476.19 [952 380.95+38 095.24－528 000 = 462 476.19]
  贷：营业外收入   462 476.19

在账务处理中注意两点：一是销售商品房时取得含税收入 1 000 000 元，开具的发票上注明的增值税税额为 9 523.81 元，销售额为 990 476.19 元。账务处理的收入（通过"固定资产清理"科目核算）为 952 380.95 元，税额为 47 619.05 元，和发票上注明的税额和销售额不一致。二是纳税人可以凭购买商品房的合法凭证差额征税，对此减少应纳增值税税额 38 095.24 元，经过这一处理，纳税人"应交税费——应交增值税"科目核算的增值税税额为 9 523.81 元，和差额开具的发票上注明的税额一致。

（2）金融商品转让按规定以盈亏相抵后的余额作为销售额的账务处理。金融商品实际转让月末，如产生转让收益，则按应纳税额借记"投资收益"等科目，贷记"应交税费——转让金融商品应交增值税"科目；如产生转让损失，则按可结转下月抵扣税额，借记"应交税费——转让金融商品应交增值税"科目，贷记"投资收益"等科目。交纳增值税时，应借记"应交税费——转让金融商品应交增值税"科目，贷记"银行存款"科目。年末，本科目如有借方余额，则借记"投资收益"等科目，贷记"应交税费——转让金融商品应交增值税"科目。

（四）进项税额抵扣情况发生改变的账务处理

因发生非正常损失或改变用途等，原已计入进项税额、待抵扣进项税额或待认证进项税额，但按现行增值税制度规定不得从销项税额中抵扣的，借记"待处理财产损溢""应付职工薪酬""固定资产""无形资产"等科目，贷记"应交税费——应交增值税（进项税额转出）""应交税费——待抵扣进项税额"或"应交税费——待认证进项税额"科目；原不得抵扣且未抵扣进项税额的固定资产、无形资产等，因改变用途等用于允许抵扣进项税额的应税项目的，应按允许抵扣的进项税额，借记"应交税费——应交增值税（进项税额）"科目，贷记"固定资产""无形资产"等科目。固定资产、无形资产等经上述调整后，应按调整后的账面价值在剩余尚可使用寿命内计提折旧或摊销。

一般纳税人购进时已全额计提进项税额的货物或服务等转用于不动产在建工程的，对于结转以后期间的进项税额，应借记"应交税费——待抵扣进项税额"科目，贷记"应交税费——应交增值税（进项税额转出）"科目。

【例119】某增值税一般纳税人从事研发服务，2017年9月库存的一批原材料发生非正常损失，该原材料实际成本为7 500元，增值税税率为17%，进项税额已在购进当期抵扣。纳税人如何进行账务处理？

分析　纳税人发生非正常损失的原材料如果已经抵扣了进项税额，应做进项税额转出处理。账务处理是：

借：营业外支出　　　　　　　　　　　　　　　　　　　　　8 775
　　贷：原材料　　　　　　　　　　　　　　　　　　　　　　　7 500
　　　　应交税费——应交增值税（进项税额转出）　1 275（7 500×17%）

（五）月末转出多交增值税和未交增值税的账务处理

月度终了，企业应当将当月应交未交或多交的增值税自"应交增值税"明细科目转入"未交增值税"明细科目。

（1）月份终了，纳税人将当月发生的应交未交增值税额，借记"应交税费——应交增值税（转出未交增值税）"科目，贷记"应交税费——未交增值税"科目。

【例120】某增值税一般纳税人从事技术转让、技术咨询、技术服务。2017年7月应缴纳增值税103 985.71元。会计部门2017年7月31日结账。2017年8月10日申报缴纳税款103 985.71元。纳税人如何进行账务处理？

分析　2017年7月31日纳税人的账务处理是：

借：应交税费——应交增值税（转出未交增值税）　　　　103 985.71
　　贷：应交税费——未交增值税　　　　　　　　　　　　　103 985.71

2017年8月10日申报缴纳税款，纳税人的账务处理是：

借：应交税费——未交增值税　　　　　　　　　　　　　　103 985.71
　　贷：银行存款　　　　　　　　　　　　　　　　　　　　103 985.71

（2）月份终了，纳税人将本月多交的增值税，借记"应交税费——未交增值税"科目，贷记"应交税费——应交增值税（转出多交增值税）"科目。

【例121】某增值税一般纳税人从事交通运输服务，由于有虚开发票的行为，2017年3月1日起主管税务机关对其实施6个月的辅导期管理。2017年3月第二次领购发票，主管税务机关要求按照第一次已领购并开具的专用发票销售额的3%预缴增值税3 840元。第三次领购发票，主管税务机关要求按照第二次已领购并开具的专用发票销售额的 3% 预缴增值税 4 320 元。2017 年 3 月纳税人的应纳增值税税额（未抵减已经预缴的增值税）为 7 300 元。2017 年 3 月 31 日纳税人结账时对增值税如何进行账务处理？

分析 辅导期纳税人预缴的增值税可在本期增值税应纳税额中抵减，抵减后的余额就是纳税人的多缴税额，可抵减下期再次领购专用发票时应当预缴的增值税。纳税人的多缴税额 = 3 840+4 320-7 300 = 860 元

账务处理是：

借：应交税费——未交增值税　　　　　　　　　　　　　　　　860

　　贷：应交税费——应交增值税（转出多交增值税）　　　　　860

（六）交纳增值税的账务处理

（1）交纳当月应交增值税的账务处理。企业交纳当月应交的增值税，借记"应交税费——应交增值税（已交税金）"科目（小规模纳税人应借记"应交税费——应交增值税"科目），贷记"银行存款"科目。

【例 122】某增值税一般纳税人从事交通运输服务，由于有虚开发票的行为，2017年 4 月 1 日起主管税务机关对其实施 6 个月的辅导期管理，每次发售专用发票数量为 25 份。2017 年 4 月第一次领购发票开具的销售额合计 128 000 元。4 月 10 日，第二次领购发票，主管税务机关要求预缴增值税。纳税人如何进行账务处理？

分析 当月第二次领购专用发票，按照上一次已领购并开具的专用发票销售额的 3% 预缴增值税，预缴增值税 = 128 000×3% = 3 840 元。

纳税人的账务处理是：

借：应交税费——应交增值税（已交税金）　　　　　　　　3 840

　　贷：银行存款　　　　　　　　　　　　　　　　　　　　3 840

（2）交纳以前期间未交增值税的账务处理。企业交纳以前期间未交的增值税，借记"应交税费——未交增值税"科目，贷记"银行存款"科目。

（3）预缴增值税的账务处理。企业预缴增值税时，借记"应交税费——预交增值税"科目，贷记"银行存款"科目。月末，企业应将"预交增值税"明细科目余额转入"未交增值税"明细科目，借记"应交税费——未交增值税"科目，贷记"应交税费——预交增值税"科目。房地产开发企业等在预缴增值税后，应至纳税义务发生时方可从"应交税费——预交增值税"科目结转至"应交税费——未交增值税"科目。

【例 123】A 县甲增值税一般纳税人 2017 年 5 月销售其在 B 县拥有的房产取得收入 60 万元（含税），购置该房产时的买价是 40 万元，累计折旧为 10 万元。该业务甲可以选择适用简易计税方法差额征收增值税，甲在 B 县地税机关预缴增值税 9 523.81 元 [（600 000-400 000）÷（1+5%）×5% = 9 523.81]。纳税人如何进行账务处理？

分析 纳税人在 B 县预缴税款时，账务处理是：

借：应交税费——预交税款　　　　　　　　　　　　　　9 523.81

　　贷：银行存款　　　　　　　　　　　　　　　　　　　9 523.81

月末将"预交增值税"明细科目余额转入"未交增值税"明细科目，账务处理是：

借：应交增值税——未交增值税   9 523.81

  贷：应交税费——预交税款   9 523.81

（4）减免增值税的账务处理。对于当期直接减免的增值税，借记"应交税费——应交增值税（减免税款）"科目，贷记损益类相关科目。

（七）增值税税控系统专用设备和技术维护费用抵减增值税额的账务处理

按现行增值税制度规定，企业初次购买增值税税控系统专用设备支付的费用以及缴纳的技术维护费允许在增值税应纳税额中全额抵减的，按规定抵减的增值税应纳税额，借记"应交税费——应交增值税（减免税款）"科目（小规模纳税人应借记"应交税费——应交增值税"科目），贷记"管理费用"等科目。具体内容见第五章第一节"税收优惠项目"中的"一、部分原增值税税收优惠"。

（八）关于小微企业免征增值税的会计处理规定

小微企业在取得销售收入时，应当按照税法的规定计算应交增值税，并确认为应交税费，在达到增值税制度规定的免征增值税条件时，将有关应交增值税转入当期损益。

【例124】某增值税小规模纳税人2017年7月取得收入3万元（含税），符合小微企业增值税优惠的条件。该纳税人本月增值税销售额为多少元？如何进行账务处理？

分析 该纳税人的账务处理是：

借：银行存款   30 000

  贷：主营业务收入   29 126.21 ［30 000÷（1+3%）= 29 126.21］

      应交税费——应交增值税   873.79 （29 126.21×3%＝873.79）

借：应交税费——应交增值税   873.79

  贷：营业外收入   873.79

三、财务报表相关项目列示

"应交税费"科目下的"应交增值税""未交增值税""待抵扣进项税额""待认证进项税额""增值税留抵税额"等明细科目期末借方余额应根据情况，在资产负债表中的"其他流动资产"或"其他非流动资产"项目列示；"应交税费——待转销项税额"等科目期末贷方余额应根据情况，在资产负债表中的"其他流动负债"或"其他非流动负债"项目列示；"应交税费"科目下的"未交增值税""简易计税""转让金融商品应交增值税""代扣代交增值税"等科目期末贷方余额应在资产负债表中的"应交税费"项目列示。

第四章

跨境应税行为零税率和免税

第一节　跨境应税行为零税率和免税的范围

在营改增前，我国增值税的退免税主要是针对货物，只有货物的出口才涉及退免税。营改增后，把跨境应税行为也纳入了出口退税的范围。跨境应税行为的出口退税包括零税率和免税。

一、零税率

中华人民共和国境内的单位和个人销售的下列服务和无形资产，适用增值税零税率。

（一）国际运输服务、港澳台运输服务

（1）国际运输服务、港澳台运输服务，是指：

①在境内载运旅客或者货物出境。

②在境外载运旅客或者货物入境。

③在境外载运旅客或者货物。

在增值税的征收管理中，一般把下列运输服务判断为国际运输服务：A. 起点或终点在境外的运单、提单或客票所对应的各航段或路段的运输服务，属于国际运输服务。B. 起点或终点在港澳台的运单、提单或客票所对应的各航段或路段的运输服务，属于港澳台运输服务。

从境内载运旅客或货物至国内海关特殊监管区域及场所、从国内海关特殊监管区域及场所载运旅客或货物至国内其他地区或者国内海关特殊监管区域及场所，不属于增值税零税率应税服务适用范围。

【例125】甲运输企业将乙企业的货物从新疆运到巴基斯坦，其中在境内从乙企业的仓库运至喀什的境内段，甲企业分给丙企业承运，从喀什经红其拉甫口岸到巴基斯坦的运输由甲企业自己承运。对于甲企业和丙企业来讲，该运输业务是否属于国际运输？

分析 在增值税的征收管理中，一般把起点或终点最少有一端在境外的运单、提单或客票所对应的各航段或路段的运输服务作为国际运输服务。该业务中，丙运输企业承运的是乙企业的仓库运至喀什的境内段，起点、终点都在境内，不属于国际运输。甲企业的运输终点在境外，属于国际运输。

本例中，假设甲企业不将从乙企业的仓库运至喀什的境内段分给丙企业承运，全部运输都由甲自己承运，甲企业的运输服务也属于国际运输服务。

（2）按照国家有关规定应取得相关资质的国际运输服务项目，纳税人取得相关资质的，适用增值税零税率政策，未取得的，适用增值税免税政策。

不同的运输方式，相关资质不同。如，以水路运输方式提供国际运输服务的，应当取得国际船舶运输经营许可证；以陆路运输方式提供国际运输服务的，应当取得道路运输经营许可证和国际汽车运输行车许可证，且道路运输经营许可证的经营范围应当包括"国际运输"；以航空运输方式提供国际运输服务的，应当取得公共航空运输企业经营许可证且其经营范围应当包括"国际航空客货邮运输业务"；以陆路运输方式提供至香港、澳门的交通运输服务的，应当取得道路运输经营许可证并具有持道路运输证的直通港澳运输车辆；以水路运输方式提供至台湾的交通运输服务的，应当取得台湾海峡两岸间水路运输许可证并具有持台湾海峡两岸间船舶营运证的船舶；以水路运输方式提供至香港、澳门的交通运输服务的，应当具有获得港澳线路运营许可的船舶；以航空运输方式提供上述交通运输服务的，应当取得公共航空运输企业经营许可证且其经营范围应当包括"国际、国内（含港澳）航空客货邮运输业务"。

《财政部　国家税务总局关于国际水路运输增值税零税率政策的补充通知》（财税〔2014〕50号）规定，境内的单位和个人取得交通部门颁发的国际班轮运输经营资格登记证或加注国际客货运输的水路运输许可证，并以水路运输方式提供国际运输服务的，适用增值税零税率政策。

（3）境内的单位或个人提供程租服务，如果租赁的交通工具用于国际运输服务和港澳台运输服务，由出租方按规定申请适用增值税零税率。

境内的单位和个人向境内单位或个人提供期租、湿租服务，如果承租方利用租赁的交通工具向其他单位或个人提供国际运输服务和港澳台运输服务，由承租方适用增值税零税率。境内的单位或个人向境外单位或个人提供期租、湿租服务，由出租方适用增值税零税率。

（二）航天运输服务

提供航天运输服务的纳税人，应提供经营范围包括"商业卫星发射服务"的企业法人营业执照或其他具有提供商业卫星发射服务资质的证明材料。

（三）向境外单位提供的完全在境外消费的下列服务

（1）研发服务。

2016年4月30日前，境内的单位和个人向境外单位提供的研发服务，无论境外单位是否完全在境外消费，都适用增值税零税率。从2016年4月30日后，只有向境外单位提供的完全在境外消费研发服务才能适用增值税零税率，否则应按照适用税率计算缴纳增值税。

（2）合同能源管理服务。

2015年12月1日前，境内的单位和个人向境外单位提供的合同能源管理服务（不包括合同标的物在境内的合同能源管理服务），适用增值税免税。2015年12月1日起，根据《财政部　国家税务总局关于影视等出口服务适用增值税零税率政策的通知》（财税〔2015〕118号）的规定，合同标的物在境外的合同能源管理服务政策由免税改为零税率。2016年4月30日后，境内的单位和个人向境外单位提供的完全在境外消费的合同能源管理服务免税。所以，对于提供合同能源管理服务的纳税人来讲，应注意，2015年12月1日前合同能源管理服务适用增值税免税，纳税人的进项税额不可以抵扣，2015年12月1日起，适用增值税零税率，纳税人的进项税额可以抵扣。

（3）设计服务。

2016 年 4 月 30 日前，境内的单位和个人向境外单位提供的设计服务，无论境外单位是否完全在境外消费，都适用增值税零税率。2016 年 4 月 30 日后，只有向境外单位提供的完全在境外消费的设计服务才能适用增值税零税率，否则应按照适用税率计算缴纳增值税。

（4）广播影视节目（作品）的制作和发行服务。

2015 年 12 月 1 日前，境内的单位和个人在境外提供的广播影视节目（作品）的发行服务、向境外单位提供广播影视节目（作品）制作服务，适用增值税免税。2015 年 12 月 1 日起，根据《财政部 国家税务总局关于影视等出口服务适用增值税零税率政策的通知》（财税〔2015〕118 号）的规定，向境外单位提供的广播影视节目（作品）的制作和发行服务，适用增值税零税率。2016 年 4 月 30 日后，向境外单位提供的完全在境外消费的广播影视节目（作品）的制作和发行服务，适用增值税零税率。所以，对于提供广播影视节目（作品）的制作和发行服务的纳税人来讲，应注意两点，一是2015 年 12 月 1 日前广播影视节目（作品）的制作和发行服务适用增值税免税，纳税人的进项税额不可以抵扣，从 2015 年 12 月 1 日起，适用增值税零税率，纳税人进项税额可以抵扣。二是属于跨境应税行为的广播影视节目（作品）的制作和发行服务范围缩小了，2015 年 12 月 1 日前，境内的单位和个人在境外提供的广播影视节目（作品）的发行服务，无论购买方是境内单位或者个人还是境外单位或者个人，都适用增值税零税率；广播影视节目（作品）制作服务购买方是境外单位，才可适用增值税免税。2015 年 12 月 1 日起，境内的单位和个人提供的广播影视节目（作品）的制作和发行服务都要求购买方是境外单位，才可适用增值税零税率。2016 年 4 月 30 日后，适用增值税零税率除要求购买方是境外单位外，还要求广播影视节目（作品）的制作和发行服务完全在境外消费。

（5）信息技术服务（不包括信息系统增值服务）。

信息技术服务包括软件服务、电路设计及测试服务、信息系统服务、业务流程管理服务和信息系统增值服务。境内单位和个人向境外单位提供的完全在境外消费的软件服务、电路设计及测试服务、信息系统服务、业务流程管理服务，适用增值税零税率。信息系统增值服务没有零税率或免税。

2015 年 12 月 1 日前，境内的单位和个人向境外单位提供的软件服务、电路设计及测试服务、信息系统服务和业务流程管理服务，无论境外单位是否完全在境外消费，都适用增值税免税。2015 年 12 月 1 日起，根据《财政部 国家税务总局关于影视等出口服务适用增值税零税率政策的通知》（财税〔2015〕118 号）的规定，向境外单位提供的软件服务、电路设计及测试服务、信息系统服务、业务流程管理服务，适用增值税零税率。2016 年 4 月 30 日后，向境外单位提供的软件服务、电路设计及测试服务、信息系统服务和业务流程管理服务完全在境外消费的，适用增值税零税率。所以，对于提供信息技术服务（不包括信息系统增值服务）的纳税人来讲，应注意两点：一是2015 年 12 月 1 日前信息技术服务（不包括信息系统增值服务）适用增值税免税，纳税人的进项税额不可以抵扣，从 2015 年 12 月 1 日起，适用增值税零税率，纳税人进项税额可以抵扣。二是属于跨境应税行为的信息技术服务（不包括信息系统增值服务）范围缩小了，2015 年 12 月 1 日起，境内的单位和个人提供的信息技术服务（不包括信息系统增值服务）只要购买方是境外单位，即可适用增值税零税率。2016 年 4 月 30 日起，适用增值税零税率除要求购买方是境外单位外，还要求信息技术服务（不包括信息系统增值服务）完全在境外消费。

（6）离岸服务外包业务。

①离岸服务外包业务，是指纳税人根据境外单位与其签订的委托合同，由本企业或其直接转包的企业为境外客户提供的应税行为。

服务外包是指企业将价值链中原本由自身提供的具有基础性的、共性的、非核心的 IT 业务和基于 IT 的业务流程剥离出来后，外包给企业外部专业服务提供商来完成的经济活动。因此，服务外包应该是基于信息网络技术的，其服务性工作（包括业务和业务流程）通过计算机操作完成，并采用现代通信手段进行交付，使企业通过重组价值链、优化资源配置，降低了成本并增强了企业核心竞争力。

根据《交通运输业和部分现代服务业营业税改征增值税试点过渡政策的规定》的规定，离岸服务外包业务包括信息技术外包服务（ITO）、技术性业务流程外包服务（BPO）、技术性知识流程外包服务（KPO），其所涉及的具体业务活动，按照《销售服务、无形资产、不动产注释》相对应的业务活动执行。

②离岸服务外包业务的增值税政策有四个时期不同的政策。

第一，《交通运输业和部分现代服务业营业税改征增值税试点过渡政策的规定》（财税〔2013〕37 号附件 3）规定，自本地区试点实施之日起至 2013 年 12 月 31 日，注册在中国服务外包示范城市的试点纳税人从事离岸服务外包业务中提供的应税服务免征增值税。注册在平潭的试点纳税人从事离岸服务外包业务中提供的应税服务免征增值税。

国务院办公厅下发的《国务院办公厅关于促进服务外包产业发展问题的复函》（国办函〔2009〕9 号），批复了商务部会同有关部委共同制定的促进服务外包发展的政策措施，批准北京等 20 个城市为中国服务外包示范城市，20 个试点城市分别是北京、天津、上海、重庆、大连、深圳、广州、武汉、哈尔滨、成都、南京、西安、济南、杭州、合肥、南昌、长沙、大庆、苏州、无锡。

第二，《交通运输业和部分现代服务业营业税改征增值税试点过渡政策的规定》（财税〔2013〕37 号附件 3）规定，自 2014 年 1 月 1 日至 2018 年 12 月 31 日，试点纳税人提供的离岸服务外包业务免征增值税。和 2014 年 1 月 1 日前相比，扩大了离岸服务外包业务免征增值税的地域范围，从 20 个示范城市扩大到全国范围。

第三，《财政部 国家税务总局关于影视等出口服务适用增值税零税率政策的通知》（财税〔2015〕118 号）规定，自 2015 年 12 月 1 日起，境内单位和个人向境外单位提供的离岸服务外包业务，适用增值税零税率。

第四，《跨境应税行为适用增值税零税率和免税政策的规定》（财税〔2016〕36 号附件 4）规定，2016 年 4 月 30 日后，境内的单位和个人向境外单位提供的完全在境外消费的离岸服务外包服务适用增值税零税率。

对于提供离岸服务外包服务的纳税人来讲，应注意两点，一是 2015 年 12 月 1 日前离岸服务外包服务适用增值税免税，纳税人进项税额不可以抵扣，自 2015 年 12 月 1 日起，适用增值税零税率，纳税人进项税额可以抵扣。二是属于跨境应税行为的离岸服务外包服务范围缩小了，2016年4月30日后，除要求购买方是境外单位外，还要求离岸服务外包服务完全在境外消费。

（7）转让技术。

技术转让包括专利技术转让和非专利技术转让。向境外单位提供的完全在境外消费的转让技术适用增值税零税率。

2015年12月1日前，境内的单位和个人向境外单位转让技术，适用增值税免税。技术转让服务在营改增之前按照"转让无形资产"征收营业税。所转让无形资产（不含土地使用权）的接受单位或个人在境内的属于营业税征税范围，接受单位或个人在境外的不属于营业税征税范围。如境内某企业将一项专利技术转让给境外某企业，虽然境内企业取得了收入，但由于接收方是境外的单位或者个人，所以不属于营业税的征税范围，不征收营业税。但营改增后，技术转让服务按照应税服务"境内"的判断标准，只要应税服务的提供方或接受方在境内，都属于增值税征税范围，所以境内某企业将一项专利技术转让给境外某企业，属于增值税的征税范围，给予免税的税收优惠。

自2015年12月1日起，根据《财政部 国家税务总局关于影视等出口服务适用增值税零税率政策的通知》（财税〔2015〕118号）的规定，境内的单位和个人向境外单位提供转让技术服务，适用增值税零税率。

2016年4月30日后，境内的单位和个人向境外单位提供的完全在境外消费的转让技术适用增值税零税率。所以，对于转让技术的纳税人来讲，应注意两点，一是2015年12月1日前转让技术适用增值税免税，纳税人的进项税额不可以抵扣，从2015年12月1日起，适用增值税零税率，纳税人的进项税额可以抵扣。二是属于跨境应税行为的转让技术范围缩小了，2016年4月30日后，除是为境外单位提供外，还要求转让的技术完全在境外消费。

（四）财政部和国家税务总局规定的其他服务

（略）

二、免税

境内的单位和个人销售的下列服务和无形资产免征增值税，但财政部和国家税务总局规定适用增值税零税率的除外。

（一）下列服务免征增值税

（1）工程项目在境外的建筑服务。

2016年4月30日，建筑服务改征增值税。在改征增值税前，《财政部 国家税务总局关于个人金融商品买卖等营业税若干免税政策的通知》（财税〔2009〕111号）规定，对境内单位或者个人在境外提供建筑业劳务暂免征收营业税。营改增后，工程项目在境外的建筑服务适用增值税免税，这和营业税中境外提供建筑业劳务暂免征收营业税一致。

《营业税改征增值税跨境应税行为增值税免税管理办法（试行）》（国家税务总局公告 2016 年第 29 号）规定，工程总承包方和工程分包方为施工地点在境外的工程项目提供的建筑服务，均属于工程项目在境外的建筑服务。

（2）工程项目在境外的工程监理服务。

工程监理服务在 2016 年 4 月 30 日前未改征增值税。按照《营业税暂行条例》的规定，境内单位和个人无论是在境内还是在境外提供营业税应税劳务，都属于营业税征税范围，所以境内单位和个人为境外的工程项目提供的工程监理服务，属于营业税征税范围。2016 年 4 月 30 日后，工程监理服务改征增值税，境内单位和个人为境外的工程项目提供的工程监理服务也属于增值税征税范围，适用增值税免税。只要工程项目在境外，无论购买方是境内单位或者个人还是境外单位或者个人，都适用增值税免税。

（3）工程、矿产资源在境外的工程勘察勘探服务。

只要工程、矿产资源在境外，无论购买方是境内单位或者个人还是境外单位或者个人，都属于增值税征税范围。

（4）会议展览地点在境外的会议展览服务。

会议展览服务改征增值税以来，为客户参加在境外举办的会议、展览而提供的组织安排服务，属于会议展览地点在境外的会议展览服务，一直适用增值税免税。

（5）存储地点在境外的仓储服务。

存储地点在境外的仓储服务，无论购买方是境内单位或者个人还是境外单位或者个人，适用增值税免税。

（6）标的物在境外使用的有形动产租赁服务。

租赁服务包括不动产租赁和有形动产租赁。在境内提供租赁服务属于增值税征税范围。在境内提供租赁服务是指提供有形动产租赁服务的销售方或者购买方在境内，所销售或者租赁的不动产在境内。只有不动产在境内的租赁服务才属于征税范围，所以不动产租赁服务不涉及跨境应税行为的退免税。

有形动产租赁跨境退免税是标的物在境外使用的有形动产租赁服务，只要有形动产在境外使用，无论购买方是境内单位或者个人还是境外单位或者个人，也无论是经营租赁还是融资租赁（不包括融资性售后回租），都适用增值税免税。

【例 126】甲建筑企业在巴基斯坦承接了一项高速公路项目，修路所用的工程车辆从境内乙企业租入。乙企业向甲企业收取的工程车辆的租金收入是否适用增值税免税？

分析 乙企业提供的有形动产租赁服务，标的物工程车辆在境外使用，所以，尽管承租方是境内甲企业，也适用增值税免税。

（7）在境外提供的广播影视节目（作品）的播映服务。

广播影视服务，包括广播影视节目（作品）的制作服务、发行服务和播映服务。其中，向境外单位提供的完全在境外消费的广播影视节目（作品）的制作服务、发行服务适用增值税零税率。在境外提供的广播影视节目（作品）的播映服务适用增值税免税。

《营业税改征增值税跨境应税行为增值税免税管理办法（试行）》（国家税务总局公告 2016 年第 29 号）规定，在境外提供的广播影视节目（作品）播映服务，是指在境外的影院、剧院、录像厅及其他场所播映广播影视节目（作品）。

通过境内的电台、电视台、卫星通信、互联网、有线电视等无线或者有线装置向境外播映广播影视节目（作品），不属于在境外提供的广播影视节目（作品）播映服务。

（8）在境外提供的文化体育服务、教育医疗服务、旅游服务。

①生活服务包括文化体育服务、教育医疗服务、旅游娱乐服务、餐饮住宿服务、居民日常服务和其他生活服务。这些生活服务在营业税中适用的免税政策比较少。《财政部 国家税务总局关于支持文化服务出口等营业税政策的通知》（财税〔2014〕118号）规定，对纳税人为境外单位或个人在境外提供的纳入国家级非物质文化遗产名录的传统医药诊疗保健服务免征营业税。2016年4月30日改征增值税后，境内单位和个人在境外提供的文化体育服务、教育医疗服务、旅游服务适用增值税免税。除此之外，境内单位和个人在境外提供的其他生活服务不予免税。

【例127】某旅行社提供旅游服务，有境内团和境外团。境内团是组织游客（包括外国游客）在境内旅游，主要包括周边一日游、境内各省的多日游。境外团是组织境内的游客到境外旅游，主要包括韩国游、日本游。该旅行社组织外国游客在我国境内旅游以及组织游客到境外旅游的业务是否免征增值税？

分析 在营改增前，旅行社的旅游服务缴纳营业税，无论是组织外国游客在我国境内旅游还是组织游客到境外旅游，都应缴纳营业税。营改增后，旅行社的旅游服务缴纳增值税。组织游客到境外旅游，属于境内单位和个人在境外提供的旅游服务，可以免征增值税。组织外国游客在我国境内旅游应缴纳增值税，不得免征增值税。

对组织游客到境外旅游的业务，有观点认为，应区分境内段和境外段，只对境外段免征增值税，对于境内段，不得免征增值税，这一观点没有政策依据。还有观点认为，组织游客到境外旅游，因为旅游服务没有完全在境外消费，所以不得免征增值税，这一观点也没有政策依据，《跨境应税行为适用增值税零税率和免税政策的规定》（财税〔2016〕36号附件4），规定免税的旅游服务并没有要求完全在境外消费，只要求在境外提供。所以，本例适用免征增值税政策。

②《营业税改征增值税跨境应税行为增值税免税管理办法（试行）》（国家税务总局公告2016年第29号）规定，在境外提供的文化体育服务和教育医疗服务，是指纳税人在境外现场提供的文化体育服务和教育医疗服务。

为参加在境外举办的科技活动、文化活动、文化演出、文化比赛、体育比赛、体育表演、体育活动而提供的组织安排服务，属于在境外提供的文化体育服务。

通过境内的电台、电视台、卫星通信、互联网、有线电视等媒体向境外单位或个人提供的文化体育服务或教育医疗服务，不属于在境外提供的文化体育服务、教育医疗服务。

（二）为出口货物提供的邮政服务、收派服务、保险服务

（1）《营业税改征增值税跨境应税行为增值税免税管理办法（试行）》（国家税务总局公告2016年第29号）规定，为出口货物提供的邮政服务适用增值税免税。这包括寄递函件、包裹等邮件出境；向境外发行邮票；出口邮册等邮品。

《营业税改征增值税跨境应税服务增值税免税管理办法（试行）》（国家税务总局公告 2014 年第 49 号）规定，为出口货物提供的邮政服务包括代办收件地在境外的速递物流类业务。这一规定从 2016 年 4 月 30 日后不再执行，也即邮政服务中，代办收件地在境外的速递物流类业务应缴纳增值税。

（2）为出口货物提供的收派服务，是指为出境的函件、包裹提供的收件、分拣、派送服务。纳税人为出口货物提供收派服务，免税销售额为其向寄件人收取的全部价款和价外费用。

（3）为出口货物提供的保险服务，包括出口货物保险和出口信用保险。

（三）向境外单位提供的完全在境外消费的下列服务和无形资产

（1）电信服务。

2014 年 6 月 1 日，电信服务改征增值税，《财政部 国家税务总局关于将电信业纳入营业税改征增值税试点的通知》（财税〔2014〕43 号）规定，境内单位和个人向境外单位提供电信业服务，免征增值税。2016 年 4 月 30 日后，免征增值税的电信服务应完全在境外消费。

《营业税改征增值税跨境应税行为增值税免税管理办法（试行）》（国家税务总局公告 2016 年第 29 号）规定，纳税人向境外单位或者个人提供的电信服务，通过境外电信单位结算费用的，服务接受方为境外电信单位，属于完全在境外消费的电信服务。

（2）知识产权服务、广告投放地在境外的广告服务。

文化创意服务包括设计服务、知识产权服务、广告服务和会议展览服务。这些服务的增值税退免税政策有比较大的差异。向境外单位提供的完全在境外消费的设计服务适用增值税零税率。会议展览地点在境外的会议展览服务适用增值税免税。向境外单位提供的完全在境外消费的知识产权服务、广告投放地在境外的广告服务适用增值税免税。

服务实际接受方为境内单位或者个人的知识产权服务，不属于完全在境外消费的知识产权服务。

（3）物流辅助服务（仓储服务、收派服务除外）。

物流辅助服务包括航空服务、港口码头服务、货运客运场站服务、打捞救助服务、装卸搬运服务、仓储服务和收派服务七项，在跨境应税行为退免税中，虽然物流辅助服务的七项都适用增值税免税，但其中，免税的仓储服务的存储地点要求在境外；免税的收派服务要求标的物是出口的货物。

除仓储服务和收派服务外，其他的物流辅助服务适用增值税免税的，要求购买方是境外单位且完全在境外消费。2016 年 4 月 30 日前这些免税的物流辅助服务只要求购买方是境外单位。

《营业税改征增值税跨境应税行为增值税免税管理办法（试行）》（国家税务总局公告 2016 年第 29 号）明确规定，境外单位从事国际运输和港澳台运输业务经停我国机场、码头、车站、领空、内河、海域时，纳税人向其提供的航空地面服务、港口码头服务、货运客运站场服务、打捞救助服务、装卸搬运服务，属于完全在境外消费的物流辅助服务。

【例 128】 KK 机场为停靠本港的国内外航空公司和乘客提供通用服务、值机服务、行李服务、仓储服务、安检服务、联检服务、引导服务等地面服务。KK 机场提供的服务能否适用增值税免税或者零税率？

分析 （1）机场提供的仓储服务，由于存储地点在境内，不属于"存储地点在境外的仓储服务"，不得适用增值税免税。

（2）机场为境内航空公司提供的物流辅助服务，不能免征增值税。

（3）机场为境外航空公司提供的物流辅助服务，根据《营业税改征增值税跨境应税行为增值税免税管理办法（试行）》（国家税务总局公告 2016 年第 29 号）的规定，"境外单位从事国际运输和港澳台运输业务经停我国机场、码头、车站、领空、内河、海域时，纳税人向其提供的航空地面服务、港口码头服务、货运客运站场服务、打捞救助服务、装卸搬运服务，属于完全在境外消费的物流辅助服务"，属于完全在境外消费的航空服务，免征增值税。

（4）鉴证咨询服务。

鉴证咨询服务，包括认证服务、鉴证服务和咨询服务。向境外单位提供的完全在境外消费的鉴证咨询服务适用增值税免税。2016 年 4 月 30 日前只要是向境外单位提供的鉴证咨询服务都适用增值税免税，不要求完全在境外消费，但同时也规定，向境外单位提供的对境内货物或不动产的认证服务、鉴证服务和咨询服务不得免征增值税。这和 2016 年 4 月 30 日后向境外单位提供的完全在境外消费的鉴证咨询服务适用增值税免税基本一致。

《营业税改征增值税跨境应税行为增值税免税管理办法（试行）》（国家税务总局公告 2016 年第 29 号）规定，下列情形不属于完全在境外消费的鉴证咨询服务：

①服务的实际接受方为境内单位或者个人。

②对境内的货物或不动产进行的认证服务、鉴证服务和咨询服务。

（5）专业技术服务。

专业技术服务，是指气象服务、地震服务、海洋服务、测绘服务、城市规划、环境与生态监测服务等专项技术服务，属于研发和技术服务。

研发和技术服务包括研发服务、合同能源管理服务、工程勘察勘探服务、专业技术服务。这些服务的增值税退免税政策有比较大的差异。向境外单位提供的完全在境外消费的研发服务、合同能源管理服务适用增值税零税率。工程、矿产资源在境外的工程勘察勘探服务适用增值税免税。向境外单位提供的完全在境外消费的专业技术服务适用增值税免税。

《营业税改征增值税跨境应税行为增值税免税管理办法（试行）》（国家税务总局公告 2016 年第 29 号）规定，下列情形不属于完全在境外消费的专业技术服务：

①服务的实际接受方为境内单位或者个人。

②对境内的天气情况、地震情况、海洋情况、环境和生态情况进行的气象服务、地震服务、海洋服务、环境和生态监测服务。

③为境内的地形地貌、地质构造、水文、矿藏等进行的测绘服务。

④为境内的城、乡、镇提供的城市规划服务。

（6）商务辅助服务。

商务辅助服务，包括企业管理服务、经纪代理服务、人力资源服务、安全保护服务。经纪代理服务中知识产权代理、货物运输代理、代理报关、代理记账，在 2016 年 4 月 30 日前，不属于经纪代理服务，其中知识产权代理服务属于文化创意服务，退免税政策是"向境外单位提供的知识产权服务免征增值税"；货物运输代理、代理报关属于物流辅助服务，退免税政策是"向境外单位提供的物流辅助服务（仓储服务除外）免征增值税"；代理记账属于鉴证咨询服务，退免税政策是"向境外单位提供的鉴证咨询服务免征增值税"。2016 年 4 月 30 日后，知识产权代理、货物运输代理、代理报关、代理记账都属于经纪代理服务，退免税政策是"向境外单位提供的完全在境外消费的经纪代理服务免征增值税"。

《营业税改征增值税跨境应税行为增值税免税管理办法（试行）》（国家税务总局公告 2016 年第 29 号）规定：

①纳税人向境外单位提供的代理报关服务和货物运输代理服务，属于完全在境外消费的代理报关服务和货物运输代理服务。

②纳税人向境外单位提供的外派海员服务，属于完全在境外消费的人力资源服务。外派海员服务，是指境内单位派出属于本单位员工的海员，为境外单位在境外提供的船舶驾驶和船舶管理等服务。

③纳税人以对外劳务合作方式，向境外单位提供的完全在境外发生的人力资源服务，属于完全在境外消费的人力资源服务。对外劳务合作，是指境内单位与境外单位签订劳务合作合同，按照合同约定组织和协助中国公民赴境外工作的活动。

④下列情形不属于完全在境外消费的商务辅助服务：

A. 服务的实际接受方为境内单位或者个人。

B. 对境内不动产的投资与资产管理服务、物业管理服务、房地产中介服务。

C. 拍卖境内货物或不动产过程中提供的经纪代理服务。

D. 为境内货物或不动产的物权纠纷提供的法律代理服务。

E. 为境内货物或不动产提供的安全保护服务。

【例 129】甲企业从事代理报关业务，为国内外的客户提供上海海关的代理报关服务。其为国外客户提供的报关服务是否可以免征增值税？

分析 2016 年 4 月 30 日前，境内单位和个人向境外单位提供的物流辅助服务（仓储服务除外）免征增值税，代理报关服务属于物流辅助服务，向境外单位提供的代理报关服务，可以免征增值税，所以甲企业为国外客户提供的上海海关的代理报关服务，在 2016 年 4 月 30 日前可以免征增值税。

2016 年 4 月 30 日后，代理报关服务属于商务辅助服务中的经纪代理服务，《营业税改征增值税跨境应税行为增值税免税管理办法（试行）》（国家税务总局公告 2016 年第 29 号）规定，纳税人向境外单位提供的代理报关服务，属于完全在境外消费的代理报关服务。甲企业为国外客户在上海提供的代理报关服务，虽然报关的地点是上海海关，但根据《营业税改征增值税跨境应税行为增值税免税管理办法（试行）》（国家税务总局公告 2016 年第 29 号）的规定，"纳税人向境外单位提供的代理报关服务属于完全在境外消费的代理报关服务",只要购买方是境外单位,则属于完全在境外消费的代理报关服务,所以还是免征增值税。

（7）广告投放地在境外的广告服务。

广告投放地在境外的广告服务,是指为在境外发布的广告提供的广告服务。

（8）无形资产。

无形资产,是指不具实物形态,但能带来经济利益的资产,包括技术、商标、著作权、商誉、自然资源使用权和其他权益性无形资产。

其中向境外单位提供的完全在境外消费的转让技术,适用增值税零税率。自然资源使用权中的土地使用权,不涉及跨境应税行为退免税。除转让技术和土地使用权外,向境外单位提供的完全在境外消费的无形资产适用增值税免税。

《营业税改征增值税跨境应税行为增值税免税管理办法（试行）》（国家税务总局公告 2016 年第 29 号）规定,下列情形不属于向境外单位销售的完全在境外消费的无形资产:

①无形资产未完全在境外使用。

②所转让的自然资源使用权与境内自然资源相关。

③所转让的基础设施资产经营权、公共事业特许权与境内货物或不动产相关。

④向境外单位转让在境内销售货物、应税劳务、服务、无形资产或不动产的配额、经营权、经销权、分销权、代理权。

（四）属于以下情形的国际运输服务

（1）以无运输工具承运方式提供的国际运输服务。

境内单位和个人以无运输工具承运方式提供的国际运输服务,由境内实际承运人适用增值税零税率;无运输工具承运业务的经营者适用增值税免税政策。

【例 130】甲国际货物运输代理企业有部分客户的货物需要从上海运至日本横滨。2016 年 5 月 20 日,甲企业与乙海运企业签订了标准杂货租船合同（程租合同）,约定乙为甲提供 2016 年 6 月 1 日上海到日本横滨的船舶的部分仓位,支付运费 50 万元人民币,运费的支付方式为预付方式。甲企业以自己的名义和乙企业签订合同并支付 50 万元人民币,用乙企业的船舶将客户的货物从上海运到日本横滨。根据以上资料分析甲企业和乙企业在跨境应税行为退免税中是否适用增值税零税率或免税?

分析 乙企业提供的是程租服务,如果租赁的交通工具用于国际运输服务和港澳台运输服务,由出租方按规定申请适用增值税零税率,所以乙企业提供的国际运输服务适用增值税零税率。

甲企业以自己的名义和乙企业签订合同并支付运费后,由乙企业提供运输服务,将客户的货物从上海运到日本横滨,属于无运输工具承运业务,如果甲企业的客户是境外的单位,甲企业可以适用增值税免税。如果甲企业的客户不是境外单位,甲企业不得免征增值税。

（2）以水路运输方式提供国际运输服务但未取得国际船舶运输经营许可证的。

（3）以公路运输方式提供国际运输服务但未取得道路运输经营许可证或者国际汽车运输行车许可证,或者道路运输经营许可证的经营范围未包括"国际运输"的。

（4）以航空运输方式提供国际运输服务但未取得公共航空运输企业经营许可证，或者其经营范围未包括"国际航空客货邮运输业务"的。

（5）以航空运输方式提供国际运输服务但未持有通用航空经营许可证，或者其经营范围未包括"公务飞行"的。

即按照国家有关规定应取得相关资质的国际运输服务项目，纳税人取得相关资质的，适用增值税零税率，未取得的，适用增值税免税。

（五）为境外单位之间的货币资金融通及其他金融业务提供的直接收费金融服务，且该服务与境内的货物、无形资产和不动产无关

金融服务包括贷款服务、直接收费金融服务、保险服务和金融商品转让。其中贷款服务和金融商品转让服务不涉及跨境应税行为退免税。为出口货物提供的保险服务适用增值税免税。为境外单位之间的货币资金融通及其他金融业务提供的直接收费金融服务，且该服务与境内的货物、无形资产和不动产无关的，适用增值税免税。

为境外单位之间、境外单位和个人之间的外币、人民币资金往来提供的资金清算、资金结算、金融支付、账户管理服务，属于为境外单位之间的货币资金融通及其他金融业务提供的直接收费金融服务。

（六）财政部和国家税务总局规定的其他服务

三、完全在境外消费

《跨境应税行为适用增值税零税率和免税政策的规定》（财税〔2016〕36 号附件 4）所称完全在境外消费，是指：

（1）服务的实际接受方在境外，且与境内的货物和不动产无关。

（2）无形资产完全在境外使用，且与境内的货物和不动产无关。

（3）财政部和国家税务总局规定的其他情形。

【例 131】江苏省常州市甲信息技术服务公司的核心业务是专门为境外客户提供 BPO 和 IT 服务外包业务，面向韩国、欧美、马来西亚等不同国家和地区提供多语言、多类别 BPO 和 IT 服务。在业务中提供给客户的软件是根据客户的需求开发的，版权属于客户所有。甲信息技术服务公司提供的服务能否享受营改增免税的税收优惠？

分析 甲信息技术服务公司根据客户需求开发软件的业务属于软件服务，其他的业务属于信息系统服务、业务流程管理服务、离岸服务外包服务。

为境外客户提供的软件服务、信息系统服务、业务流程管理服务，2016 年 4 月 30 日前适用增值税免税。2016 年 4 月 30 日后为境外客户提供的软件服务、信息系统服务、业务流程管理服务，如果购买方完全在境外消费，适用增值税零税率；如果购买方没有完全在境外消费，甲信息技术服务公司应缴纳增值税；如果是根据 2016 年 4 月 30 日前签订的合同为境外客户提供的软件服务、信息系统服务、业务流程管理服务，即使购买方没有完全在境外消费，也继续适用增值税免税。

为境外客户提供的离岸服务外包服务在 2014 年 1 月 1 日前不能使用增值税免税。

根据《交通运输业和部分现代服务业营业税改征增值税试点过渡政策的规定》（财税〔2013〕37号附件3）规定，自本地区试点实施之日起至2013年12月31日，注册在中国服务外包示范城市及平潭的试点纳税人从事离岸服务外包业务中提供的服务外包服务免征增值税。常州不属于服务外包示范城市，所以不能免税。2014年1月1日—2015年11月30日，本例纳税人提供的离岸服务外包业务根据《交通运输业和部分现代服务业营业税改征增值税试点过渡政策的规定》（财税〔2013〕37号附件3）的规定免征增值税。2015年12月1日以后，根据《财政部 国家税务总局关于影视等出口服务适用增值税零税率政策的通知》（财税〔2015〕118号）的规定适用增值税零税率。2016年4月30日后，境内的单位和个人向境外单位提供的完全在境外消费的离岸服务外包业务适用增值税零税率。

第二节　跨境应税行为退免税的计算

出口退税是指在国际贸易中，对报关出口的货物，向境外提供的劳务、服务、无形资产退还在国内各生产环节和流转环节按税法规定已缴纳的增值税和消费税，或免征应缴纳的增值税和消费税。它是国际贸易中通常采用并为世界各国普遍接受的、目的在于鼓励各国出口货物公平竞争的一种税收措施。

一、跨境应税行为退免税的适用方法

根据《财政部 国家税务总局关于出口货物劳务增值税和消费税政策的通知》（财税〔2012〕39号）的规定，出口货物、劳务出口退税的政策有三种：一是增值税退（免）税政策，二是增值税免税政策，三是增值税征税政策。其中适用增值税退（免）税政策的，实行增值税免抵退税或免退税办法，所以出口货物、劳务出口退税的适用方法有三种：一是免抵退，二是免退税，三是免税。

跨境应税行为也适用以上三种方法。

（一）免抵退

（1）免抵退的含义。

"免"税，是指免征纳税人跨境应税行为的增值税；"抵"税，是指跨境应税行为所耗用的购进货物、劳务、服务、无形资产、不动产所含应予退还的进项税额，抵顶征税项目的应纳税额；"退"税，是指当月内应抵顶的进项税额大于应纳税额时，对未抵顶完的部分予以退税。

（2）适用对象。

境内的单位和个人的跨境应税行为适用零税率的，如果属于适用增值税一般计税方法的，实行免抵退税办法，并且不得开具增值税专用发票。即免抵退办法适用的对象是按照适用增值税一般计税方法的一般纳税人，不适用于小规模纳税人和按简易计税办法的一般纳税人。

根据《跨境应税行为适用增值税零税率和免税政策的规定》（财税〔2016〕36 号附件 4），境内的单位和个人提供适用增值税零税率的服务或者无形资产，如果属于适用增值税一般计税方法的，生产企业实行免抵退税办法；外贸企业直接将服务或自行研发的无形资产出口，视同生产企业连同其出口货物统一实行免抵退税办法。

（二）免退税

（1）免退税的含义。

"免"税，是指免征纳税人跨境应税行为的增值税；"退"税，是指免税应税行为所耗用的购进货物、劳务、服务、无形资产所含的进项税额按照退税率予以退还。

（2）适用对象。

外贸企业外购服务或者无形资产出口实行免退税办法。

（三）免税

（1）免税的含义。

采用免税办法的，免征纳税人跨境应税行为的增值税，同时不得抵扣进项税额。

（2）适用对象。

采用免税办法的项目包括：

①《跨境应税行为适用增值税零税率和免税政策的规定》（财税〔2016〕36 号附件 4）列举的境内单位和个人提供适用免税政策的应税行为。

②境内的单位和个人提供适用增值税零税率的服务或者无形资产，如果属于适用简易计税方法的，实行免征增值税办法，包括增值税一般纳税人提供适用增值税零税率的服务或者无形资产适用简易计税方法的，也包括小规模纳税人的跨境应税行为。

如有国际运输相关资质的增值税一般纳税人提供的国际运输服务，适用增值税零税率，采用免抵退的方法；如果是小规模纳税人，采用免税的方法。

③境内的单位和个人提供适用增值税零税率的服务或者无形资产，声明放弃适用零税率选择免税的。

二、跨境应税行为的退税率

零税率跨境应税行为的退税率为适用的增值税税率。即国际运输服务、航天运输服务退税率为 11%；研发服务、合同能源管理服务、设计服务、广播影视节目（作品）的制作和发行服务、软件服务、电路设计及测试服务、信息系统服务、业务流程管理服务、离岸服务外包业务、转让技术，退税率为 6%。

三、跨境应税行为免抵退的计算

（一）跨境应税行为免抵退的计算公式

免抵退计算中，跨境应税行为免征增值税，相应的进项税额抵减应纳增值税额（不包括适用增值税即征即退、先征后退政策的应纳增值税额），未抵减完的部分予以退还。

（1）当期应纳增值税税额的计算。

①当期应纳增值税税额=当期国内增值税应税项目的销项税额-（当期进项税额-当期免抵退税不得免征和抵扣税额）

当期免抵退税不得免征和抵扣税额=当期免抵退税计税价格×外汇人民币牌价×（征税率-退税率）

由于跨境应税行为的退税率就是增值税税率，所以当期免抵退税不得免征和抵扣税额为0。这样当期应纳增值税税额的公式就可以表述得更简单：

当期应纳增值税税额=当期国内增值税应税项目的销项税额-当期进项税额

②如果当期应纳增值税税额为正数，说明零税率应税行为相应的进项税额全部从应纳增值税额中抵减完，没有应退增值税税额。

如果当期应纳增值税税额为负数，说明零税率应税行为相应的进项税额没有全部从应纳增值税税额中抵减完，未抵减完的部分予以退还。

（2）当期免抵退税额的计算。

当期零税率应税行为免抵退税额=当期零税率应税行为免抵退税计税价格×外汇人民币牌价×零税率应税服务退税率

（3）当期应退税额和当期免抵税额的计算。

①当期期末留抵税额≤当期免抵退税额时，

当期应退税额=当期期末留抵税额

当期免抵税额=当期免抵退税额-当期应退税额

②当期期末留抵税额>当期免抵退税额时，

当期应退税额=当期免抵退税额

当期免抵税额=0

"当期期末留抵税额"为当期增值税纳税申报表的"期末留抵税额"。

【例132】江苏前程工程科技有限公司从事工程设计服务，为增值税一般纳税人。2016年8月为国内单位提供工程设计服务取得不含税收入500万元，为境外单位提供工程设计服务取得收入600万元。本月可以抵扣的进项税额为45万元。根据以上资料计算江苏前程工程科技有限公司应退税额、免抵税额。

分析 江苏前程工程科技有限公司提供工程设计服务，适用增值税税率为6%，退税率也为6%。为国内单位提供工程设计服务应计算缴纳增值税，为境外单位提供工程设计服务适用零税率。

当期应纳增值税税额=500×6%-45=-15（万元）

免抵退税额=600×6%=36（万元）

应退税额=15（万元）

免抵税额=36-15=21（万元）

（二）跨境应税行为免抵退计算的其他问题

（1）实行免抵退税办法的计税依据。

《适用增值税零税率应税服务退（免）税管理办法》（国家税务总局公告2014年

第 11 号）确定了部分跨境应税行为的计税依据。

①以铁路运输方式载运旅客的，为按照铁路合作组织清算规则清算后的实际运输收入；

②以铁路运输方式载运货物的，为按照铁路运输进款清算办法，对"发站"或"到站（局）"名称包含"境"字的货票上注明的运输费用以及直接相关的国际联运杂费清算后的实际运输收入；

③以航空运输方式载运货物或旅客的，如果国际运输或港澳台运输各航段由多个承运人承运的，为中国航空结算有限责任公司清算后的实际收入；如果国际运输或港澳台运输各航段由一个承运人承运的，为提供航空运输服务取得的收入；

④其他实行免抵退税办法的增值税零税率应税服务，为提供增值税零税率应税服务取得的收入。

（2）根据《财政部　国家税务总局关于影视等出口服务适用增值税零税率政策的通知》（财税〔2015〕118 号）的规定，实行退（免）税办法的应税服务，如果主管税务机关认定出口价格偏高的，有权按照核定的出口价格计算退（免）税。

（3）出口企业既有适用增值税免抵退项目，也有增值税即征即退、先征后退项目的处理。

根据《适用增值税零税率应税服务退（免）税管理办法》（国家税务总局公告 2014 年第 11 号）的规定，出口企业既有适用增值税免抵退项目，也有增值税即征即退、先征后退项目的，增值税即征即退和先征后退项目不参与出口项目免抵退税计算。出口企业应分别核算增值税免抵退项目和增值税即征即退、先征后退项目，并分别申请享受增值税即征即退、先征后退和免抵退税政策。

用于增值税即征即退或者先征后退项目的进项税额无法划分的，按照下列公式计算：

无法划分进项税额中用于增值税即征即退或者先征后退项目的部分＝当月无法划分的全部进项税额×当月增值税即征即退或者先征后退项目销售额÷当月全部销售额、营业额合计

（4）出口企业既有跨境应税行为同时又有货物出口的处理。

出口企业既有跨境应税行为同时又有货物出口的，应分别核算。未分别核算的，可结合现行出口货物免抵退税公式一并计算免抵退税。

出口企业既有跨境应税行为同时又有货物出口未分别核算的，当期应纳增值税税额的计算、当期免抵退税额的计算都会有所变化。由于货物出口退税率不一定是增值税税率，有时候，出口的货物在生产过程中会耗用一些免税料件，所以当期应纳增值税税额、当期免抵退税额的计算公式应为：

①当期应纳增值税税额＝当期国内增值税应税项目的销项税额-（当期进项税额-当期免抵退税不得免征和抵扣税额）

当期免抵退税不得免征和抵扣税额＝出口货物离岸价×外汇人民币牌价×（出口货物征税率-出口货物退税率）-免抵退税不得免征和抵扣税额抵减额

免抵退税不得免征和抵扣税额抵减额＝免税购进原材料价格×（出口货物征税率-出口货物退税率）

将两个公式合并后就成为：

免抵退税不得免征和抵扣税额＝（出口货物离岸价×外汇人民币牌价－免税购进原材料价格）×（出口货物征税率－出口货物退税率）

②免抵退税额＝当期零税率应税行为免抵退税计税价格×外汇人民币牌价×零税率应税行为退税率＋出口货物离岸价×外汇人民币牌价×出口货物退税率－免抵退税额抵减额

免抵退税额抵减额＝免税购进原材料价格×出口货物退税率

四、跨境应税行为免退税的计算

（一）跨境应税行为免退税的计算公式

增值税应退税额＝免退税计税依据×退税率

（二）实行免退税办法的计税依据

（1）实行免退税办法的计税依据为购进应税行为的增值税专用发票或解缴税款的中华人民共和国税收缴款凭证上注明的金额。

（2）根据《财政部 国家税务总局关于影视等出口服务适用增值税零税率政策的通知》（财税〔2015〕118号）的规定，实行退（免）税办法的应税服务，如果主管税务机关认定出口价格偏高的，有权按照核定的出口价格计算退（免）税；核定的出口价格低于外贸企业购进价格的，低于部分对应的进项税额不予退税，转入成本。

五、跨境应税行为免税的计算

（一）免税的计算

（1）增值税一般纳税人跨境应税行为适用增值税免税的，其免税的跨境应税行为进项税额不得抵扣。

《营业税改征增值税跨境应税行为增值税免税管理办法（试行）》（国家税务总局公告2016年第29号）规定，纳税人发生跨境应税行为免征增值税的，应单独核算跨境应税行为的销售额，准确计算不得抵扣的进项税额，其免税收入不得开具增值税专用发票。

（2）纳税人为出口货物提供收派服务，按照下列公式计算不得抵扣的进项税额：

不得抵扣的进项税额＝当期无法划分的全部进项税额×（当期简易计税方法计税项目销售额＋免征增值税项目销售额－为出口货物提供收派服务支付给境外合作方的费用）÷当期全部销售额

（二）跨境应税行为免税应提供的资料

根据2016年4月30日实施的《营业税改征增值税跨境应税行为增值税免税管理办法（试行）》（国家税务总局公告2016年第29号）的规定，纳税人的跨境应税行为适用免税政策的，应提供的资料包括：

（1）跨境销售服务或无形资产的合同原件及复印件。

（2）服务地点在境外的证明材料原件及复印件、实际发生国际运输服务的证明材料、服务或无形资产购买方的机构所在地在境外的证明材料等。

在 2016 年 4 月 30 日前，根据《营业税改征增值税跨境应税服务增值税免税管理办法（试行）》（国家税务总局公告 2014 年第 49 号）的规定，纳税人向境外单位有偿提供跨境服务，该服务的全部收入应从境外取得，否则不予免征增值税。该办法还规定，下列情形视同从境外取得收入：

①纳税人向外国航空运输企业提供物流辅助服务，从中国民用航空局清算中心、中国航空结算有限责任公司或者经中国民用航空局批准设立的外国航空运输企业常驻代表机构取得的收入。

②纳税人向境外关联单位提供跨境服务，从境内第三方结算公司取得的收入。上述所称第三方结算公司，是指承担跨国企业集团内部成员单位资金集中运营管理职能的资金结算公司，包括财务公司、资金池、资金结算中心等。

③国家税务总局规定的其他情形。

2016 年 4 月 30 日后，对于《营业税改征增值税跨境应税服务增值税免税管理办法（试行）》（国家税务总局公告 2014 年第 49 号）规定的"纳税人向境外单位有偿提供跨境服务，该服务的全部收入应从境外取得"不再作为适用免税政策的条件。

第三节　跨境应税行为退免税管理

为规范跨境应税行为的退免税管理，国家税务总局出台了《适用增值税零税率应税服务退（免）税管理办法》（国家税务总局公告〔2014〕11 号），自 2014 年 1 月 1 日起施行；《营业税改征增值税跨境应税行为增值税免税管理办法（试行）》（国家税务总局公告 2016 年第 29 号），自 2016 年 5 月 1 日起施行。

一、跨境应税行为适用增值税零税率备案

根据《适用增值税零税率应税服务退（免）税管理办法》（国家税务总局公告 2014 年第 11 号）规定，增值税零税率应税行为提供者办理出口退（免）税资格认定后，方可申报增值税零税率应税服务退（免）税。如果提供的适用增值税零税率应税行为发生在办理出口退（免）税资格认定前，在办理出口退（免）税资格认定后，可按规定申报退（免）税。《国家税务总局关于部分税务行政审批事项取消后有关管理问题的公告》（国家税务总局公告 2015 年第 56 号）规定，取消了"出口退（免）税资格认定""出口退（免）税资格认定变更""出口退（免）税资格认定注销"，同时将认定手续改为备案手续。

（一）备案

出口企业或其他单位应于首次申报出口退（免）税时，向主管国税机关提供以下资料，办理出口退（免）税备案手续，申报退（免）税。

（1）内容填写真实、完整的出口退（免）税备案表，如表4-1所示，其中"退税开户银行账号"须从税务登记的银行账号中选择一个填报。

根据《国家税务总局关于进一步加强出口退（免）税事中事后管理有关问题的公告》（国家税务总局公告2016年第1号）规定，集团公司需要按收购视同自产货物申报免抵退税的，集团公司总部或其控股的生产企业向主管国税机关备案时，不提供集团公司总部及其控股的生产企业的"出口退（免）税备案表"或"出口退（免）税资格认定表"复印件。

表4-1　　　　　　　　　出口退（免）税备案表

纳税人名称				
纳税人英文名称				
企业海关代码				
电话		传真		
邮编		电子信箱		
企业注册地址				
经营场所（中文）				
纳税人识别号		纳税人类型		增值税一般纳税人（　） 增值税小规模纳税人（　） 其他（　）
主管税务机关名称		纳税信用等级		
登记注册类型代码		行业归属代码		
隶属关系代码		经营者类型代码		
对外贸易经营者备案 登记表编号				
是否提供零税率应税服务	是（　）否（　）	提供零税率应税服务代码		
工商登记	注册号		企业法定代表人（个体工商户负责人）	姓名	
	注册日期			身份证号	
	有效期			电话	
	注册资金				
退税开户银行				
退税开户银行账号				
企业办理 退免税人员	姓名		电话		
	身份证号				
	姓名		电话		
	身份证号				

表4-1(续)

享受增值税优惠政策情况			
先征后退（ ）	即征即退（ ）	超税负返还（ ）	其他（ ）
主管外汇管理局			
附送资料			
退税计算办法及申报方式			
退（免）税计算方法	1. 免抵退税（ ）		
	2. 免退税（ ）		
	3. 免税（ ）		
	4. 其他（ ）		
纸质凭证申报方式	上门申报（ ）	数据电文申报	上门申报（ ）
	邮寄申报（ ）		远程申报（ ）
是否分部核算	是（ ） 否（ ）	分部核算部门代码	

申请认定者请认真阅读以下条款，并由企业法定代表人或个体工商户负责人签字、盖章以示确认。

一、遵守各项税收法律、法规及规章。

二、在《出口退（免）税备案表》中所填写的信息及提交的材料是完整的、准确的、真实的。

三、《出口退（免）税备案表》上填写的任何事项发生变化，应到原备案机关办理备案变更。

以上如有违反，将承担一切法律责任。

此表一式两份。

法定代表人（申明签章）：

纳税人公章：

年 月 日

（2）加盖备案登记专用章的对外贸易经营者备案登记表或中华人民共和国外商投资企业批准证书。

（3）中华人民共和国海关报关单位注册登记证书。

（4）未办理备案登记发生委托出口业务的生产企业提供委托代理出口协议，不需提供第2目、第3目资料。

（5）主管国税机关要求提供的其他资料。

《适用增值税零税率应税服务退（免）税管理办法》（国家税务总局公告2014年第11号）规定了部分适用增值税零税率的跨境应税行为应提供的资料：

①提供国际运输服务。以水路运输方式的，应提供国际船舶运输经营许可证；以航空运输方式的，应提供经营范围包括"国际航空客货邮运输业务"的公共航空运输企业经营许可证或经营范围包括"公务飞行"的通用航空经营许可证；以公路运输方式的，应提供经营范围包括"国际运输"的道路运输经营许可证和国际汽车运输行车许可证；以铁路运输方式的，应提供经营范围包括"许可经营项目：铁路客货运输"的企业法人营业执照或其他具有提供铁路客货运输服务资质的证明材料；提供航天运输服务的，应提供经营范围包括"商业卫星发射服务"的企业法人营业执照或其他具有提供商业卫星发射服务资质的证明材料。

②提供港澳台运输服务。以公路运输方式提供内地往返香港、澳门的交通运输服务的，应提供道路运输经营许可证及持道路运输证的直通港澳运输车辆的物权证明；以水路运输方式提供内地往返香港、澳门交通运输服务的，应提供获得港澳线路运营许可船舶的物权证明；以水路运输方式提供大陆往返台湾交通运输服务的，应提供台湾海峡两岸间水路运输许可证及持台湾海峡两岸间船舶营运证船舶的物权证明；以航空运输方式提供港澳台运输服务的，应提供经营范围包括"国际、国内（含港澳）航空客货邮运输业务"的公共航空运输企业经营许可证或者经营范围包括"公务飞行"的通用航空经营许可证；以铁路运输方式提供内地往返香港的交通运输服务的，应提供经营范围包括"许可经营项目：铁路客货运输"的企业法人营业执照或其他具有提供铁路客货运输服务资质的证明材料。

③采用程租、期租和湿租方式租赁交通运输工具用于国际运输服务和港澳台运输服务的，应提供程租、期租和湿租合同或协议。

④对外提供研发服务或设计服务的，应提供技术出口合同登记证。

（二）税务机关的处理

对出口企业或其他单位提供的出口退（免）税备案资料齐全，"出口退（免）税备案表"填写内容符合要求，签字、印章完整的，主管国税机关应当场予以备案。对不符合上述要求的，主管国税机关应一次性告知出口企业或其他单位，待其补正后备案。

（三）出口退（免）税变更备案

"出口退（免）税备案表"中的内容发生变更的，出口企业或其他单位须自变更之日起30日内，向主管国税机关提供相关资料，办理备案内容的变更。出口企业或其他单位需要变更"退（免）税方法"的，主管国税机关应按规定结清退（免）税款后办理变更。

（四）撤回出口退（免）税备案

出口企业或其他单位申请注销税务登记的，应先向主管国税机关申请撤回出口退（免）税备案。出口企业或其他单位撤回出口退（免）税备案的，主管国税机关应按规定结清退（免）税款后办理。

（1）《国家税务总局关于进一步加强出口退（免）税事中事后管理有关问题的公告》（国家税务总局公告2016年第1号）规定，出口企业或其他单位办理撤回出口退

（免）税备案事项时，如果向主管国税机关声明放弃未申报或已申报但尚未办理的出口退（免）税并按规定申报免税的，视同已结清出口退税款。

（2）因合并、分立、改制重组等原因撤回出口退（免）税备案的出口企业或其他单位（简称撤回备案企业），可向主管国税机关提供以下资料，经主管国税机关核对无误后，视同已结清出口退（免）税款：

①企业撤回出口退（免）税备案未结清退（免）税确认书；

②合并、分立、改制重组企业决议、章程及相关部门批件；

③承继撤回备案企业权利和义务的企业（简称承继企业）在撤回备案企业所在地的开户银行名称及账号。

撤回备案事项办结后，主管国税机关将撤回备案企业的应退税款退还至承继企业账户，如发生需要追缴多退税款的，向承继企业追缴。

二、跨境应税行为适用增值税免税的备案

（一）备案

根据《营业税改征增值税跨境应税行为增值税免税管理办法（试行）》（国家税务总局公告 2016 年第 29 号）的规定，纳税人发生免征增值税跨境应税行为，除符合零税率政策但适用简易计税方法或声明放弃适用零税率选择免税的服务外，应在首次享受免税的纳税申报期内或在各省、自治区、直辖市和计划单列市国家税务局规定的申报征期后的其他期限内，到主管税务机关办理跨境应税行为免税备案手续，同时提交备案材料。

《关于跨境应税行为免税备案等增值税问题的公告》（国家税务总局公告 2017 年第 30 号）规定，纳税人发生跨境应税行为，按照《国家税务总局关于发布〈营业税改征增值税跨境应税行为增值税免税管理办法（试行）〉的公告》（国家税务总局公告 2016 年第 29 号）的规定，自 2017 年 9 月 1 日起，办理免税备案手续后发生的相同跨境应税行为，不再办理备案手续。纳税人应当完整保存相关免税证明材料备查。纳税人在税务机关后续管理中不能提供上述材料的，不得享受相关免税政策，对已享受的减免税款应予以补缴，并依照《中华人民共和国税收征收管理法》的有关规定处理。

2017 年 9 月 1 日前办理备案手续或 2017 年 9 月 1 日取消备案手续后应保存的相关免税证明材料包括：

（1）跨境销售服务或无形资产的合同原件及复印件。

①纳税人发生适用免税政策的跨境应税行为，除为出口货物提供的邮政服务、收派服务、保险服务和符合零税率政策但适用简易计税方法或声明放弃适用零税率选择免税的服务外，必须签订跨境销售服务或无形资产书面合同。否则，不予免征增值税。

②纳税人向外国航空运输企业提供空中飞行管理服务，以中国民用航空局下发的航班计划或者中国民用航空局清算中心临时来华飞行记录，为跨境销售服务书面合同。

纳税人向外国航空运输企业提供物流辅助服务（除空中飞行管理服务外），与经中国民用航空局批准设立的外国航空运输企业常驻代表机构签订的书面合同，属于与服

务接受方签订跨境销售服务书面合同。外国航空运输企业临时来华飞行，未签订跨境服务书面合同的，以中国民用航空局清算中心临时来华飞行记录为跨境销售服务书面合同。

③施工地点在境外的工程项目，工程分包方应提供工程项目在境外的证明、与发包方签订的建筑合同原件及复印件等资料，作为跨境销售服务书面合同。

（2）下列服务应提交服务地点在境外的证明材料原件及复印件。

①工程项目在境外的建筑服务。

《关于在境外提供建筑服务等有关问题的公告》（国家税务总局公告 2016 年第 69 号）规定，境内的单位和个人为施工地点在境外的工程项目提供建筑服务，按规定办理免税备案手续时，凡与发包方签订的建筑合同注明施工地点在境外的，可不再提供工程项目在境外的其他证明材料。

②工程项目在境外的工程监理服务。

③工程、矿产资源在境外的工程勘察勘探服务。

④会议展览地点在境外的会议展览服务。

⑤存储地点在境外的仓储服务。

⑥标的物在境外使用的有形动产租赁服务。

⑦在境外提供的广播影视节目（作品）的播映服务。

⑧在境外提供的文化体育服务、教育医疗服务、旅游服务。

《关于在境外提供建筑服务等有关问题的公告》（国家税务总局公告 2016 年第 69 号）规定，境内的单位和个人在境外提供旅游服务，按照规定办理免税备案手续时，以下列材料之一作为服务地点在境外的证明材料：

A. 旅游服务提供方派业务人员随同出境的，出境业务人员的出境证件首页及出境记录页复印件。出境业务人员超过 2 人的，只需提供其中 2 人的出境证件复印件。

B. 旅游服务购买方的出境证件首页及出境记录页复印件。旅游服务购买方超过 2 人的，只需提供其中 2 人的出境证件复印件。

⑨向境外单位销售的广告投放地在境外的广告服务。

（3）提供适用免税政策的国际运输服务，应提交实际发生相关业务的证明材料。

《关于在境外提供建筑服务等有关问题的公告》（国家税务总局公告 2016 年第 69 号）规定，享受国际运输服务免征增值税政策的境外单位和个人，证明材料包括：

①关于纳税人基本情况和业务介绍的说明；

②依据的税收协定或国际运输协定复印件。

（4）向境外单位销售服务或无形资产，应提交服务或无形资产购买方的机构所在地在境外的证明材料。

（5）国家税务总局规定的其他资料。

按照本规定提交备案的跨境销售服务或无形资产合同原件为外文的，应提供中文翻译件并由法定代表人（负责人）签字或者单位盖章。

纳税人无法提供本办法第八条规定的境外资料原件的，可只提供复印件，注明"复印件与原件一致"字样，并由法定代表人（负责人）签字或者单位盖章；境外资料原件为外文的，应提供中文翻译件并由法定代表人（负责人）签字或者单位盖章。

主管税务机关对提交的境外证明材料有明显疑义的，可以要求纳税人提供境外公证部门出具的证明材料。

（二）其他

（1）2016 年 4 月 30 日前，纳税人发生符合规定的免税跨境应税行为，已办理免税备案手续的，不再重新办理免税备案手续。纳税人发生免税跨境应税行为，未办理免税备案手续但已进行免税申报的，按照本办法规定补办备案手续；未进行免税申报的，按照本办法规定办理跨境服务备案手续后，可以申请退还已缴税款或者抵减以后的应纳税额；已开具增值税专用发票的，应将全部联次追回后方可办理跨境应税行为免税备案手续。

（2）纳税人应当完整保存本办法要求的各项备案材料。纳税人在税务机关后续管理中不能提供上述材料的，不得享受本办法规定的免税政策，对已享受的减免税款应予补缴，并依照《中华人民共和国税收征收管理法》的有关规定处理。

（3）纳税人发生跨境应税行为享受免税的，应当按规定进行纳税申报。纳税人享受免税到期或实际经营情况不再符合本办法规定的免税条件的，应当停止享受免税，并按照规定申报纳税。

（4）纳税人发生实际经营情况不符合本办法规定的免税条件，采用欺骗手段获取免税，或者享受减免税条件发生变化未及时向税务机关报告，以及未按照本办法规定履行相关程序自行减免税的，税务机关依照《中华人民共和国税收征收管理法》有关规定予以处理。

（5）税务机关应高度重视跨境应税行为增值税免税管理工作，针对纳税人的备案材料，采取案头分析、日常检查、重点稽查等方式，加强对纳税人业务真实性的核实，发现问题的，按照现行有关规定处理。

（6）纳税人发生的与香港、澳门、台湾有关的应税行为，参照本办法执行。

三、放弃零税率、免税

（一）放弃零税率、免税的基本规定

（1）纳税人发生应税行为同时适用免税和零税率规定的，纳税人可以选择适用免税或者零税率。

（2）境内的单位和个人销售适用增值税零税率的服务或无形资产的，可以放弃适用增值税零税率，选择免税或按规定缴纳增值税。放弃适用增值税零税率后，36 个月内不得再申请适用增值税零税率。

（3）纳税人发生应税行为适用免税、减税规定的，可以放弃免税、减税，依照本办法的规定缴纳增值税。放弃免税、减税后，36 个月内不得再申请免税、减税。

纳税人一经放弃免税权，其生产销售的全部增值税应税货物或劳务均应按照适用税率征税，不得选择某一免税项目放弃免税权，也不得根据不同的销售对象选择部分货物或劳务放弃免税权。纳税人自税务机关受理纳税人放弃免税权声明的次月起 36 个月内不得申请免税。

（二）放弃零税率、免税备案

（1）放弃零税率选择免税的备案。

①符合零税率政策但适用简易计税方法或声明放弃适用零税率选择免税或按规定缴纳增值税的，纳税人应在首次享受免税的纳税申报期内或在各省、自治区、直辖市和计划单列市国家税务局规定的申报征期后的其他期限内，到主管税务机关办理跨境应税行为免税备案手续，同时提交以下备案材料：

A. 已向办理增值税免抵退税或免退税的主管税务机关备案的放弃适用增值税零税率声明，如表4-2所示。

B. 该项应税行为享受零税率到主管税务机关办理增值税免抵退税或免退税申报时需报送的材料和原始凭证。

表4-2   放弃适用增值税零税率声明

纳税人识别号/统一社会信用代码：

企业海关代码：

纳税人名称：

_____ 国家税务局：

本纳税人自次月1日起36个月内，自愿申请放弃所提供的增值税零税率应税服务适用增值税零税率政策，放弃期间内所提供的增值税零税率应税服务，本纳税人选择_____。

本纳税人已了解财政部、国家税务总局关于放弃适用增值税零税率应税服务退（免）税的有关规定。

法定代表人（签字）

纳税人（公章）

声明日期：

---

②自备案次月1日起36个月内，该企业提供的增值税零税率应税服务，不得申报增值税退（免）税。

按照规定，纳税人选择放弃所提供的增值税零税率应税服务适用增值税零税率政策后，所提供的增值税零税率应税服务适用免税或按规定缴纳增值税。应将选择填写在横线之中。

（2）放弃免税。

纳税人跨境应税行为放弃免税，应到主管国税机关填报出口货物劳务服务放弃免税权声明表，如表4-3所示，办理放弃免税备案手续。

表4-3 　　　　　　　　　　　出口货物劳务服务放弃免税权声明表

纳税人识别号 ☐☐☐☐☐☐☐☐☐☐☐☐☐☐☐☐☐☐

企业海关代码 ☐☐☐☐☐☐☐☐☐☐

纳税人名称：

申请放弃出口免税权原因			出口已免税额
企业内销原已享受优惠项目	项目	已减免金额	已减免税额
申请放弃出口免税权声明	本纳税人自愿申请放弃出口货物劳务增值税免税权。本纳税人已了解增值税暂行条例实施细则、《财政部 国家税务总局关于增值税纳税人放弃免税权有关问题的通知》（财税〔2007〕127号）、《国家税务总局关于发布〈出口货物劳务增值税和消费税管理办法〉的公告》（2012年第24号）等文件关于放弃增值税免税权的有关规定。		
	法人代表（签字）　　　　　　　　　　纳税人（公章）		

经办人：　　　　　　　　　　　　　填写日期：

四、跨境应税行为退（免）申报

（一）零税率项目的申报时间

根据《适用增值税零税率应税服务退（免）税管理办法》（国家税务总局公告2014年第11号）的规定，增值税零税率应税行为提供者提供增值税零税率应税行为，应在财务作销售收入次月（按季度进行增值税纳税申报的为次季度首月）的增值税纳税申报期内，向主管税务机关办理增值税纳税和退（免）税相关申报。

增值税零税率应税行为提供者收齐有关凭证后，可于在财务作销售收入次月起至次年4月30日前的各增值税纳税申报期内向主管税务机关申报退（免）税。逾期申报退（免）税的，主管税务机关不再受理。未在规定期限内申报退（免）税的增值税零税率应税服务，增值税零税率应税服务提供者应按规定缴纳增值税。

根据《国家税务总局关于延长2016年出口退（免）税相关业务申报期限的公告》（国家税务总局公告2016年第22号）的规定，2015年1月1日以后出口的适用出口退（免）税政策的货物、劳务和服务，申报出口退（免）税的期限延长至2016年6月增值税纳税申报期截止之日。逾期申报的，主管国税机关不再受理出口企业的退（免）税申报，出口企业应于2016年7月增值税纳税申报期之内按规定向主管国税机关申报免税；未按规定申报免税的，应按规定缴纳增值税。

纳税人应该注意2016年出口退（免）税相关业务申报期限有两方面的变化，一是申报退（免）税的期限由次年 4 月 30 日前延长到 6 月的增值税申报期截止之日。二是逾期申报的，从按规定缴纳增值税改变为出口企业应于 2016 年 7 月增值税纳税申报期之内按规定向主管国税机关申报免税；未按规定申报免税的，应按规定缴纳增值税。

（二）申报的基本要求

《国家税务总局关于调整出口退（免）税申报办法的公告》（国家税务总局公告 2013 年第 61 号）对出口退（免）税申报做了具体要求。

（1）企业出口货物劳务及适用增值税零税率的应税行为（以下简称出口货物劳务及服务），在正式申报出口退（免）税之前，应按现行申报办法向主管税务机关进行预申报，在主管税务机关确认申报凭证的内容与对应的管理部门电子信息无误后，方可提供规定的申报退（免）税凭证、资料及正式申报电子数据，向主管税务机关进行正式申报。

（2）税务机关受理企业出口退（免）税预申报后，应及时审核并向企业反馈审核结果。如果审核发现申报退（免）税的凭证没有对应的管理部门电子信息或凭证的内容与电子信息不符的，企业应按下列方法处理：

①属于凭证信息录入错误的，应更正后再次进行预申报；

②属于未在"中国电子口岸出口退税子系统"中进行出口货物报关单确认操作或未按规定进行增值税专用发票认证操作的，应进行上述操作后，再次进行预申报；

③除上述原因外，可填写出口企业信息查询申请表，将缺失对应凭证管理部门电子信息或凭证的内容与电子信息不符的数据和原始凭证报送至主管税务机关，由主管税务机关协助查找相关信息。

（3）生产企业应根据免抵退税正式申报的出口销售额（不包括本公告生效前已按原办法申报的单证不齐或者信息不齐的出口销售额）计算免抵退税不得免征和抵扣税额，并填报在当期"增值税纳税申报表附列资料（二）""免抵退税办法出口货物不得抵扣进项税额"栏（第 18 栏）、"免抵退税申报汇总表""免抵退税不得免征和抵扣税额"栏（第 25 栏）。

生产企业在本公告生效前已按原办法申报单证不齐或者信息不齐的出口货物劳务及服务，在本公告生效后应及时收齐有关单证进行预申报，并在单证齐全、信息通过预申报核对无误后进行免抵退税正式申报。正式申报时，只计算免抵退税额，不计算免抵退税不得免征和抵扣税额。

（4）在退（免）税申报期截止之日前，如果企业出口的货物劳务及服务申报退（免）税的凭证仍没有对应管理部门电子信息或凭证的内容与电子信息比对不符，无法完成预申报的，企业应在退（免）税申报期截止之日前，向主管税务机关报送以下资料：

①"出口退（免）税凭证无相关电子信息申报表"（见附件 2）及其电子数据；

②退（免）税申报凭证及资料。

（5）经主管税务机关核实，企业报送的退（免）税凭证资料齐全，且"出口退（免）税凭证无相关电子信息申报表"及其电子数据与凭证内容一致的，企业退（免）税正式申报时间不受退（免）税申报期截止之日限制。未按上述规定在退（免）税申报期截止之日前向主管税务机关报送退（免）税凭证资料的，企业在退（免）税申报期限截止之日后不得进行退（免）税申报，应按规定进行免税申报或纳税申报。

（三）免抵退申报应提供的资料

免抵退申报应提供的资料按照《适用增值税零税率应税服务退（免）税管理办法》（国家税务总局公告2014年第11号）、《适用增值税零税率应税服务退（免）税管理办法的补充公告》（国家税务总局公告2015年第88号）的规定执行。

实行免抵退税办法的增值税零税率应税服务提供者应按照下列要求向主管税务机关办理增值税免抵退税申报：

（1）增值税零税率应税服务免抵退税申报明细表。

（2）提供增值税零税率应税服务收讫营业款明细清单。

（3）免抵退税申报汇总表及其附表。

（4）当期增值税纳税申报表。

（5）免抵退税正式申报电子数据。

（6）下列资料及原始凭证的原件及复印件。

①提供国际运输服务、港澳台运输服务的，需填报"增值税零税率应税服务（国际运输/港澳台运输）免抵退税申报明细表"，并提供下列原始凭证的原件及复印件。

A. 以水路运输、航空运输、公路运输为方式的，提供增值税零税率应税服务的载货、载客舱单或其他能够反映收入原始构成的单据凭证。以航空运输方式且国际运输和港澳台运输各航段由多个承运人承运的，还需提供航空国际运输收入清算账单申报明细表。

B. 以铁路运输为方式的，客运的提供增值税零税率应税服务的国际客运联运票据、铁路合作组织清算函件及铁路国际客运收入清算函件申报明细表（附件3）；货运的提供铁路进款资金清算机构出具的国际铁路货运进款清算通知单，启运地的铁路运输企业还应提供国际铁路联运运单以及"发站"或"到站（局）"名称包含"境"字的货票；

C. 采用程租、期租、湿租服务方式租赁交通运输工具从事国际运输服务和港澳台运输服务的，还应提供程租、期租、湿租的合同或协议复印件。向境外单位和个人提供期租、湿租服务，按规定由出租方申报退（免）税的，可不提供A项原始凭证。

上述A、B项原始凭证（不包括航空国际运输收入清算账单申报明细表和铁路国际客运收入清算函件申报明细表），经主管税务机关批准，增值税零税率应税服务提供者可只提供电子数据，原始凭证留存备查。

②提供航天运输服务的，需填报"增值税零税率应税服务（航天运输）免抵退税申报明细表"，并提供下列资料及原始凭证的原件及复印件。

A. 签订的提供航天运输服务的合同；

B. 从与之签订航天运输服务合同的单位取得收入的收款凭证；

C. 提供航天运输服务收讫营业款明细清单。

③对提供软件服务、电路设计及测试服务、信息系统服务、业务流程管理服务，以及离岸服务外包业务等服务的，需提供下列资料及原始凭证的原件及复印件。

A. 提供增值税零税率应税行为所开具的发票（经主管国税机关认可，可只提供电子数据，原始凭证留存备查）。

B. 与境外单位签订的提供增值税零税率应税服务的合同。

提供软件服务、电路设计及测试服务、信息系统服务、业务流程管理服务，以及离岸服务外包业务的，同时提供合同已在商务部"服务外包及软件出口管理信息系统"中登记并审核通过，由该系统出具的证明文件；提供广播影视节目（作品）的制作和发行服务的，同时提供合同已在商务部"文化贸易管理系统"中登记并审核通过，由该系统出具的证明文件。

C. 提供电影、电视剧的制作服务的，应提供行业主管部门出具的在有效期内的影视制作许可证明；提供电影、电视剧的发行服务的，应提供行业主管部门出具的在有效期内的发行版权证明、发行许可证明。

D. 提供研发服务、设计服务、技术转让服务的，应提供与提供增值税零税率应税服务收入相对应的技术出口合同登记证及其数据表。

E. 从与之签订提供增值税零税率应税服务合同的境外单位取得收入的收款凭证。

跨国公司经外汇管理部门批准实行外汇资金集中运营管理或经中国人民银行批准实行经常项下跨境人民币集中收付管理的，其成员公司在批准的有效期内，可凭银行出具给跨国公司资金集中运营（收付）公司符合下列规定的收款凭证，向主管国税机关申报退（免）税：

收款凭证上的付款单位须是与成员公司签订提供增值税零税率应税服务合同的境外单位或合同约定的跨国公司的境外成员企业。

收款凭证上的收款单位或附言的实际收款人须载明有成员公司的名称。

（7）主管国税机关要求提供的其他资料及凭证。

（四）免退税申报应提供的资料

免退税申报应提供的资料按照《适用增值税零税率应税服务退（免）税管理办法》（国家税务总局公告 2014 年第 11 号）、《适用增值税零税率应税服务退（免）税管理办法的补充公告》（国家税务总局公告 2015 年第 88 号）的规定执行。

实行免退税办法的增值税零税率应税服务提供者，应在申报免退税时，向主管国税机关提供以下申报资料：

（1）外贸企业外购应税服务出口明细申报表。

（2）外贸企业出口退税进货明细申报表（需填列外购对应的增值税零税率应税服务取得增值税专用发票情况）。

（3）外贸企业出口退税汇总申报表。

（4）免退税正式申报电子数据。

（5）从境内单位或者个人购进增值税零税率应税服务出口的，提供应税服务提供方开具的增值税专用发票；从境外单位或者个人购进增值税零税率应税服务出口的，提供取得的解缴税款的中华人民共和国税收缴款凭证。

（6）下列资料及原始凭证的原件及复印件。

①提供增值税零税率应税服务所开具的发票（经主管国税机关认可，可只提供电

子数据，原始凭证留存备查）。

②与境外单位签订的提供增值税零税率应税服务的合同。

提供软件服务、电路设计及测试服务、信息系统服务、业务流程管理服务，以及离岸服务外包业务的，同时提供合同已在商务部"服务外包及软件出口管理信息系统"中登记并审核通过，由该系统出具的证明文件；提供广播影视节目（作品）的制作和发行服务的，同时提供合同已在商务部"文化贸易管理系统"中登记并审核通过，由该系统出具的证明文件。

③提供电影、电视剧的制作服务的，应提供行业主管部门出具的在有效期内的影视制作许可证明；提供电影、电视剧的发行服务的，应提供行业主管部门出具的在有效期内的发行版权证明、发行许可证明。

④提供研发服务、设计服务、技术转让服务的，应提供与增值税零税率应税服务收入相对应的技术出口合同登记证及其数据表。

⑤从与之签订提供增值税零税率应税服务合同的境外单位取得收入的收款凭证。

跨国公司经外汇管理部门批准实行外汇资金集中运营管理或经中国人民银行批准实行经常项下跨境人民币集中收付管理的，其成员公司在批准的有效期内，可凭银行出具给跨国公司资金集中运营（收付）公司符合下列规定的收款凭证，向主管国税机关申报退（免）税：

A. 收款凭证上的付款单位须是与成员公司签订提供增值税零税率应税服务合同的境外单位或合同约定的跨国公司的境外成员企业。

B. 收款凭证上的收款单位或附言的实际收款人须载明有成员公司的名称。

⑥主管税务机关要求提供的其他资料及凭证。

五、税务机关审核处理

（一）审核的内容

主管国税机关受理增值税零税率应税服务退（免）税申报后，应按规定进行审核，经审核符合规定的，应及时办理退（免）税；不符合规定的，不予办理，按有关规定处理；存在其他审核疑点的，对应的退（免）税暂缓办理，待排除疑点后，方可办理。

主管税务机关在接受零税率应税服务提供者免抵退税申报后，应在下列内容人工审核无误后，使用出口退税审核系统进行审核。在审核中如有疑问的，可抽取企业进项增值税发票进行发函调查或核查：

（1）对于提供国际运输、港澳台运输的零税率应税服务提供者，主管税务机关可从零税率应税服务提供者申报中抽取若干申报记录审核以下内容。

①所申报的国际运输服务、港澳台运输服务是否符合规定；

②所抽取申报记录申报应税服务收入是否小于等于该申报记录所对应的载货或载客舱单上记载的国际运输服务收入、港澳台运输服务收入。

（2）主管国税机关对申报的对外提供研发、设计服务以及新纳入零税率范围的应税行为退（免）税，应审核以下内容。

①申报的增值税零税率应税服务应符合适用增值税零税率应税服务规定。

②增值税零税率应税服务合同签订的对方应为境外单位。

③增值税零税率应税服务收入的支付方应为与之签订增值税零税率应税服务合同的境外单位。对跨国公司的成员公司申报退（免）税时提供的收款凭证是银行出具给跨国公司资金集中运营（收付）公司的，应要求企业补充提供中国人民银行或国家外汇管理局的批准文件，且企业提供的收款凭证应符合本公告的规定。

④申报的增值税零税率应税服务收入应小于或等于从与之签订增值税零税率应税服务合同的境外单位取得的收款金额；大于收款金额的，应要求企业补充提供书面说明材料及相应的证明材料。

⑤外贸企业外购应税服务出口的，除应符合上述规定外，其申报退税的进项税额还应与增值税零税率应税服务对应。

（二）审核中不同情况的处理

（1）因出口自己开发的研发服务或设计服务，退（免）税办法由免退税改为免抵退税办法的外贸企业，如果申报的退（免）税异常增长，出口货物劳务及服务有非正常情况的，主管税务机关可要求外贸企业报送出口货物劳务及服务所对应的进项凭证，并按规定进行审核。主管税务机关如果审核发现外贸企业提供的进货凭证有伪造或内容不实的，按照《财政部 国家税务总局关于出口货物劳务增值税和消费税政策通知》（财税〔2012〕39号）等有关规定处理。

（2）主管税务机关认为增值税零税率应税行为提供者提供的应税行为出口价格偏高的，应按照《财政部 国家税务总局关于防范税收风险若干增值税政策的通知》（财税〔2013〕112号）第五条的规定处理。

出口企业或其他单位出口的适用增值税退（免）税政策的货物劳务服务，如果货物劳务服务的国内收购价格或出口价格明显偏高且无正当理由的，该出口货物劳务服务适用增值税免税政策。主管税务机关按照下列方法确定货物劳务服务价格是否偏高：

①按照该企业最近时期购进或出口同类货物劳务服务的平均价格确定。

②按照其他企业最近时期购进或出口同类货物劳务服务的平均价格确定。

③按照组成计税价格确定。组成计税价格的公式为：

组成计税价格＝成本×（1+成本利润率）

成本利润率由国家税务总局统一确定并公布。

（3）经主管税务机关审核，增值税零税率应税服务提供者申报的退（免）税，如果凭证资料齐全、符合退（免）税规定的，主管税务机关应及时予以审核通过，办理退税和免抵调库，退税资金由中央金库统一支付。

（4）出口企业或其他单位被列为非正常户的，主管税务机关对该企业暂不办理出口退税。

根据《财政部 国家税务总局关于防范税收风险若干增值税政策的通知》（财税〔2013〕112号）的规定，出口企业购进货物的供货纳税人有属于办理税务登记2年内被税务机关认定为非正常户或被认定为增值税一般纳税人2年内注销税务登记，且符合下列情形之一的，自主管其出口退税的税务机关书面通知之日起，在24个月内出口的适用增值税退（免）税政策的货物劳务服务，改为适用增值税免税政策。

①外贸企业使用上述供货纳税人开具的增值税专用发票申报出口退税，在连续 12 个月内达到 200 万元以上（含本数）的，或使用上述供货纳税人开具的增值税专用发票，连续 12 个月内申报退税额占该期间全部申报退税额 30% 以上的；

②生产企业在连续 12 个月内申报出口退税额达到 200 万元以上，且从上述供货纳税人取得的增值税专用发票税额达到 200 万元以上或占该期间全部进项税额 30% 以上的；

③外贸企业连续 12 个月内使用 3 户以上上述供货纳税人开具的增值税专用发票申报退税，且占该期间全部供货纳税人户数 20% 以上的；

④生产企业连续 12 个月内有 3 户以上上述供货纳税人，且占该期间全部供货纳税人户数 20% 以上的。

本条所称"连续 12 个月内"，外贸企业自使用上述供货纳税人开具的增值税专用发票申报退税的当月开始计算，生产企业自上述供货纳税人取得的增值税专用发票认证当月开始计算。

本通知生效前已出口的上述供货纳税人的货物，出口企业可联系供货纳税人，由供货纳税人举证其销售的货物真实、纳税正常的证明材料，经供货纳税人的主管税务机关盖章认可，并在 2014 年 7 月底前按国家税务总局的函调管理办法回函后，税务机关可按规定办理退（免）税，在此之前，没有提供举证材料或举证材料没有被供货纳税人主管税务机关盖章认可并回函的，实行增值税免税政策。

（5）零税率应税服务提供者骗取国家出口退税款的，税务机关按《国家税务总局关于停止为骗取出口退税企业办理出口退税有关问题的通知》（国税发〔2008〕32 号）规定停止其出口退税权。零税率应税服务提供者在税务机关停止为其办理出口退税期间发生零税率应税服务，不得申报免抵退税，应按规定征收增值税。

①出口企业骗取国家出口退税款的，税务机关按以下规定处理：

A. 骗取国家出口退税款不满 5 万元的，可以停止为其办理出口退税半年以上一年以下。

B. 骗取国家出口退税款 5 万元以上不满 50 万元的，可以停止为其办理出口退税一年以上一年半以下。

C. 骗取国家出口退税款 50 万元以上不满 250 万元，或因骗取出口退税行为受过行政处罚、两年内又骗取国家出口退税款数额在 30 万元以上不满 150 万元的，停止为其办理出口退税一年半以上两年以下。

D. 骗取国家出口退税款 250 万元以上，或因骗取出口退税行为受过行政处罚、两年内又骗取国家出口退税款数额在 150 万元以上的，停止为其办理出口退税两年以上三年以下。

②对拟停止为其办理出口退税的骗税企业，由其主管税务机关或稽查局逐级上报省、自治区、直辖市和计划单列市国家税务局批准后按规定程序做出税务行政处罚决定书。停止办理出口退税的时间以做出税务行政处罚决定书的决定之日为起点。

③出口企业在税务机关停止为其办理出口退税期间发生的自营或委托出口以及代理出口等，一律不得申报办理出口退税。

④出口企业自税务机关停止为其办理出口退税期限届满之日起，可以按现行规定到税务机关办理出口退税业务。

⑤出口企业违反国家有关进出口经营的规定，以自营名义出口，但实质是靠非法出售或购买权益牟利，情节严重的，税务机关可以比照上述规定在一定期限内停止为其办理出口退税。

⑥根据《财政部　国家税务总局关于防范税收风险若干增值税政策的通知》（财税〔2013〕112号）的规定，出口企业或其他单位发生增值税违法行为对应的出口货物劳务服务，视同内销，按规定征收增值税（骗取出口退税的按查处骗税的规定处理）。出口企业或其他单位在本通知生效后发生2次增值税违法行为的，自税务机关行政处罚决定或审判机关判决或裁定生效之日的次日起，其出口的所有适用出口退（免）税政策的货物劳务服务，一律改为适用增值税免税政策。纳税人如果已被停止出口退税权的，适用增值税免税政策的起始时间为停止出口退税权期满后的次日。

⑦根据《财政部　国家税务总局关于防范税收风险若干增值税政策的通知》（财税〔2013〕112号）的规定，出口企业或其他单位存在下列情况之一的，其出口适用增值税退（免）税政策的货物劳务服务，一律适用增值税免税政策：法定代表人不知道本人是法定代表人的；法定代表人为无民事行为能力人或限制民事行为能力人的。

（6）主管税务机关应对零税率应税服务提供者适用零税率的免抵退税加强分析监控。

第四节　跨境应税行为退免税的会计处理

跨境应税行为可以适用零税率或者免税的政策。增值税一般纳税人的跨境应税行为如果适用零税率，应采用免抵退方法的，除销项税额、进项税额的常规核算外，会计核算还应对应退税额、免抵税额等进行处理；采用免退税方法的，会计核算应对应退税额、不予退的进项税额等进行处理。增值税一般纳税人的服务贸易出口如果适用免税政策，会计核算应对免税项目不得抵扣的进项税额进行处理。小规模纳税人服务贸易出口退税应采用免税的方法计算，没有应纳税增值税税额，也不需要对增值税进行会计核算。

一、跨境应税行为采用免抵退方法的会计处理

（一）提供应税行为的会计处理

一般纳税人的跨境应税行为无论采用适用零税率还是免税的政策，都无销项税额。

【例133】江苏省东方建筑设计有限公司为增值税一般纳税人，为国内外客户提供建筑设计服务。2017年8月为A国客户提供建筑设计服务，取得收入40万美元，该建筑设计服务A国客户完全在境外消费。为广东客户提供建筑设计服务，取得含税收入120万元。2017年8月1日的人民币与美元的汇率中间价为1：6.136 5。纳税人如何进

行账务处理?

分析 纳税人的账务处理是:

借:银行存款等科目　　　　　(400 000×6.136 5+1 200 000) 3 654 600

　贷:主营业务收入　[400 000×6.136 5+1 200 000÷(1+6%)] 3 586 675.47

　　　应交税费——应交增值税(销项税额)

　　　　　　　　　[1 200 000÷(1+6%)×6%] 67 924.53

(二)进项税额的会计处理

采用免抵退方法的,进项税额可以抵扣,所以和应税项目进项税额的处理一致。

【例134】 例133中,江苏省东方建筑设计有限公司2017年8月购进原材料,取得增值税专用发票,发票注明价款为45 000元,税款为7 650元。购进一辆小轿车,取得税控机动车销售统一发票,发票注明价款为850 000元,税款为144 500元。向小规模纳税人购进办公用品一批,取得代开的增值税专用发票,发票注明价款为1 000元,税款为30元。以上款项都已通过银行转账支付。纳税人如何进行账务处理?

分析 纳税人的账务处理是:

(1)购进原材料

借:原材料　　　　　　　　　　　　　　　　　45 000

　　应交税费——应交增值税(进项税额)　　　　7 650

　贷:银行存款　　　　　　　　　　　　　　　　　52 650

(2)购进一辆小轿车

借:固定资产　　　　　　　　　　　　　　　850 000

　　应交税费——应交增值税(进项税额)　　144 500

　贷:银行存款　　　　　　　　　　　　　　　　994 500

(3)向小规模纳税人购进办公用品

借:管理费用　　　　　　　　　　　　　　　　1 000

　　应交税费——应交增值税(进项税额)　　　　　30

　贷:银行存款　　　　　　　　　　　　　　　　　1 030

(三)免抵退税额、应退税额、免抵税额的会计处理

(1)免抵退税额的会计处理。

免抵退税额通过"应交税费——应交增值税(出口退税)"科目核算。纳税人根据公式"当期零税率应税行为免抵退税额=当期零税率应税行为免抵退税计税价格×外汇人民币牌价×零税率应税行为退税率+出口货物离岸价×外汇人民币牌价×出口货物退税率"计算的免抵退税额,记入"应交税费——应交增值税(出口退税)"科目的贷方。

(2)应退税额的会计处理。

应退税额通过"应收出口退税"科目核算,借方核算纳税人跨境应税行为按规定向税务机关申报应退回的增值税。收到退税额时在贷方核算。

(3)免抵税额的会计处理。

免抵税额通过"应交税费——应交增值税(出口抵减内销产品应纳税额)"科目

核算。纳税人当期期末留抵税额≤当期免抵退税额时,当期应退税额=当期期末留抵税额,当期免抵税额=当期免抵退税额-当期应退税额,记入"应交税费——应交增值税(出口抵减内销产品应纳税额)"科目的借方。当期期末留抵税额>当期免抵退税额时,当期应退税额=当期免抵退税额,当期免抵税额=0,不需进行账务处理。当期应纳增值税税额为正数时,纳税人的当期免抵税额=当期免抵退税额,也记入"应交税费——应交增值税(出口抵减内销产品应纳税额)"科目的借方。

【例135】 根据例134中的资料计算纳税人的出口退税有关数据。

分析

应纳增值税税额=67 924.53-(7 650+144 500+30)=-84 255.47(元)

免抵退税额=400 000×6.136 5×6%=2 454 600×6%=147 276(元)

应退税额=84 255.47(元)

免抵税额=147 276-84 255.47=63 020.53(元)

账务处理为:

借:应收出口退税(增值税)   84 255.47

　　应交税费——应交增值税(出口抵减内销产品应纳税额) 63 020.53

　　贷:应交税费——应交增值税(出口退税)   147 276

经主管税务机关出口退税管理部门核准,收到退税款:

借:银行存款   84 255.47

　　贷:应收出口退税(增值税)   84 255.47

"应交税费——应交增值税"科目本月借方发生额合计=7 650+144 500+30+63 020.53=21 500.53(元),贷方发生额合计=67 924.53+147 276=21 500.53(元)。

二、跨境应税行为采用免退税方法的会计处理

(一)提供应税行为的会计处理

【例136】 江苏省麒麟科技有限公司为增值税一般纳税人,为国外客户提供产品设计服务,其所提供的产品设计服务全部从国内其他产品设计公司购入。2017年7月将从境内甲企业购进的产品设计服务销售给B国客户,取得收入100万美元,该产品设计服务B国客户完全在境外消费。2017年7月1日的人民币与美元的汇率中间价为1:6.134 2。该笔销售业务纳税人如何进行账务处理?

分析 纳税人的账务处理是:

借:银行存款等科目   (1 000 000×6.134 2)6 134 200

　　贷:主营业务收入   6 134 200

(二)购进货物、劳务、服务、无形资产的处理

(1)采用免退税方法的纳税人,购买出口的服务、无形资产时,可按照专用发票上注明的增值税额借记"应交税费——应交增值税(进项税额)"科目,按照专用发票上记载的价款,借记"库存商品"等科目;按照应付或实际支付的金额,贷记"应付账款""应付票据""银行存款"等科目。

（2）服务、无形资产出口销售后，结转商品销售成本时，借记"主营业务成本"科目，贷记"库存商品"科目。如果小于退税率征税率，按照购进时取得的增值税专用发票上记载的价款与征税率、退税率差额计算的增值税额的差额，计入出口服务的成本。借记"主营业务成本"科目，贷记"应交税费——应交增值税（进项税额转出）"科目；如果退税率等于征税率，不需做进项税额转出的处理。

按照规定的退税率计算出应收的出口退税时，借记"应收出口退税"科目，贷记"应交税费——应交增值税（出口退税）"科目；收到出口退税时，借记"银行存款"科目，贷记"应收出口退税"科目。

（3）如果纳税人只有免退税项目，无其他的生产经营项目，购入的货物、劳务、服务、无形资产不是用于出口的，购入的货物、劳务、服务、无形资产的进项税额直接计入购入的货物、劳务、服务、无形资产的成本。

如果纳税人既有免退税项目，又有增值税即征即退、先征后退项目的，增值税即征即退和先征后退项目不参与出口项目免退税的计算。纳税人应分别核算增值税免退税项目和增值税即征即退、先征后退项目，并分别申请享受增值税即征即退、先征后退和免退税政策。

用于增值税即征即退或者先征后退项目的进项税额无法划分的，按照下列公式计算：

无法划分进项税额中用于增值税即征即退或者先征后退项目的部分＝当月无法划分的全部进项税额×当月增值税即征即退或者先征后退项目销售额÷当月全部销售额合计

【例137】例136中，江苏省麒麟科技有限公司2017年7月向境内甲企业购进的用于出口的产品设计服务，取得增值税专用发票，发票注明是价款为350万元，税款21万元。购进一辆小轿车，取得税控机动车销售统一发票，发票注明是价款为850 000元，税款144 500元。向小规模纳税人购进办公用品一批，取得代开的增值税专用发票，发票注明是价款为1 000元，税款30元。以上款项都已通过银行转账支付。纳税人如何进行账务处理？

分析 纳税人的账务处理是：

（1）购进用于出口的产品设计服务

借：库存商品	3 500 000
应交税费——应交增值税（进项税额）	210 000
贷：银行存款	3 710 000

（2）购进一辆小轿车

借：固定资产	994 500
贷：银行存款	994 500

（3）向小规模纳税人购进办公用品

借：管理费用	1 030
贷：银行存款	1 030

（4）应退税额＝3 500 000×6%＝210 000（元）

借：应收出口退税（增值税）	210 000
贷：应交税费——应交增值税（出口退税）	210 000

（5）收到退款时：

借：银行存款   210 000

 贷：应收出口退税（增值税）   210 000

应交税费——应交增值税本月借方合计 = 210 000（元），贷方合计 = 210 000（元）。

三、跨境应税行为采用免税方法的会计处理

（一）一般纳税人跨境应税行为采用免税方法的会计处理

（1）一般纳税人跨境应税行为采用免税方法的，没有销项税额，同时，购入的货物、劳务、服务、无形资产的进项税额直接计入购入的货物、劳务、服务、无形资产的成本。

例 137 中，如果麒麟科技有限公司放弃零税率，选择免税，则麒麟科技有限公司 2016 年 7 月的业务账务处理和采用免退税方法相比，从境内企业购入产品设计服务的账务处理不同，同时没有退税款。

购进用于出口的产品设计服务的账务处理是：

借：库存商品   3 710 000

 贷：银行存款   3 710 000

（2）适用一般计税方法的纳税人，兼营免税项目而无法划分不得抵扣的进项税额，按照下列公式计算不得抵扣的进项税额：

不得抵扣的进项税额 = 当期无法划分的全部进项税额 × 当期免税项目销售额 ÷ 当期全部销售额

主管税务机关可以按照上述公式依据年度数据对不得抵扣的进项税额进行清算。

（二）小规模纳税人跨境应税行为采用免税方法的会计处理

小规模纳税人跨境应税行为采用免税方法的会计处理同一般纳税人跨境应税行为采用免税方法的会计处理一样。只不过，小规模纳税人即使既有免税项目，又有应税项目，进项税额也全部计入成本。

Di Wu Zhang

第五章

营改增税收优惠管理

第一节　税收优惠项目

营改增的税务优惠包括根据《营业税改征增值税试点过渡政策的规定》专门针对营改增业务给予的税收优惠，也包括营改增纳税人可以享受的原增值税税收优惠。

一、部分原增值税税收优惠

这里介绍三条原增值税税收优惠，这也是试点纳税人最常用的原增值税税收优惠。

（一）税控系统专用设备和技术维护费用抵减增值税税额

《财政部　国家税务总局关于增值税税控系统专用设备和技术维护费用抵减增值税税额有关政策的通知》（财税〔2012〕15 号），规定自 2011 年 12 月 1 日起，增值税纳税人购买增值税税控系统专用设备支付的费用以及缴纳的技术维护费（以下称二项费用）可在增值税应纳税额中全额抵减。

1. 增值税税控系统专用设备和技术维护费用抵减增值税税额的基本政策规定

（1）增值税纳税人 2011 年 12 月 1 日（含，下同）以后初次购买增值税税控系统专用设备（包括分开票机）支付的费用，可凭购买增值税税控系统专用设备取得的增值税专用发票，在增值税应纳税额中全额抵减（抵减额为价税合计额），不足抵减的可结转下期继续抵减。增值税纳税人非初次购买增值税税控系统专用设备支付的费用，由其自行负担，不得在增值税应纳税额中抵减。

增值税税控系统包括：增值税防伪税控系统、货物运输业增值税专用发票税控系统、机动车销售统一发票税控系统和公路、内河货物运输业发票税控系统。

增值税防伪税控系统的专用设备包括金税卡、IC 卡、读卡器或金税盘和报税盘；货物运输业增值税专用发票税控系统专用设备包括税控盘和报税盘；机动车销售统一发票税控系统和公路、内河货物运输业发票税控系统专用设备包括税控盘和传输盘。

（2）增值税纳税人 2011 年 12 月 1 日以后缴纳的技术维护费（不含补缴的 2011 年 11 月 30 日以前的技术维护费），可凭技术维护服务单位开具的技术维护费发票，在增值税应纳税额中全额抵减，不足抵减的可结转下期继续抵减。技术维护费按照价格主管部门核定的标准执行。

营改增以后，纳税人提供技术维护服务改征增值税，所以应凭技术维护服务单位开具的增值税专用发票，在增值税应纳税额中全额抵减。

（3）增值税一般纳税人支付的二项费用在增值税应纳税额中全额抵减的，其增值税专用发票不作为增值税抵扣凭证，其进项税额不得从销项税额中抵扣。

（4）纳税人购买的增值税税控系统专用设备自购买之日起 3 年内因质量问题无法正常使用的，由专用设备供应商负责免费维修，无法维修的免费更换。

（5）主管税务机关要加强纳税申报环节的审核，对于纳税人申报抵减税款的，应重点审核其是否重复抵减以及抵减金额是否正确。

2. 增值税税控系统专用设备和技术维护费用抵减增值税额的会计处理

（1）增值税一般纳税人的会计处理。

增值税一般纳税人初次购买增值税税控系统专用设备支付的费用以及缴纳的技术维护费允许在增值税应纳税额中抵减的税额，通过"应交税费——应交增值税（减免税款）"科目核算。

税控系统专用设备，企业可以计入"固定资产"科目。不过由于价值较低，企业也可以直接计入"管理费用"科目。如果计入"固定资产"科目，企业购入增值税税控系统专用设备，按实际支付或应付的金额，借记"固定资产"科目，贷记"银行存款""应付账款"等科目。按规定抵减的增值税应纳税额，借记"应交税费——应交增值税（减免税款）"科目，贷记"递延收益"科目。按期计提折旧，借记"管理费用"等科目，贷记"累计折旧"科目；同时，借记"递延收益"科目，贷记"管理费用"科目，也可以把抵减的税款理解为支付补贴，贷记"营业外收入"科目。如果计入"管理费用"科目，企业购入增值税税控系统专用设备，按实际支付或应付的金额，借记"管理费用"科目，贷记"银行存款""应付账款"等科目。按规定抵减的增值税应纳税额，借记"应交税费——应交增值税（减免税款）"科目，贷记"管理费用"科目，也可以把抵减的税款理解为支付补贴，贷记"营业外收入"科目。

企业发生技术维护费，按实际支付或应付的金额，借记"管理费用"等科目，贷记"银行存款"等科目。按规定抵减的增值税应纳税额，借记"应交税费——应交增值税（减免税款）"科目，贷记"管理费用"科目，也可以把抵减的税款理解为支付补贴，贷记"营业外收入"科目。

（2）小规模纳税人的会计处理。

按税法有关规定，小规模纳税人初次购买增值税税控系统专用设备支付的费用以及缴纳的技术维护费，允许在增值税应纳税额中全额抵减的，按规定抵减的增值税应纳税额应直接冲减"应交税费——应交增值税"科目。

【例138】甲物流有限责任公司于2016年8月成立并登记为增值税一般纳税人。8月8日，甲公司初次购买金税卡、IC卡、读卡器或金税盘和报税盘等，其中读卡器价款119.66元，增值税税款20.34元；金税卡价款1 025.64元，增值税税款174.36元；IC卡价款67.52元，增值税税款11.48元；打印机价款2 188.03元，增值税税款371.97元。销售方已按规定开具了增值税专用发票。同时，甲公司支付了一年的技术维护费，从服务方取得了增值税专用发票，注明价税339.62元，增值税税款20.38元。以上款项均以银行存款支付。增值税税控系统专用设备当月投入使用。纳税人在本期增值税纳税申报中按照规定将购买增值税税控系统专用设备支付的费用以及缴纳的技术维护费在增值税应纳税额中全额抵减。

甲公司未将增值税税控系统专用设备作为固定资产管理，计入了管理费用。

根据以上资料对甲物流有限责任公司的上述业务进行账务处理。

分析

（1）购入增值税税控系统专用设备时，支付增值税税控系统专用设备支付的费用价税合计额 1 419 元（119.66+20.34+1 025.64+174.36+67.52+11.48），其增值税专用发票不作为增值税抵扣凭证，其进项税额不得从销项税额中抵扣。账务处理是：

借：管理费用　　　　　　　　　　　　　　　　　　　　1 419
　　固定资产——打印机　　　　　　　　　　　　　　　2 188.03
　　应交税费——应交增值税（进项税额）　　　　　　　371.97
　　　贷：银行存款　　　　　　　　　　　　　　　　　　　　3 979

（2）支付技术维护费时，取得的增值税专用发票也不作为增值税抵扣凭证，其进项税额不得从销项税额中抵扣。会计处理时，价税合计额计入成本：

借：管理费用　　　　　　　　　　　　　　　　　　　　360
　　贷：银行存款　　　　　　　　　　　　　　　　　　　　360

（3）二项费用全额抵减增值税应纳税额时，与资产相关的计入递延收益，用于补偿企业已发生的相关费用或损失的，直接计入当期损益。减免税款共计 1 779 元（140+1 200+79+360=1 779），账务处理是：

借：应交税费——应交增值税（减免税款）　　　　　　1 779
　　贷：管理费用（或营业外收入）　　　　　　　　　　　1 779

（二）小规模纳税人税控收款机抵减增值税税额

《财政部　国家税务总局关于推广税控收款机有关税收政策的通知》（财税〔2004〕167 号）规定，增值税小规模纳税人或营业税纳税人购置税控收款机，经主管税务机关审核批准后，可凭购进税控收款机取得的增值税专用发票，按照发票上注明的增值税税额，抵免当期应纳增值税或营业税税额，或者按照购进税控收款机取得的普通发票上注明的价款，依下列公式计算可抵免税额：

可抵免税额=普通发票上注明的价款÷（1+17%）× 17%

当期应纳税额不足抵免的，未抵免部分可在下期继续抵免。

【例 139】某增值税小规模纳税人从事餐饮服务，2016 年 8 月按照主管税务机关的征管要求购买使用税控收款机，取得的普通发票注明价款 1 500 元。本月取得餐饮服务收入 45 000 元。该纳税人本月应缴纳增值税多少元？

分析　购买使用税控收款机可以抵减增值税税款。

应纳增值税税额=45 000÷（1+3%）×3%-1 500÷（1+17%）× 17%
　　　　　　　=1 310.68-217.95
　　　　　　　=1 092.73（元）

（三）销售自己使用过的固定资产

1. 基本政策

（1）小规模纳税人销售自己使用过的固定资产，按照 3%的征收率减按 2%征收增值税。

【例 140】某酒店 2016 年 4 月 30 日改征增值税，为小规模纳税人。2016 年 12 月销售两台自己使用过的电脑，取得含税收入 4 000 元。一台为营改增前购进，一台为营改增后购进。该业务应计算缴纳增值税多少元？

分析 2016 年 12 月销售两台自己使用过的电脑时，酒店为小规模纳税人，不需区分什么时候购进的固定资产，一律按照小规模纳税人（除其他个人外）销售自己使用过的固定资产，减按 2% 征收率征收增值税。

应纳增值税税额＝4 000÷（1+3%）×2%＝77.67（元）

（2）一般纳税人销售自己使用过的、纳入营改增试点之日前取得的固定资产，按照现行旧货相关增值税政策执行。

根据《财政部 国家税务总局关于部分货物适用增值税低税率和简易办法征收增值税政策的通知》（财税〔2009〕9 号）的规定，"纳税人销售旧货，按照简易办法依照 4% 征收率减半征收增值税"。2014 年 7 月 1 日起，依照 3% 征收率减按 2% 征税率征收增值税。

（3）一般纳税人销售自己使用过的属于《营业税改征增值税试点实施办法》第二十七条规定不得抵扣且未抵扣进项税额的固定资产，按照 3% 的征收率减按 2% 征收增值税。

（4）《国家税务总局关于一般纳税人销售自己使用过的固定资产增值税有关问题的公告》（国家税务总局公告 2012 年第 1 号）规定，纳税人购进或者自制固定资产时为小规模纳税人，认定为一般纳税人后销售该固定资产，按照 4% 征收率减半征收增值税。2014 年 7 月 1 日起，依照 3% 征收率减按 2% 征税率征收增值税。

【例 141】某广告公司 2013 年 8 月 1 日改征增值税，2016 年 4 月登记为增值税一般纳税人。2016 年 9 月销售一批使用过的设备取得含税收入 48 万元，该批设备为 2015 年 1 月购入。该笔业务广告公司应计算缴纳增值税多少元？

分析 2015 年 1 月购入设备时，该广告公司虽然已经改征增值税，但当时是小规模纳税人，不得抵扣进项税额。2016 年 9 月销售这批设备时，该广告公司已经登记为一般纳税人，属于纳税人购进或者自制固定资产时为小规模纳税人，登记为一般纳税人后销售该固定资产，按简易办法依 3% 征收率减按 2% 征收率征收增值税。

应纳增值税税额＝480 000÷（1+3%）×2%＝9 320.39（元）

（5）一般纳税人销售不属于上述规定的自己使用过的固定资产应按照适用税率计算缴纳增值税。

2. 使用过的固定资产

使用过的固定资产，是指纳税人符合《营业税改征增值税试点实施办法》第二十八条规定并根据财务会计制度已经计提折旧的固定资产。

《营业税改征增值税试点实施办法》第二十八条规定，固定资产，是指使用期限超过 12 个月的机器、机械、运输工具以及其他与生产经营有关的设备、工具、器具等有形动产。

【例 142】某运输公司为增值税一般纳税人。2016 年 7 月销售三辆已经使用的货运车辆，一辆为营改增之前购进的车辆，取得含税收入 20 万元；一辆为营改增之后购进用于集体福利的车辆，取得含税收入 30 万元；一辆为营改增之后购进用于生产经营的车辆，取得含税收入 50 万元。计算该运输公司这三项业务应缴纳的增值税税额。

分析

（1）销售营改增之前购进的车辆，按照3%征收率减按2%征收增值税。

应纳增值税税额 = 200 000÷（1+3%）×2% = 3 883.50（元）

（2）销售营改增之后购进用于集体福利的车辆，属于增值税一般纳税人销售自己使用过的属于《营业税改征增值税试点实施办法》第二十七条规定不得抵扣且未抵扣进项税额的固定资产，按照3%征收率减按2%征收增值税。

应纳增值税税额 = 300 000÷（1+3%）×2% = 5 825.24（元）

（3）销售营改增之后购进用于生产经营的车辆，不属于《营业税改征增值税试点实施办法》第二十七条规定不得抵扣且未抵扣进项税额的固定资产，即使购进时未取得增值税专用发票，未抵扣进项税额，现在销售均应按照适用税率11%征收增值税。

增值税销项税额 = 500 000÷（1+17%）×17% = 72 649.57（元）

3. 发票的开具

增值税一般纳税人销售自己使用过的固定资产按照3%的征收率减按2%征税的，不可以开具增值税专用发票。《国家税务总局关于营业税改征增值税试点期间有关增值税问题的公告》（国家税务总局公告2015年第90号）规定，纳税人销售自己使用过的固定资产，适用简易办法依照3%征收率减按2%征收增值税政策的，可以放弃减税，按照简易办法依照3%征收率缴纳增值税，并可以开具增值税专用发票。

二、营改增税收优惠过渡政策

《营业税改征增值税试点过渡政策的规定》（财税〔2016〕36号附件3）、《关于营业税改征增值税试点若干政策的通知》（财税〔2016〕39号）等确定了营改增试点纳税人可以享受的税收优惠的项目。这些税收优惠主要有免征增值税、即征即退增值税、扣减增值税等税收优惠。

（一）免征增值税

（1）托儿所、幼儿园提供的保育和教育服务。

①托儿所、幼儿园，是指经县级以上教育部门审批成立、取得办园许可证的实施0~6岁学前教育的机构，包括公办和民办的托儿所、幼儿园、学前班、幼儿班、保育院、幼儿园。

公办托儿所、幼儿园免征增值税的收入是指，在省级财政部门和价格主管部门审核报省级人民政府批准的收费标准以内收取的教育费、保育费。

民办托儿所、幼儿园免征增值税的收入是指，在报经当地有关部门备案并公示的收费标准范围内收取的教育费、保育费。

②超过规定收费标准的收费，以开办实验班、特色班和兴趣班等为由另外收取的费用以及与幼儿入园挂钩的赞助费、支教费等超过规定范围的收入，不属于免征增值税的收入。

（2）养老机构提供的养老服务。

养老机构，是指依照民政部《养老机构设立许可办法》（中华人民共和国民政部令第48号）设立并依法办理登记的为老年人提供集中居住和照料服务的各类养老机构。包括营利性和非营利性的养老机构。

养老服务，是指上述养老机构按照民政部《养老机构管理办法》（中华人民共和国民政部令第49号）的规定，为收住的老年人提供的生活照料、康复护理、精神慰藉、文化娱乐等服务。

（3）残疾人福利机构提供的育养服务。

《残疾人社会福利机构基本规范》规定，残疾人社会福利机构是为肢体、智力、视力、听力、语言、精神方面有残疾的人员提供康复和功能补偿的辅助器具，进行康复治疗、康复训练，承担教育、养护和托管服务的社会福利机构。

（4）婚姻介绍服务。

（5）殡葬服务。

殡葬服务，是指收费标准由各地价格主管部门会同有关部门核定，或者实行政府指导价管理的遗体接运（含抬尸、消毒）、遗体整容、遗体防腐、存放（含冷藏）、火化、骨灰寄存、吊唁设施设备租赁、墓穴租赁及管理等服务。

（6）残疾人员本人为社会提供的服务。

个人指自然人，不包括个体工商户。对于个体工商户，适用的促进残疾人就业的税收优惠政策是限额即征即退增值税的政策。

残疾人是指持有中华人民共和国残疾人证上注明属于视力残疾、听力残疾、言语残疾、肢体残疾、智力残疾和精神残疾的人员和持有"中华人民共和国残疾军人证（1至8级）"的人员。

（7）医疗机构提供的医疗服务。

医疗机构，是指依据国务院《医疗机构管理条例》（中华人民共和国国务院令第149号）及卫生部《医疗机构管理条例实施细则》（中华人民共和国卫生部令第35号）的规定，经登记取得《医疗机构执业许可证》的机构，以及军队、武警部队各级各类医疗机构。包括营利性医疗机构，也包括非营利性医疗机构。

医疗机构具体包括：各级各类医院、门诊部（所）、社区卫生服务中心（站）、急救中心（站）、城乡卫生院、护理院（所）、疗养院、临床检验中心，各级政府及有关部门举办的卫生防疫站（疾病控制中心）、各种专科疾病防治站（所），各级政府举办的妇幼保健所（站）、母婴保健机构、儿童保健机构，各级政府举办的血站（血液中心）等医疗机构。

本项所称的医疗服务，是指医疗机构按照不高于地（市）级以上价格主管部门会同同级卫生主管部门及其他相关部门制定的医疗服务指导价格（包括政府指导价和按照规定由供需双方协商确定的价格等）为就医者提供《全国医疗服务价格项目规范》所列的各项服务，以及医疗机构向社会提供卫生防疫、卫生检疫的服务。

（8）从事学历教育的学校提供的教育服务。

①学历教育，是指受教育者经过国家教育考试或者国家规定的其他入学方式，进入国家有关部门批准的学校或者其他教育机构学习，获得国家承认的学历证书的教育形式。具体包括：

A. 初等教育：普通小学、成人小学。

B. 初级中等教育：普通初中、职业初中、成人初中。

C. 高级中等教育：普通高中、成人高中和中等职业学校（包括普通中专、成人中专、职业高中、技工学校）。

D. 高等教育：普通本专科、成人本专科、网络本专科、研究生（博士、硕士）、高等教育自学考试、高等教育学历文凭考试。

②从事学历教育的学校，是指：

A. 普通学校。

B. 经地（市）级以上人民政府或者同级政府的教育行政部门批准成立、国家承认其学员学历的各类学校。

C. 经省级及以上人力资源社会保障行政部门批准成立的技工学校、高级技工学校。

D. 经省级人民政府批准成立的技师学院。

上述学校均包括符合规定的从事学历教育的民办学校，但不包括职业培训机构等国家不承认学历的教育机构。

③提供教育服务免征增值税的收入，是指对列入规定招生计划的在籍学生提供学历教育服务取得的收入，具体包括：经有关部门审核批准并按规定标准收取的学费、住宿费、课本费、作业本费、考试报名费收入，以及学校食堂提供餐饮服务取得的伙食费收入。除此之外的收入，包括学校以各种名义收取的赞助费、择校费等，不属于免征增值税的范围。

学校食堂是指依照《学校食堂与学生集体用餐卫生管理规定》（中华人民共和国教育部令第14号）管理的学校食堂。

（9）学生勤工俭学提供的服务。

（10）农业机耕、排灌、病虫害防治、植物保护、农牧保险以及相关技术培训业务，家禽、牲畜、水生动物的配种和疾病防治。

农业机耕，是指在农业、林业、牧业中使用农业机械进行耕作（包括耕耘、种植、收割、脱粒、植物保护等）的业务；排灌，是指对农田进行灌溉或者排涝的业务；病虫害防治，是指从事农业、林业、牧业、渔业的病虫害测报和防治的业务；农牧保险，是指为种植业、养殖业、牧业种植和饲养的动植物提供保险的业务；相关技术培训，是指与农业机耕、排灌、病虫害防治、植物保护业务相关以及为使农民获得农牧保险知识的技术培训业务；家禽、牲畜、水生动物的配种和疾病防治业务的免税范围，包括与该项服务有关的提供药品和医疗用具的业务。

航空公司提供飞机飞洒农药服务也属于病虫害防治，免征增值税。

（11）纪念馆、博物馆、文化馆、文物保护单位管理机构、美术馆、展览馆、书画院、图书馆在自己的场所提供文化体育服务取得的第一道门票收入。

（12）寺院、宫观、清真寺和教堂举办文化、宗教活动的门票收入。

（13）行政单位之外的其他单位收取的符合《营业税改征增值税试点实施办法》第十条规定条件的政府性基金和行政事业性收费。

（14）个人转让著作权。

个人转让著作权，是指个人转让著作的所有权或使用权的行为。著作，包括文字著作、图形著作（如画册、影集）、音像著作（如电影母片、录像带母带）。

（15）个人销售自建自用住房。

（16）2018 年 12 月 31 日前，公共租赁住房经营管理单位出租公共租赁住房。

公共租赁住房，是指纳入省、自治区、直辖市、计划单列市人民政府及新疆生产建设兵团批准的公共租赁住房发展规划和年度计划，并按照《关于加快发展公共租赁住房的指导意见》（建保〔2010〕87 号）和市、县人民政府制定的具体管理办法进行管理的公共租赁住房。

（17）台湾航运公司、航空公司从事海峡两岸海上直航、空中直航业务在大陆取得的运输收入。

台湾航运公司，是指取得交通运输部颁发的"台湾海峡两岸间水路运输许可证"且该许可证上注明的公司登记地址在台湾的航运公司。

台湾航空公司，是指取得中国民用航空局颁发的"经营许可"或者依据《海峡两岸空运协议》和《海峡两岸空运补充协议》规定，批准经营两岸旅客、货物和邮件不定期（包机）运输业务，且公司登记地址在台湾的航空公司。

（18）纳税人提供的直接或者间接国际货物运输代理服务。

①纳税人提供直接或者间接国际货物运输代理服务，向委托方收取的全部国际货物运输代理服务收入，以及向国际运输承运人支付的国际运输费用，必须通过金融机构进行结算。

②纳税人为大陆与香港、澳门、台湾地区之间的货物运输提供的货物运输代理服务参照国际货物运输代理服务有关规定执行。

③委托方索取发票的，纳税人应当就国际货物运输代理服务收入向委托方全额开具增值税普通发票。

（19）纳税人提供技术转让、技术开发和与之相关的技术咨询、技术服务。

①技术转让、技术开发，是指《销售服务、无形资产、不动产注释》中"转让技术""研发服务"范围内的业务活动。技术咨询，是指就特定技术项目提供可行性论证、技术预测、专题技术调查、分析评价报告等业务活动。

与技术转让、技术开发相关的技术咨询、技术服务，是指转让方（或者受托方）根据技术转让或者开发合同的规定，为帮助受让方（或者委托方）掌握所转让（或者委托开发）的技术，而提供的技术咨询、技术服务业务，且这部分技术咨询、技术服务的价款与技术转让或者技术开发的价款应当在同一张发票上开具。

②备案程序。试点纳税人申请免征增值税时，须持技术转让、开发的书面合同，到纳税人所在地省级科技主管部门进行认定，并持有关的书面合同和科技主管部门审核意见证明文件报主管税务机关备查。

（20）合同能源管理服务。

同时符合下列条件的合同能源管理服务免征增值税：

①节能服务公司实施合同能源管理项目相关技术，应当符合国家质量监督检验检疫总局和国家标准化管理委员会发布的《合同能源管理技术通则》（GB/T24915-2010）规定的技术要求。

②节能服务公司与用能企业签订节能效益分享型合同，其合同格式和内容，符合

《中华人民共和国合同法》和《合同能源管理技术通则》（GB/T24915-2010）等规定。

（21）2017年12月31日前，科普单位的门票收入，以及县级及以上党政部门和科协开展科普活动的门票收入。

科普单位，是指科技馆、自然博物馆，对公众开放的天文馆（站、台）、气象台（站）、地震台（站），以及高等院校、科研机构对公众开放的科普基地。

科普活动，是指利用各种传媒以浅显的、让公众易于理解、接受和参与的方式，向普通大众介绍自然科学和社会科学知识，推广科学技术的应用，倡导科学方法，传播科学思想，弘扬科学精神的活动。

（22）政府举办的从事学历教育的高等、中等和初等学校（不含下属单位），举办进修班、培训班取得的全部归该学校所有的收入。

全部归该学校所有，是指举办进修班、培训班取得的全部收入进入该学校统一账户，并纳入预算全额上缴财政专户管理，同时由该学校对有关票据进行统一管理和开具。

举办进修班、培训班取得的收入进入该学校下属部门自行开设账户的，不予免征增值税。

（23）政府举办的职业学校设立的主要为在校学生提供实习场所、并由学校出资自办、由学校负责经营管理、经营收入归学校所有的企业，从事《销售服务、无形资产或者不动产注释》中"现代服务"（不含融资租赁服务、广告服务和其他现代服务）、"生活服务"（不含文化体育服务、其他生活服务和桑拿、氧吧）业务活动取得的收入。

（24）家政服务企业由员工制家政服务员提供家政服务取得的收入。

家政服务企业，是指在企业营业执照的规定经营范围中包括家政服务内容的企业。

员工制家政服务员，是指同时符合下列3个条件的家政服务员：

①依法与家政服务企业签订半年及半年以上的劳动合同或者服务协议，且在该企业实际上岗工作。

②家政服务企业为其按月足额缴纳了企业所在地人民政府根据国家政策规定的基本养老保险、基本医疗保险、工伤保险、失业保险等社会保险。对已享受新型农村养老保险和新型农村合作医疗等社会保险或者下岗职工原单位继续为其缴纳社会保险的家政服务员，如果本人书面提出不再缴纳企业所在地人民政府根据国家政策规定的相应的社会保险，并出具其所在乡镇或者原单位开具的已缴纳相关保险的证明，可视同家政服务企业已为其按月足额缴纳了相应的社会保险。

③家政服务企业通过金融机构向其实际支付不低于企业所在地适用的经省级人民政府批准的最低工资标准的工资。

（25）福利彩票、体育彩票的发行收入。

（26）军队空余房产租赁收入。

（27）为了配合国家住房制度改革，企业、行政事业单位按房改成本价、标准价出售住房取得的收入。

（28）将土地使用权转让给农业生产者用于农业生产。

（29）涉及家庭财产分割的个人无偿转让不动产、土地使用权。

家庭财产分割，包括下列情形：离婚财产分割；无偿赠与配偶、父母、子女、祖父母、外祖父母、孙子女、外孙子女、兄弟姐妹；无偿赠与对其承担直接抚养或者赡养义务的抚养人或者赡养人；房屋产权所有人死亡，法定继承人、遗嘱继承人或者受遗赠人依法取得房屋产权。

（30）土地所有者出让土地使用权和土地使用者将土地使用权归还给土地所有者。

（31）县级以上地方人民政府或自然资源行政主管部门出让、转让或收回自然资源使用权（不含土地使用权）。

（32）随军家属就业。

①为安置随军家属就业而新开办的企业，自领取税务登记证之日起，其提供的应税服务3年内免征增值税。

享受税收优惠政策的企业，随军家属必须占企业总人数的60%（含）以上，并有军（含）以上政治和后勤机关出具的证明。

②从事个体经营的随军家属，自办理税务登记事项之日起，其提供的应税服务3年内免征增值税。

随军家属必须有师以上政治机关出具的可以表明其身份的证明。

按照上述规定，每一名随军家属可以享受一次免税政策。

（33）军队转业干部就业。

①从事个体经营的军队转业干部，自领取税务登记证之日起，其提供的应税服务3年内免征增值税。

②为安置自主择业的军队转业干部就业而新开办的企业，凡安置自主择业的军队转业干部占企业总人数60%（含）以上的，自领取税务登记证之日起，其提供的应税服务3年内免征增值税。

享受上述优惠政策的自主择业的军队转业干部必须持有师以上部队颁发的转业证件。

（34）美国ABS船级社在非营利宗旨不变、中国船级社在美国享受同等免税待遇的前提下，在中国境内提供的船检服务。

（35）青藏铁路公司提供的铁路运输服务。

（36）中国邮政集团公司及其所属邮政企业提供的邮政普遍服务和邮政特殊服务。

（37）《关于建筑服务等营改增试点政策的通知》（财税〔2017〕58号）规定，纳税人采取转包、出租、互换、转让、入股等方式将承包地流转给农业生产者用于农业生产，免征增值税。

（38）《继续实施支持文化企业发展若干税收政策》（财税〔2014〕85号）规定，2014年1月1日至2018年12月31日，新闻出版广电行政主管部门（包括中央、省、地市及县级）按照各自职能权限批准从事电影制片、发行、放映的电影集团公司（含成员企业）、电影制片厂及其他电影企业取得的销售电影拷贝（含数字拷贝）收入、转让电影版权（包括转让和许可使用）收入、电影发行收入以及在农村取得的电影放映收入免征增值税。

有关金融服务的税收优惠见第七章第三节"金融服务的增值税处理"。

（二）即征即退增值税

（1）一般纳税人提供管道运输服务，对其增值税实际税负超过3%的部分实行增值税即征即退政策。

①提供管道运输服务即征即退税额的计算方法：

提供管道运输服务即征即退增值税税额＝当期提供管道运输服务增值税应纳税额－当期提供管道运输服务销售额×3%

②增值税实际税负，是指纳税人当期提供应税服务实际缴纳的增值税额占纳税人当期提供应税服务取得的全部价款和价外费用的比例。

增值税税负率＝本期即征即退管道运输业务应纳增值税税额÷本期即征即退管道运输业务销售额×100%。

【例143】天龙管道运输公司为增值税一般纳税人，从事暖气输送服务。2016年12月该公司向客户提供暖气运输业务共取得不含税收入500万元，同时随同暖气输送向客户收取管道维护费8万元，当月可抵扣的增值税进项税额为30万元。天龙管道运输公司2016年12月的业务可申请即征即退的增值税税款是多少元？

分析 增值税销售额，是指纳税人提供应税服务取得的全部价款和价外费用。价外费用，是指价外收取的各种性质的价外收费。天龙管道运输公司随同暖气输送业务向客户收取的管道维护费，属于向客户提供暖气输送服务过程中随同应税服务收取的价外费用，应作为增值税的销售额计算销项税额。

天龙管道运输公司增值税实际税负超过3%的部分可申请退还。增值税实际税负是指纳税人当期实际缴纳的增值税额占纳税人当期提供应税服务取得的全部价款和价外费用的比例。

2016年12月销项税额＝5 000 000×11%＋80 000÷（1＋11%）×11%

$$= 550\,000 + 7\,927.93$$

$$= 557\,927.93（元）$$

当期可抵扣的进项税额为30万元

应纳税额＝557 927.93－300 000＝257 927.93（元）

当期实际税负＝257 927.93÷[5 000 000＋80 000÷（1＋11%）]

$$= 257\,927.93 ÷ 5\,072\,072.07$$

$$= 5.09\%$$

3%的税负对应的增值税税额＝5 072 072.07×3%＝152 162.16（元）

可申请办理即征即退的增值税＝257 927.93－152 162.16＝105 765.77（元）

（2）经人民银行、银监会或者商务部批准从事融资租赁业务的试点纳税人中的一般纳税人，提供有形动产融资租赁服务和有形动产融资性售后回租服务，对其增值税实际税负超过3%的部分实行增值税即征即退政策。商务部授权的省级商务主管部门和国家经济技术开发区批准的从事融资租赁业务和融资性售后回租业务的试点纳税人中的一般纳税人，2016年4月30日后实收资本达到1.7亿元的，从达到标准的当月起按照上述规定执行；2016年4月30日后实收资本未达到1.7亿元但注册资本达到1.7亿元的，在2016年7月31日前仍可按照上述规定执行，2016年8月1日后开展的有形动产融资租赁业务和有形动产融资性售后回租业务不得按照上述规定执行。

①即征即退税额的计算方法：

即征即退增值税税额＝本期有形动产融资租赁服务和有形动产融资性售后回租服务

应纳税额-本期即征即退有形动产融资租赁服务和有形动产融资性售后回租服务销售额×3%。

②增值税税负率=本期即征即退有形动产融资租赁服务和有形动产融资性售后回租服务应纳增值税税额÷本期即征即退有形动产融资租赁服务和有形动产融资性售后回租服务销售额×100%。

本期即征即退有形动产融资租赁服务和有形动产融资性售后回租服务应纳税额为有形动产融资租赁服务和有形动产融资性售后回租服务已缴增值税。

（三）扣减增值税

1. 退役士兵创业就业

对自主就业退役士兵从事个体经营和特定企业招用自主就业退役士兵给予扣减增值税的税收优惠。

自主就业退役士兵是指依照《退役士兵安置条例》（中华人民共和国国务院、中华人民共和国中央军事委员会令第 608 号）的规定退出现役并按自主就业方式安置的退役士兵。

（1）对自主就业退役士兵从事个体经营的，在 3 年内按每户每年 8 000 元为限额依次扣减其当年实际应缴纳的增值税、城市维护建设税、教育费附加、地方教育附加和个人所得税。限额标准最高可上浮 20%，各省、自治区、直辖市人民政府可根据本地区实际情况在此幅度内确定具体限额标准，并报财政部和国家税务总局备案。

纳税人年度应缴纳税款小于上述扣减限额的，以其实际缴纳的税款为限；大于上述扣减限额的，应以上述扣减限额为限。纳税人的实际经营期不足一年的，应当以实际月份换算其减免税限额。换算公式为：减免税限额=年度减免税限额÷12×实际经营月数。

（2）对商贸企业、服务型企业、劳动就业服务企业中的加工型企业和街道社区具有加工性质的小型企业实体，在新增加的岗位中，当年新招用自主就业退役士兵，与其签订 1 年以上期限劳动合同并依法缴纳社会保险费的，在 3 年内按实际招用人数予以定额依次扣减增值税、城市维护建设税、教育费附加、地方教育附加和企业所得税优惠。定额标准为每人每年 4 000 元，最高可上浮 50%，各省、自治区、直辖市人民政府可根据本地区实际情况在此幅度内确定具体定额标准，并报财政部和国家税务总局备案。

本条所称服务型企业是指从事《销售服务、无形资产、不动产注释》中"不动产租赁服务""商务辅助服务"（不含货物运输代理和代理报关服务）、"生活服务"（不含文化体育服务）范围内业务活动的企业以及按照《民办非企业单位登记管理暂行条例》（中华人民共和国国务院令第 251 号）登记成立的民办非企业单位。

纳税人按企业招用人数和签订的劳动合同时间核定企业减免税总额，在核定减免税总额内每月依次扣减增值税、城市维护建设税、教育费附加和地方教育附加。纳税人实际应缴纳的增值税、城市维护建设税、教育费附加和地方教育附加小于核定减免税总额的，以实际应缴纳的增值税、城市维护建设税、教育费附加和地方教育附加为限；实际应缴纳的增值税、城市维护建设税、教育费附加和地方教育附加大于核定减免税总额的，以核定减免税总额为限。

纳税年度终了，如果企业实际减免的增值税、城市维护建设税、教育费附加和地方教育附加小于核定的减免税总额，企业在企业所得税汇算清缴时扣减企业所得税。当年扣减不足的，不再结转以后年度扣减。

计算公式为：

企业减免税总额=∑每名自主就业退役士兵本年度在本企业工作月份÷12×定额标准。

（3）上述两项税收优惠政策的执行期限为2016年4月30日至2016年12月31日，纳税人在2016年12月31日未享受满3年的，可继续享受至3年期满为止。

按照《财政部 国家税务总局关于调整完善扶持自主就业退役士兵创业就业有关税收政策的通知》（财税〔2014〕42号）规定享受营业税优惠政策的纳税人，自2016年4月30日后按照上述规定享受增值税优惠政策，在2016年12月31日未享受满3年的，可继续享受至3年期满为止。

《财政部 国家税务总局关于将铁路运输和邮政业纳入营业税改征增值税试点的通知》（财税〔2013〕106号）附件3第一条第（十二）项城镇退役士兵就业免征增值税政策，自2014年7月1日起停止执行。在2014年6月30日未享受满3年的，可继续享受至3年期满为止。

2. 重点群体创业就业

对重点群体的人员从事个体经营和特定企业招用重点群体的人员给予扣减增值税的税收优惠。

重点群体包括持就业创业证（注明"自主创业税收政策"或"毕业年度内自主创业税收政策"）或2015年1月27日前取得就业失业登记证（注明"自主创业税收政策"，或附着高校毕业生自主创业证，或注明"企业吸纳税收政策"）的人员。

（1）对持就业创业证（注明"自主创业税收政策"或"毕业年度内自主创业税收政策"）或2015年1月27日前取得就业失业登记证（注明"自主创业税收政策"或附着高校毕业生自主创业证）的人员从事个体经营的，在3年内按每户每年8 000元为限额依次扣减其当年实际应缴纳的增值税、城市维护建设税、教育费附加、地方教育附加和个人所得税。限额标准最高可上浮20%，各省、自治区、直辖市人民政府可根据本地区实际情况在此幅度内确定具体限额标准，并报财政部和国家税务总局备案。

纳税人年度应缴纳税款小于上述扣减限额的，以其实际缴纳的税款为限；大于上述扣减限额的，应以上述扣减限额为限。

上述人员是指：

A. 在人力资源社会保障部门公共就业服务机构登记失业半年以上的人员。

自2015年4月30日后，《财政部 国家税务总局 人力资源社会保障部关于扩大企业吸纳就业税收优惠适用人员范围的通知》（财税〔2015〕77号）将《财政部 国家税务总局 人力资源社会保障部关于继续实施支持和促进重点群体创业就业有关税收政策的通知》财税〔2014〕39号文件中"当年新招用在人力资源社会保障部门公共就业服务机构登记失业一年以上"的内容调整为"当年新招用在人力资源社会保障部门公共就业服务机构登记失业半年以上"，其他政策内容和具体实施办法不变。

B. 零就业家庭、享受城市居民最低生活保障家庭劳动年龄内的登记失业人员。

C. 毕业年度内高校毕业生。高校毕业生是指实施高等学历教育的普通高等学校、成人高等学校毕业的学生；毕业年度是指毕业所在自然年，即 1 月 1 日至 12 月 31 日。

（2）对商贸企业、服务型企业、劳动就业服务企业中的加工型企业和街道社区具有加工性质的小型企业实体，在新增加的岗位中，当年新招用在人力资源社会保障部门公共就业服务机构登记失业半年以上且持就业创业证或 2015 年 1 月 27 日前取得的就业失业登记证（注明"企业吸纳税收政策"）人员，与其签订 1 年以上期限劳动合同并依法缴纳社会保险费的，在 3 年内按实际招用人数予以定额依次扣减增值税、城市维护建设税、教育费附加、地方教育附加和企业所得税优惠。定额标准为每人每年 4 000 元，最高可上浮 30%，各省、自治区、直辖市人民政府可根据本地区实际情况在此幅度内确定具体定额标准，并报财政部和国家税务总局备案。

按上述标准计算的税收扣减额应在企业当年实际应缴纳的增值税、城市维护建设税、教育费附加、地方教育附加和企业所得税税额中扣减，当年扣减不足的，不得结转下年使用。

本条所称服务型企业是指从事《销售服务、无形资产、不动产注释》中"不动产租赁服务""商务辅助服务"（不含货物运输代理和代理报关服务）、"生活服务"（不含文化体育服务）范围内业务活动的企业以及按照《民办非企业单位登记管理暂行条例》（中华人民共和国国务院令第 251 号）登记成立的民办非企业单位。

（3）上述税收优惠政策的执行期限为 2016 年 4 月 30 日至 2016 年 12 月 31 日，纳税人在 2016 年 12 月 31 日未享受满 3 年的，可继续享受至 3 年期满为止。

按照《财政部　国家税务总局　人力资源社会保障部关于继续实施支持和促进重点群体创业就业有关税收政策的通知》（财税〔2014〕39 号）规定享受营业税优惠政策的纳税人，自 2016 年 4 月 30 日后按照上述规定享受增值税优惠政策，在 2016 年 12 月 31 日未享受满 3 年的，可继续享受至 3 年期满为止。

《财政部　国家税务总局关于将铁路运输和邮政业纳入营业税改征增值税试点的通知》（财税〔2013〕106 号）附件 3 第一条第（十三）项失业人员就业增值税优惠政策，自 2014 年 1 月 1 日起停止执行。在 2013 年 12 月 31 日未享受满 3 年的，可继续享受至 3 年期满为止。

（四）个人销售购买住房的税收优惠

个人包括个体工商户和其他个人。

1. 北京市、上海市、广州市和深圳市

个人将购买不足 2 年的住房对外销售的，按照 5% 的征收率全额缴纳增值税；个人将购买 2 年以上（含 2 年）的非普通住房对外销售的，以销售收入减去购买住房价款后的差额按照 5% 的征收率缴纳增值税；个人将购买 2 年以上（含 2 年）的普通住房对外销售的，免征增值税。

2. 北京市、上海市、广州市和深圳市以外的地区

个人将购买不足 2 年的住房对外销售的，按照 5% 的征收率全额缴纳增值税；个人将购买 2 年以上（含 2 年）的住房对外销售的，免征增值税。

第二节　增值税税收优惠管理

一、增值税税收优惠管理要求

（一）分别核算

《营业税改征增值税试点实施办法》（财税〔2016〕36 号附件 1）规定，纳税人兼营免税、减税项目的，应当分别核算免税、减税项目的销售额；未分别核算的，不得免税、减税。

（1）纳税人用于免征增值税项目的购进货物、加工、修理修配劳务、服务、无形资产或者不动产的进项税额，不得从销项税额中抵扣。

纳税人应税项目和免税项目共同使用的固定资产、无形资产（不包括其他权益性无形资产）、不动产，进项税额可以抵扣。

（2）适用一般计税方法的纳税人，兼营简易计税方法计税项目、免征增值税项目而无法划分不得抵扣的进项税额，按照下列公式计算不得抵扣的进项税额：

不得抵扣的进项税额=当期无法划分的全部进项税额×（当期简易计税方法计税项目销售额+免征增值税项目销售额）÷当期全部销售额

（二）放弃免税、减税权

《营业税改征增值税试点实施办法》（财税〔2016〕36 号附件 1）规定，纳税人提供应税服务适用免税、减税规定的，可以放弃免税、减税权，向主管税务机关提出书面申请，经主管税务机关审核确认后，按现行相关规定缴纳增值税。放弃免税、减税后，36 个月内不得再申请免税、减税，主管税务机关 36 个月内也不得受理纳税人的免税申请。

纳税人一经放弃免税权，其生产销售的全部增值税应税货物或劳务以及应税服务均应按照适用税率征税，不得选择某一免税项目放弃免税权，也不得根据不同销售对象选择部分货物、劳务以及应税服务放弃免税权。

（三）营改增税收优惠项目的分类

根据《税收减免管理办法》（国家税务总局公告 2015 年第 43 号）的规定，减免税分为核准类减免税和备案类减免税。核准类减免税是指法律、法规规定应由税务机关核准的减免税项目；备案类减免税是指不需要税务机关核准的减免税项目。

营改增的应税行为增值税税收优惠包括免税、即征即退、扣减增值税。大部分优惠都属于备案类减免税，核准类的税收优惠主要是即征即退的税收优惠。当前，在《全国税务机关纳税服务规范》《全国税收征管规范》中，取消了核准类的税收优惠，纳税人享受即征即退的税收优惠须先办理即征即退资格备案，才能在缴纳增值税后办理增值税税款的即征即退。

《关于进一步深化税务系统"放管服"改革优化税收环境的若干意见》（税总发〔2017〕101号）要求，改进各税种优惠备案方式，基本实现税收优惠资料由报送税务机关改为纳税人留存备查，减轻纳税人备案负担。

二、重点群体创业就业税收优惠管理

根据《关于继续实施支持和促进重点群体创业就业有关税收政策具体操作问题的公告》（国家税务总局公告2017年第27号）的规定，自2017年1月1日起，支持和促进重点群体创业就业有关的税收优惠政策按下列规定执行。

（一）个体经营

1. 申请

（1）在人力资源社会保障部门公共就业服务机构登记失业半年以上的人员、零就业家庭或享受城市居民最低生活保障家庭劳动年龄内的登记失业人员，可持《就业创业证》（或《就业失业登记证》，下同）、个体工商户登记执照（未完成"两证整合"的还须持《税务登记证》）向创业地县以上（含县级，下同）人力资源社会保障部门提出申请。县以上人力资源社会保障部门应当按照财税〔2017〕49号文件的规定，核实创业人员是否享受过税收扶持政策。对符合条件人员在《就业创业证》上注明"自主创业税收政策"。

（2）毕业年度高校毕业生在校期间从事个体经营享受税收优惠政策的，凭学生证到公共就业服务机构申领《就业创业证》，或委托所在高校就业指导中心向公共就业服务机构代其申领《就业创业证》。公共就业服务机构在《就业创业证》上注明"毕业年度内自主创业税收政策"。

（3）毕业年度高校毕业生离校后从事个体经营享受税收优惠政策的，可凭毕业证直接向公共就业服务机构申领《就业创业证》。公共就业服务机构在《就业创业证》上注明"毕业年度内自主创业税收政策"。

2. 税款减免顺序及额度

符合条件人员从事个体经营的，按照财税〔2017〕49号文件第一条的规定，在年度减免税限额内，依次扣减增值税、城市维护建设税、教育费附加、地方教育附加和个人所得税。纳税人的实际经营期不足一年的，应当以实际月份换算其减免税限额。换算公式为：减免税限额＝年度减免税限额÷12×实际经营月数。

纳税人实际应缴纳的增值税、城市维护建设税、教育费附加、地方教育附加和个人所得税小于减免税限额的，以实际应缴纳的增值税、城市维护建设税、教育费附加、地方教育附加和个人所得税税额为限；实际应缴纳的增值税、城市维护建设税、教育费附加、地方教育附加和个人所得税大于减免税限额的，以减免税限额为限。

上述城市维护建设税、教育费附加、地方教育附加的计税依据是享受本项税收优惠政策前的增值税应纳税额。

3. 税收减免备案

纳税人在享受本项税收优惠纳税申报时，持《就业创业证》（注明"自主创业税收政策"或"毕业年度内自主创业税收政策")或《就业失业登记证》（注明"自主创业税收政策"或附着《高校毕业生自主创业证》），向其主管税务机关备案。

（二）企业、民办非企业单位吸纳失业人员

1. 申请

符合条件的企业、民办非企业单位持下列材料向县以上人力资源社会保障部门递交申请：

（1）新招用人员持有的《就业创业证》。

（2）企业、民办非企业单位与新招用持《就业创业证》人员签订的劳动合同（副本），企业、民办非企业单位为职工缴纳的社会保险费记录。可通过内部信息共享、数据比对等方式进行审核的地方，可不再要求企业提供缴纳社会保险费的记录。

（3）《持〈就业创业证〉人员本年度实际工作时间表》。

其中，劳动就业服务企业要提交《劳动就业服务企业证书》，民办非企业单位提交《民办非企业单位登记证书》。

县以上人力资源社会保障部门接到企业、民办非企业单位报送的材料后，应当按照财税〔2017〕49 号文件的规定，重点核实以下情况：

（1）新招用人员是否属于享受税收优惠政策人员范围，以前是否已享受过税收优惠政策；

（2）企业、民办非企业单位是否与新招用人员签订了 1 年以上期限劳动合同，为新招用人员缴纳社会保险费的记录；

（3）企业、民办非企业单位的经营范围是否符合税收政策规定。

核实后，对符合条件的人员，在《就业创业证》上注明"企业吸纳税收政策"，对符合条件的企业、民办非企业单位核发《企业实体吸纳失业人员认定证明》。

2. 税款减免顺序及额度

（1）纳税人按本单位吸纳人数和签订的劳动合同时间核定本单位减免税总额，在减免税总额内每月依次扣减增值税、城市维护建设税、教育费附加和地方教育附加。纳税人实际应缴纳的增值税、城市维护建设税、教育费附加和地方教育附加小于核定减免税总额的，以实际应缴纳的增值税、城市维护建设税、教育费附加、地方教育附加为限；实际应缴纳的增值税、城市维护建设税、教育费附加和地方教育附加大于核定减免税总额的，以核定减免税总额为限。

纳税年度终了，如果纳税人实际减免的增值税、城市维护建设税、教育费附加和地方教育附加小于核定的减免税总额，纳税人在进行企业所得税汇算清缴时，以差额部分扣减企业所得税。当年扣减不完的，不再结转以后年度扣减。

减免税总额 = Σ 每名失业人员本年度在本企业工作月份 ÷ 12 × 定额

企业、民办非企业单位自吸纳失业人员的次月起享受税收优惠政策。

上述城市维护建设税、教育费附加、地方教育附加的计税依据是享受本项税收优惠政策前的增值税应纳税额。

（2）第二年及以后年度当年新招用人员、原招用人员及其工作时间，按上述程序和办法执行。计算每名失业人员享受税收优惠政策的期限最长不超过 3 年。

3. 税收减免备案

（1）经县以上人力资源社会保障部门核实后，纳税人依法享受税收优惠政策。纳税人持县以上人力资源社会保障部门核发的《企业实体吸纳失业人员认定证明》《持〈就业创业证〉人员本年度实际工作时间表》，在享受本项税收优惠纳税申报时向主管税务机关备案。

（2）企业、民办非企业单位纳税年度终了前招用失业人员发生变化的，应当在人员变化次月按照前项规定重新备案。

（三）税收优惠政策管理

（1）严格各项凭证的审核发放。任何单位或个人不得伪造、涂改、转让、出租相关凭证，违者将依法予以惩处；对采取上述手段已经获取减免税的企业、民办非企业单位和个人，主管税务机关要追缴其已减免的税款，并依法予以处罚；对出借、转让《就业创业证》的人员，主管人力资源社会保障部门要收回其《就业创业证》并记录在案。

（2）《就业创业证》采用实名制，限持证者本人使用。创业人员从事个体经营的，《就业创业证》由本人保管；被用人单位录用的，享受税收优惠政策期间，证件由用人单位保管。《就业创业证》由人力资源社会保障部统一样式，各省、自治区、直辖市人力资源社会保障部门负责印制，统一编号备案，作为审核劳动者就业失业状况和享受政策情况的有效凭证。

（3）《企业实体吸纳失业人员认定证明》由人力资源社会保障部统一式样，各省、自治区、直辖市人力资源社会保障部门统一印制，统一编号备案。

（4）县以上税务、财政、人力资源社会保障、教育、民政部门要建立劳动者就业信息交换和协查制度。人力资源社会保障部建立全国统一的就业信息平台，供各级人力资源社会保障、税务、财政、民政部门查询《就业创业证》信息。地方各级人力资源社会保障部门要及时将《就业创业证》信息（包括发放信息和内容更新信息）按规定上报人力资源社会保障部。

（5）主管税务机关应当在纳税人备案时，在《就业创业证》中加盖戳记，注明减免税所属时间。各级税务机关对《就业创业证》有疑问的，可提请同级人力资源社会保障部门予以协查，同级人力资源社会保障部门应根据具体情况规定合理的工作时限，并在时限内将协查结果通报提请协查的税务机关。

三、即征即退资格备案

（一）管道运输服务增值税即征即退资格备案

（1）按政策规定可享受增值税实际税负超过 3% 的部分即征即退的提供管道运输服务的纳税人，在首次办理税收优惠或条件发生变化时向税务机关报送下列资料进行资格备案：

①《税务资格备案表》；

②管道运输服务业务合同原件及复印件。

（2）纳税人向税务机关提交下列资料申请退税：

①《增值税即征即退申请表》；

②当月提供管道运输服务缴纳增值税的完税凭证或缴款书等。

（二）租赁服务增值税即征即退资格备案

（1）按政策规定可享受增值税实际税负超 3%部分即征即退政策的融资租赁企业，在首次办理税收优惠或条件发生变化时向税务机关报送下列资料进行资格备案：

①《税务资格备案表》；

②融资租赁服务业务合同原件及复印件；

③中国人民银行、银监会、商务部及授权部门批准经营融资租赁业务证明原件及复印件。

（2）纳税人向税务机关提交下列资料申请退税：

①《增值税即征即退申请表》；

②当月融资租赁服务缴纳增值税的完税凭证或缴款书等。

四、免税备案

增值税优惠备案是指符合增值税优惠条件的纳税人将相关资料报税务机关备案。报送的资料包括：《纳税人减免税备案登记表》（小微企业免征增值税优惠无须报送资料，通过填报申报表及其附表履行优惠备案手续）；减免税依据的相关法律、法规、规章和规范性文件要求报送的资料。

（一）技术转让、技术开发和与之相关的技术咨询、技术服务

纳税人向税务机关提交的备案资料包括：

（1）技术转让、技术开发和与之相关的技术咨询、技术服务业务合同（经技术市场管理办公室审定盖章）以及技术合同登记证明；

（2）省级科技主管部门审定，并加盖上省级科技主管部门"技术转让合同认定专用章"或省级科技主管部门"技术开发合同认定专用章"，并且有"审定人印章"的"技术转让合同""技术开发合同"，以及技术合同登记证明；

（3）外国企业和外籍个人能提供由审批技术引进项目的对外贸易经济合作部（现为商务部）及其授权的地方外经贸部门（省商务厅）出具的"技术转让合同、协议批准文件"的，可不再提供上述科技主管部门审核意见证明；

（4）外国企业和外籍个人如委托境内企业申请办理备案手续的，应提供委托书，如系外文的应翻译成中文等。

（二）随军家属就业服务项目

1. 为安置随军家属就业而新办的企业

纳税人向税务机关提交的备案资料包括：

（1）有军（含）以上政治和后勤机关出具的证明；

（2）安置的有军（含）以上政治和后勤机关出具的证明随军家属达到 60%（含）

以上的证明材料；

（3）纳税人与随军家属签订的劳动合同（协议）；

（4）纳税人为随军家属缴纳社会保险费的缴费凭证；

（5）企业工资支付凭证（如工资分配表，转账凭证等）等。

2．从事个体经营的随军家属

纳税人向税务机关提交的备案资料包括：有军（含）以上政治和后勤机关出具的证明等。

（三）军队转业干部就业服务项目

1．安置自主择业的军队转业干部的企业

纳税人向税务机关提交的备案资料包括：

（1）师以上部队颁发的转业证件；

（2）纳税人业与自主择业军转干部签订的劳动合同；

（3）纳税人为军转干部缴纳社会保险费的缴费凭证；

（4）企业工资支付凭证（如工资分配表，转账凭证等）；

（5）纳税人在职职工及军转干部名册等。

2．从事个体经营的军转干部

纳税人向税务机关提交的备案资料包括：师以上部队颁发的转业证件等。

（四）退役士兵就业服务项目

1．安置自谋职业的退役士兵的企业

企业自招用自主就业退役士兵的次月起享受税收优惠政策，并于享受税收优惠政策的当月，持下列材料向主管税务机关备案：

（1）新招用自主就业退役士兵的"中国人民解放军义务兵退出现役证"或"中国人民解放军士官退出现役证"；

（2）企业与新招用自主就业退役士兵签订的劳动合同（副本）；

（3）企业为职工缴纳的社会保险费记录；

（4）自主就业退役士兵本年度在企业工作时间表；

（5）主管税务机关要求的其他相关材料。

2．从事个体经营的退役士兵

纳税人在享受税收优惠政策的当月向税务机关办理备案，提交的备案资料包括："中国人民解放军义务兵退出现役证"或"中国人民解放军士官退出现役证"等。

【例144】甲节能服务公司与乙公司签订了一份投资额为1 000万元的"节能效益分享型"合同实行合同能源管理项目。内容是，自2017年3月1日起，节能服务公司为本项目购买节能设备，并提供安装和调试服务，总投入为800万元，该节能项目从2017年6月开始投入运转，双方约定从2017年6月到2037年6月的20年中，每年从节能用户节省的电费中分享70%，而且每年从该节能用户企业获得10万元的管理费用收入。假设节能用户每年与没有采用该节能服务项目前相比可以节省电费100万元，设备折价期限为10年，没有残值。20年到期后，该节能设备所有权归节能用户所有。请问：甲节能服务公司可以享受哪些税收优惠？

分析 1. 增值税。

（1）根据《财政部 国家税务总局关于促进节能服务产业发展增值税、营业税和企业所得税政策问题的通知》（财税〔2010〕110号）的规定，节能服务公司同时满足以下条件，可以享受增值税的税收优惠。

A. 节能服务公司实施合同能源管理项目相关技术应符合国家质量监督检验检疫总局和国家标准化管理委员会发布的《合同能源管理技术通则》（GB/T24915-2010）规定的技术要求；

B. 节能服务公司与用能企业签订节能效益分享型合同，其合同格式和内容，符合《合同法》和国家质量监督检验检疫总局和国家标准化管理委员会发布的《合同能源管理技术通则》（GB/T24915-2010）等规定。

（2）增值税税收优惠的处理：

A. 每年从乙企业取得70万元（100万×70%）和10万元的管理费收入免征增值税。

B. 购进的设备800万元用于非增值税应税项目，不得抵扣进项税额。

C. 20年后，设备无偿赠送给该节能用户企业，根据（财税〔2010〕110号）第一条第二款规定："节能服务公司实施符合条件的合同能源管理项目，将项目中的增值税应税货物转让给用能企业，暂免征收增值税。"

2. 企业所得税。

（1）根据《财政部 国家税务总局关于促进节能服务产业发展增值税、营业税和企业所得税政策问题的通知》（财税〔2010〕110号）的规定，节能服务公司同时满足以下条件，可以享受企业所得税的税收优惠：

A. 具有独立法人资格，注册资金不低于100万元，且能够单独提供用能状况诊断、节能项目设计、融资、改造（包括施工、设备安装、调试、验收等）、运行管理、人员培训等服务的专业化节能服务公司；

B. 节能服务公司实施合同能源管理项目相关技术应符合国家质量监督检验检疫总局和国家标准化管理委员会发布的《合同能源管理技术通则》（GB/T24915-2010）规定的技术要求；

C. 节能服务公司与用能企业签订"节能效益分享型合同"，其合同格式和内容，符合《合同法》和国家质量监督检验检疫总局和国家标准化管理委员会发布的《合同能源管理技术通则》（GB/T24915-2010）等规定；

D. 节能服务公司实施合同能源管理的项目符合《财政部 国家税务总局 国家发展改革委关于公布环境保护节能节水项目企业所得税优惠目录（试行）的通知》（财税〔2009〕166号）"4. 节能减排技术改造"类中第一项至第八项规定的项目和条件；

E. 节能服务公司投资额不低于实施合同能源管理项目投资总额的70%；

F. 节能服务公司拥有匹配的专职技术人员和合同能源管理人才，具有保障项目顺利实施和稳定运行的能力。

（2）企业所得税税收优惠的处理：

自项目取得第一笔生产经营收入所属纳税年度起，第一年至第三年免征企业所得税，第四年至第六年按照25%的法定税率减半征收企业所得税。

第 六 章

营改增的征收管理

第一节　纳税义务发生时间

一、纳税义务发生时间的一般规定

根据《营业税改征增值税试点实施办法》（财税〔2016〕36号附件1）规定，增值税纳税义务、扣缴义务发生时间为：①纳税人发生应税行为并收讫销售款项或者取得索取销售款项凭据的当天；先开具发票的，为开具发票的当天。②增值税扣缴义务发生时间为纳税人增值税纳税义务发生的当天。

1. 纳税义务发生时间应同时满足的条件

（1）发生应税行为。

除纳税人提供租赁服务采取预收款方式外，应税行为发生前收到的款项不能以收到款项的当天确认纳税义务发生。

（2）收讫销售款项或者取得索取销售款项凭据。

A. 收讫销售款项，是指纳税人销售服务、无形资产、不动产过程中或者完成后收到款项。

B. 取得索取销售款项凭据的当天，是指书面合同确定的付款日期；未签订书面合同或者书面合同未确定付款日期的，为服务、无形资产转让完成的当天或者不动产权属变更的当天。

所以，增值税纳税义务发生时间应以发生应税行为为前提。未发生应税行为收取款项的，除纳税人提供租赁服务采取预收款方式外，不确认增值税纳税义务的发生。

【例145】2016年5月某电信营业厅收取用户预存的电话费50万元。本月该预存电话费的增值税纳税义务是否发生？

分析 收取预存电话费时，纳税人尚未提供电信服务，纳税义务发生时间的两个条件没有全部满足，所以收取预存的电话费的增值税纳税义务发生时间未到，属于预收款。

【例146】2016年6月，某培训机构的暑期培训班开始报名缴费，该培训机构一共收取培训费20万元。暑期培训班培训的时间为2016年7月15日—8月25日。2016年6月收取的培训费增值税纳税义务是否发生？

分析 收取报名费时，纳税人尚未提供文化教育服务，纳税义务发生时间的两个条件没有全部满足，所以收取预存的培训费增值税纳税义务发生时间未到，属于预收款。

2. 发票开具

《发票管理办法实施细则》规定，填开发票的单位和个人必须在发生经营业务确认营业收入时开具发票。未发生经营业务一律不准开具发票。所以纳税人应在纳税义务发生的时间开具发票。

同时，《营业税改征增值税试点实施办法》（财税〔2016〕36号附件1）规定，先开具发票的，增值税纳税义务发生时间为开具发票的当天。

销售服务、无形资产、不动产，未收讫销售款项或者取得索取销售款项凭据，但是开具了发票的，增值税纳税义务发生时间为开具发票的当天。未销售服务、无形资产、不动产，即无经营活动，不得开具发票。

【例147】例146中，2016年6月培训机构收取培训费时，有部分客户要求开具发票，该培训机构根据客户的要求开具发票的总金额合计8万元，其余12万元为未开具发票。2016年6月收取的培训费增值税纳税义务是否发生？

分析　未开具发票的12万元，增值税纳税义务未发生。开具发票的8万元，根据"先开具发票的，增值税纳税义务发生时间为开具发票的当天"的规定，增值税纳税义务已发生，纳税人应申报缴纳增值税。

3.《小企业会计准则》应税服务收入确认的时间

《小企业会计准则》劳务收入确认的条件和营改增试点增值税纳税义务发生时间的确认不同。《小企业会计准则》将劳务分为同一会计年度内开始并完成的劳务和开始与完成分属不同会计年度的劳务两类。

（1）同一会计年度内开始并完成的劳务，应当在提供劳务交易完成且收到款项或取得收款权利时，确认提供劳务收入。即同时满足两个条件：

A. 提供劳务交易完成；

B. 收到款项或取得收款权利。

增值税的纳税义务发生时间不以应税行为的完成为条件，在提供应税行为的过程中收款也要确认纳税义务的发生。而此时由于应税行为尚未完成，提供应税行为的成本尚未全部发生，应税行为的成本还不能可靠计量，所以会计处理中不确认收入，而是作为预收款处理，即在应税行为完成前收取款项，会计处理中作为预收款。因此，会计核算所称的预收款和增值税中所称的预收款不一样。在应税行为完成前收取款项，会计处理中都作为预收款，增值税中提供应税行为之前收取的款项才是预收款。

当增值税纳税义务发生时间和会计确认收入时间不一致的，纳税人账务处理时只对增值税进行账务处理即可。

【例148】2016年11月，某市同方检测中心为市供电局提供电子电器的检测服务，合同约定2017年1月1日开始，同方检测中心对市供电局正在使用的电子电器进行检测、寿命评估，为市供电局对投入使用的电子电器件的更新提供清单。整个检测需在2017年2月底完成，合同约定收费金额为50万元（含税），收款日期为2016年12月10日。县供电局如约付款，同方检测中心如约提供检测服务。同方检测中心2016年12月收款是否需要申报缴纳增值税？如何进行账务处理？

分析　① 2016年12月

在增值税的处理方面，同方检测中心2016年12月10日收取款项时由于尚未提供应税行为，没有同时满足收入确认的两个条件（提供应税行为；收讫销售款项或者取得索取销售款项凭据），应确认为预收款，增值税纳税义务发生时间未到。在会计核算方面，也确认为预收款，所以2016年12月收款时账务处理为：

借：银行存款　　　　　　　　　　　　　　　　　　　　　　500 000
　　贷：预收账款　　　　　　　　　　　　　　　　　　　　　　500 000

② 2017 年 1 月

2017 年 1 月同方检测中心开始为县供电局提供检测服务，则纳税义务发生时间的两个条件同时满足（提供应税行为；收讫销售款项或者取得索取销售款项凭据），所以应确认增值税的纳税义务。但会计确认收入的条件是提供劳务交易完成且收到款项或取得收款权利时，确认提供劳务收入。此刻提供劳务交易尚未完成，不能确认收入，所以账务处理为：

借：预收账款　　　　　　　［500 000÷（1+6%）×6%］28 301.87
　　贷：应交税费——应交增值税（销项税额）　　　　　　28 301.87

检测服务完成时，会计确认收入，同时结转成本。

③ 如果同方检测中心 2016 年 12 月收到款项时就开票，收到款项时尽管尚未提供应税服务，也应确认增值税纳税义务的发生，其账务处理为：

借：银行存款　　　　　　　　　　　　　　　　　　　　　　500 000
　　贷：预收账款　　　　　　　　　　［500 000÷（1+6%）］471 698.11
　　　　应交税费——应交增值税（销项税额）
　　　　　　　　　　　　　　　［500 000÷（1+6%）×6%］28 301.89

（2）劳务的开始和完成分属不同会计年度的，应当按照完工进度确认提供劳务收入。年度资产负债表日，按照提供劳务收入总额乘以完工进度扣除以前会计年度累计已确认提供劳务收入后的金额，确认本年度的提供劳务收入；同时，按照估计的提供劳务成本总额乘以完工进度扣除以前会计年度累计已确认营业成本后的金额，结转本年度营业成本。

跨年度的应税行为，会计一般按照完工进度确认收入。在营改增的应税行为中增值税的纳税义务发生时间没有按照完工进度确认的情形。对于跨年度的应税行为，增值税中一般按照合同约定的收款日期确认增值税的纳税义务发生，未签订书面合同或者书面合同未确定付款日期的，为应税行为完成的当天。

二、纳税义务发生时间的特殊规定

（1）纳税人提供租赁服务采取预收款方式的，其纳税义务发生时间为收到预收款的当天。

①租赁服务包括经营租赁、融资租赁，包括有形动产租赁、不动产租赁。

②对纳税人一次性收取若干纳税期的租赁收入应以收到收入的当天作为纳税义务发生时间，不采用按租赁期分摊按月缴纳税收的方法，而是在收取预收款当期一次性缴纳全部税款。

③《国家税务总局关于全面推开营业税改征增值税试点有关税收征收管理事项的公告》（国家税务总局公告 2016 年第 23 号）规定，其他个人采取预收款形式出租不动产，取得的预收租金收入，可在预收款对应的租赁期内平均分摊，分摊后的月租金收入不超过 3 万元的，可享受小微企业免征增值税优惠政策。

【例149】建水县同方信息技术服务公司将生产经营中闲置的一套设备出租给其他企业使用。合同约定，租赁期为2017年1月1日—2018年12月31日，每年租金20万元（含税），全部于2017年1月10日支付。同方信息技术服务公司2017年1月收取2年的租金是否需要申报缴纳增值税？如何进行账务处理？

分析　2017年1月10日是合同约定的收款日期，无论同方信息技术服务公司是否收到款项，都是增值税的纳税义务发生时间。而按照小企业会计准则的规定，权责发生制确认租金收入。所以，这个时点上不确认收入。账务处理为：

借：银行存款　　　　　　　　　　　　　　　　　　　　　400 000

　　贷：预收账款　　　　　　　　　　　　[400 000÷(1+17%)]341 880.34

　　　　应交税费——应交增值税(销项税额)

　　　　　　　　　　　　　　　[400 000÷(1+17%)×17%]58 119.66

（2）纳税人从事金融商品转让的，纳税义务发生时间为金融商品所有权转移的当天。

（3）视同销售服务、无形资产或者不动产纳税义务发生时间。

纳税人发生本办法第十四条规定情形的（即视同销售服务、无形资产或者不动产），其纳税义务发生时间为服务、无形资产转让完成的当天或者不动产权属变更的当天。

纳税人向其他单位或个人无偿提供服务、无偿转让无形资产或者不动产，也应采用增值税纳税义务发生时间确定的条件：发生应税行为并收讫销售款项或者取得索取销售款项凭据的当天。但由于无偿提供应税行为，没有实际收款的日期，更没有合同约定的收款日期，所以应以服务、无形资产转让完成的当天或者不动产权属变更的当天为增值税纳税义务的完成时间。

（4）增值税扣缴义务发生时间为纳税人增值税纳税义务发生的当天。

扣缴义务的存在是以纳税义务的存在为前提，为了保证税款及时入库，同时也方便扣缴义务人代扣代缴税款，有必要使扣缴义务发生时间与纳税义务发生时间相衔接。所以规定，扣缴义务发生时间为纳税义务发生的当天，与现行增值税、营业税相关规定一致。

三、营改增前后跨期业务的处理

（1）试点纳税人发生应税行为，按照国家有关营业税政策规定差额征收营业税的，因取得的全部价款和价外费用不足以抵减允许扣除项目金额，截至纳入营改增试点之日前尚未扣除的部分，不得在计算试点纳税人增值税应税销售额时抵减，应当向原主管地税机关申请退还营业税。

（2）试点纳税人发生应税行为，在纳入营改增试点之日前已缴纳营业税，营改增试点后因发生退款减除营业额的，应当向原主管地税机关申请退还已缴纳的营业税。

（3）试点纳税人纳入营改增试点之日前发生的应税行为，因税收检查等原因需要补缴税款的，应按照营业税政策规定补缴营业税。

（4）营改增前延续到营改增后的业务。

①优惠政策的延续。

试点纳税人在纳入营改增试点之日前已经按照有关政策规定享受了营业税税收优惠，在剩余税收优惠政策期限内，按照规定享受有关增值税优惠。

②一般纳税人在纳入营改增试点之日前签订的尚未执行完毕的有形动产租赁合同，2016年5月1日后可以选择简易计税方法按照3%的征收率计算缴纳增值税。具体可参看例51。

③一般纳税人2016年4月30日前签订的不动产融资租赁合同可以选择适用简易计税方法，按照5%的征收率计算缴纳增值税。

第二节　纳税地点、纳税期限与起征点

一、纳税地点

（一）固定业户纳税地点

1. 固定业户应当向其机构所在地或者居住地主管税务机关申报纳税

（1）"固定业户"在税收相关规定中没有定义。根据《税收征收管理法》的规定，"企业，企业在外地设立的分支机构和从事生产、经营的场所，个体工商户和从事生产、经营的事业单位（统称从事生产、经营的纳税人）自领取营业执照之日起三十日内，持有关证件，向税务机关申报办理税务登记。"这些办理税务登记的企业，企业在外地设立的分支机构和从事生产、经营的场所，个体工商户和从事生产、经营的事业单位对于税务登记地的主管税务机关而言，都应称为固定业户。

未按照规定办理税务登记的从事生产、经营的纳税人以及临时从事经营的纳税人（即没有向税务机关申报办理税务登记、尚未纳入税务机关管理的）不属于固定业户，为非固定业户。

在增值税征税管理中，基本用上述标准来确定固定业户和非固定业户。

（2）机构所在地。

根据《公司法》的规定，公司应以其主要办事机构所在地为住所。此外《公司登记管理条例》规定，公司的住所是公司主要办事机构所在地，经公司登记机关登记的公司的住所只能有一个，公司的住所应当在其公司登记机关辖区内。所以，机构所在地往往是指纳税人的注册登记地，也就是办理税务登记的地点。

2. 分支机构纳税地点

分支机构不具有法人资格，持有非法人营业执照。

（1）总机构和分支机构在同一县（市）的，分机构不需要办理税务登记，持税务登记证副本从事生产经营，由总机构向总机构所在地申报缴纳增值税。

（2）总机构和分支机构不在同一县（市）的，应当分别向各自所在地的主管税务机关申报纳税。

（3）经财政部和国家税务总局或者其授权的财政和税务机关批准，可以由总机构汇总向总机构所在地的主管税务机关申报纳税。具体内容在本章第三节"汇总纳税"介绍。

（二）非固定业户纳税地点

（1）非固定业户应当向应税行为发生地主管税务机关申报纳税；未申报纳税的，由其机构所在地或者居住地主管税务机关补征税款。

（2）按照税务登记管理办法的规定，纳税人临时外出经营应持外管证，向经营地主管税务机关办理报验登记。如果外出经营未持外管证、未办理报验登记，经营地主管税务机关将其按照非固定业户管理。按照《营业税改征增值税试点实施办法》的规定，未向应税行为发生地主管税务机关申报纳税的，由其机构所在地或者居住地的主管税务机关补征税款。

（三）其他个人的纳税地点

其他个人提供建筑服务，销售或者租赁不动产，转让自然资源使用权，应向建筑服务发生地、不动产所在地、自然资源所在地主管税务机关申报纳税。

除上述应税行为外，因为其他个人一般不办理税务登记，所以一般应在应税行为发生地纳税。

【例150】无锡胡磊明先生在苏州有一套商铺，无锡光明传感器有限公司在苏州也有一套商铺。2017年11月胡先生转让了苏州的商铺，光明传感器有限公司也转让了苏州的商铺。请问胡先生和无锡光明传感器有限公司转让商铺增值税的纳税地点是什么地方？

分析　胡先生转让商铺，根据《营业税改征增值税试点实施办法》（财税〔2016〕36号附件1）的规定，"其他个人销售或者租赁不动产，应向不动产所在地主管税务机关申报纳税"，其增值税的纳税地点是不动产所在地苏州。

光明传感器有限公司转让商铺，根据《营业税改征增值税试点实施办法》（财税〔2016〕36号附件1）的规定，"固定业户应当向其机构所在地或者居住地主管税务机关申报纳税"，其增值税的纳税地点是机构所在地无锡。同时，根据《纳税人转让不动产增值税征收管理暂行办法》（国家税务总局公告2016年第14号）的规定，向不动产所在地的主管地税机关（此处即苏州地税）预缴税款，再向机构所在地主管国税机关（此处即无锡国税）申报纳税。

（四）扣缴义务人的纳税地点

为方便扣缴义务人，促使扣缴义务人履行扣缴义务，规定扣缴义务人向其机构所在地或者居住地的主管税务机关申报缴纳其扣缴的税款。

二、纳税地点疑难问题解析

（一）纳税人注册登记地和实际经营地不一致时的纳税地点

纳税人应当在其登记注册的住所地址从事经营活动。但是，事实上很多纳税人出于经营成本或税收政策的考虑，注册地和实际经营地往往不一致，如公司注册在开发区或者工业园区内等可以享受税收优惠的地区，但又选择在其他地方从事经营活动。在这种情况下，纳税人的机构所在地是注册地还是实际经营地？

根据《公司登记管理条例》《企业法人登记管理条例》等企业登记管理的有关政策的规定，纳税人如果在注册登记地之外的其他地方从事生产经营活动，应办理有关的登记手续，不能未经登记擅自设点从事经营活动。

1. 部分企业登记管理的规定

（1）《公司登记管理条例》的有关规定。

A. 公司的住所是公司主要办事机构所在地。经公司登记机关登记的公司的住所只能有一个。公司的住所应当在其公司登记机关辖区内。

B. 分公司是指公司在其住所以外设立的从事经营活动的机构。分公司不具有企业法人资格。分公司的经营范围不得超出公司的经营范围。公司设立分公司的，应当向分公司所在地的市、县公司登记机关申请登记；核准登记的，发给营业执照。

（2）《国家工商行政管理局对企业在住所外设点从事经营活动有关问题的答复》的有关规定。

《国家工商行政管理局对企业在住所外设点从事经营活动有关问题的答复》（工商企字〔2000〕第203号）规定：

A. 依据《公司登记管理条例》和《企业法人登记管理条例》以及国家工商行政管理局《国家工商行政管理局关于企业增设经营场所是否要登记管理有关问题的答复》（工商企字〔2000〕第103号）等企业登记管理有关规定，经工商行政管理机关登记注册的企业法人的住所只能有一个，企业在其住所以外地域用其自有或租、借的固定的场所设点从事经营活动，应当根据其企业类型，办理相关的登记注册。

B. 依照《公司法》和《公司登记管理条例》设立的公司在住所以外的场所从事经营活动，应当向该场所所在地公司登记机关申请办理设立分公司登记。对未经核准登记注册，擅自设点从事经营活动的，应按《公司登记管理若干问题的规定》（中华人民共和国国家工商行政管理局令第83号）第三十二条进行查处。

C. 依照《企业法人登记管理条例》及其施行细则登记注册的企业法人在其住所以外的场所从事经营活动，应区分不同情况，分别办理相关的登记注册：

①企业法人在其登记主管机关管辖地域内设点从事经营活动，可以按设立经营场所办理，也可以按设立分支机构办理。按设立经营场所办理的，该企业法人应当向其登记机关申请办理增设经营场所的变更登记。登记机关核准登记后，在其营业执照上标明经营场所具体地址。对未经核准登记，擅自设点从事经营活动的，应按《企业法人登记管理条例》第三十条第一款第（二）项和该《条例》实施细则第六十六条第一款第（三）项进行查处。

②企业法人在其登记主管机关管辖区域外场所设点从事经营活动，应当依登记程序向该场所所在地企业登记机关申请办理设立分支机构的营业登记。对未经核准登记，擅自从事经营活动的，应按《企业法人登记管理条例》第三十条第一款第（一）项和该《条例》实施细则第六十六条第一款第（一）项进行查处。

③对在国家工商行政管理局或省、自治区工商行政管理局登记注册的企业法人，

其中在上述工商行政管理局所在城市区域内的场所设点从事经营活动的，可以按上述第①项办理，也可以按上述第②项办理；在上述工商行政管理局所在城市区域外的场所设点从事经营活动的，应按上述第②项办理。

D. 企业承租他人商业柜台及相关的营业场地和设施经营，按《租赁柜台经营活动管理办法》（国家工商行政管理总局令第 67 号）的规定，视为设立分支机构，应当向出租方所在地的工商行政管理机关申请营业登记。

2. 纳税人注册登记地和经营地不一致时纳税地点的确定

从上面的规定可以看出，纳税人如果在注册地以外的地方从事经营活动，应办理有关登记手续，登记为经营场所、分支机构等。如果纳税人按照规定办理了登记手续，注册登记地和实际经营地不一致时，可以按照如下思路来确定增值税的纳税地点：

（1）如果纳税人的注册地和经营地属于同一工商登记主管机关管理的，其税务登记也基本属于同一税务机关管辖，在注册地缴纳增值税。即按照《营业税改征增值税试点实施办法》的规定"总机构和分支机构在同一县（市）的，分机构不需要办理税务登记，持税务登记证副本从事生产经营，由总机构向总机构所在地申报缴纳增值税"执行。

（2）如果纳税人在其工商登记主管机关管辖区域外场所设点从事经营活动，应当依登记程序向该场所所在地企业工商登记机关申请办理设立经营场所、分支机构的营业登记，即纳税人的注册地和经营地不属于同的工商登记机关管理的，应分别办理工商登记。那么在税务管辖上，也应分别在注册地和经营地办理税务登记，分别在注册地和经营地缴纳增值税。即按照《营业税改征增值税试点实施办法》的规定"总机构和分支机构不在同一县（市）的，应当分别向各自所在地的主管税务机关申报纳税"执行。

（3）企业在其住所以外地域用其自有或租、借的固定的场所设点从事经营活动，应当根据其企业类型，办理相关的登记注册。没有办理的，应属于《税务登记管理办法》规定的"从事生产、经营的纳税人未办理工商营业执照也未经有关部门批准设立的"情形，纳税人应当自纳税义务发生之日起 30 日内在经营地申报办理税务登记，经营地税务机关发放临时税务登记证及副本，这样的结果是，纳税人在其住所以外地域用其自有或租、借的固定的场所设点从事经营活动纳税地点在经营活动发生地。如果纳税人未按规定来办理税收登记，则经营地的主管税务机关可以将其视为"非固定业户"，按照非固定业户纳税地点确定的规定，非固定业户应当向应税行为发生地的主管税务机关申报纳税；未申报纳税的，由其机构所在地或者居住地的主管税务机关补征税款。

【例 151】注册地在南昌的便捷运输有限公司在南京租用了一套办公室，承接南京客户的运输业务。便捷运输有限公司在南京未办理分支机构、经营场所的工商登记，也未到南京国税机关办理报验登记。请问，便捷运输有限公司在南京承接的运输业务增值税纳税地点是什么地方？

分析　根据《企业法人登记管理条例》的规定，企业法人在其登记主管机关管辖地域内设点从事经营活动，可以按设立经营场所办理，也可以按设立分支机构办理。

所以便捷运输有限公司在南京租用办公室，承接南京运输业务，应办理有关的工商登记手续。办理以后在南京办理税务登记，承接的运输业务纳税地点在南京。

如果没有办理有关的工商登记手续，南京主管国税机关可以根据《营业税改征增值税试点实施办法》的规定，"非固定业户应当向应税行为发生地主管税务机关申报纳税"征收增值税，即纳税地点是南京。但如果未在南京主管国税机关申报纳税的，由其机构所在地主管税务机关补征税款。

不过在增值税的征收管理中，纳税人的这一业务，经营地主管税务机关无法确定纳税人是否应该办理工商登记，所以一般还是以其机构所在地南昌为纳税地点。

（二）固定业户在异地发生应税行为的纳税地点

1. 外出经营

（1）外出经营报验登记。

根据《税务登记管理办法》的规定，纳税人到外县（市）临时从事生产经营活动的，应当在外出生产经营以前，持税务登记证向主管税务机关申请开具外出经营活动税收管理证明（简称外管证）。

为切实做好税源管理工作，减轻基层税务机关和纳税人的办税负担，提高税收征管效率，国家税务总局出台了《国家税务总局关于优化〈外出经营活动税收管理证明〉相关制度和办理程序的意见》（税总发〔2016〕106号），就优化外出经营活动税收管理证明相关制度和办理程序做出具体规定。

A. 创新外管证管理制度。

改进外管证开具范围界定。纳税人跨省税务机关管辖区域（以下简称跨省）经营的，应按本规定开具外管证；纳税人在省税务机关管辖区域内跨县（市）经营的，是否开具外管证由省税务机关自行确定。

探索外出经营税收管理信息化。省税务机关管辖区域内跨县（市）经营需要开具外管证的，税务机关应积极推进网上办税服务厅建设，受理纳税人的网上申请，为其开具电子外管证；通过网络及时向经营地税务机关推送相关信息。在此前提下，探索取消电子外管证纸质打印和经营地报验登记。

B. 优化外管证办理程序。

①外管证的开具。

"一地一证"。从事生产、经营的纳税人跨省从事生产、经营活动的，应当在外出生产经营之前，到机构所在地主管税务机关开具外管证。税务机关按照"一地一证"的原则，发放外管证。

简化资料报送。一般情况下，纳税人办理外管证时只需提供税务登记证件副本或者加盖纳税人印章的副本首页复印件（实行实名办税的纳税人，可不提供上述证件）；从事建筑安装的纳税人另需提供外出经营合同（原件或复印件，没有合同或合同内容不全的，提供外出经营活动情况说明）。

即时办理。纳税人提交资料齐全、符合法定形式的，税务机关应即时开具外管证（可使用业务专用章）。

②外管证的报验登记。

纳税人应当自外管证签发之日起 30 日内，持外管证向经营地税务机关报验登记，并接受经营地税务机关的管理。纳税人以外管证上注明的纳税人识别号，在经营地税务机关办理税务事项。

报验登记时应提供外管证，建筑安装行业纳税人另需提供外出经营合同复印件或外出经营活动情况说明。

营改增之前地税机关开具的外管证仍在有效期限内的，国税机关应予以受理，进行报验登记。

③外管证的核销。

纳税人外出经营活动结束，应当向经营地税务机关填报外出经营活动情况申报表，并结清税款。

经营地税务机关核对资料，发现纳税人存在欠缴税款、多缴（包括预缴、应退未退）税款等未办结事项的，及时制发税务事项通知书，通知纳税人办理。纳税人不存在未办结事项的，经营地税务机关核销报验登记，在外管证上签署意见（可使用业务专用章）。

（2）外出经营的纳税地点。

持有外管证外出经营的纳税人一般应回机构所在地或居住地缴纳增值税，即固定业户外出经营纳税地点也是机构所在地或居住地。但如果未持有外管证外出经营的，对经营地主管税务机关而言，一般应确认为非固定业户，在经营地缴纳增值税。

（3）外出经营的发票开具。

纳税人外出经营的，增值税专用发票回机构所在地开具。普通发票向经营地主管税务机关领购开具。

按照《发票管理办法》的规定，临时到本省、自治区、直辖市以外从事经营活动的单位或者个人，应当凭所在地税务机关的证明，向经营地税务机关领购经营地的发票（普通发票）。临时在本省、自治区、直辖市以内跨市、县从事经营活动领购发票的办法，由省、自治区、直辖市税务机关规定。税务机关对外省、自治区、直辖市来本辖区从事临时经营活动的单位和个人领购发票的，可以要求其提供保证人或者根据所领购发票的票面限额以及数量交纳不超过 1 万元的保证金，并限期缴销发票。

2. 固定业户在异地发生应税行为的纳税地点

《营业税改征增值税试点实施办法》规定，固定业户应当向其机构所在地或者居住地主管税务机关申报纳税，并未强调是否在异地发生应税行为，按照这一规定，固定业户的应税行为无论是发生在本地还是异地，都应在机构所在地或者居住地主管税务机关申报纳税，不在应税行为发生地纳税。《营业税改征增值税试点实施办法》同时也规定，非固定业户应当向应税行为发生地主管税务机关申报纳税；未申报纳税的，由其机构所在地或者居住地主管税务机关补征税款。说明非固定业户对于其机构所在地或者居住地主管税务机关而言，应该是固定业户，那么，作为固定业户也不需在应税行为发生地主管税务机关申报纳税，而是直接向机构所在地或者居住地主管税务机关申报纳税。这样的话，"非固定业户应当向应税行为发生地主管税务机关申报纳税"的规定就没有存在的价值。

所以，在此我们应考虑是什么情况下固定业户以非固定业户的身份在应税行为发生地主管税务机关申报纳税。按照《税务登记管理办法》的规定，固定业户外出经营应持外管证在经营地办理报验登记而未办理的，应在经营地缴纳税款，这时，对于经营地的主管税务机关而言，纳税人是非固定业户。固定业户在异地发生应税行为，是否需要按照外出经营报验登记的管理要求接受异地税务机关的管理？如果不需要办理税务登记，即使应税行为发生在异地，也应在机构所在地或者居住地主管税务机关申报纳税。

固定业户在异地发生应税行为，这里特别分析五种应税行为的纳税地点。

（1）交通运输服务。

交通运输服务的提供地点具有延续性。如无锡某交通运输企业为无锡的客户提供货运服务，将货物从无锡运达合肥，又为合肥的客户提供货运服务，将货物从合肥运达无锡。按照征管的习惯，无锡的交通运输企业在异地提供的交通运输服务不属于《税务登记管理办法》所说的外出经营，不需要办理外管证，其在异地提供的货运服务的纳税地点为机构所在地无锡。

（2）建筑服务。

建筑服务一般有明确的应税行为发生地点。2016年4月30日前，建筑服务征收营业税，按照《营业税暂行条例》的规定，"纳税人提供的建筑业劳务的，应当向建筑劳务发生地的主管税务机关申报纳税。"在营业税的征管中要求纳税人在机构所在地或者居住地主管地税机关办理外管证，到建筑劳务发生地主管地税机关办理报验登记，在建筑劳务发生地缴纳营业税。

营改增后，《营业税改征增值税试点实施办法》没有规定纳税人（其他个人除外，下同）提供建筑服务，应当向建筑服务发生地的主管税务机关申报纳税。所以，纳税人提供建筑服务应按照固定业户纳税地点的规定，在机构所在地或者居住地申报纳税。同时按照《纳税人跨县（市、区）提供建筑服务增值税征收管理暂行办法》（国家税务总局公告2016年第17号）的规定，纳税人跨县（市、区）提供建筑服务，应向建筑服务发生地主管国税机关预缴税款，向机构所在地主管国税机关申报纳税。《营业税改征增值税试点实施办法》规定，其他个人提供建筑服务，应向建筑服务发生地主管税务机关申报纳税。

值得思考的是，纳税人跨县（市、区）提供建筑服务是否应持外管证办理报验登记？在增值税征收管理中，机构所在地或者居住地主管国税机关一般还是按照《税务登记管理办法》的规定，要求纳税人持外管证，在建筑服务发生地主管国税机关办理报验登记。

这样征管，也比较符合企业所得税的管理要求。根据《国家税务总局关于跨地区经营建筑企业所得税征收管理问题的通知》（国税函〔2010〕156号）的规定，跨地区经营的项目部（包括二级以下分支机构管理的项目部）应向项目所在地主管税务机关出具总机构所在地主管税务机关开具的《外出经营活动税收管理证明》，未提供上述证明的，项目部所在地主管税务机关应督促其限期补办；不能提供上述证明的，应作为独立纳税人就地缴纳企业所得税。

所以，纳税人以项目部的形式在异地提供建筑服务，应办理外管证，增值税纳税地点是机构所在地，在建筑服务发生地预缴增值税。

《国家税务总局关于优化〈外出经营活动税收管理证明〉相关制度和办理程序的意见》（税总发〔2016〕106号）规定，延长建筑安装行业纳税人外管证有效期限。外管证有效期限一般不超过180天，但建筑安装行业纳税人项目合同期限超过180天的，按照合同期限确定有效期限。

关于发票的开具，纳税人的增值税业务开具的发票一般是从纳税地点主管税务机关领购的发票。虽然纳税人提供建筑服务的纳税地点是机构所在地，但发票的开具不一定是机构所在地的发票。纳税人提供建筑服务的，一般纳税人开具的增值税专用发票和增值税普通发票，都是机构所在地或者居住地的发票。小规模纳税人可以开具机构所在地或者居住地的发票，也可以在建筑服务发生地主管国税机关申请开具增值税专用发票或者增值税普通发票。

（3）销售或者租赁不动产。

销售或者租赁不动产业务标的物是不动产，其坐落地点很可能和纳税人的机构所在地或者居住地不在同一县（市、区）。

2016年4月30日前，不动产销售或者租赁征收营业税，按照《营业税暂行条例》的规定，"纳税人销售、出租不动产应当向不动产所在地的主管税务机关申报纳税。纳税人转让、出租土地使用权，应当向土地所在地的主管税务机关申报纳税。"营业税的纳税地点是不动产所在地。

营改增后，《营业税改征增值税试点实施办法》没有规定纳税人（其他个人除外，下同）租赁或者转让不动产，应当向不动产所在地主管税务机关申报纳税。而是规定"其他个人销售或者租赁不动产，转让自然资源使用权，应向不动产所在地、自然资源所在地主管税务机关申报纳税。"所以，纳税人（其他个人除外）销售或者租赁不动产，应按照固定业户纳税地点的规定，纳税地点是机构所在地或者居住地。其他个人销售或者租赁不动产的纳税地点是不动产所在地。

《纳税人转让不动产增值税征收管理暂行办法》（国家税务总局公告2016年第14号）的规定，纳税人销售取得的不动产，应向不动产所在地主管地税机关预缴税款，向机构所在地主管国税机关申报纳税。《纳税人提供不动产经营租赁服务增值税征收管理暂行办法》（国家税务总局公告2016年第16号）的规定，纳税人出租取得的不动产，不动产所在地与机构所在地不在同一县（市、区）的，纳税人向不动产所在地主管国税机关预缴税款，向机构所在地主管国税机关申报纳税。

纳税人销售或者租赁异地的不动产，虽然和提供建筑服务一样在异地预缴税款，但在增值税征收管理中和建筑服务不一样的是，纳税人不需持外管证在不动产所在地办理报验登记。《国家税务总局关于优化〈外出经营活动税收管理证明〉相关制度和办理程序的意见》（税总发〔2016〕106号）规定，异地不动产转让和租赁业务不适用外出经营活动税收管理相关制度规定。

销售或者租赁不动产发票开具和建筑服务一样，一般纳税人开具的增值税专用发票和增值税普通发票，都是机构所在地或者居住地的发票。小规模纳税人（其他个人除外）可以开具机构所在地或者居住地的发票，销售不动产的也可以在不动产所在地主管地税机关申请开具增值税专用发票或者增值税普通发票，纳税人（其他个人除外）

租赁不动产的,可以在不动产所在地主管国税机关申请开具增值税专用发票或者增值税普通发票。

(4)工程勘察勘探服务、合同能源管理服务等服务。

这类服务和建筑服务一样,一般有明确的应税行为发生地。固定业户的纳税地点是机构所在地或者居住地,而不是工程勘察勘探服务、合同能源管理服务发生地。非固定业户的纳税地点是工程勘察勘探服务、合同能源管理服务的发生地。

在增值税征收管理中,如果纳税人异地提供工程勘察勘探服务、合同能源管理服务,主管税务机关一般会要求纳税人办理外管证,向工程勘察勘探服务、合同能源管理服务发生地的主管税务机关办理报验登记,回机构所在地缴纳税款。如果未持外管证,对于工程勘察勘探服务、合同能源管理服务发生地的主管税务机关而言纳税人是非固定业户,纳税人应在工程勘察勘探服务、合同能源管理服务发生地缴纳税款。

(5)工程设计服务。

销售方提供工程设计服务,既要在机构所在地完成大部分工程设计服务,也要在工程所在地完成部分和工程设计有关的服务,纳税人是否需要持外管证在异地办理报验登记,工程项目所在地的税务机关是否可以将其作为非固定业户征收增值税,存在争议。例152可以说明这一问题。

【例152】江苏前程工程科技有限公司从事工程设计服务,2016年12月承接了云南某大型主题公园的设计项目。前程工程科技有限公司遂派出工程设计人员常驻云南进行前期调研、与客户沟通等工作,在公园建设期间进行现场指导,根据工程状况及时对设计方案进行相应改进。2017年6月完成所有的工程设计,取得收入800万元。江苏前程工程科技有限公司是否应向云南主管税务机关办理设立税务登记或者报验税务登记?前程工程科技有限公司此业务的纳税地点在哪里?

分析 派出工程设计人员常驻云南进行前期调研、与客户沟通、现场指导等工作,如果确定为外出经营,工程设计服务的发生地点在云南,那么前程工程科技有限公司应向主管税务机关申请开具外管证,并在云南大型主题公园所在地的主管税务机关办理报验登记,取得的收入回机构所在地纳税;如果不办理报验登记有关手续,对云南主管税务机关而言其属于非固定业户,应在应税行为发生地纳税。但如果派出工程设计人员常驻云南进行前期调研、与客户沟通、现场指导等工作,不确定为外出经营,则不需要办理外管证,纳税地点为机构所在地江苏。

在增值税的征收管理中,主管税务机关对类似业务一般不确定为外出经营,纳税地点为纳税人的机构所在地。

这样处理的结果对于工程所在地的税务机关而言,一般认为,来源于本地的税源没有在本地纳税,造成本地税源的外流,可能会要求工程设计服务的销售方在本地纳税。如果工程设计服务的销售方在工程所在地设立分支机构,那么分支机构应依法办理工商登记、税务登记。在这种情况下,工程设计服务的购买方主管税务机关对于在本地办理税务登记的分支机构有征税权,分支机构应接受分支机构所在地主管税务机关的税务管理。

三、纳税期限

（一）增值税的纳税期限

增值税的纳税期限分别为 1 日、3 日、5 日、10 日、15 日、1 个月或者 1 个季度。

纳税人以 1 个月或者 1 个季度为 1 个纳税期的，自期满之日起 15 日内申报纳税；以 1 日、3 日、5 日、10 日或者 15 日为 1 个纳税期的，自期满之日起 5 日内预缴税款，于次月 1 日起 15 日内申报纳税并结清上月应纳税款。

（二）纳税期限的具体适用

1. 纳税人的具体纳税期限，由主管税务机关根据纳税人应纳税额的大小分别核定

一般地，对于应纳税额较大的纳税人，主管税务机关可以将其纳税期限核定 1 日、3 日、5 日、10 日、15 日。对于应纳税额较小的纳税人，如定期定额缴纳增值税的小规模纳税人，主管税务机关还可以根据《税收征收管理法实施细则》的规定，实行简易申报、简并征期等申报纳税方式。简易申报是指实行定期定额缴纳税款的纳税人在法律、行政法规规定的期限内或税务机关依据法规的规定确定的期限内缴纳税款的，税务机关可以视同申报。简并征期是指实行定期定额缴纳税款的纳税人，经税务机关批准，可以采取将申报期限合并为按季、半年、年的方式缴纳税款。

《国家税务总局关于合理简并纳税人申报缴税次数的公告》（国家税务总局公告 2016 年第 6 号）规定，自 2016 年 4 月 1 日起，对于采取简易申报方式的定期定额户，在规定期限内通过财税库银电子缴税系统批量扣税或委托银行扣缴核定税款的，当期可不办理申报手续，实行以缴代报。

2. 以 1 个季度为纳税期限的规定适用于小规模纳税人、银行、财务公司、信托投资公司、信用社，以及财政部和国家税务总局规定的其他纳税人

（1）《国家税务总局关于合理简并纳税人申报缴税次数的公告》（国家税务总局公告 2016 年第 6 号）规定，增值税小规模纳税人缴纳增值税原则上实行按季申报。纳税人要求不实行按季申报的，由主管税务机关根据其应纳税额大小核定纳税期限。

（2）银行、财务公司、信托投资公司、信用社适用以 1 个季度为纳税期限的规定。《营业税暂行条例实施细则》规定，银行、财务公司、信托投资公司、信用社、外国企业常驻代表机构的纳税期限为 1 个季度。营改增后，《营业税改征增值税试点实施办法》的规定是，以 1 个季度为纳税期限的规定适用于银行、财务公司、信托投资公司、信用社。

同时，在《营业税改征增值税试点实施办法》中并未像《营业税暂行条例实施细则》一样规定外国企业常驻代表机构的纳税期限为 1 个季度。所以，除非财政部和国家税务总局另有规定，外国企业常驻代表机构的纳税期限应分别为 1 日、3 日、5 日、10 日、15 日或者 1 个月。

3. 不能按照固定期限纳税的，可以按次纳税

在增值税的征收管理中，按次纳税的纳税人一般是未办理增值税税种认定，未被主管税务机关作为增值税纳税人实施日常管理的其他个人。

《国家税务总局关于加强和规范税务机关代开普通发票工作的通知》（国税函〔2004〕1024 号）规定，纳税人申请代开发票的经营额达不到省、自治区、直辖市税务机关确定的按次起征点的，只代开发票，不征税。但根据代开发票记录，属于同一申请代开发票的单位和个人，在一个纳税期内累计开票金额达到按月起征点的，应在达到起征点的当次一并计算征税。

对于其他个人，这样操作的结果是，如果一个增值税的纳税期（1 个月）内，只有一笔增值税业务，按次征税，销售额超过按次纳税的起征点，则应缴纳增值税。如果有两笔及两笔以上的增值税业务，按月征税，如果月累计销售额超过起征点（包括小微企业增值税税收优惠）的规定，则应征收增值税。

（三）申报纳税的时间

纳税人以 1 个月或者 1 个季度为 1 个纳税期限的，自期满之日起 15 日内申报纳税；以 1 日、3 日、5 日、10 日或者 15 日为 1 个纳税期限的，自期满之日起 5 日内预缴税款，于次月 1 日起 15 日内申报纳税并结清上月应纳税款。

（四）扣缴义务人解缴税款的期限

扣缴义务人解缴税款的期限，按照前（一）、（三）项规定执行。

四、起征点

（一）起征点与免征额的含义

起征点是指税法规定对征税对象开始征税的起点数额，纳税人销售额未达到国务院财政、税务主管部门规定的起征点的，免征增值税；达到起征点的，全额计算缴纳增值税。

免征额是指税法规定的课税对象全部数额中免予征税的数额，没有达到免征额的免税，达到免征额的，仅对超过免征额的部分纳税。增值税中无免征额的规定。

（二）起征点的适用范围

个人发生应税行为的销售额未达到增值税起征点的，免征增值税；达到起征点的，全额计算缴纳增值税。

增值税起征点仅限于按照小规模纳税人纳税的个体工商户和其他个人适用。不适用于认定为一般纳税人的个体工商户，即一般纳税人以及小规模纳税人中的企业、非企业性单位，不适用起征点的规定。

（三）起征点的幅度

（1）按期纳税的，为月应税销售额 5 000~20 000 元（含本数）。

（2）按次纳税的，为每次（日）销售额 300~500 元（含本数）。

纳税人采用销售额和应纳税额合并定价方法的，计算销售额的公式为：销售额＝含税销售额÷（1+征收率）。

（四）小微企业增值税税收优惠

（1）《国家税务总局关于小微企业免征增值税和营业税有关问题的公告》（国家税务总局公告 2014 年第 57 号）规定，自 2014 年 10 月 1 日起，增值税小规模纳税人和营业税纳税人，月销售额或营业额不超过 3 万元（含 3 万元，下同）的，按照上述文件规定免征增值税或营业税。其中，以 1 个季度为纳税期限的增值税小规模纳税人和营业税纳税人，季度销售额或营业额不超过 9 万元的，免征增值税或营业税。

免征增值税的小微企业是增值税小规模纳税人，包括小规模纳税人中的企业、非企业性单位、个体工商户和其他个人。同时，小规模纳税人中的个体工商户和其他个人还适用起征点的规定。

（2）由于起征点的规定不适用与小规模纳税人中的企业和非企业性单位，所以《营业税改征增值税试点实施办法》（财税〔2016〕36 号附件 1）规定：

①对增值税小规模纳税人中月销售额未达到 2 万元的企业或非企业性单位，免征增值税。

②2017 年 12 月 31 日前，对月销售额 2 万元（含本数）至 3 万元的增值税小规模纳税人，免征增值税。

这样的结果，销售额不超过 3 万元的全部小规模纳税人有的适用起征点和小微企业增值税税收优惠的规定免征了增值税，有的适用小微企业增值税税收优惠的规定免征了增值税。

（3）小规模纳税人兼营销售货物、加工、修理修配劳务、服务、无形资产或者不动产，在起征点和小微企业增值税税收优惠上应分别按照销售货物或者加工、修理修配劳务的销售额和销售服务、无形资产或者不动产的销售额分别适用。

①起征点。

按照《增值税暂行条例实施细则》的规定，增值税起征点的幅度规定如下：销售货物的，为月销售额 2 000~5 000 元；销售应税劳务的，为月销售额 1 500~3 000 元；按次纳税的，为每次（日）销售额 150~200 元。

财政部令第 65 号规定，自 2011 年 11 月 1 日起，增值税起征点的幅度修订如下：销售货物的，为月销售额 5 000~20 000 元；销售应税劳务的，为月销售额 5 000~20 000 元；按次纳税的，为每次（日）销售额 300~500 元。

对于同一个小规模纳税人而言，兼营销售货物、加工、修理修配劳务、服务、无形资产或者不动产，分别按照销售货物或者加工、修理修配劳务的销售额和销售服务、无形资产或者不动产的销售额分别适用起征点的规定。

【例 153】某个体工商户是增值税小规模纳税人，经营的业务包括销售货物、交通运输服务和仓储服务。本月货物的销售共计 2 万元，交通运输服务和仓储服务的销售额共计 2 万元。请问该小规模纳税人的销售额是否超过起征点？

分析 该小规模纳税人的起征点应分别按照原增值税业务和营改增应税行为两部分来考虑。货物的销售额为 2 万元，未超过起征点，不征收增值税。应税行为的销售额为 2 万元，也未超过起征点，不征收增值税。

则该纳税人的销售额未超过起征点，不征收增值税。

②小微企业增值税税收优惠。

《国家税务总局关于全面推开营业税改征增值税试点有关税收征收管理事项的公告》（国家税务总局公告 2016 年第 23 号）规定，增值税小规模纳税人应分别核算销售货物，提供加工、修理修配劳务的销售额，和销售服务、无形资产的销售额。增值税小规模纳税人销售货物，提供加工、修理修配劳务月销售额不超过 3 万元（按季纳税 9 万元），销售服务、无形资产月销售额不超过 3 万元（按季纳税 9 万元）的，自 2016 年 4 月 30 日后至 2017 年 12 月 31 日，可分别享受小微企业暂免征收增值税优惠政策。按季纳税申报的增值税小规模纳税人，实际经营期不足一个季度的，以实际经营月份计算当期可享受小微企业免征增值税政策的销售额度。实行按季申报的原营业税纳税人，2016 年 7 月申报期内，向主管国税机关申报税款所属期为 5、6 月份的增值税时，申报的 2016 年 5 月、6 月增值税应税销售额中，销售货物，提供加工、修理修配劳务的销售额不超过 6 万元，销售服务、无形资产的销售额不超过 6 万元的，可分别享受小微企业暂免征收增值税优惠政策。

【例 154】某企业是增值税小规模纳税人，经营的业务包括销售货物、交通运输服务和仓储服务。本月货物的销售额共计 2.5 万元，交通运输服务和仓储服务的销售额共计 3.2 万元。请问，该企业是否可以享受行为企业的增值税税收优惠？

分析 该企业货物的销售额为 2.5 万元，未超过 3 万元，可以享受小微企业免征增值税的优惠，应税行为销售额为 3.2 万元，超过 3 万元，不得享受小微企业增值税的税收优惠。

③《国家税务总局关于全面推开营业税改征增值税试点有关税收征收管理事项的公告》（国家税务总局公告 2016 年第 23 号）规定，其他个人采取预收款形式出租不动产，取得的预收租金收入，可在预收款对应的租赁期内平均分摊，分摊后的月租金收入不超过 3 万元的，可享受小微企业免征增值税优惠政策。

【例 155】2016 年 12 月，陈异鸿将其拥有的一套商铺出租，租期为 2017 年 1 月—12 月，一共收取租金 24 万元（含税）。请问，陈异鸿 2016 年 12 月收取的 24 万元租金收入是否缴纳增值税？

分析 根据《营业税改征增值税试点实施办法》的规定，纳税人提供租赁服务采取预收款方式的，其纳税义务发生时间为收到预收款的当天。所以 24 万元租金收入的纳税义务发生时间是 2016 年 12 月。根据《国家税务总局关于全面推开营业税改征增值税试点有关税收征收管理事项的公告》（国家税务总局公告 2016 年第 23 号）规定，陈异鸿取得的预收的租金收入可在预收款对应的租赁期内平均分摊，分摊后的月租金收入（不含税）＝ 240 000÷（1+3%）÷12 = 19 417.48（元），不超过 3 万元的，可享受小微企业的税收优惠免征增值。

（4）增值税的起征点是否提高为 3 万元。

有观点认为增值税的起征点提高为 3 万元，从政策规定上看，增值税的起征点并未从 2 万元提高到 3 万元。《营业税改征增值税试点实施办法》（财税〔2016〕36 号附件 1）规定，对增值税小规模纳税人中月销售额未达到 2 万元的企业或非企业性单位，免征增值税。

但是从小规模纳税人适用的增值税纳税申报表上看，起征点似乎提高了。小规模增值税纳税申报表第 10 栏"小微企业免税销售额"的填写说明是："填写符合小微企业免征增值税政策的免税销售额，不包括符合其他增值税免税政策的销售额。个体工商户和其他个人不填写本栏次。"

第 11 栏"未达起征点销售额"的填写说明是："填写个体工商户和其他个人未达起征点（含支持小微企业免征增值税政策）的免税销售额，不包括符合其他增值税免税政策的销售额。本栏次由个体工商户和其他个人填写。"

根据填写说明，小规模纳税人中的企业和非企业性单位享受的小微企业增值税税收优惠的销售额在第 10 栏填报，小规模纳税人中的个体工商户和其他个人 3 万元以下的销售额都在第 11 栏"未达起征点销售额"填报，所以说起征点似乎提高了，但仔细阅读填报说明，第 11 栏"未达起征点销售额"的填写说明强调填写个体工商户和其他个人未达起征点（含支持小微企业免征增值税政策）的免税销售额，也即起征点并未提高，2 万~3 万元的销售额属于小微企业增值税税收优惠的销售额。

（5）小微企业增值税税收优惠的账务处理。

小微企业在取得销售收入时，应当按照税法的规定计算应交增值税，并确认为应交税费，在达到规定的免征增值税条件时，将有关应交增值税转入当期营业外收入。小微企业满足规定的免征营业税条件的，所免征的营业税不作相关会计处理。小微企业对本规定施行前免征增值税和营业税的会计处理，不进行追溯调整。

【例 156】某企业是按季纳税的增值税小规模纳税人。2016 年第二季度销售服务取得含税收入 6 万元。如何进行账务处理？

分析 该纳税人第二季度的销售额 = 60 000÷（1+3%） = 58 252.42（元），未超过 9 万元，可以享受小微企业的增值税收优惠。

账务处理是：

借：银行存款   60 000
 贷：主营业务收入   ［80 000÷（1+3%）］ 58 252.42
   应交税费——应交增值税   ［60 000÷（1+3%）×3%］ 1 747.57
借：应交税费——应交增值税   1 747.57
 贷：营业外收入   1 747.57

【例 157】例 156 中，如果该纳税人是个体工商户，如何进行账务处理？如何填报"增值税纳税申报表（适用于增值税小规模纳税人）"？

分析 该纳税人是个体工商户，第二季度销售额为 = 60 000÷（1+3%） = 58 252.42（元），未超过 6 万元，可以享受未达增值税起征点的政策。

账务处理是：

借：银行存款   60 000
 贷：主营业务收入   60 000

如果填报"增值税纳税申报表（适用于增值税小规模纳税人）"，则填报结果如表 6-1 所示。

表 6-1　　　　　　　　　　增值税纳税申报表（小规模纳税人适用）

项　目		栏次	本期数（元）		本年累计（元）	
			货物及劳务	服务、不动产和无形资产	货物及劳务	服务、不动产和无形资产
一、计税依据	（一）应征增值税不含税销售额（3%征收率）	1				
	税务机关代开的增值税专用发票不含税销售额	2				
	税控器具开具的普通发票不含税销售额	3				
	（二）应征增值税不含税销售额（5%征收率）	4	——		——	
	税务机关代开的增值税专用发票不含税销售额	5				
	税控器具开具的普通发票不含税销售额	6				
	（三）销售使用过的固定资产不含税销售额	7（7≥8）		——		——
	其中：税控器具开具的普通发票不含税销售额	8				
	（四）免税销售额	9＝10+11+12	58 252.42			
	其中：小微企业免税销售额	10				
	未达起征点销售额	11	58 252.42			
	其他免税销售额	12				
	（五）出口免税销售额	13（13≥14）				
	其中：税控器具开具的普通发票销售额	14				
二、税款计算	本期应纳税额	15				
	本期应纳税额减征额	16				
	本期免税额	17	1 747.57			
	其中：小微企业免税额	18				
	未达起征点免税额	19	1 747.57			
	应纳税额合计	20＝15-16	0			
	本期预缴税额	21			——	——
	本期应补（退）税额	22＝20-21			——	——

（6）起征点的调整由财政部和国家税务总局规定。省、自治区、直辖市财政厅（局）和国家税务局应当在规定的幅度内，根据实际情况确定本地区适用的起征点，并报财政部和国家税务总局备案。

第三节　汇总纳税

一、汇总纳税的主体

《营业税改征增值税试点实施办法》（财税〔2016〕36号附件1）规定，两个或者两个以上的纳税人，经财政部和国家税务总局批准可以视为一个纳税人合并纳税。具体办法由财政部和国家税务总局另行制定。

（一）汇总纳税的主体是总机构及其分支机构

两个或者两个以上的纳税人，经财政部和国家税务总局批准可以视为一个纳税人合并纳税。目前这里所指的"两个或者两个以上的纳税人"不包括两个或者两个以上的法人。财政部和国家税务总局对总机构及其分支机构的汇总纳税制定了具体的管理办法，即《总分机构试点纳税人增值税计算缴纳暂行办法》（财税〔2013〕74号）。

2012年1月1日上海营改增试点，财政部国家税务总局对中国东方航空公司的汇总颁发了《财政部　国家税务总局关于中国东方航空公司执行总机构试点纳税人增值税计算缴纳暂行办法的通知》（财税〔2011〕132号），东方航空公司的汇总纳税包括了上海航空公司。但这并不是两个法人的合并纳税。因为2009年东方航空公司以换股方式吸收合并上海航空公司，合并完成后上海航空公司法人资格被注销，东方航空公司承接了上海航空公司的全部资产、负债和人员。所以吸收合并后上海航空公司成了东方航空公司的分支机构。

（二）汇总纳税的纳税人

目前，经财政部和国家税务总局批准可以视为一个纳税人汇总纳税的纳税人包括：

（1）航空运输企业。

（2）各省邮政企业及其所属邮政企业。

（3）中国电信集团公司、中国移动通信集团公司、中国联合网络通信集团有限公司所属提供电信服务的企业。有关电信业的汇总纳税参看第八章第四节"电信服务的增值税处理"。

（4）中国铁路总公司及其所属运输企业。

（5）金融机构。

《国家税务总局关于全面推开营业税改征增值税试点有关税收征收管理事项的公告》（国家税务总局公告2016年第23号）规定，原以地市一级机构汇总缴纳营业税的金融机构，营改增后继续以地市一级机构汇总缴纳增值税。

同一省（自治区、直辖市、计划单列市）范围内的金融机构，经省（自治区、直辖市、计划单列市）国家税务局和财政厅（局）批准，可以由总机构汇总向总机构所在地的主管国税机关申报缴纳增值税。

（三）汇总纳税的纳税地点

根据《营业税改征增值税试点实施办法》（财税〔2016〕36 号）的规定，总机构和分支机构不在同一县（市）的，应当分别向各自所在地的主管税务机关申报纳税；经财政部和国家税务总局或者其授权的财政和税务机关批准，可以由总机构汇总向总机构所在地的主管税务机关申报纳税。

汇总纳税的分支机构在分支机构所在地主管税务机关预缴税款，总机构在总机构所在地主管税务机关申报纳税。

二、汇总纳税的基本方法

《总分机构试点纳税人增值税计算缴纳暂行办法》（财税〔2013〕74 号）规定，经财政部和国家税务总局批准的总机构试点纳税人及其分支机构，按照本办法的规定计算缴纳增值税。

（一）总机构

（1）总机构应当汇总计算总机构及其分支机构发生的纳入汇总纳税范围的应税行为的应交增值税，抵减分支机构发生的纳入汇总纳税范围的应税行为已缴纳的增值税税款（包括预缴和补缴的增值税税款）后，在总机构所在地解缴入库。

①总机构汇总的应征增值税销售额，为总机构及其分支机构发生的纳入汇总纳税范围的应税行为的应征增值税销售额。

总机构汇总的销项税额，按照总机构汇总的应征增值税销售额和增值税适用税率计算。

②总机构汇总的进项税额，是指总机构及其分支机构因发生纳入汇总纳税范围的应税行为而购进货物、劳务、服务、无形资产、不动产，支付或者负担的增值税税额。总机构及其分支机构用于纳入汇总纳税范围的应税行为之外的进项税额不得汇总。

③分支机构发生《应税服务范围注释》所列业务当期已预缴的增值税税款，在总机构当期增值税应纳税额中抵减不完的，可以结转下期继续抵减。

（2）总机构销售货物、提供加工、修理修配劳务，按照增值税暂行条例及相关规定就地申报缴纳增值税。

（二）分支机构

（1）分支机构发生纳入汇总纳税范围的应税行为，按照应征增值税销售额和预征率计算缴纳增值税。计算公式如下：

应预缴的增值税＝纳入汇总纳税范围的应税行为应征增值税销售额×预征率

预征率由财政部和国家税务总局规定，并适时予以调整。

（2）分支机构销售货物、提供加工、修理修配劳务，按照增值税暂行条例及相关规定就地申报缴纳增值税。

（三）清算

每年的第一个纳税申报期结束后，对上一年度总分机构汇总纳税情况进行清算。

总机构和分支机构年度清算应交增值税，按照各自销售收入占比和总机构汇总的上一年度应交增值税税额计算。分支机构预缴的增值税超过其年度清算应交增值税的，通过暂停以后纳税申报期预缴增值税的方式予以解决。分支机构预缴的增值税小于其年度清算应交增值税的，差额部分在以后纳税申报期由分支机构在预缴增值税时一并就地补缴入库。

三、汇总纳税有关申报事项

（一）总机构

（1）总机构按规定汇总计算的总机构及其分支机构应征增值税销售额、销项税额、进项税额，填报在"增值税纳税申报表（适用于增值税一般纳税人）"（以下简称申报表主表）及附列资料对应栏次。

（2）按规定汇总计算缴纳增值税的总机构，其分支机构已经预缴的税款填报在"增值税纳税申报表附列资料（四）（税额抵减情况表）"第2行"分支机构预征缴纳税款"。同时，可以从本期增值税应纳税额中抵减的分支机构已缴纳的税款，按当期实际可抵减数填入申报表主表第29栏"分次预缴税额"中，不足抵减部分结转下期继续抵减。即当期分支机构已纳增值税税额大于总机构汇总计算的增值税应纳税额时，在第29栏"分次预缴税额"中只填报可抵减部分。

（3）总机构应设立相应台账，记录税款抵减情况，以备查阅。

（二）分支机构纳税

（1）汇总纳税的分支机构纳入汇总纳税范围的应税行为预征增值税销售额、预征增值税应纳税额首先在"增值税纳税申报表附列资料（一）"第13a至13c行"二、简易计税方法计税""预征率%"填报。其中，第13a行"预征率%"适用于所有实行汇总计算缴纳增值税的分支机构试点纳税人；第13b、13c行"预征率%"适用于部分实行汇总计算缴纳增值税的铁路运输试点纳税人。

①第13a至13c行第1至6列按照销售额和销项税额的实际发生数填写。

②第13a至13c行第14列，纳税人按"应预征缴纳的增值税＝应预征增值税销售额×预征率"公式计算后据实填写。

同时，分支机构预征增值税销售额再填报在申报表主表第5栏"按简易办法计税销售额"中，按预征率计算的预征增值税应纳税额填报在申报表主表第21栏"简易计税办法计算的应纳税额"中。

（2）汇总纳税的分支机构抄报税、认证等事项仍按现行规定执行。当期进项税额应填报在申报表主表及附列资料对应栏次，其中由总机构汇总的进项税额，需在"增值税纳税申报表附列资料（二）"第17栏"简易计税方法征税项目用"中填报转出。

（3）汇总纳税的分支机构销售货物和提供加工、修理修配劳务，按增值税暂行条例及相关规定就地申报缴纳增值税的销售额、销项税额，按原有关规定填报在申报主表及附列资料对应栏次。

（4）汇总纳税的分支机构应填报分支机构传递单，于次月10日内将已纳增值税情况和取得进项税额的情况传递给总机构。

四、航空运输企业的汇总纳税

航空运输企业是经财政部和国家税务总局批准汇总纳税的纳税人。具体按照《营业税改征增值税试点期间航空运输企业增值税征收管理暂行办法》（国家税务总局公告2013年第7号）的规定执行。

（一）航空运输企业汇总纳税的应税行为

2016年4月30日前，航空运输企业汇总纳税的业务范围包括所有营改增的应税服务，2016年4月30日后，营改增的征税范围称为应税行为，航空运输企业汇总纳税的业务范围应包括所有营改增的应税行为。

（二）航空运输企业合并纳税的基本方法

（1）航空运输企业的总机构，应当汇总计算总机构及其分支机构发生纳入汇总纳税范围的应税行为的增值税应纳税额，抵减分支机构发生《应税服务范围注释》所列业务已缴纳的增值税税款后，向其机构所在地主管税务机关申报纳税。

（2）总机构的应征增值税的核算。

①总机构汇总的应征增值税销售额包括总机构及其试点地区分支机构发生的纳入汇总纳税范围的应税行为的应征增值税销售额。

总机构应按照增值税现行规定核算汇总的应征增值税销售额。

②总机构汇总的销项税额，按照总机构汇总的应征增值税销售额和增值税适用税率计算。

③总机构汇总的进项税额，是指总机构及其分支机构因发生纳入汇总纳税范围的应税行为而购进货物、劳务、服务、无形资产和不动产，支付或者负担的增值税税额。总机构和分支机构用于纳入汇总纳税范围的应税行为之外的进项税额不得汇总。

（3）分支机构的增值税征管。

①试点地区分支机构发生纳入汇总纳税范围的应税行为，按照应征增值税销售额和预征率计算缴纳增值税，按月向主管税务机关申报纳税，不得抵扣进项税额。计算公式为：

应缴纳的增值税＝应征增值税销售额×预征率

②试点地区分支机构销售货物和提供加工、修理修配劳务，按照增值税暂行条例及相关规定申报缴纳增值税。

③试点地区分支机构，应按月将当月纳入汇总纳税范围的应税行为的应征增值税销售额、进项税额和已缴纳的增值税税额归集汇总，填写"航空运输企业试点地区分支机构传递单"，报送主管国税机关签章确认后，于次月10日前传递给总机构。

④分支机构由分支机构所在地主管国税机关认定为增值税一般纳税人。

⑤分支机构所在地主管税务机关应定期对其纳税情况进行检查。

航空运输企业的分支机构发生纳入汇总纳税范围的应税行为申报不实的，就地按适用税率全额补征增值税。主管税务机关应将检查情况及结果发函通知总机构所在地主管国税机关。

（4）总机构的增值税征管。

①总机构的增值税纳税期限为一个季度。

②总机构应当依据航空运输企业试点地区分支机构传递单和航空运输企业非试点地区分支机构传递单，计算当期发生纳入汇总纳税范围的应税行为的增值税应纳税额，抵减分支机构发生《应税服务范围注释》所列业务当期已缴纳的增值税税款后，向其主管税务机关申报纳税。抵减不完的，可以结转下期继续抵减。计算公式为：

总机构当期应纳税额=当期汇总销项税额-当期汇总进项税额

总机构当期应补（退）税额=总机构当期应纳税额-当期试点地区分支机构已缴纳的增值税税额

③总机构由总机构所在地主管国税机关认定为增值税一般纳税人。

④总机构应当在开具增值税专用发票的次月申报期结束前向主管税务机关报税。

总机构及其分支机构取得的增值税扣税凭证，应当按照有关规定到主管国税机关办理认证或者申请稽核比对。

总机构汇总的进项税额，应当在季度终了后的第一个申报期内申报抵扣。

五、邮政企业的汇总纳税

邮政企业是经财政部和国家税务总局批准汇总纳税的纳税人。具体按照《邮政企业增值税征收管理暂行办法》（国家税务总局公告 2014 年第 5 号）的规定执行。

（一）邮政企业汇总纳税的应税行为

邮政企业，是指中国邮政集团公司所属提供邮政服务的企业。汇总纳税的邮政企业，是指经省、自治区、直辖市或者计划单列市财政厅（局）和国家税务总局批准，可以汇总申报缴纳增值税的邮政企业。汇总纳税的业务范围只有邮政服务，包括邮政普遍服务、邮政特殊服务和其他邮政服务。

（二）邮政企业汇总纳税的基本方法

1. 邮政企业合并纳税的方式

各省、自治区、直辖市和计划单列市邮政企业（以下称总机构）应当汇总计算总机构及其所属邮政企业（以下称分支机构）提供邮政服务的增值税应纳税额，抵减分支机构提供邮政服务已缴纳（包括预缴和查补，下同）的增值税额后，向主管税务机关申报纳税。

2. 总机构应征增值税的核算

（1）总机构汇总的销售额，为总机构及其分支机构提供邮政服务的销售额。

（2）总机构汇总的销项税额，按照总机构汇总的销售额和增值税适用税率计算。

（3）总机构汇总的进项税额，是指总机构及其分支机构提供邮政服务而购进货物、接受加工、修理修配劳务和应税服务，支付或者负担的增值税额。

总机构及其分支机构取得的与邮政服务相关的固定资产、专利技术、非专利技术、商誉、商标、著作权、有形动产租赁的进项税额，由总机构汇总缴纳增值税时抵扣。

（4）总机构及其分支机构用于邮政服务以外的进项税额不得汇总。

（5）总机构及其分支机构用于提供邮政服务的进项税额与不得汇总的进项税额无法准确划分的，按照试点实施办法第二十六条确定的原则执行。

（6）总机构发生除邮政服务以外的增值税应税行为，按照增值税条例、试点实施办法及相关规定就地申报纳税。

3. 分支机构的增值税征管

（1）分支机构提供邮政服务，按照销售额和预征率计算应预缴税额，按月向主管税务机关申报纳税，不得抵扣进项税额。计算公式为：

应预缴税额=（销售额+预订款）×预征率

销售额为分支机构对外（包括向邮政服务接受方和本总、分支机构外的其他邮政企业）提供邮政服务取得的收入；预订款为分支机构向邮政服务接受方收取的预订款。

销售额不包括免税项目的销售额；预订款不包括免税项目的预订款。

分支机构的预征率由省、自治区、直辖市或者计划单列市国家税务局商同级财政部门确定。

（2）分支机构应按月将提供邮政服务的销售额、预订款、进项税额和已缴纳增值税额归集汇总，填写邮政企业分支机构增值税汇总纳税信息传递单，报送主管税务机关签章确认后，于次月10日前传递给总机构。

分支机构汇总的销售额包括免税项目的销售额。

分支机构汇总的进项税额包括用于免税项目的进项税额。

（3）分支机构发生除邮政服务以外的增值税应税行为，按照增值税条例、试点实施办法及相关规定就地申报纳税。

4. 总机构的增值税征管

（1）总机构的纳税期限为一个季度。

（2）总机构应当依据邮政企业分支机构增值税汇总纳税信息传递单，汇总计算当期提供邮政服务的应纳税额，抵减分支机构提供邮政服务当期已缴纳的增值税额后，向主管税务机关申报纳税。抵减不完的，可以结转下期继续抵减。计算公式为：

总机构当期汇总应纳税额=当期汇总销项税额-当期汇总的允许抵扣的进项税额

总机构当期应补（退）税额=总机构当期汇总应纳税额-分支机构当期已缴纳税额

（3）邮政企业为中国邮政速递物流股份有限公司及其所属机构代办速递物流类业务，从寄件人取得的收入，由总机构并入汇总的销售额计算缴纳增值税。

分支机构收取的上述收入不预缴税款。

寄件人索取增值税专用发票的，邮政企业应向寄件人开具增值税专用发票。

（4）总机构及其分支机构，一律由主管税务机关认定为增值税一般纳税人。

（5）总机构应当在开具增值税专用发票的次月申报期结束前向主管税务机关报税。

总机构及其分支机构取得的增值税扣税凭证，应当按照有关规定到主管税务机关办理认证或者申请稽核比对。

总机构汇总的允许抵扣的进项税额，应当在季度终了后的第一个申报期内申报抵扣。

（6）总机构和分支机构所在地主管税务机关应定期或不定期对其纳税情况进行检

查。分支机构提供邮政服务申报不实的，由其主管税务机关按适用税率全额补征增值税。

（7）总机构及其分支机构的其他增值税涉税事项，按照增值税条例、试点实施办法及相关规定执行。

六、铁路运输企业的汇总纳税

铁路运输企业是经财政部和国家税务总局批准汇总纳税的纳税人。具体按照《铁路运输企业增值税征收管理暂行办法》（国家税务总局公告2014年第6号）的规定执行。

（一）铁路运输企业汇总纳税的应税行为

汇总纳税的铁路运输企业，是指经财政部、国家税务总局批准，汇总申报缴纳增值税的中国铁路总公司及其所属运输企业（含下属站段，下同）。铁路运输企业汇总纳税的业务范围包括铁路运输服务以及与铁路运输相关的物流辅助服务（以下称铁路运输及辅助服务）。

（二）铁路运输企业汇总纳税的基本方法

1. 铁路运输企业合并纳税的方式

中国铁路总公司所属运输企业按照规定预缴增值税，中国铁路总公司汇总向机构所在地主管税务机关申报纳税。

中国铁路总公司应当汇总计算本部及其所属运输企业提供铁路运输服务以及与铁路运输相关的物流辅助服务（以下称铁路运输及辅助服务）的增值税应纳税额，抵减所属运输企业提供上述应税服务已缴纳（包括预缴和查补，下同）的增值税额后，向主管税务机关申报纳税。

2. 中国铁路总公司应征增值税的核算

（1）中国铁路总公司汇总的销售额，为中国铁路总公司及其所属运输企业提供铁路运输及辅助服务的销售额。

（2）中国铁路总公司汇总的销项税额，按照中国铁路总公司汇总的销售额和增值税适用税率计算。

（3）中国铁路总公司汇总的进项税额，是指中国铁路总公司及其所属运输企业为提供铁路运输及辅助服务而购进货物、劳务、服务、无形资产和不动产，支付或者负担的增值税额。

中国铁路总公司及其所属运输企业取得与铁路运输及辅助服务相关的固定资产、专利技术、非专利技术、商誉、商标、著作权、有形动产租赁的进项税额，由中国铁路总公司汇总缴纳增值税时抵扣。

（4）中国铁路总公司及其所属运输企业用于铁路运输及辅助服务以外的进项税额不得汇总。

（5）中国铁路总公司及其所属运输企业用于提供铁路运输及辅助服务的进项税额与不得汇总的进项税额无法准确划分的，按照试点实施办法第二十六条确定的原则执行。

（6）中国铁路总公司发生除铁路运输及辅助服务以外的增值税应税行为，按照增值税条例、试点实施办法及相关规定就地申报纳税。

3. 中国铁路总公司所属运输企业的增值税征管

（1）中国铁路总公司所属运输企业提供铁路运输及辅助服务，按照除铁路建设基金以外的销售额和预征率计算应预缴税额，按月向主管税务机关申报纳税，不得抵扣进项税额。计算公式为：

应预缴税额＝（销售额－铁路建设基金）×预征率

销售额是指为旅客、托运人、收货人和其他铁路运输企业提供铁路运输及辅助服务取得的收入。

其他铁路运输企业，是指中国铁路总公司及其所属运输企业以外的铁路运输企业。

（2）中国铁路总公司所属运输企业，应按月将当月提供铁路运输及辅助服务的销售额、进项税额和已缴纳增值税额归集汇总，填写《铁路运输企业分支机构增值税汇总纳税信息传递单》，报送主管税务机关签章确认后，于次月 10 日前传递给中国铁路总公司。

（3）中国铁路总公司所属运输企业发生除铁路运输及辅助服务以外的增值税应税行为，按照增值税条例、试点实施办法及相关规定就地申报纳税。

4. 中国铁路总公司的增值税征管

（1）中国铁路总公司的增值税纳税期限为一个季度。

（2）中国铁路总公司应当根据铁路运输企业分支机构增值税汇总纳税信息传递单，汇总计算当期提供铁路运输及辅助服务的增值税应纳税额，抵减其所属运输企业提供铁路运输及辅助服务当期已缴纳的增值税额后，向主管税务机关申报纳税。抵减不完的，可以结转下期继续抵减。计算公式为：

当期汇总应纳税额＝当期汇总销项税额－当期汇总进项税额

当期应补（退）税额＝当期汇总应纳税额－当期已缴纳税额

（3）中国铁路总公司及其所属运输企业，一律由主管税务机关认定为增值税一般纳税人。

（4）中国铁路总公司应当在开具增值税专用发票的次月申报期结束前向主管税务机关报税。

（5）中国铁路总公司及其所属运输企业取得的增值税扣税凭证，应当按照有关规定到主管税务机关办理认证或者申请稽核比对。

中国铁路总公司汇总的进项税额，应当在季度终了后的第一个申报期内申报抵扣。

（6）中国铁路总公司及其所属运输企业所在地主管税务机关应定期或不定期对其纳税情况进行检查。

中国铁路总公司所属铁路运输企业提供铁路运输及辅助服务申报不实的，由其主管税务机关按适用税率全额补征增值税。

（7）铁路运输企业的其他增值税涉税事项，按照增值税条例、试点实施办法及相关规定执行。

第 七 章

部分行业或业务的增值税处理

第一节　建筑服务的增值税处理

一、建筑业生产经营概述

(一) 建筑业的范围

建筑业作为我国国民经济的支柱产业，为推动国民经济增长和社会全面发展一直发挥着重要作用。

狭义的建筑业指国家标准的产业分类中的建筑业，主要是指建筑产品的生产（即施工）活动。产业内容包括房屋建筑工程、土木工程建筑业、建筑安装业、建筑装饰和其他建筑业等活动。广义的建筑业包括与建筑产品的生产及与建筑生产有关的所有服务，包括规划、勘察、设计、造价、建筑材料与成品及半成品的生产、施工及安装，建成环境的运营、维护及管理，以及相关的咨询和中介服务等，这些反映了建筑业真实的经济活动空间。

我国关于建筑业的经济统计按照狭义的建筑业实施，在建筑业行业管理中采用广义的建筑业概念，涵盖与建筑业生产活动有关的所有服务活动。

增值税的建筑服务包括工程服务、安装服务、修缮服务、装饰服务和其他建筑服务，和狭义的建筑业基本一致。广义的建筑业所涉及的规划、勘察、设计、造价等业务，在增值税中不属于建筑业。如工程造价咨询、工程监理、建筑图纸审核等，属于鉴证咨询服务，工程设计属于文化创意服务，工程勘察勘探属于研发和技术服务。本节所涉及的建筑业主要指狭义的建筑业。

(二) 建筑业生产经营的特点及税收管理的要求

1. 对企业资质及承包有要求

(1)《建筑业企业资质管理规定》（中华人民共和国住房和城乡建设部令第 22 号）规定，建筑业企业应按其拥有的注册资本、专业技术人员、技术装备和已完成的建筑工程业绩等条件申请资质，经审查合格，取得建筑业企业资质证书后，方可在资质许可的范围内从事建筑施工活动。

(2) 建筑业企业资质分为施工总承包、专业承包和劳务分包三个序列。

取得施工总承包资质的企业，指可以承接施工总承包工程，为建设工程项目提供设计和施工一体化、全过程服务的建筑企业。施工总承包企业可以对所承接的施工总承包工程内各专业工程全部自行施工，也可以将专业工程或劳务作业依法分包给具有相应资质的专业承包企业或劳务分包企业。

取得专业承包资质的企业，指专门从事某一项专业施工生产的企业，可以承接施工总承包企业分包的专业工程和建设单位依法发包的专业工程。专业承包企业可以对所承接的专业工程全部自行施工，也可以将劳务作业依法分包给具有相应资质的劳务分包企业。如桩基工程公司、机械化施工公司、工业设备安装公司、给排水工程公司、专业钢结构公司等。

取得劳务分包资质的企业，指从事工程施工专项分包活动的劳务型企业，一般不单独承包工程，可以承接施工总承包企业或专业承包企业分包的劳务作业。这类企业规模小，但数量多。

在增值税征收管理中，无论纳税人是否有资质，其提供的建筑服务都按照"建筑服务"征收增值税。

2. 对分包有明确要求

《建筑法》在分包方面做出了一系列规定，分包必须按照这些要求执行。

（1）禁止承包单位将其承包的全部建筑工程转包给他人，禁止承包单位将其承包的全部建筑工程肢解以后以分包的名义分别转包给他人。

（2）建筑工程总承包单位可以将承包工程中的部分工程发包给具有相应资质条件的分包单位；但是，除总承包合同中约定的分包外，必须经建设单位认可。施工总承包的，建筑工程主体结构的施工必须由总承包单位自行完成。

（3）建筑工程总承包单位按照总承包合同的约定对建设单位负责；分包单位按照分包合同的约定对总承包单位负责。总承包单位和分包单位就分包工程对建设单位承担连带责任。

（4）禁止总承包单位将工程分包给不具备相应资质条件的单位。禁止分包单位将其承包的工程再分包。

在增值税征收管理中，如果纳税人提供建筑服务适用简易计税方法的，以取得的全部价款和价外费用扣除支付的分包款后的余额为销售额，分包款可以差额扣除。如果纳税人非法转包，不得差额扣除，应以取得的全部价款和价外费用为销售额。

3. 建筑业的生产经营具有流动性

流动性的特点使得建筑施工企业跨区域经营的特点非常明显，使得建筑服务纳税人的机构所在地和建筑服务发生地不一致。不少公路、铁路、管线、水利施工项目由于施工距离长，一个项目经常横跨多个省市。另外随着建筑施工企业"走出去"战略的实施，我国建筑企业在国外承包的建筑工程项目也越来越多。

（1）为满足生产经营流动性的需要，建筑企业一般下设多家子公司、分公司（分支机构）、项目部。子公司持有法人营业执照，是独立的法人，独立承担民事责任，独立纳税。异地提供建筑服务的分公司（分支机构），应按照《税务登记管理办法》的规定，到建筑服务发生地办理税务登记，领取三证合一的分支机构营业执照。在这两种情况下，子公司所在地、分公司（分支机构）所在地国税机关将该子公司、分公司（分支机构）作为固定业户进行管理，在本地提供的建筑服务不属于总公司或者母公司异地提供建筑服务，不执行《纳税人跨县（市、区）提供建筑服务增值税征收管理暂行办法》（国家税务总局公告 2016 年第 17 号）。

项目部无论是属于总机构的，还是属于二级及二级以下分支机构的，到异地提供建筑服务应持有外出经营税收管理证明，应按照《税务登记管理办法》的规定，到建筑服务发生地主管国税机关办理报验登记，不领取营业执照。项目部到异地提供的建筑服务属于纳税人跨县（市、区）提供建筑服务，应按照《纳税人跨县（市、区）提供建筑服务增值税征收管理暂行办法》（国家税务总局公告 2016 年第 17 号）的规定执行。

（2）建筑企业在不同地区承包工程，工程耗用的工程物资、施工机械、设备、人员都要随工程项目坐落位置的变化而流动，由此会发生临时设施、迁移搬运等建筑业独有的费用，这些费用在增值税中如果取得合法的抵扣凭证，可以抵扣进项税额。另一方面，工程物资、施工机械、设备从一个分支机构、项目部已送至另一分支机构、项目部，在增值税处理中不需要视同销售处理，进项税额可以抵扣。

4. 建筑业的生产经营工程周期长

建筑产品施工过程规模大、消耗多、周期长，一个大中型建设项目往往要花费上亿的资金，从招投标开始到组织施工、项目验收、审计决算、维修回访一个周期往往需要几年、十几年甚至更长的时间。对于工程周期长，跨会计年度的建筑服务，在会计核算上纳税人一般采用完工百分比法确认提供劳务收入的金额和应结转的营业成本，而增值税纳税义务发生时间是"纳税人提供建筑服务并收讫销售款项或者取得索取销售款项凭据的当天；先开具发票的，为开具发票的当天。纳税人提供建筑服务采取预收款方式的，其纳税义务发生时间为收到预收款的当天"。会计核算确认收入的时间和金额与增值税纳税义务发生时间不同。纳税人应按照增值税的纳税义务发生计算缴纳增值税。

5. 建筑业的生产组织协作综合复杂

（1）随着专业化程度的不断提高，很多建筑工程并不是由一个企业直接去完成的，而是由总承包企业和多个专业分包公司和劳务分包公司的综合体协作完成的，所以很多工程在施工中存在多种协作关系，有业主和总承包公司之间的协作关系，有总承包公司和各分包公司之间的协作关系，有各分包公司之间的协作关系。

（2）随着国家对建设工程监管力度的不断加大，建筑企业与建设单位、设计单位、监理单位、供货方、施工人员等各方有业务协调，也有收支往来。

在增值税的征收管理中，可以结合这些相关单位和个人的信息对提供建筑服务的纳税人进行风险分析。

6. 挂靠经营现象突出

（1）《建筑法》禁止挂靠行为。

《建筑法》规定"禁止建筑施工企业以任何形式允许其他单位或者个人使用本企业的资质证书、营业执照，以本企业的名义承揽工程。禁止建筑施工企业以任何形式允许其他单位或者个人使用本企业的资质证书、营业执照，以本企业的名义承揽工程。"《最高人民法院关于审理建设工程施工合同纠纷案件适用法律问题的解释》规定，"建设工程施工合同具有下列情形之一的，应当根据合同法第五十二条第（五）项的规定，认定无效：没有资质的实际施工人借用有资质的建筑施工企业名义的。"但《最高人民法院关于审理建设工程问题的解释》又规定，"建设工程施工合同无效，但建设工程经竣工验收合格，承包人请求参照合同约定支付工程价款的，应予支持。"该司法解释所述"借用资质施工"与"挂靠经营"内涵一致，司法解释的结果是，即使法院判定被挂靠人与建设单位签订的合同为无效合同，但只要工程质量验收合格，就可以向建设方主张工程价款结算。这无疑是在助长挂靠经营的形成。

在建筑业的挂靠经营中，挂靠方一般没有从事建筑服务的资质或者虽有资质，但不具备与建设项目的要求相适应的资质等级；被挂靠方具备与建设项目要求相适应的资质等级证书，但是往往缺乏承揽该工程项目的能力。挂靠方向被挂靠方缴纳一定数额的"管理费"，独立核算、自主经营、自负盈亏。被挂靠方收取管理费后以自己的名义对外签订建筑合同并办理相关手续，一般不对建筑项目实施管理，或者虽然管理也仅仅停留在形式上，不承担工程工期、质量、安全及经济责任。挂靠方一般没有相应的独立承担民事责任的能力，对外往往以被挂靠人的分支机构或代表的身份出现。

（2）挂靠经营的增值税征收管理。

在增值税的征收管理中要求，单位以承包、承租、挂靠方式经营的，承包人、承租人、挂靠人（以下统称承包人）以发包人、出租人、被挂靠人（以下统称发包人）名义对外经营并由发包人承担相关法律责任的，以该发包人为纳税人。否则，以承包人为纳税人。

按照当前建筑业挂靠经营的状况，挂靠方一般没有相应的独立承担民事责任的能力，对外往往以被挂靠人的分支机构或代表的身份出现，所以应以被挂靠方为纳税人。如果以被挂靠方为纳税人，增值税征收管理中有两个比较突出的问题难解决。一是在这种情形下，被挂靠方向挂靠方收取的管理费，和内部的资金往来比较相似，相当于从分支机构取得的资金，作为销售额缴纳增值税的话不符合增值税的征收原理（增值税的销售额是指纳税人发生应税行为取得的全部价款和价外费用）。如果不作为销售额缴纳增值税的话，似乎也不妥当，因为在挂靠经营中被挂靠方实际取得的收入就是这些管理费。二是挂靠方应将被挂靠方的生产经营作为自己的业务处理，挂靠方对外取得的销售额作为被挂靠方的销售额计算增值税销项税额或应纳税额，挂靠方的进项税额作为被挂靠方的进项税额由被挂靠方抵扣进项税额。但实际的情况是挂靠方独立核算、自主经营、自负盈亏，很难实现这样的增值税申报要求。

建议在挂靠经营中，如果挂靠方是独立核算、自主经营、自负盈亏的话，即使以被挂靠方的名义对外经营并由被挂靠方承担相关法律责任，也应把挂靠方和被挂靠方分别作为不同的增值税纳税人进行增值税征税管理。这样的话，被挂靠方收取的管理费作为"无形资产——其他权益性无形资产"征收增值税，挂靠方对外取得的销售额由挂靠方自己申报缴纳增值税，挂靠方的进项税额由挂靠方自己抵扣。如果挂靠方和被挂靠方之间有其他的工程物资、工程设备的外来业务，按照正常的增值税业务征增值税。这样的增值税征收管理结果比较符合纳税人的业务实质。

本书第一章例1中分析的问题，在增值税的征收管理中，如果按照《营业税改征增值税试点实施办法》的规定，被挂靠方乙企业是纳税人。但是按照《税务登记管理办法》的规定，由于甲企业只是向乙企业支付管理费，自主经营、自负盈亏，应以甲企业为纳税人。甲企业以乙企业名义承接的工程可以理解为是乙企业的业务，分包给甲企业做，乙企业向工程建设方开具发票，再按分包的业务，由甲企业就其承接的工程业务开具发票给乙企业。这样处理的结果，不影响甲企业、乙企业其他业务的增值税处理。

二、建筑业增值税有关政策

提供建筑服务的纳税人和其他的纳税人一样，适用《营业税改征增值税试点实施办法》的有关规定确认销售额，计算销项税额或应纳增值税税额，根据取得的合法的抵扣凭证抵扣进项税额。但是由于建筑服务的特殊性以及营改增之前有关营业税政策的平移，营改增的有关政策中对建筑服务有比较多的特殊规定。

（一）纳税人

在中华人民共和国境内提供建筑服务的单位和个人，为增值税纳税人。

在集团内部，如果建筑企业与发包方签订建筑合同后，以内部授权或者三方协议等方式，授权集团内其他纳税人（以下称"第三方"）为发包方提供建筑服务，可以以第三方为该建筑业务的纳税人。《关于进一步明确营改增有关征管问题的公告》（公告 2017 年第 11 号）规定，建筑企业与发包方签订建筑合同后，以内部授权或者三方协议等方式，授权集团内其他纳税人（第三方）为发包方提供建筑服务，并由第三方直接与发包方结算工程款的，由第三方缴纳增值税并向发包方开具增值税发票，与发包方签订建筑合同的建筑企业不缴纳增值税。发包方可凭实际提供建筑服务的纳税人开具的增值税专用发票抵扣进项税额。

（二）一般纳税人的简易计税

（1）一般纳税人为建筑工程老项目提供的建筑服务，可以选择适用简易计税方法计税。

建筑工程老项目，是指：

①《建筑工程施工许可证》注明的合同开工日期在 2016 年 4 月 30 日前的建筑工程项目；

②未取得《建筑工程施工许可证》的，建筑工程承包合同注明的开工日期在 2016 年 4 月 30 日前的建筑工程项目。

（2）一般纳税人以清包工方式提供的建筑服务，可以选择适用简易计税方法计税。

以清包工方式提供建筑服务，是指施工方不采购建筑工程所需的材料或只采购辅助材料，并收取人工费、管理费或者其他费用的建筑服务。

（3）一般纳税人为甲供工程提供的建筑服务，可以选择适用简易计税方法计税。

甲供工程，是指全部或部分设备、材料、动力由工程发包方自行采购的建筑工程。

工程分包方购买的设备、材料、动力无论金额多少，提供建筑服务的一般纳税人都可以选择适用简易计税方法计税。不能理解为提供建筑服务的一般纳税人必须与发包方签订甲供工程合同，才能按照为甲供工程提供的建筑服务选择适用简易计税方法计税。

《国家税务总局关于进一步明确营改增有关征管问题的公告》（国家税务总局公告 2017 年 11 号）规定，一般纳税人销售电梯的同时提供安装服务，其安装服务可以按照甲供工程选择适用简易计税方法计税。该业务可以理解为尽管电梯的安装合同没有签订甲供工程合同，但在电梯的安装工程中耗用的电力等由发包方自行购买，所以可以按照一般纳税人为甲供工程提供的建筑服务选择适用简易计税方法计税。

（4）《财政部税务总局关于建筑服务等营改增试点政策的通知》（财税〔2017〕58号）规定，建筑工程总承包单位为房屋建筑的地基与基础、主体结构提供工程服务，建设单位自行采购全部或部分钢材、混凝土、砌体材料、预制构件的，适用简易计税方法计税。

地基与基础、主体结构的范围，按照《建筑工程施工质量验收统一标准》（GB50300-2013）附录 B《建筑工程的分部工程、分项工程划分》中的"地基与基础""主体结构"分部工程的范围执行。

在执行中应注意以下四点：一是纳税人的该类业务直接适用简易计税方法计税，不需办理增值税一般纳税人简易征收备案。二是适用简易计税方法计税的只有建筑工程总承包单位。三是为房屋建筑的地基与基础、主体结构提供工程服务，其他的建筑服务不适用。四是建设单位自行采购全部或部分钢材、混凝土、砌体材料、预制构件，不包括采购其他的设备、动力等。

【例 158】甲建筑企业承接了某高速公路的建筑工程，施工许可证上注明的开工日期是 2016 年 3 月 1 日。2016 年 6 月 1 日，甲企业和乙企业签订分包合同，将该高速公路某段工程的场地平整的工程分包给乙企业。甲企业、乙企业为该高速公路提供的建筑服务是否可以选择简易计税方法缴纳增值税？

分析　一般纳税人为建筑工程老项目提供的建筑服务，可以选择适用简易计税方法计税，建筑工程施工许可证注明的合同开工日期在 2016 年 4 月 30 日前的建筑工程项目是建筑工程老项目，由于该高速公路的开工日期在 2016 年 4 月 30 日前，因此为该高速公路提供的建筑服务可以选择简易计税方法缴纳增值税。

所以甲企业、乙企业都可以选择简易计税方法缴纳增值税。

（三）差额征税

1. 差额征税销售额的确定

试点纳税人（包括一般纳税人和小规模纳税人）提供建筑服务适用简易计税方法的，以取得的全部价款和价外费用扣除支付的分包款后的余额为销售额。

建筑服务差额征税的政策适用于一般纳税人，也适用于小规模纳税人。一般纳税人提供建筑服务采用一般计税方法的，不得差额征税，而是根据从分包方取得的合法的抵扣凭证抵扣进项税额。

纳税人在机构所在地以外的县（市、区）提供建筑服务的，应在建筑服务发生地主管国税机关预缴税款，向机构所在地主管国税机关申报纳税。在建筑服务发生地预缴税款时，即使是一般纳税人采取一般计税方法的建筑服务，也应以取得的全部价款和价外费用扣除其支付给其他单位的分包款后的余额为销售额来预缴税款，在机构所在地主管国税机关申报纳税时，以取得的全部价款和价外费用为销售额，支付给其他单位的分包款不能扣除。

可以扣除的是支付给其他单位的分包款，如果属于转包，不得做扣除。

相关知识：《中华人民共和国建筑法（2011 修正）》将转包确定为非法行为，规定"禁止承包单位将其承包的全部建筑工程转包给他人，禁止承包单位将其承包的全部建筑工程肢解以后以分包的名义分别转包给他人"。同时确定了分包为合法行为，但某些分包行为属于违法的分包行为，规定"提倡对建筑工程实行总承包，禁止将建筑工程肢解发包。建筑工程的发包单位可以将建筑工程的勘察、设计、施工、设备采购一并发包给一个工程总承包单位，也可以将建筑工程勘察、设计、施工、设备采购的一项或者多项发包给一个工程总承包单位；但是，不得将应当由一个承包单位完成的建筑工程肢解成若干部分发包给几个承包单位"。在执行中，"将应当由一个承包单位完成的建筑工程肢解成若干部分发包给几个承包单位"一般理解为转包。

一般地，转包通常是指承包人在承包工程后，将其承包的建筑服务转让给第三人，转让人退出承包关系，受让人成为承包合同的另一方当事人的行为。常见的转包行为有两种形式：一种是承包单位将其承包的全部建筑服务转包给别人；一种是承包单位将其承包的全部建筑服务肢解以后，以分包的名义分别转包给他人，即变相的转包。不论何种形式，根据《中华人民共和国建筑法（2011 修正）》的规定，都属于违法转包。

分包通常是指从事工程总承包的单位将所承包的建设服务的一部分依法发包给具有相应资质的承包单位的行为，该总承包人并不退出承包关系，其与第三人就第三人完成的工作成果向发包人承担连带责任。根据《中华人民共和国建筑法（2011 修正）》的规定，"建筑工程总承包单位可以将承包工程中的部分工程发包给具有相应资质条件的分包单位；但是，除总承包合同中约定的分包外，必须经建设单位认可。施工总承包的，建筑工程主体结构的施工必须由总承包单位自行完成。建筑工程总承包单位按照总承包合同的约定对建设单位负责；分包单位按照分包合同的约定对总承包单位负责。总承包单位和分包单位就分包工程对建设单位承担连带责任。禁止总承包单位将工程分包给不具备相应资质条件的单位。禁止分包单位将其承包的工程再分包"。

2. 差额征税发票的开具

（1）增值税纳税人提供建筑服务差额征收的，可以全额开具增值税专用发票。

【例 159】甲建筑企业为乙企业的甲供工程提供建筑服务，选择简易计税方法计税。该工程的含税收入为 1 030 万元，可以差额征税扣除的分包款为 412 万元。甲企业应缴纳增值税多少万元？开具的增值税专用发票注明的金额和税额分别为多少万元？

分析　应纳增值税税额 =（1 030−412）÷（1+3%）×3% = 18 万元。

该业务中，甲企业可以全额开具增值税专用发票给乙企业，专用发票注明的金额为 1 000 万元，注明的税额为 30 万元。在这种情况下，甲企业缴纳增值税 18 万元，但乙企业可以抵扣进项税额 30 万元。

（2）提供建筑服务的小规模纳税人自行开具增值税专用发票。

《国家税务总局关于进一步明确营改增有关征管问题的公告》（国家税务总局 2017

年第 11 号）规定，自 2017 年 6 月 1 日起，将建筑业纳入增值税小规模纳税人自行开具增值税专用发票试点范围。月销售额超过 3 万元（或季销售额超过 9 万元）的建筑业增值税小规模纳税人提供建筑服务、销售货物或发生其他增值税应税行为，需要开具增值税专用发票的，通过增值税发票管理新系统自行开具。

自开发票试点纳税人销售其取得的不动产，需要开具增值税专用发票的，仍须向地税机关申请代开。

3. 差额扣除的凭证

纳税人按照规定从取得的全部价款和价外费用中扣除支付的分包款，应当取得符合法律、行政法规和国家税务总局规定的合法有效凭证，否则不得扣除。

上述凭证是指：

（1）从分包方取得的 2016 年 4 月 30 日前开具的建筑业营业税发票。上述建筑业营业税发票在 2016 年 6 月 30 日前可作为预缴税款的差额扣除凭证。

（2）从分包方取得的 2016 年 4 月 30 日后开具的，备注栏注明建筑服务发生地所在县（市、区）、项目名称的增值税发票。

（3）国家税务总局规定的其他凭证。

扣除分包款的增值税发票上，商品或服务的名称应属于建筑服务。但如同时符合下列两个条件的工程材料款可以作为分包款扣除：

A. 开具货物（工程材料）的增值税发票中要注明建筑服务发生地所在县（市、区）和项目名称。

B. 总包方和发包方签订的合同中，有发包方提供货物（工程材料）的条款约定（包括材料名称、数量及预算金额）。

【例 160】K 市甲建筑企业为本市乙企业的甲供工程提供建筑服务，选择简易计税方法计税。该工程的含税收入为 842 万元。甲企业将该工程的玻璃幕墙工程分包给丙玻璃幕墙生产企业，分包款为 172.5 万元。分包合同约定，丙企业提供玻璃幕墙的同时负责安装好玻璃幕墙，其中玻璃幕墙价款 117 万元，安装费 55.5 万元。丙企业是一般纳税人，采用一般计税方法计算缴纳增值税。甲企业应缴纳增值税多少万元？

分析 甲企业将玻璃幕墙工程分包给丙玻璃幕墙生产企业，分包款 172.5 万元可以差额扣除。

按照《关于进一步明确营改增有关征管问题的公告》（国家税务总局 2017 年第 11 号）的规定，纳税人销售活动板房、机器设备、钢结构件等自产货物的同时提供建筑、安装服务，应分别核算货物和建筑服务的销售额，分别适用不同的税率或者征收率。所以丙企业销售自产玻璃幕墙并负责安装，应分别核算销售玻璃幕墙的销售额和安装服务的销售额，分别为 $117÷（1+17\%）×17\%＝17$ 万元、$55.5÷（1+11\%）×11\%＝5.5$ 万元，分别适用 17% 和 11% 的税率计算缴纳增值税。开具给甲企业的增值税发票注明玻璃幕墙的销售额 100 万元，税额 17 万元；安装服务的销售额 50 万元，税额 5.5 万元，合计 172.5 万元。该发票可以作为甲企业分包款扣除的凭证。

甲企业应纳增值税税额 ＝（842－172.5）÷（1+3%）×3% ＝ 19.5（万元）

（四）纳税地点

1. 机构所在地或者居住地

在营改增之前，建筑服务的营业税纳税地点为建筑服务发生地。纳税人即使持有外出经营税收管理证明，在建筑服务发生地办理报验登记，也应在建筑服务发生地缴纳营业税。

营改增后，《营业税改征增值税试点实施办法》（财税〔2016〕36号附件1）明确规定，固定业户应当向其机构所在地或者居住地主管税务机关申报纳税。总机构和分支机构不在同一县（市）的，应当分别向各自所在地的主管税务机关申报纳税。

所以纳税人提供建筑服务增值税的纳税地点为机构所在地或者居住地。总机构和分支机构不在同一县（市）的，各自在自己的机构所在地或者居住地缴纳增值税。

2. 在建筑服务发生地预缴税款

《纳税人跨县（市、区）提供建筑服务增值税征收管理暂行办法》（国家税务总局公告2016年第17号）规定，纳税人跨县（市、区）提供建筑服务，应按照财税〔2016〕36号文件规定的纳税义务发生时间和计税方法，向建筑服务发生地主管国税机关预缴税款，向机构所在地主管国税机关申报纳税。

（五）纳税人跨县（市、区）提供建筑服务增值税征收管理

营改增后，纳税人跨县（市、区）提供建筑服务，应向建筑服务发生地主管国税机关预缴税款，向机构所在地主管国税机关申报纳税。具体根据《纳税人跨县（市、区）提供建筑服务增值税征收管理暂行办法》（国家税务总局公告2016年第17号）的有关规定执行。

（1）跨县（市、区）提供建筑服务，是指单位和个体工商户（以下简称纳税人）在其机构所在地以外的县（市、区）提供建筑服务。

建筑企业异地设立的分支机构应在异地办理税务登记，领取三证合一的分支机构营业执照，在分支机构所在地提供建筑服务属于在机构所在地或居住地提供建筑服务，不属于跨县（市、区）提供建筑服务。

项目部到异地提供建筑服务应持有外出经营税收管理证明，到建筑服务发生地主管国税机关办理报验登记，不领取营业执照。项目部到异地提供建筑服务属于纳税人跨县（市、区）提供建筑服务。

其他个人跨县（市、区）提供建筑服务，在建筑服务发生地主管国税机关缴纳税款。

（2）纳税人在同一直辖市、计划单列市范围内跨县（市、区）提供建筑服务的，由直辖市、计划单列市国家税务局决定是否适用本办法。

《关于进一步明确营改增有关征管问题的公告》（国家税务总局2017年第11号）规定，纳税人在同一地级行政区范围内跨县（市、区）提供建筑服务，不适用《纳税人跨县（市、区）提供建筑服务增值税征收管理暂行办法》。

（3）预缴税款。

纳税人跨县（市、区）提供建筑服务，应在建筑服务发生地主管国税机关预缴税款，纳税人应按照工程项目分别计算应预缴税款，分别预缴。预缴税款的时间，按照

《关于全面推开营业税改征增值税试点的通知》（财税〔2016〕36号）规定的纳税义务发生时间和纳税期限执行。

预缴税款按以下方法计算：

①一般纳税人跨县（市、区）提供建筑服务，适用一般计税方法计税的，以取得的全部价款和价外费用扣除支付的分包款后的余额，按照2%的预征率计算应预缴税款。

应预缴税款 =（全部价款和价外费用 - 支付的分包款）÷（1+11%）×2%

有两点值得注意，一是预缴税款都应以取得的全部价款和价外费用扣除支付的分包款后的余额为销售额。根据《营业税改征增值税试点实施办法》（财税〔2016〕36号附件1）有关差额征税的规定，纳税人提供建筑服务适用简易计税方法的，以取得的全部价款和价外费用扣除支付的分包款后的余额，适用一般计税方法计税的，应以取得的全部价款和价外费用为销售额计算应纳税额。在机构所在地主管国税机关申报纳税的时候要按照这一规定处理。但在建筑服务发生地主管国税机关预缴税款的时候，无论在机构所在地适用的是一般计税方法还是简易计税方法，都以取得的全部价款和价外费用扣除支付的分包款后的余额为销售额来预缴。二是适用一般计税方法计税的建筑服务，虽然其预征率为2%，但是含税的销售额换算为不含税的销售额应用适用税率11%来换算。

【例161】A市甲建筑企业在B市提供建筑服务取得收入200万元（含税），将其中部分业务分包给乙企业，给乙企业支付了80万元，取得乙企业开具的增值税专用发票。请问：甲企业应在A市申报的增值税销项税额或应纳税额是多少元？应在B市预缴增值税多少元？

分析 1. 如果甲建筑企业是增值税一般纳税人，该项建筑服务适用一般计税方法，增值税处理如下：

（1）甲应在B市预缴增值税 =（2 000 000 - 800 000）÷（1+11%）×2% = 21 621.62（元）

纳税人的账务处理是：

借：应交税费——预交增值税   21 621.62

   贷：银行存款   21 621.62

（2）在A市申报纳税，增值税销项税额 = 2 000 000 ÷（1+11%）×11% = 198 198.20（元）

2. 如果甲建筑企业是增值税一般纳税人，该项建筑服务选择适用简易计税方法，或者甲建筑企业是小规模纳税人，增值税处理如下：

（1）甲应在B市预缴增值税 =（2 000 000 - 800 000）÷（1+3%）×3% = 34 951.46（元）

纳税人的账务处理是：

借：应交税费——简易计税   34 951.46

   贷：银行存款   34 951.46

纳税人如果是小规模纳税人，使用的会计科目是"应交税费——应交增值税"。

（2）在 A 市申报纳税，应纳增值税税额＝（2 000 000－800 000）÷（1+3%）×3% ＝34 951.46（元）。凭在 B 市预缴税款的完税证预缴税款 34 951.46 元可以扣除，所以在 A 市应纳增值税税额为 0 元。

②一般纳税人跨县（市、区）提供建筑服务选择适用简易计税方法计税的，小规模纳税人跨县（市、区）提供建筑服务的，以取得的全部价款和价外费用扣除支付的分包款后的余额，按照 3% 的征收率计算应预缴税款。

应预缴税款＝（全部价款和价外费用－支付的分包款）÷（1+3%）×3%

纳税人取得的全部价款和价外费用扣除支付的分包款后的余额为负数的，可结转下次预缴税款时继续扣除。

（4）纳税人跨县（市、区）提供建筑服务，在向建筑服务发生地主管国税机关预缴税款时，需提交以下资料：

①增值税预缴税款表；

②与发包方签订的建筑合同原件及复印件；

③与分包方签订的分包合同原件及复印件；

④从分包方取得的发票原件及复印件。

自 2016 年 9 月 1 日起，《关于营改增试点若干征管问题的公告》（国家税务总局 2016 年第 53 号）规定，纳税人不需提交原件，无论是合同还是发票，只需提交加盖纳税人公章的复印件即可。

（5）纳税申报。

纳税人跨县（市、区）提供的建筑服务，在机构所在地或者居住地主管国税机关进行纳税申报。在纳税申报时，在建筑服务发生地主管国税机关预缴的增值税税款，可以在当期增值税应纳税额中抵减，抵减不完的，结转下期继续抵减。

纳税人抵减预缴税款，应以完税凭证作为合法有效凭证。

（6）跨县（市、区）提供建筑服务的发票开具。

①一般纳税人跨县（市、区）提供建筑服务的，应回机构所在地或者居住地自行开具增值税专用发票或者增值税普通发票。

②小规模纳税人跨县（市、区）提供建筑服务的，回机构所在地或者居住地自行开具增值税普通发票。不能自行开具增值税普通发票的，可以向建筑服务发生地主管国税机关申请代开增值税专用发票或者增值税普通发票。

自 2017 年 6 月 1 日起，月销售额超过 3 万元（或季销售额超过 9 万元）的建筑业增值税小规模纳税人纳入增值税小规模纳税人自行开具增值税专用发票试点范围。建筑业自开发票试点纳税人需要开具增值税专用发票的，通过增值税发票管理新系统自行开具。

③纳税人跨县（市、区）提供的建筑服务有分包款扣除的，自行开具或者申请代开的增值税发票也应按照其取得的全部价款和价外费用开具。

（7）对跨县（市、区）提供的建筑服务，纳税人应自行建立预缴税款台账，区分不同县（市、区）和项目，逐笔登记全部收入、支付的分包款、已扣除的分包款、扣除分包款的发票号码、已预缴税款以及预缴税款的完税凭证号码等相关内容，留存备查。

（8）纳税人跨县（市、区）提供建筑服务，按照本办法应向建筑服务发生地主管国税机关预缴税款而自应当预缴之月起超过6个月没有预缴税款的，由机构所在地主管国税机关按照《中华人民共和国税收征收管理法》及相关规定进行处理。

纳税人跨县（市、区）提供建筑服务，未按照本办法缴纳税款的，由机构所在地主管国税机关按照《中华人民共和国税收征收管理法》及相关规定进行处理。

（9）一般纳税人跨省（自治区、直辖市或者计划单列市）在机构所在地申报纳税时，计算的应纳税额小于已预缴税额，且差额较大的，由国家税务总局通知建筑服务发生地省级税务机关，在一定时期内暂停预缴增值税。

（六）纳税义务发生时间

建筑服务会计核算按照完工百分比来确定收入和成本。增值税不能按照完工百分比来确认建筑服务的增值税纳税义务发生时间。

按照《营业税改征增值税试点实施办法》（财税〔2016〕36号附件1）的规定，建筑服务纳税义务发生时间为：

（1）纳税人发生应税行为并收讫销售款项或者取得索取销售款项凭据的当天；先开具发票的，为开具发票的当天。

收讫销售款项，是指纳税人销售服务、无形资产、不动产过程中或者完成后收到的款项。

取得索取销售款项凭据的当天，是指书面合同确定的付款日期；未签订书面合同或者书面合同未确定付款日期的，为服务、无形资产转让完成的当天或者不动产权属变更的当天。

【例162】甲建筑企业（一般纳税人，采用一般计税方法）为乙企业建造一条高速公路，合同总价款为80亿元（含税）。合同规定工期为三年，第一年12月向乙企业收取30亿元，第二年、第三年年末分别收取25亿元。假定第一年完工进度为30%，第二年完工进度为70%，第三年全部完工交付使用。第一年实际收取了30亿元，第二年实际收取了20亿元，第三年实际收取了20亿元。到工程完工交付使用时乙企业尚有10亿元未按合同规定支付。请问各年会计核算确认的收入和增值税确认的销售额、销项税额分别为多少？

分析　会计核算确认的收入按照完工百分比法计算，增值税确认的销售额按照合同约定的时间和金额确定。

第一年：

会计确认的收入 = $80 \div (1+11\%) \times 30\% = 21.62$（亿元）

合同约定收款30亿元，实际收款30亿元

增值税销售额 = $30 \div (1+11\%) = 27.03$（亿元）

增值税销项税额 = $27.03 \times 11\% = 2.97$（亿元）

第二年：

会计确认的收入 = $80 \div (1+11\%) \times 70\% - 21.62 = 28.83$（亿元）

合同约定收款25亿元，实际收款20亿元

增值税销售额 = $25 \div (1+11\%) = 22.52$（亿元）

增值税销项税额 = $22.52 \times 11\% = 2.48$（亿元）

第三年：

会计确认的收入＝80÷（1+11%）－21.62－28.83＝21.62（亿元）

合同约定收款 25 亿元，实际收款 20 亿元

增值税销售额＝25÷（1+11%）＝22.52（亿元）

增值税销项税额＝22.52×11%＝2.48（亿元）

（2）建筑服务预收款增值税纳税义务发生时间。

① 2017 年 7 月 1 日前，纳税人提供建筑服务采取预收款方式的，其纳税义务发生时间为收到预收款的当天。

增值税所指的预收款和会计核算所指的预收款不同。在增值税中建筑服务的预收款为提供建筑服务前收取的款项。如果提供建筑服务中收取款项，即使比合同约定的收款时间早，也不属于增值税的预收款。

② 2017 年 7 月 1 日起，纳税人提供建筑服务采取预收款方式的，其增值税纳税义务尚未发生，但是纳税人应在收到预收款时预缴增值税。

《关于建筑服务等营改增试点政策的通知》（财税〔2017〕58 号）规定，纳税人提供建筑服务取得预收款，应在收到预收款时，以取得的预收款扣除支付的分包款后的余额，按照下列规定的预征率预缴增值税：

按照现行规定应在建筑服务发生地预缴增值税的项目，纳税人收到预收款时在建筑服务发生地预缴增值税。按照现行规定无须在建筑服务发生地预缴增值税的项目，纳税人收到预收款时在机构所在地预缴增值税。

适用一般计税方法计税的项目预征率为 2%，适用简易计税方法计税的项目预征率为 3%。

如果例 162 中，第一笔工程款 30 亿元为备料款，于开工前收取。在 2017 年 7 月 1 日前收取该笔款项，增值税处理和例 162 一样。如果是 2017 年 7 月 1 日后收取的，则收取时增值税不确认收入，不确认销项税额，只预缴增值税。应预缴增值税税额＝30÷（1+11%）×2%＝0.54 亿元。

三、建筑服务部分业务的增值税处理

（一）销售货物并同时提供建筑服务的增值税处理

1. 销售自产货物并同时提供建筑服务的增值税处理

在 2016 年 4 月 30 日前，《增值税暂行条例实施细则》规定，纳税人的下列混合销售行为，应当分别核算货物的销售额和非增值税应税劳务的营业额，并根据其销售货物的销售额计算缴纳增值税，非增值税应税劳务的营业额不缴纳增值税；未分别核算的，由主管税务机关核定其货物的销售额：销售自产货物并同时提供建筑业劳务的行为；财政部、国家税务总局规定的其他情形。

根据上述规定，纳税人销售自产货物并同时提供建筑服务的行为一方面属于混合销售，另一方面，不按照一般混合销售业务处理，而是分别核算，分别缴纳增值税和营业税。

2016 年 4 月 30 日后，建筑服务改征增值税。纳税人销售自产货物并同时提供建筑服务的行为属于《营业税改征增值税试点实施办法》（财税〔2016〕36 号）规定的混合销售，是一项销售行为既涉及服务又涉及货物，应根据"从事货物的生产、批发或者零售的单位和个体工商户的混合销售行为，按照销售货物缴纳增值税"的规定进行增值税处理。

《国家税务总局关于进一步明确营改增有关征管问题的公告》（国家税务总局公告 2017 年 11 号）规定，2017 年 5 月 1 日起，纳税人销售活动板房、机器设备、钢结构件等自产货物的同时提供建筑、安装服务，不属于《营业税改征增值税试点实施办法》（财税〔2016〕36 号文件印发）第四十条规定的混合销售，应分别核算货物和建筑服务的销售额，分别适用不同的税率或者征收率。

根据上述规定，纳税人销售自产货物并同时提供建筑服务的行为从 2017 年 5 月 1 日起不属于混合销售，应分别核算货物和建筑服务的销售额，分别适用不同的税率或者征收率计算缴纳增值税。

【例 163】甲中央空调生产企业为增值税一般纳税人，销售自产中央空调给乙企业并负责安装。合同总金额为 702 万元，其中中央空调含税价为 585 万元，安装费含税价为 117 万元。对于该业务甲企业应缴纳增值税多少万元？

分析 如果该业务发生在 2016 年 5 月 1 日前，纳税人应当分别核算中央空调的销售额和安装劳务的营业额，分别缴纳增值税和营业税；未分别核算的，由主管国税机关核定中央空调的销售额征收增值税，主管地税机关核定安装劳务的营业额征收营业税。增值税销项税额 = 585÷（1+17%）×17% = 85 万元。营业税应纳税额 = 117×3% = 3.51 万元。

如果该业务发生在 2016 年 5 月 1 日—2017 年 5 月 1 日，纳税人应全部按照销售中央空调缴纳增值税。增值税销项税额 = 702÷（1+17%）×17% = 102 万元。

如果该业务发生在 2017 年 5 月 1 日后，纳税人应当分别核算中央空调的销售额和安装服务的销售额，分别按照 17%、11% 的税率计算缴纳增值税。增值税销项税额 = 585÷（1+17%）×17%+117÷（1+11%）×11% = 96.59 万元。

2. 批发、零售货物并同时提供建筑服务的增值税处理

纳税人批发、零售货物并同时提供建筑服务的，在建筑服务改征增值税前和改征增值税之后，都属于混合销售，都应按照销售货物缴纳增值税。

3. 销售电梯并同时提供建筑服务的增值税处理

《关于进一步明确营改增有关征管问题的公告》（国家税务总局公告 2017 年第 11 号）规定，一般纳税人销售电梯的同时提供安装服务，其安装服务可以按照甲供工程选择适用简易计税方法计税。所以纳税人销售电梯，无论是自产的电梯还是外购的电梯，都可以分别核算电梯的销售额和安装服务的销售额，分别按照不同的税率和征收率计算缴纳增值税，同时，安装服务可以按照甲供工程选择适用简易计税方法计税。

（二）建筑企业收取的提前竣工奖、材料差价款的增值税处理

1. 提前竣工奖

在建筑业中，一般建设单位有提前竣工要求的，可以实行提前竣工奖。实行提前

竣工奖的建设工程，应由建设单位和建筑企业在工程承包合同中明确规定确保工程质量的合理的工期（注明开工、竣工日期）和奖罚办法。确定的合理工期，如果是由建设单位和建筑企业协商确定的，各省一般会要求报有关部门（报市城乡建设委员会建筑安装市政工程定额管理处）审批。

实行提前竣工奖的工程，其实际竣工日期比合同规定的竣工日期提前的，由建设单位从因提前竣工所获得的经济收益或节约的投资中向工程承包单位支付奖金；因建筑企业的责任，致使实际竣工日期比合同规定的竣工日期拖延的，由建筑企业从自有资金中向建设单位交纳罚金，罚金不得计入工程成本。

各省对提前竣工奖的标准不同，如山东省的标准是：每提前（或拖延）一天竣工的奖（罚）金额，可根据工程施工的易难程度，按工程预算造价的万分之二至万分之四计取。实行提前竣工奖的工程，奖励金额的比数由当地建委商建行确定。奖金和罚款额的比例要对等，但总额不得超过工程预算造价的百分之三。奖金和罚款采取分段提取办法，工程基础部分占奖金或罚款总额的百分之二十，结构部分占百分之三十，装修部分占百分之五十，在工程竣工检查验收合格后一次结算付清。提前竣工奖金由工程承包单位自主使用。主要用于集体福利事业。用于职工个人奖励部分不得超过奖金总额的百分之四十（不占工资含量指标）。

营改增前，营业税的计税依据营业额包括纳税人收取的提前竣工奖，营改增后，提前竣工奖也应作为纳税人发生应税行为取得的全部价款和价外费用的组成部分，缴纳增值税。

建筑企业由于延迟工期而被建设单位处以的罚款，营改增前，不得从营业税的计税依据营业额中扣除。营改增后，也没有明确的政策规定可以从增值税的销售额中扣除。

2. 材料差价款

材料差价就是预算的价格和市场价之间的差值，也就是工程预算的价格和市场价格的差值。现行工程造价（预算）的确定，是根据定额计算规则计算工程量，以工程量及套用相应定额子目基价的积汇总形成工程直接费用。定额子目基价（预算价）由人工、材料、机械及其他直接费等部分组成。在建设工程项目中，一般构成直接费的人工费占 20%，材料费占 70%~75%，机械费占 5% 左右。在施工的过程中实际购买材料的价格和预算的价格会产生差异。

营改增前，营业税的计税依据营业额包括工程所用的材料价款，即使是建设方购买的材料也应计入营业税的营业额，所以材料差价款应作为营业额的组成部分。营改增后，增值税的销售额是销售方向购买方收取的全部价款和价外费用，如果是甲供工程，甲方自行购买材料，产生的材料差价，不属于销售方向购买方收取的全部价款和价外费用。如果是建筑业纳税人负责购买材料，产生材料差价时，建筑企业另外向建设方收取的材料差价款，应作为销售方向购买方收取的全部价款和价外费用的组成部分计入销售额。

（三）建设工程质量保证金

为了规范建设工程质量保证金管理，落实工程在缺陷责任期内的维修责任，建设部出台了《建设工程质量保证金管理暂行办法》（建质〔2005〕7 号）。《建设工程质量保证金管理暂行办法》规定：

（1）建设工程质量保证金（保修金）（以下简称保证金）是指发包人与承包人在建设工程承包合同中约定，从应付的工程款中预留，用以保证承包人在缺陷责任期内对建设工程出现的缺陷进行维修的资金。

缺陷是指建设工程质量不符合工程建设强制性标准、设计文件，以及承包合同的约定。

缺陷责任期一般为六个月、十二个月或二十四个月，具体可由发、承包双方在合同中约定。

（2）建设工程竣工结算后，发包人应按照合同约定及时向承包人支付工程结算价款并预留保证金。

全部或者部分使用政府投资的建设项目，按工程价款结算总额5%左右的比例预留保证金。社会投资项目采用预留保证金方式的，预留保证金的比例可参照执行。

（3）缺陷责任期内，由承包人原因造成的缺陷，承包人应负责维修，并承担鉴定及维修费用。如承包人不维修也不承担费用，发包人可按合同约定扣除保证金，并由承包人承担违约责任。承包人维修并承担相应费用后，不免除对工程的一般损失赔偿责任。

缺陷责任期内，承包人认真履行合同约定的责任，到期后，承包人向发包人申请返还保证金。

发包人在接到承包人返还保证金申请后，应于14日内会同承包人按照合同约定的内容进行核实。如无异议，发包人应当在核实后14日内将保证金返还给承包人，逾期支付的，从逾期之日起，按照同期银行贷款利率计付利息，并承担违约责任。发包人在接到承包人返还保证金申请后14日内不予答复，经催告后14日内仍不予答复，视同认可承包人的返还保证金申请。

（4）建筑企业对质量保证金的处理有两种常见的方式：一是建筑企业就全部价款开具发票给建设方，建设方再就预留的建设工程质量保证金开具收据给建筑企业；二是建筑企业就扣除建设方预留的建设工程质量保证金后的价款开具发票，等收到建设方支付的建设工程质量保证金的返还款后再就这部分金额开具发票。建筑企业如果为房地产开发公司提供建筑服务，一般采用第一种开票方式。《国家税务总局关于土地增值税清算有关问题的通知》（国税函〔2010〕220号）规定，"房地产开发企业在工程竣工验收后，根据合同约定，扣留建筑安装施工企业一定比例的工程款，作为开发项目的质量保证金，在计算土地增值税时，建筑安装施工企业就质量保证金对房地产开发企业开具发票的，按发票所载金额予以扣除；未开具发票的，扣留的质保金不得计算扣除。"建筑企业采用第一种开票方式，房地产开发企业在土地增值税的计算中可以扣除的金额多一些。

《关于在境外提供建筑服务等有关问题的公告》（国家税务总局公告2016年第69号）规定，纳税人提供建筑服务，被工程发包方从应支付的工程款中扣押的质押金、保证金，未开具发票的，以纳税人实际收到质押金、保证金的当天为增值税纳税义务发生时间。

【例164】2016年5月A市甲建筑公司与B市乙企业签订了一项总造价为9 000万元的固定造价合同，为乙企业建造综合办公大楼，工程建设期为30个月，合同规定工程于 2016 年 7 月 1 日开工，2018 年 12 月 31 日完工并交付使用，工程质量为合格标准。

开工时，该建筑工程预计工程总成本为 7 800 万元，到 2017 年底，经进一步测算，预计工程总成本为 8 000 万元。工程无预付款，工程款按完工进度支付已完成工程量的 80%进度款，工程竣工验收合格办理完结算并经审价确认后，付至结算价的 95%，余款（5%）作为质量保证金，待保修期满（2 年），无质量争议一次付清。乙企业按照合同约定于每年年底支付工程款。甲建筑公司于 2018 年 9 月中旬提前三个多月完成了综合办公大楼的施工任务，乙企业为此支付提前竣工奖 100 万元。甲建筑公司建造综合办公大楼的相关资料如表 7-1 所示。

表 7-1　　　　　　　　甲建筑公司建造综合办公大楼相关资料　　　　　　　单位：万元

项目 ＼ 年份	2016 年 12 月	2017 年 12 月	2018 年 9 月
到本期止已实际发生的成本	2 340	5 400	8 000
完成合同尚需发生的成本	5 460	2 600	—
本期结算的工程价款	2 700	3 375	2 575
实际收到的工程价款	2 700	3 375	2 575

假设甲建筑公司采用一般计税方法缴纳增值税，2016 年 12 月月初增值税留抵税额为 188 万元，本月无进项税额增加；2017 年 12 月月初增值税留抵税额为 245 万元，本月无进项税额增加；2018 年 9 月月初增值税留抵税额为 208 万元，本月无进项税额增加。城市维护建设税、教育费附加的税率分别为 7%、3%。根据以上资料，计算甲建筑公司 2016 年 12 月、2017 年 12 月、2018 年 9 月各月应缴纳的增值税税额，并对该项目进行会计核算。

分析

1. 各期应纳增值税税额、城市维护建设税、教育费附加

（1）2016 年 12 月

合同约定收款 2 700 万元，实际收款 2 700 万元

A. 在 B 市应预缴增值税=27 000 000÷（1+11%）×2%=486 486.49（元）

B. 在 A 市应缴纳增值税=27 000 000÷（1+11%）×11%-1 880 000

　　　　　　　　　　　=24 324 324.32×11%-1 880 000

　　　　　　　　　　　=2 675 675.68-1 880 000

　　　　　　　　　　　=795 675.68（元）

在 B 市预缴的税款凭完税证扣除，实际缴纳增值税=795 675.68-486 486.49=309 189.19（元）

应缴纳城市维护建设税=795 675.68×7%=55 697.30（元）

应缴纳教育费附加=795 675.68×3%=23 870.27（元）

（2）2017 年 12 月

合同约定收款 3 375 万元，实际收款 3 375 万元

A. 在 B 市应预缴增值税=33 750 000÷（1+11%）×2%=608 108.11（元）

B. 在 A 市应缴纳增值税=33 750 000÷（1+11%）×11%-2 450 000

＝30 405 405.41×11%-2 450 000

＝3 344 594.60-2 450 000＝894 594.60（元）

在 B 市预缴的税款凭完税证扣除，实际缴纳增值税=894 594.60-608 108.11＝286 486.49（元）

应缴纳城市维护建设税=894 594.60×7%=62 621.62（元）

应缴纳教育费附加=894 594.60×3%=26 837.84（元）

（3）2018 年 9 月

合同约定收款 2 575 万元（包括提前竣工奖），实际收款 2 575 万元。未收质量保证金 450 万元。按照增值税纳税义务发生时间的规定，本期增值税含税收入为 2 575 万元。会计核算按照完工进度确认收入，所以会计确认的含税收入为 3 025 万元。

A. 在 B 市应预缴增值税=25 750 000÷（1+11%）×2%=463 963.96（元）

B. 在 A 市应缴纳增值税=25 750 000÷（1+11%）×11%-2 080 000

＝23 198 198.20×11%-2 080 000

＝2 551 801.80-2 080 000＝471 801.80（元）

在 B 市预缴的税款凭完税证扣除，实际缴纳增值税=471 801.80-463 963.96＝7 837.84（元）

应缴纳城市维护建设税=471 801.80×7%=33 026.13（元）

应缴纳教育费附加=471 801.80×7%=14 154.05（元）

2. 具体会计处理

（1）确认各年度的合同完工进度如表 7-2 所示。

表 7-2　　　　　　　　　　各年度合同完工进度　　　　　　　　　　单位：万元

年份 项目	2016 年 12 月	2017 年 12 月	2018 年 9 月
合同总金额	9 000	9 000	9 100
到目前为止发生的成本（含税）	2 340	5 400	8 000
完成合同尚需发生的成本（含税）	5 460	2 600	
合同预计总成本	7 800	8 000	8 000
完工进度	30%	67.5%	100%

（2）计量确认各年度的合同收入、毛利和费用如表 7-3 所示。

表 7-3　　　　　　　　　各年度合同收入、毛利和费用　　　　　　　　单位：万元

年份	项目	年末累计	以前年度确认	本年度确认
2016 年	合同含税收入（9 000×30%）	2 700		
	合同不含税收入	2 432.43		2 432.43
	合同销项税额	267.57		267.57
	合同进项税额	188		188
	合同不含税费用	2 152		2 152
	合同毛利	280.43		280.43

表7-3(续)

年份	项目	年末累计	以前年度确认	本年度确认
2017 年	合同收入 (9 000×67.5%)	6 075		3 375
	合同不含税收入	5 473		3 040.57
	合同销项税额	334.46	2 700	
	合同进项税额	245	2 432.43	
	合同不含税费用	4 967		2 815
	合同毛利	506		225.57
2018 年	合同收入	9 100		3 025
	合同不含税收入	8 198.20		2 725.23
	合同销项税额	255.18	6 075	
	合同进项税额	208	5 472.97	
	合同不含税费用	7 359		2 398
	合同毛利	839.2		333.2

(3) 编制相关会计分录

① 2016 年会计分录

A：实际发生的合同成本

借：工程施工——合同成本　　　　　　　　　　　　　　　　21 520 000

　　应交税费——应交增值税（进项税额）　　　　　　　　　1 880 000

　　贷：原材料、应付职工薪酬、累计折旧等　　　　　　　　23 400 000

B：已结算的工程价款

借：应收账款　　　　　　　　　　　　　　　　　　　　　27 000 000

　　贷：工程结算　　　　　　　[27 000 000÷(1+11%)] 24 324 324.32

　　　　应交税费——应交增值税（销项税额）　　　　　　　2 675 675.67

C：已收到的工程价款

借：银行存款　　　　　　　　　　　　　　　　　　　　　27 000 000

　　贷：应收账款　　　　　　　　　　　　　　　　　　　　27 000 000

D：确认的合同收入、毛利和费用

借：营业成本　　　　　　　　　　　　　　　　　　　　　21 520 000

　　工程施工——合同毛利　　　　　　　　　　　　　　　2 804 324.32

　　贷：营业收入　　　　　　　　　　　　　　　　　　　24 324 324.32

E：计算应缴纳的税金及附加

借：营业税金及附加　　　　　　　　　　　　　　　　　　795 675.57

　　贷：应交税费——应交城建税　　　　　　　　　　　　　　55 697.30

　　　　　　　　——应交教育费附加　　　　　　　　　　　　23 870.27

② 2017 年会计分录

A：实际发生合同成本

借：工程施工——合同成本　　　　　　　　　　　　　　　　28 150 000

　　应交税费——应交增值税（进项税额）　　　　　　　　　2 450 000

贷：原材料、应付职工薪酬、累计折旧等

　　　　　　　　　　　　（54 000 000－23 400 000）30 600 000

B：已结算的工程价款

借：应收账款　　　　　［（60 750 000－27 000 000）÷（1+11%）］33 750 000

　　贷：工程结算　　　　［（60 750 000－27 000 000）÷（1+11%）］30 405 405.41

　　　　应交税费——应交增值税（销项税额）　　　　　　　　3 344 594.6

C：已收到的工程价款

借：银行存款　　　　　　　　　　　　　　　　　　　　　33 750 000

　　贷：应收账款　　　　　　　　　　　　　　　　　　　　33 750 000

D：确认的合同收入、毛利和费用

借：营业成本　　　　　　　　　　　　　　　　　　　　　28 150 000

　　工程施工——合同毛利　　　　　　　　　　　　　　　2 255 405.41

　　贷：营业收入　　　　　　　　　　　　　　　　　　　30 405 405.41

E：计算应缴纳的税金及附加

借：营业税金及附加　　　　　　　　　　　　　　　　　　89 459.46

　　贷：应交税费——应交城建税　　　　　　　　　　　　　62 621.62

　　　　　　　　　——应交教育费附加　　　　　　　　　　26 837.84

③ 2018 年会计分录

A：实际发生合同成本

借：工程施工——合同成本　　　　　　　　　　　　　　　23 920 000

　　应交税费——应交增值税（进项税额）　　　　　　　　2 080 000

　　贷：原材料、应付职工薪酬、累计折旧等　　　　　　　26 000 000

B：已结算的工程价款

借：应收账款　　　（91 000 000－27 000 000－33 750 000－450）25 750 000

　　贷：工程结算　　　　　　　　　　　　　　　　　　　23 198 198.20

　　　　应交税费——应交增值税（销项税额）　　　　　　　2 551 801.80

借：其他应收款——工程质量保证金　　　　（90 000 000×5%）4 500 000

　　贷：工程结算　　　　　　　［4 500 000÷（1+11%）］4 054 054.05

　　　　应交税费——待转销项税额　［4 500 000÷（1+11%）×11%］445 945.95

合同约定收款金额为 2 575 万元，乙企业预留质量保证金 450 万元。会计核算时质
量保证金作为应收账款核算，计算缴纳增值税的含税销售额为合同约定的收款金额
2 575 万元。

C：已收到的工程价款

借：银行存款　　　　　　　　　　　　　　　　　　　　　25 750 000

　　贷：应收账款　　　　　　　　　　　　　　　　　　　　25 750 000

D：确认的合同收入、毛利和费用

借：营业成本　　　　　　　　　　　　　　　　　　　　　23 920 000

　　工程施工——合同毛利　　　　　　　　　　　　　　　3 332 252.25

　　贷：营业收入　　　（23 198 198.20+4 054 054.05）27 252 252.25

E：计算应缴纳的税金及附加

借：营业税金及附加　　　　　　　　　　　　　　89 459.46

　　贷：应交税费——应交城建税　　　　　　　　　62 621.62

　　　　　　　　——应交教育费附加　　　　　　　26 837.84

F：2018 年工程全部完工，将"工程施工"科目的余额与"工程结算"科目的余额相对冲

借：工程结算　　　　　　　　　　　　　　　　81 981 981.98

　　贷：工程施工——合同成本　　　　　　　　　73 590 000

　　　　　　　　——合同毛利　　　　　　　　　8 391 981.98

合同总成本 = 8 000-188-245-208 = 73 590 000（元）

工程结算总额 = 24 324 324.32 + 30 405 405.41 + 23 198 198.20 + 4 054 054.05 = 81 981 981.98（元）

合同毛利总额 = 2 804 324.32 + 2 255 405.41 + 3 332 252.25 = 8 391 981.98（元）

3. 2020 年收到乙企业退还的工程质量保证金

借：银行存款　　　　　　　　　　　　　　　　　4 500 000

　　贷：其他应收款　　　　　　　　　　　　　　4 500 000

借：应交税费——待转销项税额　　　　　　　　　445 945.95

　　贷：应交税费——应交增值税（销项税额）　　445 945.95

第二节　房地产开发企业销售自行开发的房地产项目的增值税处理

一、房地产开发常用术语

（一）大产权和小产权

房屋产权是指房产的所有者按照国家法律规定所享有的权利，也就是房屋各项权益的总和，即房屋所有者对该房屋财产的占有、使用、收益和处分的权利。房屋产权由房屋所有权和土地使用权两部分组成，房屋所有权的期限为永久，而土地使用权根据有关法规为 40 年、50 年或 70 年不等，届满自动续期并收取续费。

大产权和小产权是房地产业一种较为通俗的说法，一般有两种不同的含义。

（1）房地产开发企业的房地产项目完工后取得房屋所有权证，才能办理买房人的房屋产权证。一般把开发商取得的房屋所有权称为"大产权"，大产权分割后过户到买房人手中的产权称之为"小产权"。

（2）国家发产权证的叫大产权，国家不发产权证的，由乡镇政府发证书的叫小产权。乡镇政府发证书的房产实际上没有真正的产权，这种房产没有国家发的土地使用证。

（二）五证、两书、一表

房地产五证两书一表是开发商合法销售商品房的重要凭证。五证指国有土地使用证、建设用地规划许可证、建设工程规划许可证、建筑工程施工许可证、商品房销售（预售）许可证。两书指住宅质量保证书、住宅使用说明书。一表指竣工验收备案表。

1. 国有土地使用证

土地使用者合法用地唯一的法律凭证。该证明主要载明土地使用者名称、土地坐落地址、用途、土地使用面积、使用年限和四至范围。

2. 建设用地规划许可证

建设项目位置和范围符合城市规划的法定凭证。房地产商即使取得建设用地的批准文件，但如未取得建设用地规划许可证而占用土地的，其建设用地批准文件无效。没有此证的用地单位属非法用地，房地产商的售房行为也属非法，不能领取房地产权属证件。建设用地规划许可证在付清土地使用权款项后可以取得。

3. 建设工程规划许可证

建设工程符合城市规划要求的法律凭证，确认了有关建设活动的合法地位。也是建设单位建设工程的法律凭证，是建设活动中接受监督检查时的法定依据。建设工程规划许可证在规划设计、方案报批审批完成后可取得。房地产商如未取得建设工程规划许可证或者违反建设工程规划许可证的规定进行开发建设，其工程建筑是违章建筑，由城市规划行政主管部门责令停止建设，限期拆除或者没收违法建筑物、构筑物及其他设施，对有关责任人员，可由所在单位或者上级主管机关给予行政处分。

4. 建筑工程施工许可证

建筑施工单位符合各种施工条件、允许开工的批准文件。也是建设单位进行工程施工的法律凭证。没有开工证的建设项目均属违章建筑，不受法律保护。当各种施工条件完备时（主要是招投标完成后），建设单位应当按照计划批准的开工项目向工程所在地县级以上人民政府建设行政主管部门办理施工许可证手续，领取建设工程施工许可证。未取得施工许可证的不得擅自开工。

建筑工程施工许可管理办法（中华人民共和国住房和城乡建设部令第 18 号）规定，在境内从事各类房屋建筑及其附属设施的建造、装修装饰和与其配套的线路、管道、设备的安装，以及城镇市政基础设施工程的施工，建设单位在开工前应当依照本办法的规定，向工程所在地的县级以上地方人民政府住房城乡建设主管部门（简称发证机关）申请领取施工许可证。

5. 商品房预售许可证和商品房销售许可证

市、县人民政府房地产行政管理部门允许房地产开发企业销售商品房的批准文件。

（1）根据《城市商品房预售管理办法》的规定，商品房预售实行许可制度。开发企业进行商品房预售，应当向房地产管理部门申请预售许可，取得商品房预售许可证。未取得商品房预售许可证的，不得进行商品房预售。商品房预售应当符合下列条件：

A. 已交付全部土地使用权出让金，取得土地使用权证书；

B. 持有建设工程规划许可证和施工许可证；

C. 按提供预售的商品房计算，投入开发建设的资金达到工程建设总投资的 25% 以上，并已经确定施工进度和竣工交付日期。

（2）根据《商品房销售管理办法》的规定，商品房现售，应当符合以下条件：

A. 现售商品房的房地产开发企业应当具有企业法人营业执照和房地产开发企业资质证书；

B. 取得土地使用权证书或者使用土地的批准文件；

C. 持有建设工程规划许可证和施工许可证；

D. 已通过竣工验收；

E. 拆迁安置已经落实；

F. 供水、供电、供热、燃气、通信等配套基础设施具备交付使用条件，其他配套基础设施和公共设施具备交付使用条件或者已确定施工进度和交付日期；

G. 物业管理方案已经落实。

6. 住宅质量保证书

房地产开发商将新建成的房屋出售给购买人时，针对房屋质量向购买者做出承诺保证的书面文件，具有法律效力，开发商应依据住宅质量保证书上约定的房屋质量标准承担维修、补修的责任。例如屋面防水 5 年内自然破损或非人为漏水均由施工方免费处理维修；墙面、厨房和卫生间地面、地下室、管道渗漏 1 年内免费处理维修；墙面、顶棚抹灰层脱落 1 年内免费处理维修；地面空鼓开裂、大面积起砂 1 年内免费处理维修；门窗翘裂、五金件损坏 1 年内免费处理维修；管道堵塞 2 个月内免费处理维修；供热、供冷系统和设备 1 个采暖期或供冷期内免费处理维修；卫生洁具 1 年内免费处理维修；灯具、电器开关 6 个月内免费处理维修；其他部位、部件的保修期限，由房地产开发企业与用户自行约定。

7. 住宅使用说明书

对住宅的结构、性能和各部位（部件）的类型、性能、标准等做出说明，并提出使用注意事项，向住户说明一些配套设施的使用，以免由于住户的无知导致一些问题发生。包含以下内容：开发单位、设计单位、施工单位，委托监理的应注明监理单位；结构类型；装修、装饰注意事项；上水、下水、电、燃气、热力、通信、消防等设施配置的说明；有关设备、设施安装预留位置的说明和安装注意事项；门、窗类型，使用注意事项；配电负荷；承重墙、保温墙、防水层、阳台等部位注意事项的说明；其他需说明的问题。

8. 竣工验收备案表

建设部为规范工程竣工验收备案的管理工作而制订，它由设计、监理、建设单位和施工单位四方合验后，在工程竣工 15 天内到建设行政主管部门竣工备案。竣工验收备案表中的项目，只要送交主管部门备案后，开发商就必须对楼盘终生负责。所以竣工验收备案表对房地产商有着严格的约束作用，按照有关规定，表上的每一项都必须报有关主管部门备案，缺少任何一项的话，这个楼盘就是"黑楼"，是不能入住的，购房者有权拒绝收房。

（三）有关面积

（1）预售面积与竣工面积：预售面积是指全部按建筑设计图上尺寸计算的房地产

建筑面积，它只供房地产预售时使用；竣工面积是指房地产竣工后实测的面积或用与竣工房地产尺寸相符的建筑设计图计算的建筑面积，它为房地产交易、租赁、抵押、竣工验收、产权登记等提供依据。

（2）建筑面积：房屋外墙（柱）勒脚以上各层的外围水平投影面积，包括阳台、挑廊、地下室、室外楼梯等。在计算建筑面积时，封闭式阳台按投影面积的全部计入套内建筑面积；而非封闭式阳台，则按照投影面积的一半计入套内建筑面积。阳台的封闭方式是以经过报批的商品房规划设计图为准，房地产商不能擅自变更其封闭方式，已出售的房子，半封闭阳台不能随意改为全封闭阳台。商品房的建筑面积通常包括两部分，套内建筑面积和分摊的公用建筑面积。

（3）居住面积：指住宅建筑各层平面中直接供住户生活使用的居室净面积之和，不包括墙、柱等建筑构件所占有的水平面积（即结构面积）。当分户门内的厅和过道的面积超过 6 平方米时，可按其面积的二分之一计算在居住面积内。一般作为衡量居住水平的面积指标。

（4）可供销售的建筑面积：指取得了商品房预售许可证或者商品房销售许可证、可以进行预售和销售的商品房面积。可供销售的建筑面积一般小于建筑面积。因为仓库、车道、供暖锅炉房、用于人防工程的地下室、物业管理用房等公共配套设施的面积不计入可供销售的建筑面积。

（四）有关土地的概念

（1）生地：指已经完成土地使用批准手续，未进行基础设施配套开发和土地平整的土地。

（2）毛地：指地上存在需要拆除的建筑物、构筑物等设施的土地。

（3）净地：指国家在土地出让时已经完成拆除平整，不存在需要拆除的建筑物、构筑物等设施的土地。

国土资发〔2010〕151 号："不得将两宗以上地块捆绑出让，不得'毛地'出让。拟出让地块要依法进行土地调查和确权登记，确保地类清楚、面积准确、权属合法，没有纠纷。"

（4）熟地：指生地通过一级开发后达到上下水、电力、暖气、道路及项目场地的平整后具备完善的城市基础设施，土地平整，能直接进行建设的土地。

二、房地产开发企业增值税有关政策

房地产开发企业发生增值税业务也和其他纳税人一样，适用《营业税改征增值税试点实施办法》的有关规定确认销售额，计算销项税额或应纳增值税税额，根据取得的合法的抵扣凭证抵扣进项税额。但是由于房地产开发企业生产经营的特殊性以及营改增之前有关营业税政策的平移，营改增的有关政策中对房地产开发企业销售自行开发的房地产项目有比较多的特殊规定，并出台了《房地产开发企业销售自行开发的房地产项目增值税征收管理暂行办法》（国家税务总局公告 2016 年第 18 号）。下面依据《房地产开发企业销售自行开发的房地产项目增值税征收管理暂行办法》，具体分析房地产开发企业销售自行开发的房地产项目增值税的处理。

（一）办法适用的纳税人

（1）本办法仅适用于房地产开发企业，即"拥有房地产开发经营资质的建设单位"。

房地产开发企业是指按照城市房地产管理法的规定，以营利为目的，从事房地产开发和经营的企业。按房地产开发业务在企业经营范围中地位的不同，可将房地产开发企业分为房地产开发专营企业、兼营企业和项目公司。

（2）根据《房地产开发企业资质管理规定》的规定，房地产开发企业应当按照本规定申请核定企业资质等级。未取得房地产开发资质等级证书（以下简称资质证书）的企业，不得从事房地产开发经营业务。

房地产开发企业按照企业条件分为一、二、三、四四个资质等级。其中一级资质等级企业的条件如下：

①从事房地产开发经营 5 年以上；

②近 3 年房屋建筑面积累计竣工 30 万平方米以上，或者累计完成与此相当的房地产开发投资额；

③连续 5 年建筑工程质量合格率达 100%；

④上一年房屋建筑施工面积 15 万平方米以上，或者完成与此相当的房地产开发投资额；

⑤有职称的建筑、结构、财务、房地产及有关经济类的专业管理人员不少于 40 人，其中具有中级以上职称的管理人员不少于 20 人，持有资格证书的专职会计人员不少于 4 人；

⑥工程技术、财务、统计等业务负责人具有相应专业中级以上职称；

⑦具有完善的质量保证体系，商品住宅销售中实行了住宅质量保证书和住宅使用说明书制度；

⑧未发生过重大工程质量事故。

（二）办法的适用范围

本办法适用的房地产项目包括：

（1）房地产开发企业销售自行开发的房地产项目。自行开发，是指在依法取得土地使用权的土地上进行基础设施和房屋建设。

（2）房地产开发企业以接盘等形式购入未完工的房地产项目继续开发后，以自己的名义立项销售的，属于本办法规定的销售自行开发的房地产项目。

【例 165】A 市某房地产开发企业 2016 年 7 月销售在 A 市自行开发的房地产项目取得收入 1 000 万元（含税），销售 A 市一套自用的办公楼取得收入 200 万元（含税）。纳税人应如何缴纳增值税？

分析 销售 A 市一套自用的办公楼属于销售取得的不动产，应按照《纳税人转让不动产增值税征收管理暂行办法》（国家税务总局公告 2016 年第 14 号）的规定，在 A 市地税机关预缴增值税，在 A 市主管国税机关申报纳税。

销售 A 市自行开发的房地产项目，应按照《房地产开发企业销售自行开发的房地产项目增值税征收管理暂行办法》（国家税务总局公告 2016 年第 18 号）的规定，在 A 市主管国税机关申报纳税。

（三）简易计税

（1）一般纳税人销售自行开发的房地产老项目，可以选择适用简易计税方法按照 5% 的征收率计税。一经选择简易计税方法计税的，36 个月内不得变更为一般计税方法计税。

（2）房地产老项目，是指：

①建筑工程施工许可证注明的合同开工日期在 2016 年 4 月 30 日前的房地产项目；

②建筑工程施工许可证未注明合同开工日期或者未取得建筑工程施工许可证但建筑工程承包合同注明的开工日期在 2016 年 4 月 30 日前的建筑工程项目。

> **相关知识：**当各种施工条件完备时，建设单位应当按照计划批准的开工项目向工程所在地县级以上人民政府建设行政主管部门办理施工许可证手续，领取建设工程施工许可证。未取得施工许可证的不得擅自开工。但是工程投资额在 30 万元以下或者建筑面积在 300 平方米以下的建筑工程，可以不申请办理施工许可证。按照国务院规定的权限和程序批准开工报告的建筑工程，也不再领取施工许可证。

（四）预缴税款

1. 适用范围

房地产开发企业采取预收款方式销售所开发的房地产项目，在收到预收款时按照 3% 的预征率预缴增值税。

这里所指的房地产开发企业包括一般纳税人和小规模纳税人，包括一般纳税人一般计税方法的计税项目，也包括简易计税方法的计税项目。

2. 应预缴税款的计算

应预缴税款按照以下公式计算：

应预缴税款 = 预收款 ÷（1+ 适用税率或征收率）×3%

适用一般计税方法计税的，按照 11% 的适用税率计算；适用简易计税方法计税的（包括一般纳税人，也包括小规模纳税人），按照 5% 的征收率计算。

【例 166】甲房地产开发企业为增值税一般纳税人。2016 年 12 月预售自行开发的房地产新项目取得预收款 100 万元（含税），预售房地产老项目取得预收款 120 万元（含税）。甲房地产开发企业的房地产老项目选择简易计税方法计算。纳税人应预缴增值税多少元？

分析 一般纳税人的房地产新项目只能适用一般计税方法。纳税人销售不动产采用简易计税办法的，征收率为 5%。

销售新项目应预缴增值税 = 1 000 000 ÷（1+11%）×3% = 27 027.03（元）

销售老项目应预缴增值税 = 1 200 000 ÷（1+5%）×3% = 34 285.71（元）

应预缴税款合计 = 27 027.03 + 34 285.71 = 61 312.74（元）

【例 167】甲房地产开发企业为增值税小规模纳税人。2016 年 12 月预售自行开发的房地产新项目取得预收款 100 万元（含税），预售房地产老项目取得预收款 120 万元

（含税）。纳税人应预缴增值税多少元？

分析 房地产开发企业中的小规模纳税人，销售自行开发的房地产项目，按照5%的征收率计税。

应预缴增值税=（1 000 000+1 200 000）÷（1+5%）×3%=104 761.90（元）

3. 预收款的纳税义务发生时间及纳税申报的时间

营改增前，《营业税暂行条例实施细则》规定，纳税人销售不动产，采取预收款方式的，其纳税义务发生时间为收到预收款的当天。营改增后，纳税人销售不动产采取预收款方式的，其纳税义务发生时间尚未发生，在预收款转为收入时，才发生增值税纳税义务。

房地产开发企业销售自行开发的房地产项目收取的预收款，虽然尚未发生增值税的纳税义务，但应按3%征税率预缴税款，在取得预收款的次月纳税申报期向主管国税机关预缴税款。

4. 申报资料

房地产开发企业销售自行开发的房地产项目，按照本办法规定预缴税款时，应填报增值税预缴税款表。

5. 预收款的判断

（1）销售不动产增值税纳税义务发生时间。

根据《营业税改征增值税试点实施办法》（财税〔2016〕36号附件1）的规定，纳税人销售不动产的，纳税义务发生时间为销售不动产并收讫销售款项或者取得索取销售款项凭据的当天，取得索取销售款项凭据的当天，是指书面合同确定的付款日期，未签订书面合同或者书面合同未确定付款日期的，为不动产权属变更的当天。

在实际执行中，房地产开发企业销售不动产的，一般以将不动产交付给买受人的当天作为应税行为发生的时间。在这之前收取的款项属于预收款。在具体房产交付时间的把握上，可以按商品房买卖合同上约定的交付时间，或者以办理产权证的时间为纳税义务发生时间；若实际交付房产的时间早于合同约定时间的，可以以实际交付房产的时间为纳税义务发生时间。

（2）预收款。

根据《商品房销售管理办法》的规定，房地产开发企业开发的房产只有完工并已通过竣工验收的才能取得商品房销售许可证正式销售。在完工并已通过竣工验收前，凭商品房预售许可证进行预售。从增值税的纳税义务发生时间的规定看，如果房地产开发企业开发的房产尚未完工，说明该房产还处于生产阶段，该房产不能取得产权证（大产权），这一阶段的销售都应称为预售。销售收入无论是一次性收取还是分期收取（包括按揭方式分次取得首付款、按揭款、尾款），都属于预收款。

即在取得商品房预售许可证后取得商品房销售许可证前，根据商品房预售合同收取的款项，全部属于预收款。在取得商品房销售许可证后销售自行开发的房地产项目，在房产交付购买方或者办理产权证前取得的收入也应属于预收款。

（3）定金或者订金。

房地产开发企业在销售自行开发的房产中，还会收取定金或者订金。在房产交易中，定金与订金在法律上是有明显区别的。

根据《担保法》的有关规定，定金当事人可以约定一方向对方给付定金作为担保。履行债务后，定金应当抵作价款或者收回。给付定金的一方不履行约定债务的，无权要求返还定金；收受定金的一方不履行约定的债务的，应当双倍返还定金。定金应当以书面形式约定。当事人在定金合同中应当约定交付定金的期限。定金合同从实际交付定金之日起生效。定金的数额由当事人约定，但不得超过主合同标的额的百分之二十。定金作为合同担保的一种形式，首要作用是担保合同的履行；定金还有证明合同成立的作用。

而"订金"目前我国法律没有明确规定，它不具备定金所具有的担保性质，交付订金的一方主张定金权利的，人民法院不予支持。所以一般情况下，交付订金的视作交付预付款，可以抵应付的款项。

特别说明的是，并不是所有的"定金"都不能退还。《商品房销售管理办法》规定：不符合商品房销售条件的，开发商不得销售商品房也不得收取任何预订款性质的费用。因此，如果商品房不符合销售条件，而购房者已经交纳了"定金"，那么无论双方是否约定"定金"退还事项，开发商都应无条件退还定金给购房者。

在增值税的征收管理中，一般把定金作为增值税所称的预收款，订金不作为预收款。

（4）认筹金。

认筹就是购房者表现出买房的诚意，这个诚意需要通过缴纳认筹金来体现。在购房者支付认筹金给开发商后，购房者可以获得房产的优先购买权，并在房价上享受一定程度的优惠，如支付 2 万元认筹金抵 12 万元房款等。楼盘取得预售许可证正式开盘销售时，"认筹"的购房者再以"优先选择"的顺序选房，选中房屋后与开发商签订房屋买卖合同。如果购房者没有选中理想的房屋，开发商将把"认筹金"如数退还给购房者。

也有部分开发商虽然已经取得商品房预售许可证，但如果把楼盘全部一次推出不利于销售，就用认筹的方式，让购房者先支付认筹金，再根据支付认筹金的购房者的多少，确定应向市场推出销售的具体的房产数量。

在增值税的征收管理中，认筹金不作为增值税所称的预收款。

【例 168】2016 年 3 月某房地产开发企业取得自行开发的 A 项目的预售许可证开始预售 A 项目的房产。2016 年 4 月 3 日，王某支付定金 2 万元，预定了 A 项目的一套 150 平方米的房产。双方签订的合同内容包括：该套房产的单价为每平方米 1 万元，总价 150 万元。首付款不低于总价的 20%。如果王某在两周内（即 4 月 18 日前）支付首付款，可以在总价的基础上享受 10 万元的优惠。另清明期间购房优惠 2 万元。共计可以优惠 12 万元。两周之内不能来支付首付款，则没收王某预付的 2 万元。

4 月 17 日王某支付首付款。在享受 12 万元的基础上，房产总价为 138 万元，最低首付款为 27.6 万元，王某决定支付首付款 28 万元，余款 110 万元贷款。4 月 17 日房地产开发企业收取了 26 万元，加上 4 月 3 日收取的 2 万元，一共 28 万元。房地产开发企业给王某开具了 28 万元的预收款收据。

王某取得商品房的首付款收据后，余款向银行办理公积金贷款和商业贷款的有关手续。5 月 28 日贷款手续办理完毕，房地产开发企业收到银行转账来的 110 万元。自此，王某应支付的房款 138 万元全部支付完毕。有关房产证手续待 2017 年 10 月竣工交房时办理。

根据以上资料分析：

（1）房地产开发企业 4 月 3 日向王某收取的 2 万元定金如果发生在营改增后，是否属于预收款？是否应缴纳增值税？

（2）房地产开发企业 4 月 17 日向王某收取的 26 万元首付款（含 4 月 3 日收取的定金 2 万元）是否属于预收款？是否应缴纳增值税？

（3）房地产开发企业 5 月 28 日向王某收取的 110 万元房款是否属于预收款？是否应缴纳增值税？

（4）房地产开发企业 5 月 28 日收取款项后是否可以开具增值税发票？

分析

（1）房地产开发企业收取的定金，如果发生在营改增后，属于预收款，应预缴增值税。

（2）房地产开发企业收取首付款时，应签订商品房预售合同，收取的首付款属于预收款，应预缴增值税。

（3）房地产开发企业 5 月 28 日收取余款 110 万元时，房产尚未交付王某，尚未发生增值税纳税义务，款项也属于预收款，应预缴增值税。

（4）关于发票的开具，在营改增前，《营业税暂行条例实施细则》规定，纳税人销售不动产，采取预收款方式的，其纳税义务发生时间为收到预收款的当天，所以房地产开发企业收到预收款时可以开具营业税发票。在营业税征管中，纳税人此刻开具的《销售不动产统一发票》上款项性质会注明是"预收购房款"，同时备注注明"预售定金和预收房款购房无效"。在房产交付的时候，收回该发票，重新为购房者开具《销售不动产统一发票》。

营改增后，房地产开发企业收取首付款、按揭款或者尾款时，虽然已经收取全部款项，但是房产尚未交付，按照增值税有关纳税义务发生时间的规定，此刻尚未发生增值税纳税义务，不能开具增值税发票。在增值税的征管中，房地产开发企业一般开具收据。

所以本例中，房地产开发企业 4 月 17 日向王某收取首付款时，应开具营业税发票，就首付款申报缴纳营业税。如果收取首付款是在 4 月 30 日营改增后，虽然应就首付款预缴增值税，但此刻增值税纳税义务未发生，可开具商品和服务编码为 602 "销售自行开发的房地产项目预收款"的增值税普通发票。5 月 28 日收取 110 万元的房款，也应预缴增值税，发票开具同上。

（五）纳税申报

（1）一般纳税人销售自行开发的房地产项目适用一般计税方法计税的，应按照《营业税改征增值税试点实施办法》（财税〔2016〕36 号文件印发，以下简称《试点实施办法》）第四十五条规定的纳税义务发生时间，以当期销售额和 11% 的适用税率计算当期应纳税额，抵减已预缴税款后，向主管国税机关申报纳税。未抵减完的预缴税款可以结转下期继续抵减。

（2）一般纳税人销售自行开发的房地产项目适用简易计税方法计税的，小规模纳税人销售自行开发的房地产项目的，应按照《试点实施办法》第四十五条规定的纳税义务发生时间，以当期销售额和5%的征收率计算当期应纳税额，抵减已预缴税款后，向主管国税机关申报纳税。未抵减完的预缴税款可以结转下期继续抵减。

（六）发票开具

1. 销售款发票的开具

一般纳税人销售自行开发的房地产项目，自行开具增值税专用发票和增值税普通发票。小规模纳税人销售自行开发的房地产项目，自行开具增值税普通发票。购买方需要增值税专用发票的，小规模纳税人向主管国税机关申请代开。

一般纳税人、小规模纳税人销售自行开发的房地产项目，其2016年4月30日前收取并已向主管地税机关申报缴纳营业税的预收款，未开具营业税发票的，可以开具增值税普通发票，不得开具增值税专用发票。

一般纳税人、小规模纳税人向其他个人销售自行开发的房地产项目，不得开具增值税专用发票。

销售不动产，纳税人自行开具或者税务机关代开增值税发票时，应在发票"货物或应税劳务、服务名称"栏填写不动产名称及房屋产权证书号码（无房屋产权证书的可不填写），"单位"栏填写面积单位，备注栏注明不动产的详细地址。

2. 预收款发票的开具

自2016年9月1日起，《商品和服务税收分类与编码（试行）》中的分类编码增加6"未发生销售行为的不征税项目"，用于纳税人收取款项但未发生销售货物、应税劳务、服务、无形资产或不动产的情形。"未发生销售行为的不征税项目"下设602"销售自行开发的房地产项目预收款"。使用"未发生销售行为的不征税项目"编码，发票税率栏应填写"不征税"，不得开具增值税专用发票。此前已发生未处理的事项，按照本规定执行。

（七）一般纳税人的征收管理

1. 土地价款的扣除

房地产开发企业中的一般纳税人销售其开发的房地产项目（选择简易计税方法的房地产老项目除外），以取得的全部价款和价外费用，扣除受让土地时向政府部门支付的土地价款后的余额为销售额。

销售额的计算公式如下：

销售额=（全部价款和价外费用−当期允许扣除的土地价款）÷（1+11%）

（1）土地价款的范围。

A. 《关于明确金融 房地产开发 教育辅助服务等增值税政策的通知》（财税〔2016〕140号）规定，向政府部门支付的土地价款，包括土地受让人向政府部门支付的征地和拆迁补偿费用、土地前期开发费用和土地出让收益等。

房地产开发企业中的一般纳税人销售其开发的房地产项目（选择简易计税方法的房地产老项目除外），在取得土地时向其他单位或个人支付的拆迁补偿费用也允许在计算销售额时扣除。

B. 土地登记费、契税、土地复垦费、城市基础设施配套费、城市道路占用挖掘费等不得扣除。

房地产开发企业缴纳的土地登记费、契税等，虽然会计核算作为土地的成本，取得的凭证也是财政票据，但不属于可以扣除的向政府部门支付的土地价款。

房地产开发企业缴纳的土地复垦费、城市基础设施配套费、城市道路占用挖掘费等，会计核算时作为房地产的开发成本，取得的凭证也是财政票据，但也不属于可以扣除的向政府部门支付的土地价款。

C. 土地返还款的处理。

房地产开发企业通过招拍挂取得土地后政府给予的土地补偿返还款是否冲减取得土地的成本？

这个问题有两种观点，一种观点认为，土地返还款属于政府补助的性质，应当根据会计准则的规定，作为营业外收入进行处理，不冲减土地的成本。另一种观点认为，取得土地使用权应当以实际支付的土地价款作为土地成本，所以，土地返还款应冲减土地成本。

企业所得税、土地增值税、增值税的计算中都会涉及土地成本的计算问题。在企业所得税的处理中，两种观点的处理结果基本一致。但在土地增值税的处理中，两种观点的处理结果差异很大。大部分主管地税机关在土地增值税的征管中采用第二种观点，如大连市地方税务局《关于进一步加强土地增值税清算工作的通知》规定："纳税人应当凭政府或政府有关部门下发的土地批件、土地出让金缴费证明以及财政、土地管理等部门出具的土地出让金缴纳收据、土地使用权购置发票、政府或政府部门出具的相关证明等合法有效凭据，计算取得土地使用权所支付的金额。凡取得票据或者其他资料，但未实际支付土地出让金或购置土地使用权价款或支付土地出让金、购置土地使用权价款后又返还的，不允许计入扣除项目。"又如，江苏省地方税务局《关于土地增值税有关业务问题的公告》（苏地税规〔2012〕1号）规定，纳税人为取得土地使用权所支付的地价款，在计算土地增值税时，应以纳税人实际支付土地出让金（包括后期补缴的土地出让金），减去因受让该宗土地政府以各种形式支付给纳税人的经济利益后予以确认。

营改增后，在增值税中对土地返还款是否冲减土地成本并未出台具体规定，但根据《营业税改征增值税试点实施办法》的规定，土地成本扣除依据的是取得土地使用权时取得的财政票据。所以财政票据注明的土地成本就是增值税中可以扣除的金额，土地返还款不减少土地成本。

（2）当期允许扣除的土地价款的计算。

A. 当期允许扣除的土地价款按照以下公式计算：

当期允许扣除的土地价款＝（当期销售房地产项目建筑面积÷房地产项目可供销售建筑面积）×支付的土地价款

当期销售房地产项目建筑面积，是指当期进行纳税申报的增值税销售额对应的建筑面积。

房地产项目可供销售建筑面积，是指房地产项目可以出售的总建筑面积，不包括销售房地产项目时未单独作价结算的配套公共设施的建筑面积。

支付的土地价款，是指向政府、土地管理部门或受政府委托收取土地价款的单位直接支付的土地价款。

B. 房开企业取得土地后分期开发的土地成本的扣除。

按照当期允许扣除的土地价款的计算公式，当期允许扣除的土地价款是以可供销售建筑面积为分摊的基础来计算的。但如果房开企业取得土地后分期开发的，也以可供销售建筑面积为分摊的基础并不恰当。如某房地产开发企业以 6 000 万元取得一宗土地，其中 40% 的土地用于一期工程的开发，一期工程开发的是高层，可供销售的建筑面积为 6 万平方米。60% 的土地用于二期工程的开发，二期工程开发的是小高层，可供销售的建筑面积为 4 万平方米。如果以总可供销售的建筑面积 10 万平方米来计算一期工程、二期工程的可以扣除的土地总成本，则一期工程虽然使用的土地面积比二期工程少，但是由于可供销售的建筑面积比二期工程多，所以可以扣除的土地成本比二期工程多。这样的结果并不恰当。比较好的处理方式是先按照占地面积将土地成本在一期工程和二期工程中分配，再将分配的土地成本在一期工程或二期工程内按可供销售的建筑面积分别计算每期销售的面积可以扣除的土地成本。

（3）在计算销售额时从全部价款和价外费用中扣除土地价款，应当取得省级以上（含省级）财政部门监（印）制的财政票据。

房地产开发企业按规定扣除向其他单位或个人支付的拆迁补偿费用时，应提供拆迁协议、拆迁双方支付和取得拆迁补偿费用凭证等能够证明拆迁补偿费用真实性的材料。

一般纳税人应建立台账登记土地价款的扣除情况，扣除的土地价款不得超过纳税人实际支付的土地价款。

【例169】东方实业有限公司 2012 年 1 月以 790 万元的价格取得一宗土地。2016 年 6 月经评估该宗土地的公允价值为 1 000 万元，东方实业有限公司于当月将该宗土地投资于博大房地产公司（增值税一般纳税人），取得博大房地产公司 30% 的股权。2016 年 8 月博大房地产公司用该宗土地开发 P 房地产项目。博大房地产公司销售 P 房地产项目时土地的成本如何处理？

分析 博大房地产公司从东方实业有限公司取得的土地，不属于向政府部门支付的土地价款，不得从销售 P 房地产项目的销售额中扣除。

东方实业有限公司于当月将该宗土地投资于博大房地产公司，应作为销售土地使用权缴纳增值税。东方实业有限公司取得该宗土地的时间在 2016 年 4 月 30 日前，转让土地的时间在 2016 年 4 月 30 日后，根据《财政部 国家税务总局关于进一步明确全面推开营改增试点有关劳务派遣服务、收费公路通行费抵扣等政策的通知》（财税〔2016〕47 号）的规定，纳税人转让 2016 年 4 月 30 日前取得的土地使用权，可以选择适用简易计税方法，以取得的全部价款和价外费用减去取得该土地使用权的原价后的余额为销售额，按照 5% 的征收率计算缴纳增值税。如果东方实业有限公司选择适用简易计税方法，应缴纳增值税税额 =（1 000−790）÷（1+5%）×5% = 10（万元）。东方实业有限公司适用开票系统"差额征税"的开票功能开具增值税专用发票给博大房地产公司，博大房地产公司可以抵扣进项税额 10 万元。

（4）《关于明确金融 房地产开发 教育辅助服务等增值税政策的通知》（财税〔2016〕140号）规定，房地产开发企业（包括多个房地产开发企业组成的联合体）受让土地向政府部门支付土地价款后，设立项目公司对该受让土地进行开发，同时符合下列条件的，可由项目公司按规定扣除房地产开发企业向政府部门支付的土地价款：

A. 房地产开发企业、项目公司、政府部门三方签订变更协议或补充合同，将土地受让人变更为项目公司；

B. 政府部门出让土地的用途、规划等条件不变的情况下，签署变更协议或补充合同时，土地价款总额不变；

C. 项目公司的全部股权由受让土地的房地产开发企业持有。

2. 简易计税

房地产开发企业中的一般纳税人，销售自行开发的房地产老项目，可以选择适用简易计税方法按照5%的征收率计税。

（1）一般纳税人销售自行开发的房地产老项目，一经选择简易计税方法计税的，36个月内不得变更为一般计税方法计税。

（2）房地产老项目，是指：

A. 建筑工程施工许可证注明的合同开工日期在2016年4月30日前的房地产项目；

B. 建筑工程施工许可证未注明合同开工日期或者未取得建筑工程施工许可证但建筑工程承包合同注明的开工日期在2016年4月30日前的建筑工程项目。

（3）一般纳税人销售自行开发的房地产老项目适用简易计税方法计税的，以取得的全部价款和价外费用为销售额，不得扣除对应的土地价款。

3. 进项税额

一般纳税人销售自行开发的房地产项目，兼有一般计税方法计税、简易计税方法计税、免征增值税的房地产项目而无法划分不得抵扣的进项税额的，应以建筑工程施工许可证注明的"建设规模"为依据进行划分。

不得抵扣的进项税额＝当期无法划分的全部进项税额×（简易计税、免税房地产项目建设规模÷房地产项目总建设规模）

【例170】房地产开发企业将地下人防设施作为车库出售给业户，如何征收增值税？

分析 地下人防设施和地上房产性质不同。房地产开发企业销售的地上房产土地使用证、房产证两证齐全。但地下人防设施即使作为车库出售也没有两证。

地下人防设施的权属并不是很明确。根据《人民防空法》的规定，城市新建民用建筑，按照国家有关规定修建战时可用于防空的地下室。人民防空工程平时由投资者使用管理，收益归投资者所有。

地下人防设施虽然是房地产开发企业建造，但是在房地产开发成本核算时，地下人防设施的建造支出按照公共配套设施支出计入房地产开发成本，并且地下人防设施依附的土地属于全体业主所有，所以对于房地产开发企业来讲，并不拥有地下人防设施的所有权。

增值税的处理争议比较大。观点一，如果销售的是地下人防设施有年限的使用权，即使时间较长（如20年），也按不动产经营租赁征收增值税。如果销售的是地下人防设施无期限的使用权，按照销售不动产征收增值税。观点二，如果购买方取得了地下人防设施的占有、使用、收益、分配等权利，按照销售不动产征收增值税。观点三，纳税人将地下人防设施建成商铺、车库对外一次性转让若干年经营权的，按照不动产经营租赁征收增值税。

第三节　金融服务的增值税处理

一、金融服务概述

（一）商业银行的业务

银行的业务按照其资产负债表的构成主要分为三类：负债业务、资产业务、中间业务。

（1）负债业务是商业银行形成资金来源的业务，主要由存款业务、借款业务、同业业务等构成。存款、派生存款是银行的主要负债，约占资金来源的80%以上，另外联行存款、同业存款、借入或拆入款项或发行债券等，也构成银行的负债。

（2）资产业务是商业银行运用资金的业务，包括贷款业务、投资业务、现金资产业务。贷款业务是商业银行最主要的资产业务。商业银行的投资业务是指其参与有价证券买卖而持有证券形成业务，包括购买中央政府发行的国家债券、地方政府发行的证券、公司（企业）发行的各种有价证券等。

（3）中间业务是指不构成商业银行表内资产、表内负债形成银行非利息收入的业务，包括支付结算业务、银行卡业务、代理业务、托管业务、担保及承诺业务、金融衍生业务、投资银行业务、基金托管业务、咨询顾问类业务以及保管箱业务等其他中间业务。

（二）金融服务的征税范围

营改增前，营业税中该税目称为金融保险业，包括金融业和保险业。其中，在《营业税税目注释》中对金融业的定义是：金融，是指经营货币资金活动融通活动的业务，包括贷款、融资租赁、金融商品转让、金融经纪业和其他金融业务。其基本将商业银行的业务都纳入金融业营业税征税范围。

但营改增后，金融服务的征税范围并不包括商业银行的所有业务。增值税金融服务，是指经营金融保险的业务活动，包括贷款服务、直接收费金融服务、保险服务和金融商品转让，并未将商业银行所有的业务纳入金融服务的征税范围。如银行中间业务中的咨询顾问类业务属于现代服务——鉴证咨询服务；银行中间业务中的代理业务属于现代服务——商务辅助服务——经纪代理服务。

1. 贷款服务

贷款，是指将资金贷与他人使用而取得利息收入的业务活动。

（1）各种占用、拆借资金取得的收入，包括金融商品持有期间（含到期）利息（保本收益、报酬、资金占用费、补偿金等）收入、信用卡透支利息收入、买入返售金融商品利息收入、融资融券收取的利息收入属于贷款服务。

根据《关于明确金融 房地产开发 教育辅助服务等增值税政策的通知》（财税〔2016〕140号）的规定，"保本收益、报酬、资金占用费、补偿金"，是指合同中明确承诺到期本金可全部收回的投资收益。金融商品持有期间（含到期）取得的非保本的上述收益，不属于利息或利息性质的收入，不征收增值税。

以货币资金投资收取的固定利润或者保底利润，按照贷款服务缴纳增值税。存款利息属于不征收增值税项目，不征收增值税。

（2）融资性售后回租。

融资性售后回租，是指承租方以融资为目的，将资产出售给从事融资性售后回租业务的企业后，从事融资性售后回租业务的企业将该资产出租给承租方的业务活动。

在营改增前融资租赁都属于金融服务，但营改增后，有形动产融资租赁在2016年4月30日前按照有形动产租赁服务缴纳增值税，2016年5月1日不动产租赁改征增值税后，有形动产的融资性售后回租和不动产的融资性售后回租都按照贷款服务缴纳增值税，其他的融资租赁按照租赁服务缴纳增值税。

（3）押汇。

押汇主要发生在外贸结算业务中，常见的是信用证出口押汇。押汇又称买单结汇，外贸公司（信用证受益人）在向银行提交信用证项下单据议付时，银行（议付行）根据外贸公司的申请，凭外贸公司提交的全套单证相符的单据作为质押进行审核，审核无误后，按信用证条款买入受益人（外贸公司）的汇票和单据，从票面金额中扣除从议付日到估计收到票款之日的利息，将余款按议付日外汇牌价折成人民币，拨给外贸公司。议付行向受益人垫付资金买入跟单汇票后，即成为汇票持有人，可凭票向付款行索取票款。银行做出口押汇，是为了对外贸公司提供资金融通，所以也属于贷款服务。

（4）票据贴现。

票据贴现可以分为三种，分别是贴现、转贴现和再贴现。

贴现是指客户（持票人）将持有的未到期的商业票据、银行承兑票据或短期债券转给银行或贴现公司，银行或贴现公司收进这些未到期的票据或短期债券，按票面金额扣除贴现日至到期日的利息后付给客户现款，到票据到期时再向出票人收款。

在营改增前，票据贴现属于营业税金融业中的其他金融业务。营改增后票据贴现属于金融服务的贷款服务。

转贴现是指银行以贴现购得的没有到期的票据向其他商业银行所做的票据转让，转贴现一般是商业银行间相互拆借资金的一种方式。根据《营业税改征增值税试点过渡政策的规定》（财税〔2016〕36号附件3）的规定，金融机构之间开展的转贴现业务免征增值税。

再贴现是指贴现银行持未到期的已贴现汇票向人民银行的贴现，通过转让汇票取得人民银行再贷款的行为。再贴现是中央银行的一种信用业务，是中央银行为执行货币政策而运用的一种货币政策工具。根据《营业税改征增值税试点过渡政策的规定》

（财税〔2016〕36号附件3）的规定，金融机构与人民银行所发生的资金往来业务免征增值税，包括人民银行对一般金融机构贷款，以及人民银行对商业银行的再贴现等。

（5）转贷。

转贷是指金融机构吸收了存款后再贷给企业。转贷的主体必须是金融机构，否则可能会构成犯罪。

A．银行转贷。

银行转贷，一般在房地产交易中出现，所以也称为住房贷款的转贷。如果业主想卖掉贷款尚未还清的房屋，但因贷款没还完拿不到房产证卖不了时，可与买家共同到银行办理"贷转贷"业务，把原业主名下的贷款转到买家名下。这一过程即为银行转贷。

B．外汇转贷业务。

外汇转贷业务，是指金融企业直接从境外借入外汇资金，然后再贷给国内企业或其他单位、个人。

各银行总行从境外借入外汇资金后，通过下属分支机构贷给境内单位或个人使用的，也属于外汇转贷业务。

（6）典当业。

典当业的常规业务包括典当物品的保管费和利息、死当物品销售。

根据《财政部　国家税务总局关于增值税、营业税若干政策规定的通知》（财税字〔1994〕26号）的规定，死当物品销售，无论销售单位是否属于一般纳税人，均按简易办法依照6%的征收率计算缴纳增值税，并且不得开具专用发票。从2014年7月1日起6%的征收率改为3%征收率。

典当物品的保管费和利息按照贷款服务缴纳增值税。

根据《营业税税目注释》（国税发〔1993〕149号）的规定，典当业的抵押贷款业务，无论其资金来源如何，均按自有资金贷款征税。营改增后，也应按照贷款服务缴纳增值税。

（7）其他。

下列业务在营改增前营业税的有关政策中明确规定按照金融业缴纳营业税。营改增后，应按照贷款服务缴纳增值税。

A．人民银行对企业贷款或委托金融机构贷款的业务。

人民银行的贷款业务不征收营业税。但根据《国家税务总局关于人民银行贷款业务不征收营业税的具体范围的通知》（国税发〔1994〕88号）的规定，人民银行对企业贷款或委托金融机构贷款的业务应当征收营业税。营改增后，人民银行对企业贷款或委托金融机构贷款的业务应按照贷款服务缴纳增值税。

B．电力部门将收取的电力建设资金贷给使用单位而取得的利息收入。

根据《国家税务总局关于电力建设资金有偿使用利息收入征收营业税的通知》（国税函〔1995〕15号）的规定，对电力部门将收取的电力建设资金贷给使用单位而取得的利息收入，应当按"金融保险业"税目征收营业税。营改增后应按照贷款服务缴纳增值税。

C．农村合作基金会收取的资金占用费。

根据《关于农村合作基金会收取的资金占用费应当征收营业税的批复》（国税函

〔1995〕65号）的规定，农村兴办的农村合作基金会，将其自有的资本金、吸收的股金及其他资金投放给入会会员或其他单位和个人使用，并收取资金占用费，属于营业税税目注释中"将资金贷与他人使用的业务"。因此，不论是在其规定范围内的自我服务，还是超出规定范围的服务，都应当就其所收资金占用费或利息收入的全额按照"金融保险业"税目征收营业税。

2. 直接收费金融服务

直接收费金融服务，是指为货币资金融通及其他金融业务提供相关服务并且收取费用的业务活动。增值税主要对这些收费征税。

直接收费金融服务包括提供货币兑换、账户管理、电子银行、信用卡、信用证、财务担保、资产管理、信托管理、基金管理、金融交易场所（平台）管理、资金结算、资金清算、金融支付等服务。

（1）银行卡业务。

银行卡，是指由商业银行向社会发行的具有消费信用、转账结算、存取现金等全部或部分功能的信用支付工具。银行卡包括信用卡（贷记卡、准贷记卡）和借记卡。商业银行未经中国人民银行批准不得发行银行卡。

商业银行银行卡业务收入包括利息收入、手续费收入等。

银行卡的计息包括计收利息和计付利息。对于计收利息，应按贷款服务缴纳增值税。如贷记卡持卡人支取现金、准贷记卡透支，应当支付现金交易额或透支额自银行记账日起，按规定利率计算的透支利息；对贷记卡持卡人未偿还最低还款额和超信用额度用卡的行为，应当分别按最低还款额未还部分、超过信用额度部分的5%收取滞纳金和超限费。

商业银行银行卡业务的手续费收入，是指发卡行办理与银行卡相关的结算、提供银行卡服务等代理业务所取得的收入，包括工本费收入、年费收入、特约商户结算手续费收入等收入，应按直接收费金融服务缴纳增值税。如商业银行办理银行卡收单业务，应当按下列标准向商户收取结算手续费：宾馆、餐饮、娱乐、旅游等行业不得低于交易金额的2%；其他行业不得低于交易金额的1%。商业银行代理境外银行卡收单业务应当向商户收取结算手续费，其手续费标准不得低于交易金额的4%。

其中利息收入按贷款服务缴纳增值税，手续费收入按直接收费金融服务缴纳增值税。

（2）基金托管业务。

基金托管业务是指商业银行接受基金管理人的委托，代表基金持有人的利益，保管基金资产，监督基金管理人日常投资运作，为所托管的基金办理基金资金清算款项划拨、会计核算、基金估值、监督管理人投资运作，并收取一定的托管费。具体包括基金托管、理财产品托管、年金托管等托管业务。托管费收入应按直接收费金融服务缴纳增值税。

3. 保险服务

保险服务，是指投保人根据合同约定，向保险人支付保险费，保险人对于合同约定的可能发生的事故因其发生所造成的财产损失承担赔偿保险金责任，或者当被保险人死亡、伤残、疾病或者达到合同约定的年龄、期限等条件时承担给付保险金责任的商业保险行为，包括人身保险服务和财产保险服务。

人身保险服务，是指以人的寿命和身体为保险标的的保险业务活动。

财产保险服务，是指以财产及其有关利益为保险标的的保险业务活动。

保险服务的增值税纳税人主要是保险公司。保险公司，是指经中国保险监督管理机构批准设立，并依法登记注册的商业保险公司，包括直接保险公司和再保险公司。保险公司的收入主要来源于保费收入和将保险基金进行投资取得的收益。保费收入应按保险服务缴纳增值税，保险基金进行投资取得的收益不属于保险服务的征税范围，应视具体情况确定是否属于增值税征税范围，属于征税范围的再进一步确定所属增值税税目。

4. 金融商品转让

金融商品转让，是指转让外汇、有价证券、非货物期货和其他金融商品所有权的业务活动。其他金融商品转让包括基金、信托、理财产品等各类资产管理产品和各种金融衍生品的转让。

根据《关于明确金融 房地产开发 教育辅助服务等增值税政策的通知》（财税〔2016〕140号）的规定，纳税人购入基金、信托、理财产品等各类资产管理产品持有至到期，不属于《销售服务、无形资产、不动产注释》（财税〔2016〕36号）第一条第（五）项第4点所称的金融商品转让。

【例171】股权、股票转让是否属于金融服务的征税范围？

分析 非上市企业未公开发行的股票，其股权不属于有价证券，所以转让非上市公司股权、股票不属于增值税征税范围；上市流通的股票属于金融商品，转让上市公司上市流通的股票应按照金融商品转让税目征收增值税。

【例172】基金收益、保本型基金收益是否属于金融服务征税范围？

分析 根据基金单位是否可增加或赎回，基金可分为开放式基金和封闭式基金。开放式基金没有一个固定的存在的期限，一般不上市交易，投资者通过基金公司或其委托的代销机构对基金份额进行认购、申购或赎回基金份额，基金的规模也随着投资者的申购或赎回而变化，基金份额总数也随之增减。封闭式基金有固定的存续期，一般在证券交易场所上市交易，投资者通过二级市场买卖基金单位。

封闭式基金成立后，有一个固定的存在期限。在这个期限到期后，封闭式基金将进行清盘处理。虽然开放式基金没有固定的期限，但是当发生基金契约终止的情况时，开放式基金必须按照法律、法规和基金契约的规定，对基金进行清盘处理，终止基金运作。因此，开放式基金也有一个存续期。只不过这个期限是不固定的，可以是无限期的。

基金产品的特点就是不保本、浮动收益，所以基金持有期间取得的利息收益，不属于增值税所称的利息或利息性质的收入，不征收增值税。基金清盘时投资人赎回基金份额，属于增值税所称纳税人购入基金持有至到期，即不属于金融商品转让，不征收增值税。基金清盘前投资人赎回基金份额，属于金融商品转让，应征收增值税。

至于保本型基金，看上去是保本收益，应属于金融服务——贷款服务的征税范围。但是保本基金的《基金招募说明书》必须在"重要提示"中明确提示本基金投资的风险，具体表述为"投资者投资于保本基金并不等于将资金作为存款放在银行或存款类金融机构，保本基金在极端情况下仍然存在本金损失的风险""基金管理人依照恪尽职守、诚实信用、谨慎勤勉的原则管理和运用基金财产，但不保证基金一定盈利，也不保证最低收益"。这说明保本基金并不能完全保证投资者的本金。从这个角度看，保本基金收益也不属于财税〔2016〕140号所称"合同中明确承诺到期本金可全部收回的投资收益"，所以也不属于贷款服务，不征收增值税。也有观点认为，保本基金是保本的，取得的收益应按贷款服务缴纳增值税。

(三) 商业银行部分中间业务涉及的增值税税目

1. 代理类中间业务

商业银行的代理类业务是其中间业务的重要组成部分。代理类中间业务指商业银行接受客户委托、代为办理客户指定的经济事务、提供金融服务并收取一定费用的业务，包括代理政策性银行业务、代理中国人民银行业务、代理商业银行业务、代理证券业务、代收代付业务、代理保险业务、代理其他银行银行卡收单业务等。

(1) 代理政策性银行业务，指商业银行接受政策性银行委托，代为办理政策性银行因服务功能和网点设置等方面的限制而无法办理的业务，包括代理贷款项目管理等。

(2) 代理中国人民银行业务，指根据政策、法规应由中央银行承担，但由于机构设置、专业优势等方面的原因，由中央银行指定或委托商业银行承担的业务，主要包括财政性存款代理业务、国库代理业务、发行库代理业务、金银代理业务。

(3) 代理商业银行业务，指商业银行之间相互代理的业务，例如为委托行办理支票托收等业务。

(4) 代理证券业务，指银行接受委托办理的代理发行、兑付、买卖各类有价证券（主要包括国债、公司债券、金融债券、股票等）的业务，还包括接受委托代办债券还本付息、代发股票红利、代理证券资金清算等业务。

(5) 代收代付业务，是商业银行利用自身的结算便利，接受客户的委托代为办理指定款项的收付事宜的业务，例如代理各项公用事业收费、代理行政事业性收费和财政性收费、代发工资、代扣住房按揭消费贷款还款等。

(6) 代理保险业务，指商业银行接受保险公司委托代其办理保险业务的业务。商业银行代理保险业务，可以受托代个人或法人投保各险种的保险事宜，也可以作为保险公司的代表，与保险公司签订代理协议，代保险公司承接有关的保险业务。代理保险业务一般包括代售保单业务和代付保险金业务。

(7) 其他代理业务，包括代理财政委托业务、代理其他银行银行卡收单业务等。商业银行的代理类中间业务属于经纪、中介、代理性质的，应按照"商务辅助服务—经纪代理服务"缴纳增值税，如代理保险业务、代收代付业务等；属于为货币资金融通及其他金融业务提供相关服务并且收取费用的业务活动，应按照"金融服务—直接收费金融服务"缴纳增值税。在实际执行中，也有观点认为所有的代理类中间服务都按直接收费金融服务缴纳增值税。

【例173】某银行在营业厅柜台为保险公司推销保险产品，定期从保险公司收取服务费。银行此项业务取得的收入是否属于金融服务的征税范围？

分析 金融机构从事居间代理业务，为了撮合买方和卖方而收取的劳务报酬，不属于金融服务，应属于商务辅助服务—经纪代理服务，所以银行柜台推销保险产品，定期从保险公司收取的服务费不属于金融服务，应属于商务辅助服务—经纪代理服务。也有观点认为，金融机构的服务都按金融服务缴纳增值税，所以该业务按直接收费金融服务缴纳增值税。由于商务辅助服务和直接收费金融服务增值税的适用税率都是6%，所以无论如何判断，对增值税影响不大。

2. 咨询顾问类业务

商业银行的咨询顾问类业务也是其中间业务的重要组成部分。咨询顾问类业务指商业银行依靠自身在信息、人才、信誉等方面的优势，收集和整理有关信息，并通过对这些信息以及银行和客户资金运动的记录和分析，并形成系统的资料和方案，提供给客户，以满足其业务经营管理或发展的需要的服务活动。

（1）企业信息咨询业务，包括项目评估、企业信用等级评估、验证企业注册资金、资信证明、企业管理咨询等。

（2）资产管理顾问业务，指为机构投资者或个人投资者提供全面的资产管理服务，包括投资组合建议、投资分析、税务服务、信息提供、风险控制等。

（3）财务顾问业务，包括大型建设项目财务顾问业务和企业并购顾问业务。大型建设项目财务顾问业务指商业银行为大型建设项目的融资结构、融资安排提出专业性方案。企业并购顾问业务指商业银行为企业的兼并和收购双方提供的财务顾问业务，银行不仅参与企业兼并与收购的过程，而且作为企业的持续发展顾问，参与公司结构调整、资本充实和重新核定、破产和困境公司的重组等策划和操作过程。

（4）现金管理业务，指商业银行协助企业，科学合理地管理现金账户头寸及活期存款余额，以达到提高资金流动性和使用效益的目的。

商业银行的这些咨询顾问类业务不属于金融服务的征税范围，应属于"鉴证咨询服务"中的"咨询服务"。在执行中，也有观点认为应按直接收费金融服务缴纳增值税。

二、金融服务的纳税人

金融服务的纳税人包括金融机构、非金融机构、个人以及资产产品管理人。

（一）金融机构

根据《营业税改征增值税试点过渡政策的规定》（财税〔2016〕36号附件3）的规定，金融机构是指：

1. 银行

银行包括人民银行、商业银行、政策性银行。

（1）商业银行，是一个以营利为目的，以多种金融负债筹集资金，多种金融资产为经营对象，具有信用创造功能的金融机构。商业银行主要有三类：

A. 国有商业银行，包括：工商银行、农业银行、中国银行、建设银行。

B. 股份制商业银行，包括：交通银行、中信实业、光大银行、民生银行、浦东发展银行、深圳发展银行、广东发展银行、兴业银行、华夏银行。

C. 地方性商业银行，主要是城市本地在原有城市信用社基础上重组改制建立的地区性商业银行，数量较多，一般大中城市都有，如北京银行、南京银行、上海银行、宁波银行。

（2）政策性银行，不以营利为经营目标，资金来源主要是国家预算拨款、发行债券集资或中央银行再贷款，资金运用有特定的业务领域和对象，以发放长期贷款为主，贷款利率比同期商业银行贷款利率低。政策性银行不设立分支机构，业务操作通常由商业银行代理。包括：中国进出口银行、中国农业发展银行、国家开发银行。

2. 信用合作社

信用合作社包括农村信用合作社和城市信用合作社。

（1）农村信用社。

农村信用社是由农民或农村的其他个人集资联合组成，以互助为主要宗旨的合作金融组织。农村信用社业务范围：在创办初期，社员都是农民，合作社的规模较小，社员贷款被严格地用于农业生产。信用合作社的成员由原来主要是农民，逐渐扩大到兼业农民、农村的小工商业者、农场的工人和职员。农村信用合作社由原来主要办理种植业的短期生产贷款，发展到综合办理农林牧副渔和农村工商业及社员消费性的短期贷款。资金充裕的信用社，还对农业生产设备、中小工商业提供中、长期贷款，并逐步采取了抵押贷款方式，以不动产或有价证券担保。

（2）城市信用社。

城市信用社是城市居民集资建立的合作金融组织。旨在为城市小集体经济组织和个体工商户服务，通过信贷活动帮助他们解决资金困难，促进生产发展。其性质为集体所有制企业，是具有独立法人地位的经济实体。城市信用社的业务一般有：吸收单位和个人的存款；对经营企业发放短期贷款；办理抵押贷款；办理同城及部分异地的结算业务；信息和咨询服务；代办企业保险业务等。

3. 证券公司

证券公司是专门从事有价证券买卖的法人企业，分为证券经营公司和证券登记公司。狭义的证券公司是指证券经营公司，是经主管机关批准并到有关工商行政管理局领取营业执照后专门经营证券业务的机构。它具有证券交易所的会员资格，可以承销发行、自营买卖或自营兼代理买卖证券。普通投资人的证券投资都要通过证券商来进行。我国证券公司较多，包括西南证券股份有限公司、中信证券股份有限公司、宏源证券股份有限公司、华泰证券有限责任公司、红塔证券股份有限公司等。

证券公司的业务主要包括：证券经纪；证券投资咨询；与证券交易、证券投资活动有关的财务顾问；证券承销与保荐；证券自营；证券资产管理；其他证券业务。一般地，证券经纪应按照"商务辅助服务——经纪代理服务"缴纳增值税。

4. 金融租赁公司、证券基金管理公司、财务公司、信托投资公司、证券投资基金

（1）金融租赁公司。

金融租赁公司，是指经银监会批准，以经营融资租赁业务为主的非银行金融机构。金融租赁公司名称中应当标明"金融租赁"字样。未经银监会批准，任何单位不得在其名称中使用"金融租赁"字样。如工银金融租赁有限公司、平安国际融资租赁有限

公司、远东国际租赁有限公司、国银金融租赁有限公司等。

融资租赁，是指出租人根据承租人对租赁物和供货人的选择或认可，将其从供货人处取得的租赁物按合同约定出租给承租人占有、使用，向承租人收取租金的交易活动。

金融租赁公司从事的融资性售后回租业务按照"金融服务——贷款服务"缴纳增值税，其他的融资租赁业务按照"现代服务——租赁服务"缴纳增值税。

（2）证券基金管理公司。

证券投资基金管理公司，是指经中国证券监督管理委员会批准，在中华人民共和国境内设立，从事证券投资基金管理业务，如对证券投资基金的募集、基金份额的申购和赎回、基金财产的投资、收益分配等基金运作活动进行管理，以及中国证监会许可的其他业务的企业法人。

（3）财务公司。

财务公司是指依据《公司法》和《企业集团财务公司管理办法》设立的，为企业集团成员单位技术改造、新产品开发及产品销售提供金融服务，以中长期金融业务为主的非银行金融机构。国际上，财务公司一般可分为企业附属财务公司和非企业附属财务公司。企业附属财务公司由企业（主要是大型制造业）设立，为本企业服务，但服务范围可能不完全局限于本企业。非企业附属财务公司包括银行附属财务公司、银企合资财务公司和独立财务公司。

经银监会批准，我国的财务公司可从事下列部分或全部业务：吸收成员单位3个月以上定期存款；发行财务公司债券；同业拆借；对成员单位办理贷款及融资租赁。

5. 保险公司

根据《保险法》的规定，保险业务由依照本法设立的保险公司以及法律、行政法规规定的其他保险组织经营，其他单位和个人不得经营保险业务。在我国境内的法人和其他组织需要办理境内保险的，应当向我国境内的保险公司投保。

保险公司，是指经中国保险监督管理机构批准设立，并依法登记注册的商业保险公司。保险公司在我国境外设立子公司、分支机构、代表机构，应当经国务院保险监督管理机构批准。外国保险机构在我国境内设立代表机构，应当经国务院保险监督管理机构批准，代表机构不得从事保险经营活动。

保险公司包括直接保险公司和再保险公司。保险人将其承担的保险业务，以分保形式部分转移给其他保险人的，为再保险。应再保险接受人的要求，再保险分出人应当将其自负责任及原保险的有关情况书面告知再保险接受人。

保险包括人身保险和财产保险。人身保险是以人的寿命和身体为保险标的的保险。财产保险是以财产及其有关利益为保险标的的保险。

6. 其他金融机构

其他经人民银行、银监会、证监会、保监会批准成立且经营金融保险业务的机构等。

（二）非金融机构和个人

我国对金融业务的开展有比较严格的规定。如《商业银行法》规定，未经国务院银行业监督管理机构批准，任何单位和个人不得从事吸收公众存款等商业银行业务，任何单位不得在名称中使用"银行"字样。《非法金融机构和非法金融业务活动取缔办法》规定，未经中国人民银行依法批准，任何单位和个人不得擅自设立金融机构或者擅自从事金融业务活动。《贷款通则》规定，贷款人必须经中国人民银行批准经营贷款业务，持有中国人民银行颁发的《金融机构法人许可证》或《金融机构营业许可证》，并经工商行政管理部门核准登记。各级行政部门和企事业单位、供销合作社等合作经济组织、农村合作基金会和其他基金会不得经营存贷款等金融业务。企业之间不得违反国家规定办理借贷或者变相借贷融资业务。

根据以上规定，非金融机构和个人不得从事贷款服务。但在增值税的征收管理中，确实存在非金融机构和个人提供的贷款服务，如企业与企业之间、企业与个人之间，都会发生一些贷款性质的业务和其他属于金融服务范围的业务，根据《营业税改征增值税试点实施办法》的规定，在境内提供金融服务的单位和个人，都是增值税纳税人。所以提供金融服务的非金融机构和个人也是金融服务的纳税人。

（三）资管产品管理人

1. 资管产品运营过程中发生的增值税应税行为，以资管产品管理人为增值税纳税人

营改增后，资管产品管理人也成了金融服务的纳税人。根据《关于明确金融 房地产开发 教育辅助服务等增值税政策的通知》（财税〔2016〕140 号）的规定，资管产品运营过程中发生的增值税应税行为，以资管产品管理人为增值税纳税人。在这种情况下，资管产品管理人作为增值税纳税人，身份和扣缴义务人类似，就投资人取得的收益缴纳增值税。但是这些收益不是资管产品管理人，不应并入资管产品管理人的生产经营所得税缴纳企业所得税。如基金投资人取得的基金收益如果应缴纳增值税的，不以投资人为增值税纳税人，而以基金管理人为增值税纳税人。

《关于资管产品增值税政策有关问题的补充通知》（财税〔2017〕2 号）规定，2017 年 7 月 1 日（含）以后，资管产品运营过程中发生的增值税应税行为，以资管产品管理人为增值税纳税人，按照现行规定缴纳增值税。对资管产品在 2017 年 7 月 1 日前运营过程中发生的增值税应税行为，未缴纳增值税的，不再缴纳；已缴纳增值税的，已纳税额从资管产品管理人以后月份的增值税应纳税额中抵减。

资管产品运营过程中发生增值税应税行为的具体征收管理办法，由国家税务总局另行制定。

2. 资管产品管理人取得的管理费收入，应缴纳增值税

如基金管理人，是基金资产的管理和运用者。根据《证券投资基金管理暂行办法》的规定，基金管理人的职责主要有以下几个方面：（1）按照基金契约的规定运用基金资产投资并管理基金资产。（2）及时、足额地向基金持有人支付基金收益。（3）保存基金的会计账册、记录 15 年以上。（4）编制基金财务报告，及时公告，并向中国证监会报告。（5）计算并公告基金资产净值及每一基金单位资产净值。（6）基金契约规定的其他职责。

基金管理人履行以上职责，收取的管理费用，应缴纳增值税。此时，增值税纳税

人是基金管理人即资管产品管理人。基金管理人的管理费收入应按照金融服务——直接收费金融服务缴纳增值税，同时应并入资管产品管理人的生产经营所得税，缴纳企业所得税。

三、税率和征收率

（一）税率

金融服务的增值税税率为6%。

（二）征收率

1. 小规模纳税人

小规模纳税人提供金融服务征收率为3%。

2. 一般纳税人的特定金融服务

一般纳税人的特定金融服务，可以选择适用简易计税方法按照3%的征收率计算缴纳增值税。

根据《财政部　国家税务总局关于进一步明确全面推开营改增试点金融业有关政策的通知》（财税〔2016〕46号），下列金融服务可以选择适用简易计税方法按照3%的征收率计算缴纳增值税：

（1）县（县级市、区、旗）及县以下地区的农村合作银行和农村商业银行提供金融服务收入，可以选择适用简易计税方法按照3%的征收率计算缴纳增值税。

A. 农村信用社、村镇银行、农村资金互助社、由银行业机构全资发起设立的贷款公司、法人机构在县（县级市、区、旗）及县以下地区的农村合作银行和农村商业银行提供金融服务收入，可以选择适用简易计税方法按照3%的征收率计算缴纳增值税。

村镇银行，是指经中国银行业监督管理委员会依据有关法律、法规批准，由境内外金融机构、境内非金融机构企业法人、境内自然人出资，在农村地区设立的主要为当地农民、农业和农村经济发展提供金融服务的银行业金融机构。

农村资金互助社，是指经银行业监督管理机构批准，由乡（镇）、行政村农民和农村小企业自愿入股组成，为社员提供存款、贷款、结算等业务的社区互助性银行业金融机构。

由银行业机构全资发起设立的贷款公司，是指经中国银行业监督管理委员会依据有关法律、法规批准，由境内商业银行或农村合作银行在农村地区设立的专门为县域农民、农业和农村经济发展提供贷款服务的非银行业金融机构。

B. 县（县级市、区、旗），不包括直辖市和地级市所辖城区。

（2）对中国农业银行纳入"三农金融事业部"改革试点的各省、自治区、直辖市、计划单列市分行下辖的县域支行和新疆生产建设兵团分行下辖的县域支行（也称县事业部），提供农户贷款、农村企业和农村各类组织贷款取得的利息收入，可以选择适用简易计税方法按照3%的征收率计算缴纳增值税。

A. 可以选择简易计税方法的纳税人是中国农业银行纳入"三农金融事业部"改革试点的各省、自治区、直辖市、计划单列市分行下辖的县域支行和新疆生产建设兵团分行下辖的县域支行。

B. 可以选择简易计税方法的利息收入是提供农户贷款、农村企业和农村各类组织贷款取得的利息收入。

农户贷款，是指金融机构发放给农户的贷款，但不包括按照《过渡政策的规定》第一条第（十九）项规定的免征增值税的农户小额贷款。

农户（下同），是指长期（一年以上）居住在乡镇（不包括城关镇）行政管理区域内的住户，还包括长期居住在城关镇所辖行政村范围内的住户和户口不在本地而在本地居住一年以上的住户，国有农场的职工和农村个体工商户。位于乡镇（不包括城关镇）行政管理区域内和在城关镇所辖行政村范围内的国有经济的机关、团体、学校、企事业单位的集体户，有本地户口但举家外出谋生一年以上的住户，无论是否保留承包耕地均不属于农户。农户以户为统计单位，既可以从事农业生产经营，也可以从事非农业生产经营。农户贷款的判定应以贷款发放时的承贷主体是否属于农户为准。

农村企业和农村各类组织贷款，是指金融机构发放给注册在农村地区的企业及各类组织的贷款。

可以选择简易计税方法的贷款具体包括 39 种：法人农业贷款；法人林业贷款；法人畜牧业贷款；法人渔业贷款；法人农林牧渔服务业贷款；法人其他涉农贷款（煤炭、烟草、采矿业、房地产业、城市基础设施建设和其他类的法人涉农贷款除外）；小型农田水利设施贷款；大型灌区改造；中低产田改造；防涝抗旱减灾体系建设；农产品加工贷款；农业生产资料制造贷款；农业物资流通贷款；农副产品流通贷款；农产品出口贷款；农业科技贷款；农业综合生产能力建设；农田水利设施建设；农产品流通设施建设；其他农业生产性基础设施建设；农村饮水安全工程；农村公路建设；农村能源建设；农村沼气建设；其他农村生活基础设施建设；农村教育设施建设；农村卫生设施建设；农村文化体育设施建设；林业和生态环境建设；个人农业贷款；个人林业贷款；个人畜牧业贷款；个人渔业贷款；个人农林牧渔服务业贷款；农户其他生产经营贷款；农户助学贷款；农户医疗贷款；农户住房贷款；农户其他消费贷款。

（3）《关于营业税改征增值税试点若干政策的通知》（财税〔2016〕39 号）规定，中国农业发展银行总行及其各分支机构提供涉农贷款（具体涉农贷款业务清单见附件 2）取得的利息收入，可以选择适用简易计税方法，按照 3% 的征收率计算缴纳增值税。

四、计税依据

（一）一般规定

纳税人提供金融服务，增值税的销售额为取得的全部价款和价外费用，财政部和国家税务总局另有规定的除外。

价外费用，是指价外收取的各种性质的收费，但不包括以下项目：

（1）代为收取并符合本办法第十条规定的政府性基金或者行政事业性收费。

（2）以委托方名义开具发票代委托方收取的款项。

如金融机构代收水、电、气、暖和报刊等；代收通信费、有线电视收视费、上网费和寻呼费等；代收行政处罚的罚款等。

（二）具体业务的计税依据

1. 贷款服务

贷款服务，以提供贷款服务取得的全部利息及利息性质的收入为销售额。转贷业务也应以全部利息收入为增值税的销售额，支付的利息支出不得扣除。

2. 直接收费金融服务

直接收费金融服务，以提供直接收费金融服务收取的手续费、佣金、酬金、管理费、服务费、经手费、开户费、过户费、结算费、转托管费等各类费用为销售额。

3. 金融商品转让

（1）金融商品转让，按照卖出价扣除买入价后的余额为销售额。

金融商品购买过程中发生的费用、税金，不得计入金融商品的买入价。在金融商品转让过程中发生的费用、税金，不得从金融商品的卖出价中扣除。

单位将其持有的限售股在解禁流通后对外转让的，按照以下规定确定买入价：

A. 上市公司实施股权分置改革时，在股票复牌之前形成的原非流通股股份，以及股票复牌首日至解禁日期间由上述股份孳生的送、转股，以该上市公司完成股权分置改革后股票复牌首日的开盘价为买入价。

B. 公司首次公开发行股票并上市形成的限售股，以及上市首日至解禁日期间由上述股份孳生的送、转股，以该上市公司股票首次公开发行（IPO）的发行价为买入价。

C. 因上市公司实施重大资产重组形成的限售股，以及股票复牌首日至解禁日期间由上述股份孳生的送、转股，以该上市公司因重大资产重组股票停牌前一交易日的收盘价为买入价。

购买基金、理财产品、信托计划、资产管理计划等金融商品，按照有关协议持有到期并取得兑付的，其卖出价为最终兑付款与持有期间的分红收益之和。

转让金融商品出现的正负差，按盈亏相抵后的余额为销售额。若相抵后出现负差，可结转下一纳税期与下期转让金融商品销售额相抵，但年末时仍出现负差的，不得转入下一个会计年度。

金融商品的买入价，可以选择按照加权平均法或者移动加权平均法进行核算，选择后36个月内不得变更。

（2）金融商品转让，不得开具增值税专用发票。

【例174】2016年5月某证券公司分三次购进甲股票，5月4日买入20万股，每股价格5.32元，支付手续费319.2元、印花税1 064元、其他杂费21.28元；5月13日买入20万股，每股价格5.13元，支付手续费307.2元、印花税1 024元、其他杂费20.48元；5月25日买入20万股，每股价格5.42元，支付手续费325.2元、印花税1 084元、其他杂费21.68元。本月分三次卖出甲股票55万股。5月8日卖出15万股，每股价格5.98元，支付手续费269.1元、其他杂费17.94元；5月19日卖出20万股，每股价格6.02元，支付手续费397.32元、其他杂费26.49元；5月28日卖出20万股，每股价格6.34元，支付手续费308.4元、其他杂费25.36元。该证券公司2016年7月增值税销售额为多少元？

分析 买入股票支付的手续费、印花税、其他杂费不得计入买入价。买入价可以选择按照加权平均法或者移动加权平均法进行核算，假设该证券公司按月采用加权平均法核算，

则每股买入价=(5.32×200 000+5.13×200 000+5.42×200 000)÷(200 000+200 000+
      200 000)=5.29（元）

销项税额=(5.98×150 000+6.02×200 000+6.34×200 000-5.29×550 000)÷(1+6%)
      ×6%
      =459 500÷(1+6%)×6%
      =26 009.43（元）

（3）营改增之前，金融商品转让也是以卖出价减去买入价后的余额为营业税计税依据。根据《金融保险业营业税申报管理办法》（国税发〔2002〕9号）规定，金融商品转让业务，按股票、债券、外汇、其他四大类来划分。同一大类不同品种金融商品买卖出现的正负差，在同一个纳税期内可以相抵，相抵后仍出现负差的，可结转下一个纳税期相抵，但年末时仍出现负差的，不得转入下一个会计年度。2013年12月1日，根据《国家税务总局关于金融商品转让业务有关营业税问题的公告》（国家税务总局公告2013年第63号）规定，纳税人从事金融商品转让业务，不再按股票、债券、外汇、其他四大类来划分，统一归为"金融商品"，不同品种金融商品买卖出现的正负差，在同一个纳税期内可以相抵，按盈亏相抵后的余额为营业额计算缴纳营业税。

（4）增值税一般纳税人和小规模纳税人都应设置"应交税费——转让金融商品应交增值税"科目，核算增值税纳税人转让金融商品发生的增值税额。金融商品实际转让月末，如产生转让收益，则按应纳税额借记"投资收益"等科目，贷记"应交税费——转让金融商品应交增值税"科目；如产生转让损失，则按可结转下月抵扣税额，借记"应交税费——转让金融商品应交增值税"科目，贷记"投资收益"等科目。交纳增值税时，应借记"应交税费——转让金融商品应交增值税"科目，贷记"银行存款"科目。年末，本科目如有借方余额，则借记"投资收益"等科目，贷记"应交税费——转让金融商品应交增值税"科目。

（5）试点前发生的业务。

试点纳税人发生应税行为，按照国家有关营业税政策规定差额征收营业税的，因取得的全部价款和价外费用不足以抵减允许扣除项目金额，截至纳入营改增试点之日前尚未扣除的部分，不得在计算试点纳税人增值税应税销售额时抵减，应当向原主管地税机关申请退还营业税。

所以，金融商品转让在营改增前按差额征收营业税，然而不足以抵减的部分不可以用于抵减营改增后的销售额，应当向原主管地税机关申请退还营业税。

但纳税人2016年1~4月转让金融商品出现的负差，可结转下一纳税期，与2016年5~12月转让金融商品销售额相抵。

4. 融资性售后回租

（1）经人民银行、银监会或者商务部批准从事融资租赁业务的试点纳税人，提供融资性售后回租服务，以取得的全部价款和价外费用（不含本金），扣除对外支付的借

款利息（包括外汇借款和人民币借款利息）、发行债券利息后的余额作为销售额。

（2）根据 2016 年 4 月 30 日前签订的有形动产融资性售后回租合同，在合同到期前提供的有形动产融资性售后回租服务，2016 年 4 月 30 日前有形动产融资性售后回租服务按照有形动产租赁服务缴纳增值税，增值税的适用税率为 17%，差额征税除可以扣除对外支付的借款利息、发行债券利息外还可以扣除向承租方收取的价款本金。2016 年 4 月 30 日后，融资性售后回租服务（包括有形动产融资性售后回租服务）按照金融服务缴纳增值税，增值税的适用税率为 6%。

《营业税改征增值税试点有关事项的规定》（财税〔2016〕36 号附件 2）规定，试点纳税人根据 2016 年 4 月 30 日前签订的有形动产融资性售后回租合同，在合同到期前提供的有形动产融资性售后回租服务，可继续按照有形动产融资租赁服务缴纳增值税。

继续按照有形动产融资租赁服务缴纳增值税的试点纳税人，经人民银行、银监会或者商务部批准从事融资租赁业务的，根据 2016 年 4 月 30 日前签订的有形动产融资性售后回租合同，在合同到期前提供的有形动产融资性售后回租服务，可以选择以下方法之一计算销售额：

①以向承租方收取的全部价款和价外费用，扣除向承租方收取的价款本金，以及对外支付的借款利息（包括外汇借款和人民币借款利息）、发行债券利息后的余额为销售额。

纳税人提供有形动产融资性售后回租服务，计算当期销售额时可以扣除的价款本金，为书面合同约定的当期应当收取的本金。无书面合同或者书面合同没有约定的，为当期实际收取的本金。

试点纳税人提供有形动产融资性售后回租服务，向承租方收取的有形动产价款本金，不得开具增值税专用发票，可以开具普通发票。

②以向承租方收取的全部价款和价外费用，扣除支付的借款利息（包括外汇借款和人民币借款利息）、发行债券利息后的余额为销售额。

（3）经商务部授权的省级商务主管部门和国家经济技术开发区批准的从事融资租赁业务的试点纳税人，2016 年 4 月 30 日后实收资本达到 1.7 亿元的，从达到标准的当月起按照上述规定执行；2016 年 4 月 30 日后实收资本未达到 1.7 亿元但注册资本达到 1.7 亿元的，在 2016 年 7 月 31 日前仍可按照上述规定执行，2016 年 8 月 1 日后开展的融资租赁业务和融资性售后回租业务不得按照上述规定执行。

2016 年 4 月 30 日前，《营业税改征增值税试点实施办法》（财税〔2013〕106 号附件 1）的规定中使用的是"注册资本"的概念而不是"实收资本"。

根据《注册资本登记制度改革方案》（国发〔2014〕7 号）的规定，实行注册资本认缴登记制。公司股东认缴的出资总额或者发起人认购的股本总额（即公司注册资本）应当在工商行政管理机关登记。公司股东（发起人）应当对其认缴出资额、出资方式、出资期限等自主约定，并记载于公司章程。公司实收资本不再作为工商登记事项。公司登记时，无须提交验资报告。

因此，再按照《营业税改征增值税试点实施办法》（财税〔2013〕106 号附件 1）的规定以注册资本是否达到 1.7 亿元来判断纳税人是否可享受差额征税的政策已经无实际意义，而实收资本是股东实际投资到位的资本，以实收资本为标准来判断纳税人是否可享受差额征税的政策更为合理。

五、征收管理

(一) 纳税义务发生时间

1. 金融服务

纳税人提供金融服务，增值税纳税义务发生时间为提供金融服务并收讫销售款项或者取得索取销售款项凭据的当天；先开具发票的，为开具发票的当天。

收讫销售款项，是指纳税人提供金融服务过程中或者完成后收到款项。取得索取销售款项凭据的当天，是指书面合同确定的付款日期；未签订书面合同或者书面合同未确定付款日期的，为金融服务完成的当天。

（1）金融企业的贷款合同，属于未逾期贷款的（含展期），应根据先收利息后收本金的原则，按照合同约定的利率和结算利息的期限计算利息，并于应付利息的日期确认纳税义务的发生时间。

【例 175】某银行在 2015 年 1 月 1 日贷款给客户，每月 20 日结息。在 2016 年 5 月 5 日该银行向客户发出 4 月份的月结息单通知，客户应付利息为 3 000 元，客户应于 5 月 10 日内支付，超过 5 月 10 日将收取罚息。

请问：该银行 5 月按合同约定收取的 4 月的利息收入，应缴纳增值税还是营业税？

分析 根据增值税纳税义务发生时间的规定，增值税纳税义务发生时间为提供金融服务为并收讫销售款项或者取得索取销售款项凭据的当天。其中取得索取销售款项凭据的当天，包括书面合同确定的付款日期。所以银行应在客户应付利息的日期确认纳税义务的发生时间。4 月的利息合同约定的付款日期是 5 月 10 日内，所以 4 月的利息增值税纳税义务发生时间是 5 月，该银行 5 月按合同约定收取的 4 月的利息收入应缴纳增值税。

（2）金融企业发放贷款后，自结息日起 90 天内发生的按照书面合同确定应收未收的利息，应按现行规定缴纳增值税。但自结息日起 90 天后发生的应收未收利息暂不缴纳增值税，待实际收到利息时按规定缴纳增值税。这里所称金融企业，是指银行（包括国有、集体、股份制、合资、外资银行以及其他所有制形式的银行）、城市信用社、农村信用社、信托投资公司、财务公司。

根据《财政部 国家税务总局关于金融企业应收未收利息征收营业税问题的通知》（财税〔2002〕182 号）规定，对金融企业 2001 年 1 月 1 日以后发生的已缴纳过营业税的应收未收利息（包括自营贷款和委托贷款利息），若超过应收未收利息核算期限后仍未收回或其贷款本金到期（含展期）后尚未收回的，可从以后的营业额中减除。

《财政部 国家税务总局关于金融企业应收未收利息征收营业税问题的通知》（财税〔2002〕182 号）虽然已经废止，但这样的处理思路还是应保留。

【例 176】甲企业向某银行借款 100 万元，借款期限是 2017 年 1 月 1 日—2017 年 12 月 31 日。每月的结息日为每月最后一日，每月利息 5 000 元在次月 5 日内支付。本金在贷款到期 5 日内和最后一期利息一起支付。从 2017 年 7 月 1 日开始，甲企业无力偿还利息，6 月的利息未按时支付给银行。至贷款期满，除 1～5 月的利息外，银行未收到甲企业的款项。2018 年 6 月，甲企业停止生产经营，进行破产清算并注销工商登记。在破产清算债务清偿中，甲企业支付给银行 50 万元。

请问：该笔业务银行应如何确认增值税的纳税义务发生时间和应纳的增值税税额？

分析　1 月的利息收入 5 000 元按照贷款合同约定 2 月 5 日内支付，增值税纳税义务发生时间为 2 月，银行应在 2 月的纳税申报期内申报纳税。销项税额 = 5 000÷（1+6%）×6% = 283.02（元）。

2 月、3 月、4 月、5 月利息的处理和 1 月一样。

6 月、7 月、8 月的利息虽然没有按期收到，但应按照"自结息日起 90 天内发生的按照书面合同确定应收未收的利息，应按现行规定缴纳增值税"的规定，计算缴纳增值税。

9 月、10 月、11 月、12 月的应收利息，按照"自结息日起 90 天后发生的应收未收利息暂不缴纳增值税"的规定，不缴纳增值税。

2018 年银行收到甲企业清偿的 50 万元，没有将全部本金和利息收回。这时应根据"先收利息后收本金的原则"，在 50 万元的款项中确认 6~12 月的利息收入 35 000 元（5 000×7 = 35 000）。其中 6 月、7 月、8 月的利息在申报期内已经申报缴纳增值税，银行应就 9 月、10 月、11 月、12 月的利息收入在收到 50 万元当月的纳税申报期申报缴纳增值税。销项税额 = 5 000×4÷（1+6%）×6% = 1 132.08（元）。

（3）证券公司、保险公司、金融租赁公司、证券基金管理公司、证券投资基金以及其他经人民银行、银监会、证监会、保监会批准成立且经营金融保险业务的机构发放贷款后，自结息日起 90 天内发生的应收未收利息按现行规定缴纳增值税，自结息日起 90 天后发生的应收未收利息暂不缴纳增值税，待实际收到利息时按规定缴纳增值税。

（4）纳税人提供票据贴现服务的，收到票据的当天为纳税义务发生时间。

（5）纳税人购买并持有债券（含到期）取得的利息，有关募集说明书、投资协议上注明的付息日为纳税义务发生时间。

（6）纳税人提供直接收费金融服务，按照合同约定的应收取收入的时间确定纳税义务发生时间。

（7）保险公司提供保险服务，按照合同约定的应收取收入的时间确定纳税义务发生时间。保险公司在起保日一次性收取保险期间全部保费收入的，应于收到保费时确认应税收入。对分期支付的保单，按合同明确的收取保费时间确认应税收入。

2. 金融商品转让服务

纳税人提供金融商品转让服务，增值税纳税义务发生时间为金融商品所有权转移的当天。

纳税人买卖股票、债券等有价证券的，有关有价证券所有权转移的当天为纳税义务发生时间。纳税人购买基金、理财产品、信托计划、资产管理计划等各类资产管理产品的，转让、赎回有关份额时，或有关投资合约到期收回时为纳税义务发生的时间。

（二）纳税期限

（1）增值税的纳税期限分别为 1 日、3 日、5 日、10 日、15 日、1 个月或者 1 个季度。纳税人的具体纳税期限，由主管税务机关根据纳税人应纳税额的大小分别核定。

（2）以1个季度为纳税期限的规定适用于银行、财务公司、信托投资公司、信用社以及提供金融服务的小规模纳税人。

（三）发票管理

1. 汇总纳税的金融机构发票领购

营改增后，采取汇总纳税的金融机构发票领购应按照《全面推开营业税改征增值税试点有关税收征收管理事项的公告》（国家税务总局公告2016年第23号）的规定，省、自治区所辖地市以下分支机构可以使用地市级机构统一领取的增值税专用发票、增值税普通发票、增值税电子普通发票；直辖市、计划单列市所辖区县及以下分支机构可以使用直辖市、计划单列市机构统一领取的增值税专用发票、增值税普通发票、增值税电子普通发票。

2. 保险公司开展共保业务时增值税发票的开具

《国家税务总局关于土地价款扣除时间等增值税征管问题的公告》（国家税务总局公告2016年第86号）规定，保险公司开展共保业务时，按照以下规定开具增值税发票：

（1）主承保人与投保人签订保险合同并全额收取保费，然后再与其他共保人签订共保协议并支付共保保费的，由主承保人向投保人全额开具发票，其他共保人向主承保人开具发票；

（2）主承保人和其他共保人共同与投保人签订保险合同并分别收取保费的，由主承保人和其他共保人分别就各自获得的保费收入向投保人开具发票。

3. 保险机构代收车船税发票的开具

《关于保险机构代收车船税开具增值税发票问题的公告》（国家税务总局公告2016年第51号）规定，自2016年5月1日起，保险机构作为车船税扣缴义务人，在代收车船税并开具增值税发票时，应在增值税发票备注栏中注明代收车船税税款信息，具体包括：保险单号、税款所属期（详细至月）、代收车船税金额、滞纳金金额、金额合计等。该增值税发票可作为纳税人缴纳车船税及滞纳金的会计核算原始凭证。

4. 贴现、转贴现业务发票的开具

《关于跨境应税行为免税备案等增值税问题的公告》（国家税务总局公告2017年第30号）规定，自2018年1月1日起，金融机构开展贴现、转贴现业务需要就贴现利息开具发票的，由贴现机构按照票据贴现利息全额向贴现人开具增值税普通发票，转贴现机构按照转贴现利息全额向贴现机构开具增值税普通发票。

六、税收优惠

（一）免征增值税

1. 以下利息收入免征增值税

（1）金融机构农户小额贷款的利息收入免征增值税。

2016年12月31日前，对金融机构农户小额贷款的利息收入，免征增值税。《关于延续支持农村金融发展有关税收政策的通知》（财税〔2017〕44号）将该免税政策延续至 2019 年 12 月 31 日，同时也规定了企业所得税方面的税收优惠。《关于小额贷款公司有关税收政策的通知》（财税〔2017〕48 号）规定，小额贷款公司也可享受这些税收优惠。这些税收优惠包括：自 2017 年 1 月 1 日至 2019 年 12 月 31 日，对金融机构，包括经省级金融管理部门（金融办、局等）批准成立的小额贷款公司，取得的农户小额贷款的利息收入免征增值税。同时，在计算应纳税所得额时，按 90% 计入收入总额。对保险公司为种植业、养殖业提供保险业务取得的保费收入，在计算应纳税所得额时，按 90% 计入收入总额。

《关于营业税改征增值税试点若干政策的通知》（财税〔2016〕39 号）规定，2016 年 12 月 31 日前，中和农信项目管理有限公司和中国扶贫基金会举办的农户自立服务社（中心），以及中和农信项目管理有限公司独资成立的小额贷款公司从事农户小额贷款取得的利息收入，免征增值税。

小额贷款（下同），是指单笔且该农户贷款余额总额在 10 万元（含）以下的贷款。

金融机构应对符合条件的农户小额贷款利息收入进行单独核算，不能单独核算的不得享受优惠政策。本通知印发之日前已征的增值税，可抵减纳税人以后月份应缴纳的增值税或予以退还。

（2）国家助学贷款。

（3）国债、地方政府债。

（4）人民银行对金融机构的贷款。

（5）住房公积金管理中心用住房公积金在指定的委托银行发放的个人住房贷款。

（6）外汇管理部门在从事国家外汇储备经营过程中，委托金融机构发放的外汇贷款。

（7）统借统还业务中，企业集团或企业集团中的核心企业以及集团所属财务公司按不高于支付给金融机构的借款利率水平或者支付的债券票面利率水平，向企业集团或者集团内下属单位收取的利息。

统借方向资金使用单位收取的利息，高于支付给金融机构借款利率水平或者支付的债券票面利率水平的，应全额缴纳增值税。

统借统还业务，是指：

A. 企业集团或者企业集团中的核心企业向金融机构借款或对外发行债券取得资金后，将所借资金分拨给下属单位（包括独立核算单位和非独立核算单位，下同），并向下属单位收取用于归还金融机构或债券购买方本息的业务。

B. 企业集团向金融机构借款或对外发行债券取得资金后，由集团所属财务公司与企业集团或者集团内下属单位签订统借统还贷款合同并分拨资金，并向企业集团或者集团内下属单位收取本息，再转付企业集团，由企业集团统一归还金融机构或债券购买方的业务。

2. 被撤销金融机构以货物、不动产、无形资产、有价证券、票据等财产清偿债务免征增值税

被撤销金融机构，是指经人民银行、银监会依法决定撤销的金融机构及其分设于各地的分支机构，包括被依法撤销的商业银行、信托投资公司、财务公司、金融租赁公司、城市信用社和农村信用社。除另有规定外，被撤销金融机构所属、附属企业，

不享受被撤销金融机构增值税免税政策。

3. 保险公司开办的一年期以上人身保险产品取得的保费收入免征增值税

一年期以上人身保险，是指保险期间为一年期及以上返还本利的人寿保险、养老年金保险，以及保险期间为一年期及以上的健康保险。《财政部 国家税务总局关于进一步明确全面推开营改增试点金融业有关政策的通知》（财税〔2016〕46 号）规定，享受免征增值税的一年期及以上返还本利的人身保险包括其他年金保险，其他年金保险是指养老年金以外的年金保险。

人寿保险，是指以人的寿命为保险标的的人身保险。

养老年金保险，是指以养老保障为目的，以被保险人生存为给付保险金条件，并按约定的时间间隔分期给付生存保险金的人身保险。养老年金保险应当同时符合下列条件：

（1）保险合同约定给付被保险人生存保险金的年龄不得小于国家规定的退休年龄。

（2）相邻两次给付的时间间隔不得超过一年。

健康保险，是指以因健康原因导致损失为给付保险金条件的人身保险。

上述免税政策实行备案管理，具体备案管理办法按照《国家税务总局关于一年期以上返还性人身保险产品免征营业税审批事项取消后有关管理问题的公告》（国家税务总局公告 2015 年第 65 号）规定执行。

4. 再保险服务免征增值税

《财政部 国家税务总局关于进一步明确全面推开营改增试点有关再保险、不动产租赁和非学历教育等政策的通知》（财税〔2016〕68 号）规定，试点纳税人提供再保险服务（境内保险公司向境外保险公司提供的再保险服务除外），实行与原保险服务一致的增值税政策。再保险合同对应多个原保险合同的，所有原保险合同均适用免征增值税政策时，该再保险合同适用免征增值税政策。否则，该再保险合同应按规定缴纳增值税。

原保险服务，是指保险分出方与投保人之间直接签订保险合同而建立保险关系的业务活动。

5. 下列金融商品转让收入免征增值税

（1）合格的境外机构投资者（QFII）委托境内公司在我国从事证券买卖业务。

（2）香港市场投资者（包括单位和个人）通过沪港通买卖上海证券交易所上市A股。

（3）对香港市场投资者（包括单位和个人）通过基金互认买卖内地基金份额。

（4）证券投资基金（封闭式证券投资基金，开放式证券投资基金）管理人运用基金买卖股票、债券。

（5）个人从事金融商品转让业务。

（6）《财政部 国家税务总局关于金融机构同业往来等增值税政策的补充通知》（财税〔2016〕70 号）规定，人民币合格境外投资者（RQFII）委托境内公司在我国从事证券买卖业务，以及经人民银行认可的境外机构投资银行间本币市场取得的收入属于金融商品转让收入，免征增值税。银行间本币市场包括货币市场、债券市场以及衍生品市场。

6. 金融同业往来利息收入免征增值税

（1）金融机构与人民银行所发生的资金往来业务。包括人民银行对一般金融机构贷款，以及人民银行对商业银行的再贴现等。

《财政部　国家税务总局关于金融机构同业往来等增值税政策的补充通知》（财税〔2016〕70号）规定，商业银行购买央行票据、与央行开展货币掉期和货币互存等业务属于金融机构与人民银行所发生的资金往来业务。

（2）银行联行往来业务。同一银行系统内部不同行、处之间所发生的资金账务往来业务。

《财政部　国家税务总局关于金融机构同业往来等增值税政策的补充通知》（财税〔2016〕70号）规定，境内银行与其境外的总机构、母公司之间，以及境内银行与其境外的分支机构、全资子公司之间的资金往来业务属于银行联行往来业务。

（3）金融机构间的资金往来业务。是指经人民银行批准，进入全国银行间同业拆借市场的金融机构之间通过全国统一的同业拆借网络进行的短期（一年以下含一年）无担保资金融通行为。

（4）金融机构之间开展的转贴现业务。

《关于建筑服务等营改增试点政策的通知》（财税〔2017〕58号）规定，自2018年1月1日起，金融机构开展贴现、转贴现业务，以其实际持有票据期间取得的利息收入作为贷款服务销售额计算缴纳增值税。此前贴现机构已就贴现利息收入全额缴纳增值税的票据，转贴现机构转贴现利息收入继续免征增值税。

（5）《财政部　国家税务总局关于进一步明确全面推开营改增试点金融业有关政策的通知》（财税〔2016〕46号）规定，金融机构开展下列业务取得的利息收入，属于金融同业往来利息收入免征增值税：

A. 质押式买入返售金融商品。质押式买入返售金融商品，是指交易双方进行的以债券等金融商品为权利质押的一种短期资金融通业务。

B. 持有政策性金融债券。政策性金融债券，是指开发性、政策性金融机构发行的债券。

（6）《财政部　国家税务总局关于金融机构同业往来等增值税政策的补充通知》（财税〔2016〕70号）规定，金融机构开展下列业务取得的利息收入，属于金融同业往来利息收入，免征增值税：

A. 同业存款。

同业存款，是指金融机构之间开展的同业资金存入与存出业务，其中资金存入方仅为具有吸收存款资格的金融机构。

B. 同业借款。

同业借款，是指法律法规赋予此项业务范围的金融机构开展的同业资金借出和借入业务。此条款所称"法律法规赋予此项业务范围的金融机构"主要是指农村信用社之间以及在金融机构营业执照列示的业务范围中有反映为"向金融机构借款"业务的金融机构。

C. 同业代付。

同业代付，是指商业银行（受托方）接受金融机构（委托方）的委托向企业客户付款，委托方在约定还款日偿还代付款项本息的资金融通行为。

D. 买断式买入返售金融商品。

买断式买入返售金融商品，是指金融商品持有人（正回购方）将债券等金融商品卖给债券购买方（逆回购方）的同时，交易双方约定在未来某一日期，正回购方再以约定价格从逆回购方买回相等数量同种债券等金融商品的交易行为。

E. 持有金融债券。

金融债券，是指依法在中华人民共和国境内设立的金融机构法人在全国银行间和交易所债券市场发行的、按约定还本付息的有价证券。

F. 同业存单。

同业存单，是指银行业存款类金融机构法人在全国银行间市场上发行的记账式定期存款凭证。

金融机构是指：

A. 银行：包括人民银行、商业银行、政策性银行。

B. 信用合作社。

C. 证券公司。

D. 金融租赁公司、证券基金管理公司、财务公司、信托投资公司、证券投资基金。

E. 保险公司。

F. 其他经人民银行、银监会、证监会、保监会批准成立且经营金融保险业务的机构等。

7. 同时符合下列条件的担保机构从事中小企业信用担保或者再担保业务取得的收入（不含信用评级、咨询、培训等收入）3年内免征增值税

（1）已取得监管部门颁发的融资性担保机构经营许可证，依法登记注册为企（事）业法人，实收资本超过 2 000 万元。

（2）平均年担保费率不超过银行同期贷款基准利率的 50%。平均年担保费率＝本期担保费收入/（期初担保余额+本期增加担保金额）×100%。

（3）连续合规经营 2 年以上，资金主要用于担保业务，具备健全的内部管理制度和为中小企业提供担保的能力，经营业绩突出，对受保项目具有完善的事前评估、事中监控、事后追偿与处置机制。

（4）为中小企业提供的累计担保贷款额占其两年累计担保业务总额的 80% 以上，单笔 800 万元以下的累计担保贷款额占其累计担保业务总额的 50% 以上。

（5）对单个受保企业提供的担保余额不超过担保机构实收资本总额的 10%，且平均单笔担保责任金额最多不超过 3 000 万元人民币。

（6）担保责任余额不低于其净资产的 3 倍，且代偿率不超过 2%。

担保机构免征增值税政策采取备案管理方式。符合条件的担保机构应到所在地县（市）主管税务机关和同级中小企业管理部门履行规定的备案手续，自完成备案手续之日起，享受 3 年免征增值税政策。3 年免税期满后，符合条件的担保机构可按规定程序办理备案手续后继续享受该项政策。

具体备案管理办法按照《国家税务总局关于中小企业信用担保机构免征营业税审

批事项取消后有关管理问题的公告》（国家税务总局公告 2015 年第 69 号）规定执行，其中税务机关的备案管理部门统一调整为县（市）级国家税务局。

8. 国家商品储备管理单位及其直属企业承担商品储备任务，从中央或者地方财政取得的利息补贴收入和价差补贴收入免征增值税

国家商品储备管理单位及其直属企业，是指接受中央、省、市、县四级政府有关部门（或者政府指定管理单位）委托，承担粮（含大豆）、食用油、棉、糖、肉、盐（限于中央储备）6 种商品储备任务，并按有关政策收储、销售上述 6 种储备商品，取得财政储备经费或者补贴的商品储备企业。利息补贴收入，是指国家商品储备管理单位及其直属企业因承担上述商品储备任务从金融机构贷款，并从中央或者地方财政取得的用于偿还贷款利息的贴息收入。价差补贴收入包括销售价差补贴收入和轮换价差补贴收入。销售价差补贴收入，是指按照中央或者地方政府指令销售上述储备商品时，由于销售收入小于库存成本而从中央或者地方财政获得的全额价差补贴收入。轮换价差补贴收入，是指根据要求定期组织政策性储备商品轮换而从中央或者地方财政取得的商品新陈品质价差补贴收入。

9. 部分不良资产处理业务免征增值税

《关于营业税改征增值税试点若干政策的通知》（财税〔2016〕39 号）规定，中国信达资产管理股份有限公司、中国华融资产管理股份有限公司、中国长城资产管理公司和中国东方资产管理公司及各自经批准分设于各地的分支机构（以下称资产公司），在收购、承接和处置剩余政策性剥离不良资产和改制银行剥离不良资产过程中开展的以下业务，免征增值税：

（1）接受相关国有银行的不良债权，借款方以货物、不动产、无形资产、有价证券和票据等抵充贷款本息的，资产公司销售、转让该货物、不动产、无形资产、有价证券、票据以及利用该货物、不动产从事的融资租赁业务。

（2）接受相关国有银行的不良债权取得的利息。

（3）资产公司所属的投资咨询类公司，为本公司收购、承接、处置不良资产而提供的资产、项目评估和审计服务。

中国长城资产管理公司和中国东方资产管理公司如经国务院批准改制后，继承其权利、义务的主体及其分支机构处置剩余政策性剥离不良资产和改制银行剥离不良资产，比照上述政策执行。

上述政策性剥离不良资产，是指资产公司按照国务院规定的范围和额度，以账面价值进行收购的相关国有银行的不良资产。

上述改制银行剥离不良资产，是指资产公司按照《中国银行和中国建设银行改制过程中可疑类贷款处置管理办法》（财金〔2004〕53 号）、《中国工商银行改制过程中可疑类贷款处置管理办法》（银发〔2005〕148 号）规定及中国交通银行股份制改造时国务院确定的不良资产的范围和额度收购的不良资产。

上述处置不良资产，是指资产公司按照有关法律、行政法规，为使不良资产的价值得到实现而采取的债权转移的措施，具体包括运用出售、置换、资产重组、债转股、证券化等方法对贷款及其抵押品进行处置。

资产公司（含中国长城资产管理公司和中国东方资产管理公司如经国务院批准改

制后继承其权利、义务的主体）除收购、承接、处置本通知规定的政策性剥离不良资产和改制银行剥离不良资产业务外，从事其他经营业务应一律依法纳税。

除另有规定者外，资产公司所属、附属企业，不得享受资产公司免征增值税的政策。

10. 社保基金投资部分金融商品免征增值税

全国社会保障基金理事会、全国社会保障基金投资管理人运用全国社会保障基金买卖证券投资基金、股票、债券取得的金融商品转让收入，免征增值税。

（二）即征即退增值税

经人民银行、银监会或者商务部批准从事融资租赁业务的试点纳税人中的一般纳税人，提供有形动产融资性售后回租服务，对其增值税实际税负超过3%的部分实行增值税即征即退政策。商务部授权的省级商务主管部门和国家经济技术开发区批准的从事融资性售后回租业务的试点纳税人中的一般纳税人，2016年4月30日后实收资本达到1.7亿元的，从达到标准的当月起按照上述规定执行；2016年4月30日后实收资本未达到1.7亿元但注册资本达到1.7亿元的，在2016年7月31日前仍可按照上述规定执行，2016年8月1日后开展的有形动产融资性售后回租业务不得按照上述规定执行。

（1）即征即退税额的计算方法：

即征即退增值税税额=本期有形动产融资租赁服务和有形动产融资性售后回租服务应纳税额-本期即征即退有形动产融资租赁服务和有形动产融资性售后回租服务销售额×3%

（2）增值税税负率=本期即征即退有形动产融资租赁服务和有形动产融资性售后回租服务应纳增值税税额÷本期即征即退有形动产融资租赁服务和有形动产融资性售后回租服务销售额×100%。

本期即征即退有形动产融资租赁服务和有形动产融资性售后回租服务应纳税额为有形动产融资租赁服务和有形动产融资性售后回租服务已缴增值税。

（三）跨境应税行为退免税。

金融服务包括贷款服务、直接收费金融服务、保险服务和金融商品转让。

1. 直接收费金融服务

纳税人为境外单位之间的货币资金融通及其他金融业务提供的服务，且该服务与境内的货物、无形资产和不动产无关的直接收费金融服务适用跨境应税行为免税政策。

《营业税改征增值税跨境应税行为增值税免税管理办法（试行）》（国家税务总局公告2016年第29号）规定，为境外单位之间、境外单位和个人之间的外币、人民币资金往来提供的资金清算、资金结算、金融支付、账户管理服务，属于为境外单位之间的货币资金融通及其他金融业务提供的直接收费金融服务。

2. 保险服务

纳税人为出口货物提供的保险服务适用跨境应税行为免税政策，包括出口货物保险和出口信用保险。

（1）出口货物保险。

为出口货物提供的保险服务适用跨境应税行为免税政策，为进口货物提供的保险服务，应缴纳增值税。

出口货物保险主要是出口货物运输保险。各国保险法及国际贸易惯例一般都规定出口货运险的保险金额在到岸价（CIF）的基础上适当加成，加成率一般是 10%，也可以与被保险人约定不同的加成率，但一般不超过 30%。保险金额＝CIF×（1+加成率）。

出口货物保险的主要险种有：①海洋运输货物保险，包括平安险、水渍险、一切险。②陆上运输货物保险，包括陆运险、陆运一切险。③航空运输货物保险，包括航空运输险、航空运输一切险。④邮包保险，包括邮包险、邮包一切险。⑤附加险。该险是指不能独立投保的险别，只有投保了主险，才能投保附加险，包括一般附加险、特别附加险、特殊附加险。一般附加险包括偷窃提货不着险、淡水雨淋险、短量险、混杂沾污险、碰损破碎险、串味险、受热受潮险、包装破裂险、钩损险、渗漏险、锈损险。特别附加险包括交货不到险、进口关税险、舱面险、拒收险、黄曲霉险等。特殊附加险包括战争险、罢工险。

这些保险都属于出口货物保险的范畴，都适用跨境应税行为免税政策。

相关知识： 海洋运输货物保险条款所承保的险别，分为基本险别和附加险别两类。

基本险别有平安险、水渍险和一切险三种。

平安险的责任范围：①被保货物在运输过程中，由于自然灾害造成整批货物的全部损失或推定全损。被保货物用驳船运往或远离海轮的，每一驳船所装货物可视为一整批。②由于运输工具遭受意外事故造成货物全部或部分损失。③在运输工具已经发生意外事故下，货物在此前后又在海上遭受自然灾害落海造成的全部或部分损失。④在装卸或转运时，由于一件或数件货物落海造成的全部或部分损失。⑤被保人对遭受承保范围内的货物采取抢救、防止或减少货损的措施而支付的合理费用，但以不超过该批被救货物的保险金额为限。⑥运输工具遭难后，在避难港由于卸货所引起的损失以及在中途港、避难港由于卸货、存仓以及运送货物所产生的特别费用。⑦共同海员的牺牲、分摊和救助费用。⑧运输合同订有"船舶互撞责任条款"，根据该条款规定应由货方偿还船方的损失。

水渍险的责任范围：除平安险的各项责任外，还负责被保货物由于自然灾害造成的部分损失。

一切险的责任范围：除平安险和水渍险的各项责任的，还负责被保货物在运输途中由于一般外来原因所造成的全部或部分损失。

（2）出口信用保险。

出口信用保险，也叫出口信贷保险，出口信用保险承保的对象是出口企业的应收账款，承保的风险主要是人为原因造成的商业信用风险和政治风险。商业信用风险主要包括买方因破产而无力支付债务、买方拖欠货款、买方因自身原因而拒绝收货及付款等。政治风险主要包括因买方所在国禁止或限制汇兑、实施进口管制、撤销进口许可证、发生战争、暴乱等而出现卖方、买方均无法控制的情况，导致买方无法支付货款。而以上这些风险，是无法预计并难以计算发生概率的，因此也是商业保险无法承受的。

根据支付方式、信用期限和出口国别的不同，出口信用保险的保费从 0.23% 至 2.81% 不等，平均为 0.9%。买家拒付、拒收的，赔付比例为实际损失的 80%；其他的为 90%。保险公司在赔付后向买家追讨的受益，按上述比例再分配给投保企业。

出口信用保险公司提供的客户信用调查、账款追讨等其他业务，不属于出口信用保险的范围，不适用跨境应税行为免税政策。

（3）国际航运保险。

《关于营业税改征增值税试点若干政策的通知》（财税〔2016〕39 号）规定对下列国际航运保险业务免征增值税：①注册在上海、天津的保险企业从事国际航运保险业务。②注册在深圳市的保险企业向注册在前海深港现代服务业合作区的企业提供国际航运保险业务。③注册在平潭的保险企业向注册在平潭的企业提供国际航运保险业务。

3. 再保险服务

《财政部 国家税务总局关于进一步明确全面推开营改增试点有关再保险、不动产租赁和非学历教育等政策的通知》（财税〔2016〕68 号）规定，境内保险公司向境外保险公司提供的完全在境外消费的再保险服务，免征增值税。

4. 特殊情况

（1）贷款服务、金融商品转让服务不适用跨境应税行为免税政策。

（2）纳税人向境外单位提供的完全在境外消费的商务辅助服务适用跨境应税行为免税政策。金融机构提供的金融代理服务属于"商务辅助服务——经纪代理服务"，所以纳税人向境外单位提供的完全在境外消费的金融代理服务适用跨境应税行为免税政策。

第四节　电信服务的增值税处理

一、电信服务的纳税人

（一）三大运营商

中国电信业务目前主要是三大运营商在运营，分别是中国移动通信集团公司、中国联合网络通信集团有限公司、中国电信集团公司及其成员单位。

（1）中国移动通信集团公司，是根据国家关于电信体制改革的部署和要求，在原中国电信移动通信资产总体剥离的基础上组建的国有骨干企业。在 2008 年通信行业重组中，中国铁通集团有限公司正式并入中国移动通信集团公司，成为其全资子公司，但始终保持相对独立运营。

（2）中国联合网络通信集团有限公司是 2009 年 1 月 7 日经国务院同意，中国联合通信有限公司与中国网络通信集团公司重组合并的新公司。中国联通在国内 31 个省（自治区、直辖市）和境外多个国家和地区设有分支机构，是中国唯一一家在纽约、香港、上海三地同时上市的电信运营企业。

（3）中国电信集团公司，是我国特大型国有通信企业。2008 年 10 月 1 日之后收购了中国联通的 CDMA 业务，正式从固网业务运营商转变为全业务运营商。

（二）虚拟运营商

虚拟运营商拥有某种或者某几种能力（如技术能力、设备供应能力、市场能力等），与电信运营商在某项业务或者某几项业务上形成合作关系。电信运营商按照一定的利益分成比例，把业务交给虚拟运营商去发展，虚拟运营商通过自己的计费系统、客服号、营销和管理体系把服务卖给消费者。

如 2014 年 6 月中国联通虚拟运营商转售企业城市招标，14 家虚拟运营商中标，其中苏宁云商旗下负责虚拟运营商业务的子公司苏宁互联以中标总量 61 个城市，成为目前国内覆盖范围最广的虚拟运营商。苏宁互联将自己定位为互联网化的虚拟运营商，将连接视频娱乐、线上线下购物、金融理财、智能家居、车联网等多项服务。

虚拟运营商提供的部分业务根据其业务实质的不同，也应属于电信服务，虚拟运营商也可能成为电信业的纳税人。

二、征税范围

电信服务，是指利用有线、无线的电磁系统或者光电系统等各种通信网络资源，提供语音通话服务，传送、发射、接收或者应用图像、短信等电子数据和信息的业务活动，包括基础电信服务和增值电信服务。

（一）基础电信服务

基础电信服务，是指利用固网、移动网、卫星、互联网，提供语音通话服务的业务活动，以及出租或者出售带宽、波长等网络元素的业务活动。

> **相关知识：** 工业和信息化部发布新版的《电信业务分类目录（2015 年版）》，新版《目录》于 2016 年 3 月 1 日起正式施行。
>
> 《目录》中基础电信业务包括第一类基础电信业务和第二类基础电信业务。第一类基础电信业务包括固定通信业务、蜂窝移动通信业务、第一类卫星通信业务、第一类数据通信业务、IP 电话业务。第二类基础电信业务包括集群通信业务、无线寻呼业务、第二类卫星通信业务、第二类数据通信业务、网络接入设施服务业务、国内通信设施服务业务、网络托管业务。

（二）增值电信服务

增值电信服务，是指利用固网、移动网、卫星、互联网、有线电视网络，提供短信和彩信服务、电子数据和信息的传输及应用服务、互联网接入服务等业务活动。

《国家税务总局关于营业税改征增值税试点期间有关增值税问题的公告》（国家税务总局公告 2015 年第 90 号）规定，纳税人通过楼宇、隧道等室内通信分布系统，为电信企业提供的语音通话和移动互联网等无线信号室分系统传输服务，分别按照基础电信服务和增值电信服务缴纳增值税。

卫星电视信号落地转接服务，按照增值电信服务缴纳增值税。

> **相关知识：**《电信业务分类目录（2015年版）》中增值电信服务分为第一类增值电信业务和第二类增值电信业务。第一类增值电信业务包括互联网数据中心业务、内容分发网络业务、国内互联网虚拟专用网业务、互联网接入服务业务。第二类增值电信业务包括在线数据处理与交易处理业务、国内多方通信服务业务、存储转发类业务、呼叫中心业务、信息服务业务、编码和规程转换业务。

【例177】2016年5月，A省有线电视网络公司与中国电信集团公司A省电信公司签订了《互联网专线租用协议》，有线电视网络公司租用电信公司互联网专线一条，用于广播电视数据传输，上联汇聚端口10G，首期开通3个G，并为有线电视网络公司提供2C公网IP地址，两个端口为默认全开。资费标准为：每次预存6个月租费，价格为7万元/G/月，每次预存合计126万元（7×3×6＝126）。该协议有效期到2019年5月。有线电视网络公司认为电信公司提供的是基础电信服务，电信公司应按基础电信服务为其开具11%税率的增值税专用发票。电信公司认为其为有线电视网络公司提供的标的物为互联网专线，且为专线配备有2个C的互联网（公网）IP地址，用户能自由访问互联网（公网），而不用于一般国内专线电路（仅仅是通信通道而不能访问互联网），因此，互联网专线为互联网接入服务，属于增值电信服务，应开具6%增值税专用发票。

请问：有线电视网络公司和电信公司的观点哪一个正确？

分析 本案例的关键点是该业务属于基础电信服务中的出租带宽的业务活动还是属于增值电信服务中互联网接入服务。

根据《营业税改征增值税试点实施办法》有关基础电信的注释，该业务应属于基础电信服务中的出租带宽的业务活动。同时，电信业务分类目录中，基础电信服务包括第一类基础电信业务和第二类基础电信业务，在第二类基础电信业务中包含国内通信设施服务业务。国内通信设施是指用于实现国内通信业务所需的地面传输网络和网络元素。国内通信设施服务业务是指建设并出租、出售国内通信设施的业务。国内专线电路租用服务业务应属于国内通信设施服务业务。

所以，有线电视网络公司认为电信公司提供的是基础电信服务是正确的。

电信业务分类目录中，基础电信服务包括第一类增值电信业务和第二类增值电信业务，在第一类增值电信业务中包含互联网接入服务业务。互联网接入服务业务是指利用接入服务器和相应的软硬件资源建立业务节点，并利用公用通信基础设施将业务节点与互联网骨干网相连接，为各类用户提供接入互联网的服务。用户可以利用公用通信网或其他接入手段连接到其业务节点，并通过该节点接入互联网。在本案中，电信公司为有线电视网络公司提供的是出租国内通信设施的业务，不属于增值电信服务，电信公司认为自己提供的是增值电信服务不正确。

三、"捆绑销售""套餐业务""消费送流量"等业务的增值税处理

电信业纳税人在日常经营活动中，经常会推出"捆绑销售""套餐业务""消费送流量"等活动。这些业务对于电信服务的纳税人来讲都是常规业务，但这些业务的增值税处理比较复杂。

(一)营改增前"捆绑销售""套餐业务""消费送流量"等业务的增值税处理

在 2014 年 6 月 1 日前，电信业缴纳营业税。根据《国家税务总局关于中国移动有限公司内地子公司业务销售附带赠送行为征收流转税问题的通知》(国税函〔2006〕1278 号) 的规定，"中国移动有限公司内地子公司开展以业务销售附带赠送电信服务业务 (包括赠送用户一定业务使用时长、流量或业务使用费额度、赠送有价卡预存款或有价卡) 的过程中，其附带赠送的电信服务是无偿提供电信业劳务的行为，不属于营业税征收范围，不征收营业税。中国移动有限公司内地子公司开展的以业务销售附带赠送实物业务 (包括赠送用户 SIM 卡、手机或有价物品等实物)，属于电信单位提供电信业劳务的同时赠送实物的行为，按照现行流转税政策规定，不征收增值税，其进项税额不得予以抵扣；其附带赠送实物的行为是电信单位无偿赠与他人实物的行为，不属于营业税征收范围，不征收营业税。"

尽管《国家税务总局关于中国移动有限公司内地子公司业务销售附带赠送行为征收流转税问题的通知》(国税函〔2006〕1278 号) 是专门针对中国移动有限公司内地子公司开展以业务销售附带赠送行为的征税，但实际征管中，对于其他电信业纳税人的类似业务，也是按照这样的方法处理。所以，在电信业改征增值税前，"捆绑销售""套餐业务""消费送流量"等活动中赠送的实物不征收增值税。电信业纳税人这类业务取得的全部收入都征收营业税。

实际上，电信业纳税人的"捆绑销售""套餐业务""消费送流量"等活动如果涉及赠送实物的，属于《增值税暂行条例》《营业税暂行条例》所规定的"混合销售"业务。根据《增值税暂行条例》的规定，一项销售行为如果既涉及货物又涉及非增值税应税劳务，为混合销售行为。电信业的"捆绑销售""套餐业务""消费送流量"等活动如果涉及赠送实物的，是一项既涉及货物 (手机等货物) 又涉及非增值税应税劳务 (电信业) 的销售行为，为混合销售行为。除特别规定外，从事货物的生产、批发或者零售的企业、企业性单位和个体工商户的混合销售行为，视为销售货物，应当缴纳增值税；其他单位和个人的混合销售行为，视为销售非增值税应税劳务，不缴纳增值税，缴纳营业税。所以电信业纳税人的混合销售行为应征收营业税。这样的理解结果和国税函〔2006〕1278 号的规定也是一致的。

(二)营改增后"捆绑销售""套餐业务""消费送流量"等活动的增值税处理

1. 2016 年 4 月 30 日前，作为混业经营业务处理

电信业改征增值税后，纳税人的"捆绑销售""套餐业务""消费送流量"等活动涉及赠送实物的，不是混合销售业务，而是混业经营业务。根据《营业税改征增值税试点实施办法》(财税〔2013〕106 号附件 1) 的规定，试点纳税人兼有不同税率或者

征收率的销售货物、提供加工、修理修配劳务或者应税服务的，是混业经营。纳税人的"捆绑销售""套餐业务""消费送流量"等活动涉及赠送实物的，是纳税人兼有不同税率的货物（手机，税率为17%）、应税服务（基础电信服务，税率为11%；增值电信服务，税率为6%）的混业经营业务，所以应当分别核算适用不同税率或征收率的销售额，未分别核算销售额的，从高适用税率或征收率。

《财政部 国家税务总局关于将电信业纳入营业税改征增值税试点的通知》（财税〔2014〕43号）规定，纳税人提供电信业服务时，附带赠送用户识别卡、电信终端等货物或者电信业服务的，应将其取得的全部价款和价外费用进行分别核算，按各自适用的税率计算缴纳增值税。

2. 2016年4月30日后，作为混合销售业务处理

（1）《营业税改征增值税试点实施办法》（财税〔2016〕36号附件1）规定：一项销售行为如果既涉及服务又涉及货物，为混合销售。电信业纳税人的"捆绑销售""套餐业务""消费送流量"等活动涉及赠送实物的，就是一项销售行为既涉及服务（电信服务）又涉及货物（手机等），所以是混合销售业务。

按照《营业税改征增值税试点实施办法》（财税〔2016〕36号附件1）的规定，从事货物的生产、批发或者零售的单位和个体工商户的混合销售行为，按照销售货物缴纳增值税；其他单位和个体工商户的混合销售行为，按照销售服务缴纳增值税。那么电信业纳税人的混合销售业务应按照销售电信服务缴纳增值税。但是，《营业税改征增值税试点实施办法》（财税〔2016〕36号附件1）的规定是"试点纳税人销售电信服务时，附带赠送用户识别卡、电信终端等货物或者电信服务的，应将其取得的全部价款和价外费用进行分别核算，按各自适用的税率计算缴纳增值税。"

所以，试点纳税人销售电信服务时，附带赠送用户识别卡、电信终端等货物或者电信服务的业务在2016年4月30日前属于混业经营，应将其取得的全部价款和价外费用进行分别核算，按各自适用的税率计算缴纳增值税。2016年4月30日后属于混合销售，但是增值税的处理方法还是和2016年4月30日前一样，应将其取得的全部价款和价外费用进行分别核算，按各自适用的税率计算缴纳增值税。

（2）销售额分配的方法。

增值税中没有规定具体的销售额分配的方法。在分配销售额的过程中，由于纳税人购进手机等货物的适用税率为17%，如果分配到手机等货物的销售额低于购进的价款，就会产生手机部分的销项税额小于进项税额的情形。所以，大部分主管税务机关都会要求纳税人在分配销售额的时候，分配给货物的销售额不能低于货物购进的价款。确定好货物的销售额后，再将剩余的销售额在基础电信服务和增值电信服务之间按购买方实际消费基础电信服务和增值电信服务的比例进行分配。

（3）发票的开具。

电信企业提供电信业服务附赠电信终端，如果购买方为需要开具增值税专用发票的增值税一般纳税人，在入网当期就电信终端价格开具增值税专用发票或者增值税普通发票，剩余电信服务预收款项部分开具收据，实际提供电信服务时开具增值税专用发票或者普通发票。如果购买方为其他个人，在入网当期按照电信终端及电信服务的各自增值税应税销售额开具普通发票，实际按期分摊时分摊部分不再开具发票。

电信企业向同一客户提供基础电信服务和增值电信服务开具增值税发票时，票面必须分别列明基础电信和增值电信各自的销售额和税额，且此销售额和税额应同电信企业按公允价值拆分并计税的销售额、税额一致。

四、计税依据

（一）差额征税

2014 年 6 月 1 日的电信服务改征增值税，《财政部 国家税务总局关于将电信业纳入营业税改征增值税试点的通知》（财税〔2014〕43 号）规定："中国移动通信集团公司、中国联合网络通信集团有限公司、中国电信集团公司及其成员单位，通过手机短信公益特服号为公益性机构接受捐款服务，以其取得的全部价款和价外费用，扣除支付给公益性机构捐款后的余额为销售额，具体单位、公益机构名单及公益特服号在财税〔2014〕43 号文件中列明。"

《电信企业增值税征收管理暂行办法》（国家税务总局公告 2014 年第 26 号）规定，电信企业通过手机短信公益特服号为公益机构接受捐款提供服务，如果捐款人索取增值税专用发票的，应按照捐款人支付的全部价款和价外费用，扣除支付给公益性机构捐款后的余额开具增值税专用发票。

2016 年 4 月 30 日后，《财政部 国家税务总局关于营业税改征增值税试点若干政策的通知》（财税〔2016〕39 号）继续保留了上述要求。

（二）积分兑换

提供电信服务的纳税人有一项比较常见的活动——积分兑换。如中国移动 250 个积分可兑换 3 元话费、416 个积分可兑换 5 元话费、2 500 个积分可兑换一张 20 元的肯德基券、3 000 个积分可兑换 1 双拖鞋等。

积分可以通过消费电信服务、签到、网龄等方式取得，如中国移动的客户每月每消费 1 元送 1 个积分。

积分兑换的货物、电信服务、应税行为，增值税应如何处理？各地对这类业务的增值税处理差异比较大。在这里选取两种比较典型的处理方法，大部分国税机关采用的是第一种处理方法。

1. 第一种处理方法：除另有规定外，视同销售

2016 年 4 月 30 日前，《财政部 国家税务总局将电信业纳入营业税改征增值税试点的通知》（财税〔2014〕43 号）规定，以积分兑换形式赠送的电信业服务，不征收增值税。

对电信服务中积分兑换的业务增值税的处理是：①以积分兑换形式赠送的电信业服务，不征收增值税。②以积分兑换形式赠送的货物，暂视同销售货物，缴纳增值税。③以积分兑换形式赠送的除电信服务以外的应税服务，暂视同提供应税服务，缴纳增值税，相应取得的进项税额按规定进行抵扣。

这种处理方法对积分兑换业务处理的基本思路是，除税法明确规定不征收增值税的外，都按照无偿赠送货物或者无偿提供应税行为，缴纳增值税。

2016 年 4 月 30 日后，营改增的有关政策中没有"以积分兑换形式赠送的电信业服

务，不征收增值税"的规定，但是在增值税的征收管理中，还是和 2016 年 4 月 30 日前一样的处理。

2. 第二种处理方法：不视同销售

这种方法对电信服务纳税人积分兑换业务处理的基本思路是，积分兑换形式赠送货物、电信服务、应税行为，不缴纳增值税，同时，赠送的货物、电信服务、应税行为如果有进项税额，可以抵扣。安徽国税采用的是这种方法。

《安徽省国家税务局关于中国移动通信集团安徽有限公司等 4 家电信企业增值税征收管理相关问题的通知》（皖国税函〔2014〕140 号）规定，"中国移动通信集团安徽有限公司等 4 家电信企业以积分兑换形式赠送的货物，不属于无偿赠送应税货物行为，不需要计提增值税，所赠送货物的进项税额可以按规定办理抵扣手续。"

在这两种处理思路中，安徽国税的处理思路比较符合增值税的基本原理。

从销售额角度考虑，按照增值税的基本规定，增值税的销售额是向购买方收取的全部价款和价外费用，在积分兑换业务中，向购买方收取的全部价款和价外费用并没有因为积分兑换业务而增加，而且，如果把积分兑换业务作为无偿赠送货物或无偿提供应税行为确认增值税的销售额，在政策层面也不妥当。对客户来讲，积分兑换货物或应税行为的前提条件是客户有消费、网龄等行为。对于提供电信服务的纳税人来讲，积分兑换货物或应税行为是一种促销手段，不是无偿赠送（提供），在企业所得税的处理中，纳税人会将这些支出计入销售费用，按照业务宣传费等支出在企业所得税前扣除，在增值税的处理中，将其作为无偿赠送（提供）不妥，也应像企业所得税一样作为业务宣传费等支出，不需要视同销售处理。

所以，安徽国税对中国移动通信集团安徽有限公司等 4 家电信企业以积分兑换形式赠送的货物，不视同销售，不计提增值税的处理符合增值税的基本原理。

从进项税额抵扣的角度考虑，如果纳税人取得合法的抵扣凭证，在税法列举的不可以抵扣的进项税额中没有列举的，可以抵扣进项税额。积分兑换形式赠送的货物，在不得抵扣的范围中没有列举到，所以所赠送货物的进项税额可以抵扣的处理符合增值税的基本原理和政策规定。

五、纳税义务发生时间

纳税人提供的电信服务中，有很大一部分业务是先收费后提供服务。如销售充值卡、一次性收取全年的家庭宽带费等。这些业务的纳税义务发生时间是收取款项的时候还是提供电信服务的时候？

根据《营业税改征增值税试点实施办法》有关纳税义务发生时间的规定，电信服务如果先收取款项的，其增值税的纳税义务发生时间不是收款的时间，而是提供电信服务时。

六、跨境电信服务免税

（1）《财政部 国家税务总局将电信业纳入营业税改征增值税试点的通知》（财税

〔2014〕43 号）规定，境内单位和个人向中华人民共和国境外单位提供电信业服务，免征增值税。

（2）2016 年 4 月 30 日后，根据《营业税改征增值税试点实施办法》（财税〔2016〕36 号附件 1）的规定，境内的单位和个人向境外单位提供的完全在境外消费的电信服务，免征增值税。

2016 年 4 月 30 日后免税的跨境电信服务一方面要求购买方是境外单位，另一方面要求电信服务完全在境外消费。完全在境外消费，是指电信服务的实际接受方在境外，且与境内的货物和不动产无关。

《营业税改征增值税跨境应税行为增值税免税管理办法（试行）》（国家税务总局公告 2016 年第 29 号）规定，纳税人向境外单位或者个人提供的电信服务，通过境外电信单位结算费用的，服务接受方为境外电信单位，属于完全在境外消费的电信服务。

七、汇总纳税

纳税人总机构和分支机构不在同一县（市）的，经财政部和国家税务总局或者其授权的财政和税务机关批准，可以由总机构汇总向总机构所在地的主管税务机关申报纳税。《电信企业增值税征收管理暂行办法》（国家税务总局公告 2014 年 26 号）规定，中国电信集团公司、中国移动通信集团公司、中国联合网络通信集团有限公司等列明企业及其成员单位，经省、自治区、直辖市或者计划单列市财政厅（局）和国家税务局批准，可以汇总申报缴纳增值税。

（一）电信服务汇总纳税的办法

（1）各省、自治区、直辖市和计划单列市电信企业（简称总机构）应当汇总计算总机构及其所属电信企业（简称分支机构）提供电信服务及其他应税服务的增值税应纳税额，抵减分支机构提供电信服务及其他应税服务已缴纳（包括预缴和查补）的增值税额后，向主管税务机关申报纳税。

（2）总机构发生除电信服务及其他应税服务以外的增值税应税行为，按照增值税条例及相关规定就地申报纳税。

（二）总机构的增值税申报

（1）总机构汇总的销售额，为总机构及其分支机构提供电信服务及其他应税服务的销售额。总机构汇总的销项税额，按照本办法第四条规定的销售额和增值税适用税率计算。

（2）总机构汇总的进项税额，是指总机构及其分支机构提供电信服务及其他应税服务而购进货物、接受加工、修理修配劳务和应税服务，支付或者负担的增值税额。

①总机构及其分支机构取得的与电信服务及其他应税服务相关的固定资产、专利技术、非专利技术、商誉、商标、著作权、有形动产租赁的进项税额，由总机构汇总缴纳增值税时抵扣。

②总机构及其分支机构用于电信服务及其他应税服务以外的进项税额不得汇总。

③总机构及其分支机构用于提供电信服务及其他应税服务的进项税额与不得汇总

的进项税额无法准确划分的，按照试点实施办法第二十六条确定的原则执行。

（3）总机构的纳税期限为一个季度。

（4）总机构应当依据《电信企业分支机构增值税汇总纳税信息传递单》，汇总计算当期提供电信服务及其他应税服务的应纳税额，抵减分支机构提供电信服务及其他应税服务当期已缴纳的增值税额后，向主管税务机关申报纳税。抵减不完的，可以结转下期继续抵减。计算公式为：

总机构当期汇总应纳税额＝当期汇总销项税额－当期汇总的允许抵扣的进项税额

总机构当期应补（退）税额＝总机构当期汇总应纳税额－分支机构当期已缴纳税额

（三）分支机构的增值税申报

（1）分支机构提供电信服务及其他应税服务，按照销售额和预征率计算应预缴税额，按月向主管税务机关申报纳税，不得抵扣进项税额。计算公式为：

应预缴税额＝（销售额＋预收款）×预征率

（2）销售额为分支机构对外（包括向电信服务及其他应税服务接受方和本总机构、分支机构外的其他电信企业）提供电信服务及其他应税服务取得的收入；预收款为分支机构以销售电信充值卡（储值卡）、预存话费等方式收取的预收性质的款项。

销售额不包括免税项目的销售额；预收款不包括免税项目的预收款。

（3）分支机构发生除电信服务及其他应税服务以外的增值税应税行为，按照增值税条例及相关规定就地申报纳税。

（4）分支机构应按月将提供电信服务及其他应税服务的销售额、预收款、进项税额和已缴纳增值税额归集汇总，填写《电信企业分支机构增值税汇总纳税信息传递单》，报送主管税务机关签章确认后，于次月10日前传递给总机构。

（5）汇总的销售额包括免税项目的销售额。汇总的进项税额包括用于免税项目的进项税额。

（四）其他要求

（1）总机构及其分支机构，一律由主管税务机关认定为增值税一般纳税人。

（2）总机构应当在开具增值税专用发票的次月申报期结束前向主管税务机关报税。

总机构及其分支机构取得的增值税扣税凭证，应当按照有关规定到主管税务机关办理认证或者申请稽核比对。

总机构汇总的允许抵扣的进项税额，应当在季度终了后的第一个申报期内申报抵扣。

（3）分支机构的预征率由省、自治区、直辖市或者计划单列市国家税务局商同级财政部门确定。

（五）主管税务机关的管理

（1）总机构和分支机构所在地主管税务机关应定期或不定期对其纳税情况进行检查。

（2）分支机构提供电信服务及其他应税服务申报不实的，由其主管税务机关按适用税率全额补征增值税。

（3）电信企业普通发票的适用暂由各省、自治区、直辖市和计划单列市国家税务局确定。

各省、自治区分支机构可以使用上级分支机构统一领取的增值税专用发票和普通发票；各直辖市、计划单列市分支机构可以使用总机构统一领取的增值税专用发票和普通发票。

总机构"一窗式"比对内容中，不含分支机构按照本办法第八条规定就地申报纳税的专用发票销项金额和税额。

【例178】某移动营业厅本月开展"预存话费送手机"活动。如果用户预存话费5 000元，在网24个月，选择256套餐，即每月256元，享受全国范围免费接听，每月500分钟全国范围免费拨打电话，每月2GB国内移动数据流量（2G/3G/4G网络），超出套餐部分拨打电话0.19元/分钟，流量0.29元/MB。同时送4G手机一部。预存话费用完前，用户应主动提前充值。假设纳税人手机成本为3 500元（含税），用户每月消费没有超过256元。该业务纳税人如何进行会计处理、发票开具、增值税申报缴纳？

分析　该业务纳税人应按照"将其取得的全部价款和价外费用进行分别核算，按各自适用的税率计算缴纳增值税"的思路来进行增值税的处理。分配销售额时，一般以不低于成本价的价格作为手机的销售额，在手机给用户的当期申报缴纳增值税；剩余部分按照公允价值拆分为基础电信服务价格和增值电信服务价格，分别按照各自适用的税率计算缴纳增值税。假设该套餐每月话费使用时，基础电信服务占40%，增值电信服务占60%。

1. 会计处理

（1）购入手机时

借：库存商品　　　　　　　　　　　　$[3\,500÷(1+17\%)]$ 2 991.45
　　应交税费——应交增值税（进项税额）

　　　　　　　　　　　　　　　　$[3\,500÷(1+17\%)×17\%]$ 508.55

　　贷：银行存款　　　　　　　　　　　　　　　　　3 500

（2）入网时

假设按照手机的成本确认手机的销售额。

借：银行存款　　　　　　　　　　　　　　　　　　5 000
　　贷：预收账款　　　　　　　　　　　　　　　　　1 500
　　　　其他业务收入　　　　　　　　　$[3\,500÷(1+17\%)]$ 2 991.45
　　　　应交税费——应交增值税（销项税额）$[3\,500÷(1+17\%)×17\%]$ 508.55

借：其他业务成本　　　　　　　　　　　　　　　　2 991.45
　　贷：库存商品　　　　　　　　　　　　　　　　　2 991.45

（3）合约期内每月确认的含税收入是62.5（1 500÷24）元，如果用户消费的结果是基础电信服务占40%，增值电信服务占60%，那么62.5元中基础电信服务为25（62.5×40%）元，增值电信服务为37.5（62.5×60%）元。

借：预收账款　　　　　　　　　　　　　　　　　　62.5
　　贷：主营业务收入　　　　　$[25÷(1+11\%)+37.5÷(1+6\%)]$ 57.9
　　　　应交税费——应交增值税（销项税额）

　　　　　　　$[25÷(1+11\%)×11\%+37.5÷(1+6\%)×6\%]$ 4.6

2. 发票开具

（1）收取 5 000 元预存话费的时候把手机给客户，手机的纳税义务发生，分配给手机的含税销售额 3 500 元可以开具增值税发票，如果用户是其他个人，开具增值税普通发票，如果客户不是其他个人，可以开具增值税专用发票或者增值税普通发票。其余 1 500 元开收据，不能开具发票。

（2）合约期内每月根据消费结果，开具基础电信服务和增值电信服务的发票。其中基础电信服务为 25 元，增值电信服务为 37.5 元。

3. 增值税申报纳税

（1）手机的销售额和进项税额在营业厅所在地的主管国税机关申报纳税。

（2）基础电信服务和增值电信服务的销售额按照汇总纳税的办法申报缴纳增值税，

A. 收取 5 000 元预存话费当月在营业厅所在地的主管国税机关每月按照下列公式预缴增值税。

应预缴税额 =（销售额 + 预收款）× 预征率

含税的预收款为 1 500 元，因为预收款包含基础电信服务、增值电信服务，所以实际工作中很难将含税的预收款换算为实际的不含税的销售额。这只是一个预缴的过程，预缴的税款并不是纳税人最终应缴纳的税款。预收款拆分为基础电信服务销售额、增值电信服务销售额的由汇总纳税的总机构拆分。

B. 进项税额在营业厅所在地的主管国税机关认证，分支机构提供电信服务及其他应税服务，按照销售额和预征率计算应预缴税额，按月向主管税务机关申报纳税，不得抵扣进项税额。

C. 营业厅应按月将提供电信服务及其他应税服务的销售额、预收款、进项税额和已缴纳增值税额归集汇总，填写《电信企业分支机构增值税汇总纳税信息传递单》，报送主管税务机关签章确认后，于次月 10 日前传递给总机构。

第五节　转让不动产的增值税处理

根据《纳税人转让不动产增值税征收管理暂行办法》（国家税务总局公告 2016 年第 14 号）的规定，纳税人转让不动产具体的增值税征管方法是：向不动产所在地的主管地税机关预缴税款，向机构所在地的主管国税机关申报纳税。

一、不动产所在地地方税务局代征

（一）纳税人销售取得的不动产的征收方法

根据《营业税改征增值税试点实施办法》（财税〔2016〕36 号附件 1）的规定，纳税人销售取得的不动产的增值税，国家税务局暂委托地方税务局代为征收。但是纳税人的主管税务机关还是机构所在地的国税机关。所以增值税征管方法是：纳税人销售取得的不动产，向不动产所在地的主管地税机关预缴税款，向机构所在地的主管国税机关申报纳税。

（二）不动产的范围

1. 不动产的范围

委托地税代为征收的不动产销售，包括销售房屋、商铺、楼堂馆所等不动产，还包括销售路、桥、道、坝等不动产。

2. 不动产取得的方式

（1）取得的不动产，包括以直接购买、接受捐赠、接受投资入股、自建以及抵债等各种形式取得的不动产。

（2）自建的不动产不包括房地产开发企业销售自行开发的房地产项目。

房地产开发企业销售自行开发的房地产项目，是房地产开发企业的主营业务，应按照《房地产开发企业销售自行开发的房地产项目增值税征收管理暂行办法》（国家税务总局公告 2016 年第 18 号）的规定执行。但房地产开发企业自行开发的房地产项目转为自用，房地产开发企业从大产权中分割出小产权给自己，之后再销售的，也应根据《纳税人转让不动产增值税征收管理暂行办法》（国家税务总局公告 2016 年第 14 号）的规定执行。

（三）地方税务局代征增值税的计算方法

1. 应预缴增值税的计算

（1）纳税人销售其取得（不含自建）的不动产（不含个体工商户销售购买的住房和其他个人销售不动产），应以取得的全部价款和价外费用减去该项不动产购置原价或者取得不动产时的作价后的余额为销售额，按照 5% 的征收率计算应预缴的税款。

应预缴税款＝（全部价款和价外费用－不动产购置原价或者取得不动产时的作价）÷（1+5%）×5%

（2）纳税人销售其自建的不动产，应以取得的全部价款和价外费用为销售额，按照 5% 的征收率计算应预缴的税款。

应预缴税款＝全部价款和价外费用÷（1+5%）×5%

2. 注意事项

（1）地方税务局代征增值税时，不区分纳税人是一般纳税人还是小规模纳税人，都采用简易计税办法计算应预缴的税款。

（2）纳税人销售其取得（不含自建）的不动产（不含个体工商户销售购买的住房和其他个人销售不动产），差额征收增值税，可以根据合法的凭证扣除不动产购置原价或者取得不动产时的作价。即使在机构所在地的主管国税机关申报纳税的时候按照一般计税方法计算增值税，不得差额征税扣除不动产购置原价或者取得不动产时的作价的增值税一般纳税人，在不动产所在地主管地税机关预缴税款时，也以取得的全部价款和价外费用减去该项不动产购置原价或者取得不动产时的作价后的余额为销售额，按照 5% 的征收率计算应预缴的税款。

（3）纳税人按规定从取得的全部价款和价外费用中扣除不动产购置原价或者取得不动产时的作价的，应当取得符合法律、行政法规和国家税务总局规定的合法有效凭证。否则，不得扣除。

上述凭证是指：税务部门监制的发票，法院判决书、裁定书、调解书，仲裁裁决书、公证债权文书，国家税务总局规定的其他凭证。

《关于纳税人转让不动产缴纳增值税差额扣除有关问题的公告》（国家税务总局公告 2016 年第 73 号）规定，纳税人转让不动产，按照有关规定差额缴纳增值税的，如因丢失等原因无法提供取得不动产时的发票，可向税务机关提供其他能证明契税计税金额的完税凭证等资料，进行差额扣除。

纳税人以契税计税金额进行差额扣除的，按照下列公式计算增值税应纳税额：

A. 2016 年 4 月 30 日及以前缴纳契税的：增值税应纳税额 = ［全部交易价格（含增值税）－契税计税金额（含营业税）］÷（1+5%）×5%

B. 2016 年 5 月 1 日及以后缴纳契税的：增值税应纳税额 = ［全部交易价格（含增值税）÷（1+5%）－契税计税金额（不含增值税）］×5%

纳税人同时保留取得不动产时的发票和其他能证明契税计税金额的完税凭证等资料的，应当凭发票进行差额扣除。

（4）纳税人转让不动产，应向不动产所在地主管地税机关预缴税款而自应当预缴之月起超过 6 个月没有预缴税款的，由机构所在地主管国税机关按照《中华人民共和国税收征收管理法》及相关规定进行处理。

纳税人转让不动产，未按规定缴纳税款的，由主管税务机关按照《中华人民共和国税收征收管理法》及相关规定进行处理。

根据《国家税务总局关于营业税改征增值税委托地税局代征税款和代开增值税发票的通知》（税总函〔2016〕145 号）的规定，地税机关负责办理纳税人销售其取得的不动产和其他个人出租不动产增值税的纳税申报受理、计税价格评估、税款征收、税收优惠备案、发票代开等有关事项。除此之外地税机关不负责其他涉税事宜的处理。所以，纳税人未按期预缴税款的，不由不动产所在地的主管地税机关处理，而是由机构所在地主管国税机关处理。

（5）纳税人销售取得的不动产，如果是增值税小规模纳税人以及一般纳税人适用简易计税方法的，按照现行的办法在不动产所在地地税机关预缴增值税，预缴的是该业务所有应缴纳的全部增值税税款。但如果是适用一般计税方法的增值税一般纳税人，其在不动产所在地地税机关预缴的增值税可能大于或小于该业务应缴纳的增值税税款。因此，在这样的情况下，《营业税改征增值税试点实施办法》（财税〔2016〕36 号附件1）规定，增值税一般纳税人跨省（自治区、直辖市或者计划单列市）销售取得的与机构所在地不在同一省（自治区、直辖市或者计划单列市）的不动产，在机构所在地申报纳税时，计算的应纳税额小于已预缴税额，且差额较大的，由国家税务总局通知不动产所在地省级税务机关，在一定时期内暂停预缴增值税。

二、机构所在地主管国税机关的征收管理

机构所在地税务机关对纳税人转让不动产业务的管理和其他的业务一样要求纳税人正常申报，计算应纳税额，和其他业务不同的是纳税人应填报《增值税申报表附列

资料（四）》（税额抵减情况表），把在地税已经预缴的税款从申报的税款中抵减。在此需要注意两个问题：

（一）一般纳税人的计税依据

（1）一般纳税人销售其 2016 年 4 月 30 日前取得的不动产，适用一般计税方法，也可以选择适用简易计税方法。一般纳税人销售其 2016 年 4 月 30 日后取得的不动产，适用一般计税方法，不可以选择简易计税方法。

一般纳税人选择适用简易计税方法的，如果销售的不动产不属于自建的，以取得的全部价款和价外费用减去该项不动产购置原价或者取得不动产时的作价后的余额为销售额。除此以外，一般纳税人销售取得的不动产，以取得的全部价款和价外费用为销售额。

（2）纳税人应按照上述有关销售额的规定在机构所在地主管税务机关申报纳税。一般纳税人销售其取得的不动产（不含自建），适用一般计税方法，在不动产所在地主管地税机关预缴税款的时候虽然是以取得的全部价款和价外费用减去该项不动产购置原价或者取得不动产时的作价后的余额为销售额，但在机构所在地主管国税机关申报时还是以取得的全部价款和价外费用为销售额。

【例 179】甲市 A 企业是增值税一般纳税人，2016 年 12 月销售其 2016 年 6 月在乙市购买的房产取得收入 800 万元（含税），该房产购买时取得的增值税专用发票注明价款为 660 万元，税额为 72.6 万元。计算 A 企业在乙市、甲市增值税预缴和申报纳税时的税法规定的销售额是多少万元？

分析 该房产不是自建的，在乙市主管地税机关预缴增值税时，以取得的全部价款和价外费用减去该项不动产购置原价或者取得不动产时的作价后的余额为销售额，按照 5% 的征税率预缴税款。

所以在乙市预缴时增值税销售额 = （800-660-72.6）÷（1+5%）= 64.19（万元）

在甲市主管国税机关纳税申报时，适用一般计税方法，销售额 = 800÷（1+11%）= 720.72（万元）

（二）预缴税款的抵减

纳税人转让不动产，向不动产所在地主管地税机关预缴的增值税税款，可以在当期增值税应纳税额中抵减，抵减不完的，结转下期继续抵减。

纳税人以预缴税款抵减应纳税额，应以完税凭证作为合法有效凭证。

三、纳税人销售取得的不动产预缴税款和申报纳税

结合上面不动产所在地主管地税机关代征增值税和机构所在地主管国税机关的申报征收管理的要求，纳税人销售取得的不动产预缴税款和申报纳税的具体做法是：

（一）一般纳税人转让其取得的不动产

（1）一般纳税人转让其 2016 年 4 月 30 日前取得（不含自建）的不动产，可以选择适用简易计税方法计税，以取得的全部价款和价外费用扣除不动产购置原价或者取得不

动产时的作价后的余额为销售额，按照 5% 的征收率计算应纳税额。纳税人应按照上述计税方法向不动产所在地主管地税机关预缴税款，向机构所在地主管国税机关申报纳税。

（2）一般纳税人转让其 2016 年 4 月 30 日前自建的不动产，可以选择适用简易计税方法计税，以取得的全部价款和价外费用为销售额，按照 5% 的征收率计算应纳税额。纳税人应按照上述计税方法向不动产所在地主管地税机关预缴税款，向机构所在地主管国税机关申报纳税。

（3）一般纳税人转让其 2016 年 4 月 30 日前取得（不含自建）的不动产，选择适用一般计税方法计税的，以取得的全部价款和价外费用为销售额计算应纳税额。纳税人应以取得的全部价款和价外费用扣除不动产购置原价或者取得不动产时的作价后的余额，按照 5% 的预征率向不动产所在地主管地税机关预缴税款，向机构所在地主管国税机关申报纳税。

（4）一般纳税人转让其 2016 年 4 月 30 日前自建的不动产，选择适用一般计税方法计税的，以取得的全部价款和价外费用为销售额计算应纳税额。纳税人应以取得的全部价款和价外费用，按照 5% 的预征率向不动产所在地主管地税机关预缴税款，向机构所在地主管国税机关申报纳税。

（5）一般纳税人转让其 2016 年 4 月 30 日后取得（不含自建）的不动产，适用一般计税方法，以取得的全部价款和价外费用为销售额计算应纳税额。纳税人应以取得的全部价款和价外费用扣除不动产购置原价或者取得不动产时的作价后的余额，按照 5% 的预征率向不动产所在地主管地税机关预缴税款，向机构所在地主管国税机关申报纳税。

（6）一般纳税人转让其 2016 年 4 月 30 日后自建的不动产，适用一般计税方法，以取得的全部价款和价外费用为销售额计算应纳税额。纳税人应以取得的全部价款和价外费用，按照 5% 的预征率向不动产所在地主管地税机关预缴税款，向机构所在地主管国税机关申报纳税。

【例 180】A 县某增值税一般纳税人 2016 年 7 月提供服务取得不含税收入 200 万元（税率 6%），进项税额 13 万元。除此之外该纳税人转让其名下的四处房产（老项目）：

（1）销售 B 县自建房产取得收入 60 万元（含税），该房产的建造成本 40 万元，累计折旧 10 万元，纳税人选择简易计税方法；

（2）销售 C 县自建房产取得收入 60 万元（含税），该房产的建造成本 40 万元，累计折旧 10 万元，纳税人未选择简易计税方法；

（3）销售 D 县购买的房产取得收入 60 万元（含税），该房产的购买价款 40 万元，累计折旧 10 万元，纳税人选择简易计税方法；

（4）E 县购买的房产收入 60 万元（含税），购买成价款 40 万元，累计折旧 10 万元，纳税人未选择简易计税方法。

假设以上收入和支出都有合法的凭证。在地税预缴的税款在本月取得了完税凭证。该纳税人上述业务如何申报纳税？转让不动产的业务应如何进行账务处理？

分析

（1）在 B 县主管地税机关预缴税款。自建的不动产，不得差额征税。自行开具 A 县的增值税普通发票或增值税专用发票。

应预缴增值税=600 000÷（1+5%）×5%=28 571.43（元）

账务处理：

借：应交税费——预交增值税　　　　　　　　　　　　28 571.43

　　贷：银行存款　　　　　　　　　　　　　　　　　　　28 571.43

借：固定资产清理　　　　　　　　　　　　　　　　　300 000

　　累计折旧　　　　　　　　　　　　　　　　　　　100 000

　　贷：固定资产　　　　　　　　　　　　　　　　　　　400 000

借：银行存款　　　　　　　　　　　　　　　　　　　600 000

　　贷：固定资产清理　　　　　　　　［600 000÷（1+5%）］571 428.57

　　　　应交税费——应交增值税　　　　　　　　　　　　28 571.43

借：固定资产清理　　　　　　　　　　　　　　　　　271 428.57

　　贷：营业外收入　　　　　　　　　　　　　　　　　　271 428.57

（2）在 C 县主管地税机关预缴税款。自建的不动产，不得差额征税。虽然未选择简易计税方法，但在地税预缴税款时，还是按照 5% 的征税率预缴。自行开具 A 县的增值税普通发票或增值税专用发票。纳税人未选择简易计税方法，所以应按照 11% 的适用税率缴纳增值税。如果开具增值税专用发票，发票上注明的价款为 540 540.54 ［600 000÷（1+11%）］元，税额为 59 459.46 ［600 000÷（1+11%）×11%］元。

应预缴增值税=600 000÷（1+5%）×5%=28 571.43（元）

借：应交税费——预交增值税　　　　　　　　　　　　28 571.43

　　贷：银行存款　　　　　　　　　　　　　　　　　　　28 571.43

借：固定资产清理　　　　　　　　　　　　　　　　　300 000

　　累计折旧　　　　　　　　　　　　　　　　　　　100 000

　　贷：固定资产　　　　　　　　　　　　　　　　　　　400 000

借：银行存款　　　　　　　　　　　　　　　　　　　600 000

　　贷：固定资产清理　　　　　　　　　［600 000÷（1+11%）］540 540.54

　　　　应交税费——应交增值税　　　　　　　　　　　　59 459.46

借：固定资产清理　　　　　　　　　　　　　　　　　240 540.54

　　贷：营业外收入　　　　　　　　　　　　　　　　　　240 540.54

（3）在 D 县主管地税机关预缴税款。购买的不动产，可以差额征税，扣除购置原价后的余额为销售额。应预缴增值税 9 523.81 ［（600 000-400 000）÷（1+5%）×5%］元。纳税人自行开具 A 县的增值税普通发票或增值税专用发票。如果开具增值税专用发票，应使用差额开票功能开具发票，发票上注明的税额为 9 523.81 ［（600 000-400 000）÷（1+5%）×5%］元，价款为 590 476.19 ［600 000-9 523.81］元。

应预缴增值税=（600 000-400 000）÷（1+5%）×5%=9 523.81（元）

借：应交税费——预交增值税　　　　　　　　　　　　9 523.81

　　贷：银行存款　　　　　　　　　　　　　　　　　　　9 523.81

借：固定资产清理　　　　　　　　　　　　　　　　　300 000

　　累计折旧　　　　　　　　　　　　　　　　　　　100 000

　　贷：固定资产　　　　　　　　　　　　　　　　　　　400 000

借：银行存款   600 000
  贷：固定资产清理   590 476.19
    应交税费——应交增值税   9 523.81

（4）在 E 县主管地税机关预缴税款。购买的不动产，可以差额征税，扣除购置原价后的余额为销售额。应预缴增值税 9 523.81〔（600 000-400 000）÷（1+5%）×5%〕元。纳税人自行开具 A 县的增值税普通发票或增值税专用发票。纳税人未选择简易计税方法，所以应按照 11% 的适用税率缴纳增值税。如果开具增值税专用发票，发票上注明的价款为 540 540.54〔600 000÷（1+11%）〕元，税额为 59 459.46〔600 000÷（1+11%）×11%〕元。

应预缴增值税=（600 000-400 000）÷（1+5%）×5%=9 523.81（元）

借：应交税费——预交增值税   9 523.81
  贷：银行存款   9 523.81
借：固定资产清理   300 000
  累计折旧   100 000
  贷：固定资产   400 000
借：银行存款   600 000
  贷：固定资产清理   〔600 000÷（1+11%）〕540 540.54
    应交税费——应交增值税   59 459.46
借：固定资产清理   240 540.54
  贷：营业外收入   240 540.54

（5）7 月增值税纳税申报结果：

一般计税销售额=2 000 000+600 000÷（1+11%）+600 000÷（1+11%）=3 081 081.08（元）

简易计税销售额=600 000÷（1+5%）+600 000÷（1+5%）=1 142 857.14（元）（这里，差额征税的房产，在增值税申报表中主表中填报的是扣除差额前的销售额，在税额部分填报的是扣除差额后的销售额计算的税额。）

销项税额=120 000+59 459.46+59 459.46=238 918.92（元）

进项税额=130 000（元）

应纳税额=238 918.92-130 000=108 918.92（元）

简易计税应纳税额=28 571.43+9 523.81=38 095.24（元）

预缴税款=28 571.43+28 571.43+9 523.81+9 523.81=76 190.48（元）

本期应补（退）税款=108 918.92-76 190.48=70 823.68（元）

（6）增值税账务处理。

将在主管地税机关预缴的增值税转入应交税费——未交增值税科目：

借：应交税费——未交增值税   76 190.48
  贷：应交税费——预交增值税   76 190.48

将本月未交增值税转入应交税费——未交增值税科目：

借：应交税费——应交增值税（转出未交增值税） 70 823.68
  贷：应交税费——未交增值税   70 823.68

申报缴纳增值税：

借：应交税费——未交增值税　　　　　　　　　　　　70 823.68

　　贷：银行存款　　　　　　　　　　　　　　　　　70 823.68

（二）小规模纳税人（不包括个人转让住房）转让其取得的不动产

（1）小规模纳税人转让其取得（不含自建）的不动产，以取得的全部价款和价外费用扣除不动产购置原价或者取得不动产时的作价后的余额为销售额，按照5%的征收率计算应纳税额。

这里的小规模纳税人如果是企业、非企业性单位，取得（不含自建）的不动产是全部的不动产，包括住房。如果小规模纳税人是个体工商户和其他个人，取得（不含自建）的不动产不包括住房。

（2）小规模纳税人转让其自建的不动产，以取得的全部价款和价外费用为销售额，按照5%的征收率计算应纳税额。

这里的小规模纳税人包括企业、非企业性单位、个体工商户和其他个人。

根据《营业税改征增值税试点实施办法》（财税〔2016〕36号附件1）的规定，个人销售自建自用住房免征增值税。

（3）除其他个人之外的小规模纳税人，应按照本条规定的计税方法向不动产所在地主管地税机关预缴税款，向机构所在地主管国税机关申报纳税；其他个人只在不动产所在地主管地税机关申报纳税。

（三）个人转让其购买的住房

个人（包括个体工商户和其他个人）转让其购买的住房，北京市、上海市、广州市和深圳市的增值税政策和北京市、上海市、广州市和深圳市之外的其他地区不同。

1. 北京市、上海市、广州市和深圳市增值税政策

（1）根据《营业税改征增值税试点实施办法》（财税〔2016〕36号附件1）的规定，个人将购买不足2年的住房对外销售的，按照5%的征收率全额缴纳增值税；个人将购买2年以上（含2年）的非普通住房对外销售的，以销售收入减去购买住房价款后的差额按照5%的征收率缴纳增值税；个人将购买2年以上（含2年）的普通住房对外销售的，免征增值税。

（2）当前增值税中未对普通住房的标准给予规定，营改增前营业税政策中对普通住房也有税收优惠的规定。《国务院办公厅转发建设部等部门〈关于做好稳定住房价格工作意见〉的通知》（国办发〔2005〕26号）对普通住房的标准做了具体规定：为了合理引导住房建设与消费，大力发展省地型住房，在规划审批、土地供应以及信贷、税收等方面，对中小套型、中低价位普通住房给予优惠政策支持。享受优惠政策的住房原则上应同时满足以下条件：住宅小区建筑容积率在1.0以上、单套建筑面积在120平方米以下、实际成交价格低于同级别土地上住房平均交易价格1.2倍以下。各省、自治区、直辖市要根据实际情况，制定本地区享受优惠政策普通住房的具体标准。允许单套建筑面积和价格标准适当浮动，但向上浮动的比例不得超过上述标准的20%。

如上海市根据《关于调整本市普通住房标准的通知》（沪房管规范市〔2014〕6号）的规定，可以享受优惠政策的普通住房，应同时满足以下条件：五层以上（含五

层）的多高层住房，以及不足五层的老式公寓、新式里弄、旧式里弄等；单套建筑面积在 140 平方米以下；实际成交价格低于同级别土地上住房平均交易价格 1.44 倍以下，坐落于内环线以内的低于 450 万元/套，内环线与外环线之间的低于 310 万元/套，外环线以外的低于 230 万元/套。上述标准自 2014 年 11 月 20 日起执行。

2. 北京市、上海市、广州市和深圳市之外的其他地区增值税政策

根据《营业税改征增值税试点实施办法》（财税〔2016〕36 号附件 1）的规定，个人将购买不足 2 年的住房对外销售的，按照 5% 的征收率全额缴纳增值税；个人将购买 2 年以上（含 2 年）的住房对外销售的，免征增值税。

3. 应纳税额计算

个人转让其购买的住房，按照有关规定全额缴纳增值税的，以取得的全部价款和价外费用为销售额，按照 5% 的征收率计算应纳税额。

个人转让其购买的住房，按照有关规定差额缴纳增值税的，以取得的全部价款和价外费用扣除购买住房价款后的余额为销售额，按照 5% 的征收率计算应纳税额。

4. 预缴税款申报

个体工商户应向住房所在地主管地税机关预缴税款，向机构所在地主管国税机关申报纳税；其他个人应向住房所在地主管地税机关申报纳税。

【例 181】A 县某个体工商户（小规模纳税人）2016 年 7 月转让其名下的三处房产：销售 B 县自建房产取得收入 60 万，该房产的建造成本为 40 万元；销售 C 县购置的商铺取得收入 60 万，该商铺的购置价款为 40 万元；销售 D 县购置 1 年的住房取得收入 60 万，该住房的购置价款为 40 万元。

请问：该纳税人如何申报纳税？

分析

（1）在 B 县主管地税机关预缴税款。自建的不动产，不得差额征税。纳税人自行开具 A 县的增值税普通发票，不能开具的，到 B 县主管地税机关申请代开增值税普通发票或者增值税专用发票。

应预缴增值税 = 600 000 ÷（1+5%）×5% = 28 571.43（元）

（2）在 C 县主管地税机关预缴税款。销售购置的商铺，可以差额征税，扣除购置原价后的余额为销售额。纳税人自行开具 A 县的增值税普通发票，不能开具的，到 B 县主管地税机关申请代开增值税普通发票或者增值税专用发票。如果代开增值税专用发票，发票上注明的税额为 9 523.81 ［（600 000-400 000）÷（1+5%）×5%］元，价款为 590 476.19 ［600 000-9 523.81］元。

应预缴增值税 =（600 000-400 000）÷（1+5%）×5% = 9 523.81（元）

（3）在 D 县主管地税机关预缴税款。销售购置不超过 2 年的住房，不得差额征税。纳税人自行开具 A 县的增值税普通发票，不能开具的，到 B 县主管地税机关申请代开增值税普通发票或者增值税专用发票。

应预缴增值税 = 600 000 ÷（1+5%）×5% = 28 571.43（元）

如果住房超过两年，可以免税。如果免税，不需要在地税预缴，直接在 A 县国税申报。

（4）在 A 县申报纳税，但纳税人转让的三处房产应缴纳的增值税已经全部在不动

产所在地主管地税机关缴纳，在机构所在地主管国税机关申报的时，可以抵减已经在不动产所在地主管地税机关预缴的税款。

四、纳税人转让不动产发票的开具

（一）纳税人转让不动产发票开具的方法

1. 一般纳税人

一般纳税人转让其取得的不动产，在机构所在地自行开具增值税专用发票和普通发票。向其他个人转让其取得的不动产，不得开具或申请代开增值税专用发票。

2. 小规模纳税人

小规模纳税人（不包括其他个人）转让其取得的不动产，在机构所在地自行开具增值税普通发票。不能自行开具增值税普通发票的，可向不动产所在地主管地税机关申请代开。需要申请代开增值税专用发票的，可向不动产所在地主管地税机关申请代开。向其他个人转让其取得的不动产，不得开具或申请代开增值税专用发票。

3. 其他个人

其他个人转让其取得的不动产，可向不动产所在地主管地税机关申请代开增值税普通发票。

为明确营改增后纳税人销售其取得的不动产，办理产权过户手续使用的增值税发票联次问题，《国家税务总局关于纳税人销售其取得的不动产办理产权过户手续使用的增值税发票联次问题的通知》（税总函〔2016〕190号）规定："纳税人销售其取得的不动产，自行开具或者税务机关代开增值税发票时，使用六联增值税专用发票或者五联增值税普通发票。纳税人办理产权过户手续需要使用发票的，可以使用增值税专用发票第六联或者增值税普通发票第三联。"

（二）地税机关代开发票

根据《国家税务总局关于营业税改征增值税委托地税局代征税款和代开增值税发票的通知》（税总函〔2016〕145号）的规定，在国税局代开增值税发票流程基础上，地税局按照纳税人销售其取得的不动产和其他个人出租不动产增值税征收管理办法有关规定，为纳税人代开增值税发票，包括增值税专用发票和增值税普通发票。原地税营业税发票停止使用。

地税局代开发票部门通过增值税发票管理新系统代开增值税发票，系统自动在发票上打印"代开"字样。"货物或应税劳务、服务名称"栏填写不动产名称及房屋产权证书号码，"单位"栏填写面积单位；"备注"栏填写销售不动产纳税人的名称、纳税人识别号（或者组织机构代码）、不动产的详细地址。

五、纳税人转让不动产增值税征收管理的几个疑难问题

（一）取得不动产时间的确定

一般纳税人销售其2016年4月30日前取得的不动产，可以选择适用简易计税方法

计算缴纳增值税。一般纳税人销售 2016 年 4 月 30 日后取得的不动产，适用一般计税方法，不得选择适用简易计税方法计算缴纳增值税。

取得不动产的时间是指取得不动产权属的时间，还是指签订购买不动产合同或自建不动产的开工时间？

1. 购买的不动产

购买的不动产，取得不动产的时间一般为取得不动产权属的时间。

《关于明确营改增试点若干征管问题的公告》（国家税务总局公告 2016 年第 26 号）规定，个人转让住房，在 2016 年 4 月 30 日前已签订转让合同，2016 年 5 月 1 日以后办理产权变更事项的，应缴纳增值税，不缴纳营业税。根据此规定，个人转让住房 2016 年 5 月 1 日以后办理产权变更事项的，都属于 2016 年 5 月 1 日后转让住房，那么对购买方而言，也应属于 2016 年 5 月 1 日后取得住房。换言之，办理产权变更事项的时间就是购买方取得住房的时间。

但是此规定仅限于向个人取得的住房。如果向个人取得的非住房，或者向个人以外的主体取得不动产，特别是销售方已就转让不动产业务按照营业税暂行条例规定的纳税义务发生时间申报缴纳了营业税，这时办理产权变更的时间为 2016 年 5 月 1 日后，是否也以办理产权变更事项的时间为购买方取得不动产的时间存在疑问。

【例 182】甲企业（增值税一般纳税人）2012 年 1 月以 160 万元的价格购买了一幢办公楼。2016 年将该幢办公楼以 200 万元（含税）的价格转让给乙企业（增值税一般纳税人）。合同签订的时间是 2016 年 4 月 15 日。4 月 29 日，乙企业支付全部买房款，甲企业遂到主管地税机关申请代开营业税发票（不动产销售统一发票）并缴纳了营业税。5 月 2 日办理产权变更手续。乙企业取得该办公楼后当月投入使用。2017 年 1 月 2 日乙企业和丙签订了合同将办公楼以 250 万元（含税）的价格销售给丙企业。甲企业、乙企业销售办公楼如何缴纳增值税？

分析

（1）甲企业。

甲企业将办公楼转让给乙企业，如果按照"2016 年 5 月 1 日以后办理产权变更事项的，应缴纳增值税，不缴纳营业税"的规定，甲企业应缴纳增值税。但此业务按照营业税纳税义务发生时间的规定，应缴纳营业税，不缴纳增值税。

（2）乙企业。

乙企业取得该办公楼，虽然办理产权变更的时间是 2016 年 5 月 2 日，但甲企业缴纳的是营业税，说明甲企业是在 2016 年 4 月 30 日前销售的不动产，那么对于购买方乙企业而言，取得不动产的时间也应属于 2016 年 4 月 30 日前，所以 2017 年 1 月 2 日转让该办公楼可以选择适用简易计税方法缴纳增值税。

乙企业应纳增值税税额 =（2 500 000-2 000 000）÷（1+5%）×5% = 23 809.52（元）

由上例可以看出，对于购买的不动产，一律以办理产权变更事项的时间为取得的时间并不恰当，有些业务还是按销售方缴纳的是增值税还是营业税来判断更恰当。如果销售方按照营业税纳税义务发生时间应缴纳营业税的，说明销售方的销售行为发生在 2016 年 4 月 30 日前，那么对购买方而言就应属于 2016 年 4 月 30 日前取得不动产。

如果销售方应缴纳增值税，则说明销售方的销售行为发生在 2016 年 5 月 1 日后，那么对购买方而言就应属于 2016 年 5 月 1 日后取得不动产。

2. 自建的不动产

自建的不动产，取得不动产的时间一般为建筑工程施工许可证注明的合同开工日期，未取得建筑工程施工许可证的，为建筑工程承包合同注明的开工日期。所以开工日期在 2016 年 4 月 30 日前的不动产，为 2016 年 4 月 30 日前取得的不动产，一般纳税人转让该不动产可以选择适用简易计税办法。

【例 183】甲企业是增值税一般纳税人，2016 年 4 月 30 日前请乙建筑企业（一般纳税人）为其建造办公楼，建筑工程施工许可证注明的合同开工日期是 2016 年 1 月 1 日，2016 年 5 月 30 日竣工，在 2016 年 6 月 28 日取得房产证。2017 年 6 月甲企业将该办公楼转让给丙企业。甲企业是否可以选择简易计税方法缴纳增值税？

分析 乙建筑企业为甲企业提供建筑服务，建筑工程施工许可证注明的合同开工日期是 2016 年 1 月 1 日，对乙企业而言属于对老项目提供建筑服务，可以选择简易计税方法缴纳增值税。

对于甲企业而言，该办公楼建筑工程施工许可证注明的合同开工日期是 2016 年 1 月 1 日，尽管取得不动产权属的时间是 2016 年 6 月 28 日，也属于 2016 年 4 月 30 日前取得的不动产，2017 年 6 月转让该办公楼可以选择适用简易计税方法按照 5% 的征收率计算缴纳增值税。

（二）选择简易计税办法

在增值税的征税管理中，增值税一般纳税人选择适用简易计税方法的计税项目，一经选择适用简易计税方法计税的，36 个月内不得变更为一般计税方法。

一般纳税人销售取得的不动产，选择简易计税方法时和此规定并不完全吻合。纳税人可以选择部分不动产适用简易计税方法计税，部分不动产按照一般计税方法计税。如甲市 A 企业是增值税一般纳税人，2016 年 4 月 30 日前分别在乙市、丙市、丁市购买了房产。2017 年 10 月，A 企业将 2016 年 4 月 30 日前在乙市、丙市、丁市购买的房产转让。A 企业可以选择其中一处或两处房产适用简易计税办法，不必全部选择适用简易计税办法缴纳增值税。也不因 2017 年 10 月销售这些房产选择了适用简易计税方法，在 36 个月内再发生这类业务也必须按照简易计税方法缴纳增值税。

（三）纳税义务发生时间

纳税人转让不动产增值税纳税义务发生时间一般是办理不动产权属并更手续的时间，而不是签订房产销售合同或者收取款项的时间。

（四）发票开具

1. 其他个人销售取得的不动产代开增值税专用发票

根据《税务机关代开增值税专用发票管理办法（试行）》（国税发〔2004〕153 号）的规定，增值税纳税人发生增值税应税行为、需要开具专用发票时，可向其主管税务机关申请代开。增值税纳税人是指已办理税务登记的小规模纳税人（包括个体经营者）以及国家税务总局确定的其他可予代开增值税专用发票的纳税人。

在增值税专用发票的代开中，其他个人不属于已办理税务登记的小规模纳税人，所以日常征管中，主管国税机关一般不为其他个人代开增值税专用发票。

《国家税务总局关于营业税改征增值税委托地税局代征税款和代开增值税发票的通知》（税总函〔2016〕145号）规定，"增值税小规模纳税人销售其取得的不动产以及其他个人出租不动产，购买方或承租方不属于其他个人的，纳税人缴纳增值税后可以向地税局申请代开增值税专用发票。"这属于《税务机关代开增值税专用发票管理办法（试行）》（国税发〔2004〕153号）规定的"国家税务总局确定的其他可予代开增值税专用发票的纳税人。"

所以其他个人销售取得的不动产，可以向不动产所在地的主管地税机关申请代开增值税专用发票。

2. 差额征税不动产的发票开具

纳税人销售取得（不含自建）的不动产适用简易计税方法计税的，以取得的全部价款和价外费用减去该项不动产购置原价或者取得不动产时的作价后的余额为销售额。销售方自行开具增值税专用发票或小规模纳税人申请主管地税机关代开专用发票的时候，应使用开票系统的差额征税开票功能。发票上开具的税额为扣除不动产购置原价或者取得不动产时的作价后的余额为销售额计算的税额，全部价款和价外费用扣除税额后的金额为销售额。

【例184】甲企业2016年3月以200万元的价格购买了一处房产，2016年6月甲企业将该房产转让给乙企业。乙企业请专业机构对该房产进行有关技术指标的检测，发现该房产存在比较严重的质量问题。最终甲企业以160万元的价格亏本将该房产转让给乙企业。

请问：该甲企业是否可以开具增值税专用发票？

分析 一般情况下，纳税人销售不动产可以开具增值税专用发票，其中小规模纳税人，包括个人，可以向不动产所在地地税机关申请代开增值税专用发票。差额征税也可以开具增值税专用发票。

所以甲企业的业务可以开具增值税专用发票。甲企业开具增值税专用发票有下列三种状况：

一是甲企业选择简易计税，可以以取得的全部价款和价外费用扣除不动产购置原价或者取得不动产时的作价后的余额为销售额计算缴纳增值税，由于该房产的卖出价低于买入价，该业务并没有缴纳增值税，即使选择差额征税开具增值税专用发票，发票注明的税额也为0，所以该业务如果选择简易计税方法，差额征税的话不能开具增值税专用发票。

二是甲企业选择简易计税，虽然可以差额征税，但如果纳税人不提供差额扣除的合法凭证，也不得差额扣除。该业务如果甲企业不提供购房发票等凭证，纳税人应以取得的全部价款和价外费用销售额按照5%的征收率计算缴纳增值税，同时可以开具增值税专用发票。

三是甲企业选择适用一般计税方法按照11%的税率计算缴纳增值税，同时开具增值税专用发票。

第六节 不动产经营租赁服务的增值税处理

一、纳税人出租不动产增值税的征收管理

（一）纳税人出租不动产增值税的征收管理方法

为了规范纳税人提供不动产经营租赁服务增值税征收管理，国家税务总局制定了《纳税人提供不动产经营租赁服务增值税征收管理暂行办法》（国家税务总局公告2016年第16号）规定，纳税人（其他个人除外）提供的与机构所在地不在同一县（市）的不动产经营租赁服务，在不动产所在地主管国税机关预缴税款，向机构所在地主管国税机关申报纳税。其他个人提供的不动产经营租赁服务，委托不动产所在地的地税机关代为征收，在不动产所在地主管地税机关申报缴纳税款。

纳税人出租不动产和纳税人转让不动产纳税地点都是机构所在地，和销售货物、劳务、服务一样，向机构所在地主管国税申报缴纳增值税。但同时还应在不动产所在地主管税务机关预缴增值税。不同的是，纳税人转让不动产委托地税机关代征，所以应向不动产所在地主管地税机关预缴增值税。而纳税人出租不动产，只有其他个人出租不动产委托地税代征，所以除其他个人外，纳税人都应向不动产所在地主管国税机关预缴税款。其他个人出租不动产委托地税代征，向不动产所在地主管地税机关申报缴纳增值税，而不是预缴增值税。

（二）按上述方法缴纳增值税的不动产范围

1. 不动产的范围

按照《销售服务、无形资产、不动产注释》的规定，不动产是指不能移动或者移动后会引起性质、形状改变的财产，包括建筑物、构筑物等。不动产的经营租赁服务，是指在约定时间内将不动产转让他人使用且租赁物所有权不变更的业务活动。

（1）以经营租赁方式将土地出租给他人使用，按照不动产经营租赁服务缴纳增值税。

《财政部 国家税务总局关于进一步明确全面推开营改增试点有关劳务派遣服务、收费公路通行费抵扣等政策的通知》（财税〔2016〕47号）规定，纳税人以经营租赁方式将土地出租给他人使用，按照不动产经营租赁服务缴纳增值税。

所以按照《纳税人提供不动产经营租赁服务增值税征收管理暂行办法》（国家税务总局公告2016年第16号）的规定缴纳增值税的不动产的范围包括建筑物、构筑物，也包括土地使用权。

（2）房地产开发企业出租自行开发的房地产项目。

《财政部 国家税务总局关于进一步明确全面推开营改增试点有关再保险、不动产租赁和非学历教育等政策的通知》（财税〔2016〕68号）规定：

A. 房地产开发企业中的一般纳税人，出租自行开发的房地产老项目，可以选择适用简易计税方法，按照 5% 的征收率计算应纳税额。纳税人出租自行开发的房地产老项目与其机构所在地不在同一县（市）的，应按照上述计税方法在不动产所在地预缴税款后，向机构所在地主管税务机关进行纳税申报。

房地产开发企业中的一般纳税人，出租其 2016 年 5 月 1 日后自行开发的与机构所在地不在同一县（市）的房地产项目，应按照 3% 预征率在不动产所在地预缴税款后，向机构所在地主管税务机关进行纳税申报。

B. 房地产开发企业中的小规模纳税人，出租自行开发的房地产项目，按照 5% 的征收率计算应纳税额。纳税人出租自行开发的房地产项目与其机构所在地不在同一县（市）的，应按照上述计税方法在不动产所在地预缴税款后，向机构所在地主管税务机关进行纳税申报。

（3）道路通行服务也属于不动产经营租赁的范围。但不适用《纳税人提供不动产经营租赁服务增值税征收管理暂行办法》（国家税务总局公告 2016 年第 16 号）的规定，不需预缴增值税，直接向机构所在地主管国税机关申报缴纳增值税。

2. 不动产的取得方式

取得的不动产，包括以直接购买、接受捐赠、接受投资入股、自建以及抵债等各种形式取得的不动产。

（三）不需预缴，直接向机构所在地主管国税机关申报纳税的情形

（1）不动产所在地与机构所在地在同一县（市、区）的，纳税人不需预缴，直接纳税人向机构所在地主管国税机关申报纳税。

（2）纳税人出租的不动产所在地与其机构所在地在同一直辖市或计划单列市但不在同一县（市、区）的，由直辖市或计划单列市国家税务局决定是否在不动产所在地预缴税款。

如北京的纳税人出租不动产，根据《北京市国家税务局关于纳税人跨区提供不动产经营租赁服务增值税纳税地点问题的公告》（北京市国家税务局公告 2016 年第 7 号）的规定，北京市纳税人（不含其他个人）在北京市范围内跨区提供不动产经营租赁服务的，采取统一向机构所在地主管国税机关申报缴纳增值税，不在不动产经营租赁服务发生地主管国税机关预缴增值税的方法。

（四）预缴税款的管理

（1）预缴的时间。纳税人出租不动产，按照本办法规定需要预缴税款的，应在取得租金的次月纳税申报期或不动产所在地主管国税机关核定的纳税期限预缴税款。

纳税人出租不动产，按照本办法规定应向不动产所在地主管国税机关预缴税款而自应当预缴之月起超过 6 个月没有预缴税款的，由机构所在地主管国税机关按照《中华人民共和国税收征收管理法》及相关规定进行处理。

纳税人出租不动产，未按照本办法规定缴纳税款的，由主管税务机关按照《中华人民共和国税收征收管理法》及相关规定进行处理。

（2）单位和个体工商户出租不动产，按照本办法规定向不动产所在地主管国税机关预缴税款时，应填写增值税预缴税款表。

其他个人出租不动产，不需预缴增值税，直接向不动产所在地主管地税机关申报缴纳增值税，不填报增值税预缴税款表。

（3）单位和个体工商户出租不动产，向不动产所在地主管国税机关预缴的增值税款，可以在当期增值税应纳税额中抵减，抵减不完的，结转下期继续抵减。

（4）一般纳税人跨省（自治区、直辖市或者计划单列市）出租与机构所在地不在同一省（自治区、直辖市或者计划单列市）的不动产，在机构所在地申报纳税时，计算的应纳税额小于已预缴税额，且差额较大的，由国家税务总局通知不动产所在地省级税务机关，在一定时期内暂停预缴增值税。

（五）其他个人提供的不动产经营租赁服务

其他个人提供的不动产经营租赁服务，委托不动产所在地的地税机关代为征收，根据《国家税务总局关于营业税改征增值税委托地税局代征税款和代开增值税发票的通知》（税总函〔2016〕145号）的规定，其他个人出租不动产由地税局办理纳税申报受理、计税价格评估、税款征收、税收优惠备案、发票代开等有关事项。

（六）发票开具

出租不动产，纳税人自行开具或者税务机关代开增值税发票时，应在备注栏注明不动产的详细地址。

1. 一般纳税人

一般纳税人提供不动产经营租赁服务，在机构所在地自行开具增值税专用发票和普通发票。向其他个人转让其取得的不动产，不得开具或申请代开增值税专用发票。

2. 小规模纳税人

小规模纳税人（不包括其他个人）提供不动产经营租赁服务，在机构所在地自行开具增值税普通发票。不能自行开具增值税普通发票的，如果在不动产所在地主管国税机关预缴税款的，可向不动产所在地主管国税机关申请代开增值税专用发票或者增值税普通发票，如果不需向不动产所在地主管国税机关预缴税款的，可向机构所在地主管国税机关申请代开增值税专用发票或者增值税普通发票。向其他个人提供不动产经营租赁服务，不得开具或申请代开增值税专用发票。

3. 其他个人

其他个人提供不动产经营租赁服务，由不动产所在地主管地税机关代为征税，需要开具发票的，可向不动产所在地主管地税机关申请代开增值税发票。

根据《国家税务总局关于营业税改征增值税委托地税局代征税款和代开增值税发票的通知》（税总函〔2016〕145号）的规定，"其他个人出租不动产，购买方或承租方不属于其他个人的，纳税人缴纳增值税后可以向地税局申请代开增值税专用发票。"

根据《关于跨境应税行为免税备案等增值税问题的公告》（国家税务总局2017年第30号）的规定，其他个人委托房屋中介、住房租赁企业等单位出租不动产，需要向承租方开具增值税发票的，可以由受托单位代其向主管地税机关按规定申请代开增值税发票。

二、一般纳税人出租不动产

（一）一般纳税人出租不动产选择适用简易计税方法的

（1）一般纳税人出租其 2016 年 4 月 30 日前取得的不动产，可以选择适用简易计税方法，按照 5% 的征收率计算应纳税额。

（2）不动产所在地与机构所在地不在同一县（市、区）的，纳税人应按照上述计税方法向不动产所在地主管国税机关预缴税款，向机构所在地主管国税机关申报纳税。

应预缴税款＝含税销售额÷（1+5%）×5%

不动产所在地与机构所在地在同一县（市、区）的，纳税人向机构所在地主管国税机关申报纳税，不需要预缴税款。

（二）一般纳税人出租不动产适用一般计税方法的

（1）一般纳税人出租其 2016 年 4 月 30 日后取得的不动产，适用一般计税方法计税。一般纳税人出租其 2016 年 4 月 30 日前取得的不动产未选择适用简易计税方法的，适用一般计税方法。

（2）不动产所在地与机构所在地不在同一县（市、区）的，纳税人应按照 3% 的预征率向不动产所在地主管国税机关预缴税款，向机构所在地主管国税机关申报纳税。

①计算预缴税款的时候，把含税的销售额核算为不含税销售额用税率 11% 换算，不能用 3% 的征收率。

应预缴的增值税＝含税销售额÷（1+11%）×3%

不动产所在地与机构所在地在同一县（市、区）的，纳税人应向机构所在地主管国税机关申报纳税。

②房地产开发企业中的一般纳税人，出租其 2016 年 5 月 1 日后自行开发的与机构所在地不在同一县（市）的房地产项目，也应按照 3% 预征率在不动产所在地预缴税款后，向机构所在地主管税务机关进行纳税申报。

【例 185】2016 年 7 月 1 日 A 县某一般纳税人出租其在 B 县的不动产取得 7~12 月的租金收入 6 万元，该不动产为 2012 年 5 月取得，选择简易计税办法；出租其在 C 县的不动产取得 7~12 月的租金收入 6 万元，该不动产为 2012 年 5 月取得，没有选择简易计税办法；出租 A 县不动产取得 7~12 月的租金收入 6 万元，该不动产为 2016 年 6 月取得。假设本月纳税人无其他的收入，有进项税额 4 500 元，本月在异地预缴的增值税本月在 A 县申报纳税时都取得完税凭证。该纳税人增值税如何缴纳？发票如何开具？

分析 纳税人出租其与机构所在地不在同一县（市）的不动产，应在不动产所在地国税机关预缴税款后，向机构所在地主管国税机关进行纳税申报。

（1）一般纳税人出租其 2016 年 4 月 30 日前取得的不动产，可以选择适用简易计税方法，按照 5% 的征收率计算应纳税额。

出租 B 县不动产应纳增值税＝60 000÷（1+5%）×5%＝2 857.14（元）

在 B 县国税局预缴增值税 2 857.14 元。在 A 县国税局申报纳税。自行开具 A 县的增值税普通发票或者增值税专用发票。

（2）一般纳税人出租其2016年4月30日前取得的不动产，未选择适用简易计税方法的，按一般计税方法计算税额，适用的税率为11%。与机构所在地不在同一县（市）的不动产，应按照3%的预征率在不动产所在地预缴税款后，向机构所在地主管税务机关进行纳税申报。

出租C县不动产销项税额＝60 000÷（1+11%）×11%＝5 945.95（元）

在C县应预缴增值税＝60 000÷（1+11%）×3%＝1 621.62（元）

在B县国税局预缴1 621.62元。在A县国税局申报销项税额5 945.95元。发票开具同（1）。

（3）一般纳税人出租其2016年4月30日后取得的不动产，不能选择适用简易计税办法，按一般计税办法计算税额。与机构所在地在同一县（市）的不动产，不预缴税款。

出租A县不动产销项税额＝60 000÷（1+11%）×11%＝5 945.95（元）

（4）本月纳税人在A县机构所在地主管税务机关进行增值税纳税申报，则其申报结果为：

一般计税销售额＝60 000÷（1+11%）+60 000÷（1+11%）＝108 108.11（元）

简易计税销售额＝60 000÷（1+5%）＝57 142.86（元）

销项税额＝5 945.95+5 945.95＝11 891.89（元）

进项税额＝4 500（元）

应纳税额＝11 891.89-4 500＝7 391.89（元）

简易计税应纳税额＝2 857.14（元）

预缴税款＝2 857.14+1 621.62＝4 478.76（元）

本期应补（退）税款＝7 391.89+2 857.14-4 478.76＝5 770.27（元）

【例186】A市甲企业是增值税一般纳税人，2016年2月和乙建筑企业签订建筑工程合同，由乙建筑企业为其在A市建造仓库，建筑工程承包合同注明的开工日期是2016年3月8日，竣工日期是2016年5月31日。乙企业如期完成了仓库的建造工程，甲企业于2016年6月16日取得仓库的产权证。2016年6月20日，甲企业与丙企业（增值税一般纳税人）签订仓库租赁合同，将该仓库租给丙企业，租赁期限为2016年7月1日—2017年6月30日，每季租金10万元，于每季第一个月5日内支付。2016年7月5日，甲企业如期取得丙企业支付的租金10万元。

丙企业将仓库部分转租给丁企业，每月租金1万元，2016年8月20日收取租金1万元。

根据以上资料分析，甲企业、丙企业2016年7月出租仓库取得的租金收入分别应缴纳增值税多少元？

分析

（1）甲企业2016年8月出租的仓库为自建的仓库，建筑工程承包合同注明的开工日期是2016年3月8日，取得仓库产权证的日期是2016年7月16日。取得不动产的时间为建筑工程承包合同注明的开工日期，即2016年4月30日前。根据《营业税改征增值税试点实施办法》（财税〔2016〕36号附件1）的规定，一般纳税人出租其2016

年4月30日前取得的不动产，可以选择适用简易计税方法，按照5%的征收率计算应纳税额。甲企业的租金收入可以选择适用简易计税方法，按照5%的征收率计算应纳税额。同时，纳税人提供租赁服务采取预收款方式的，其纳税义务发生时间为收到预收款的当天。

应纳增值税税额=100 000÷（1+5%）×5%=4 761.90（元）

甲企业采用简易计税办法缴纳增值税，可以开具增值税专用发票给丙企业。

（2）丙企业租入仓库从甲企业取得的增值税专用发票可以抵扣进项税额。转租仓库属于出租2016年4月30日后取得的不动产，不可以选择适用简易计税方法缴纳增值税。收取租金1万元应按照一般计税方法计算增值税销项税额。

销项税额=10 000÷（1+11%）×11%=990.99（元）

三、小规模纳税人出租不动产

小规模纳税人出租其取得的不动产（不含个人出租住房），应按照5%的征收率计算应纳税额。个人出租住房，应按照5%的征收率减按1.5%计算应纳税额，其中，其他个人出租不动产委托地方税务局代为征收。

小规模纳税人出租不动产可以分以下不同情形：

（一）单位、个体工商户和其他个人出租不动产（不含个体工商户出租住房、其他个人出租不动产）

（1）单位、个体工商户和其他个人出租不动产（不含个体工商户出租住房、其他个人出租不动产），按照5%的征收率计算应纳税额。

（2）不动产所在地与机构所在地不在同一县（市、区）的，纳税人应按照上述计税方法向不动产所在地主管国税机关预缴税款，向机构所在地主管国税机关申报纳税。

应预缴税款=含税销售额÷（1+5%）×5%

不动产所在地与机构所在地在同一县（市、区）的，纳税人应向机构所在地主管国税机关申报纳税。

（二）其他个人出租不动产（不含住房）

其他个人出租不动产（不含住房），按照5%的征收率计算应纳税额，向不动产所在地主管地税机关申报纳税。

应缴纳增值税=含税销售额÷（1+5%）×5%

（三）个体工商户和其他个人出租住房

（1）个体工商户和其他个人出租住房，按照5%的征收率减按1.5%计算应纳税额。

（2）个体工商户出租住房，不动产所在地与机构所在地不在同一县（市、区）的，纳税人应按照上述计税方法向不动产所在地主管国税机关预缴税款，向机构所在地主管国税机关申报纳税。

应预缴税款=含税销售额÷（1+5%）×1.5%

不动产所在地与机构所在地在同一县（市、区）的，纳税人应向机构所在地主管国税机关申报纳税。

（3）其他个人出租住房，向不动产所在地主管地税机关申报纳税。

应缴纳增值税=含税销售额÷（1+5%）×1.5%

（4）其他个人采取预收款形式出租不动产，取得的预收租金收入，可在预收款对应的租赁期内平均分摊，分摊后的月租金收入不超过 3 万元的，可享受小微企业免征增值税优惠政策。

【例 187】2016 年 7 月 1 日 A 县某个体工商户（小规模纳税人）出租其在 B 县住房取得 7~12 月的租金收入 6 000 元，出租其在 C 县的商铺取得 7~12 月的租金收入 6 万元。该个体工商户 7 月提供服务取得收入 8 万元。该个体工商户的租金收入增值税如何缴纳？发票如何开具？

分析　小规模纳税人出租其取得的不动产（不含个人出租住房），没有委托地税代为征收，由国税机关征收。个人出租住房减按 1.5% 的征收率征收增值税，出租商铺按 5% 的征收率征收增值税。纳税人出租与机构所在地不在同一县（市）的不动产，应按照上述计税方法在不动产所在地预缴税款后，向机构所在地主管税务机关进行纳税申报。

（1）出租住房应纳增值税=6 000÷（1+5%）×1.5%=38.10（元）

纳税人在不动产所在地 B 县主管国税机关预缴增值税 38.10 元。在机构所在地 A 县主管国税机关申报纳税。纳税人可自行开具 A 县的增值税普通发票，也可申请由 B 县主管国税机关代开增值税普通发票或增值税专用发票。

（2）出租商铺应纳增值税=60 000÷（1+5%）×5%=2 857.14（元）

纳税人在不动产所在地 C 县主管国税机关预缴增值税 2 857.14 元。在机构所在地 A 县主管国税机关申报纳税。纳税人可自行开具 A 县的增值税普通发票，也可申请由 B 县主管国税机关代开增值税普通发票或增值税专用发票。

上例中纳税人如果是单位（小规模纳税人），则和上例的最大的差异在于单位出租不动产，无论是住房还是非住房，增值税政策都是一样的，都按照 5% 征收率计算缴纳增值税，出租住房应纳增值税=6 000÷（1+5%）×5%=285.71（元），其他事项和例 187 一样。

【例 188】2016 年 7 月 1 日 A 县贾某出租其在 B 县住房的取得 7~12 月的租金收入 6 000 元，出租其在 C 县的商铺取得 7~12 月的租金收入 6 万元。增值税如何缴纳？发票如何开具？

分析　贾某出租住房和商铺，属于其他个人提供不动产经营租赁服务，增值税由不动产所在地的主管地税机关代为征收，代开增值税专用发票和增值税普通发票，纳税人无须预缴税款。

其他个人采取预收款形式出租不动产，取得的预收租金收入，可在预收款对应的租赁期内平均分摊，分摊后的月租金收入不超过 3 万元的，可享受小微企业免征增值税优惠政策。本例的问题是贾某的不动产经营租赁分别由 B 县、C 县地税机关管理，无法将其租金收入合在一起计算，所以本例分别计算月租金收入是否超过3万元。

B县月租金=6 000÷6÷（1+5%）= 952.38（元），未超过3万元，可享受小微企业免征增值税优惠政策。

C县月租金=60 000÷6÷（1+5%）= 9 523.81（元），未超过3万元，也可享受小微企业免征增值税优惠政策。

四、其他不动产经营租赁服务的增值税处理

（一）车辆通行费

车辆通行费不适用在不动产所在地预缴税款后，向机构所在地主管税务机关进行纳税申报的管理方法。

车辆通行费属于不动产经营租赁服务，但根据《纳税人提供不动产经营租赁服务增值税征收管理暂行办法》（国家税务总局公告2016年第16号）的规定，道路通行服务不适用在不动产所在地预缴税款后，向机构所在地主管税务机关进行纳税申报的管理方法。纳税人提供道路通行服务应在机构所在地申报缴纳增值税。

相关知识：公路的类别

根据我国现行的《公路法》及《公路工程技术标准》（JTJ001-1997），公路按使用任务、功能和适应的交通量分为高速公路、一级公路、二级公路、三级公路、四级公路五个等级。

高速公路为专供汽车分向、分车道行驶并全部控制出入的干线公路。四车道高速公路应能适应按各种车辆折合成中型载重汽车的远景设计年限年平均昼夜交通量为25 000~55 000辆。六车道高速公路应能适应按各种车辆折合成中型载重汽车的远景设计年限年平均昼夜交通量为45 000~80 000辆。八车道高速公路应能适应按各种车辆折合成中型载重汽车的远景设计年限年平均昼夜交通量为60 000~100 000辆。

一级公路为供汽车分向分车道行驶并可根据需要控制出入的多车道公路。四车道一级公路应能适应按各种车辆折合成中型载重汽车的远景设计年限年平均昼夜交通量为15 000~30 000辆。六车道一级公路应能适应按各种车辆折合成中型载重汽车的远景设计年限年平均昼夜交通量为25 000~55 000辆。

二级公路为供汽车行驶的双车道公路。一般能适应按各种车辆折合成中型载重汽车的远景设计年限年平均昼夜交通量为3 000~7 500辆中型载重汽车交通量。

三级公路为主要供汽车行驶的双车道公路。一般能适应按各种车辆折合成中型载重汽车的远景设计年限年平均昼夜交通量为1 000~4 000辆中型载重汽车交通量。

四级公路为主要供汽车行驶的双车道或单车道公路。双车道四级公路能适应按各种车辆折合成中型载重汽车的远景设计年限年平均昼夜交通量为1 500辆以下。单车道四级公路能适应按各种车辆折合成中型载重汽车的远景设计年限年平均昼夜交通量为200辆以下。

二、三、四级公路的通过量是将在公路上混合行驶的自行车、人力车、畜力车、轿车、拖拉机、汽车拖带挂车或半挂车等，都按一定系数换算成载货汽车数。

各级公路远景设计年限：高速公路和一级公路为 20 年；二级公路为 15 年；三级公路为 10 年；四级公路一般为 10 年，也可根据实际情况适当调整。

在平原微丘地区的一级、二级、三级、四级公路的计算行车速度应分别采用 100km/h、80km/h、60km/h、40km/h；山岭重丘地区的一级、二级、三级、四级公路的计算行车速度分别采用 60km/h、40km/h、30km/h、20km/h。

按不同计算行车速度设计的各路段长度不宜过短，高速公路不宜小于 15 千米；一级、二级公路不宜小于 10 千米。

相关知识：公路的收费

根据我国现行《收费公路管理条例》规定，建设收费公路，应当符合下列技术等级和规模：高速公路连续里程 30 千米以上。但是，城市市区至本地机场的高速公路除外；一级公路连续里程 50 千米以上；二车道的独立桥梁、隧道，长度 800 米以上；四车道的独立桥梁、隧道，长度 500 米以上；技术等级为二级以下（含二级）的公路不得收费。但是，在国家确定的中西部省、自治区、直辖市建设的二级公路，其连续里程 60 千米以上的，经依法批准，可以收取车辆通行费。三级公路、四级公路不能收费。

1. 高速公路车辆通行费

公路经营企业中的一般纳税人收取试点前开工的高速公路的车辆通行费，可以选择适用简易计税方法，减按 3% 的征收率计算应纳税额。

试点前开工的高速公路，是指相关施工许可证明上注明的合同开工日期在 2016 年 4 月 30 日前的高速公路。

目前，我国已经投入使用的高速公路合同开工日期在 2016 年 4 月 30 日前，所以，2016 年 4 月 30 日后改征增值税的高速公路车辆通行费，都可以选择适用简易计税方法。

2. 一级公路、二级公路、桥、闸的车辆通行费

《营业税改征增值税试点实施办法》（财税〔2016〕36 号附件 1）只规定了公路经营企业中的一般纳税人收取试点前开工的高速公路的车辆通行费，可以选择适用简易计税方法，减按 3% 的征收率计算应纳税额，对一级公路、二级公路、桥、闸的车辆通行费并未做出明确的列举。一级公路、二级公路、桥、闸的车辆通行费应适用《营业税改征增值税试点实施办法》（财税〔2016〕36 号附件 1）规定的"一般纳税人出租其 2016 年 4 月 30 日前取得的不动产，可以选择适用简易计税方法，按照 5% 的征收率计算应纳税额。"

3. 适用简易计税方法的车辆通行费应纳税额的计算

（1）高速公路车辆通行费。

高速公路车辆通行费不动产经营租赁服务，征收率应为 5%。属于一般纳税人的高

速公路车辆通行费收入，可以选择适用简易计税方法，应适用5%的征收率减按3%计算应纳税额。所以应纳税额的计算公式为：

应纳税额＝含税销售额÷（1+5%）×3%

《国家税务总局关于明确营改增试点若干征管问题的公告》（国家税务总局公告2016年第26号）规定，营改增后，过路（过桥）费发票属于予以保留的票种，自2016年4月30日后，由国税机关监制管理。原地税机关监制的上述两类发票，可以沿用至2016年6月30日。同时，《财政部 国家税务总局关于进一步明确全面推开营改增试点有关劳务派遣服务、收费公路通行费抵扣等政策的通知》（财税〔2016〕47号）规定，2016年4月30日至7月31日，一般纳税人支付的道路、桥、闸通行费，暂凭取得的通行费发票（不含财政票据）上注明的收费金额按照下列公式计算可抵扣的进项税额：

高速公路通行费可抵扣进项税额＝高速公路通行费发票上注明的金额÷（1+3%）×3%

这样的结果是收取的高速公路车辆通行费的一方按照"应纳税额＝含税销售额÷（1+5%）×3%"的公式计算应纳增值税税额，而支付高速公路车辆通行费的一方按照"应纳税额＝含税销售额÷（1+3%）×3%"的公式计算可以抵扣进项税额。

（2）一级公路、二级公路、桥、闸的车辆通行费。

一级公路、二级公路、桥、闸的车辆通行费适用简易计税方法，适用5%的征收率计算应纳税额。应纳税额的计算公式为：

应纳税额＝含税销售额÷（1+5%）×5%

【例189】甲企业是一级公路经营企业，经营试点前开工的一级公路，2016年5月取得一级公路的车辆通行费1 000万元（含税）。乙企业是高速公路经营企业，经营试点前开工的高速公路，2016年5月取得高速公路的车辆通行费8 000万元（含税）。甲、乙两户企业都是一般纳税人，都选择适用简易计税办法。甲、乙2016年5月取得的车辆通行费收入应缴纳增值税多少元？

分析 一般纳税人收取试点前开工的一级公路、二级公路、桥、闸通行费，可以选择适用简易计税方法，按照5%的征收率计算缴纳增值税，所以甲企业应纳增值税税额＝10 000 000÷（1+5%）×5%＝476 190.48（元）。

一般纳税人收取试点前开工的高速公路的车辆通行费，可以选择适用简易计税方法，减按3%的征收率计算应纳税额，乙纳税人应纳增值税税额＝80 000 000÷（1+5%）×3%＝2 285 714.29（元）。

支付道路通行费一方（购买方）可以凭通行费发票抵扣进项税额。这时，购买方抵扣的进项税额和销售方缴纳的增值税不一致。按照《财政部 国家税务总局关于进一步明确全面推开营改增试点有关劳务派遣服务、收费公路通行费抵扣等政策的通知》（财税〔2016〕47号）的规定，购买方从高速公路经营企业取得的通行费发票，可以以通行费发票上注明的收费金额按照下列公式计算可抵扣的进项税额：

高速公路通行费可抵扣进项税额＝高速公路通行费发票上注明的金额÷（1+3%）×3%

即购买方可以抵扣进项税额＝80 000 000÷（1+3%）×3%＝2 330 097.09（元），这

和销售方缴纳的增值税 2 285 714.29 元不一致。在总局有具体规定之前，按照现行政策的规定，应该就是这样的执行结果。

（二）车辆停放服务

车辆停放服务属于不动产的经营租赁服务，车辆停放服务也应适用在不动产所在地预缴税款后，向机构所在地主管国税机关纳税申报的管理方法。但由于提供车辆停放服务的纳税人不动产所在地和机构所在地一般在同一县（市、区），所以一般没有预缴，而是直接向机构所在地主管税务机关申报纳税。

车辆停放服务适用一般纳税人出租其 2016 年 4 月 30 日前取得的不动产，可以选择适用简易计税方法，按照 5% 的征收率计算应纳税额的政策规定。

（三）经营租赁方式出租土地

按照《财政部 国家税务总局关于进一步明确全面推开营改增试点有关劳务派遣服务、收费公路通行费抵扣等政策的通知》（财税〔2016〕47 号）的规定，纳税人以经营租赁方式将土地出租给他人使用，按照不动产经营租赁服务缴纳增值税。

适用在不动产所在地预缴税款后，向机构所在地主管国税机关纳税申报的管理方法。

【例 190】增值税一般纳税人纳税人出租 2016 年 4 月 30 日前取得的土地使用权，是否可选择简易计税办法？是否可以差额征税？

分析 根据《销售服务、无形资产、不动产注释》，土地使用权是无形资产中的自然资源使用权。销售无形资产，是指转让无形资产所有权或者使用权的业务活动，所以出租土地使用权属于销售无形资产，不属于出租不动产。不过《财政部 国家税务总局关于进一步明确全面推开营改增试点有关劳务派遣服务、收费公路通行费抵扣等政策的通知》（财税〔2016〕47 号）将以经营租赁方式将土地出租给他人使用确定为不动产经营租赁服务，可选择适用简易计税办法，按照 5% 的征收率计算缴纳增值税。

Di Ba Zhang

第八章
增值税纳税申报

第一节 增值税纳税申报概述

一、增值税一般纳税人纳税申报

增值税一般纳税人纳税申报实行"一窗式"管理。"一窗式"管理是税务机关以信息化为依托，通过优化整合现有征管信息资源，统一在办税大厅的申报征收窗口，受理增值税一般纳税人纳税申报（包括受理增值税专用发票抵扣联认证、纳税申报和IC卡报税）、进行票表税比对和比对结果处理等工作。

（一）增值税专用发票抵扣联认证

增值税发票认证是指通过增值税发票税控系统对增值税发票所包含的数据进行识别、确认。纳税人通过增值税发票税控系统开具发票时，系统会自动将发票上的开票日期、发票号码、发票代码、购买方纳税人识别号、销售方纳税人识别号、金额、税额等要素，经过加密形成防伪电子密文打印在发票上。认证时，税务机关利用扫描仪采集发票上的密文和明文图像，或由纳税人自行采集发票电子信息传送至税务机关，通过认证系统对密文解密还原，再与发票明文进行比对，比对一致则通过认证。

纳税人报送的专用发票抵扣联，如果已污损、褶皱、揉搓，致使无法认证的，可允许纳税人用相应的其他联次进行认证（采集）。

发票认证是税务机关进行纳税申报管理、出口退税审核、发票稽核比对、异常发票核查以及税务稽查的重要依据，在加强税收征管中发挥着重要作用。

1. 认证的时间

主管税务机关申报征收岗位人员应当于每一个工作日（包括征期）受理纳税人专用发票抵扣联的认证。纳税人当月申报抵扣的专用发票抵扣联，应在申报所属期内完成认证。

自2017年7月1日起，增值税一般纳税人取得的2017年7月1日及以后开具的增值税专用发票和机动车销售统一发票，应自开具之日起360日内认证或登录增值税发票选择确认平台进行确认，并在规定的纳税申报期内，向主管国税机关申报抵扣进项税额。纳税人取得的2017年6月30日前开具的增值税扣税凭证，仍按原规定的抵扣时间执行。

《国家税务总局关于优化完善增值税发票查询平台功能有关事项的公告》（国家税务总局公告2016年第32号）规定，自2016年3月1日起，为进一步优化纳税服务，更好地便利纳税人，延长确认发票信息时限，将纳税人确认当月用于抵扣税款或者出口退税的增值税发票信息的最后时限，由当月最后1日延长至次月纳税申报期结束前2日。

2. 认证的方法

认证按其方法可分为远程认证、上门认证和勾选认证。

（1）远程认证是由纳税人自行扫描、识别专用发票抵扣联票面信息，生成电子数据，通过网络传输至税务机关，由税务机关完成解密和认证，并将认证结果信息返回纳税人的认证方式。

（2）上门认证是指纳税人携带专用发票抵扣联（或电子信息）等资料，到税务机关办税服务厅进行认证的方式。

（3）勾选认证。

勾选认证，也称取消认证，适用的范围包括纳税信用 A 级、B 级和 C 级的纳税人。

A.《国家税务总局关于纳税信用 A 级纳税人取消增值税发票认证有关问题的公告》（国家税务总局公告 2016 年第 7 号）规定，自 2016 年 3 月 1 日起对纳税信用 A 级增值税一般纳税人可以不再扫描认证。

纳税人取得销售方使用增值税发票系统升级版开具的增值税发票（包括增值税专用发票、货物运输业增值税专用发票、机动车销售统一发票），可以不再进行扫描认证，通过增值税发票税控开票软件登录本省增值税发票查询平台，查询、选择用于申报抵扣或者出口退税的增值税发票信息。

纳税人取得增值税发票，通过增值税发票查询平台未查询到对应发票信息的，仍可进行扫描认证。

纳税人填报增值税纳税申报表的方法保持不变，即当期申报抵扣的增值税发票数据，仍填报在"增值税纳税申报表附列资料（二）"第 2 栏"其中：本期认证相符且本期申报抵扣"的对应栏次中。

B.《国家税务总局关于全面推开营业税改征增值税试点有关税收征收管理事项的公告》（国家税务总局公告 2016 年第 23 号）规定，纳税信用 B 级增值税一般纳税人取得销售方使用新系统开具的增值税发票（包括增值税专用发票、货物运输业增值税专用发票、机动车销售统一发票，下同），可以不再进行扫描认证，登录本省增值税发票查询平台，查询、选择用于申报抵扣或者出口退税的增值税发票信息，未查询到对应发票信息的，仍可进行扫描认证。

2016 年 4 月 30 日新纳入营改增试点的增值税一般纳税人，2016 年 5 月至 7 月期间不需进行增值税发票认证，登录本省增值税发票查询平台，查询、选择用于申报抵扣或者出口退税的增值税发票信息，未查询到对应发票信息的，可进行扫描认证。2016 年 8 月起按照纳税信用级别分别适用发票认证的有关规定。

C.《关于按照纳税信用等级对增值税发票使用实行分类管理有关事项的公告》（国家税务总局公告 2016 年第 71 号）规定，自 2016 年 12 月 1 日起，将取消增值税发票认证的纳税人范围由纳税信用 A 级、B 级的增值税一般纳税人扩大到纳税信用 C 级的增值税一般纳税人。

对 2016 年 5 月 1 日新纳入营改增试点、尚未进行纳税信用评级的增值税一般纳税人，2017 年 4 月 30 日前不需进行增值税发票认证，登录本省增值税发票选择确认平台，查询、选择、确认用于申报抵扣或者出口退税的增值税发票信息，未查询到对应发票信息的，可进行扫描认证。

3. 认证结果的处理

（1）经认证，有下列情形之一的，不得作为增值税进项税额的抵扣凭证，税务机关退还原件，购买方可要求销售方重新开具专用发票。

A. 无法认证。

无法认证，是指专用发票所列密文或者明文不能辨认，无法产生认证结果。

B. 纳税人识别号认证不符。

纳税人识别号认证不符，是指专用发票所列购买方纳税人识别号有误。

C. 专用发票代码、号码认证不符。

专用发票代码、号码认证不符，是指专用发票所列密文解译后与明文的代码或者号码不一致。

（2）经认证，有下列情形之一的，暂不得作为增值税进项税额的抵扣凭证，税务机关扣留原件，查明原因，分别情况进行处理。

A. 重复认证。

重复认证，是指已经认证相符的同一张专用发票再次认证。

B. 密文有误。

密文有误，是指专用发票所列密文无法解译。

C. 认证不符。

认证不符，是指纳税人识别号有误，或者专用发票所列密文解译后与明文不一致。纳税人识别号认证不符、专用发票代码、号码认证不符不按照这里的认证不符处理。

D. 列为失控专用发票。

列为失控专用发票，是指认证时的专用发票已被登记为失控专用发票。

（3）一般纳税人丢失已开具专用发票的发票联和抵扣联，如果丢失前未认证的，购买方凭销售方提供的相应专用发票记账联复印件到主管税务机关进行认证。一般纳税人丢失已开具专用发票的抵扣联，如果丢失前未认证的，可使用专用发票发票联到主管税务机关认证。

（4）专用发票抵扣联无法认证的，可使用专用发票发票联到主管税务机关认证。专用发票发票联复印件留存备查。

（二）纳税申报表及其附列资料

根据《国家税务总局关于全面推开营业税改征增值税试点后增值税纳税申报》（国家税务总局公告2016年第13号，自2016年6月1日起施行）的规定，纳税申报资料包括纳税申报表及其附列资料和纳税申报其他资料。纳税申报表及其附列资料为必报资料。纳税申报其他资料的报备要求由各省、自治区、直辖市和计划单列市国家税务局确定。

1. 纳税申报表及其附列资料

增值税一般纳税人纳税申报表及其附列资料包括：

（1）"增值税纳税申报表（一般纳税人适用）"。

（2）"增值税纳税申报表附列资料（一）"（本期销售情况明细）。

（3）"增值税纳税申报表附列资料（二）"（本期进项税额明细）。

（4）"增值税纳税申报表附列资料（三）"（服务、不动产和无形资产扣除项目明细）。

一般纳税人销售服务、不动产和无形资产，在确定服务、不动产和无形资产销售额时，按照有关规定可以从取得的全部价款和价外费用中扣除价款的，需填报"增值税纳税申报表附列资料（三）"。其他情况不填写该附列资料。

（5）"增值税纳税申报表附列资料（四）"（税额抵减情况表）。

（6）"增值税纳税申报表附列资料（五）"（不动产分期抵扣计算表）。

（7）"固定资产（不含不动产）进项税额抵扣情况表"。

（8）"本期抵扣进项税额结构明细表"。

（9）"增值税减免税申报明细表"。

（10）"营改增税负分析测算明细表"。

《国家税务总局关于营业税改征增值税部分试点纳税人增值税纳税申报有关事项调整的公告》（国家税务总局公告 2016 年第 30 号）增加了"营改增税负分析测算明细表"，由从事建筑、房地产、金融或生活服务等经营业务的增值税一般纳税人在办理增值税纳税申报时填报。

《财政部 国家税务总局关于调整消费税政策的通知》（财税〔2014〕93 号）规定，自 2014 年 12 月 1 日起，取消气缸容量 250 毫升（不含）以下的小排量摩托车、汽车轮胎、酒精的消费税。为配合消费税制度改革，《国家税务总局关于调整增值税纳税申报有关事项的公告》（国家税务总局公告 2014 年第 69 号）规定，自 2015 年 2 月 1 日起，在增值税纳税申报其他资料中增加"部分产品销售统计表"，由从事轮胎、酒精、摩托车等产品生产的增值税一般纳税人在办理增值税纳税申报时填报。

2016 年 6 月 1 日起启用了"增值税纳税申报表附列资料（五）"（不动产分期抵扣计算表）、本期抵扣进项税额结构明细表、营改增税负分析测算明细表，同时停用了部分产品销售统计表。

2. 纳税申报其他资料

（1）已开具的税控机动车销售统一发票和普通发票的存根联。

（2）符合抵扣条件且在本期申报抵扣的增值税专用发票（含税控机动车销售统一发票）的抵扣联。

（3）符合抵扣条件且在本期申报抵扣的海关进口增值税专用缴款书、购进农产品取得的普通发票的复印件。

（4）符合抵扣条件且在本期申报抵扣的税收完税凭证及其清单，书面合同、付款证明和境外单位的对账单或者发票。

（5）已开具的农产品收购凭证的存根联或报查联。

（6）纳税人销售服务、不动产和无形资产，在确定服务、不动产和无形资产销售额时，按照有关规定从取得的全部价款和价外费用中扣除价款的合法凭证及其清单。

（7）主管税务机关规定的其他资料。

3. 特别说明

纳税人跨县（市）提供建筑服务、采取预收款方式提供建筑服务、房地产开发企业预售自行开发的房地产项目、纳税人出租与机构所在地不在同一县（市）的不动产，按规定需要在项目所在地或不动产所在地主管国税机关预缴税款的，需填写"增值税预缴税款表"。

纳税人销售取得的不动产，在不动产所在地主管地税机关预缴税款，不需填写

"增值税预缴税款表"。

4. 部分具体业务的申报

（1）餐饮服务改征增值税之前，餐饮业纳税人销售的外卖食品，应按照销售货物缴纳增值税，但可以选择按照小规模纳税人，依照3%的征收率计算缴纳增值税。餐饮服务改征增值税后，纳税人销售的外卖食品也应按照销售货物缴纳增值税，但纳税人不能选择按照小规模纳税人缴纳增值税，应按适用税率17%计算缴纳增值税。2016年12月21日，财政部、国家税务总局颁发了《关于明确金融 房地产开发 教育辅助服务等增值税政策的通知》（财税〔2016〕140号），规定自2016年5月1日起，提供餐饮服务的纳税人销售的外卖食品，按照"餐饮服务"缴纳增值税。但纳税人2016年5~11月销售的外卖食品已经按照销售货物缴纳了增值税，多申报缴纳的销项税额根据《关于土地价款扣除时间等增值税征管问题的公告》（国家税务总局公告2016年第86号）的规定，财税〔2016〕140号文件第九、十、十一、十四、十五、十六条明确的税目适用问题，按以下方式处理：

① 不涉及税率适用问题的不调整申报；

② 纳税人原适用的税率高于财税〔2016〕140号文件所明确税目对应税率的，多申报的销项税额可以抵减以后月份的销项税额；

③ 纳税人原适用的税率低于财税〔2016〕140号文件所明确税目对应税率的，不调整申报，并从2016年12月（税款所属期）起按照财税〔2016〕140号文件执行。

纳税人已就相关业务向购买方开具增值税专用发票的，应将增值税专用发票收回并重新开具；无法收回的不再调整。

按照上述规定，提供餐饮服务的纳税人销售的外卖食品，在2016年5~11月已经按照17%的税率申报而多申报的销项税额可以抵减以后月份的销项税额。

（2）《关于土地价款扣除时间等增值税征管问题的公告》（国家税务总局公告2016年第86号）规定，财税〔2016〕140号文件第十八条规定的"此前已征的应予免征或不征的增值税，可抵减纳税人以后月份应缴纳的增值税"，按以下方式处理：

① 应予免征或不征增值税业务已按照一般计税方法缴纳增值税的，以该业务对应的销项税额抵减以后月份的销项税额，同时按照现行规定计算不得从销项税额中抵扣的进项税额；

② 应予免征或不征增值税业务已按照简易计税方法缴纳增值税的，以该业务对应的增值税应纳税额抵减以后月份的增值税应纳税额。

纳税人已就应予免征或不征增值税业务向购买方开具增值税专用发票的，将增值税专用发票收回后方可享受免征或不征增值税政策。

（三）申报审核

（1）申报征收岗位人员在受理纳税人纳税申报时，应对纳税人报送的资料的完整性及逻辑关系进行审核。资料齐全且逻辑关系相符的，接受申报，资料不全或逻辑关系不符的，应及时告知纳税人并要求其重新申报或调整申报。

对实行远程申报的纳税人，申报征收岗位人员可直接调阅其远程报送的电子信息进行审核；对通过介质实行上门申报方式的纳税人，申报征收岗位人员可直接读取纳税人报送的电子信息进行审核；对通过纸质实行上门申报方式的纳税人，申报征收岗位人员可直接审核其纸质资料。

（2）对逾期申报的纳税人，主管税务机关申报受理岗位人员应区分以下情况处理：

①有主管税务机关同意其延期申报审批文书的，申报受理岗位人员按规定受理其纳税申报。

②未持有主管税务机关同意其延期申报审批文书的，申报受理岗位人员先按相关规定进行处罚，再按规定受理其纳税申报。

根据征管法的规定，纳税人未按照规定的期限办理纳税申报和报送纳税资料的，由税务机关责令限期改正，可以处二千元以下的罚款；情节严重的，可以处二千元以上一万元以下的罚款。

（3）纳税人纳税申报成功后，申报征收岗位人员应当确认税款是否入库：

①实行"税银联网"或"税库银联网"的，申报征收岗位人员按接收到商业银行或国库传来的划款信息确定税款的入库。

②未实行"税银联网"或"税库银联网"的，申报征收岗位人员根据纳税人报送的加盖开户银行"现金收讫"或"转讫"章的中华人民共和国税收通用缴款书确认税款的入库。

纳税人当期没有应纳税款的，不必确认税款入库。

（4）复核岗位人员在申报期内按日核对已申报纳税人的税款入库情况。对未申报或者已申报但税款未能入库的纳税人，通知税源管理部门。

（四）报税

1. 申报

纳税人应在纳税申报期内持载有报税数据的税控 IC 卡，向申报征收岗位报税；使用小容量税控 IC 卡的企业还需要持有报税数据软盘进行报税。

《国家税务总局关于推行增值税发票系统升级版有关问题的公告》（国家税务总局公告 2014 年第 73 号）规定，自 2015 年 1 月 1 日起在全国范围推行增值税发票系统升级版，使用新系统的纳税人应在纳税申报期内将上月开具发票汇总情况通过增值税发票系统升级版进行网络报税。特定纳税人不使用网络报税，需携带专用设备和相关资料到税务机关进行报税。

2. 审核

申报征收岗位人员对纳税人的报税进行审核，一致的，存入报税系统；对因更换金税卡或硬盘损坏等原因，不能报税的，区别不同情况处理：

（1）因纳税人更换金税卡等原因造成纳税人实际开具专用发票份数大于 IC 卡的，应要求纳税人提供当月开具的全部专用发票，通过认证子系统进行扫描补录，并经过报税子系统的"非常规报税/存根联补录补报"采集；如扫描补录有困难的，可以通过纳税人开票子系统传出报税软盘，并经过报税子系统的"非常规报税/软盘补报"采集。

（2）因纳税人硬盘、金税卡同时损坏等原因不能报税的，纳税人必须提供当月开具的全部专用发票，通过认证子系统进行扫描补录，并经过报税子系统的"非常规报税/存根联补录补报"采集。

3. 查询及数据采集

纳税申报期结束后，申报征收岗位人员必须运用报税子系统查询未报税纳税人名单，并要求其限期报税，以便采集专用发票销项数据；在专用发票销项数据传入稽核系统前，对逾期来报税的纳税人，可经过报税子系统中的"非常规报税/逾期报税"采集。

申报征收岗位人员对上月漏采的专用发票销项数据，必须经过"非常规报税/逾期报税"采集。对注销或取消增值税一般纳税人资格的纳税人当月开具的专用发票销项数据，经过"非常规报税/注销一般纳税人资格纳税人报税"采集。

需要特别说明的是：实行上门申报且纳入防伪税控系统管理的纳税人，申报和报税应同时进行；实行远程申报且纳入防伪税控系统管理的纳税人，须在申报资料报送成功后，再到申报征收窗口报税。未纳入防伪税控系统管理的纳税人不必进行税控 IC 卡报税。

（五）票表税比对

（1）票表税比对包括票表比对和表税比对。票表比对是指申报征收岗位人员利用认证系统、报税系统及其他系统采集的增值税进、销项数据与纳税申报表及附列资料表中的对应数据进行比对；表税比对是指利用申报表应纳税款与当期入库税款进行比对。

票表税比对内容包括销项比对、进项比对、税款比对。

（2）票表税比对逻辑关系相符的，一窗式票表税比对软件自动对税控 IC 卡解锁；票表税比对逻辑关系不符的，申报征收岗位应立即移交给异常情况处理岗位处理。

二、增值税小规模纳税人的纳税申报

小规模纳税人的纳税申报资料包括纳税申报表及其附列资料和纳税申报其他资料。《国家税务总局关于调整增值税纳税申报有关事项的公告》（国家税务总局公告 2016 年第 27 号）规定了小规模纳税人纳税申报表及其附列资料的表样和填报说明。

（一）增值税小规模纳税人纳税申报表及其附列资料

增值税小规模纳税人纳税申报表及其附列资料包括：

1. "增值税纳税申报表（小规模纳税人适用）"

小规模纳税人自行开具增值税专用发票应缴纳的税款，应在规定的纳税申报期内，向主管税务机关申报纳税。在填写增值税纳税申报表时，应将当期开具专用发票的销售额，按照 3% 和 5% 的征收率，分别填写在《增值税纳税申报表》（小规模纳税人适用）第 2 栏和第 5 栏"税务机关代开的增值税专用发票不含税销售额"的"本期数"相应栏次中。

2. "增值税纳税申报表（小规模纳税人适用）附列资料"

"增值税纳税申报表（小规模纳税人适用）附列资料"相当于一般纳税人的"服务、不动产和无形资产扣除项目明细"。小规模纳税人销售服务，在确定服务销售额时，按照有关规定可以从取得的全部价款和价外费用中扣除价款的，需填报"增值税纳税申报表（小规模纳税人适用）附列资料"。其他情况不填写该附列资料。

3. "增值税减免税申报明细表"

本表和一般纳税人的"增值税减免税申报明细表"是同一张表。由享受增值税减免税优惠政策的增值税小规模纳税人填写。

仅享受月销售额不超过 3 万元（按季纳税 9 万元）免征增值税政策或未达起征点的增值税小规模纳税人不需填报本表，即小规模纳税人当期增值税纳税申报表主表第 12 栏"其他免税销售额""本期数"和第 16 栏"本期应纳税额减征额""本期数"均无数据时，不需填报本表。

4．"增值税预缴税款表"

纳税人跨县（市）提供建筑服务、采取预收款方式提供建筑服务、房地产开发企业预售自行开发的房地产项目、纳税人出租与机构所在地不在同一县（市）的不动产，按规定需要在项目所在地或不动产所在地主管国税机关预缴税款的，需填写"增值税预缴税款表"。

纳税人销售取得的不动产，在不动产所在地主管地税机关预缴税款，不需填写"增值税预缴税款表"。

（二）纳税申报其他资料

（1）已开具的农产品收购凭证的存根联或报查联。

（2）纳税人销售服务、不动产和无形资产，在确定服务、不动产和无形资产销售额时，按照有关规定从取得的全部价款和价外费用中扣除价款的合法凭证及其清单。

（3）主管税务机关规定的其他资料。

发生增值税税控系统专用设备费用和技术维护费的纳税人、销售建筑服务并按规定预缴增值税的纳税人、销售不动产并按规定预缴增值税的纳税人以及出租不动产并按规定预缴增值税的纳税人，应填写税额抵减情况表。本表和一般纳税人的税额抵减情况表是同一张表。国家税务总局并未列明小规模纳税人也应填报，在增值税的征收管理中，主管税务机关一般会要求纳税人填报本表。

第二节　增值税纳税申报案例分析

一、一般纳税人纳税申报案例分析

【例 191】甲市 K 建筑企业兼营建筑材料的销售业务，为增值税一般纳税人，2017 年 5 月生产经营情况如下：

（1）在乙市的 A 建筑项目建筑施工许可证注明的开工日期为 2016 年 3 月，2017 年 5 月竣工结算。合同约定工程总价款为 2 000 万元（含税），开工时收取 50% 的工程款，竣工结算时收取 50% 的工程款。工程所用主要材料、设备由建设方购买。工程所用辅助材料由施工方购买。本期如合同约定，项目竣工结算并收取款项 1 000 万元。

（2）在丙市的 B 建筑项目建筑施工许可证注明的开工日期为 2017 年 5 月，工期为 6 个月，2017 年 10 月竣工结算。合同约定工程总价款为 3 000 万元（含税），开工时收取 60% 的工程款，竣工结算时收取 40%。工程所用主要材料、设备由建设方购买。工程所用辅助材料由施工方购买。本期如合同约定收取款项 1 800 万元。同时将其中的土地平整等工程分包给其他建筑企业，本期支付分包款350万元（含税），取得对方开具的增值税普通发票。

（3）在丁市的C建筑项目建筑施工许可证注明的开工日期为2017年7月。合同约定为包工包料的全包工程，工程款项分三期收取。2017年5月（即开工前）收取700万元（含税），2017年12月收取1 000万元（含税），2018年5月工程竣工收取1 300万元（含税）。本期如合同约定收取700万元。

（4）销售建筑材料取得收入1 500万元（含税），适用税率为17%。

（5）销售一辆施工车辆取得收入20万元（含税），该车辆已使用5年。

（6）出租五辆工程车辆取得收入18万元（含税），这些车辆都是营改增前购买的。

（7）购买工程所用辅料，取得的增值税专用发票注明买价共计1 025.64万元，税额1 743 588元。其中55%用于对外销售。5%用于A项目，40%用于B项目。

（8）购进办公设备一台，取得的增值税专用发票注明买价854 700.85元，税额145 299.15元。

（9）装修办公楼，购买装修材料取得的增值税专用发票注明买价1 025 641.03元，税额174 358.97元。该办公楼原值300万元，累计折旧200万元。

（10）在甲市支付办公用水费，取得的增值税专用发票注明买价485.44元，税额14.56元；支付办公用电费取得的增值税专用发票注明买价2 136.75元，税额363.25元。

假设以上业务都取得合法的凭证，可以抵扣的凭证都在本月认证、抵扣。可以选择简易计税的项目都选择适用简易计税方法。本期在乙市、丁市预缴的增值税在本期增值税纳税申报时取得完税证，在丙市预缴的增值税在本期增值税纳税申报时尚未取得完税证。根据以上资料完成下列问题：

（1）K企业2017年5月在甲市主管税务机关进行增值税纳税申报时应报送哪些资料？

（2）根据以上资料填写增值税纳税申报表及其附列资料。

分析

1. 根据《国家税务总局关于全面推开营业税改征增值税试点后增值税纳税申报》（国家税务总局公告2016年第13号）的规定，增值税纳税申报资料包括纳税申报表及其附列资料和纳税申报其他资料。纳税申报表及其附列资料为必报资料。该纳税人本期应报送的增值税纳税申报表及其附列资料包括：

（1）"增值税纳税申报表（一般纳税人适用）"。

（2）"增值税纳税申报表附列资料（一）（本期销售情况明细）"。

（3）"增值税纳税申报表附列资料（二）（本期进项税额明细）"。

（4）"增值税纳税申报表附列资料（三）（服务、不动产和无形资产扣除项目明细）"。

（5）"增值税纳税申报表附列资料（四）（税额抵减情况表）"。

（6）"固定资产（不含不动产）进项税额抵扣情况表"。

（7）"本期抵扣进项税额结构明细表"。

（8）"增值税减免税申报明细表"。

（9）"营改增税负分析测算明细表"。

本例中，建议纳税人在填报的过程按下列顺序填报：

（1）首先可以填报以下申报表。这些申报表间的顺序无要求。填报"增值税纳税申报表附列资料（四）（税额抵减情况表）"后填报主表第23行；填报"增值税纳税申报表附列资料（三）（服务、不动产和无形资产扣除项目明细）"后填报"增值税纳税申报表附列资料（一）（本期销售情况明细）"第12列和第13列。

（2）其次填报"增值税纳税申报表附列资料（一）（本期销售情况明细）"。

（3）填报"增值税减免税申报明细表"。

（4）填报"固定资产（不含不动产）进项税额抵扣情况表""增值税纳税申报表附列资料（二）（本期进项税额明细）"。

（5）填报"本期抵扣进项税额结构明细表"。

（6）"增值税纳税申报表（一般纳税人适用）"。

（7）最后填报"营改增税负分析测算明细表"。

2. 预缴增值税申报表的填写：

（1）乙市A项目应在乙市主管国税机关预缴税款，填报"增值税预缴税款表"，如表8-1所示。

A项目开工时间为2016年4月30日前，可选择适用简易计税方法。

一般纳税人跨县（市、区）提供建筑服务，选择适用简易计税方法计税的，以取得的全部价款和价外费用扣除支付的分包款后的余额，按照3%的征收率计算应预缴税款。

该建筑企业建筑服务纳税义务发生时间为合同约定的收款日期。

应预缴税款 = 10 000 000÷（1+3%）×3% = 9 708 737.86×3% = 291 262.14（元）

填报"增值税预缴税款表"时，"销售额"填写含税的全部价款和价外费用，"扣除金额"也填写按规定准予从全部价款和价外费用中扣除的含税金额。"预征税额"按不含税的销售额计算。

表8-1　　　　　　　　　　　增值税预缴税款表

税款所属时间：2017年5月1日 至 2017年5月31日

纳税人识别号：　　　　　　　　　　　　是否适用一般计税方法　是　　否 √

纳税人名称：（公章）　　　　　　　　　金额单位：元（至角分）

项目编号		项目名称		A项目
项目地址		乙市××××		
预征项目和栏次		销售额	扣除金额	预征率	预征税额
		1	2	3	4
建筑服务	1	10 000 000	0	3%	291 262.14
销售不动产	2				
出租不动产	3				
	4				
	5				
合计	6				

（2）丙市B项目应在丙市主管国税机关预缴税款，填报"增值税预缴税款表"，如表8-2所示。

表 8-2　　　　　　　　　　　　　**增值税预缴税款表**

税款所属时间：2017 年 5 月 1 日 至 2017 年 5 月 31 日

纳税人识别号：　　　　　　　　　　　　　　　　是否适用一般计税方法　是　　否 √

纳税人名称：（公章）　　　　　　　　　　　　　　　　　　金额单位：元（至角分）

项目编号		项目名称	B 项目	
项目地址		丙市××××		
预征项目和栏次		销售额	扣除金额	预征率	预征税额
		1	2	3	4
建筑服务	1	18 000 000	3 500 000	3%	422 330.10
销售不动产	2				
出租不动产	3				
	4				
	5				
合计	6				

　　B 项目开工时间虽然是 2016 年 4 月 30 日后，但由于工程所用主要材料、设备由建设方购买，属于一般纳税人为甲供工程提供的建筑服务，所以可以选择适用简易计税方法计税。

　　一般纳税人跨县（市、区）提供建筑服务，选择适用简易计税方法计税的，以取得的全部价款和价外费用扣除支付的分包款后的余额，按照 3% 的征收率计算应预缴税款。

　　该建筑企业建筑服务纳税义务发生时间为合同约定的收款日期。

　　应预缴税款 =（30 000 000×60%－3 500 000）÷（1+3%）×3% = 14 077 669.90×3% = 422 330.10（元）

　　（3）丁市 C 项目应在丁市主管国税机关预缴税款，填报"增值税预缴税款表"，如表 8-3 所示。

表 8-3　　　　　　　　　　　　　**增值税预缴税款表**

税款所属时间：2017 年 5 月 1 日 至 2017 年 5 月 31 日

纳税人识别号：　　　　　　　　　　　　　　　　是否适用一般计税方法　是 √　否

纳税人名称：（公章）　　　　　　　　　　　　　　　　　　金额单位：元（至角分）

项目编号		项目名称	B 项目	
项目地址		丁市××××		
预征项目和栏次		销售额	扣除金额	预征率	预征税额
		1	2	3	4
建筑服务	1	7 000 000		2%	126 126.13
销售不动产	2				
出租不动产	3				
	4				
	5				
合计	6				

C项目开工日期在2016年4月30日后，不可以按照为老项目提供建筑服务选择适用简易计税方法缴纳增值税。同时，该工程是包工包料的全包工程，也不可以按照为甲供工程提供的建筑服务选择适用简易计税方法缴纳增值税。所以C项目采用一般计税方法。

2017年5月收取的工程款为预收款，虽然增值税纳税义务尚未发生，但收取的预收款应在工程所在地主管国税机关按照2%预征率预缴税款。

应预缴税款=7 000 000÷（1+11%）×2%=126 126.13（元）

3. 在甲市增值税纳税申报表的填写：

（1）填报"增值税纳税申报表附列资料（四）（税额抵减情况表）"，如表8-4所示。

本期在乙市预缴的增值税291 262.14元，在本期增值税纳税申报时取得完税证可以申报扣除，填报到"增值税纳税申报表附列资料（四）（税额抵减情况表）"中。在丙市预缴的增值税422 330.10元在本期增值税纳税申报时尚未取得完税证，不可以在本期申报扣除。

在丁市预缴的增值税126 126.13元，在本期增值税纳税申报时已经取得完税证，但本期是否可以申报扣除尚不明确。该预收款预缴税款和房地产开发企业销售自行开发的房地产项目取得预收款预缴税款性质一样，都是纳税义务尚未发生。根据《增值税会计处理规定》（财会〔2016〕22号）的规定，企业预缴增值税时，借记"应交税费——预交增值税"科目，贷记"银行存款"科目。房地产开发企业等在预缴增值税后，应直至纳税义务发生时方可从"应交税费——预交增值税"科目结转至"应交税费——未交增值税"科目。这里隐含的内涵是，增值税纳税义务尚未发生时预缴的增值税，应在纳税义务发生时方可申报扣除。本例按照此思路处理。

所以本期尽管预缴了三笔税款，其中两笔预缴税款已经取得完税证，但最终可以在本期申报扣除的只有乙市预缴的税款291 262.14元。

表8-4　　　　　　增值税纳税申报表附列资料（四）

（税额抵减情况表）　　　　　金额单位：元（至角分）

序号	抵减项目	期初余额	本期发生额	本期应抵减税额	本期实际抵减税额	期末余额
		1	2	3=1+2	4≤3	5=3-4
1	增值税税控系统专用设备费及技术维护费					
2	分支机构预征缴纳税款					
3	建筑服务预征缴纳税款	0	291 262.14	291 262.14	291 262.14	0
4	销售不动产预征缴纳税款					
5	出租不动产预征缴纳税款					

（2）分包款填报"服务、不动产和无形资产扣除项目明细表"，如表8-5所示。

346

表 8-5 　　　　　　　　增值税纳税申报表附列资料（三）
（服务、不动产和无形资产扣除项目明细）

金额单位：元（至角分）

项目及栏次		本期服务、不动产和无形资产价税合计额（免税销售额）	服务、不动产和无形资产扣除项目				
			期初余额	本期发生额	本期应扣除金额	本期实际扣除金额	期末余额
		1	2	3	4 = 2+3	5(5≤1 且 5≤4)	6 = 4-5
17% 税率的项目	1						
11% 税率的项目	2						
6% 税率的项目（不含金融商品转让）	3						
6% 税率的金融商品转让项目	4						
5% 征收率的项目	5						
3% 征收率的项目	6	28 000 000	0	3 500 000	3 500 000	3 500 000	0
免抵退税的项目	7						
免税的项目	8						

在丙市的 B 项目可以选择适用简易计税方法计税。试点纳税人提供建筑服务适用简易计税方法的，以取得的全部价款和价外费用扣除支付的分包款后的余额为销售额。

本期服务、不动产和无形资产价税合计额（免税销售额）= 10 000 000+18 000 000 = 28 000 000（元）。

（3）填报"增值税纳税申报表附列资料（一）（本期销售情况明细）"，如表 8-6 所示。

乙市 A 项目本期简易计税销售额 = 10 000 000÷（1+3%）= 9 708 737.86（元）

丙市 B 项目本期简易计税销售额 = 18 000 000÷（1+3%）= 17 475 728.15（元），计税合计金额 18 000 000 元，扣除项目计税合计金额 3 500 000 元。

丁市 C 项目纳税义务尚未发生，预收款只是预缴税款，不需确认增值税销售额进行申报。

销售建筑材料本期一般计税销售额 = 15 000 000÷（1+17%）= 12 820 512.82（元）

销售施工车辆适用按 3% 征税率减按 2% 计税的规定，本期简易计税销售额 = 200 000÷（1+3%）= 194 174.76（元）。

出租营改增前购入的工程车辆适用"以纳入营改增试点之日前取得的有形动产为标的物提供的经营租赁服务"可以选择适用简易计税方法的规定，本期简易计税销售额 = 180 000÷（1+3%）= 174 757.28（元）。

所以第 1 行"17% 税率的货物及加工、修理修配劳务"，销售额 = 12 820 512.82（元），销项税额 = 12 820 512.82×17% = 2 179 487.18（元）。

第 11 行"3% 征收率的货物及加工、修理修配劳务"，销售额 = 194 174.76（元），应纳税额 = 5 825.24（元）。

第 12 行"3% 征收率的服务、不动产和无形资产"，销售额 = 9 708 737.86+17 475 728.16+174 757.28 = 27 359 223.30（元），税额 = 820 776.70（元），应纳税额 = （27 359 223.30+820 776.70-3 500 000）÷（1+3%）×3% = 718 834.95（元），扣减的 3 500 000 元数据来源于"增值税纳税申报表附列资料（三）（服务、不动产和无形资产扣除项目明细）"（表 8-5）。

表8-6　增值税纳税申报表附列资料（一）（本期销售情况明细）

金额单位：元（至角分）

项目及栏次		开具增值税专用发票 销售额 (1)	销项(应纳)税额 (2)	开具其他发票 销售额 (3)	销项(应纳)税额 (4)	未开具发票 销售额 (5)	销项(应纳)税额 (6)	纳税检查调整 销售额 (7)	销项(应纳)税额 (8)	合计 销售额 9=1+3+5+7	销项(应纳)税额 10=2+4+6+8	价税合计 11=9+10	服务、不动产和无形资产扣除项目本期实际扣除金额 (12)	扣除后 含税(免税)销售额 13=11-12	扣除后 销项(应纳)税额 14=13÷(100%+税率或征收率)×税率或征收率
一、一般计税方法计税 全部征税项目	17%税率的货物及加工、修理修配劳务	1	12 820 512.82	2 179 487.18	—	—	—	—	—	—	12 820 512.82	2 179 487.18	—	—	—	—
	17%税率的服务、不动产和无形资产	2	—	—	—	—	—	—	—	—	—	—	—	—	—	—
	13%税率	3	—	—	—	—	—	—	—	—	—	—	—	—	—	—
	11%税率的货物及加工、修理修配劳务	4a	—	—	—	—	—	—	—	—	—	—	—	—	—	—
	11%税率的服务、不动产和无形资产	4b	—	—	—	—	—	—	—	—	—	—	—	—	—	—
	6%税率	5	—	—	—	—	—	—	—	—	—	—	—	—	—	—
其中：即征即退项目	即征即退货物及加工、修理修配劳务	6	—	—	—	—	—	—	—	—	—	—	—	—	—	—
	即征即退服务、不动产和无形资产	7	—	—	—	—	—	—	—	—	—	—	—	—	—	—
二、简易计税方法计税 全部征税项目	6%征收率	8	—	—	—	—	—	—	—	—	—	—	—	—	—	—
	5%征收率的货物及加工、修理修配劳务	9a	—	—	—	—	—	—	—	—	—	—	—	—	—	—
	5%征收率的服务、不动产和无形资产	9b	—	—	—	—	—	—	—	—	—	—	—	—	—	—
	4%征收率	10	—	—	—	—	—	—	—	—	—	—	—	—	—	—
	3%征收率的货物及加工、修理修配劳务	11	194 174.76	5 825.24	—	—	—	—	—	—	194 174.76	5 825.24	—	—	—	—
	3%征收率的服务、不动产和无形资产	12	27 359 223.24	820 776.70	—	—	—	—	—	—	27 359 223.30	820 776.70	28 180 000	3 500 000	24 680 000	718 834.95
	预征率　%	13a	—	—	—	—	—	—	—	—	—	—	—	—	—	—
	预征率　%	13b	—	—	—	—	—	—	—	—	—	—	—	—	—	—
	预征率　%	13c	—	—	—	—	—	—	—	—	—	—	—	—	—	—
其中：即征即退项目	即征即退货物及加工、修理修配劳务	14	—	—	—	—	—	—	—	—	—	—	—	—	—	—
	即征即退服务、不动产和无形资产	15	—	—	—	—	—	—	—	—	—	—	—	—	—	—
三、免抵退税	货物及加工、修理修配劳务	16	—	—	—	—	—	—	—	—	—	—	—	—	—	—
	服务、不动产和无形资产	17	—	—	—	—	—	—	—	—	—	—	—	—	—	—
四、免税	货物及加工、修理修配劳务	18	—	—	—	—	—	—	—	—	—	—	—	—	—	—
	服务、不动产和无形资产	19	—	—	—	—	—	—	—	—	—	—	—	—	—	—

(4) 销售施工车辆适用按3%征税率减按2%计税的规定，但在填报简易计税应纳税额时应按3%的征收率计算，减征的1%填报"增值税减免税申报明细表"，如表8-7所示，并在主表23行填报。

根据《减免性质及分类表（2014年新版）》，税收优惠代码是"01129902"，减免性质名称是"《财政部 国家税务总局关于部分货物适用增值税低税率和简易办法征收增值税政策的通知》（财税〔2009〕9号）"。

销售额=200 000÷（1+3%）=194 174.76（元），应纳税额=194 174.76×3%=5 825.24（元），减征额=194 174.76×1%=1 941.75（元）。

表8-7 增值税减免税申报明细表

金额单位：元（至角分）

一、减税项目					
减税性质代码及名称	栏次	期初余额	本期发生额	本期应抵减税额	本期实际抵减税额	期末余额
		1	2	3=1+2	4≤3	5=3-4
合计	1	0	1 941.75	1 941.75	1 941.75	0
01129902	2	0	1 941.75	1 941.75	1 941.75	0
	3					
	4					
	5					
	6					

二、免税项目					
免税性质代码及名称	栏次	免征增值税项目销售额	免税销售额扣除项目本期实际扣除金额	扣除后免税销售额	免税销售额对应的进项税额	免税额
		1	2	3=1-2	4	5
合 计	7					
出口免税	8		——	——	——	
其中：跨境服务	9		——	——	——	
	10					
	11					
	12					
	13					
	14					
	15					
	16					

(5) 本期购进的办公设备可以抵扣进项税额145 299.15元，填报"固定资产（不含不动产）进项税额抵扣情况表"，如表8-8所示。

装修办公楼的支出1 025 641.03元，未超过办公楼原值的50%，即1 500 000元，不需分期抵扣，可以一次性抵扣。但是，增值税暂行条例以及营业税改征增值税试点实施办法都规定，固定资产，是指使用期限超过12个月的机器、机械、运输工具以及其他与生产经营有关的设备、工具、器具等有形动产。装修支出不属于增值税定义的固定资产，所以在"固定资产（不含不动产）进项税额抵扣情况表"中不需填报。

表8-8　　　　　固定资产（不含不动产）进项税额抵扣情况表

纳税人名称（公章）：　　　填表日期：　　年　　月　　日　　　金额单位：元（至角分）

项目	当期申报抵扣的固定资产进项税额	申报抵扣的固定资产进项税额累计
增值税专用发票	145 299.15	145 299.15
海关进口增值税专用缴款书		
合　　计	145 299.15	145 299.15

（6）填报"增值税纳税申报表附列资料(二)(本期进项税额明细)"，如表8-9所示。

表8-9　　　　　　　增值税纳税申报表附列资料（二）

（本期进项税额明细）

税款所属时间：2016年4月30日至2016年5月31日

纳税人名称：（公章）　　　　　　　　　　　　金额单位：元（至角分）

一、申报抵扣的进项税额				
项目	栏次	份数	金额	税额
（一）认证相符的增值税专用发票	1=2+3		12 139 364.07	2 063 623.93
其中：本期认证相符且本期申报抵扣	2		12 139 364.07	2 063 623.93
前期认证相符且本期申报抵扣	3			
（二）其他扣税凭证	4=5+6+7+8			
其中：海关进口增值税专用缴款书	5			
农产品收购发票或者销售发票	6			
代扣代缴税收缴款凭证	7		——	
加计扣除农产品进项税额	8a			
其他	8b			
（三）本期用于购建不动产的扣税凭证	9			
（四）本期不动产允许抵扣进项税额	10		——	——
（五）外贸企业进项税额抵扣证明	11		——	——
当期申报抵扣进项税额合计	12=1+4-9+10+11		12 139 364.07	2 063 623.93
二、进项税额转出额				
项目	栏次		税额	
本期进项税额转出额	13=14至23之和		784 872.44	
其中：免税项目用	14			
集体福利、个人消费	15			
非正常损失	16			
简易计税方法征税项目用	17		784 872.44	
免抵退税办法不得抵扣的进项税额	18			
纳税检查调减进项税额	19			
红字专用发票信息表注明的进项税额	20			

表8-9(续)

项目	栏次	份数	金额	税额
上期留抵税额抵减欠税	21			
上期留抵税额退税	22			
其他应作进项税额转出的情形	23			
三、待抵扣进项税额				

项目	栏次	份数	金额	税额
(一)认证相符的增值税专用发票	24	—	—	
期初已认证相符但未申报抵扣	25			
本期认证相符且本期未申报抵扣	26			
期末已认证相符但未申报抵扣	27			
其中:按照税法规定不允许抵扣	28			
(二)其他扣税凭证	29=30至33之和			
其中:海关进口增值税专用缴款书	30			
农产品收购发票或者销售发票	31			
代扣代缴税收缴款凭证	32		—	
其他	33			
	34			
四、其他				

项目	栏次	份数	金额	税额
本期认证相符的增值税专用发票	35			
代扣代缴税额	36	—		

由于A、B项目适用简易计税方法,购买的用于A、B项目的辅助材料不得抵扣进项税额,不得抵扣的金额=1 743 588×45%=784 614.6(元)。

购进的办公设备可以抵扣进项税额145 299.15元。

装修办公楼的支出不需分期抵扣,其进项税额174 358.97元可以一次性抵扣。

水电费的进项税额应在一般计税项目和简易计税项目间按照销售额所占的比例进行分配。不得抵扣的进项税额=(14.56+363.25)×27 553 398÷(27 553 398+12 820 512.82)=377.81×27 553 398÷40 373 910.82=257.84(元)。

值得注意的是:一是销售使用过的固定资产按3%的税率减按2%征税的项目,由于税法只是强调,适用一般计税方法的纳税人,兼营简易计税方法计税项目而无法划分不得抵扣的进项税额,按照规定的公式计算不得抵扣的进项税额,对哪些简易计税方法计税项目不需用公式划分不得抵扣的进项税额并未列举。本例观点,销售使用过的固定资产也属于生产经营的一部分,所以和其他的简易计税方法的计税项目一起计算不得抵扣的进项税额。二是B项目简易计税的同时,可以差额征税扣除分包款。扣除的分包款会计核算是通过"主营业务成本"进项核算,填入增值税申报表主表的销售额也是扣除分包款前的销售额。所以,在税法没有做明确规定前,简易计税方法计税项目划分不得抵扣的进项税额的销售额应是扣除分包款前的销售额。三是C项目的预收款由于纳税义务尚未发生,不确认销售额,所以预收款不计入划分不得抵扣的进项税额的销售额。

认证相符的增值税专用发票金额＝10 256 400＋854 700.85＋1 025 641.03＋485.44＋2 136.75＝12 139 364.07（元）

进项税额合计＝1 743 588＋145 299.15＋174 358.97＋14.56＋363.25＝2 063 623.93（元）

进项税额转出＝784 614.6＋257.84＝784 872.44（元）

（7）填报本期抵扣进项税额结构明细表，如表8-10所示。

表8-10　　　　　　　　　　本期抵扣进项税额结构明细表

金额单位：元（至角分）

项目	栏次	金额	税额
合计	1＝2＋4＋5＋11＋16＋18＋27＋29＋30	12 139 364.07	2 063 623.93
一、按税率或征收率归集（不包括购建不动产、通行费）的进项			
17%税率的进项	2	11 113 237.6	1 889 250.4
其中：有形动产租赁的进项	3		
13%税率的进项	4		
11%税率的进项	5		
其中：运输服务的进项	6		
电信服务的进项	7		
建筑安装服务的进项	8		
不动产租赁服务的进项	9		
受让土地使用权的进项	10		
6%税率的进项	11		
其中：电信服务的进项	12		
金融保险服务的进项	13		
生活服务的进项	14		
取得无形资产的进项	15		
5%征收率的进项	16		
其中：不动产租赁服务的进项	17		
3%征收率的进项	18	485.44	14.56
其中：货物及加工、修理修配劳务的进项	19	485.44	14.56
运输服务的进项	20		
电信服务的进项	21		
建筑安装服务的进项	22		
金融保险服务的进项	23		
有形动产租赁服务的进项	24		
生活服务的进项	25		
取得无形资产的进项	26		
减按1.5%征收率的进项	27		
	28		

表8-10（续）

项目	栏次	金额	税额
二、按抵扣项目归集的进项			
用于购建不动产并一次性抵扣的进项	29	1 025 641.03	174 358.97
通行费的进项	30		
	31		
	32		

A. 第1行"合计""税额"列＝"附列资料（二）"第12栏"当期申报抵扣进项税额合计""税额"列－"附列资料（二）"第10栏"本期不动产允许抵扣进项税额""税额"列－"附列资料（二）"第11栏"外贸企业进项税额抵扣证明""税额"列，进项转出的税额尚未扣除。

第1行"金额"＝12 139 364.07（元），"税额"＝2 063 623.93（元）

B. 购买辅料可以抵扣的增值税专用发票适用税率17%，金额＝10 256 400（元），税额＝1 743 588（元）。

购进的办公设备可以抵扣的增值税专用发票适用税率17%，金额＝854 700.85（元），税额＝145 299.15（元）。

装修办公楼的支出可以抵扣的增值税专用发票适用税率17%，金额＝1 025 641.03（元），税额＝174 358.97（元）。

电费可以抵扣的增值税专用发票适用税率17%，金额＝2 136.75（元），税额＝363.25（元）。

第2行17%税率的进项不包括用于购建不动产的允许一次性抵扣和分期抵扣的进项税额，以及纳税人支付的道路、桥、闸通行费，取得的增值税扣税凭证上注明或计算的进项税额。

第2行金额合计＝10 256 400+854 700.85+2 136.75＝11 113 237.6（元），税额合计＝1 743 588+145 299.15+363.25＝1 889 250.4（元）。

C. 水费可以抵扣的增值税专用发票征收率3%，金额＝485.44(元)，税额＝14.56(元)。

第18行3%征收率的进项金额＝485.44（元），税额＝14.56（元）。

D. 第29行用于购建不动产并一次性抵扣的进项，金额＝1 025 641.03（元），税额＝174 358.97（元）。

（8）填报《增值税纳税申报表（一般纳税人适用）》，如表8-11所示。

申报表主表中，第1行"按适用税率计税销售额"数据来源于附列资料（一）第9列"销售额"第1行~第5行合计，销售额＝12 820 512.82（元）；第2行"其中：应税货物销售额"数据来源于附列资料（一）第9列"销售额"第1行，销售额＝12 820 512.82（元）；第5行"按简易办法计税销售额"数据来源于附列资料（一）第9列"销售额"第8行~第13行合计，销售额＝194 174.76＋27 359 223.30＝27 553 398.06（元）。

第11行"销项税额"数据来源于附列资料（一）第10列"销项（应纳）税额"第1行~第5行合计，销项税额＝2 179 487.18（元）。

表 8-11

增 值 税 纳 税 申 报 表

（一般纳税人适用）

金额单位：元（至角分）

项　　目	栏次	一般项目		即征即退项目	
		本月数	本年累计	本月数	本年累计
销售额					
（一）按适用税率计税销售额	1	12 820 512.82			
其中：应税货物销售额	2	12 820 512.82			
应税劳务销售额	3				
纳税检查调整的销售额	4				
（二）按简易办法计税销售额	5	27 553 398.06			
其中：纳税检查调整的销售额	6				
（三）免、抵、退办法出口销售额	7			——	——
（四）免税销售额	8			——	——
其中：免税货物销售额	9			——	——
免税劳务销售额	10			——	——
税款计算					
销项税额	11	2 179 487.18			
进项税额	12	2 063 623.93			
上期留抵税额	13				
进项税额转出	14	784 872.44			
免、抵、退应退税额	15				
按适用税率计算的纳税检查应补缴税额	16				
应抵扣税额合计	17＝12＋13－14－15＋16	1 278 751.49			
实际抵扣税额	18（如17<11，则为17，否则为11）	1 278 751.49			
应纳税额	19＝11－18	900 735.69			
期末留抵税额	20＝17－18	0			——
简易计税办法计算的应纳税额	21	724 660.19			
按简易计税办法计算的纳税检查应补缴税额	22			——	——
应纳税额减征额	23	1 941.75			
应纳税额合计	24＝19＋21－23	1 623 454.13			
税款缴纳					
期初未缴税额（多缴为负数）	25				
实收出口开具专用缴款书退税额	26				
本期已缴税额	27＝28＋29＋30＋31	291 262.14			
①分次预缴税额	28	291 262.14		——	——
②出口开具专用缴款书预缴税额	29			——	——
③本期缴纳上期应纳税额	30				
④本期缴纳欠缴税额	31				
期末未缴税额（多缴为负数）	32＝24＋25＋26－27				
其中：欠缴税额（≥0）	33＝25＋26－27			——	——
本期应补（退）税额	34＝24－28－29	1 332 191.99		——	
即征即退实际退税额	35	——			
期初未缴查补税额	36			——	——
本期入库查补税额	37			——	——
期末未缴查补税额	38＝16＋22＋36－37			——	——

第 12 行"进项税额"数据来源于附列资料（二）第 12 行"当期申报抵扣进项税额合计"＝2 063 623.93（元）。

第 13 行"上期留抵税额""本年累计数"＝3 553.18（元）

第 14 行"进项税额转出"数据来源于附列资料（二）第 13 行"本期进项税额转出额"784 872.44 元。

第 17 行"应抵扣税额合计""本月数"＝2 063 623.93－784 872.44＝1 278 751.49（元）。

第 18 行"实际抵扣税额""本月数"＝1 278 751.49（元）。

第 19 行"应纳税额"＝2 179 487.18－（2 063 623.93－784 872.44）＝900 735.69（元）

第 21 行"简易计税办法计算的应纳税额"数据来源于附列资料（一）第 10 列"销项（应纳）税额"第 8 行～第 13 行合计，其中差额征税项目，用第 14 列相应行次的销项（应纳）税额。第 21 行"简易计税办法计算的应纳税额"＝5 825.24＋718 834.95＝724 660.19（元）

第 23 行"应纳税额减征额"数据来源于《增值税减免税申报明细表》第 1 行第 4 列"本期实际抵减税额"＝1 941.75（元）

第 24 行"应纳税额合计"＝900 735.69＋724 660.19－1 941.75＝1 623 454.13（元）

第 27 行"本期已缴税额"数据来源于"增值税纳税申报表附列资料（四）（税额抵减情况表）"第 2 行"分支机构预征缴纳税款"、第 3 行"建筑服务预征缴纳税款"、第 4 行"销售不动产预征缴纳税款"、第 5 行"出租不动产预征缴纳税款"合计数。本期取得完税证申报扣除的"建筑服务预征缴纳税款"291 262.14（元），所以第 27 行"本期已缴税额"＝291 262.14（元）。

第 28 行"①分次预缴税额"＝291 262.14（元）。

第 34 行"本期应补（退）税额"＝1 623 454.13－291 262.14＝1 332 191.99（元）。

（9）填报营改增税负分析测算明细表，如表 8-12 所示。

A、B 项目属于建筑服务——工程服务，代码"040100"，第 3 列"价税合计"＝20 000 000×50%＋30 000 000×60%＝28 000 000（元）。第 1 列"不含税销售额"＝28 000 000÷（1＋3%）＝27 184 466.02（元）。第 2 列"销项（应纳）税额"＝27 184 466.02×3%＝815 533.98（元）。第 4 列"服务、不动产和无形资产扣除项目本期实际扣除金额"＝3 500 000（元）。第 5 列"扣除后含税销售额"＝28 000 000－3 500 000＝24 500 000（元）。第 6 列"扣除后销项（应纳）税额"＝24 500 000÷（1＋3%）×3%＝713 592.23（元）。第 7 列"增值税应纳税额（测算）"＝第 6 列＝713 592.23（元）。第 11 列"原营业税税制下服务、不动产和无形资产差额扣除项目本期实际扣除金额"＝3 500 000。第 13 列"应税营业额"＝28 000 000－3 500 000＝24 500 000（元）。第 14 列"营业税应纳税额"＝24 500 000×3%＝735 000（元）。缴纳增值税比缴纳营业税少缴纳＝735 000－713 592.23＝21 407.77（元）。

C 项目增值税纳税义务尚未发生，不应填入"营改增税负分析测算明细表"。

出租工程车辆取得的租金收入也属于营改增的征税范围，但营改增税负分析测算明细表并不是所有营改增的纳税人填报，只有 2016 年 4 月 30 日后改征增值税的纳税人填报，即由从事建筑、房地产、金融或生活服务等经营业务的增值税一般纳税人在办理增值税纳税申报时填报，所以，出租工程车辆取得的租金收入不填报营改增税负分析测算明细表。

表 8-12

营改增税负分析测算明细表

金额单位：元（至角分）

项目及栏次 应税项目代码及名称	增值税税率或征收率	营业税税率	增值税 不含税销售额	销项(应纳)税额 增值税税率或征收率	价税合计	扣除后 服务、不动产和无形项目本期扣除实际金额	含税销售额	销项(应纳)税额	增值税应纳税额(测算)	营业税 期初余额	原营业税税制下服务、不动产和无形资产本期发生额	本期应扣除金额	本期实际扣除金额	期末余额	应税营业额	营业税应纳税额
			1	2=1×增值税税率或征收率	3=1+2	4	5=3-4	6=5÷(100%+增值税税率或征收率)×增值税税率或征收率	7	8	9	10=8+9	11 (11≤3且11≤10)	12=10-11	13=3-11	14=13×营业税税率
合计	—		40 100			27 184 466.02	815 533.98	28 000 000	3 500 000	24 500 000	713 592.23	713 592.23	0	3 500 000	3 500 000	3 500 000
40100	3%	3%	40 100			27 184 466.02	815 533.98	28 000 000	3 500 000	24 500 000	713 592.23	713 592.23	0	3 500 000	3 500 000	3 500 000

【例192】中天房地产开发公司2015年12月以6000万元的价格取得一宗土地，拟建造A房地产项目，该项目分两期进行，一期工程占地面积为60%，主要建设小高层，可供销售的建筑面积共计4.5万平方米，每平方米售价7350元（含税）。二期工程占地面积为40%，主要建设高层，可供销售的建筑面积共计6万平方米，每平方米售价5550元（含税）。

一期工程建筑工程施工许可证注明的开工日期是2015年3月1日，取得预售许可证的日期是2016年10月1日，二期工程建筑工程施工许可证注明的开工日期是2016年4月30日，取得预售许可证的日期也是2016年10月1日。2017年10月1日一期工程、二期工程全部完工，开始将已经销售的房产交付业主使用并为业主办理小产权证。

2016年10月纳税人期初留抵税额为780万元，一期工程已经预缴增值税345万元，生产经营情况如下：

（1）一期工程预售了30套住房，共计6000平方米。二期工程预售了15套住房，共计1900平方米。

（2）一期和二期共用的基础设施和公共基础设施本月发生支出221万元，其中取得增值税专用发票的有：支付基础设施和公共基础设施建设款，取得施工方开具的增值税专用发票，发票注明的价款为50万元，税额为1.5万元；支付基础设施和公共基础设施耗用的建筑材料款，取得的增值税专用发票注明价款为100万元，税额为17万元。其他的支出取得普通发票。

（3）本期支付一期工程的建筑工程费，取得的增值税专用发票注明价款为240万元，税额为7.2万元；支付二期工程的建筑工程费，取得的增值税专用发票注明价款为200万元，税额为22万元。

（4）本期购买用于一期工程的建筑材料，取得的增值税专用发票注明价款为250万元，税额为42.5万元；其余80万元取得增值税普通发票。购买用于二期工程的建筑材料，取得的增值税专用发票注明价款为180万元，税额为30.6万元；其余20万元取得增值税普通发票。

（5）本期发生管理费用、销售费用等共计160万元，取得的增值税专用发票注明价款为100万元，税额为17万元；其余43万元取得增值税普通发票。

2017年10月期初留抵税额为1356万元，生产经营情况如下：

（1）一期工程已经预售的3.5万平方米和二期工程已经预售的4万平方米本期全部交付给业主，业主领取了产权证。

（2）一期工程销售了5套住房，共计1000平方米。二期工程销售了10套住房，共计1500平方米。

（3）本期支付一期工程的建筑工程费，取得的增值税专用发票注明价款为300万元，税额为9万元；支付二期工程的建筑工程费，取得的增值税专用发票注明价款为500万元，税额为55万元。

（4）本期发生管理费用、销售费用等共计100万元，取得的增值税专用发票注明价款为70万元，税额为11.9万元；其余18.1万元取得增值税普通发票。

假设纳税人取得的增值税专用发票都在取得当月认证抵扣进项税额。可以选择适用简易计税方法的项目纳税人选择按简易计税方法缴纳增值税。

根据以上资料填报中天房地产开发公司 2016 年 10 月和 2017 年 10 月增值税申报表。（以万元为单位，保留两位小数。）

分析

1. 2016 年 10 月

（1）一期工程开工日期在 2016 年 4 月 30 日前，可以选择适用简易计税方法按照 5% 的征收率计算缴纳税款。预售了 6 000 平方米，每平方米售价 7 350 元（含税），共取得含税收入 = 6 000×7 350÷10 000 = 4 410（万元），应按照 3% 的征收率预缴增值税。

应预缴增值税 = 4 410÷（1+5%）×3% = 4 200×3% = 126（万元）

填报"增值税预缴税款明细表"（表 8-13），其中项目编号填报建筑工程施工许可证上的编号，没有建筑工程施工许可证的，不填写。销售额栏填写的是含税的销售额。预征税额填写按照不含税销售额及预征率计算的税额。

表 8-13　　　　　　　　　　　　增值税预缴税款明细表

是否适用一般计税方法　是□　否√

金额单位：万元

项目编号		XXXXXX	项目名称	A 房地产项目一期工程
项目地址			XXXXXXX	
预征项目和栏次		销售额	扣除金额	预征率	预征税额
		1	2	3	4
建筑服务	1				
销售不动产	2	4 410	0	3%	126
出租不动产	3				
	4				
	5				
合计	6	4 410			126

（2）二期工程开工日期在 2016 年 4 月 30 日后，适用一般计税方法按照 11% 的税率计算增值税销项税额。预售了 1 900 平方米，每平方米售价 5 550 元（含税），共取得含税收入 = 1 900×5 550÷10 000 = 1 054.5（万元），应按照 3% 的征收率预缴增值税。

应预缴增值税 = 1 054.5÷（1+11%）×3% = 950×3% = 28.5（万元）

填报"增值税预缴税款明细表"（表 8-14），销售额栏填写的是含税的销售额。预征税额填写按照不含税销售额及预征率计算的税额。

（3）填报"增值税纳税申报表附列资料（二）（进项税额明细）"，如表 8-15 所示。

A. 一期和二期共用的基础设施和公共基础设施本月发生支出中进项税额 = 1.5+17 = 18.5 万元，管理费用、销售费用等进项税额为 17 万元。这些进项税额应按照销售额所占的比重在一期和二期之间进行分配，其中一期适用简易计税方法，进项税额不得抵扣。

不得抵扣的进项税额 = 当期无法划分的全部进项税额×（简易计税、免税房地产项目建设规模÷房地产项目总建设规模）

一期的不得抵扣的进项税额 = 18.5×4.5÷（4.5+6）= 7.93（万元）。

表 8-14   **增值税预缴税款明细表**

是否适用一般计税方法 是 √ 否 □

金额单位：万元

项目编号		XXXXXX	项目名称	A 房地产项目二期工程	
项目地址		XXXXXXX			
预征项目和栏次		销售额	扣除金额	预征率	预征税额
		1	2	3	4
建筑服务	1				
销售不动产	2	1 054.5	0	3%	28.5
出租不动产	3				
	4				
	5				
合计	6	1 054.5			28.5

    B. 一期工程的建筑工程费、建筑材料不得抵扣进项税额，二期工程的建筑工程费、建筑材料，可以抵扣的进项税额 22+30.6=52.6（万元）。

    C. 本期销项税额为 0，可以抵扣的进项税额 =52.5+18.5-7.93=63.07（万元）

    留抵税额 =63.07+780=843.07（万元）。

    填报"增值税纳税申报表附列资料（二）（进项税额明细）"，本期进项税额共计 71 万元（52.5+18.5），一期工程所用简易计税办法，需转出的进项税额为 7.93 万元。

表 8-15   **增值税纳税申报表附列资料（二）**

金额单位：万元

一、申报抵扣的进项税额				
项目	栏次	份数	金额	税额
（一）认证相符的增值税专用发票	1=2+3			71
其中：本期认证相符且本期申报抵扣	2			71
前期认证相符且本期申报抵扣	3			
（二）其他扣税凭证	4=5+6+7+8			
其中：海关进口增值税专用缴款书	5			
农产品收购发票或者销售发票	6			
代扣代缴税收缴款凭证	7			——
加计扣除农产品进项税额	8a			
其他	8b			
（三）本期用于购建不动产的扣税凭证	9			
（四）本期不动产允许抵扣进项税额	10	——	——	
（五）外贸企业进项税额抵扣证明	11	——		
当期申报抵扣进项税额合计	12=1+4-9+10+11			71
二、进项税额转出额				
项目	栏次		税额	
本期进项税额转出额	13=14 至 23 之和		7.93	

表8-15(续)

项目	栏次	
其中：免税项目用	14	
集体福利、个人消费	15	
非正常损失	16	
简易计税方法征税项目用	17	7.93
免抵退税办法不得抵扣的进项税额	18	
纳税检查调减进项税额	19	
红字专用发票信息表注明的进项税额	20	
上期留抵税额抵减欠税	21	
上期留抵税额退税	22	
其他应作进项税额转出的情形	23	

三、待抵扣进项税额

项目	栏次	份数	金额	税额
（一）认证相符的增值税专用发票	24			
期初已认证相符但未申报抵扣	25			
本期认证相符且本期未申报抵扣	26			
期末已认证相符但未申报抵扣	27			
其中：按照税法规定不允许抵扣	28			
（二）其他扣税凭证	29=30至33之和			
其中：海关进口增值税专用缴款书	30			
农产品收购发票或者销售发票	31			
代扣代缴税收缴款凭证	32		——	
其他	33			
	34			

四、其他

项目	栏次	份数	金额	税额
本期认证相符的增值税专用发票	35			
代扣代缴税额	36		——	

（4）填报"增值税纳税申报表附列资料（四）（税额抵减情况表）"，如表8-16所示。

一期工程本期预缴税款126万元，二期工程本期预缴税款28.5万元，共计154.5万元（126+28.5）。10月期初累计预缴预缴税款345万元。根据《增值税会计处理规定》（财会〔2016〕22号）的规定，企业预缴增值税时，借记"应交税费——预交增值税"科目，贷记"银行存款"科目。房地产开发企业等在预缴增值税后，直至纳税义务发生时方可从"应交税费——预交增值税"科目结转至"应交税费——未交增值税"科目。这里隐含的内涵是，增值税纳税义务尚未发生时预缴的增值税，在纳税义务发生时方可申报扣除，所以本期可申报扣除的预缴税款为0。同时本期没有应纳税款，所以本期实际抵减税额为0。

（5）填报"增值税纳税申报表（一般纳税人适用）"，如表8-17所示。

表 8-16 增值税纳税申报表附列资料（四）
（税额抵减情况表）　　　　　金额单位：万元

序号	抵减项目	期初余额	本期发生额	本期应抵减税额	本期实际抵减税额	期末余额
		1	2	3＝1＋2	4≤3	5＝3−4
1	增值税税控系统专用设备费及技术维护费					
2	分支机构预征缴纳税款					
3	建筑服务预征缴纳税款					
4	销售不动产预征缴纳税款	345	154.5	499.5	0	499.5
5	出租不动产预征缴纳税款					

表 8-17 增 值 税 纳 税 申 报 表
（一般纳税人适用）　　　　　金额单位：万元

	项　　目	栏次	一般项目		即征即退项目	
			本月数	本年累计	本月数	本年累计
销售额	（一）按适用税率计税销售额	1				
	其中：应税货物销售额	2				
	应税劳务销售额	3				
	纳税检查调整的销售额	4				
	（二）按简易办法计税销售额	5				
	其中：纳税检查调整的销售额	6				
	（三）免、抵、退办法出口销售额	7			——	——
	（四）免税销售额	8			——	——
	其中：免税货物销售额	9			——	——
	免税劳务销售额	10			——	——
税款计算	销项税额	11	0			
	进项税额	12	71			
	上期留抵税额	13	780	——		
	进项税额转出	14	7.93			
	免、抵、退应退税额	15		——		
	按适用税率计算的纳税检查应补缴税额	16		——	——	
	应抵扣税额合计	17＝12＋13−14−15＋16	843.07	——		——
	实际抵扣税额	18（如17＜11，则为17，否则为11）	0			
税款计算	应纳税额	19＝11−18	0			
	期末留抵税额	20＝17−18	835.91	——		——
	简易计税办法计算的应纳税额	21				
	按简易计税办法计算的纳税检查应补缴税额	22				
	应纳税额减征额	23				
	应纳税额合计	24＝19＋21−23				

纳税人本期没有增值税纳税义务发生，"增值税纳税申报表附列资料（一）（本期销售情况明细）"没有金额可填。所以直接填报"增值税纳税申报表（一般纳税人适用）"。在"增值税纳税申报表（一般纳税人适用）"中，本期没有销售额，只有进项税额。

2. 2017 年 10 月

（1）填报"增值税纳税申报表附列资料（三）（服务、不动产和无形资产扣除项目明细）"，如表 8-18 所示。

二期工程可以扣除的土地价款 1 660 万元填入"增值税纳税申报表附列资料（三）（服务、不动产和无形资产扣除项目明细）"。二期工程含税销售额 =（40 000+1 500）×5 550÷10 000 = 23 032.5（万元）。

当期允许扣除的土地价款 =（当期销售房地产项目建筑面积÷房地产项目可供销售建筑面积）×支付的土地价款 =（40 000+1 500）÷60 000×6 000×40% = 1 660（万元）

表 8-18 　　　　　　　　　　增值税纳税申报表附列资料（三）
（服务、不动产和无形资产扣除项目明细）

金额单位：万元

项目及栏次		本期服务、不动产和无形资产价税合计额(免税销售额)	服务、不动产和无形资产扣除项目				
			期初余额	本期发生额	本期应扣除金额	本期实际扣除金额	期末余额
		1	2	3	4=2+3	5(5≤1 且 5≤4)	6=4-5
11%税率的项目	2	23 032.5	0	1 660	1 660	1 660	0
6%税率的项目（不含金融商品转让）	3						
6%税率的金融商品转让项目	4						
5%征收率的项目	5						
3%征收率的项目	6						
免抵退税的项目	7						
免税的项目	8						

（2）填报"增值税纳税申报表附列资料（一）（本期销售情况明细）"，如表 8-19 所示，同时建立"房地产项目土地价款扣除所示台账"，如表 8-20 所示。

二期工程不含税销售额 =（40 000+1 500）×5 550÷10 000÷（1+11%）= 20 750 万元，销项税额 = 20 750×11% = 2 282.5（万元）

差额扣除的金额 = 1 660（万元），扣除差额后的含税销售额 = 20 750+2 282.5-1 660 = 21 372.5（万元）。

扣除差额后不含税销售额 = 21 372.5÷（1+11%）= 19 254.50（万元）

扣除差额后销项税额 = 2 118（万元）。

一期工程适用 5%征收率，不含税销售额 =（35 000+1 000）×7 350÷10 000 = 25 200（万元）。

应纳税额 = 25 200×5% = 1 260（万元）。

表8-19

增值税纳税申报表附列资料（一）
（本期销售情况明细）

金额单位：万元

项目及栏次		开具增值税专用发票		开具其他发票		未开具发票		纳税检查调整		合计		价税合计	服务、不动产和无形资产扣除项目本期实际扣除金额	扣除后	
		销售额	销项(应纳)税额	销售额	销项(应纳)税额	销售额	销项(应纳)税额	销售额	销项(应纳)税额	销售额	销项(应纳)税额	价税合计		含税(免税)销售额	销项(应纳)税额
		1	2	3	4	5	6	7	8	9=1+3+5+7	10=2+4+6+8	11=9+10	12	13=11−12	14=13÷(100%+税率或征收率)×税率或征收率
一、一般计税方法计税　全部征税项目　17%税率的货物及加工、修理修配劳务	1														—
17%税率的服务、不动产和无形资产	2														—
13%税率	3														—
11%税率的货物及加工修理修配劳务	4a														—
11%税率的服务、不动产和无形资产	4b			20 750	2 282.5					20 750	2 282.5	23 033	1 660	21 372.5	2 118
6%税率	5														
其中：即征即退项目　即征即退货物及加工、修理修配劳务	6	—	—	—	—	—	—	—	—	—	—	—	—	—	—
即征即退服务、不动产和无形资产	7	—	—	—	—	—	—	—	—	—	—	—	—	—	—
二、简易计税方法计税　全部征税项目　6%征收率	8	—	—	—	—	—	—	—	—	—	—	—	—	—	—
5%征收率的货物及加工、修理修配劳务	9a	—	—	—	—	—	—	—	—	—	—	—	—	—	—
5%征收率的服务、不动产和无形资产	9b			25 200	1 260					25 200	1 260	26 460	0	26 460	1 260
4%征收率	10	—	—	—	—	—	—	—	—	—	—	—	—	—	—
3%征收率的货物及加工、修理修配劳务	11	—	—	—	—	—	—	—	—	—	—	—	—	—	—
3%征收率的服务、不动产和无形资产	12	—	—	—	—	—	—	—	—	—	—	—	—	—	—
预征率　%	13a	—	—	—	—	—	—	—	—	—	—	—	—	—	—
三、免抵退税　货物及加工、修理修配劳务	16	—	—	—	—	—	—	—	—	—	—	—	—	—	—
服务、不动产和无形资产	17	—	—	—	—	—	—	—	—	—	—	—	—	—	—
四、免税　货物及加工、修理修配劳务	18	—	—	—	—	—	—	—	—	—	—	—	—	—	—
服务、不动产和无形资产	19	—	—	—	—	—	—	—	—	—	—	—	—	—	—

表 8-20　　　　　　　　　**房地产项目土地价款扣除台账**　　　　　金额单位：万元

备注 所属期	项目名称 （地址）	销售取得 的全部价 款和价外 费用 1	当期销售 房地产项 目的建筑 面积 2	房地产项 目可供销 售建筑 面积 3	支付的 土地 价款 4	对应财政 票据的 号码	已扣除的 土地价款 5≤4	未扣除的 土地价款 6＝4-5	销售额 7＝1-(2÷ 3)×4
2017.10	二期工程	23 033	41 500	60 000	2 400	XXX	1 660	740	21 373

（3）填报"增值税纳税申报表附列资料（二）（本期进项税额明细）"，如表 8-21 所示。

表 8-21　　　　　　　　**增值税纳税申报表附列资料（二）**

（本期进项税额明细）（部分）　　　　　金额单位：万元

一、申报抵扣的进项税额				
项目	栏次	份数	金额	税额
（一）认证相符的增值税专用发票	1＝2+3		66.9	
其中：本期认证相符且本期申报抵扣	2			
前期认证相符且本期申报抵扣	3			
（二）其他扣税凭证	4＝5+6+7+8			
其中：海关进口增值税专用缴款书	5			
农产品收购发票或者销售发票	6			
代扣代缴税收缴款凭证	7		——	
加计扣除农产品进项税额	8a			
其他	8b			
（三）本期用于购建不动产的扣税凭证	9			
（四）本期不动产允许抵扣进项税额	10		——	——
（五）外贸企业进项税额抵扣证明	11			
当期申报抵扣进项税额合计	12＝1+4-9+10+11		66.9	
二、进项税额转出额				
项目	栏次		税额	
本期进项税额转出额	13＝14 至 23 之和		5.1	
其中：免税项目用	14			
集体福利、个人消费	15			
非正常损失	16			
简易计税方法征税项目用	17		5.1	
免抵退税办法不得抵扣的进项税额	18			
纳税检查调减进项税额	19			
红字专用发票信息表注明的进项税额	20			
上期留抵税额抵减欠税	21			
上期留抵税额退税	22			
其他应作进项税额转出的情形	23			

一期工程的建筑工程费不得抵扣进项税额，二期工程的建筑工程费可以抵扣进项税额 55 万元。

管理费用、销售费用等的进项税额应在一期工程和二期工程间进行分配。

不得抵扣的进项税额＝当期无法划分的全部进项税额×（简易计税、免税房地产项目建设规模÷房地产项目总建设规模）

一期工程不得抵扣的进项税额＝11.9×4.5÷（4.5+6）＝5.1（万元）

进项税额＝55+11.9＝66.9（万元）

进项转出＝5.1（万元）

（4）填报"增值税纳税申报表附列资料（四）（税额抵减情况表）"，如表 8-22 所示。

一般纳税人销售自行开发的房地产项目适用一般计税方法计税的和适用简易计税方法计税的项目，已经预缴的税款分别在当期适用 11% 的税率和适用 5% 的征收率的房地产项目的应纳税额中抵减，未抵减完的预缴税款，分别结转下期继续抵减。

一期工程累计预缴税款 735 万元，二期工程累计预缴税款 710 万元。

一期工程适用简易计税办法，本期应纳税额为 1 260 万元，抵减预缴预缴的税款 735 万元，实际缴纳增值税 525 万元。

二期工程适用一般计税办法，本期应纳税额＝2 118-（55+11.9-5.1+1 356）＝700.2（万元），累计预缴税款 710 万元，抵减预缴税款 700.2 万元，实际缴纳增值税 0 元。预缴税款还有 710-700.2＝9.8（万元）尚未抵减，结转下期继续抵减。

预缴税款期初余额＝735+710＝1 445（万元），本期共抵减预缴税款＝735+700.2＝1 435.2（万元）。

表 8-22　　　　　增值税纳税申报表附列资料（四）
（税额抵减情况表）　　　　　金额单位：万元

序号	抵减项目	期初余额	本期发生额	本期应抵减税额	本期实际抵减税额	期末余额
		1	2	3=1+2	4≤3	5=3-4
1	增值税税控系统专用设备费及技术维护费					
2	分支机构预征缴纳税款					
3	建筑服务预征缴纳税款					
4	销售不动产预征缴纳税款	1 445	0	1 435.2	1 435.2	9.8
5	出租不动产预征缴纳税款					

（5）填报"增值税纳税申报表（一般纳税人适用）"，如表 8-23 所示。

二期工程按适用税率计税，第 1 行销售额为 20 750 万元，一期工程按简易办法计税，第 5 行销售额为 25 200 万元，第 11 行销项税额为 2 118 万元，第 12 行进项税额为 66.9 万元，第 13 行上期留抵税额为 1 356 万元，第 14 行进项转出为 5.1 万元，第 17 行应抵扣税额合计＝66.9-5.1+1 356＝1 417.8（万元），第 18 行实际抵扣税额为 1 417.8 万元，第 19 行应纳税额＝2 118-1 417.8＝700.2（万元），第 21 行简易计税办法计算的应纳税额＝25 200×5%＝1 260（万元），第 24 行应纳税额合计为 1 960.2 万元，第 27 行本期已缴税额为 1 435.2 万元，第 28 行①分次预缴税额为 1 435.2 万元，第 32 行期末未缴税额＝1 960.2-1 435.2＝525（万元）。

表 8-23   **增值税纳税申报表（一般纳税人适用）**   金额单位：万元

项 目		栏次	一般项目		即征即退项目	
			本月数	本年累计	本月数	本年累计
销售额	（一）按适用税率计税销售额	1	20 750			
	其中：应税货物销售额	2				
	应税劳务销售额	3				
	纳税检查调整的销售额	4				
	（二）按简易办法计税销售额	5	25 200			
	其中：纳税检查调整的销售额	6				
	（三）免、抵、退办法出口销售额	7	——	——	——	——
	（四）免税销售额	8				
	其中：免税货物销售额	9				
	免税劳务销售额	10				
税款计算	销项税额	11	2 118			
	进项税额	12	66.9			
	上期留抵税额	13			——	
	进项税额转出	14	5.1			
	免、抵、退应退税额	15			——	
	按适用税率计算的纳税检查应补缴税额	16				
	应抵扣税额合计	17＝12＋13－14－15＋16	1 417.8		——	
	实际抵扣税额	18（如17＜11，则为17，否则为11）	1 417.8			
	应纳税额	19＝11－18	700.2			
税款计算	期末留抵税额	20＝17－18	0		——	
	简易计税办法计算的应纳税额	21	1 260			
	按简易计税办法计算的纳税检查应补缴税额	22			——	
	应纳税额减征额	23				
	应纳税额合计	24＝19＋21－23	1 960.2			
税款缴纳	期初未缴税额（多缴为负数）	25				
	实收出口开具专用缴款书退税额	26			——	
	本期已缴税额	27＝28＋29＋30＋31	1 435.2			
	次预缴税额	28	1 435.2		——	
	口开具专用缴款书预缴税额	29				
	期缴纳上期应纳税额	30				
	期缴纳欠缴税额	31				
	期末未缴税额（多缴为负数）	32＝24＋25＋26－27	525			
	其中：欠缴税额（≥0）	33＝25＋26－27				
	本期应补（退）税额	34＝24－28－29	525		——	
	即征即退实际退税额	35	——		——	
	期初未缴查补税额	36			——	
	本期入库查补税额	37			——	
	期末未缴查补税额	38＝16＋22＋36－37			——	

（6）填报"营改增税负分析测算明细表"，如表 8-24 所示。

表8-24

营改增税负分析测算明细表

金额单位：万元

项目及栏次			增值税				扣除后		增值税应纳税额（测算）	营业税						
应税项目代码及名称	增值税率或征收率	营业税税率	不含税销售额	销项（应纳）税额	价税合计	服务、不动产和无形资产项目本期实际扣除金额	含税销售额	销项（应纳）税额		原营业税税制下服务、不动产和无形资产扣除项目					应税营业额	营业税应纳税额
										期初余额	本期发生额	本期应扣除金额	本期实际扣除金额	期末余额		
			1	2＝1×增值税率或征收率	3＝1+2	4	5＝3−4	6＝5÷（100%+增值税率或征收率）×增值税税率或征收率	7	8	9	10＝8+9	11（11≤3且11≤10）	12＝10−11	13＝3−11	14＝13×营业税税率
合计	—	—	45 950	3 542.5	49 492.5	1 660	47 832.5	3 378	1 960.2	0	1 660	1 660	1 660	0	47 832.5	2 391.63
090100 销售不动产建筑物	5%	5%	25 200	1 260	26 460	0	26 460	1 260	1 260	0	0	0	0	0	26 460	1 323
090100 销售不动产建筑物	11%	5%	20 750	2 282.5	23 032.5	1 660	21 372.5	2 118	700.2	0	1 660	1 660	1 660	0	21 372.5	1 068.63

其中第 7 列"增值税应纳税额（测算）"：反映纳税人按现行增值税规定，测算出的对应项目的增值税应纳税额。

按照一般计税方法计税的，本列各行次 = 第 6 列对应各行次÷"增值税纳税申报表（一般纳税人适用）"主表第 11 栏"销项税额""一般项目"和"即征即退项目""本月数"之和×"增值税纳税申报表（一般纳税人适用）"主表第 19 栏"应纳税额""一般项目"和"即征即退项目""本月数"之和。

所以增值税应纳税额(测算) = 本行销项税额×本期应纳税额÷全部销项税额（含即征即退）

= 2 118÷2 118×700.2 = 700.2（万元）

二、小规模纳税人纳税申报案例分析

【例 193】某个体工商户主营摄影扩印业务，兼营摄影器材、相框等货物的销售业务，为增值税小规模纳税人。2017 年 5 月的生产经营情况如下：

（1）购买（第一次）防伪税控系统专用设备，一共支付 720 元（含税）。支付防伪税控系统技术维护费 330 元（含税）。都取得增值税专用发票。

（2）购买摄影器材等货物 10 万元，取得增值税普通发票。

（3）提供摄影扩印服务取得收入 21 万元（含税），销售摄影器材、相框等货物取得收入 4 万元（含税）。

（4）销售一台使用 5 年的打印机取得收入 300 元（含税）。

（5）出租部分店铺本月取得租金 2 000 元（含税）。

计算该纳税人 2017 年 5 月应纳的增值税税额，并填报《增值税纳税申报表》。

分析

1. 应纳税额的计算

（1）购买（第一次）防伪税控系统专用设备、支付防伪税控系统技术维护费可以抵减税额 = 720+330 = 1 050（元）

（2）货物及劳务销售额 = 40 000÷（1+3%）= 38 834.95（元）

应纳税额 = 38 834.95×3% = 1 165.05（元）

（3）服务、不动产和无形资产销售额（3%征收率）= 210 000÷（1+3%）= 203 883.50（元）

服务、不动产和无形资产销售额（5%征收率）= 2 000÷（1+5%）= 1 904.76（元）

应纳税额 = 210 000÷（1+3%）×3%+2 000÷（1+5%）×5% = 6 211.73（元）

（4）销售使用过的固定资产销售额 = 300÷（1+3%）= 291.26（元）

应纳税额 = 291.26×3% = 8.74（元）

减征增值税税额 = 300÷（1+3%）×1% = 2.91（元）

（5）货物及劳务应纳税额合计 = 1 165.05+8.74 = 1 173.79（元）

2. 填报增值税申报表

（1）将购买防伪税控系统专用设备、支付防伪税控系统技术维护费可以抵减税额填报到"增值税纳税申报表附列资料（四）（税额抵减情况表）"，如表 8-25 所示。

表 8-25 　　　　　　　　增值税纳税申报表附列资料（四）

（税额抵减情况表）

税款所属时间：2017 年 5 月 1 日至 2017 年 5 月 31 日

纳税人名称：（公章） 　　　　　　　　　　　　　　　　　　金额单位：元（至角分）

序号	抵减项目	期初余额	本期发生额	本期应抵减税额	本期实际抵减税额	期末余额
		1	2	3＝1+2	4≤3	5＝3-4
1	增值税税控系统专用设备费及技术维护费	0	1 050	1 050	1 050	0
2	分支机构预征缴纳税款					
3	建筑服务预征缴纳税款					
4	销售不动产预征缴纳税款					
5	出租不动产预征缴纳税款					

（2）将销售使用过的固定资产减征 1% 的税额填报"增值税减免税申报明细表"，如表 8-26 所示。

表 8-26 　　　　　　　　　　增值税减免税申报明细表

金额单位：元（至角分）

一、减税项目						
减税性质代码及名称	栏次	期初余额	本期发生额	本期应抵减税额	本期实际抵减税额	期末余额
		1	2	3＝1+2	4≤3	5＝3-4
合 计	1	0	2.91	2.91	2.91	0
01 129 902	2	0	2.91	2.91	2.91	0
	3					
	4					
	5					
	6					

二、免税项目						
免税性质代码及名称	栏次	免征增值税项目销售额	免税销售额扣除项目本期实际扣除金额	扣除后免税销售额	免税销售额对应的进项税额	免税额
		1	2	3＝1-2	4	5
合 计	7					
出口免税	8		——	——	——	——
其中：跨境服务	9		——	——	——	——
	10					
	11					
	12					
	13					
	14					
	15					
	16					

（3）填报"增值税纳税申报表（小规模纳税人适用）"，如表 8-27 所示。

表 8-27　　　　　　　　增值税纳税申报表（小规模纳税人适用）

税款所属期：2017 年 5 月 1 日至 2017 年 5 月 31 日　　　　　　　　金额单位：元（至角分）

项　目	栏次	本期数 货物及劳务	本期数 服务、不动产和无形资产	本年累计 货物及劳务	本年累计 服务、不动产和无形资产
一、计税依据 （一）应征增值税不含税销售额（3%征收率）	1	38 834.95	203 883.5		
税务机关代开的增值税专用发票不含税销售额	2				
税控器具开具的普通发票不含税销售额	3				
（二）应征增值税不含税销售额（5%征收率）	4	——	1 904.76	——	
税务机关代开的增值税专用发票不含税销售额	5				
税控器具开具的普通发票不含税销售额	6				
（三）销售使用过的固定资产不含税销售额	7（7≥8）	291.26	——		——
其中：税控器具开具的普通发票不含税销售额	8				
（四）免税销售额	9=10+11+12				
其中：小微企业免税销售额	10				
未达起征点销售额	11				
其他免税销售额	12				
（五）出口免税销售额	13（13≥14）				
其中：税控器具开具的普通发票销售额	14				
二、税款计算 本期应纳税额	15	1 173.79	6 211.73		
本期应纳税额减征额	16	1 052.91			
本期免税额	17				
其中：小微企业免税额	18				
未达起征点免税额	19				
应纳税额合计	20=15-16	120.88	6 211.73		
本期预缴税额	21	0	0		
本期应补（退）税额	22=20-21	120.88	6 211.73	——	——

在填报中有两个问题，一是首次购买防伪税控系统专用设备的支出和技术维护费可以抵减的税额，是否是在"货物及劳务的应纳税额"中抵减，抵减不完的再在"服务、不动产和无形资产的应纳税额"中抵减。本例按照先在"货物及劳务的应纳税额"中抵减，抵减不完的再在"服务、不动产和无形资产的应纳税额"中抵减的方法处理。二是小规模纳税人销售自己使用过的固定资产按照 3% 的征收率减按 2% 征税，减征的 1% 的增值税是否在第 16 行"本期应纳税额减征额"中填报。本例按照减征的 1% 在第 16 行"本期应纳税额减征额"中填报的方法处理。

三、跨境应税行为退免税纳税申报案例分析

【例194】江苏省东方建筑设计有限公司为增值税一般纳税人，为国内外客户提供建筑工程设计服务。2017年5月31日，留抵税额38万元，经主管税务机关审核确认的应退税额为30万元。2017年6月发生如下业务：

（1）对A国客户计划在A国建设的项目提供工程设计服务，取得收入40万美元。

（2）对B国客户计划在海南建设的项目提供工程设计服务，取得含税收入10万美元。

（3）为广东客户提供工程设计服务，取得含税收入120万元人民币。

（4）出租一台设备取得含税收入5万元人民币。该设备为2011年12月购进，取得增值税专用发票。

（5）购进一辆小轿车，取得机动车销售统一发票，发票注明价款为85万元，税款144 500元。

（6）向小规模纳税人购进办公用品，取得代开的增值税专用发票，发票注明价款为1 000元，税款30元。向一般纳税人购进办公用品，取得增值税专用发票，发票注明价款为45 000元，税款7 650元。

（7）为本公司车辆加油支付汽油费，取得增值税专用发票，发票注明价款为10 000元，税款1 700元。

（8）支付电费，取得增值税专用发票，发票注明价款为20 000元，税款3 400元。

（9）支付水费，取得增值税专用发票，发票注明价款为2 830.19元，税款169.81元。

（10）支付高速公路通行费共计8 200元，取得通行费票据。

假设可以抵扣的凭证都在本月认证、抵扣，可以享受的税收优惠均已办理了有关手续，可以选择适用简易计税办法的项目均已选择简易计税办法。2017年6月1日的人民币与美元的汇率中间价为1：6.585 4。

请根据以上资料完成下列问题：

（1）计算东方建筑工程设计有限公司2017年6月应纳增值税税额、免抵退税额、应退增值税税额、免抵税额。

（2）填报2017年6月的《增值税申报表》。

分析

1. 计算应纳增值税税额、免抵退税额、应退增值税税额、免抵税额。

（1）东方建筑工程设计有限公司为A国客户提供工程设计服务属于向境外单位提供的完全在境外消费的设计服务，适用零税率的政策。为B国客户提供工程设计服务，由于是对境内不动产进行设计，不属于完全在境外消费的设计服务，不适用零税率的政策，应征收增值税。

（2）应纳增值税税额 = （100 000×6.585 4+1 200 000)÷(1+6%)×6%-[144 500+30+7 650+1 700+3 400+169.81+8 200÷(1+3%)×3%]-(380 000-300 000) = 105 200.38-157 688.64-80 000 = -132 488.26（元）

免抵退税额 = 400 000×6.585 4×6% = 2 634 160×6% = 158 049.6（元）

应退增值税税额 = 132 488.26（元）

免抵税额 = 158 049.6−132 488.26 = 25 561.34（元）

2. "增值税纳税申报表"的填报，如表8-28所示。

表8-28 　　　　　　　　　増 值 税 纳 税 申 报 表
（一般纳税人适用）　　　　　　金额单位：元（至角分）

项　　目		栏次	一般项目		即征即退项目	
			本月数	本年累计	本月数	本年累计
销售额	（一）按适用税率计税销售额	1	1 753 339.62			
	其中：应税货物销售额	2				
	应税劳务销售额	3				
	纳税检查调整的销售额	4				
	（二）按简易办法计税销售额	5	48 543.69			
	其中：纳税检查调整的销售额	6				
	（三）免、抵、退办法出口销售额	7	2 634 160		——	——
	（四）免税销售额	8				
	其中：免税货物销售额	9				
	免税劳务销售额	10				
税款计算	销项税额	11	105 200.38			
	进项税额	12	157 688.64			
	上期留抵税额	13	380 000		——	
	进项税额转出	14				
	免、抵、退应退税额	15	300 000		——	——
	按适用税率计算的纳税检查应补缴税额	16				
	应抵扣税额合计	17 = 12+13−14−15+16	237 688.64		——	——
	实际抵扣税额	18（如 17<11，则为 17，否则为 11）	105 200.38			
	应纳税额	19 = 11−18	0			
	期末留抵税额	20 = 17−18	132 488.26		——	
	简易计税办法计算的应纳税额	21	1 456.31			
	按简易计税办法计算的纳税检查应补缴税额	22			——	——
	应纳税额减征额	23				
	应纳税额合计	24 = 19+21−23	1 456.31			

（1）第1行按适用税率计税销售额 = （100 000×6.585 4+1 200 000）÷（1+6%）= 1 753 339.62（元）

（2）出租营改增前取得的设备属于有形动产租赁，可以选择适用简易计税办法，按照3%的征收率计算缴纳增值税。

第5行按简易办法计税销售额 = 50 000÷（1+3%）= 48 543.69（元）

（3）第7行免、抵、退办法出口销售额 = 400 000×6.585 4 = 2 634 160（元）

（4）第 11 行销项税额 =（100 000×6.585 4+1 200 000）÷（1+6%）×6% = 105 200.38（元）

（5）第 12 行进项税额 =144 500+30+7 650+1 700+3 400+169.81+8 200÷（1+3%）×3% = 157 688.64（元）

（6）第 13 行上期留抵税额 =380 000（元）

（7）第 15 行免、抵、退应退税额 =300 000（元）

（8）第 17 行应抵扣税额合计 =157 688.64+380 000−300 000 = 237 688.64（元）

（9）第 18 行实际抵扣税额 =105 200.38（元）

（10）第 19 行应纳税额 =第 11 行−第 18 行 =105 200.38−105 200.38=0（元）

（11）第 20 行期末留抵税额 =第 17 行−第 18 行 = 237 688.64−105 200.38 = 132 488.26（元）

（12）第 21 行简易计税办法计算的应纳税额 = 50 000÷（1+3%）×3% = 48 543.69 ×3% = 1 456.31（元）

（13）第 24 行应纳税额合计 = 1 456.31（元）

第一节 发票管理概述

一、增值税发票系统升级版

为适应税收现代化建设需要，着眼于税制改革的长远规划，满足增值税一体化管理要求，切实减轻基层税务机关和纳税人负担，税务总局对增值税发票系统进行了整合升级。2015年1月1日起，根据《国家税务总局关于推行增值税发票系统升级版有关问题的公告》（国家税务总局公告2014年第73号）的规定，对2015年1月1日起新认定的增值税一般纳税人和新办的小规模纳税人，使用增值税发票系统升级版开具增值税专用发票、货物运输业增值税专用发票和增值税普通发票。2015年4月1日起，根据《国家税务总局关于全面推行增值税发票系统升级版有关问题的公告》（国家税务总局公告2015年第19号）的规定，2015年1月1日起尚未使用增值税发票系统升级版的增值税纳税人，2015年4月1日起使用增值税发票系统升级版开具增值税专用发票、货物运输业增值税专用发票和增值税普通发票。根据《国家税务总局关于推行通过增值税电子发票系统开具的增值税电子普通发票有关问题的公告》（国家税务总局公告2015年第84号）的规定，2015年12月1日起，为进一步适应经济社会发展和税收现代化建设需要，在新系统基础上，在全国范围推行增值税电子发票，重点在电商、电信、快递、公用事业等行业。

增值税发票系统升级版是对增值税防伪税控系统、货物运输业增值税专用发票税控系统、稽核系统以及税务数字证书系统等进行整合升级完善。实现纳税人经过税务数字证书安全认证、加密开具的发票数据，通过互联网实时上传税务机关，生成增值税发票电子底账，作为纳税申报、发票数据查验以及税源管理、数据分析利用的依据。

（一）增值税发票系统升级版开具的发票种类及票样

1. 增值税发票系统升级版开具的发票种类

（1）一般纳税人销售货物、劳务、服务、无形资产、不动产，开具增值税专用发票、货物运输业增值税专用发票、增值税普通发票和增值税电子发票。小规模纳税人销售货物、劳务、服务、无形资产、不动产，开具增值税普通发票和增值税电子发票。一般纳税人和小规模纳税人从事机动车（旧机动车除外）零售业务开具机动车销售统一发票。通用定额发票、客运发票和二手车销售统一发票继续使用。

其中货物运输业增值税专用发票根据《国家税务总局关于停止使用货物运输业增值税专用发票有关问题的公告》（国家税务总局公告2015年第99号）规定从2016年1月1起停止使用。

（2）电子发票。

电子发票与传统发票的区别主要有两点：一是从传统的物理介质发展为数据电文形式，二是打破了纸质发票作为会计记账凭证的传统，具备了发票会计档案电子记账的条件。

与传统纸质发票相比，纳税人申领、开具、流转、查验电子发票等都可以通过税务机关统一的电子发票管理系统在互联网上进行，发票开具更快捷、查询更方便。具体来看，主要体现在以下三方面：一是有利于企业节约经营成本。电子发票不需要纸质载体，没有印制、打印、存储和邮寄等成本，企业可以节约相关费用，大大降低经营成本。二是有利于消费者保存使用发票。消费者可以在发生交易的同时收取电子发票，并可以在税务机关网站查询验证发票信息。在凭电子发票进行相关售后维修服务时，可以对电子发票进行下载或打印，解决了纸质发票查询和保存不便的缺陷。三是有利于税务部门规范管理和数据应用。企业通过增值税发票管理新系统开具电子发票后，税务机关可以及时对纳税人开票数据进行查询、统计、分析，及时发现涉税违法违规问题，有利于提高工作效率，降低管理成本。

推行增值税电子发票系统便于税务管理和大数据应用，营造健康公平的税收环境，是税务机关推进税收现代化建设，实现"互联网+税务"的重要举措。

国务院发布的《国务院关于加快构建大众创业万众创新支撑平台的指导意见》（国发〔2015〕53号）中已将"加快推广使用电子发票，并允许将电子发票作为报销凭证"列入下一步工作重点。2015年财政部、国家档案局等相关部委修订了《会计档案管理办法》，为电子发票入账报销扫除了制度障碍。

2. 营改增纳税人使用的发票

《国家税务总局关于全面推开营业税改征增值税试点有关税收征收管理事项的公告》（国家税务总局公告2016年第23号）规定：

（1）增值税一般纳税人销售货物、提供加工、修理修配劳务和应税行为，使用增值税发票管理新系统开具增值税专用发票、增值税普通发票、机动车销售统一发票、增值税电子普通发票。

增值税小规模纳税人销售货物、提供加工、修理修配劳务月销售额超过3万元（按季纳税9万元），或者销售服务、无形资产月销售额超过3万元（按季纳税9万元），使用新系统开具增值税普通发票、机动车销售统一发票、增值税电子普通发票。

当前有部分小规模纳税人可以自行开具增值税专用发票。主要是月销售额超过3万元（或季销售额超过9万元）的住宿业、鉴证咨询业、建筑业的小规模纳税人提供住宿服务、鉴证咨询服务、建筑服务、销售货物或发生其他应税行为，需要开具增值税专用发票的，可以通过增值税发票管理新系统自行开具，主管国税机关不再为其代开（不包括建筑业小规模纳税人）。销售其取得的不动产，需要开具增值税专用发票的，仍须向地税机关申请代开。

（2）增值税普通发票（卷式）启用前，纳税人可通过新系统使用国税机关发放的现有卷式发票。

（3）门票、过路（过桥）费发票、定额发票、客运发票和二手车销售统一发票继续使用。

本次纳入营改增试点范围的一些行业存在开具发票的特殊需求，如公园、博物馆等现用的门票基本上都属于个性化的定额发票，有些还制成了含邮资可邮寄使用的明信片，而且基本上均由纳税人自印，套印税务机关发票监制章，每年门票使用数量巨大。又如提供路边停车服务收费，基本上使用停车收费专用的定额发票，面额从 0.25 元、0.5 元至 50 元、100 元不等。再如，目前提供过路（过桥）服务收费，开具的发票有定额发票和机打发票两种。过路（过桥）服务收费开具发票的效率上有很高的要求，必须保证车辆通行效率，避免因开具发票时间过长造成车辆拥堵现象。而且高速公路运营企业经营模式各有不同，税收管理水平参差不齐，高速公路通行费发票普遍不记名、无税控。

（4）国税机关、地税机关使用新系统代开增值税专用发票和增值税普通发票。代开增值税专用发票使用六联票，代开增值税普通发票使用五联票。

（5）《关于进一步明确营改增有关征管问题的公告》（国家税务总局公告 2017 年第 11 号）规定，纳税人 2016 年 5 月 1 日前发生的营业税涉税业务，需要补开发票的，可于 2017 年 12 月 31 日前开具增值税普通发票（税务总局另有规定的除外）。

3. 增值税专用发票票样

（1）根据《国家税务总局关于修订〈增值税专用发票使用规定〉的通知》（国税发〔2006〕156 号）的规定，增值税专用发票，是增值税一般纳税人销售货物、劳务、服务、无形资产和不动产开具的发票，是购买方支付增值税额并可按照增值税有关规定据以抵扣增值税进项税额的凭证。

增值税专用发票由基本联次或者基本联次附加其他联次构成，基本联次为三联：发票联、抵扣联和记账联。发票联，作为购买方核算采购成本和增值税进项税额的记账凭证；抵扣联，作为购买方报送主管税务机关认证和留存备查的凭证；记账联，作为销售方核算销售收入和增值税销项税额的记账凭证。其他联次用途，由一般纳税人自行确定。增值税专用发票的票样如图 9-1 所示。

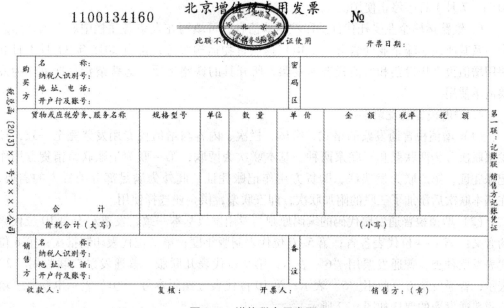

图 9-1 增值税专用发票

（2）增值税专用发票由于可以抵扣进项税额，减少纳税人的应纳增值税税额，或取得出口退税，所以不法分子常通过虚开增值税专用来抵扣进项税额或取得出口退税。为进一步加强增值税专用发票管理，有效防范不法分子篡改企业名称、货物名称等汉字信息虚开增值税专用发票的犯罪活动，国家税务总局研发了增值税防伪税控系统汉字防伪项目。

增值税防伪税控系统汉字防伪项目是在不改变现有防伪税控系统密码体系前提下，采用数字密码和二维码技术，利用存储更多信息量的二维码替代原来的 84 位和 108 位字符密文，在加密发票七要素信息的基础上实现了对购买方企业名称、销售方企业名称、货物名称、单位和数量等信息的加密、报税采集和解密认证功能。汉字防伪项目试运行以后，增值税专用发票将同时存在二维码、84 位字符和 108 位字符三种密文形式，加强了增值税专用发票的防伪能力。

对于纳税人来讲，打印增值税发票时必须使用 24 针针式票据打印机。

（3）停止货物运输业增值税专用发票的使用。

《国家税务总局关于停止使用货物运输业增值税专用发票有关问题的公告》（国家税务总局公告 2015 年第 99 号）规定，为规范增值税发票管理，方便纳税人发票使用，从 2016 年 1 月 1 日起，税务总局决定停止使用货物运输业增值税专用发票（简称货运专票），具体规定是：

A. 增值税一般纳税人提供货物运输服务，使用增值税专用发票和增值税普通发票，开具发票时应将起运地、到达地、车种车号以及运输货物信息等内容填写在发票备注栏中，如内容较多可另附清单。

B. 为避免浪费，方便纳税人发票使用衔接，货运专票最迟可使用至 2016 年 6 月 30 日，7 月 1 日起停止使用。

C. 铁路运输企业受托代征的印花税款信息，可填写在发票备注栏中。中国铁路总公司及其所属运输企业（含分支机构）提供货物运输服务，可自 2015 年 11 月 1 日起使用增值税专用发票和增值税普通发票，所开具的铁路货票、运费杂费收据可作为发票清单使用。

4. 增值税普通发票票样

（1）增值税普通发票的格式、字体、栏次、内容与增值税专用发票完全一致，按发票联次分为两联票和五联票两种，基本联次为两联，第一联为记账联，销货方用作记账凭证；第二联为发票联，购货方用作记账凭证。此外为满足部分纳税人的需要，在基本联次后添加了三联的附加联次，即五联票，供企业选择使用。

（2）增值税普通发票代码的编码原则与专用发票基本一致，发票左上角 10 位代码的含义：第 1~4 位代表各省；第 5~6 位代表制版年度；第 7 位代表印制批次；第 8 位代表发票种类，普通发票用"6"表示；第 9 位代表几联版，普通发票二联版用"2"表示，普通发票五联版用"5"表示；第 10 位代表金额版本号，"0"表示电脑版。增值税普通发票的票样如图 9-2 所示。

（3）纳税人使用增值税普通发票开具收购发票，系统在发票左上角自动打印"收购"字样。

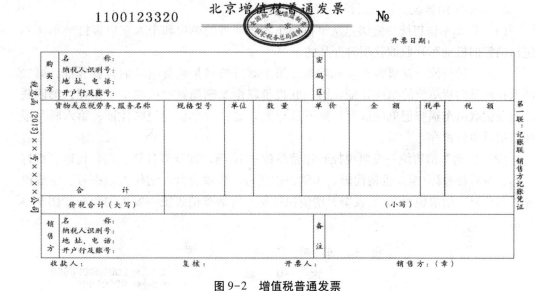

图 9-2　增值税普通发票

5. 增值税电子普通发票票样

（1）推行通过增值税电子发票系统开具的增值税电子普通发票，对降低纳税人经营成本，节约社会资源，方便消费者保存使用发票，营造健康公平的税收环境有着重要作用。

（2）增值税电子普通发票的开票方和受票方需要纸质发票的，可以自行打印增值税电子普通发票的版式文件，其法律效力、基本用途、基本使用规定等与税务机关监制的增值税普通发票相同。

（3）增值税电子普通发票的发票代码为 12 位，编码规则：第 1 位为 0，第 2~5 位代表省、自治区、直辖市和计划单列市，第 6~7 位代表年度，第 8~10 位代表批次，第 11~12 位代表票种（11 代表增值税电子普通发票）。发票号码为 8 位，按年度、分批次编制。增值税电子普通发票票样如图 9-3 所示。

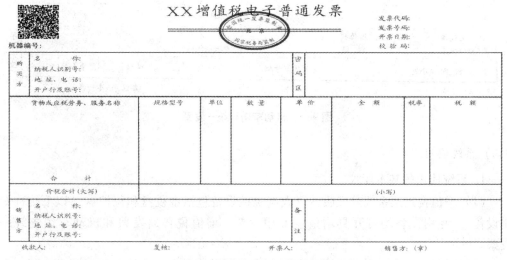

图 9-3　增值税电子普通发票

6. 机动车销售统一发票票样

（1）机动车销售统一发票是从事机动车零售业务的单位和个人在销售机动车（不包括销售旧机动车）收取款项时开具的发票。

机动车销售统一发票为六联式发票。第一联发票联是购货单位的付款凭证，第二联抵扣联是购货单位的扣税凭证，第三联报税联由车辆购置税征收单位留存，第四联注册登记联由车辆登记单位留存，第五联记账联是销货单位的记账凭证，第六联存根联由销货单位留存。

（2）机动车销售统一发票税控码加密参数共10项，即开票日期、机打代码、机打号码、身份证号码/组织机构代码、车辆识别代号、价税合计、纳税人识别号、主管税务机关代码、增值税税率/征收率、增值税税额。机动车销售统一发票的票样如图9-4所示。

机动车销售统一发票

存根联

发票代码 000000000000

发票号码 00000006

开票日期

机打代码 机打号码 机器编号		税控码					
购买方名称及身份证号码/组织机构代码			纳税人识别号				
车辆类型		厂牌型号			产地		
合格证号		进口证明书号			商检单号		
发动机号码			车辆识别代号/车架号码				
价税合计					小写		
销货单位名称				电话			
纳税人识别号				账号			
地址			开户银行				
增值税税率或征收率		增值税税额		主管税务机关及代码			
不含税价	小写	完税凭证号码		吨位		限乘人数	

第六联 存根联（销货单位留存）

（手开无效）

销货单位盖章　　开票人　　备注：一车一票

图9-4　机动车销售统一发票

（二）系统使用

1. 系统使用的基本要求

（1）增值税发票系统升级版纳税人端税控设备包括金税盘和税控盘（以下统称专用设备）。专用设备均可开具增值税专用发票、增值税普通发票和机动车销售统一发票。

（2）纳税人应在互联网连接状态下在线使用增值税发票系统升级版开具发票。增值税发票系统升级版可自动上传已开具的发票明细数据。

（3）纳税人应在纳税申报期内将上月开具发票汇总情况通过增值税发票系统升级版进行网络报税。

特定纳税人不使用网络报税，需携带专用设备和相关资料到税务机关进行报税。

（4）一般纳税人发票认证、稽核比对、纳税申报等涉税事项仍按照现行规定执行。

2. 离线开票的基本要求

（1）纳税人因网络故障等原因无法在线开票的，在税务机关设定的离线开票时限和离线开具发票总金额范围内仍可开票，超限将无法开具发票。纳税人开具发票次月仍未连通网络上传已开具发票明细数据的，也将无法开具发票。纳税人需连通网络上传发票后方可开票，若仍无法连通网络的需携带专用设备到税务机关进行征期报税或非征期报税后方可开票。

纳税人离线开票时限和离线开票总金额的设定标准及方法由各省、自治区、直辖市和计划单列市国家税务局确定。

如福建省纳税人离线开票时限为 3 天，云南省为 10 天，湖北省为 48 小时。

江苏省纳税人离线开票时限为：$5 \times 24 = 120$（小时）；纳税人离线开票总金额为"最高开票限额×月发票领用数"，但不得超出该类发票最高开票限额的 10 倍。

（2）按照有关规定不使用网络办税或不具备网络条件的特定纳税人，以离线方式开具发票，不受离线开票时限和离线开具发票总金额限制。特定纳税人的相关信息由主管税务机关在综合征管系统中设定，并同步至增值税发票系统升级版。

（三）红字发票的开具

1. 红字专用发票的开具

根据《国家税务总局关于修订〈增值税专用发票使用规定〉的通知》（国税发〔2006〕156 号）以及《国家税务总局关于推行增值税发票系统升级版有关问题的公告》（国家税务总局公告 2014 年第 73 号）的规定，一般纳税人开具增值税专用发票后，发生销货退回、开票有误、应税行为中止以及发票抵扣联、发票联均无法认证等情形但不符合作废条件，或者因销货部分退回及发生销售折让，需要开具红字专用发票的，应按规定的程序处理。

（1）作废条件包括同时具有下列情形：

A. 收到退回的发票联、抵扣联时间未超过销售方开票当月；

B. 销售方未抄税并且未记账；

C. 购买方未认证或者认证结果为"纳税人识别号认证不符""专用发票代码、号码认证不符"。

（2）红字专用发票开具的程序。

为进一步规范纳税人开具红字增值税发票管理，国家税务总局出台了《国家税务总局关于红字增值税发票开具有关问题的公告》（国家税务总局公告 2016 年第 47 号），规定了红字发票开具的有关要求。

增值税一般纳税人开具增值税专用发票后，发生销货退回、开票有误、应税服务中止等情形但不符合发票作废条件，或者因销货部分退回及发生销售折让，需要开具红字专用发票的，按以下方法处理：

A. 购买方取得专用发票已用于申报抵扣的，购买方可在增值税发票管理新系统中填开并上传"开具红字增值税专用发票信息表"（以下简称"信息表"）（如表9-1所示），在填开"信息表"时不填写相对应的蓝字专用发票信息，应暂依"信息表"所列增值税税额从当期进项税额中转出，待取得销售方开具的红字专用发票后，与"信息表"一并作为记账凭证。

购买方取得专用发票未用于申报抵扣、但发票联或抵扣联无法退回的，购买方填开"信息表"时应填写相对应的蓝字专用发票信息。

销售方开具专用发票尚未交付购买方，以及购买方未用于申报抵扣并将发票联及抵扣联退回的，销售方可在新系统中填开并上传"信息表"。销售方填开"信息表"时应填写相对应的蓝字专用发票信息。

表 9-1　　　　　　　　　　开具红字增值税专用发票信息表

填开日期：　　　年　月　日

销售方	名　称		购买方	名　称		
	纳税人识别号			纳税人识别号		
开具红字专用发票内容	货物（劳务服务）名称	数量	单价	金额	税率	税额
	合计	——	——	——		——
说明	一、购买方□ 　　对应蓝字专用发票抵扣增值税销项税额情况： 　　　1. 已抵扣□ 　　　2. 未抵扣□ 　　对应蓝字专用发票的代码：　　　号码：＿＿＿＿＿ 二、销售方□ 　　对应蓝字专用发票的代码：　　　号码：＿＿＿＿＿					
红字专用发票信息表编号						

B. 主管税务机关通过网络接收纳税人上传的"信息表"，系统自动校验通过后，生成带有"红字发票信息表编号"的"信息表"，并将信息同步至纳税人端系统中。

C. 销售方凭税务机关系统校验通过的"信息表"开具红字专用发票，在新系统中以销项负数开具。红字专用发票应与"信息表"一一对应。

D. 纳税人也可凭"信息表"电子信息或纸质资料到税务机关对"信息表"内容进行系统校验。

本公告自 2016 年 8 月 1 日起施行。此前未处理的事项，按照本公告规定执行。

2. 其他红字发票的开具

（1）税务机关为小规模纳税人代开专用发票，需要开具红字专用发票的，按照一般纳税人开具红字专用发票的方法处理。

（2）纳税人需要开具红字增值税普通发票的，可以在所对应的蓝字发票金额范围内开具多份红字发票。红字机动车销售统一发票需与原蓝字机动车销售统一发票一一对应。

（四）相关系统

1. 防伪税控系统

防伪税控系统，是指经国务院同意推行的，使用专用设备和通用设备、运用数字密码和电子存储技术管理专用发票的计算机管理系统。主要处理企业专用设备的发行与管理、增值税专用和普通发票的发售、企业存根联数据采集、发票抵扣联认证、红字发票开具管理等业务。采集增值税纳税人开具发票中包括汉字和数字内容在内的所有票面信息，信息内容完整准确，极大压缩虚假发票的空间，同时为纳税申报和电子抵账提供了数据信息基础。

（1）防伪税控系统由四个子系统构成：税务发行子系统、企业发行子系统、防伪开票子系统和认证报税子系统（认证和报税为二套软件，但必须装在同一台计算机中）。

税务发行子系统的主要功能是对下级税务发行子系统、下级企业发行子系统及下级认证报税子系统进行发行。企业发行子系统的功能是对企业开票子系统进行初始发行和向企业发售专用发票。认证报税子系统的主要功能是接收企业的抄税数据并对发票的真伪进行辨别。以上三个子系统分别用于各级税务机关。

防伪开票子系统专门用于企业开具专用发票，防伪税控开票子系统必须通过其主管防伪税控税务机关对其所持有的"税控 IC 卡和金税卡"进行发行后才能使用。

（2）防伪税控系统专用设备，是指金税卡、IC 卡、读卡器和其他设备。防伪税控系统通用设备，是指计算机、打印机、扫描器具和其他设备。

（3）初始发行

《国家税务总局关于修订〈增值税专用发票使用规定〉的通知》（国税发〔2006〕156 号）规定，一般纳税人领购专用设备后，凭"最高开票限额申请表""发票领购簿"到主管税务机关办理初始发行。

初始发行，是指主管税务机关将一般纳税人的下列信息载入空白金税卡和 IC 卡的行为：企业名称；税务登记代码；开票限额；购票限量；购票人员姓名、密码；开票机数量；国家税务总局规定的其他信息。

一般纳税人发生上列信息中"税务登记代码"变化，应向主管税务机关申请注销发行。其余信息变化的，应向主管税务机关申请变更发行。

2. 电子底账系统

电子底账系统是增值税发票管理系统升级版的核心系统之一，在现有增值税抵扣凭证稽核系统多年建设经验的基础上实现了全国增值税发票数据的汇总采集、跨省交易发票的数据清分传输、纳税人申报抵扣发票明细数据的实时比对以及发票信息的验签处理等功能。

通过全面、及时采集增值税发票信息，建立全国集中的增值税发票库，通过纳税人申报抵扣的发票数据与电子底账数据的票票比对功能，真正实现了"先比对，后抵扣"的管理要求。

3. 网上统一受理平台

网上统一受理平台受理纳税人从开票软件提交的网上抄报税、认证请求，实现增值税专用发票信息的实时抄报、认证、下载等请求的受理和相关发票信息安全传递功能。

增值税发票网上统一受理平台主要接收增值税发票上传、下载业务的受理请求，完成增值税发票按处理类型和票种进行分发，对增值税发票进行密文解密，发票验签等处理，通过安全接入建立双向 SSL 通道，保证数据传输通道的安全性，保障税控发票数据在互联网和税务内网间的安全传输。

4. 税务数字证书系统

税务数字证书系统为税务信息系统构建统一的网络信任体系，构建身份认证、权限管理、责任认定等系统；实现强身份认证机制；通过证书验证实现数据的保密性、完整性和真实性以及数据内容和人员操作行为的抗抵赖等安全功能。

税务数字证书系统为用户提供税务数字证书注册和管理服务，同时提供税务数字证书安全应用服务，包括数字证书身份认证、数据加密、签名验签等。从开票系统将纳税人票据信息上传至电子底账数据库，最后进行票表比对保证纳税人票据信息的可用性和不被篡改。

（五）营改增纳税人增值税发票开具的要求

1. 增值税发票开具的要求

为保障全面推开营改增试点工作顺利实施，《国家税务总局关于全面推开营业税改征增值税试点有关税收征收管理事项的公告》（国家税务总局公告 2016 年第 23 号）对增值税发票的开具做出具体规定：

（1）按照现行政策规定适用差额征税办法缴纳增值税，且不得全额开具增值税发票的（财政部、税务总局另有规定的除外），纳税人自行开具或者税务机关代开增值税发票时，通过新系统中差额征税开票功能，录入含税销售额（或含税评估额）和扣除额，系统自动计算税额和不含税金额，备注栏自动打印"差额征税"字样，发票开具不应与其他应税行为混开。

差额征税的具体项目，见第三章第二节"销售额——差额征税"。

（2）提供建筑服务，纳税人自行开具或者税务机关代开增值税发票时，应在发票的备注栏注明建筑服务发生地县（市、区）名称及项目名称。

（3）销售不动产，纳税人自行开具或者税务机关代开增值税发票时，应在发票"货物或应税劳务、服务名称"栏填写不动产名称及房屋产权证书号码（无房屋产权证书的可不填写），"单位"栏填写面积单位，"备注"栏注明不动产的详细地址。

（4）出租不动产，纳税人自行开具或者税务机关代开增值税发票时，应在备注栏注明不动产的详细地址。

（5）个人出租住房适用优惠政策减按1.5%征收，纳税人自行开具或者税务机关代开增值税发票时，通过新系统中征收率减按1.5%征收开票功能，录入含税销售额，系统自动计算税额和不含税金额，发票开具不应与其他应税行为混开。

（6）税务机关代开增值税发票时，"销售方开户行及账号"栏填写税收完税凭证字轨及号码或系统税票号码（免税代开增值税普通发票可不填写）。

（7）国税机关为跨县（市、区）提供不动产经营租赁服务、建筑服务的小规模纳税人（不包括其他个人），代开增值税发票时，在"发票备注"栏中自动打印"YD"（即异地汉语拼音的首字母）字样。

有关增值税专用发票开具的要求参看本节"二、增值税专用发票使用的管理"。

2. 单用途卡、多用途卡业务的发票开具的要求

根据《关于营改增试点若干征管问题的公告》（国家税务总局公告2016年第53号）的规定，单用途卡、多用途卡业务按照以下规定执行：

（1）单用途商业预付卡（简称"单用途卡"）业务。

A. 单用途卡发卡企业或者售卡企业（统称"售卡方"）销售单用途卡，或者接受单用途卡持卡人充值取得的预收资金，不缴纳增值税。售卡方可按照本公告第九条的规定，向购卡人、充值人开具增值税普通发票，不得开具增值税专用发票。

单用途卡，是指发卡企业按照国家有关规定发行的，仅限于在本企业、本企业所属集团或者同一品牌特许经营体系内兑付货物或者服务的预付凭证。

发卡企业，是指按照国家有关规定发行单用途卡的企业。售卡企业，是指集团发卡企业或者品牌发卡企业指定的，承担单用途卡销售、充值、挂失、换卡、退卡等相关业务的本集团或同一品牌特许经营体系内的企业。

B. 售卡方因发行或者销售单用途卡并办理相关资金收付结算业务取得的手续费、结算费、服务费、管理费等收入，应按照现行规定缴纳增值税。

C. 持卡人使用单用途卡购买货物或服务时，货物或者服务的销售方应按照现行规定缴纳增值税，且不得向持卡人开具增值税发票。

D. 销售方与售卡方不是同一个纳税人的，销售方在收到售卡方结算的销售款时，应向售卡方开具增值税普通发票，并在备注栏注明"收到预付卡结算款"，不得开具增值税专用发票。

售卡方从销售方取得的增值税普通发票，作为其销售单用途卡或接受单用途卡充值取得预收资金不缴纳增值税的凭证，留存备查。

（2）支付机构预付卡（简称"多用途卡"）业务。

A. 支付机构销售多用途卡取得的等值人民币资金，或者接受多用途卡持卡人充值

取得的充值资金，不缴纳增值税。支付机构可按照本公告第九条的规定，向购卡人、充值人开具增值税普通发票，不得开具增值税专用发票。

支付机构，是指取得中国人民银行核发的《支付业务许可证》，获准办理"预付卡发行与受理"业务的发卡机构和获准办理"预付卡受理"业务的受理机构。

多用途卡，是指发卡机构以特定载体和形式发行的、可在发卡机构之外购买货物或服务的预付价值。

B．支付机构因发行或者受理多用途卡并办理相关资金收付结算业务取得的手续费、结算费、服务费、管理费等收入，应按照现行规定缴纳增值税。

C．持卡人使用多用途卡，向与支付机构签署合作协议的特约商户购买货物或服务，特约商户应按照现行规定缴纳增值税，且不得向持卡人开具增值税发票。

D．特约商户收到支付机构结算的销售款时，应向支付机构开具增值税普通发票，并在备注栏注明"收到预付卡结算款"，不得开具增值税专用发票。

支付机构从特约商户取得的增值税普通发票，作为其销售多用途卡或接受多用途卡充值取得预收资金不缴纳增值税的凭证，留存备查。

（3）根据《关于营改增试点若干征管问题的公告》（国家税务总局公告2017年第11号）的规定，发卡机构、清算机构和收单机构提供银行卡跨机构资金清算服务，按照以下规定执行：

A．发卡机构以其向收单机构收取的发卡行服务费为销售额，并按照此销售额向清算机构开具增值税发票。

B．清算机构以其向发卡机构、收单机构收取的网络服务费为销售额，并按照发卡机构支付的网络服务费向发卡机构开具增值税发票，按照收单机构支付的网络服务费向收单机构开具增值税发票。

清算机构从发卡机构取得的增值税发票上记载的发卡行服务费，一并计入清算机构的销售额，并由清算机构按照此销售额向收单机构开具增值税发票。

C．收单机构以其向商户收取的收单服务费为销售额，并按照此销售额向商户开具增值税发票。

3．特别要求

《关于增值税发票开具有关问题的公告》（国家税务总局公告2017年第16号）规定，自2017年7月1日起，购买方为企业的（包括公司、非公司制企业法人、企业分支机构、个人独资企业、合伙企业和其他企业），索取增值税普通发票时，应向销售方提供纳税人识别号或统一社会信用代码；销售方为其开具增值税普通发票时，应在"购买方纳税人识别号"栏填写购买方的纳税人识别号或统一社会信用代码。不符合规定的发票，不得作为税收凭证。

（六）增值税发票实行分类分级规范化管理

根据《国家税务总局关于简化增值税发票领用和使用程序有关问题的公告》（国家税务总局公告2014年第19号）的规定，对增值税发票实行分类分级规范化管理，提高工作效率，减少办税环节。

（1）以下纳税人可一次领取不超过3个月的增值税发票用量，纳税人需要调整增值税发票用量，手续齐全的，按照纳税人需要即时办理：

①纳税信用等级评定为 A 类的纳税人；

②地市国税局确定的纳税信用好，税收风险等级低的其他类型纳税人。

（2）上述纳税人 2 年内有涉税违法行为、移交司法机关处理记录，或者正在接受税务机关立案稽查的，不适用本条第 1 项规定。

（3）辅导期一般纳税人专用发票限量限额管理工作，按照《增值税一般纳税人纳税辅导期管理办法》有关规定执行。即：

①辅导期纳税人专用发票的领购实行按次限量控制，主管税务机关可根据纳税人的经营情况核定每次专用发票的供应数量，但每次发售专用发票数量不得超过 25 份。辅导期纳税人领购的专用发票未使用完而再次领购的，主管税务机关发售专用发票的份数不得超过核定的每次领购专用发票份数与未使用完的专用发票份数的差额。辅导期纳税人一个月内多次领购专用发票的，应从当月第二次领购专用发票起，按照上一次已领购并开具的专用发票销售额的 3% 预缴增值税，未预缴增值税的，主管税务机关不得向其发售专用发票。

②实行纳税辅导期管理的小型商贸批发企业，领购专用发票的最高开票限额不得超过十万元；其他一般纳税人专用发票最高开票限额应根据企业实际经营情况重新核定。

二、增值税专用发票使用的管理

（一）专用发票的领购

（1）根据《发票管理办法》的规定，需要领购发票的单位和个人，应当持税务登记证件、经办人身份证明、按照国务院税务主管部门规定式样制作的发票专用章的印模，向主管税务机关办理发票领购手续。主管税务机关根据领购单位和个人的经营范围和规模，确认领购发票的种类、数量以及领购方式，在 5 个工作日内发给发票领购簿。

发票领购簿的内容应当包括用票单位和个人的名称、所属行业、购票方式、核准购票种类、开票限额、发票名称、领购日期、准购数量、起止号码、违章记录、领购人签字（盖章）、核发税务机关（章）等内容。

（2）一般纳税人凭下列资料领购专用发票：

①税务登记证件。

②经办人身份证明（经办人变更的提供复印件）。

③发票领用簿。

④金税盘、税控盘、报税盘或 IC 卡。

（3）发票领购的方式。发票领购方式包括批量供应、交旧购新或者验旧购新等方式。根据《国家税务总局关于简化增值税发票领用和使用程序有关问题的公告》（国家税务总局公告 2014 年第 19 号）的规定，取消增值税发票（包括增值税专用发票、增值税普通发票和机动车销售统一发票）手工验旧。税务机关应用增值税一般纳税人发票税控系统报税数据，通过信息化手段实现增值税发票验旧工作。

（二）增值税专用发票最高开票限额

（1）增值税专用发票实行最高开票限额管理。最高开票限额，是指单份专用发票开具的销售额合计数不得达到的上限额度。

（2）最高开票限额由一般纳税人申请，区县税务机关依法审批。一般纳税人申请最高开票限额时，需填报"增值税专用发票最高开票限额申请单"，如表9-2所示。

表 9-2　　　　　　　　　　增值税专用发票最高开票限额申请单

申请事项（由纳税人填写）	纳税人名称		纳税人识别号	
	纳税人类型	□生产企业一般纳税人　　　　□商贸企业一般纳税人 □辅导期一般纳税人　　　□新认定的工业企业一般纳税人		
	注册经营地址		联系电话	
	生产经营地址		联系电话	
	法人代表		购票人员	
	注册资金		主营业务	
	上年应税销售额		今年预计销售额	
	近半年单笔最大销售额			
	申请最高开票限额	□一亿元　　　□一千万元　　　□一百万元 □十万元　　　□一万元　　　　□一千元		
	经办人（签字）： 　　　　　年　月　日		纳税人（印章）： 　　　　　年　月　日	
税源管理单位核实意见	核实人员意见： 核实人员（签章）： 核实日期：		税源管理单位意见： 负责人（签章）：　　　单位（章） 日　期：	
区县级税务机关意见	批准最高开票限额： 经办人（签字）：　　批准人（签字）：　　税务机关（印章） 　　年　月　日　　　　年　月　日　　　　年　月　日			

注：本表一式两份，一份返回申请企业留存，一份区县级税务机关留存。

主管税务机关受理纳税人申请以后，根据需要进行实地查验。根据《国家税务总局关于简化增值税发票领用和使用程序有关问题的公告》（国家税务总局公告2014年第19号）的规定，一般纳税人申请专用发票最高开票限额不超过十万元的，主管税务机关不需事前进行实地查验。各省国税机关可在此基础上适当扩大不需事前实地查验的范围，实地查验的范围和方法由各省国税机关确定。

主管税务机关对辅导期纳税人实行限量限额发售专用发票。实行纳税辅导期管理的小型商贸批发企业，领购专用发票的最高开票限额不得超过十万元；其他辅导期一般纳税人专用发票最高开票限额应根据企业实际经营情况重新核定。

实行实名办税的地区，已由税务机关现场采集法定代表人（业主、负责人）实名信息的纳税人，申请增值税专用发票最高开票限额不超过十万元的，主管国税机关应自受理申请之日起2个工作日内办结，有条件的主管国税机关即时办结。即时办结的，直接出具和送达《准予税务行政许可决定书》，不再出具《税务行政许可受理通知书》。

（3）《关于进一步深化税务系统"放管服"改革优化税收环境的若干意见》（税总发〔2017〕101号）要求，将结合纳税人信用积分确定增值税专用发票最高开票限额和用票数量，完善最高开票限额管理，推动取消最高开票限额审批，便利纳税人生产经营。

（三）专用发票的开具

1．专用发票的开具

一般纳税人销售货物或者提供应税劳务和应税服务，应当向索取增值税专用发票的接受方开具增值税专用发票，并在增值税专用发票上分别注明销售额和销项税额。

专用发票应按下列要求开具：

（1）项目齐全，与实际交易相符；

（2）字迹清楚，不得压线、错格；

（3）发票联和抵扣联加盖发票专用章；

（4）按照增值税纳税义务的发生时间开具。

对不符合上列要求的专用发票，购买方有权拒收。

2．不得开具专用发票的情形

根据《国家税务总局关于修订〈增值税专用发票使用规定〉的通知》（国税发〔2006〕156号）的规定，一般纳税人有下列情形之一的，不得领购开具专用发票：

（1）会计核算不健全，不能向税务机关准确提供增值税销项税额、进项税额、应纳税额数据及其他有关增值税税务资料的。

上列其他有关增值税税务资料的内容，由省、自治区、直辖市和计划单列市国家税务局确定。

（2）有《中华人民共和国税收征收管理法》（以下简称《征管法》）规定的税收违法行为，拒不接受税务机关处理的。

（3）有下列行为之一，经税务机关责令限期改正而仍未改正的：① 虚开增值税专用发票；② 私自印制专用发票；③ 向税务机关以外的单位和个人买取专用发票；④ 借用他人专用发票；⑤ 未按专用发票开具要求开具专用发票；⑥ 未按规定保管专用发票和专用设备，即未设专人保管专用发票和专用设备；未按税务机关要求存放专用发票和专用设备；未将认证相符的专用发票抵扣联、认证结果通知书和认证结果清单装订成册；未经税务机关查验，擅自销毁专用发票基本联次；⑦ 未按规定申请办理防伪税控系统变更发行；⑧ 未按规定接受税务机关检查。

有上列情形的，如已领购专用发票，主管税务机关应暂扣其结存的专用发票和 IC 卡。

（4）商业企业一般纳税人零售的烟、酒、食品、服装、鞋帽（不包括劳保专用部分）、化妆品等消费品不得开具专用发票。

（5）根据《增值税暂行条例》的规定，属于下列情形之一的，不得开具增值税专用发票：①向消费者个人销售货物或者应税劳务的；②销售货物或者应税劳务适用免税规定的；③小规模纳税人销售货物或者应税劳务的。

（6）根据《营业税改征增值税试点实施办法》（财税〔2016〕36 号附件 1）的规定，属于下列情形之一的，不得开具增值税专用发票：①向消费者个人销售服务、无形资产或者不动产；②适用免征增值税规定的应税行为。

【例 195】某增值税一般纳税人发生的下列业务：①向消费者个人提供鉴证咨询服务；②将一项自用的专利技术转让给小规模纳税人；③转让一处使用八年的房产给一般纳税人，选择适用简易计税方法计算缴纳增值税。这些业务是否可以开具增值税专用发票？

分析 《营业税改征增值税试点实施办法》（财税〔2016〕36 号附件 1）明确规定，向消费者个人销售服务不得开具专用发票，业务①不得开具增值税专用发票。

在增值税的有关政策中并未限定向小规模纳税人销售货物、劳务、服务、无形资产、不动产不得开具增值税专用发票。所以尽管小规模纳税人不得抵扣进项税额，增值税一般纳税人可以开具在增值税专用发票给小规模纳税人，业务②可以开具增值税专用发票。

在增值税的有关政策中并未限适用简易计税方法的项目不得开具增值税专用发票。业务③可以开具增值税专用发票。

第二节　代开发票

代开发票，是指由税务机关根据收款方（或提供劳务服务方）的申请，依照法规、规章以及其他规范性文件的规定，代为向付款方（或接受劳务服务方）开具发票的行为。

一、代开普通发票

（一）申请代开发票的对象

需要临时使用发票的单位和个人，可以凭购销商品、提供或者接受服务以及从事其他经营活动的书面证明、经办人身份证明，直接向经营地税务机关申请代开发票。

（1）《国家税务总局关于加强和规范税务机关代开普通发票工作的通知》（国税函〔2004〕1024 号）规定，凡已办理税务登记的单位和个人，应当按规定向主管税务机关申请领购并开具与其经营业务范围相应的普通发票。但在商事活动（餐饮、娱乐业除外）中有下列情形之一的，可以向主管税务机关申请代开普通发票：

①纳税人虽已领购发票，但临时取得超出领购发票使用范围或者超过领用发票开具限额以外的业务收入，需要开具发票的。

在增值税征收管理中，随着发票种类的简并和增值税发票系统升级版的运用，纳税人可以自行开具发票的业务范围越来越广，可以自行开具发票的业务不一定包含在营业执照的经营范围中。

【例196】栖霞建设有限公司专门提供建筑服务。2015年10月将其自有的两辆施工车辆出租，取得收入2万元。栖霞建设有限公司对此应如何开具发票？

分析　栖霞建设有限公司专门提供建筑服务，在2016年4月3日前，是营业税纳税人，应领购使用营业税普通发票。出租施工车辆取得的租金收入已经改征增值税，应按照"有形动产经营租赁"缴纳增值税，但栖霞建设有限公司无增值税普通发票，所以应向主管国税机关申请代开增值税普通发票。

如果上述业务发生在2016年4月30日后，即建筑服务改征增值税以后，尽管栖霞建设有限公司营业执照中的经营范围不含有形动产经营租赁服务，但栖霞建设有限公司可以就该笔租金收入使用增值税发票系统升级版自行开具增值税普通发票。

②被税务机关依法收缴发票或者停止发售发票的纳税人，取得经营收入需要开具发票的。

根据《征管法》的规定，从事生产、经营的纳税人、扣缴义务人有征管法规定的税收违法行为，拒不接受税务机关处理的，税务机关可以收缴其发票或者停止向其发售发票。在这期间取得经营收入需要开具发票的向主管税务机关机关申请代开。

③外省（自治区、直辖市）纳税人来本辖区临时从事经营活动的，原则上应当按照《税务登记管理办法》的规定，持"外出经营活动税收管理证明"，向经营地税务机关办理报验登记，领取发票自行开具；确因业务量小、开票频度低的，可以申请经营地税务机关代开。

（2）正在申请办理税务登记的单位和个人，对其自领取营业执照之日起至取得税务登记证件期间发生的业务收入需要开具发票的，主管税务机关可以为其代开发票。

（3）应办理税务登记而未办理的单位和个人，主管税务机关应当依法予以处理，并在补办税务登记手续后，对其自领取营业执照之日起至取得税务登记证件期间发生的业务收入需要开具发票的，为其代开发票。

（4）依法不需要办理税务登记的单位和个人，临时取得收入，需要开具发票的，主管税务机关可以为其代开发票。

（二）申请代开发票应出具的资料

1. 经办人身份证明

经办人身份证明是指经办人的居民身份证、护照或者其他能证明经办人身份的证件。

2. 经营活动的书面证明

书面证明是指有关业务合同、协议或者税务机关认可的其他资料。

根据《关于纳税人申请代开增值税发票办理流程的公告》（国家税务总局公告

2016 年第 59 号）的规定，自 2016 年 11 月 15 日起，除销售取得的不动产和其他个人出租不动产申请代开增值税发票业务外，纳税人申请代开发票无须再提供经济活动的书面证明。

（三）代开发票的基本要求

（1）要求代开发票的单位和个人应填写代开普通发票申请表，并提供相关证明材料。申请表的内容应包括代开发票所需的物品品名（或劳务服务项目）、单价、金额等基本要素；申请表式样由省、自治区、直辖市国家税务局、地方税务局自行设计。对个人小额销售货物和劳务只需提供身份证明。小额标准由省、自治区、直辖市和计划单列市国家税务局、地方税务局确定。

（2）税务机关应当对要求代开发票单位和个人的申请资料进行核对，包括代开普通发票申请表、合法身份证件以及购货方（或接受劳务服务方）出具的书面确认证明等，核对一致的，方可予以代开。

（3）对申请代开发票的单位和个人，应当按照税收法律、法规的有关规定征收税款。代开的普通发票上要注明完税凭证号码；同时代征税款的完税凭证上要注明代开的普通发票号码。

申请代开发票经营额达不到省、自治区、直辖市税务机关确定的按次起征点的，只代开发票，不征税。但根据代开发票记录，属于同一申请代开发票的单位和个人，在一个纳税期内累计开票金额达到按月起征点的，应在达到起征点的当次一并计算征税。

（4）税务机关根据发票管理的需要，可以按照国务院税务主管部门的规定委托其他单位代开发票。凡带有抵扣功能的普通发票和属于免税范围的普通发票，不得委托税务机关以外的单位代开。属于免税范围的，要在普通发票票面上注明"免税"字样。

二、代开增值税专用发票

《税务机关代开增值税专用发票管理办法（试行）》（国税发〔2004〕153 号）规定，代开专用发票是指主管税务机关为所辖范围内的增值税纳税人代开专用发票，其他单位和个人不得代开。代开专用发票统一使用增值税防伪税控代开票系统开具。

（一）代开专用发票的范围

增值税纳税人发生增值税应税行为、需要开具专用发票时，可向其主管税务机关申请代开。

增值税纳税人是指已办理税务登记的小规模纳税人（包括个体经营者）以及国家税务总局确定的其他可予代开增值税专用发票的纳税人。

1. 已办理税务登记的小规模纳税人（包括个体经营者）

在增值税的征收管理中，已办理税务登记的小规模纳税人主要是指在主管国税机关办理税务登记按照小规模纳税人管理的增值税纳税人。

（1）除特别规定外，主管国税机关不为未办理税务登记（未作为管户）的纳税人代开增值税专用发票。

如在建筑服务改征增值税前，某建筑公司销售部分多余的建筑材料应缴纳增值税。在向主管国税机关代开增值税发票的时候，由于该建筑公司在主管国税机关未作为管户按小规模纳税人管理，所以主管国税机关不能为其代开增值税专用发票，只能为其代开增值税普通发票。营改增后该建筑公司为主管国税机关的管户，按小规模纳税人管理的，主管国税机关可以为其代开增值税普通发票，也可以代开增值税专用发票。

（2）除特别规定外，主管国税机关不为其他个人代开增值税专用发票。

由于其他个人不需办理税务登记，所以主管国税机关不为其他个人代开增值税专用发票。如李某为某企业提供产品设计服务，李某到主管国税机关申请代开发票，由于李某是其他个人，未在主管国税机关办理税务登记按小规模纳税人管理，所以，主管国税机关不能为其代开增值税专用发票，只能为其代开增值税普通发票。

（3）除特别规定外，主管国税机关不为一般纳税人代开增值税专用发票。

主管国税机关为已办理税务登记的小规模纳税人，一般不为增值税一般纳税人代开增值税专用发票。

2. 国家税务总局确定的其他可予代开增值税专用发票的纳税人

（1）2016 年 4 月 30 日后，纳税人销售不动产、出租不动产改征增值税，同时，纳税人销售取得的不动产和其他个人出租不动产的增值税，国家税务局暂委托地方税务局代为征收。委托地税代征的业务如果纳税人申请代开发票的，由不动产所在地主管地税机关代开。《国家税务总局关于营业税改征增值税委托地税局代征税款和代开增值税发票的通知》（税总函〔2016〕145 号）规定，纳税人销售其取得的不动产和其他个人出租不动产，申请代开发票的，由代征税款的地税局代开增值税专用发票或者增值税普通发票。也就是，代征税款的地税局可以为增值税小规模纳税人代开增值税普通发票和专用发票，也可以为其他个人代开增值税普通发票和专用发票。

《关于跨境应税行为免税备案等增值税问题的公告》（国家税务总局公告 2017 年第 30 号）规定，其他个人委托房屋中介、住房租赁企业等单位出租不动产，需要向承租方开具增值税发票的，可以由受托单位代其向主管地税机关按规定申请代开增值税发票。

（2）个人保险代理人提供经纪代理服务发票的代开。

《关于个人保险代理人税收征管有关问题的公告》（国家税务总局公告 2016 年第 45 号）规定，个人保险代理人为保险企业提供保险代理服务应当缴纳的增值税和城市维护建设税、教育费附加、地方教育附加，税务机关可以根据《国家税务总局关于发布〈委托代征管理办法〉的公告》（国家税务总局公告 2013 年第 24 号）的有关规定，委托保险企业代征。

接受税务机关委托代征税款的保险企业，向个人保险代理人支付佣金费用后，可代个人保险代理人统一向主管国税机关申请汇总代开增值税普通发票或增值税专用发票。

保险企业代个人保险代理人申请汇总代开增值税发票时，应向主管国税机关出具个人保险代理人的姓名、身份证号码、联系方式、付款时间、付款金额、代征税款的详细清单。

保险企业应将个人保险代理人的详细信息，作为代开增值税发票的清单，随发票入账。

主管国税机关为个人保险代理人汇总代开增值税发票时，应在备注栏内注明"个人保险代理人汇总代开"字样。

本公告所称个人保险代理人，是指根据保险企业的委托，在保险企业授权范围内代为办理保险业务的自然人，不包括个体工商户。

证券经纪人、信用卡和旅游等行业的个人代理人比照上述规定执行。

【例 197】南京农业大学教授刘晓玲 2016 年 8 月取得以下收入：（1）为南京甲企业某项目的研发提供技术指导取得收入 10 万元（含税）；（2）转让在无锡的一套住房取得收入 120 万元（含税），该房产于 2012 年以 80 万元的价格购买；（3）出租南京的一套商铺本月取得一年的租金收入 40 万元（含税）。

请问：刘教授取得的收入应缴纳增值税多少元？发票如何开具？

分析

（1）为甲企业提供技术指导，应缴纳增值税 = 100 000 ÷（1+3%）×3% = 2 912.62（元）。该业务刘教授应向居住地南京主管国家税务局申报缴纳增值税，申请代开增值税普通发票。主管国税机关不得为刘教授个人代开增值税专用发票。

（2）转让在无锡的住房，应缴纳增值税 =（1 200 000 - 800 000）÷（1+5%）×5% = 19 047.62（元）。该业务刘教授应向不动产所在地无锡地税局申报缴纳增值税，申请代开增值税普通发票或增值税专用发票。不动产所在地无锡地税局可以为刘教授个人代开增值税专用发票。

（3）出租南京的商铺一年的租金收入为 40 万元（含税），月不含税租金 = 400 000 ÷（1+5%）÷12 = 31 746.03（元），超过 3 万元，不得享受起征点或小微企业的增值税税收优惠。应缴纳增值税 = 400 000 ÷（1+5%）×5% = 19 047.62（元）。该业务刘教授应向不动产所在地南京地税局申报缴纳增值税，申请代开增值税普通发票或增值税专用发票。不动产所在地南京地税局可以为刘教授个人代开增值税专用发票。

（二）国税机关代开增值税专用发票的基本流程

（1）税务机关在综合征管软件或金税三期系统中，登记维护国税局代开发票部门信息。

（2）代开发票部门登记信息同步至增值税发票管理新系统，发行代开增值税发票税控专用设备并加载税务数字证书。

（3）代开窗口领取增值税发票。

（4）纳税人申请代开发票向征收岗申报缴纳税款。

①纳税人申请代开发票的，应填写"代开增值税专用发票缴纳税款申报单"，税款征收岗位接到申报单后，应对以下事项进行审核：是否属于本税务机关管辖的增值税纳税人；申报单上增值税征收率填写、税额计算是否正确。

审核无误后，税款征收岗位应通过防伪税控代开票征收子系统录入申报单的相关信息，按照申报单上注明的税额征收税款，开具税收完税凭证，同时收取专用发票工本费，按照规定开具有关票证，将有关征税电子信息及时传递给代开发票岗位。

税务机关可采取税银联网划款、银行卡（POS 机）划款或现金收取三种方式征收税款。

②增值税纳税人缴纳税款后，凭申报单和税收完税凭证及税务登记证副本，到代开专用发票岗位申请代开专用发票。

代开发票岗位确认税款征收岗位传来的征税电子信息与申报单和税收完税凭证上的金额、税额相符后，按照申报单、完税凭证和专用发票一一对应即"一单一证一票"原则，为增值税纳税人代开专用发票。

为增值税纳税人代开的专用发票应统一使用六联专用发票，第五联代开发票岗位留存，以备发票的扫描补录，第六联交税款征收岗位，用于代开发票税额与征收税款的定期核对，其他联次交增值税纳税人。

（5）综合征管软件或金税三期系统将纳税人税款缴纳信息及申请开票信息同步至增值税税控系统，代开岗代开专用发票。

（6）代开发票岗将开票信息回写综合征管软件或金税三期系统，自动发票验旧，可再次领取发票。

（7）代开发票岗通过内网实时向电子底账系统上传已代开增值税发票信息。

（三）代开增值税专用发票的填写要求

（1）"单价"栏和"金额"栏分别填写不含增值税税额的单价和销售额；

（2）"税率"栏填写增值税征收率；

（3）"销货单位"栏填写代开税务机关的统一代码和代开税务机关名称；

（4）"销方开户银行"及"账号"栏内填写税收完税凭证号码；

（5）"备注"栏内注明增值税纳税人的名称和纳税人识别号。

其他项目按照专用发票填开的有关规定填写。增值税纳税人应在代开专用发票的备注栏上，加盖本单位的财务专用章或发票专用章。

（四）代开专用发票遇有填写错误、销货退回或销售折让等情形的，按照专用发票有关规定处理

税务机关代开专用发票时填写有误的，应及时在防伪税控代开票系统中作废，重新开具。代开专用发票后发生退票的，税务机关应按照增值税一般纳税人作废或开具负数专用发票的有关规定进行处理。对需要重新开票的，税务机关应同时进行新开票税额与原开票税额的清算，多退少补；对无须重新开票的，按有关规定退还增值税纳税人已缴的税款或抵顶下期正常申报税款。

【例198】光明商标事务所从事商标注册代理、专利申请代理等代理业务，为增值税小规模纳税人。2016年10月为增值税一般纳税人提供应税服取得收入7 000元（含税）。对方要求开具专用发票，光明商标事务所应如何开具？

分析 光明商标事务所为小规模纳税人，由于其自身不具有开具增值税专用发票的资格，如需开具增值税专用发票，可向主管税务机关申请代开。申请代开专用发票，应填写"代开增值税专用发票缴纳税款申报单"，提供经办人身份证明、有关业务合同协议等书面证明，连同税务登记证副本，向税务机关申请代开专用发票。税务机关代开的专用发票注明的价款＝7 000÷（1+3%）＝6 796.12（元），税额＝6 796.12×3%＝203.88（元）。

三、地税机关代开发票

根据《国家税务总局关于营业税改征增值税委托地税局代征税款和代开增值税发票的通知》（税总函〔2016〕145号）的规定，为平稳推进营改增后国税、地税有关工作的顺利衔接，方便纳税人办税，根据《征管法》《财政部 国家税务总局关于全面推开营业税改征增值税试点的通知》（财税〔2016〕36号）和《国家税务总局关于加强国家税务局、地方税务局互相委托代征税收的通知》（税总发〔2015〕155号）等有关规定，现就营改增后纳税人销售其取得的不动产和其他个人出租不动产有关代征税款和代开增值税发票工作通知如下：

（一）分工安排

国税局是增值税的主管税务机关。营改增后，为方便纳税人，暂定由地税局办理纳税人销售其取得的不动产和其他个人出租不动产增值税的纳税申报受理、计税价格评估、税款征收、税收优惠备案、发票代开等有关事项。地税局办理征缴、退库业务，使用地税局税收票证，并负责收入对账、会计核算、汇总上报工作。本代征业务国税局和地税局不需签订委托代征协议。

纳税人销售其取得的不动产和其他个人出租不动产，申请代开发票的，由代征税款的地税局代开增值税专用发票或者增值税普通发票（简称增值税发票）。对于具备增值税发票安全保管条件、可连通网络、地税局可有效监控代征税款及代开发票情况的政府部门等单位，县（区）以上地税局经评估后认为风险可控的，可以同意其代征税款并代开增值税发票。

2016年4月25日前，国税局负责完成同级地税局代开增值税发票操作及相关政策培训工作。

（二）代开发票流程

在国税局代开增值税发票流程基础上，地税局按照纳税人销售其取得的不动产和其他个人出租不动产增值税征收管理办法有关规定，为纳税人代开增值税发票。原地税营业税发票停止使用。

1. 代开发票部门登记

比照国税局现有代开增值税发票模式，在国税综合征管软件或金税三期系统中登记维护地税局代开发票部门信息。地税局代开发票部门编码为15位，第11位为"D"，其他编码规则按照《国家税务总局关于增值税防伪税控代开专用发票系统设备及软件配备的通知》（国税发〔2004〕139号）规定编制。

2. 税控专用设备发行

地税局代开发票部门登记信息同步至增值税发票管理新系统，比照现有代开增值税发票税控专用设备发行流程，国税局为同级地税局代开发票部门发行税控专用设备并加载税务数字证书。

税控专用设备发行是指，税务机关将开票人的名称、编码、开票种类、开票限额、购票限量、离线开票参数等信息载入税控专用设备，发生信息变化的还需要作变更发行，注销设备时需要作注销发行。国税局发行时要充分考虑地税局代开发票实际情况，设定最高开票限额和离线开票参数。如北京、上海、深圳、广州等地区二手房交易，地税局代开增值税发票时，单张发票开票金额需要超过一千万元。同时还要考虑网络等情况，设定一定的离线开票金额和离线开票时间。

3. 发票提供

国税局向同级地税局提供六联增值税专用发票和五联增值税普通发票。

4. 发票开具

增值税小规模纳税人销售其取得的不动产以及其他个人出租不动产，购买方或承租方不属于其他个人的，纳税人缴纳增值税后可以向地税局申请代开增值税专用发票。不能自开增值税普通发票的小规模纳税人销售其取得的不动产，以及其他个人出租不动产，可以向地税局申请代开增值税普通发票。地税局代开发票部门通过增值税发票管理新系统代开增值税发票，系统自动在发票上打印"代开"字样。

地税局代开发票部门为纳税人代开的增值税发票，统一使用六联增值税专用发票和五联增值税普通发票。第四联由代开发票岗位留存，以备发票扫描补录；第五联交征收岗位留存，用于代开发票与征收税款的定期核对；其他联次交纳税人。

代开发票岗位应按下列要求填写增值税发票：

（1）"税率"栏填写增值税征收率。免税、其他个人出租其取得的不动产适用优惠政策减按 1.5%征收、差额征税的，"税率"栏自动打印"＊＊＊"；

（2）"销售方名称"栏填写代开地税局名称；

（3）"销售方纳税人识别号"栏填写代开发票地税局代码；

（4）"销售方开户行及账号"栏填写税收完税凭证字轨及号码（免税代开增值税普通发票可不填写）；

（5）备注栏填写销售或出租不动产纳税人的名称、纳税人识别号（或者组织机构代码）、不动产的详细地址；

（6）差额征税代开发票，通过系统中差额征税开票功能，录入含税销售额（或含税评估额）和扣除额，系统自动计算税额和金额，备注栏自动打印"差额征税"字样；

（7）纳税人销售其取得的不动产代开发票，"货物或应税劳务、服务名称"栏填写不动产名称及房屋产权证书号码，"单位"栏填写面积单位；

（8）按照核定计税价格征税的，"金额"栏填写不含税计税价格，备注栏注明"核定计税价格，实际成交含税金额×××元"。

其他项目按照增值税发票填开的有关规定填写。

地税局代开发票部门应在代开增值税发票的备注栏上，加盖地税代开发票专用章。

增值税专用发票和增值税普通发票填开界面中各项信息可输入最大字符数设定为："购（销）方名称、地址电话、开户行及账号"可以输入、预览和打印 100 个字符或 50 个汉字（含空格）；"规格型号"可以输入、预览和打印 40 个字符或 20 个汉字；"备注"可以输入、预览和打印 230 个字符或 115 个汉字；"收款、复核、开票人"可以输入、预览和打印 8 个字符或 4 个汉字；"商品名称"不可为空，可以输入、预览和打印 1~92 个字符，全数字最多可输入 74 个字符，全汉字最多可输入 46 个汉字（92个字符）；"计量单位"可输入 0~22 个字符，全字符最大可输入 18 个字符，全汉字最多可输入 10 个汉字（20 个字符）。

5. 开票数据传输

地税局代开发票部门通过网络实时或定期将已代开增值税发票信息传输至增值税发票管理新系统。

6. 发票再次领取

地税局代开发票部门需再次领取增值税发票的，发票抄报税后，国税局通过系统验旧缴销，再次提供发票。

（三）发票管理

1. 专用发票安全管理

按照国税局现有增值税发票管理有关规定，地税局应加强安全保卫，采取有效措施，保障增值税发票的安全。

2. 日常信息比对

地税局应加强内部管理，每周将代开发票岗代开发票信息与征收岗税款征收信息进行比对，发现问题的要按有关规定及时处理。

3. 事后信息比对

税务总局将根据有关工作安排，提取地税局征收税款信息与代开发票信息进行比对，防范不征税代开增值税专用发票和少征税多开票等风险。

（四）信息系统升级改造

2016 年 4 月 25 日前，金税三期未上线省份应由各省地税局按照税务总局有关规定及时更新升级相关信息系统，调配征管资源、规范受理申报缴税工作。金税三期已上线省份由税务总局（征管科技司）负责统一调试相关信息系统。

（五）税控专用设备配备和维护

2016 年 4 月 5 日前，各省地税局将代开增值税发票需要使用的税控专用设备数量告知省国税局。4 月 8 日前，各省国税局将需要初始化的专用设备数量通过可控 FTP 报税务总局（货物劳务税司）。4 月 20 日前，各省国税局向地税局提供税控专用设备。国税局负责协调增值税税控系统服务单位，做好地税局代开增值税发票系统的安装及维护工作。

国税局委托地税局代征和代开增值税发票是深化部门合作的重要内容，各地国税局、地税局要切实履行职责，加强协调配合，形成工作合力；要对纳税人做好政策宣传和纳税辅导工作，提供优质服务和便利条件，方便纳税人申报纳税；要认真做好应急预案，切实关注纳税人反映和动态舆情，确保税制转换平稳顺利。

第三节 增值税纳税人发票违法行为的法律责任

一、发票违法行为

(一) 一般的发票违法行为

根据《发票管理办法》的规定，常见的一般发票违法行为主要有：

（1）应当开具而未开具发票，或者未按照规定的时限、顺序、栏目，全部联次一次性开具发票，或者未加盖发票专用章的；

（2）使用税控装置开具发票，未按期向主管税务机关报送开具发票的数据的；

（3）使用非税控电子器具开具发票，未将非税控电子器具使用的软件程序说明资料报主管税务机关备案，或者未按照规定保存、报送开具发票的数据的；

（4）拆本使用发票的；

（5）扩大发票使用范围的；

（6）以其他凭证代替发票使用的；

（7）跨规定区域开具发票的；

（8）未按照规定缴销发票的；

（9）未按照规定存放和保管发票的。

(二) 一般发票违法行为的法律责任

纳税人有一般发票违法行为之一的，由税务机关责令改正，可以处 1 万元以下的罚款；有违法所得的予以没收。

【例 199】恒大广告公司为增值税一般纳税人，2016 年 8 月为金鑫传感器有限公司提供广告制作服务。合同约定广告制作于 2016 年 10 月 31 日完成，金鑫传感器有限公司当日付款。恒大广告公司如约完成了该笔业务，但金鑫传感器有限公司由于资金困难，款项于 2016 年 12 月 5 日支付，恒大广告公司收到款项时为金鑫传感器有限公司开具发票。恒大广告公司是否有发票违法行为？

分析 按照发票管理办法的要求，纳税人必须在发生经营业务确认营业收入时开具发票。该笔业务增值税的纳税义务发生时间为书面合同确定的付款日期，即 2016 年 10 月 31 日，所以恒大广告公司应于 2016 年 10 月 31 日开具发票。而恒大广告公司在收款时 2016 年 12 月 5 日开具发票，属于"未按照规定的时限"开具发票。所以有发票违法行为。

纳税人在日常开票中，时常存在一些未意识到的发票违法行为，如应当开具而未开具发票，或者未按照规定的时限、顺序、栏目等开具发票等。

(三) 丢失发票

（1）使用发票的单位和个人应当妥善保管发票。发生发票丢失情形时，应当于发现丢失当日书面报告税务机关，并登报声明作废。

（2）纳税人丢失发票的，由税务机关责令改正，可以处 1 万元以下的罚款；情节严重的，处 1 万元以上 3 万元以下的罚款；有违法所得的予以没收。

二、虚开发票

（一）虚开发票的行为

根据《中华人民共和国发票管理办法》（中华人民共和国国务院令第587号）的规定，任何单位和个人不得有下列虚开发票行为：

（1）为他人、为自己开具与实际经营业务情况不符的发票；

（2）让他人为自己开具与实际经营业务情况不符的发票；

（3）介绍他人开具与实际经营业务情况不符的发票。

（二）虚开发票的行政责任

（1）根据《中华人民共和国发票管理办法》第三十七条的规定，违反规定虚开发票的，由税务机关没收违法所得；虚开金额在1万元以下的，可以并处5万元以下的罚款；虚开金额超过1万元的，并处5万元以上50万元以下的罚款；构成犯罪的，依法追究刑事责任。

（2）根据《国家税务总局关于纳税人虚开增值税专用发票征补税款问题的公告》（国家税务总局公告2012年第33号）的规定，纳税人虚开增值税专用发票，未就其虚开金额申报并缴纳增值税的，应按照其虚开金额补缴增值税；已就其虚开金额申报并缴纳增值税的，不再按照其虚开金额补缴增值税。税务机关对纳税人虚开增值税专用发票的行为，应按《中华人民共和国税收征收管理法》及《中华人民共和国发票管理办法》的有关规定给予处罚。纳税人取得虚开的增值税专用发票，不得作为增值税合法有效的扣税凭证抵扣其进项税额。

（三）虚开发票的刑事责任

（1）根据《刑法》第二百零五条的规定，虚开增值税专用发票或者虚开用于骗取出口退税、抵扣税款的其他发票的，处三年以下有期徒刑或者拘役，并处二万元以上二十万元以下罚金；虚开的税款数额较大或者有其他严重情节的，处三年以上十年以下有期徒刑，并处五万元以上五十万元以下罚金；虚开的税款数额巨大或者有其他特别严重情节的，处十年以上有期徒刑或者无期徒刑，并处五万元以上五十万元以下罚金或者没收财产。

有前款行为骗取国家税款，数额特别巨大，情节特别严重，给国家利益造成特别重大损失的，处无期徒刑或者死刑，并处没收财产。

单位犯本条规定之罪的，对单位判处罚金，并对其直接负责的主管人员和其他直接责任人员，处三年以下有期徒刑或者拘役；虚开的税款数额较大或者有其他严重情节的，处三年以上十年以下有期徒刑；虚开的税款数额巨大或者有其他特别严重情节的，处十年以上有期徒刑或者无期徒刑。

（2）虚开增值税专用发票或者虚开用于骗取出口退税、抵扣税款的其他发票，是指有为他人虚开、为自己虚开、让他人为自己虚开、介绍他人虚开行为之一的。

（四）虚开发票业务处理的难点问题

1. 纳税人因虚开发票违法行为造成偷税的法律责任

传统的处理思路认为，纳税人有虚开发票的违法行为，主管税务机关应对虚开发票的违法行为进行行政处罚。纳税人如果有偷税的违法行为，主管税务机关也应对偷税的违法行为进行行政处罚。但是纳税人如果因为有虚开发票的违法行为造成偷税的结果，则只对其偷税的违法行为进行行政处罚，对虚开发票的违法行为不进行行政处罚。这样的处理不单纯是因为"一事不二罚"的行政处罚原则，主要还是因为老的发票管理办法及其实施细则的规定，即《发票管理办法实施细则》（国税发〔1993〕第157 号）第五十五条规定，对违反发票管理法规造成偷税的，按照《中华人民共和国税收征收管理法》处理。

2011 年 2 月 1 日起施行的新的发票管理办法及其实施细则中，上述规定被删除，同时，发票管理办法第三十七条规定，违反本办法第二十二条第二款的规定虚开发票的，由税务机关没收违法所得；虚开金额在 1 万元以下的，可以并处 5 万元以下的罚款；虚开金额超过 1 万元的，并处 5 万元以上 50 万元以下的罚款；构成犯罪的，依法追究刑事责任。也就是说，只要有虚开发票的行为，无论是否造成偷税，都必须按第三十七条的规定进行处理。而纳税人一旦有偷税的违法行为，主管税务机关必须按照征管法第六十三条的规定，对纳税人偷税的，追缴其不缴或者少缴的税款、滞纳金，并处不缴或者少缴的税款百分之五十以上五倍以下的罚款；构成犯罪的，依法追究刑事责任。

《关于纳税人虚开增值税专用发票征补税款问题的公告》（国家税务总局公告 2012 年第 33 号）规定，税务机关对纳税人虚开增值税专用发票的行为，应按《中华人民共和国税收征收管理法》及《中华人民共和国发票管理办法》的有关规定给予处罚。

从上述规定可以看出，纳税人如果虚开发票造成偷税的，一方面对虚开发票的违法行为必须按照发票管理办法第三十七条规定进行处罚，另一方面，对偷税的违法行为，必须按照征管法第六十三条规定进行处罚。这样的结果似乎违背了"一事不二罚"的行政处罚原则，但根据法律的规定就是这样的处罚结果。所以这里我们更应该去解读什么是"一事不二罚"，如果我们把虚开发票、偷税理解为两个违法行为，那么这样的处罚结果既符合法律的规定，也符合"一事不二罚"的行政处罚原则。

2. 没有业务发生而虚开发票的必须缴纳税款

《关于加强增值税征收管理若干问题的通知》（国税发〔1995〕192 号）规定，对纳税人虚开代开的增值税专用发票，一律按票面所列货物的适用税率全额征补税款，并按《中华人民共和国税收征收管理法》的规定给予处罚；对纳税人取得虚开代开的增值税专用发票，不得作为增值税合法的抵扣凭证抵扣进项税额。

《关于纳税人虚开增值税专用发票征补税款问题的公告》（国家税务总局公告 2012 年第 33 号）废止了上述规定，同时规定，自 2012 年 8 月 1 日起，纳税人虚开增值税专用发票，未就其虚开金额申报并缴纳增值税的，应按照其虚开金额补缴增值税；已就其虚开金额申报并缴纳增值税的，不再按照其虚开金额补缴增值税。

上述两个规定得到的是同一结论：虚开增值税专用发票的，必须缴纳税款。

在税收征管中，没有业务发生而开具发票也属于虚开发票，即通常说所的"无货虚开"。如果虚开发票都必须缴纳税款，那么没有业务发生而虚开发票也应缴纳税款。但是如果这样处理完全不符合《增值税暂行条例》和《营改增试点实施办法》的规定。增值税暂行条例第一条规定，在境内销售货物或者提供加工、修理修配劳务以及进口货物的单位和个人，为增值税的纳税人，应当依照本条例缴纳增值税。《营改增试点实施办法》第一条规定，在境内销售服务、无形资产或者不动产的单位和个人，为增值税纳税人，应当按照本办法缴纳增值税。没有业务发生而虚开发票，发票开具方既没有在境内销售货物或者提供加工、修理修配劳务以及进口货物，也没有在境内销售服务、无形资产或者不动产，在这种情况下，仅仅因为有开具发票的行为就要求缴纳增值税，不符合实体法的规定。

不过在税收征管实践中，大部分主管税务机关在具体处理没有业务发生而虚开发票的违法行为时采用的是《关于纳税人虚开增值税专用发票征补税款问题的公告》（国家税务总局公告 2012 年第 33 号）的规定，即要求开票方缴纳税款。

3. 虚开发票的定性

根据《发票管理办法》（国务院令第 587 号）的规定，任何单位和个人不得有下列虚开发票行为：为他人、为自己开具与实际经营业务情况不符的发票；让他人为自己开具与实际经营业务情况不符的发票；介绍他人开具与实际经营业务情况不符的发票。

可以看出，开具的发票与实际经营业务情况不符，都应该属于虚开发票。实际经营业务情况包括哪些内容？是否就是记录在发票票面上的内容？发票的基本内容包括：发票的名称、发票代码和号码、联次及用途、客户名称、开户银行及账号、商品名称或经营项目、计量单位、数量、单价、大小写金额、开票人、开票日期、开票单位（个人）名称（章）等。

在这些内容中，如果开票时间和实际经营业务情况不符，不属于虚开发票，应按照发票管理办法第三十五条的规定进行处理，即"违反本办法的规定，有下列情形之一的，由税务机关责令改正，可以处 1 万元以下的罚款；有违法所得的予以没收：（一）应当开具而未开具发票，或者未按照规定的时限、顺序、栏目，全部联次一次性开具发票，或者未加盖发票专用章的……"。

那么，发票的基本内容中哪些内容和实际不符称为虚开发票？最高人民法院对《关于惩治虚开、伪造和非法出售增值税专用发票犯罪的决定》的司法解释，对"虚开增值税专用发票"的行为进行了具体化：（1）没有货物购销或者没有提供接受应税劳务而为他人、为自己、让他人为自己、介绍他人开具增值税专用发票；（2）有货物购销或者提供或接受了应税劳务但为他人、为自己、让他人为自己、介绍他人开具数量或者金额不实的增值税专用发票；（3）进行了实际经营活动，但让他人为自己代开增值税专用发票。

根据上述规定，没有经济业务发生而开具发票、有经济业务发生但开具的发票数量或者金额不实、开票方不是实际的销售方这三中情形都属于虚开发票。

除此之外，还有哪些情形属于虚开发票的争议一直比较大。如果开具的发票客户名称、开户银行及账号、商品名称或经营项目等和实际经营业务不一致是否属于虚开发票？其中，发票开具的商品名称与实际经营业务不一致是否属于虚开发票的争议就比较大。观点一：刑法的虚开是指数量和金额与实际不同，所以商品名称不符不是定性虚开发票的理由，即仅商品名称不符不能定性为虚开发票。观点二：发票管理办法规定的虚开发票是指开具了与实际经营业务情况不符的发票，所以，商品名称与实际经营业务不一致是虚开发票。观点三：品名不符，不一定是虚开发票，得看不符到什么程度，如销售的是冰箱但开具的商品名称为空调，属于虚开发票，但如果销售的是柜式空调，发票开具的商品名称是壁挂式空调，则不属于虚开发票。